AtV

MARK ROSEMAN, geboren in London, ist Professor für Neuere Geschichte an der Universität von Southampton. Als Publizist und Wissenschaftler arbeitet er seit Jahren im Bereich der Quellenforschung und analysiert den Stand der historischen Forschung zur NS-Bürokratie. Für »In einem unbewachten Augenblick« hat er eine Reihe bedeutender Preise bekommen, darunter 2003 den Geschwister-Scholl-Preis.

»In einem unbewachten Augenblick« erzählt die Geschichte der Marianne Strauß, der 1923 geborenen Tochter einer wohlhabenden jüdischen Familie aus Essen. Geschützt durch die Abwehr der Wehrmacht hatte sich die Familie lange der Illusion hingegeben, ihr könne nichts passieren, bis am 31. August 1943 die Gestapo auftauchte und Mariannes Eltern und ihren Bruder verhaftete (sie wurden nach Theresienstadt gebracht, später nach Auschwitz deportiert und vergast). Marianne gelang es zu fliehen, sie tauchte unter, wechselte häufig ihren Aufenthaltsort und wurde so zu einer von 3000 jüdischen Personen, die im Untergrund versteckt in Deutschland den Zweiten Weltkrieg überlebten.
»In einem unbewachten Augenblick« erzählt aber auch die Geschichte einer detektivischen Arbeit – der des Autors. In intensiven Gesprächen hat sich Marianne Strauß ihm anvertraut, und nach ihrem Tod 1996 machte sich Roseman auf die Suche nach weiteren Zeugnissen und Zeugen – ausgehend von Mariannes eigenem umfangreichen Archiv, ihrem Tagebuch, ihren Briefen. In seinem Buch entwirft Roseman ein komplexes Bild von Mariannes Leben, das er aus immer neuen Facetten behutsam zusammensetzt.

Mark Roseman

In einem unbewachten Augenblick

Eine Frau überlebt im Untergrund

Aus dem Englischen
von Astrid Becker

Aufbau Taschenbuch Verlag

Titel der Originalausgabe
The Past in Hiding

Mit 49 Abbildungen

ISBN 3-7466-8121-9

1. Auflage 2004
Aufbau Taschenbuch Verlag GmbH, Berlin

Einbandgestaltung Mediabureau Di Stefano, Berlin
unter Verwendung eines Fotos
von Marianne Ellenbogen aus deren Privatarchiv
Druck und Binden Oldenbourg Taschenbuch GmbH, Plzeň
Printed in Czech Republic

www.aufbau-taschenbuch.de

Inhalt

Meinen Eltern

Wenn man irgendeine Eigenschaft der Natur wunderbarer als all die anderen nennen wollte, dann wäre es, glaube ich, die Erinnerung. Es scheint etwas offensichtlich Unverständlicheres in der Macht, dem Scheitern, der Ungleichheit der Erinnerung zu liegen als in irgendeiner anderen unserer Intelligenzleistungen. Die Erinnerung ist zuweilen so empfänglich, so dienstbar, so gehorsam, dann wieder so verwirrt und so schwach und dann wieder so tyrannisch und außer Kontrolle! Wir sind sicherlich in jeglicher Hinsicht ein Wunderwerk, aber unsere Kräfte des Erinnerns und Vergessens scheinen sich tatsächlich jedem Zugriff zu entziehen.

Fanny in Jane Austen, *Mansfield Park*

Einleitung

Marianne Ellenbogen, geborene Strauß, hat den Nationalsozialismus in Deutschland im Untergrund überlebt. Sie kam 1923 in Essen zur Welt, die älteste Tochter einer deutsch-jüdischen Familie, die 1933 nicht gewillt war, ihr Vaterland zu verlassen. Mariannes außerordentliche Überlebensgeschichte begann 1941, als die Familie Strauß unter die Obhut der Abwehr gelangte – eine jüdische Familie geschützt durch den Nachrichtendienst der Wehrmacht. Nachdem Mariannes Verlobter in ein polnisches Ghetto deportiert worden war, gelang es ihr, über sechs Monate eine einzigartige Verbindung zu ihm aufrechtzuhalten. Als Mariannes Eltern und ihr Bruder schließlich verhaftet wurden, floh sie. Zwei Jahre lang half ihr der »Bund«, eine bislang beinahe unbekannte Widerstandsbewegung, mitten in Nazideutschland zu überleben. Am Ende des Krieges tauchte Marianne in Düsseldorf auf, trat in die Kommunistische Partei ein und widmete sich ganz der Aufgabe, ein besseres Deutschland aufzubauen.

In den Monaten und Jahren, die darauf folgten, begrub Marianne ihre Vergangenheit und ihre Erinnerungen. 1946 ging sie nach Großbritannien und heiratete dort. Sie führte ein normales Leben als Ehefrau und Mutter bis zu ihrem Tod fünfzig Jahre später. Selbst ihre engsten Verwandten wußten so gut wie nichts über ihre Erlebnisse zur Kriegszeit.

Die Spuren dieser Vergangenheit waren jedoch noch nicht vollständig verwischt. Mehr als ein halbes Jahrhundert lang wartete eine erstaunliche Vielfalt von Briefen, Tagebüchern, offiziellen Dokumenten und Erinnerungen darauf, von Mariannes bemerkenswerter Reise Zeugnis abzulegen. Die Geschichte, wie diese Materialien schließlich wiederentdeckt wurden, ist ebenso ungewöhnlich wie die Geschichte vom Überleben der Marianne Strauß.

Dieses Buch begibt sich auf die Suche nach einer verborgenen Vergangenheit.

1984 wurde Marianne von einigen der Menschen, die ihr im Krieg geholfen hatten, dazu gedrängt, einen kurzen Artikel über ihr Leben im Untergrund zu verfassen. Der Artikel erschien unter der Überschrift »Flucht und illegales Leben während der Nazi-Verfolgungsjahre 1943–45« in der wenig bekannten Essener Zeitschrift *Das Münster am Hellweg* und beginnt folgendermaßen:[1]

> An einem Montagmorgen im August 1943, um 10 Uhr, kamen die zwei gefürchtetsten leitenden Gestapo-Beamten in unser Haus, Ladenspelderstr. 47, und befahlen uns, innerhalb von zwei Stunden für den »Abtransport nach dem Osten« fertig zu sein. Zu diesem Zeitpunkt waren wir fast die letzte volljüdische Familie in Essen. Schon im Jahre 1941 waren wir einem Transport zugeteilt worden, wurden aber im letzten Augenblick vom Sammelpunkt am Haumannsplatz im Anblick all der anderen Hunderte, die einem unbekannten und gefürchteten Geschick entgegengingen, in unser von der Gestapo versiegeltes Haus zurückgeschickt. Dieses Mal kam der Befehl ohne Warnung und wie ein Donnerschlag. Die beiden Gestapo-Beamten ließen uns nicht aus ihren Augen. Die Frist von zwei Stunden war fieberhaft mit Packen der wenigen Sachen, die uns mitzunehmen erlaubt war, ausgefüllt – Kleidung, die uns in dem unbekannten Bestimmungsort, ein »Arbeitslager«, praktischen Dienst leisten, uns warm und hoffentlich am Leben halten sollte.
>
> Mein Augenblick der Flucht aus dem bewachten Haus kam, als beide Beamte in unseren Keller verschwanden, wahrscheinlich um Beute zu machen, denn aller nicht unmittelbar nötiger und wertvoller Hausrat, der uns noch geblieben war, war dort untergebracht, in Kisten und Koffern, die die Kellerwände stützten, um uns etwas mehr Sicherheit gegen

die Bombenangriffe zu bieten, denn als Juden durften wir die öffentlichen Bunker nicht benutzen.

Ohne von meinen Eltern, meinem Bruder, und meinen Verwandten Abschied nehmen zu können, folgte ich dem Impuls dieses Moments des Unbewachtseins und lief aus dem Haus, so wie ich war – in meinem Ski-Anzug –, mit einigen Hundertmarkscheinen in der Hosentasche, die mein Vater mir noch wenige Minuten vorher zugesteckt hatte. Ich rannte um mein Leben, jeden Augenblick einen Pistolenschuß hinter mir erwartend; aber ein solches Ende zu finden, war mir immer als ein weit besseres Geschick erschienen als das Unvorstellbare, das mir in Auschwitz oder Litzmannstadt, in Treblinka oder Izbica bevorstehen würde. Aber kein Schuß, keine rennenden Menschen hinter mir, kein Befehl, kein Geschrei!

An diesem Abend schlug sich die 20 Jahre alte Marianne zu einem Haus im Süden der Stadt durch, das im Besitz des Bundes war. Der Bund war in Essen von einem Mann namens Artur Jacobs ins Leben gerufen worden. Die Gestapo hoffte noch, das vermißte Mädchen zu fassen, weswegen Mariannes Familie zunächst im Essener Gefängnis inhaftiert wurde. Einige Tage später wurde sie jedoch nach Theresienstadt deportiert.

Wochenlang versteckte sich Marianne in Essen. Doch weil die Bombenangriffe und die Überwachung ihr weiteres Verbleiben am Ort als zu riskant erschienen ließen, begann sie zu reisen. Sie kam bei Bund-Mitgliedern in der Mitte und im Norden Deutschlands unter.

Es war von Anfang an beschlossen, daß ich nirgends länger als drei Wochen bleiben konnte, um Verdacht bei Mitbewohnern und Nachbarn meiner Gastgeber zu vermeiden. Außerdem hatten meine Freunde die große Belastung, mich von ihren Rationen zu ernähren, denn ich hatte natürlich keine Lebensmittelkarten. Da ich aber etwas Geld hatte und Zugang zu Koffern meiner Eltern mit wertvoller Hauswäsche und Kleidung, die meine Eltern Wochen vor ihrem Abtransport versteckt hatten, konnte ich deren Inhalt während der Dauer meines illegalen Lebens bei Bauern auf dem Land in Lebensmittel, Marken oder Kleiderpunkte umsetzen; ein notwendiges aber gefährliches Unternehmen. Ich handarbeitete außerdem eine Unmenge von Filzblumen, die in den harten Zeiten bei mehreren Modegeschäften, die wenig zu verkaufen hatten, reißenden Absatz fanden und die ich – wenn möglich – gegen Lebensmittel- und Kleiderpunkte eintauschte, obwohl ich sie leichter und vorteilhafter hätte verkaufen können. Im Laufe der Zeit fand ich ein kleines Modegeschäft in Braunschweig, dessen Besitzerin meine Hauptabnehmerin wurde, da sie meine Arbeit vorwiegend mit den mir so lebensnotwendigen Marken bezahlte. – Ich hatte immer den Verdacht, daß sie meine Lage halb erriet und helfen wollte.

Fast zwei Jahre lang reiste Marianne auf diese Art, ohne Papiere, ohne Lebensmittelkarten. Sie behauptete in ihrem Artikel zudem, daß sie an ihrem 21. Geburtstag im Juni 1944, als sie sich in Beverstedt aufhielt, in der BBC entsetzliche Nachrichten hörte, daß nämlich »der Transport von Theresienstadt vom 18. Dezember 1943 nach Birkenau-Auschwitz dort innerhalb der letzten Tage vergast worden sei. Ich wußte, daß meine Eltern und mein Bruder diesen Transport nach Auschwitz mitgemacht hatten.«

Je weiter sich die militärische Lage Deutschlands verschlechterte, desto größer wurden die Gefahren des Reisens. Zweimal fiel Marianne beinah einem Luftangriff zum Opfer, und sie entkam der Entdeckung durch die Gestapo oft nur knapp. Aber sie überlebte. Während der letzten Kriegswochen harrte sie im heftig umkämpften Düsseldorf aus.

* * *

Ich las Mariannes Artikel fünf Jahre nach seiner Veröffentlichung. Er kam mit der Post, nach einem Anruf von Dr. Mathilde Jamin vom Ruhrland Museum in Essen. Frau Jamin suchte Zeitzeugen für ihre geplante Ausstellung über das Leben im Ruhrgebiet während des Zweiten Weltkriegs. Ob ich vielleicht Marianne Ellenbogen kannte, die vor dem Krieg der jüdischen Gemeinde in Essen angehört hatte und nun in Liverpool lebte? Die Annahme, daß ich auf ihren Namen gestoßen sein könnte, war immerhin nachvollziehbar: In den frühen achtziger Jahren hatte ich historische Forschungen in Essen betrieben, und meine Frau und ich waren in der winzigen jüdischen Gemeinde Essens aktiv gewesen. Die meisten Gemeindemitglieder sind erst nach dem Krieg aus Osteuropa nach Deutschland gekommen, und mit wenigen Ausnahmen waren die Essener Juden aus der Vorkriegszeit nur noch als Geister zugegen, deren Namen in Grabsteine gemeißelt oder auf Gedenktafeln des jüdischen Friedhofs eingraviert waren. Von der Synagoge – der »Alten Synagoge« – standen nur noch die Außenmauern. Das Gebäude beherbergte jetzt ein Museum. Kurzum, ich hatte noch nie etwas von Marianne Ellenbogen gehört.

Dr. Jamin fragte mich, ob ich bereit wäre, mit Mrs. Ellenbogen über ihre Erfahrungen im Krieg zu sprechen, sollte sie dafür aufgeschlossen sein. Gerne willigte ich ein. Ich hatte früher schon die Unterstützung des Direktors des Ruhrland Museums, Prof. Uli Borsdorfs, genossen, und nun war ich froh, helfen zu können, vor allem da sich die Aufgabe interessant anhörte.

Und dann kam der Artikel mit der Post. Ich fand ihn erstaunlich. Ich hatte von den sogenannten U-Booten gehört – Juden, die sich in den Kellern oder auf den Dachböden ihrer nicht-jüdischen Freunde versteckten –, aber hier erfuhr ich zum ersten Mal etwas von einer deutschen Jüdin, die illegal kreuz und quer durchs Land gefahren war. Ich fragte mich, welche junge Frau die Nerven hatte, so zu überleben, ohne Papiere zu reisen, mit Ladeninhabern und Bauern Tauschgeschäfte zu betreiben, und das in einer Zeit, in der eine Denunziation den sicheren Tod bedeutet hätte. Und was war das für eine Gruppe, die ihr beim Überleben geholfen hatte? Ich kannte mich gut in der NS-Forschung über das Ruhrgebiet aus, aber ich hatte noch nie etwas von diesem Bund gehört. Mir war nicht nur der Name unbekannt, sondern neu war mir auch die

Vorstellung eines Netzwerks, das einer Jüdin in einer Stadt nach der anderen in Nazideutschland Zuflucht gewährt haben konnte. Konnte sich das wirklich so abgespielt haben? Ich hatte erhebliche Zweifel an einigen Angaben in Marianne Ellenbogens Bericht, vor allem an der Geschichte mit der BBC. Beim derzeitigen Stand der Debatte darüber, was die Deutschen über den Holocaust wußten, konnte ich nicht glauben, daß die BBC eine dermaßen präzise Angabe gesendet haben sollte. In jedem Fall kam es mir so vor, als sei das Interview, dem ich aus Gefälligkeit zugestimmt hatte, nun ein Privileg.

Aber zunächst mußte Mrs. Ellenbogen zusagen.

Das Museum ging außerordentlich behutsam zu Werke, was entweder mit der Umsicht von Frau Jamins Generation im Umgang mit jüdischen Deutschen aus der Zeit vor dem Zweiten Weltkrieg zusammenhing oder der besonderen Empfindlichkeit Mrs. Ellenbogens geschuldet war. In einem ersten Schritt hatte sich Frau Jamin an ihre Kollegen in der Alten Synagoge (*der* Anlaufstelle für Essens ehemalige jüdische Bewohner) gewandt, um sich zu erkundigen, ob Mrs. Ellenbogen dem Ruhrland Museum überhaupt gestatten würde, sich mit ihr in Verbindung zu setzen. Erst nachdem sie erfahren hatte, daß Mrs. Ellenbogen bereit wäre, ihr Anliegen anzuhören, schrieb Frau Jamin nach Liverpool:

> Ihr Artikel über »Flucht und illegales Leben während der Nazi-Verfolgungsjahre 1943–45« (in *Das Münster am Hellweg* 1984) hat mich sehr beeindruckt, und das nicht nur, weil Sie einer von nur zwei mir bekannten Menschen sind, die über die Kriegserfahrungen von Juden im Ruhrgebiet noch berichten können. Mir scheint, daß für Sie und andere Menschen in Ihrer Situation die Gefahren und Entbehrungen des Krieges, denen Sie ja ebenso ausgesetzt waren wie die deutsche Mehrheitsbevölkerung und noch schlimmer als diese (z. B. Bunkerverbot), fast unwichtig waren gegenüber dem furchtbaren Schicksal der Verfolgung. Wer das begriffen hat, müßte eigentlich immun sein gegenüber dem potentiellen »deutschen Selbstmitleid«, das eine Ausstellung zum Kriegs-

thema – entgegen unseren Intentionen – bei den Besuchern wecken könnte. Unter anderem deshalb möchten wir der Perspektive der Opfer der deutschen Politik in der Ausstellung das stärkste Gewicht geben.

Nachdem sie darauf eingegangen war, wie mündliche Zeugenberichte in der Ausstellung Verwendung finden sollten (und versichert hatte: »Ihre Stimme bliebe selbstverständlich anonym, es sei denn, Sie wünschen es anders.«), führte Dr. Jamin mich ein als »einen jungen englischen Historiker, der von 1981 bis 1984 ein Mitglied der Jüdischen Gemeinde Essen war«. Ein paar Tage später gab mir Frau Jamin grünes Licht.

Als ich bei Marianne Ellenbogen anrief, um einen Termin zu vereinbaren, klang sie distinguiert und selbstbewußt, aber sie sagte etwas, das ein wenig merkwürdig klang. Das jüdische Laubhüttenfest nahte. An diesem Tag habe sie keine Zeit, denn »in diesem Haus werden die jüdischen Festtage eingehalten«. Ich wunderte mich über die (jedenfalls im Englischen) merkwürdige Passivkonstruktion. Wohnte sie bei ihren Kindern, die orthodoxer waren als sie, oder hatte sie vielleicht immer noch Schwierigkeiten beim Formulieren im Englischen?

Im Herbst 1989 fuhr ich nach Liverpool. Die angegebene Adresse lag in einem besseren Vorort in einer baumbestandenen Straße mit Doppelhäusern aus der Vorkriegszeit. Ich traf zusammen mit einem gutaussehenden Mann dort ein, den ich auf Anfang Fünfzig schätzte. Marianne erschien an der Tür – energiegeladen und charmant, sah aber deutlich älter aus als der Mann. Dann mußte dies wohl der Sohn sein, dem die Feiertage am Herzen lagen. Bevor ich Gelegenheit hatte, etwas Falsches zu sagen, wurde er mir als Basil vorgestellt, Mariannes sechs Jahre älterer Ehemann. Wir machten etwas höfliche Konversation, und Basil schien uns nicht allein lassen zu wollen. Er fragte sich laut, ob er irgend etwas zu dem Interview beitragen konnte. Aber da er Marianne erst nach dem Krieg kennengelernt hatte, und ich damals irrtümlich angenommen hatte, daß er kein Deutsch konnte – die Sprache, in der ich das Interview durchführen sollte –, war mir nicht klar, was er beisteuern wollte. Auf jeden Fall war Marianne offensichtlich nicht erpicht darauf, daß Basil teilnahm.[2] Erst im nachhinein fiel mir die Bedeutung dieser Szene auf: sein Wunsch teilzuhaben und ihr Wunsch, ihn auszuschließen. Damals ahnte ich nicht, wie schwer Erinnerungen auf einer Familie lasten konnten.

Meine Wahrnehmung, daß etwas Merkwürdiges an Mariannes Erwähnung der Feiertage war, hatte mich jedoch nicht getäuscht. Im Lauf ihrer Ehe mit ihrem jüdisch-orthodoxen Mann hatte sie sich auf eine relativ strenge Einhaltung jüdischer Gebote eingelassen, die weit über ihren akkulturierten deutsch-jüdischen Hintergund hinausging. Später konnte ich darin eine so traurige wie ironische Kontinuität erkennen. Sowohl im Deutschland der NS-Zeit als auch im Nachkriegs-England wurde Marianne ihre jüdische Identität in einem Maß aufgedrängt, das weit über ihr eigenes Empfinden hinsichtlich ihrer Bedeutung hinausging. Von 1933 bis zu ihrem Tod war Mariannes Jüdischsein ihr Schicksal und ihre Bürde.

Unsere Unterhaltung an jenem Herbsttag im Jahr 1989 war sehr herzlich und anregend. Nachdem ich die Antiquitäten bewundert hatte, die schönen Möbel und Gemälde, die Marianne irgendwie aus dem elterlichen Heim gerettet zu haben schien, servierte sie mir einen starken Kaffee und Spritzgebäck, das ich aus Deutschland kannte. Marianne hatte auffällige, pechschwarze Augenbrauen, beeindruckende dunkle Augen und volle Lippen, die oft lächelten. Sie hatte das Haar straff zurückgekämmt und sprach kultiviert mit leicht heiserer Stimme. Wie viele Deutsche, die fast perfekt Englisch sprechen (meine Zweifel in dieser Hinsicht entbehrten jeder Grundlage), hatte sie einen reizenden Akzent, vor allem beim »o«, wie in dem vornehmen »hello«, mit dem sie mich an der Tür begrüßt hatte. Ich sah mir diese Hausfrau in ihren Sechzigern genau an, um die Eigenschaften zu entdecken, die dem 20jährigen Mädchen das Überleben ermöglicht hatten. Die Kraft und der Charakter, die aus ihrem Gesicht sprachen, beeindruckten mich, ihre Energie ebenfalls. Mariannes Charme hatte eine stahlharte Kante.

Marianne hatte vorab um die Fragen gebeten, und so hatte

Frau Jamin uns beiden einen Fragenkatalog zugeschickt, den wir gehorsam durcharbeiteten. Marianne sprach über das Leben in Essen während des Kriegs und die zweifache Bedrohung durch die Verfolgung seitens der Gestapo und durch die Bomben der Alliierten. Wenngleich sie nie die grammatikalischen Fehler machen würde, die ich immer zu vermeiden suchte, so war ihr die deutsche Sprache dennoch ein ungenügendes Werkzeug geworden. Und erst die Erinnerung – ein Werkzeug, das sehr schwierig zu handhaben war. So wurde das Interview fast zu einer Pflichtübung. Marianne vermittelte mir den Eindruck, daß sie über dieses kurze Zusammentreffen hinaus nicht dazu überredet werden konnte, über die Vergangenheit zu sprechen. Sie hatte sichtlich Vergnügen an meiner Gesellschaft, und einmal deutete sie sogar an, daß ich ihr vielleicht beim Schreiben ihrer Lebenserinnerungen behilflich sein könnte, aber der Gedanke war verscheucht, bevor ich mich mit ihm anfreunden konnte. Am Ende des Nachmittags verband uns, daß wir das schmerzhafte Eintauchen in ihre Erinnerungen überstanden hatten. Und nun war es vorbei. In den folgenden Monaten und Jahren dachte ich oft an Marianne, und manchmal telefonierten wir miteinander, aber sonst geschah nichts.

Daß die Geschichte hier nicht endete, ist fast einem Zufall zuzuschreiben. 1996 war ich an den Vorarbeiten für eine Fernsehdokumentation zum Thema der alliierten Besatzung Deutschlands beteiligt, und mir war ja bekannt, daß Marianne noch anderthalb Jahre nach Kriegsende in Deutschland geblieben war. Wie das Ruhrland Museum wollte ich Mariannes Zeugnis bewußt als Gegenstück zu den Wahrnehmungen der meisten Deutschen anführen. Marianne wollte sich nicht filmen lassen, aber sie war froh über meinen Anruf. Sie war inzwischen verwitwet – Basil war im Februar gestorben – und schwerkrank. Sie hatte oft an mich gedacht, denn sie wollte mir einige ihrer Unterlagen zeigen, damit ich entschied, ob man sie einem Archiv anvertrauen sollte. Würde ich sie wohl besuchen kommen?

Als Marianne mir im Juli 1996 die Tür öffnete, fiel mir auf, daß sie etwas gebeugter war und daß es einen Treppenlift gab.

Seit unserem letzten Treffen hatte sie auch abgenommen. Der gute starke Kaffee und die Kekse waren allerdings ganz wie gehabt. Wir gingen nach oben in ein Arbeitszimmer, in dem sich Bücher und Papiere stapelten. Nicht unbedingt förmlich, sondern eher zögernd und als sei es eine Handlung von größerer Tragweite, überreichte mir Marianne einige vergilbte zusammengefaltete Blätter, die ebenmäßig auf deutsch mit Bleistift beschrieben waren. Dies, so sagte sie, sei ein Brief ihres ersten Verlobten Ernst Krombach.

Der Brief wurde im August 1942 aus Izbica abgeschickt, und Marianne erklärte mir, daß das ein Konzentrationslager in Polen gewesen sei. Zieht man die Umstände, unter denen der Brief geschrieben wurde, in Betracht, so handelte es sich um ein unglaublich gemäßigtes, vorsichtiges und nüchternes Zeugnis. Die Mischung von Normalität und Grauen, das Zusammenfallen der äußerst widrigen Umstände mit dem bescheidenen Optimismus des Verfassers ließen diesen Bericht einerseits zugänglich und andererseits nicht wirklich vorstellbar erscheinen. Während ich versuchte, den Brief zu erfassen, war ich mir der prüfenden Blicke Mariannes bewußt. Damals war mir noch nicht klar, wie wenig über Izbica bekannt ist. 1942 wurden an diesen Ort – eher ein Ghetto als ein Lager – Tausende von deutschen, österreichischen und tschechischen Juden umgesiedelt. Ich wußte auch nicht, daß dieser Brief zu einer einzigartigen und umfangreichen Korrespondenz gehörte, die Marianne und Ernst zwischen Essen und Izbica geführt hatten. Dennoch sagte ich, daß auf jeden Fall etwas mit dem Brief passieren mußte.

Ich fragte Marianne, wie es ihr gelungen war, den Deportationen zu entgehen, die ihr den Verlobten genommen hatten. Ich hatte mich über den erstaunlichen Hinweis in ihrem Artikel gewundert, daß die Familie 1941 beinah deportiert worden wäre, dann jedoch verschont wurde. Marianne war sich nicht sicher, aber sie nahm an, daß die Familie von der Abwehr beschützt worden sei, vom Nachrichtendienst der Wehrmacht. Marianne war offensichtlich beunruhigt, ob daran etwas Beschämendes sein könnte. Ich fragte mich tatsächlich, warum die Wehrmacht versucht haben sollte, Juden zu schützen – und warum ausgerechnet ihre Familie?

Ich wollte wissen, wie es Ernst gelungen war, den Brief aus Izbica abzusenden (und wie sie es geschafft hatte, ihm lebensrettende Dinge zu schicken, wie aus seinem Brief hervorging). Marianne antwortete, über ihren Onkel hätte sie einen jungen SS-Mann kennengelernt, dessen Familie in Essen eine große Reparaturwerkstatt gehörte. Unter dem Deckmantel seiner Auftragsarbeiten für die SS hatte er Päckchen für Ernst mitgenommen und den Brief zurückgebracht. Ein SS-Mann, der Pakete in einem Ghetto austrägt und mit unzensierten Briefen zurückkommt? Darüber konnte ich nur den Kopf schütteln.

Dann war es Zeit für das Mittagessen. Trotz ihrer Krankheit fuhr Marianne noch, und nachdem sie sich umständlich auf dem Sitz ihres soliden Rovers niedergelassen hatte, chauffierte sie uns zu einem chinesischen Restaurant in der Nähe, wo ihr Sohn Vivian sich uns anschloß, ein ernster, bärtiger Mann in seinen Vierzigern. Vivian hatte die Idee, die Lebensgeschichte seiner Mutter aufzuzeichnen. Nach dem Essen nahm er mich beiseite und sagte mir, daß Marianne vielleicht nur noch wenige Wochen zu leben hätte. Ich müsse also schnell handeln. Später erfuhr ich, daß er das erst an jenem Morgen vom Arzt erfahren und die vorangegangenen Stunden damit zugebracht hatte, ziellos herumzufahren und darüber nachzugrübeln, wie er mit dieser Eröffnung fertig werden sollte.

Wir verabredeten, daß ich bald mit meinem Kassettenrecorder wiederkommen würde. Und so führten Marianne und ich im Lauf des Jahres 1996 drei lange Unterhaltungen, und allmählich begannen sich die Bruchstücke zusammenzusetzen. Ich erfuhr mehr über die großen Dramen ihres Lebens: den Moment der bevorstehenden Deportation, die Liebesgeschichte und den Briefwechsel mit Ernst, die Flucht vor der Gestapo, die aufreibenden Ortswechsel und die Ruhelosigkeit während ihrer zwei Jahre im Untergrund und die 18 Monate, die sie in der Nachkriegszeit in den Ruinen verbracht hatte.

Diese Unterhaltungen beschäftigten mich, sie nahmen mich gefangen, aber sie waren alles andere als leicht. Marianne hatte gemischte Gefühle wegen unserer Gespräche. Sie wollte Ernsts gedenken und ihrer Bund-Freunde. Und doch war der Akt des Erinnerns überaus schmerzlich. Manchmal hatten wir einen regelrechten Schlagabtausch. Sie wollte nicht, daß irgend etwas über ihr Leben in England nach 1946 geschrieben werden würde, denn sie wollte Basil gegenüber nicht illoyal erscheinen und keine noch lebenden Verwandten verletzten. Und sie konnte es nicht über sich bringen, über die wohl größte Tragödie ihres Lebens zu sprechen: den Tod ihrer 18jährigen Tochter Elaine im Jahr 1969 nach einem langen Kampf gegen Magersucht. Ich gab zurück, daß wir die Bürde, die durch die Vergangenheit auf der Gegenwart lastete, zum Thema machen sollten: Wiedergutmachung, Schuld sowie Mariannes noch bestehende Verbindungen nach Deutschland. Das konnte sie akzeptieren, solange wir nicht in ihrem Familienleben in Großbritannien herumstochern würden. Nach dieser unguten Übereinkunft sprachen wir weiter. Marianne brachte mehr Dokumente zum Vorschein – ihre umfangreiche Korrespondenz mit Ernst vor September 1942 und eine große Fülle von Familienfotos. Sie hatte als Mädchen unglaublich gut ausgesehen mit ihren großen Glutaugen.

Marianne ging es mit jedem Mal schlechter, und sie mußte sich auf unsere Unterhaltungen emotional und medizinisch vorbereiten. Wenn sie viele Medikamente genommen hatte, erzählte sie stundenlang; abends war sie dann aber völlig erschöpft und brauchte Tage, um sich zu erholen. Ich hatte Schuldgefühle, daß ich ihre Sorgen in ihren vielleicht letzten Wochen noch vermehrte. Hatte eine Überlebende des Holocaust nicht das Recht, in Frieden zu sterben? Gegen Ende Oktober hatten wir unsere längste und intensivste Sitzung. Danach schob Marianne das nächste Treffen immer weiter hinaus; sie wollte warten, bis sie sich wieder stärker fühlte. In der Zwischenzeit hatte ich für Januar eine Reise nach Deutschland geplant, wo ich überlebende Mitglieder des Bundes ausfindig machen und prüfen wollte, was für Unterlagen noch zugänglich waren. Im November ging Marianne in ein Pflegeheim. Der Aufenthalt schien ihr gutzutun, und sie kam im Dezember nach Hause zurück. Doch dann verschlechterte sich ihr Zustand plötzlich. Sie starb in den frühen Morgenstunden des 22. Dezember 1996.

Mariannes Tod kam für mich unerwartet. Zu dem Gefühl des großen Verlusts kam die Traurigkeit, daß ich ihr das fertige Buch niemals würde zeigen können. Ich fragte mich allerdings auch, ob das Buch überhaupt noch fertig werden könnte. Ein Schriftsteller hätte in dem, was ich schon damals herausgefunden hatte, das Gerüst einer wunderbaren »story« gesehen, aber ich wollte Fakten und Fiktion nicht durcheinanderbringen; ich wollte ein Stück Geschichte zu Papier bringen. Denn von meinem Studienfach und meinen Neigungen einmal abgesehen, bin ich der Ansicht, daß der Umgang mit dem Holocaust besondere Vorsicht erfordert: Man muß genau auseinanderhalten, was geschehen ist und was nicht. Und deswegen konnte ich mich nicht dazu entschließen, Dinge zu erfinden, die die »story« in Gang halten sollten. Also sah ich mich mit der Frage konfrontiert, ob ich genug Material hatte, um Mariannes Leben Gerechtigkeit widerfahren zu lassen. Ich fragte mich außerdem, ob einiges von dem, was Marianne mir erzählt hatte, wirklich wahr sein konnte, wenn ich auch die größten Bedenken gehabt hatte, ihr das ins Gesicht zu sagen.

Ich trat meine seit langem geplante Reise nach Deutschland 14 Tage nach ihrem Tod also mit einer nicht unbeträchtlichen Ungewißheit an. Mein erstes Ziel war das Hauptstaatsarchiv Düsseldorf, in dem die Unterlagen des Düsseldorfer Gestapobezirks abgelegt sind, zu dem Essen gehört hatte. Dies war eins von nur zwei Gebieten in der Bundesrepublik Deutschland, in denen die Gestapo-Akten nicht vernichtet worden waren. Als die prall angefüllten Mappen über Mariannes Vater und Onkel zum Vorschein kamen, war klar, daß ich auf etwas Besonderes gestoßen war. Es stellte sich heraus, daß die Strauß-Familie zu den am besten dokumentierten Fällen gehörte, an denen man zeigen konnte, wie Widerstandsgruppen innerhalb hochrangiger offizieller Organisationen eingeschritten waren, um Juden zu schützen. In den Unterlagen fanden sich auch Informationen über Mariannes Flucht.

Auf dieser und späteren Reisen nach Deutschland taten sich weitere Quellen auf. Wie in einem Krimi fanden sich viele der ausschlaggebenden Spuren jedoch in Mariannes unmittelbarer Umgebung. Anfang 1997 begann Vivian mit der Sichtung der Unterlagen seiner Mutter, was ihn psychisch stark belastete. Erst jetzt stellte sich heraus, wie viele wichtige Dokumente die Strauß' damals bei Freunden zur Aufbewahrung hinterlegt hatten – Dokumente, die später ihren Weg zu Marianne gefunden hatten. Mehrfach fuhr ich nach Liverpool, um die Papierstapel durchzuarbeiten, die Vivian aufgetürmt hatte. Und als das Haus leergeräumt war, kam im Schuppen ein großer Koffer voller Papiere zum Vorschein. Darunter waren einige außergewöhnliche Postkarten, Briefe und Tagebücher aus der Kriegszeit in Nazideutschland. Ich kann nicht sagen, was mich mehr erstaunte: daß dort solche Dokumente lagerten oder daß Marianne sie nie erwähnt hatte.

Und wie in einem Krimi tastete ich mich – anfangs noch fast blind – an einer sich verlängernden Zeugenkette voran. Ich stöberte Geschäftsfreunde von Mariannes Eltern auf, entfernte Verwandte, ehemalige Klassenkameradinnen, Mitglieder des Bundes und Freunde aus der Nachkriegszeit. Meine Suche führte mich quer durch Deutschland, nach Israel, in die USA und nach Argentinien; bald hatte ich auch Verbindungen nach Kanada, Australien, Frankreich, Schweden, Polen und der Tschechischen Republik – ein schmerzlicher Hinweis auf das Schicksal der Juden Deutschlands.

So oft legen Überlebende des Holocaust mit einer einsamen Stimme Zeugnis ab – und fast alles und fast alle, die in ihrer Geschichte vorkommen, sind vernichtet und zerstört worden. Wenn Marianne noch so vieles geraubt worden war, konnte ihre verlorene Welt doch für sich sprechen. Ich konnte also sowohl meinem Handwerk als Historiker treu bleiben als auch zugleich eine lebendige Geschichte zusammensetzen. Die Lücken, die blieben, waren mir fast als Erinnerung daran willkommen, daß dieses Bild der Vergangenheit wie ein Puzzle zusammengesetzt worden war. Die Dokumente ermöglichten es mir nicht nur, Mariannes Aussagen zu ergänzen, sondern auch sie zu bestätigen. All ihre eher unwahrscheinlichen Behauptungen – über die Abwehr, den Untergrund und die BBC – bewahrheiteten sich.

Zugleich kamen durch diese Quellen andere Fragen über Authentizität und Wahrheit auf, die zu einem wesentlichen Teil der Geschichte wurden. Diskrepanzen tauchten auf. Der Gestapobericht von Mariannes Flucht deckte sich größtenteils mit ihrer eigenen Erinnerung, doch gab es sehr interessante feine Unterschiede, die ich damals noch nicht interpretieren konnte. Es wurde klar, daß Marianne einige Ereignisse nuanciert und andere vergessen hatte. Und sie hatte sich Erinnerungen anderer Menschen »angeeignet«. Diese Veränderungen hatten es mir angetan, nicht zuletzt deswegen, weil es sich hierbei um Episoden handelte, die von Marianne mit einer solchen Klarheit erinnert wurden, daß sie in Stein gemeißelt schienen. Selbst – oder gerade – traumatische Erinnerungen hatte sie auf eine ganz spezielle Weise verändert.

Manchmal bestanden die Diskrepanzen gar nicht aus faktischen Irrtümern. Von ein paar Kleinigkeiten abgesehen, widersprachen Mariannes Erinnerungen an die Ereignisse auf der Flucht nicht dem, was in ihrem im Untergrund verfaßten Tagebuch stand, das ich nach ihrem Tod fand. Und trotzdem waren der Eindruck vom Leben in der Illegalität, der mir aus dem Tagebuch entgegentrat, und vor allem die Vorstellung davon, wie die junge Frau gewesen war, die dieses Leben gelebt hatte, ganz anders als das Bild, das diese für mich entworfen hatte. Marianne hatte den Menschen, der sie einmal gewesen war, offensichtlich aus dem Blick verloren. So setzten mich Dokumente und Zeitzeugen nicht nur auf die Spur von Mariannes Vergangenheit, sondern auch auf die der schmerzlichen Geschichte von Erinnern und Vergessen.

Als Historiker für Neue Deutsche Geschichte ist es über die Jahre eines meiner Hauptanliegen gewesen, die fatale Entwicklung zwischen 1933 und 1945 zu verstehen. In der Tat hatten der Holocaust und das schreckliche Mysterium, das ihn umgab, mich veranlaßt, Historiker zu werden. Ich hatte mich jedoch dazu entschlossen, dieses Buch zu schreiben, um die außergewöhnliche Geschichte einer Überlebenden zu erhalten, und nicht weil ich annahm, wesentliche Einsichten in das Dritte Reich und den Holocaust bekommen zu können. Mariannes Leben schien derart ungewöhnlich, daß man kaum mehr als bloße Nebenaspekte des Alptraums beleuchten konnte, dem sie auf eine solch unfaßbare Weise entronnen war. Überleben war für Juden, die in Deutschland oder von den Deutschen besetzten Gebieten nach 1939 in der Falle saßen, dermaßen selten, daß ich jedesmal fast schuldig fühlte, das Bild zu verzerren, wenn ich Mariannes Geschichte erzählte. Normalerweise ging es Juden in den Jahren von 1938 bis 1941 nicht gut, sie standen auch nicht unter dem Schutz der Abwehr, entkamen der Gestapo nicht und konnten sich nicht zwei Jahre lang im Untergrund halten. Von einer Viertelmillion Juden, die 1939 noch in Deutschland verblieben waren, überlebten wahrscheinlich weniger als 3000 im Versteck, die Hälfte von ihnen in Berlin.

Im Sommer und Herbst 1996, als Marianne und ich uns öfters trafen, war die Goldhagen-Debatte gerade in Gang gekommen. In seinem Buch *Hitlers willige Vollstrecker. Ganz gewöhnliche Deutsche und der Holocaust*, das im Jahr zuvor erschienen war, hatte Daniel J. Goldhagen gezeigt, wie vorsätzlich und verbreitet die Beteiligung der deutschen Bevölkerung am Völkermord an den Juden war. Im Gegensatz zu der Annahme, die Ausführung der »Endlösung« sei ein mechanischer Vorgang gewesen, der von einigen wenigen getragen wurde, argumentierte Goldhagen, daß ganz normale Leute aus allen gesellschaftlichen Gruppierungen den moralischen Impetus teilten, nach dem die Ermordung von Juden nicht nur annehmbar, sondern sogar wünschenswert erschien. Eindrückliche Beschreibungen der Todesmärsche und der Zwangsarbeit untermauerten seine Argumentation. Goldhagen schrieb diese Beteiligung breiter Kreise der Bevölkerung einer besonderen Form des Antisemitismus zu, der sich in der deutschen Kultur über Jahrhunderte herausgebildet hatte. Sein Buch war ein durchschlagender Erfolg und prägte die öffentliche Diskussion nachhaltig.

Je mehr Materialien und Zeugnisse ich jedoch zusammentrug, desto stärker wurde mein Eindruck, daß Mariannes Geschichte im kleinen die Komplexität der Beziehungen Deutschlands zu seinen Juden enthüllte. Wie bei Victor Klemperer, dessen Tagebücher kurz vor Beginn meiner Nachforschungen erschienen,[3] beruhte Mariannes Geschichte, ja ihr Überleben, auf den Beziehungen zwischen der jüdischen und der nichtjüdischen Welt. Zwischen ihr und ihrer Familie auf der einen und der nichtjüdischen Welt auf der anderen Seite wurde eine große Bandbreite von Beziehungen – gefühlsmäßige, geschäftliche oder einfach nur solche des wechselseitigen Vorteils – über die Schwelle von 1933 getragen, oder sie entstanden sogar erst danach.

In der Zeit, als die Strauß' schon verfolgt wurden, gab es noch Nuancen im Umgang mit der Familie, auf die ich nun stieß und die ich nicht erwartet hatte. Versuche der Gestapo, Denunziationen gegen die Familie in eine Anklage münden zu lassen, schlugen fehl, weil der Staatsanwalt und die Richter nicht mitspielten. Als die Finanzämter die Familie wegen der Sondersteuern, die Juden 1938 und 1939 aufzubringen hatten, bedrängte, erwiesen sich innerhalb der engen Grenzen, die das Gesetz vorsah, kleine Zugeständnisse als möglich. Sogar 1941 gab es noch einen minimalen Spielraum, den die Strauß' nutzten, um mit der Stadt über die Bedingungen des Verkaufs ihrer Wohnungen zu verhandeln.

Nach und nach lernte ich Mariannes Helfer und Retter durch Briefe und Tagebücher kennen sowie durch Gespräche mit denjenigen, die noch lebten. Artur und Dore Jacobs, die Anführer des Bundes, waren herausragende Persönlichkeiten. Aber viele von denjenigen, die diese beiden dazu gebracht hatten, große Risiken einzugehen, waren bei all ihrer Rechtschaffenheit, ihrer tief empfundenen Verpflichtung und ihrem unerhörten Mut eigentlich ganz normale Deutsche. Auch wenn der Bund einige charakteristische Merkmale aufwies, waren die Normen und Werte, auf die er sich bezog, in vielerlei Hinsicht die der Linken der Weimarer Zeit. Wenngleich Mariannes Drama des Überlebens auch einzigartig war, so war der Hintergrund dabei so gut ausgeleuchtet und die Besetzung so groß, daß ihre Geschichte Licht auf das ganze Theater wirft, in dem sie gespielt hat.

Es gab viele Momente, in denen ich mir gewünscht hätte, daß Marianne noch gelebt hätte, um meine Forschungsergebnisse mit mir zu diskutieren. Die schmerzhafte Wahrheit sieht jedoch anders aus: Wenn Marianne nicht gestorben wäre, dann wären mir viele Dokumente und mit ihnen die Personen und Adressen, zu denen sie mich geführt haben, verborgen geblieben. Während unserer Gespräche hatte sie im Gegensatz zu mir gewußt, daß das Haus unter dem Gewicht des dort aufbewahrten Papiers fast zusammenbrach, doch konnte sie sich offensichtlich nicht dazu durchringen, sich ihm zu stellen. Vivian hatte mir erzählt, daß seine Mutter eigentlich sehr ordentlich war und alles am richtigen Ort ablegte. Doch diese Papiere waren in Umschläge und Ordner gestopft worden. Wenn sie auch nichts weggeworfen hatte, so hatte sie auch nichts sortiert: Die Unterlagen fanden sich in Nischen und Winkeln über das ganze Haus verteilt. Einigen Bemerkungen Mariannes konnte ich entnehmen, daß sie sich nicht einmal mehr genau daran erinnerte, was sich alles in ihrem Haus befand. Mit anderen Worten: Ihre Geschichte konnte nur erzählt werden, weil ich mit ihr sprach, als sie noch lebte, und Zugang zu ihren Papieren hatte, als sie gestorben war.

Fast fünfzig Jahre blieben dieses Wissen und diese Dokumente im Verborgenen. Es wurden keine Fragen gestellt, keine Diskussionen erlaubt. 1945, so schien es, war Marianne wieder ans Tageslicht gekommen, während ihre Vergangenheit verschüttet wurde. Ein paar Tage nach Mariannes Tod führte ich mein erstes längeres Gespräch mit Vivian. Ich war fassungslos, als ich erfuhr, daß ihm seine Mutter so gut wie nichts aus ihrer Vergangenheit erzählt hatte. Er wartete darauf, etwas darüber von mir, einem Fremden, zu erfahren. Zugleich stellte er sich schützend vor sie und gestattete nicht, daß ich zu weit in ihre Privatsphäre eindrang. Wieder fand ich mich in dem Zwiespalt aus Nähe, Respekt, Argwohn und Schuldbewußtsein, der schon meine Beziehung zu Marianne charakterisiert hatte. So lernte ich etwas über die schreckliche stumme Bürde, die die Vergangenheit auf undefinierbare Art und Weise nicht nur Marianne, sondern ihrer ganzen Familie auferlegt hatte. Die Bürde einer solchen verschütteten Vergangenheit ist ebenfalls ein Thema dieses Buches.

1

Kindheit in einer deutsch-jüdischen Familie

Marianne berichtete von einem Dokument, an dem der Familie viel lag, einem ausgeklügelten Stammbaum, der von ihrer Mutter Regina Strauß in Auftrag gegeben und von einem Künstler gestaltet worden war. Regina oder Ine, wie sie genannt wurde, und ihr Mann Siegfried waren sehr stolz auf die lange Zeit, in der ihre Vorfahren als angesehene Bürger in Deutschland gelebt hatten. Beide Familienzweige konnten Ahnen bis 1740 aufweisen. Die gewissenhaft zusammengetragenen Daten aus fast zweihundert Jahren – Geburten, Todesfälle und Eheschließungen in den Familien Strauß, Rosenberg, Weyl, Stern, Reiss, Behrend und Nördlinger – kamen in diesem schönen Schaubild zur Geltung.

Marianne erzählte mir auch, Ine sei so stolz auf den Stammbaum gewesen, daß sie ihn dem Jüdischen Museum in Berlin geschickt hatte, damit er aufbewahrt oder ausgestellt werde. Zu der Zeit, sagte Marianne, habe sie der Ahnentafel kaum Beachtung geschenkt. »All das« habe ihr als Mädchen nicht viel bedeutet. Nun wünschte sie sich, sie hätte sich damals mehr dafür interessiert. Sie bedauerte vor allem, so viele Daten aus der Familiengeschichte verloren zu haben. Sie erzählte mir, daß das Jüdische Museum in Berlin in der Reichsprogromnacht in Flammen aufgegangen sei und mit ihm der Stammbaum*. Das Verbrennen der Ahnentafel erschien mir von einer geradezu erschütternden Symbolik, stand es doch für die Zerstörung der deutsch-jüdischen Identität. Zugleich war es ein unheilvolles Vorzeichen. In Abwandlung von Heines berühmtem Diktum über die Bücher-

* Stammbaum der Familie Strauß siehe Seite 514f.

verbrennung ließ es spüren: Dort, wo man Stammbäume verbrennt, verbrennt man am Ende auch Familien.

Nicht lange nach Mariannes Tod hielt ich mich zu Forschungszwecken in Berlin auf. Dort nahm ich an einer Führung durch den noch leerstehenden Neubau des Jüdischen Museums teil. Unser Führer, ein Architekturstudent, sprach vor allem über das Gebäude selbst, doch hatte er uns auch ein oder zwei relevante Dinge über die Geschichte des Museums mitzuteilen. Das Jüdische Museum wurde im Januar 1933 eröffnet, sechs Tage bevor die Nazis an die Macht kamen. Später fand ich heraus, daß hier 1936 eine Ausstellung mit dem Titel »Unsere Ahnen« gezeigt worden war, zu der Ine den Stammbaum eingesandt haben muß.[1] Nun sah dieselbe Geste in meinen Augen ganz anders aus. Es war kein Dünkel oder Hochmut, wie ich zunächst irrigerweise angenommen hatte. Es war vielmehr ein bewußter Akt der Selbstbehauptung zu einer Zeit, in der die Nazis versuchten, den deutschen Juden das Recht abzusprechen, sich deutsch zu nennen.

Am 10. November 1938, dem Tag nach der Kristallnacht, war das Museum zwar geschlossen, aber es war nicht in Brand gesteckt worden, wie ich jetzt erfuhr. Nach dem Krieg tauchten einige Gemälde wieder auf, und manche ehemaligen Besitzer bekamen ihre Bilder zurück. Niemand weiß, was aus dem restlichen Bestand wurde. Als Marianne mir erzählte, das Museum sei in Flammen aufgegangen, hatte sie vermutlich unbewußt eine Art sprachliches Bild verwendet, das aber wie eine Erinnerung daherkam.

Mariannes Großeltern

Marianne muß ihre Urgroßmutter noch gekannt haben, denn Sophie Stern starb erst 1928 im Alter von hundert Jahren, als Marianne fünf war. Doch Mariannes Erinnerungen reichten nur bis zu ihren Großeltern zurück, väterlicherseits bis zu Leopold und Saly (Rosalie, geb. Stern) Strauß, mütterlicherseits bis zu Isaak und Anna Rosenberg. Beide Paare lebten in Kleinstädten am Rande des Ruhrtals, die Strauß' in der niederrheini-

Leopold und Saly Strauß in der Kur *(Marianne Ellenbogen)*

schen Gemeinde Dinslaken, die Rosenbergs in Ahlen, einer westfälischen Marktstadt. Beide Familien waren angesehen, und sie hielten sich an die jüdischen Bräuche, wenn auch nicht ganz so streng wie ihre Vorfahren.

Leopold Strauß war der einzige von elf Geschwistern mit einer höheren Schulbildung. Er wurde Rabbi und Lehrer und 1896 zum Rektor der Jüdischen Schule Dinslakens ernannt. Er war auch Kantor[2] der dortigen Jüdischen Gemeinde. Außerdem bat ihn der Bürgermeister, an der Berufsschule zu unterrichten, deren Ehrendirektor er später wurde. (Der Brief des Bürgermeisters in elegant geschwungener Sütterlinschrift fand sich unter Mariannes Papieren in Liverpool.) Er wurde Stadtrat und engagierte sich im städtischen Wohlfahrtsausschuß. Als Leopold 1927 pensioniert wurde, hielt der Dinslakener Bürgermeister eine Festrede vor dem Rat der Stadt und ehrte ihn.[3]

Marianne erinnerte sich lebhaft an den Garten ihrer Großeltern, der ihr aus der kindlichen Perspektive unglaublich groß erschienen war. Großmutter Saly hatte Apfel- und Birnbäume sowie Spalierobst und kochte große Mengen Kompott und Gelee ein. Sie hielt auch Geflügel, und Marianne erinnerte sich daran, wie sie die Hühner gefüttert hatte und welche Freude es war, jeden Morgen ein frisches Ei zum Frühstück zu bekommen. Neben diesen schönen Erinnerungen gab es jedoch auch weniger angenehme, nämlich von Großvater Leopold in Hebräisch unterrichtet zu werden und Mathematik-Nachhilfe zu bekommen. Weil Ferienzeit war, empfand Marianne diese Stunden als »sehr ungerecht«, wenn sie auch durch die Zeit, die sie mit Saly verbringen durfte, dafür entschädigt wurde. Saly und Marianne gingen zusammen einkaufen, wobei sie meist andere Mitglieder der jüdischen Gemeinde trafen. Nachdem Saly, die unter Asthma litt, 1934 gestorben war, schlief Marianne in einem eigenen Zimmer im zweiten Stock des Straußschen Hauses: »Es war sehr schön, und sehr gemütlich und sehr bequem ... Ich habe es immer gemocht, dieses Zimmer für mich zu haben, weg von allem anderen.«

Marianne hatte auch sehr herzliche Erinnerungen an die Rosenbergs, die Eltern ihrer Mutter, die sie regelmäßig besuchte. Wenn die Familie zum Passahfest in einem Jahr nach Dinslaken fuhr, so fuhr sie im nächsten nach Ahlen. Dort »wurde alles in großem Stil betrieben«, erzählte mir Marianne. Isaak Rosenbergs Vater hatte ein erfolgreiches Geschäft mit Getreide und Futtermitteln gegründet, und Isaak, das fünfte von sieben Kindern, hatte sein Geschäft so weit vorangebracht, daß er einer der reichsten Bürger Ahlens wurde. Er spielte eine Schlüsselrolle in den örtlichen Verbänden wie dem Bürgerschutzverein und der Freiwilligen Feuerwehr. Zudem war er Mitglied des national-patriotischen Kyffhäuser-Bundes.[4]

Wie Leopold Strauß blieb auch Isaak ein religiöser Mann. Er war Vorsitzender der kleinen jüdischen Gemeinde Ahlens.

Marianne erinnerte sich, daß er zum Passahfest in Kittel[5] und Tallith[6] am Kopf des Tisches saß. Einmal, als sie noch sehr klein war, fragte Marianne, warum ihr Großvater einen Kittel trug, und erfuhr, daß dieses Gewand sein Leichentuch sein würde. Indem man es trug, gedachte man der Flüchtigkeit des Lebens und der eigenen Sterblichkeit. Dies war Mariannes erste Begegnung mit der Vorstellung des Todes, an die sie sich erinnern konnte. Als Isaak 1932 an Herzschwäche starb, machte die achtjährige Marianne ihre erste Erfahrung mit der Wirklichkeit des Sterbens. Bei seinem Begräbnis spielte die Kapelle der Freiwilligen Feuerwehr.

Das Haus der Rosenbergs, an einer Hauptstraße Ahlens gelegen, faszinierte Marianne. Es hatte einen Staffelgiebel wie holländische Häuser, und es gab eine große geschwungene Treppe. Schon als kleines Kind hatte Marianne ein Auge für Kunst, und später erinnerte sie sich daran, daß in der oberen Etage viele Kupferstiche hingen. Auf halber Treppe gab es ein dunkles Zimmer voller Säcke mit Sultaninen, Korinthen und Zucker. Auf dem Speicher lagerte Getreide. An der Hauswand war ein großer Haken für die Seilwinde angebracht, mit der die Säcke hochgezogen wurden. Hinter dem Haus lagen die Büros und der Garten. Zweimal im Jahr kam der Schlachter ins Haus, und dann stopften die Frauen Würstchen und räucherten Fleisch. Isaak ging auf die Fasanenjagd, und Marianne erinnerte sich daran, wie Fasanen – paarweise gebündelt – an ihre Eltern in Essen geschickt wurden. Mariannes Eindruck von Isaak war der einer überlebensgroßen Persönlichkeit; er sprach Leute auf der Straße an und lud sie zum Essen ein, in ein Haus voller Familie, Gäste und Bediensteten.

Mariannes Eltern

Auch wenn sie sich weiterhin an die jüdischen Bräuche hielten, hatten die Strauß' und Rosenbergs Teil an einem in Deutschland im 18. Jahrhundert einsetzenden Prozeß der Akkulturation[7], der bewirkte, daß die deutschen Juden immer weniger mit den osteuropäischen gemein hatten.[8] Zwar stammten Mariannes Großeltern alle aus Großfamilien, dennoch entschieden sich beide Paare dafür, jeweils nur vier Kinder zu bekommen. Sie gaben ihren männlichen Nachkommen keine biblischen, sondern klingende germanische Namen. Mariannes Vater Siegfried und sein Zwillingsbruder Alfred wurden 1891 geboren, zwei Jahre später folgte Richard. Nur ihre Schwester Bertel (geb. 1900) hatte einen jiddischen Namen. Bei den Rosenbergs gab es neben Johannah (Hannah) (geb. 1894), Adolf (geb. 1896) und Mariannes Mutter Regina (Ine) (geb. 1889) noch den 1907 geborenen Karl.

Genauso charakteristisch war es für diesen Prozeß, daß die Strauß' und Rosenbergs mehr Wert auf eine solide weltliche Erziehung als auf religiöse Unterweisung legten. Leopold schickte Siegfried und Alfred auf eine staatliche Grundschule im nahen Duisburg und nicht auf seine eigene jüdische Schule in Dinslaken. Aus der Grundschulzeit ist ein Foto der beiden Jungen in Matrosenanzügen mit ausgeprägten runden, schmallippigen Gesichtern erhalten geblieben. 1902 wechselten die Zwillinge aufs Realgymnasium in Duisburg-Meiderich. Die Rosenbergs trafen ganz ähnliche Entscheidungen. Damals nahmen die deutschen Juden die Erziehung ihrer Töchter wahrscheinlich ernster als ihre nichtjüdischen Zeitgenossen. Normalerweise erlernten Mädchen einen Beruf, den sie nach der Eheschließung nicht mehr ausübten. Isaak und Anna schickten Ine der klassischen Bildung wegen auf ein Gymnasium, das von Ursulinen geleitet wurde. Laut Marianne machte sich ihre Mutter auch viele der dort vorherrschenden Moralvorstellungen zu eigen.

Die Branche, in der die Strauß-Brüder ihre Ausbildung begannen – der Getreidehandel –, war für die Juden dieser Gegend charakteristisch. Trotz ihrer Akkulturationsbestrebungen bewahrten sich die Juden nicht nur im Ruhrgebiet ein eigenes Berufsprofil. Zur Zeit des Ersten Weltkriegs war das Ruhrgebiet von der Schwerindustrie geprägt, nur wenige Juden arbeiteten jedoch in Kohle- und Stahlberufen oder im Ingenieurswesen. Die Mehrheit war im Handel beschäftigt, und von

Siegfried, Richard und Alfred Strauß *(Marianne Ellenbogen)*

ihnen fanden sich die meisten in der Bekleidungs- und Nahrungsmittelbranche.[9]

Siegfried, Alfred und Richard gingen bei einem Duisburger Kaufmann in die Lehre. Nachdem sie die Lehrzeit beendet hatten, sammelten sie erste praktische Erfahrungen in der Getreide- und Futtermittelverarbeitung und bei der Firma Siegfried Heineberg, einem jüdischen Korngroßhändler in Düsseldorf. Nach seinem einjährigen Militärdienst 1910/1911 arbeitete Siegfried drei Jahre als Getreide-, Samen- und Tierfutterverkäufer für Heineberg. Der Erste Weltkrieg unterbrach diese Tätigkeit.[10]

Ine besuchte eine Handelsschule, die sie im März 1916 mit guten Noten abschloß.[11] Dann ließ sie sich zur Lehrerin ausbilden und war auch kurze Zeit in einer Handelsschule in Münster angestellt. Ein Arbeitszeugnis bescheinigte ihr großen Erfolg.[12] Ein derart kultivierter und intelligenter Mensch wie Ine wäre in einer späteren Zeit sicherlich zur Universität gegangen.

Sie nahm Zeichenunterricht und malte bis zu ihrer Eheschließung, aber nur zu ihrem Vergnügen. Ine war auch sprachlich begabt. Für den örtlichen Dialekt, das westfälische Platt, interessierte sie sich ein Leben lang.

Die Einberufung

Für Siegfried und Alfred war der Erste Weltkrieg eine einschneidende Erfahrung, wie sich Marianne erinnerte. Als beflissene Reservesoldaten meldeten sie sich gleich bei Ausbruch des Krieges und verbrachten die gesamte Kriegszeit im Feld. Unter Mariannes Dokumenten befindet sich Alfreds Armeezahlbuch, aus dem hervorgeht, daß er am 1. Oktober 1911 im Alter von 20 Jahren in das 220. Reserve-Infanterieregiment eintrat, am zweiten Tag der Mobilmachung einberufen wurde und am 30. August 1914 wieder zum Regiment stieß. In diesem Regiment diente er bis Juli 1918 vor allem an der Ostfront, bevor er ins Minenwerfer-Bataillon 20 versetzt wurde. Siegfried stand an der Westfront im Füsilier-Regiment 30 Düsseldorf. Insgesamt wurden 100000 Juden im Verlauf des Krieges eingezogen, 18 Prozent der deutsch-jüdischen Bevölkerung.[13]

Der Krieg verstärkte die außerordentlich hohe Identifikation der Brüder mit ihrem Vaterland; außerdem hatten sie nun nach eigenem Bekunden offizielle Anerkennung und Ehre verdient. Unter Mariannes Papieren sind Hunderte von Ansichtskarten von der Front, mit deren Hilfe ihr Vater und Onkel ihre Erlebnisse festhalten wollten. Marianne erzählte mir, daß ihr Vater im Krieg Offizier gewesen sei, und wahrscheinlich wollte sich die Familie so an ihn erinnern. Tatsächlich wurden die beiden Strauß-Brüder nicht zu Offizieren ernannt, Siegfried war Hauptgefreiter und sein Bruder Feldwebel. Schon diese Ränge waren für Juden nicht leicht zu erreichen, und nur 2000 Juden erwarben das Offizierspatent.[14] Marianne sagte mir auch, daß ihrem Vater das Eiserne Kreuz verliehen worden war. Obwohl dies bestimmt in der Familie so weitergegeben wurde und sowohl Siegfried wie Alfred für ihre Dienste dekoriert wurden,

Siegfried als Soldat kurz vor Ausbruch
des Ersten Weltkriegs *(Marianne Ellenbogen)*

bekam nur Alfred am 4. April 1915 das angesehene Eiserne Kreuz (Zweiter Klasse).[15]

Auch wenn Siegfried und Alfred den Krieg gut überstanden, sollte er für die Familie tragisch enden. Am 14. Dezember 1916 starb Richard im Alter von 23 Jahren auf dem Weg nach Ostpreußen an Malaria.[16] Die Familie Strauß hatte dem Vaterland nach eigenem Empfinden genug Opfer gebracht.

Heute wissen wir, daß der Erste Weltkrieg und die Niederlage Deutschlands wesentlich dazu beitrugen, daß ein militanter Antisemitismus wiederauflebte.[17] 1916 ordnete das preußische Kriegsministerium – als Reaktion auf Anschuldigungen, die Juden drückten sich vor ihrer Pflicht an der Front – eine Zählung aller Juden im aktiven Militärdienst an. Die Erhebung machte deutlich, daß Juden mindestens so stark repräsentiert waren wie der Rest der Bevölkerung, aber bezeichnenderweise weigerte sich das Ministerium, die Zahlen zu veröffentlichen.[18] Die Niederlage Deutschlands vergiftete die Atmosphäre noch mehr. Der Reichsbund jüdischer Frontsoldaten (RjF) wurde gegründet, um der Diffamierung jüdischer Kriegsveteranen entgegenzutreten.[19] Trotzdem war es für die Strauß-Brüder – und für viele andere – unvorstellbar, daß ihre Dienste für das Vaterland bald in Vergessenheit geraten sollten.[20]

Handel und Heirat

Nach dem Krieg arbeitete Siegfried in der kommunalen Lebensmittelzuteilung in Dinslaken.[21] Doch schon am 26. August 1919 gründete er mit Alfred die Getreide- und Rinderfuttermittelfirma Gebrüder Strauß OHG mit Sitz in Essen, damals bereits ein großer Industriestandort mit etwa 500 000 Einwohnern im Herzen des Ruhrgebiets.[22] Auf Getreidebörsen kauften die Brüder in Essen, Duisburg, Köln und andernorts Getreide aus Übersee. Dann reisten sie über Land und verkauften Getreidemischungen an Bauern, Einzelhändler und andere Großkunden der Gegend.[23] Es war keine günstige Zeit für eine Geschäftsgründung. Die politischen Erschütterungen, die auf die Revolution vom November 1918 folgten, und die galoppierende Inflation ruinierten viele Unternehmen. Die Firma der Brüder florierte jedoch. 1922 kauften sie Land, und 1923 machten sie ihr erstes Grundstücksgeschäft in der Essener Brunnenstraße.[24]

Von Anfang an gingen die Brüder wissenschaftlich an die richtige Futtermischung für Zuchtbetriebe heran. Mit Broschüren wie »Das Huhn ist eine Eiermaschine«, auf der eine stolze Henne vor einer Fabrik abgebildet war, appellierten sie an die in den zwanziger Jahren weitverbreitete Rationalitätsgläubigkeit.[25] 1923 wurde der erste Geschäftswagen angeschafft. Nun konnten die Firmenvertreter zu den vielen Bauernhöfen der Region fahren.[26]

Werner Hoffmann stieß im August 1924 zu der Firma, als sie bereits ein blühendes Unternehmen war. Als ich ihn mit fast

Siegfried und Regina Strauß zur Zeit ihrer Verlobung
(Marianne Ellenbogen)

90 Jahren in Buenos Aires 1998 kennenlernte, hielt er sich noch immer kerzengerade, die breiten Schultern zurückgenommen. Ihm waren die Strauß-Brüder als geborene Offiziere in Erinnerung. Alfred hatte eine joviale Art im Umgang mit den Kunden, während Siegfried niemals lächelte. Die Brüder führten ein strenges Regiment. Die Angestellten durften nicht eine Minute müßig sein. Im Jahr 1934 war Werner Hoffmann im Außendienst, als er erfuhr, daß Saly Strauß gestorben war. Er rief in der Firma an, um zu erfahren, ob er ins Büro kommen sollte. »Sie brauchen deswegen keinen Feiertag einzulegen«, war die strenge Antwort.[27]

1921 befand der damals 30jährige Siegfried, daß er nun hinlänglich etabliert war, um an eine Heirat zu denken. Damals gab es für Juden verschiedene Möglichkeiten, einen geeigneten Partner kennenzulernen. Häufig reiste man zu dem Zweck in ein von Juden frequentiertes Seebad oder in einen anderen

Kurort. Bei den Juden aus dem Ruhrgebiet war Norderney beliebt, und hier lernten sich Siegfried und Regina kennen, möglicherweise durch die Vermittlung eines Cousins. Er mußte nicht lange um sie werben. Eine elegante Karte, auf der die Verlobung des Paares im Dezember 1921 bekanntgegeben wird, ist erhalten geblieben. Sie heirateten am Sonntag, dem 27. August 1922, dem 3. Ellul 5682 nach dem hebräischen Kalender, um 13.30 Uhr im Hotel Piper in Ahlen. Siegfrieds Vater traute das Paar.

Was fanden die beiden aneinander? Besonders gutaussehend waren sie nicht. Eine gewisse Korpulenz verlieh ihnen jedoch eine steife Würde. Sie kamen aus ähnlichen Familien und waren sehr ernsthafte Menschen, wenn Norderney sicherlich auch ihre fröhlicheren Seiten zum Vorschein brachte. Marianne war der Meinung, ihre Eltern hätten ein sehr gutes Verhältnis gehabt. Von außen betrachtet war es keine leidenschaftliche Ehe, möglicherweise noch nicht einmal eine Liebesheirat. »Um so besser vielleicht«, meinte die 76jährige Marianne nach langen Ehejahren zu mir. Sie habe immer gespürt, wie sehr sich ihre Eltern respektierten. Siegfried hatte keinen Hang zur Kunst, aber er bewunderte Ines Talent, während sie wahrscheinlich den ernsthaften und fleißigen Mann in ihm sah, der er tatsächlich war. Siegfried kam auch Ines Mitgift von 60 000 Reichsmark nicht ungelegen, die er sogleich in den Kauf eines Hauses für die Familie investierte.

In späteren Jahren pflegte Mariannes Mutter zu ihrer Tochter zu sagen, daß sich anständige Leute nach der Hochzeit mit ihrem ersten Kind etwas Zeit ließen. Sollte Marianne jedoch die durchschnittlichen 39 Wochen vor der Geburt empfangen worden sein, so legt eine grobe Rückdatierung von Mariannes Geburtstag, dem 7. Juni 1923, nahe, daß Ine Regel und Anstand weniger als zwei Wochen zugestanden hatte.

Über die Geburt selbst wissen wir nur sehr wenig. Das einzige Familiendokument, das etwas Licht auf das Ereignis wirft, ist vom 7. Juni 1923 und von Mariannes Vater an ihre Mutter adressiert. Auf der Rückseite einer seiner Geschäftskarten dankte er ihr »für das neue Glück, das mir durch Dich beschert

Siegfried und Ine 1922 auf der Hochzeitsreise
(Marianne Ellenbogen)

wurde«.[28] Dieses scheinbar nichtssagende Dokument verweist auf drei für die Familie charakteristische Eigenschaften. Erstens war Siegfried zweifellos sehr stolz darauf, Kinder zu haben. Zweitens wurden Gefühle bei den Strauß', wenn überhaupt, steif und förmlich zum Ausdruck gebracht. Und drittens war Siegfried kein Mann, der Geld für solche Kinkerlitzchen wie Glückwunschkarten verschwendete, wenn die Rückseite einer Geschäftskarte doch den gleichen Zweck erfüllte. Familienstolz, Förmlichkeit und ein penibler Umgang mit Geld zogen sich wie rote Fäden durch Mariannes Kindheit.

Das Haus Nummer 47, das Siegfried und Ine im Februar 1922 in der Ladenspelderstraße kauften, war ein vollständig unterkellertes, solides dreistöckiges Gebäude. Sie richteten es schön ein, mit Chippendale-Möbeln, schweren persischen Teppichen und wertvollen Gemälden.[29] Bei meinen Gesprächen mit Marianne hingen einige davon in Liverpool. Eine Verwandte, Frau Selig, fand, daß Mariannes Elternhaus eins der schönsten war, in denen sie je zu Gast war.[30]

Es war keine ausgesprochen jüdische Gegend – in Essen gab es gar kein eigentliches jüdisches Viertel –, was nicht überraschend ist, da die circa 5000 Juden nur ein Prozent der Bevölkerung stellten.[31] Ärmere Juden wohnten eher nördlich des Zentrums um den Viehofer Platz herum, während die wohlhabendsten den Süden der Stadt vorzogen, also Bredeney und Rüttenscheid. Die Strauß' wohnten dazwischen, etwas westlich des Zentrums, in Essen-Holsterhausen. Die Ladenspelderstraße war eine gute Straße mit neuen Häusern, in denen auch ein paar andere jüdische Familien residierten.

1997 pilgerte ich dorthin. Mir war bekannt, daß das Straußsche Haus im Krieg durch eine Bombe zerstört worden war. Ich hatte jedoch nicht damit gerechnet, daß es gar keine Nummer 47 mehr gab. Ich lief die Straße hoch und wieder hinunter und bat einen jungen Mann in einem Kiosk um Hilfe, aber er konnte mir auch nichts sagen. Dann erzählte mir ein älterer Anwohner, daß es beim Neubau der Häuser – hier standen nun häßlich-gedrungene Häuserblöcke aus den fünfziger Jahren – weniger Gebäude als Adressen gegeben habe, so daß einige Nummern übersprungen worden waren. Es schien den Opfern des Holocaust auf eine unheimliche Weise angemessen, daß es noch nicht einmal mehr ein Zeichen für den Raum gab, den das Haus der Familie Strauß einst eingenommen hatte.

Mariannes Kindheit

»Ich war kein sehr glückliches Kind«, sagte Marianne. »Ich hatte einfach kein glückliches Naturell.« Bei einer anderen Gelegenheit sagte sie: »Meine Mutter hatte es nicht leicht mit mir – aber ich hatte es nicht leicht mit meiner Mutter.« Marianne gedachte ihrer Eltern mit viel Liebe und Respekt, und sie neigte dazu, sich selbst die Schuld für ihre unglücklichen Erinnerungen zuzuschreiben; ja, sie hatte sogar ein großes Schuldgefühl

Das Leben vor Richards Geburt: Marianne und ihre Eltern 1925 während eines Urlaubs an der See *(Marianne Ellenbogen)*

in Bezug auf ihre Eltern, und trotzdem konnte sie auf die zwanziger Jahre nicht mit Freude zurückzublicken.

Als ihre Mutter einmal aus dem Haus war, hatte sich Marianne – einer frühen Erinnerung nach – »sehr sehr unartig« benommen. Das Kindermädchen sollte ihr etwas anziehen, um nach draußen zu gehen, aber Marianne wollte partout nicht. Ihre Großmutter war »ziemlich schockiert«. Diese Erinnerung war auch deswegen besonders bedeutsam, weil sich die Szene kurz nach der Geburt ihres Bruders Richard im Jahre 1926 abspielte. »Ich saß auf dem Wickeltisch meines Bruders und wollte irgendwelche Schuhe nicht anziehen.«[32] Marianne erzählte mir, als sie klein gewesen sei, habe sie ihren Vater angebetet, und er schien sie anzubeten. »Er war ein wundervoller Vater.« Aber sowie ihr Bruder geboren war, schenkte er ihm all seine Aufmerksamkeit. Marianne nahm ihren Vater in Schutz, sie war sich sicher, daß ihm das »nie aufgefallen« sei. Dennoch nahm sie ihm seine wechselnden Gunstbezeugungen, die ihre Beziehung belasteten, übel. Auch hier war sie selbstkritisch: »Ich war überhaupt kein einfaches Kind.« Sie war weniger charmant als ihr Bruder, und so bekam er sehr viel Aufmerksamkeit. Richard war ruhiger, ernster und unkomplizierter und wurde mehr verhätschelt.

Marianne um 1925 *(Marianne Ellenbogen)*

»Wir wurden sehr autokratisch erzogen. Wenn ich zurückdenke, hatten meine Eltern schon sehr konservative Ansichten. Unsere Erziehung war in vielerlei Hinsicht streng.« Als die Kinder klein waren, verbrachten sie viel Zeit mit »gut ausgebildeten Kindermädchen«, mit denen sie in den Essener Grugapark gingen. Später überwachten Kindermädchen die Hausaufgaben. Als Marianne älter wurde, litt sie unter dem schulischen Erfolgsdruck, dem sie sich durch ihre Eltern ausgesetzt sah. Sie erinnerte sich daran, wieviel Angst sie davor hatte, schlechte Noten nach Hause zu bringen. Ihre Mutter nahm das sehr ernst: »Meine Mutter hatte ein aufbrausendes Temperament, und wenn irgendwas nicht so lief, wie sie es wollte, dann ließ sie einen das sehr bald wissen. Und sie war eine sehr moralische Person; sie war ja von Nonnen erzogen worden. Sie war auf einer Klosterschule gewesen, und natürlich hegte sie alle Vorurteile, die das mit sich brachte. Sie übertrug diese dann auf mich, die ich eine geborene Rebellin war. Es war also wirklich

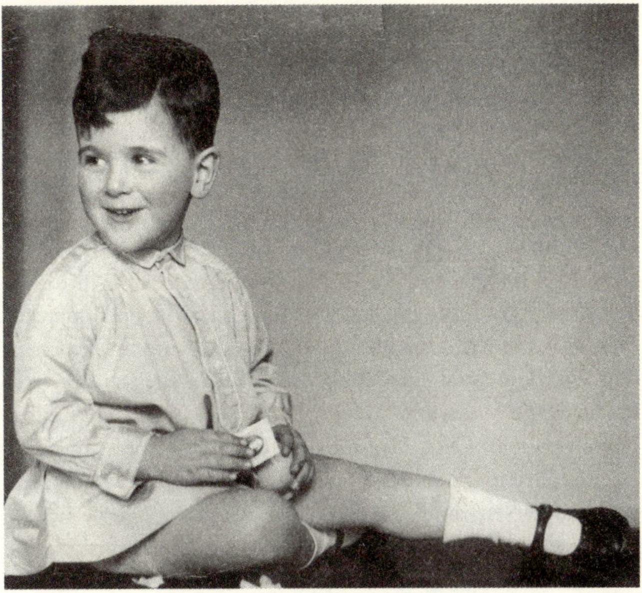

Richard Strauß *(Marianne Ellenbogen)*

keine besonders ungezwungene Umgebung, in der ich groß wurde. Der Druck ballte sich zu einer Wolke über meiner Kindheit zusammen – ich haßte die Schule wirklich.«[33]

Ein paar Briefe, die Marianne ihren Eltern als Schulmädchen geschrieben hat, sind erhalten geblieben. In einem Brief vom Mai 1932 schrieb die Neunjährige in einer über die Maßen korrekten Handschrift:

Lieber Vati!

Heute ist Vatertag. Ich danke Dir für alle Liebe, die Du mir erwiesen hast. Du hast immer für uns gearbeitet. Ich wünsche Dir ein langes Leben, viel Glück und Gesundheit. Ich will in der Schule gut aufpassen, so daß ich nächstes Jahr auf die höhere Schule komm, und ich will Dir recht viel Freude machen. Nun grüßt Dich, lieber Vati, zum heut'gen Tag

Deine Marianne.[34]

Ernsthafte Versprechungen, fleißiger zu sein und mehr zu arbeiten, kehren immer wieder. In einem Gruß zum weltlichen neuen Jahr 1936 schrieb Marianne: »Ich habe die feste Absicht, Euch in diesem Jahr nur Freude zu bereiten. Ich möchte mich besonders in der Schule befleißigen.«[35]

Die Kinder hatten wenig Freiheit und kaum Raum für Selbständigkeit. »Wir bekamen nie Taschengeld, weil mein Vater das Gefühl hatte, daß wir alles hätten, was wir bräuchten, und ich fand das sehr schwierig.« Als gelernte Erzieherin, die ihre eigenen Kinder großgezogen hatte, erlaubte sich Marianne später in diesem Punkt Kritik an ihren Eltern. Sie konnte kein Gespür für den Wert von Geld entwickeln. In ihrer Familie war das Geld nie knapp gewesen, und im Gegensatz zu so vielen ihrer Zeitgenossen erinnerte sich Marianne nicht an die Depression. Und doch »führten wir so ein luxuriöses Leben, einerseits sorglos, und andererseits mußte jeder Pfennig abgerechnet werden.«[36] Wenn sie Geld geschenkt bekam, mußte sie es in die Sparbüchse werfen. Einmal öffnete sie die Büchse heimlich und nahm sich Geld für Süßigkeiten heraus, was ihre Mutter aber bemerkte. »Da war die Hölle los – wegen der Unehrlichkeit.«[37]

1941, als Marianne schon 18 war und nicht mehr zu Hause, sondern in Berlin lebte, als die Welt um sie in Trümmer ging, selbst dann erlaubte ihr der Vater nicht, daß sie die monatliche finanzielle Zuwendung, die sie von ihm erhielt, ganz ausgab.[38] Einen Teil davon mußte sie nach Hause schicken, »was ich wie eine religiöse Pflicht erfüllte. Eines Tages, als ich zu viel ausgegeben hatte, konnte ich nächtelang nicht schlafen, weil ich meinem Vater doch erklären mußte, warum ich zu viel ausgegeben hatte. Mein Vater nahm das sehr ernst; sie waren unglaublich moralisch, alles war eine moralische Angelegenheit.« Ein ganzer Briefwechsel beschäftigte sich mit dem fehlenden Betrag.

»So wurde Geld also bei uns angesehen«, bemerkte Marianne, »auf eine wirklich außergewöhnliche Weise sehr ernsthaft.«[39] »Von uns Kindern wurde unheimlich viel erwartet – wahrscheinlich mehr als von den meisten anderen Kindern. Es war weder sorglos noch leicht.«[40]

Marianne mit Saly Strauß in Dinslaken *(Marianne Ellenbogen)*

Mariannes soziale Kontakte beschränkten sich mehr oder weniger auf den erweiterten Familienkreis. Von ihren Großeltern einmal abgesehen, erinnerte sie sich am liebsten an ihre Tante Lore »Oe« Dahl, Alfreds Ehefrau. Lore Dahl, die Tochter von David und Else Dahl, stammte aus einer alteingesessenen Familie in Wuppertal-Elberfeld. Sie heiratete Alfred 1927, als er 35 und sie noch keine 20 war. Sie waren ein deutlich ungezwungeneres Paar als Mariannes Eltern. Alfred und Lore blieben kinderlos, Richard wurde ihr »Ersatzsohn«.

Wenn Marianne und Richard in die Ferien nach Norderney fuhren, stießen Alfred und Lore oft später dazu. Richard durfte dann noch länger bei ihnen bleiben. Diese Bevorzugung nahm die kleine Marianne übel, aber mit der Zeit entwickelte sie ein immer vertrauteres Verhältnis zu Oe. Marianne bewunderte Oes Energie, ihre Begeisterungsfähigkeit und die Tatsache, daß sie so gut mit jungen Menschen zurechtkam.[41]

Als Alfred und Lore in ein Haus in der Ladenspelderstraße gezogen waren, war es eine besondere Freude für die Strauß-Kinder, sonntags allein zu ihrem Onkel und ihrer Tante zu gehen und

Lore und Alfred *(Marianne Ellenbogen)*

mit ihnen zu frühstücken: »Wenn wir dort ankamen, waren sie manchmal noch nicht aufgestanden, und es war ein Riesenspaß, zu ihnen ins Bett zu kriechen. Sie nannten das die Höhle Machpelah aus der Bibelgeschichte. Mein Onkel machte so eine Art Höhle mit den Bettdecken, und mein Bruder verschwand darunter, und dieses Spiel spielten sie sonntags ziemlich oft.«[42]

Neben diesen Besuchen erinnerte sich Marianne gerne an ihre Tanzkurse. Ihre Lehrerin war von Rudolf von Laban und Mary Wigman unterrichtet worden, und Marianne lernte modernen Tanz und Gruppentanz, dazu etwas Philosophie. Marianne sagte, eine Zeitlang hatte sie unbedingt eine professionelle Tänzerin werden wollen – eine Vorstellung, die ihre Mutter entsetzte. Marianne nahm auch Klavierstunden. Dazu kamen regelmäßige Wochenendbesuche im Folkwang-Museum, der Essener Kunstgalerie. Auch wenn sich das Museum seinen vielen jüdischen Förderern gegenüber später nicht immer löblich verhielt, blieb Marianne der Institution bis zu ihrem Tod treu. Sie hinterließ dem Museum testamentarisch

Marianne mit ihren Cousins, den Jungen der Weinbergs, 1928 in Erkelenz
(Marianne Ellenbogen)

eine Lithographie von Chagall. An den Wochenenden ging die Familie auch häufig in eins der vielen schönen Cafés in Essen Süd, in die »Schwarze Lene« oder die »Heimliche Liebe« mit spektakulärem Ausblick auf den Stadtwald, den Baldeneysee, die Ruhr und die Villa Hügel, das Wohnhaus der Krupp-Familie.

In den Ferien fuhr die Familie oft für sechs Wochen nach Norderney, »mit vollgepackten Koffern, dem Kindermädchen und allen«. Oder in den niederländischen Urlaubsort Noordwijk an der Nordsee in der Nähe von Leiden, wo man in einem eleganten Hotel, dem »Haus der Dünen«, abstieg. Diese Ferien waren ein Vergnügen, obwohl Marianne sich auch bei diesen Gelegenheiten daran erinnerte, mit ihren Eltern über Kreuz gewesen zu sein. Sie erzählte mir, daß es einmal angefangen habe zu regnen, als ihr Vater am Strand von Noordwijk geritten sei. »Ich sagte: ›Oh, das arme Pferd!‹ und meine Mutter war entsetzt, daß ich mich um das Pferd sorgte und nicht um meinen Vater!«

Die Familie Strauß, die jüdische Gemeinde und der Antisemitismus

Die wenigen Bekanntschaften, die Mariannes Eltern außerhalb der Familie pflegten, machten sie in der jüdischen Gemeinde Essens. In den zwanziger Jahren waren aus den paar hundert Mitgliedern des vorangegangenen Jahrhunderts über 5000 geworden. Die Gemeinde wurde auch wohlhabender, vor allem durch die vielen selbständigen Geschäftsleute, die unter den Männern die Mehrheit stellten. Der stetig wachsende Anteil jüdischer Selbständiger – vor allem Rechtsanwälte und Ärzte – trug zum Wohlstand und Prestige der Gemeinde bei. 1913 wurde eine neue Synagoge eingeweiht, eines der größten und beeindruckendsten Bauwerke jüdischer Architektur in Deutschland, deren auffällige grüne Kuppel ein markantes Wahrzeichen der Essener Skyline wurde (und immer noch ist).[43]

Die Gemeinde wandte sich zunehmend von der Ausübung traditionell orthodoxer Gebräuche ab. Die Strauß' gingen nur ab und an zum Gottesdienst in die Synagoge, wenn sich auch Mariannes Mutter im jüdischen Frauenbund engagierte. In dieser Hinsicht glichen die Strauß' den meisten anderen Gemeindemitgliedern; nur die erst kurz zuvor eingetroffenen Immigranten aus Osteuropa, die Ostjuden, hielten sich strenger an das Brauchtum.[44]

Von den periodischen Besuchen in der Synagoge abgesehen, begann Marianne die Gemeinde kennenzulernen, als sie 1929 in die Jüdische Volksschule kam. Sie war in einem modernen Gebäude untergebracht und für Marianne gut zu Fuß zu erreichen. Mit ihren 450 Jungen und Mädchen war die Schule ziemlich groß, weil viele Gemeindemitglieder ihre Kinder hierher schickten, jedenfalls für die ersten Jahre. Mariannes Erinnerung an diese Schule war nicht besonders ausgeprägt, ihr Rückblick war jedoch im großen und ganzen positiv. Sie glaubte, sich dort ein gutes Grundwissen in jüdischer Geschichte und Hebräisch angeeignet zu haben. Als ich später Unterlagen über ihre Leistungen in der jüdischen Jawne-Schule in Köln und im Jüdi-

Die jüdische Schule 1932: Marianne steht in der Mitte der hinteren Reihe *(Marianne Ellenbogen)*

schen Kindergärtnerinnen-Seminar in Berlin fand, war Hebräisch allerdings mit Abstand ihr schlechtestes Fach.[45]

Vor 1933 hatte Marianne nie Anlaß anzunehmen, ihre deutsch-jüdische Identität sei in irgendeiner Weise problematisch. Aus ihren Erinnerungen spricht jedoch eine beträchtliche soziale Segregation. Das gesellschaftliche Leben ihrer Eltern beschränkte sich auf die Familie und die jüdische Gemeinde. Marianne ging in eine jüdische Schule. Sie konnte sich nicht daran erinnern, je mit nicht-jüdischen Nachbarkindern auf der Straße gespielt zu haben. Auch ihre Cousins erinnerten sich daran, daß der gesellschaftliche Umgang im wesentlichen auf andere Juden beschränkt war. Das muß jedoch nicht notwendigerweise ein Problem gewesen sein. Es könnte zum Beispiel auch ein Anzeichen für eine bewußte Entscheidung unter deutschen Juden gewesen sein, ihre Identität zu wahren, also beides zu haben, »Goethe und Gemeinde« – deutsche Kultur und jüdische Gemeinde.[46]

Da kein gesellschaftlicher Austausch mit Nicht-Juden stattfand, können wir Mariannes Zeugnis in gewisser Hinsicht nicht allzuviel entnehmen. Weil sie noch nicht alt genug war, um in eine weiterführende Schule zu wechseln, und sich weitgehend innerhalb des Familienradius aufhielt, bevor die Nazis an die Macht kamen, verhinderte die soziale Segregation ein Bewußtsein ihres Anders-Seins. Aus ihren Erinnerungen erfahren wir allerdings, daß der Antisemitismus zu der Zeit noch nicht die Schwelle überschritten hatte, die sich einem gut behüteten Kind aus einer wohlhabenden Familie eingeprägt hätte.

Seit der zweiten Hälfte des 19. Jahrhunderts breitete sich der Antisemitismus als eine gesellschaftlich treibende Kraft in weiten Kreisen der Mittelklasse aus. Selbst im Ruhrgebiet, einer der tolerantesten Regionen Deutschlands, waren die Juden über das Wiederaufleben antisemitischer Gefühle bestürzt.[47] Vor allem nach dem Ersten Weltkrieg legte sich der militante Antisemitismus nicht mehr ganz. In Essen und anderenorts wurden – aufgrund des in der Gemeinde vorherrschenden Gefühls, sich behaupten zu müssen – jüdische Organisationen gegründet.[48] Andererseits war die Weimarer Republik auch keine direkt in den Nazismus mündende Einbahnstraße.[49] Erst nach 1929, in den katastrophalen wirtschaftlichen und sozialen Verhältnissen der Depression, begann die extreme Rechte in Gestalt der Nazipartei die politische Bühne zu beherrschen.

Für Mariannes Familie – wie für Marianne selbst – lieferte die Familiengeschichte vor 1933 bemerkenswert wenig Hinweise darauf, was kommen sollte. Die Erfolgsgeschichten der Strauß' und Rosenbergs vor 1933 kündigten keine Katastrophe an. Vielmehr meisterten die Brüder selbst die Depression ziemlich mühelos. Und was Marianne angeht, ließ die meist gehorsame und manchmal widerspenstige Tochter strenger jüdischer Eltern aus der Mittelschicht kaum erahnen, was für eine eigenständige und mutige Kämpferin bald aus ihr werden sollte.

2

Schulmädchen im Dritten Reich

Marianne war seit einiger Zeit klar, daß ihr zehntes Lebensjahr nicht einfach werden würde. Einige Kinder blieben in der Jüdischen Schule, aber Mariannes Eltern hatten schon lange geplant, daß ihre Tochter nach den ersten vier Grundschuljahren in die Luisenschule wechseln sollte, ein renommiertes Gymnasium ganz in der Nähe. In der Luisenschule herrschte nicht nur eine ungewohnte, geistig anregende Atmosphäre, sie stand auch für Mariannes ersten Vorstoß in nichtjüdische Kreise. Das Jahr 1933 würde also ihre kleine Welt zum Wanken bringen. Obendrein fiel nun Mariannes erster Schultag auf der neuen Schule in den April 1933, gut zwei Monate nachdem Adolf Hitler Reichskanzler geworden war.

Viele Juden fürchteten sich vor den Folgen, die die Machtergreifung der Nationalsozialisten für sie haben würde. Ihre Vorahnungen wurden durch die schnelle Abfolge von Maßnahmen, die auf Hitlers Ernennung am 30. Januar 1933 folgten, mehr als bestätigt. Erst kamen die Angriffe auf politisch links orientierte Juden und regional begrenzte Boykotte jüdischer Geschäfte.[1] Am Sonnabend, dem 1. April, fand ein offizieller nationaler Boykott statt. SA-Posten stellten sich vor den jüdischen Läden auf, um potentielle Kunden abzuschrecken. In den Lokalzeitungen, darunter auch der Essener *Nationalzeitung*, wurden Listen mit den Namen jüdischer Ärzte, Geschäftsleute und Anwälte abgedruckt, damit gesetzestreue Bürger nun wußten, wen sie zu meiden hatten. Weil sich unsere Wahrnehmung für graduelle Abstufungen durch das Entsetzliche, das später kam, verzerrt hat, können wir nur schwer nachvollziehen, wie schockiert die jüdische Gemeinde 1933 über die offizielle staatliche Beteiligung an solchen Aktionen war. Dem Boykott folgten weitere einschränkende und ausgrenzende Gesetze. Noch im April wurden Juden aus dem Staatsdienst entlassen; sie durften auch nicht mehr als Juristen tätig sein. (Da jedoch Ausnahmen für Veteranen des Ersten Weltkriegs gemacht wurden, arbeiteten viele jüdische Anwälte zunächst weiter in ihrem Beruf.)

Überall standen die Schulen dem neuen Regime wohlwollend oder aufgeschlossen gegenüber. Im benachbarten Dortmund wurden jüdische Kinder zum Beispiel am Tag der Ächtung jüdischer Geschäfte vom Schulbesuch ausgeschlossen, wenn auch vielleicht zu ihrem eigenen Schutz.[2] Lehrer, die eine unerwünschte Einstellung hatten oder jüdisch waren, wurden ein paar Tage später aus dem Schuldienst entlassen. Nicht-nationalsozialistische Jugendverbände wurden nun zügig verboten und Jugendliche ermutigt, überredet und später gezwungen, der Hitlerjugend beizutreten. Mariannes Schulwechsel fiel also in eine äußerst bedrohliche Zeit.

Als wäre nichts geschehen

Bevor wir Marianne ins Klassenzimmer folgen, wollen wir uns ansehen, wie sich ihre Eltern in den neuen Verhältnissen zurechtfanden. Denn Mariannes Erfahrung im Dritten Reich wurde durch die Einstellung und das Verhalten ihrer Eltern nachhaltig geprägt. Vor allem die Tatsache, daß sie bis November 1938 an der Luisenschule ausharren mußte, war der außerordentlichen Unbekümmertheit geschuldet, mit der besonders ihr Vater dem Dritten Reich begegnete.

Vivian hatte mir schon von dem gigantischen braunen Koffer in Mariannes Schuppen erzählt, bevor er es geschafft hatte, sich einen Pfad dorthin freizuschaufeln. Der Koffer, mit Siegfrieds Initialen und der Ziffer 5 gekennzeichnet, war wahrscheinlich der fünfte aus einer Reihe von Gepäckstücken, die Mariannes Vater gehört haben mußten. Er ist vermutlich während des Krieges dem Bankier der Familie zur Aufbewahrung anvertraut worden. Aus den umfangreichen Geschäftsunterlagen, die aus dem Koffer ans Licht kamen, ging hervor, daß die Brüder die 1930er Jahre in weit besserer wirtschaftlicher Verfassung überstanden hatten, als ich es mir vorgestellt hatte. Sie mußten 1933 zwar Expansionspläne aufgegeben,[3] aber die Bruttoeinnahmen der Firma waren 1934 mit 643 432 RM um 50 Prozent höher als 1933.[4] Und um den Gewinn stand es noch besser. 1933 konnte Alfred (über den die Akten mehr sagen als über Siegfried) nur über einen Bruttoverdienst von 11 500 RM verfügen, während sein Einkommen 1934 auf 21 152 RM schnellte. Zum Vergleich: Mitte der dreißiger Jahre verdiente ein Vorarbeiter in der sehr gut zahlenden Rüstungsindustrie zwischen 2500 RM und 3000 RM brutto im Jahr. Viele Arbeiter verdienten also nur ein Zehntel dessen, was Alfred und Siegfried nach Hause brachten.[5] Im August 1934 wandten sich die Brüder unbekümmert in einem Streitfall, der aus einem Exportverbot für Bulgarien resultiert war, an das deutsche Konsulat.[6] Am merkwürdigsten war indes Werner Hoffmanns Erinnerung, daß das Geschäft noch reibungslos lief, als er im Februar 1936 nach Argentinien aufbrach. »Ich erinnere mich genau, daß ich als Reisender in Rheinland und Westfalen sozusagen bis zum Schluß meine Tätigkeit ausüben konnte, und mich von meinen langjährigen Kunden verabschiedete, von denen nur einige wenige überhaupt für meinen Entschluß Verständnis aufbrachten.«[7]

Der Erfolg der Brüder überrascht um so mehr, weil die inoffizielle wirtschaftliche Diskriminierung gegen jüdische Geschäfte und Arbeiter rapide voranschritt, wenngleich der nationale Boykott aufgegeben wurde. Innerhalb von drei Jahren waren viele kleinere Branchen »judenfrei«. 1936 war gut ein Fünftel der jüdischen Bevölkerung von der jüdischen Wohlfahrt abhängig.[8] Daß die Strauß-Brüder noch so glimpflich davonkamen, war außer auf ihren Geschäftssinn auf branchenspezifische und regionale Besonderheiten zurückzuführen. Zum einen war das Ruhrgebiet relativ tolerant, auch wenn die Essener Stadtverwaltung antijüdische Maßnahmen unterstützte. Die meisten Juden dieser Gegend fühlten sich in gewisser Weise vor den Exzessen sicher, die ihnen aus anderen Gebieten zu Ohren kamen. Und so war die jüdische Emigration aus dem Rheinland im Verhältnis niedriger als aus dem Rest des Landes.[9] Und zum anderen zögerte das Regime anfangs, die reibungslosen Abläufe der Nahrungsmittelproduktion zu stören. Aber wahrscheinlich sprach am meisten für die Strauß-Brüder, daß sie ihre Kunden aufsuchten und nicht umgekehrt und daß diese Kunden in ihren abgelegenen Bauernhöfen dem Blick der Öffentlichkeit entzogen waren.[10]

Falls sie daran gedacht haben sollten, das Geschäft zu verkaufen und ins Ausland zu gehen, hätten sie große Verluste in Kauf nehmen müssen. So wurde es immer schwerer, einen angemessenen Preis für Immobilien, die in jüdischem Besitz waren, zu erzielen. Potentielle Käufer setzten voraus, daß die Verkäufer verzweifelt genug waren, um jedes Gebot anzunehmen. Dann mußte die sogenannte Reichsfluchtsteuer bezahlt werden. Diese Steuer war 1931 eingeführt worden, um der Emigration vermögender Grundstücksbesitzer entgegenzuwirken. Nach 1934 diente sie vor allem dazu, auswanderungswillige Juden um ihr Geld zu bringen. Ein wohlhabender Mann wie Siegfried mußte damit rechnen, etwa 25 Prozent seines Vermögens für die Reichsfluchtsteuer aufzubringen. Erschwerend kam hinzu, daß es einschneidende Restriktionen beim Geldumtausch gab, da ausländische Währungen in Deutschland hoch im Kurs standen. Und wieder paarte sich wirtschaftliche Notwendigkeit mit antisemitischer Logik. Ein Jude in Siegfrieds Stellung, der Deutschland vor 1937 verlassen wollte, konnte sich demnach noch glücklich schätzen, wenn es ihm gelang, die Hälfte seines Vermögens ins Ausland zu retten. Nur bei der Emigration nach Palästina waren die Auflagen noch nicht so streng. Aber die primitiven Bedingungen und eingeschränkten geschäftlichen Entfaltungsmöglichkeiten in Palästina lockten einen Mann wie Siegfried Strauß, der dem Separatismus der Zionisten immer ablehnend gegenübergestanden hatte, überhaupt nicht.[11] Nach 1937 wurde die Schraube noch weiter angezogen, der Wechselkurs verschlechterte sich erheblich. Die Strauß-Brüder, so erzählte mir Werner Hoffmann, »wiesen den Gedanken, sich mit einem Bruchteil ihres Vermögens noch in den dreißiger Jahren zu retten, immer strikt von der Hand«.[12]

Werner Hoffmann
und seine Verlobte Hanna Heumann
1936 vor ihrer Ausreise nach Argentinien

Doch war der wirtschaftliche Aspekt nur ein Grund, warum sie im Land blieben. Werner Hoffmann erinnerte sich an viele Gespräche über den angeblich unmittelbar bevorstehenden Zusammenbruch des Regimes. Dazu kam die unerschütterliche Überzeugung, daß der Staat seine Schuldigkeit einem ehemaligen Frontsoldaten gegenüber nicht vergessen würde. Marianne bemerkte mit einem Anflug von Ironie, ihr Vater habe oft die Äußerung General Ludendorffs zitiert: »Der Dank des Vaterlandes ist euch gewiß.« Unter Mariannes Papieren befand sich auch die Verleihungsurkunde für den Feldwebel Alfred Strauß (ausgehändigt am 16. April 1934), die ihn mit dem Erinnerungskreuz in »treuem Gedenken« für seine Dienste im Königlich Preußischen Füsilier-Regiment 39 ehrte. Wie konnte solch loyalen Dienern des Reichs irgend etwas Schlimmes zustoßen?

Mit diesem Vertrauen standen die Strauß' keineswegs allein da.[13] Häufig fühlten sich die jüdischen Männer, mehr noch als ihre Frauen, dem deutschen Boden verbunden (in diesem Fall gibt es allerdings keine Hinweise darauf, daß Ine anders als ihr

Ehemann dachte).[14] Vielleicht war auch Ine der Ansicht, die militärischen Verdienste der Brüder und ihr Vermögen würden sie schützen. Außerdem gab es lange immer wieder irgendeine Hoffnung, an die sie sich klammern konnten. Nach dem Erlaß der Nürnberger Gesetze, in denen Juden als Bürger zweiter Klasse eingestuft und Beziehungen zwischen ihnen und »Ariern« verboten wurden, meinten viele Juden, nun, wo sie ihre rechtliche Stellung kannten, würden sie damit auch zurechtkommen. 1936, im Jahr der Olympischen Spiele, hielt das Regime anti-jüdische Maßnahmen weitgehend zurück. Unter den Juden war die Emigration niedrig.[15] Aber selbst damals konnte Werner Hoffmann die Zuversicht der Brüder nicht nachvollziehen. Als es zum Beispiel 1934 eine Amnestie für den Transfer von Geldern von ausländischen Konten gab, riefen die Brüder ihre Anlagen in ausländischen Währungen pflichtbewußt nach Deutschland zurück. Für Werner Hoffmann und seine Kollegen war es aber noch schwerer begreiflich, warum die Brüder Mitte der 1930er in Grundbesitz investierten. »Unsereiner hatte kein Verständnis dafür.«[16]

Tatsächlich sind die Immobiliengeschäfte der Brüder der beste Hinweis darauf, daß sie glaubten, das Regime überleben zu können. 1935 hatten sie klar erkannt, daß die Aussichten für den Getreidehandel – zumindest kurzfristig – schlecht waren. Deswegen kauften sie im Oktober 1935 ein Grundstück in der am Fuß der Ladenspelderstraße gelegenen Hufelandstraße. Marianne erinnerte sich an die Aufregung um das Bauvorhaben, in das die Brüder weit über 200 000 RM investierten.[17] Der Schweizer Architekt Rudolf Zbinden wurde beauftragt, zwei luxuriöse Wohnblöcke zu entwerfen. Da die Geschäftsunterlagen noch vorliegen, wissen wir, daß den Brüdern keine besonderen Hindernisse in den Weg gelegt wurden. Ein- oder zweimal schlugen aufgebrachte Handwerker antisemitische Töne an, aber weil die Brüder unerschütterlich waren und sich grundsätzlich nie einschüchtern ließen, kehrte man bald wieder zu dem üblichen höflichen Umgangston zurück.[18] Noch mit der Naivität des bewundernden Kindes versicherte mir Marianne, daß die Neubauten damals »Stadtgespräch« gewesen

Familie Strauß 1934 *(Marianne Ellenbogen)*

seien.[19] Im Oktober 1936 zogen die ersten Mieter ein, und 1937 (inzwischen war der ganze Block vermietet) war Alfreds Bruttoeinkommen so hoch wie in jedem Jahr seit 1920.[20]

In gewisser Hinsicht könnte man die Brüder vorausschauend nennen: Sie hatten sich den Wirtschaftszweig ausgesucht, in dem Juden länger als in allen anderen tätig sein konnten. In anderer Hinsicht hingegen hätte der Entschluß zweier jüdischer Männer, ihr Geld in Nazideutschland anzulegen, kaum kurzsichtiger sein können.

Siegfried und Ine können nicht übersehen haben, daß sich die Lage verschlechterte. Im Oktober 1933 versuchte die Nationalsozialistische Kriegsopferversorgung einen Prozeß gegen sie anzustrengen, der sich um den zehn Jahre zurückliegenden Kauf eines Hauses drehte. Die Sache verlief zwar im Sande, sie muß ihnen aber zu denken gegeben haben. Nach der Einführung der Nürnberger Gesetze 1935 durften sie keine nichtjüdischen Hausmädchen mehr anstellen. Nichtjüdische Bekannte und Nachbarn sahen weg, wenn ihnen Mariannes Familie entgegenkam. »Die Nachbarn haben nicht mehr mit uns gesprochen«, erzählte sie mir. »Es waren eigentlich alles ganz freundliche normale Leute, die unser ganzes Leben dort gewohnt hatten. Ich kann mich nicht daran erinnern, auch nur mit einem von ihnen nach 1933 noch gesprochen zu haben. Wir waren also völlig isoliert.«[21] Nebenan wohnte auch eine Familie mit Kindern in Mariannes Alter. Ine hatte sich mit der Mutter, einer Frau Salk, angefreundet. »Und plötzlich kein Wort mehr, weder über den Gartenzaun noch sonst.«[22]

Die sozialen Kontakte beschränkten sich immer mehr auf die Familie. Sonntags kamen Verwandte – Cousinen und Cousins, Tanten und Onkels – zum Tee oder zum Abendessen, oder die Strauß' gingen nachmittags aus. Großvater Leopold in Dinslaken brauchte besondere Fürsorge, nachdem seine Ehefrau Saly im Mai 1934 gestorben war. Aber selbst das Familienleben verschlechterte sich allmählich. Vor Jahren hatte Ines Cousine, Grete Rosenberg, einen nicht-jüdischen Arzt, Dr. Untiedt, geheiratet. Marianne konnte sich gut an Besuche in Ahlen erinnern, bei denen sie mit den Töchtern der Untiedts gespielt hatte. Dr. Undiedt war ein großer Mann, und in den zwanziger Jahren, als Marianne einmal in Ahlen krank geworden war, kam er in ihr Zimmer gestiefelt und sah eher aus wie ein Tierarzt, was sie unheimlich erschreckt hatte. Aber jetzt war der Kontakt abgebrochen; Gretes Töchter waren in den BDM (Bund Deutscher Mädel) eingetreten, und Grete wechselte die Straßenseite, damit sie ihre Tante, Mariannes Großmutter, nicht grüßen mußte. Es ängstigte Grete, mit dieser jüdischen Verwandtschaft belastet zu sein. Natürlich war Großmutter Rosenberg erschüttert. Solche Entwicklungen überzeugten Mariannes Eltern aber noch lange nicht, daß es besser wäre, das Land zu verlassen.

Es war schwer, Marianne zu der Frage, warum ihre Eltern Deutschland nicht verlassen wollten, eine direkte Antwort zu entlocken. Einmal erzählte mir Marianne aber von einem Streitgespräch nach dem Krieg, das darum kreiste, ob sich der

Holocaust in Großbritannien hätte abspielen können, und in der Erinnerung an das Gespräch beurteilte sie das Verhalten ihrer Eltern indirekt: »Die Leute wollen es einfach nicht einsehen, sie weigern sich ... weil es eine Art der Reaktion oder eine Handlung oder irgend etwas herausfordert. Niemand will seine Heimat verlassen, seine Sachen packen und ins Unbekannte ziehen. Vor allem nicht, wenn man ziemlich wohlhabend ist und man sich das alles selbst hart erarbeitet hat. Und man auch noch denkt, daß man seine Pflicht seinem Land gegenüber erfüllt hat. Jetzt ist das Land mal dran, etwas für einen zu tun. Man ist deutsch wie alle anderen. Aber es ist nicht nur das ... man will sich auch die Umstände nicht machen, es ist etwas, dem man sich nicht stellen will.«

In der Luisenschule

Für Mariannes Eltern waren die 1930er Jahre unangenehm, aber zu ertragen. Für Marianne waren diese Jahre ganz anders. Sie erinnerte sich an die Luisenschule als an eine Zeit ständigen Kummers und völliger Bedrückung. Auf dem Tonband von 1989 sagte sie: »Antisemitismus in Essen war dauernd spürbar ... Dadurch war meine Kindheit ... von allen diesen Dingen sehr gefärbt, besonders durch meine Erfahrungen in der Schule. Meine Mitschülerinnen waren alle im BDM, und da war ein sehr starker Antisemitismus in der Schule und in der Klasse ... Ich kann mich nur an ein oder zwei Lehrer erinnern, die ... von denen man fühlte, daß sie irgendwie einen Abstand von der Situation nahmen und ganz neutral standen. Nie hat irgend jemand einen Ausdruck von Sympathie oder positivem ... Mitgefühl gezeigt.«[23]

Als wir 1996 wieder auf das Thema zu sprechen kamen, sagte sie mir, daß »man uns nie erlaubte zu vergessen, daß wir jüdisch waren«. Es habe viel Hohn und Spott gegeben. »Kinder können sehr grausam sein.« Marianne bestand darauf, keine positiven Erinnerungen an die Schule zu haben: »Es war überhaupt nichts Bereicherndes dabei.« In einer späteren Unterhaltung verdammte sie die Zeit noch mehr: »Es war wirklich die reine

Hölle.«[24] Was der Sache noch mehr Nachdruck verlieh, war meine Entdeckung, daß Marianne kurz nach dem Krieg einen Bericht geschrieben hatte, wie es gewesen war, »zum ersten Mal das Wort ›JUDE‹ hinter mir herzischeln« zu hören. Da war sie elf Jahre alt.[25] Und es hatte lange gedauert, bis sie wieder das Gefühl hatte, daß es keine Schande war, Jüdin zu sein.

Marianne war bis zu ihrem Tod verbittert über ihre Mitschülerinnen. In den 1980er Jahren wurde sie von der Alten Synagoge in Essen informiert, daß eine frühere Mitschülerin, Frau Barbara Sparrer,[26] die Ausstellung in der Synagoge besucht und sich nach Marianne erkundigt hatte, weil sie sich gerne mit ihr in Verbindung setzen würde. Wollte Marianne ihr antworten? Nein, ganz bestimmt nicht. Die Frau, sagte sie mir, sei eine ihrer »schlimmsten Peiniger« gewesen. Ich dachte nicht mehr an die Geschichte, bis ich nach Mariannes Tod den Brief von der Alten Synagoge fand. Ich schrieb an Frau Sparrer und setzte ihr auseinander, daß ich den Brief gefunden hatte, und fragte sie, ob sie bereit wäre, sich mit mir zu unterhalten.

Frau Sparrer wohnte in einem hübschen Mehrfamilienhaus im Süden Essens. Das Haus stand auf einem steilen Hügel, und mit den bunten Markisen hätte es auch in einem Schweizer Ferienort liegen können. Als sie nach unten kam, um mich an der Haustür zu empfangen, war ihr Gesicht ausdruckslos. Wir tranken Kaffee auf ihrem beengten Balkon, der von einem freundlich eingerichteten Wohnzimmer abging. Sie versuchte zunächst einmal herauszufinden, wer ich war.

»Sind Sie, wie soll ich sagen, Israeli?« fragte sie mich.

»Meinen Sie jüdisch oder Israeli?« gab ich zurück.

Sie insistierte: »Es gibt doch drei Religionen – Christenheit, jüdisch und Moslems – oder ist das die falsche Reihenfolge?«

Ich bemühte mich, ihr zu erläutern, was es hieß, Moslem, Israeli oder Jude zu sein, aber Frau Sparrer bereitete es schon Schwierigkeiten, daß ich zugleich englisch und jüdisch sein konnte. Nachdem ich den Tod von Mariannes Tochter erwähnt hatte, sah Frau Sparrer nervös über die Balkonbrüstung (wir befanden uns ein paar Stockwerke über dem Boden) und schlug dann vor hineinzugehen. Jetzt wurde mir klar, warum sie mich an der Haustür so ausdruckslos angesehen hatte. Aus irgendeinem Grund war sie vor Angst wie gelähmt.

Frau Sparrer erzählte mir, sie habe versucht, mit drei ehemaligen jüdischen Mitschülerinnen in Verbindung zu treten, ihr habe aber keine geantwortet. Sie habe Marianne zuletzt während des Krieges gesehen. Nervös begann sie mich nach Mariannes Kriegserfahrungen auszufragen. Ihren zögerlich vorgebrachten Fragen zu folgen, zu denen sie dauernd neu ansetzte, fiel schwer. »Darf ich denn mal fragen, wie es Marianne …« Hier folgte eine sehr lange Pause. Dann zeigte sie auf ihre Brust. »Hier, kennen Sie, ne? Der gelbe Stern und stand drauf Jude. Da habe ich einmal Marianne auf der Straße gesehen, aber so weit entfernt auf der anderen Seite, Kruppstraße, meine ich, wäre es gewesen, da muß sie wohl noch da gewesen sein.«

Dann befragte sie mich über Mariannes Leben nach dem Krieg und über ihre Kinder. Wiederholt versuchte sie, meine Beziehung zu Vivian und die Motivation meines Vorhabens zu klären, fast als fürchte sie, es werde ein Dossier über sie zusammengetragen. In den folgenden Dialogen zeigte sich ihr Unbehagen und ihre Verwirrung: »Sagen Sie mal, Marianne, Sie haben eben von den Eltern Strauß gesprochen … Sie haben … wie ist das möglich, haben die sich nicht. Ma-Marianne muß sich ja doch irgend, ach so, die hat im – was haben Sie gesagt? – im Untergrund gewohnt?« Ich bestätigte, daß Marianne illegal in Deutschland geblieben war. »Illegal«, wiederholte Frau Sparrer, sonderbar erleichtert, das richtige Wort gefunden zu haben. »Ah, *deshalb* hat sie ihr Leben gerettet.« Sie fuhr fort: »Es sind ja etliche auch sehr früh weggegangen.« Dem stimmte ich zu.

»Ja? Und, är [*sehr lange Pause*], wie ist es denn zu verstehen, daß die Eltern zum Beispiel die [*unverständlich*] die ganzen KZs und so weiter, wie ist es möglich, daß die Eltern sich nicht vorzeitig abgesetzt haben?« – »Haben Sie mir diese Frage gestellt«, erwiderte ich, denn ich wollte sie dazu bringen, ihren damaligen Wissensstand preiszugeben, »weil es damals so klar war, was mit denen geschehen würde?«

»Ich kenne aber auch Leute, also das habe ich gehört, Sie müssen sich aber immer denken, wenn ich das so sage, ich war ja damals noch ein Kind, ja? Wie kommt es denn, daß die … ach, jetzt weiß ich, was ich sagen wollte, man sagte, wer Hitlers Kampf gelesen hat, der weiß, was zu erwarten ist … kennen Sie diese Äußerung?«

»Hmm, hmm. Also, so ungefähr, hmm.«

Dann unterhielten wir uns über die Konzentrationslager. Frau Sparrer hatte Probleme, sie voneinander zu unterscheiden, und sie verwechselte Theresienstadt und Auschwitz mehrfach, obwohl sie Auschwitz besucht hatte. Das hatte sie schockiert, aber sie hatte eine Erklärung, die sie mit entstellter Stimme durch die Hände hervorbrachte: »Man hat das ja getan, während die Soldaten, die Deutschen, an der Front waren. Da sind die meisten vergast worden.« Und sie hatte da so ihre Zweifel, denn wohin sollten all die Leichen gekommen sein, fragte sie sich, wenn es denn so viele gewesen seien.

In diesem Punkt konnte ich ihr aushelfen. »Sie wurden verbrannt«, sagte ich.

»Ach so.«

Nun kamen wir zur Reichspogromnacht. Frau Sparrer erinnerte sich deutlich an die Verwüstungen. »Sie zerstörten alles. Schrecklich. Die Synagoge, die jetzt das Museum ist, die war auch zerstört. … Es war eins der schönsten Museen [*sie meinte Synagogen*]. Dortmund hatte auch eine schöne Synagoge … Ja, und … ja, was haben sie getan? Sie … ich glaube, sie haben Benzin in die Synagoge gekippt und sie angesteckt.«

Ich spürte, daß sie mir all dies pflichtbewußt erzählte, und sagte, daß wir heute alle verdammen würden, was damals passiert sei, mir aber nicht daran gelegen sei, ein Urteil zu fällen. Was mich interessierte, war vielmehr, was für Gefühle, Erwartungen und Wahrnehmungen sie *zu jener Zeit* gehabt hatte. Darauf reagierte Frau Sparrer mit der Frage, wie lange Marianne auf die Luisenschule gegangen sei. Soweit ich wußte, war Marianne bis zur Pogromnacht dorthin gegangen. »Ja«, sagte Frau Sparrer überrascht. »Aber da muß sie doch … die Eltern waren doch nicht mehr in Essen, ne?« Doch, die Eltern waren auch noch da. Wieder war Frau Sparrer überrascht. Als ich hinzufügte, daß Marianne die Schule 1938 hat verlassen müssen, fragte sie angespannt: »Müssen? Wie sah das denn aus, verlassen müssen. Weiß ich nicht.«

Und plötzlich stürzte sie sich Hals über Kopf in ein ganz anderes Thema: »Also wissen Sie, das paßt hier gar nicht, weil das unsachlich ist, Marianne, schwarzes Haar, ich glaube solch ein Mittelscheitel, Zöpfe, hier unten Locken ... stimmt's? Dann hatte sie immer so altmodische Kleidchen an, und jetzt kommt etwas ... altmodische, das sind so Hängerchen, ach so, in einem Alter, wo man eigentlich schlechthin so Hängerchen nicht mehr trug. ... Und dazu [*lacht*], nehmen Sie mir das bitte jetzt nicht übel, daß ich das erzähle. Dazu war ein passender Schlüpfer, denn kleine Mädchen, die sich bückten, denn sah man entweder den Schlüpfer schlechthin, nicht, und sie hatte passend zum Kleid den Schlüpfer, das habe ich von Marianne in Erinnerung.«

Ihre gute Laune hielt noch an, als sie an den Tag zurückdachte, an dem die drei jüdischen Mädchen ihren Klassenkameradinnen ein Buch gezeigt hatten, »den Talmud«, wie Frau Sparrer sich ausdrückte. »Das ist ihre Bibel, die man von rechts nach links liest, ja? Das haben die uns auch mal gezeigt. Alle drei. Sonst, Sie wollten fragen, wie haben sich die Mitschülerinnen gegenüber den Jüdinnen verhalten. Eins A, eins A. Ich glaube auch ...«

»Was heißt das, eins A?«

»Bestens.«

Frau Sparrer fügte noch hinzu, daß ihr Vater gegen Hitler gewesen sei, daß ihre Eltern sie beschützt hätten, daß sie ein behütetes Mädchen gewesen sei und ihre Eltern nicht wollten, daß sie zum BDM ging. Sie sagte, sie sei auch ohne große Begeisterung zu den Jungmädel, dem BDM für die Jüngeren, gegangen. Dann fragte ich sie noch mal nach dem »eins A«.

»So empfand *ich* das.«

»Ja. Ich meine, denn normalerweise, wenn man Berichte jüdischer Schüler auf normalen Schulen aus den dreißiger Jahren liest – da könnte man nicht sagen, daß das Verhältnis aus ihrer Sicht eins A war, im Gegenteil.«

»Nein? Glaube ich schon. Also daß die christlichen Mitschülerinnen sich sehr unkorrekt den jüdischen Mitschülerinnen gegenüber benommen haben.«

»Ja.«

»Das wollen Sie sagen.«

»Daß man ziemlich diskriminiert wurde, auch nach einer bestimmten Zeit getrennt sitzen mußte, daß ...«

»Nein. Habe ich nicht in Erinnerung. Nein, nein ...«

»Hmm, hmm.«

»Ich wüßte auch nicht, sonst habe ich den Eindruck, wo man gesessen hat. Kann ich mich nicht drauf besinnen.«

»Und daß der Unterrichtsstoff an sich klare Unterschiede gemacht hat? Zum Beispiel, daß immer wieder ...«

»Geschichte? Oder ...«

»Zum Beispiel Rassenlehre, auch Biologie? Daß man ...«

Frau Sparrer unterbrach mich mit der Frage, ob Biologie damals ein Hauptfach gewesen sei. Ich kannte die Antwort nicht. Ich fragte sie danach, wie sie die Schulzeit empfunden habe, und sie sagte, es sei eine gute Zeit gewesen. Sie hätten gute Lehrer gehabt, unter anderen den Sohn eines Priesters, Dr. Rollenberg, der Deutsch und Geschichte unterrichtete. »Ja«, sagte Frau Sparrer, »das wäre eigentlich so in etwa alles. Hätten Sie da sonst noch irgendwelche Fragen, auf die ich gar nicht komme?«

Ich holte tief Luft und sagte: »Also ich ... ich möchte Ihnen jetzt was sagen, das Ihnen vielleicht etwas, äh, schwierig ist, und zwar ... oder jedenfalls eine Frage stellen. Haben Sie nachgedacht, wenn ich Ihnen jetzt sage, daß Marianne einen Brief von Ihnen bekommen hat, warum sie nicht darauf reagiert hat?«

»Alle drei haben nicht darauf reagiert. Ich habe mir da gar keine Gedanken darüber gemacht. Das war eben so, das habe ich so hingenommen. Man wußte ja gar nicht ... welches Schicksal dahinterstand.«

»Also, die Marianne sagte mir, bevor sie gestorben ist, ich kannte Ihren Namen noch nicht, aber sie sagte mir, daß ...«

Frau Sparrer unterbrach mich: »Daß sie mich kennt?«

»Sie hat mir Ihren Namen nicht gegeben, also ich habe Ihren Namen erst durch den Brief hinterher, aber sie sagte mir ...«

Frau Sparrer unterbrach mich: »In der Synagoge ...«

»... daß jemand von der Schule versucht hat, mit ihr in Kontakt zu treten und ...«

Frau Sparrer unterbrach mich: »Das bin ich sicher gewesen ...«

»Ja, ja und ...«

Frau Sparrer unterbrach mich: »Ach, jetzt wollen sie das begründen.«

»Nein. Und sie bezeichnete Sie, also Marianne bezeichnete Sie, als einen ihrer Peiniger.«

»Ich?«

»Das hat sie gesagt.«

»Ich bin ganz erschrocken ... Ich weiß gar nicht, was sie darunter versteht ... Wir sind nie zusammengekommen. Wir haben nur die Klasse zusammen besucht und darüber hinaus, nichts.«

Es gab eine lange Pause. »Also, ich will Ihnen was sagen.« Während sie sprach, schlug sie mehrmals auf den Tisch. »Ich habe das rein aus positiven, menschlichen Gründen gemacht. Ich habe das nicht aus Neugier gemacht zu fragen. Ich bin doch da sehr erschrocken darüber ... Ich weiß auch nicht, was Sie unter ›Peiniger‹ verstehen ... Ich bin weder in ihrem Elternhaus gewesen, noch habe ich neben ihr gesessen; ich kann mich darauf nicht besinnen. Wie soll man das ... Was verstehen Sie unter ›Peiniger‹?«

Ihre folgenden Bemerkungen waren widersprüchlich. Mehr als einmal brachte Frau Sparrer ihre Verwunderung darüber zum Ausdruck, daß es der Familie Strauß gelungen war, bis 1943 im Ruhrgebiet zu leben. Doch wenn ich versuchte herauszufinden, warum das so verwunderlich gewesen sein sollte, behauptete sie, nichts von den Deportationen gewußt zu haben. Dabei muß ihr 1943 doch wegen der Deportationen als sehr spät vorgekommen sein. Sie sei noch »zu sehr Kind« gewesen. (1943 wurde Frau Sparrer 21 Jahre alt.) Wieder und wieder kam sie auf den Ausdruck »Peiniger«, und daß ihr Vater gegen Hitler gewesen sei, was offensichtlich auch dem Rest der Familie einen pauschalen Schulderlaß gewähren sollte. Als sich einmal eine jüdische Bekannte ihrer Mutter von ihnen verabschieden wollte, bestand ihr Vater darauf, daß das im Haus der Sparrers geschah: »Alle Leute hatten Angst, um Gottes willen bloß nicht eine Jüdin kommen zu lassen ins Haus. ›Nee‹, sagte mein Vater, ›es kommt gar nicht in Frage. Hier wird sie sich verabschieden und so.‹«

Wer waren denn »alle Leute«, wollte ich fragen. Doch nach weiteren Reden dieser Art fragte ich sie schließlich: »Bin ich der erste, der Sie nach der Vergangenheit gefragt hat?«

»Ja. Denn da sehen Sie, was ich so wenig weiß ... Ich hatte das auch gesagt am Telefon, daß ich wenig weiß. Und ob es Ihnen wirklich so helfen wird. Das weiß ich nicht.«

»Für mich war das schon sehr interessant.«

»Wie, was ich gesagt habe?«

»Ja.«

Kurz danach brach ich auf. Ich verspürte eine zornige Genugtuung, dieses bißchen emotionaler Rückzahlung abgeliefert zu haben. So viel von dem, was Frau Sparrer mir gesagt hatte, paßte ins Muster der Nachkriegsapologie: nichts gewußt zu haben; die Erklärung, daß die Juden umgebracht worden waren, während die deutschen Soldaten an der Front waren – die ehrlichen deutschen Männer hätten dem sicherlich ein Ende bereitet. Zur Zeit unserer Unterhaltung konnte man sich die Wanderausstellung »Verbrechen der Wehrmacht« in Essen ansehen. Wie sie es in Kriegszeiten getan hatte, ignorierte Frau Sparrer auch jetzt noch allgemein zugängliche Informationen. Für Mädchen der BDM-Generation war es typisch, sich hinter den politischen Haltungen ihrer Eltern (insbesondere ihrer Väter) zu verstecken. Ein einziger Moment, in dem man einem Juden geholfen hatte – hier war es die Verabschiedung, die man einer Freundin huldvoll gewährte –, diente schon als Freispruch, als Beweis der eigenen Unschuld. Wie konnte ich mir aber auf der anderen Seite wieder so sicher sein, daß Marianne sich nicht geirrt hatte? Wer war ich, daß ich den Racheengel spielte? Wäre ich in den 1930er Jahren ein deutscher »Arier« gewesen, hätte ich mehr Mut aufgebracht? Schuldgefühle folgten dem Stolz. Jetzt bereute ich, Frau Sparrer so offensichtlich bekümmert zurückgelassen zu haben. Ihre schlimmsten Befürchtungen hat-

Marianne an der Luisenschule *(Marianne Ellenbogen)*

ten sich bewahrheitet. Sie würde sich an ihre Schultage nie wieder so wie vor unserer Begegnung erinnern.

Ich hatte von Frau Sparrer noch etwas Interessantes erfahren: die ehemaligen Schülerinnen der Luisenschule veranstalteten jährliche Klassentreffen. Im August 1997 schrieb ich an die Organisatorin, Frau Ingrid Kuschmiers. Ein paar Monate später schrieb mir Dr. Rosemarie Lange, die in Süddeutschland lebte und ein Jahr jünger war als Frau Sparrer, daß Marianne Strauß im Jahr 1938 kurz in ihrer Klasse gewesen sei.

> Ich meine, daß sie nach den Sommerferien nach einem langen Aufenthalt an der See in unsere Klasse kam. Danach ist sie ein Jahr zurückgegangen, denn sie besuchte seit 1933 die Luisenschule, meinen Jahrgang seit 1934.
>
> Ich kann mich erinnern, daß sie in der Ladenspelderstraße wohnte. Sonst weiß ich nichts über ihre Familie, Geschwister, und den Beruf ihres Vaters. Das wundert mich heute sehr, denn wir sind manchmal zusammen mit dem Fahrrad nach Hause gefahren, aber mein Weg war viel kürzer. Worüber haben wir gesprochen: Schule, Musikunterricht?
>
> Marianne war ein hübsches Mädchen mit dunklen Augen, frischer Hautfarbe, braunen lockigen Haaren, die zu einem Zopf gebunden waren.

Nachdem Dr. Lange detailliert auf Mariannes letzten Schultag nach der Pogromnacht eingegangen war, fuhr sie fort: »... wir haben nichts mehr von ihr gehört. An sie gedacht habe ich oft. Offenbar ist es ihr gelungen, nach England auszureisen. Mich würde der weitere Lebensweg von Marianne interessieren. Sie war die einzige Jüdin, die ich kannte.«

Ich schrieb zurück, daß Marianne nicht, wie Dr. Lange im Verlauf unserer Korrespondenz offensichtlich angenommen hatte, vor dem Krieg geflohen war, sondern die Nazizeit in Deutschland überlebt hatte. Im Januar 1998 antwortete mir Dr. Lange:

> Sie können nicht wissen, wie sehr mich Ihr Brief beschäftigt hat. Ich muß Ihnen sagen, so sehr ich auch nachdenke, ich bringe eigentlich keine weiteren Erinnerungen zusammen. [...]
>
> Ich war, wie die Mehrzahl meiner Mitschülerinnen, im BDM, in einer Spielschar, die vorwiegend Musik machte. Da ich auch noch Geigenunterricht hatte, war die Freizeit neben der Schule ziemlich ausgefüllt, zumal ich die Fehlzeit nach Krankheit in der Schule aufarbeiten mußte.
>
> Marianne ist mir also erst im September nach den Sommerferien bekanntgeworden [...] Wie stark sie in die Klasse integriert war, weiß ich nicht. Aber sie war eigentlich auch nur 8 Wochen bei uns in der Klasse.
>
> In Erinnerung ist nur noch ein Schulausflug, Wandertag bei wenig gutem Wetter mit unserem Klassenlehrer. Er war ein feiner Mann und gehörte zu dem Gemeindehaus von Pfarrer Gräber und Gustav Heinemann[27] (Dazu ließe sich noch einiges sagen). Unser Direktor Dr. Lindenberg war vermutlich in der Partei, aber er war korrekt und nicht servil, soweit ich das als Schülerin beurteilen kann. [...]
>
> An den einen Wandertag erinnere ich mich. Da gehörte sie dazu. Ob sie angegriffen, gemieden wurde, ich weiß es nicht. [...] Vielleicht suchte man nicht ihre Nähe. Es ist immer schwierig für Neue, in einer Klasse integriert zu werden, und in ihrem Fall sicher besonders schwer.[...]
>
> Was mich erstaunt und was ich für undenkbar hielt ist, daß

Eine Klasse an der Luisenschule *(Waltraud Barkhoff-Kreter)*

es Juden gibt, die in Deutschland überlebt haben. Nach allem, was ich seither gelesen und gehört habe, empfinde ich es als Wunder.

Dr. Langes Brief berührte mich. Was sich daraus ergab, war komplexer, als es zunächst den Anschein hatte. Bei Mariannes Erwähnung von Mitschülerinnen aus dem BDM hatten mir augenblicklich von der herrschenden Ideologie indoktrinierte, antisemitische deutsche Mädchen vorgeschwebt, die ihr das Leben schwergemacht hatten. Hier wurde aber eine unausgesprochene Grenze gezogen zwischen denjenigen, die zum BDM oder zur Partei gehörten und sich anständig verhielten, und denen, die das nicht taten.

Andere Mitschülerinnen Dr. Langes erzählten mir, daß Marianne 1936 zu ihnen gestoßen sei. Darunter war auch Frau Horn, die ihre Erinnerungen ein Leben lang gehegt hatte:

Marianne Strauß gehört zu den Klassenkameradinnen, die mir im Lauf von mehr als sechs Jahrzehnten gleichbleibend lebendig vor Augen stehen [...] Hatten wir uns zu Beginn des Turnunterrichts der Größe nach in einer langen Reihe aufgestellt, stand sie rechts neben mir und schaute aufmerksam zur vor uns stehenden Lehrerin. Ich aber blickte dann zuweilen kurz zur Seite, ihr schönes dunkles Haar bewundernd, das geflochten als dichter Kranz den Kopf umgab.

Marianne stimmte mich nachdenklich. Sie erschien mir (trotz des anfangs noch geringen Unterschiedes) viel größer als ich und mir (trotz Gleichaltrigkeit) an Jahren und an stiller Vernunft weit voraus.

(Ich selbst bin als Nachkömmling wie ein teils überbehütetes, teils ungewöhnlich streng gehaltenes Einzelkind aufgewachsen, weltfremd, versponnen in Bücher und Träume.)

Saß ich vor der ersten Stunde im Klassenraum bereits auf meinem Platz und sah ich, trat sie gerade ein, gelegentlich zur Tür, nahm ich erfreut Mariannes natürlich-gepflegte Erscheinung, den unaufdringlich noblen Schick der leicht sportiven Kleidung, nicht zuletzt den ruhigen Blick der großen dunklen Augen wahr.

Im Fremdsprachenunterricht (Französisch oder Englisch) fiel mir auf, daß sie sich öfter als die meisten meldete, auch, daß der Lehrer (beider Sprachen) ihr in Wort und Ton besonders freundlich, ja achtungsvoll begegnete, was ich ganz selbstverständlich als angemessen betrachtete.

Eines Mittages verließ ich die Schule als eine der Letzten und traf auf dem Hof eine Schar von Mitschülerinnen, die nacheinander ein nagelneues Fahrrad eifrig ausprobierten. Es gehörte Marianne. Obwohl ich erst ein Weilchen dort seitab verharrte, bemerkte sie mich schnell, rief mich nicht etwa laut herbei, sondern kam zu mir und fragte leise: »Möchtest du auch einmal fahren?« Ihr Feingefühl bewegte mich sehr, doch sagte ich befangen: »Nein, danke« stand noch ein paar Minuten da und ging dann heim.

Einmal trafen wir uns vor einer Sommerferienreise zufällig im Zug. Mein Vater und ich betraten ein Abteil, in dem es noch freie Plätze gab. Uns gegenüber saßen Mariannes Eltern, Marianne und ihr kleiner (vielleicht zehnjähriger) Bruder, der ganz vertieft in ein Karl-May-Buch war.

Marianne wartete einige Minuten, dann forderte sie mich fröhlich auf: »Komm, gehen wir nach draußen ans offene Fenster!« Das taten wir, schauten lange hinaus und freuten uns an Fahrt und Wind, bis Vater und ich umsteigen mußten.

Jahre später erst fragte ich mich: »Woher kam die oft dominierende Scheu gegenüber diesem liebenswerten Menschenkind?« Mit unsern Nachbarn, einem altem jüdischen Ehepaar, sprach ich doch, wenn man sich auf der Straße traf, stets unbekümmert und frei. Und dies blieb so, bis sie vielleicht zwei Jahre nach Kriegsbeginn – wie es hieß – wie andere Rentiers vor den zunehmenden Bombenangriffen auf das Kruppsche Essen in die Niederlande flohen. Nicht lange danach wurde denn auch ihr Haus wie das unsre total zerstört.

Es war wohl Anfang 1943, als ich sehr früh am Morgen nach langer Kellernacht und eben erst erfolgter Entwarnung auf einer sonst noch menschenleeren Straße Marianne – nach mehr als vier Jahren – wiedersah.

Wir eilten aus verschiedenen Richtungen kommend verschiedenen Zielen zu, blickten einander wortlos an und liefen weiter, ohne anzuhalten. Wie groß und wie erwachsen war sie nun wirklich geworden und trug doch ihr Haar wie als Kind.

Offensichtlich mußte Marianne eine Klasse wiederholen, deswegen traf Frau Sparrers Erinnerung zu, daß Marianne vor 1938 aus der Klasse verschwunden war. Sie hatte keine unmittelbaren Erinnerungen an Marianne nach 1936. Nichtsdestoweniger unterschieden sich die Erinnerungen Frau Sparrers von denen der anderen. Ihre fröhliche Erinnerung an Mariannes merkwürdige Kleidung war vor dem Hintergrund von Frau Horns Lobrede auf Mariannes sportliche Erscheinung recht krass. (Denkbar wäre natürlich auch, daß sich Mariannes Stil in der Spanne, in der sie 1933 in die Schule kam und 1936 zurückversetzt wurde, veränderte.)

Konnte man annehmen, daß die positiveren Erinnerungen

notwendigerweise die authentischeren waren? Viele der Briefe waren so philosemitisch, wie es für das Nachkriegsdeutschland nur allzu typisch war, wo man die alten antisemitischen Stereotypen durch philosemitische ersetzt hatte.[28] Aus den hakennasigen, ausbeuterischen, entwurzelten Juden wurden brillante Köpfe, hilfreiche Ladenbesitzer und schöne Kinder. Andererseits waren die philosemitischen Stereotypen selten so vielfältig und spezifisch wie diese Schilderungen, und Marianne war wirklich schön gewesen. Hier wurde kein Klischee aufgepfropft.

Frau Kuschmiers, die Vorsitzende des »AltschülerInnenbundes der Luisenschule Essen«, schickte mir den Band »125 Jahre Luisenschule, 1866-1991«. Auf der letzten Seite war ein Brief aus Jerusalem vom August 1991, der einzige Brief des Bändchens, abgedruckt.[29]

Die Absenderin Ruth Gawse, geborene Ferse, war jüdisch und ein Jahr älter als Marianne. Sie war von 1932 bis zum April 1938 auf die Luisenschule gegangen, und im Frühjahr 1939 war es ihr gelungen, sich nach Israel durchzuschlagen. Sie beschrieb ihr Wiedersehen mit Essen in den 1980er Jahren: »Ich selbst habe die Jahre in der Luisenschule in guter Erinnerung, da weder von Seiten der Lehrer, noch von den Schülerinnen antisemitische Bemerkungen gemacht wurden.« Es war unausweichlich: Ich begann, Mariannes Schulzeit weniger einseitig wahrzunehmen. Vielleicht war das Klima doch nicht so feindselig und antisemitisch gewesen, wie sie behauptet hatte, jedenfalls nicht bis zur Pogromnacht. Vielleicht hatte sie im Rückblick übertrieben.

Jüdische Schülerinnen erinnern sich an ihre Schulzeit

Einige Monate nach diesem Austausch fuhr ich nach Israel, wo ich auch mit zwei ehemaligen Mitschülerinnen Mariannes sprechen wollte. Ruth Gawse, 1922 geboren, hatte der Luisenschule den freundlichen Brief geschrieben, während Ruth Davidsohn, geborene Mendel, eins der drei jüdischen Mädchen war, mit denen Frau Sparrer in Kontakt treten wollte. Ich beabsichtigte auch, mich mit Jakov (ehemals Klaus) Langer zu treffen, einem weiteren Zeitgenossen Mariannes.

Ich besuchte Ruth Davidsohn im Norden Israels.[30] Wie sich herausstellte, war sie nur ein Jahr auf der Luisenschule gewesen. Ihre Erinnerungen waren jedoch genauso negativ wie Mariannes. Am Telefon hatte sie mir gesagt, daß sie sich nur noch daran erinnern konnte, wie schlecht sie sich gefühlt habe und wie sie aus dem Religionsunterricht hinausgeworfen worden sei. Jetzt fügte sie hinzu: »Man bemerkte den Antisemitismus. Und dann war da noch die Tatsache, daß ich so entsetzlich fett war. Ich war die fette Jüdin und so weiter. Ich war froh, aus der Schule rauszukommen. Und da war noch was. Ich war oft krank. Ob das psychisch war oder nicht, weiß ich nicht, aber ich war öfter zu Hause als in der Schule. Ich glaube, es waren meine Eltern, die sagten: ›Es hat keinen Sinn, dem Kind geht es einfach schlecht.‹« Später betonte sie, daß der Antisemitismus von den Lehrern und den Schülerinnen ausging. In der jüdischen Schule, die sie nach diesem einen Jahr besuchte, hatte sie sich bedeutend wohler gefühlt.

Ich legte ihr den Brief von Ruth Gawse vor, der eher darauf schließen ließ, daß die Luisenschule für sie eine gute Erfahrung gewesen war. Daraufhin wurde Mrs. Davidsohn unruhig. Sie sagte, sie könne sich an so wenig erinnern, sie habe eine Erinnerungslücke, was die Zeit in der Luisenschule angehe. Sie entsänne sich lediglich, wie schlecht es ihr ergangen sei.

Bevor ich ging, blätterten wir in ihrem Fotoalbum. Dort gab es ein Foto von der Familie ihrer Mutter von 1921, ein Jahr bevor Ruth geboren wurde. Ihre Eltern hatten überlebt, ihre Tante auch, die anderen nicht. Wir sahen uns ein sorgloses Gesicht nach dem nächsten an: »Sie war in Theresienstadt, deportiert, deportiert, deportiert, deportiert, deportiert, deportiert, alle deportiert …« Und nach dieser traurigen Feststellung verabschiedeten wir uns.

Wenn Ruth Davidsohns Erinnerungen an die Schulzeit spärlich gewesen waren, war es doch mehr, als ich einige Tage später von Mrs. Gawse erfuhr.[31] In einem früheren Brief hatte mir Mrs. Gawse geschrieben, sie habe es als »sehr überraschend empfunden, daß Marianne Strauß gelitten hat, ich wußte nichts davon und kann mich auch nicht mehr dran erinnern«.[32] Als ich sie jedoch interviewte, hatte Mrs. Gawse so wenig mitzuteilen, daß ich mich außerstande sah, sie als Zeugin zu befragen. Vielleicht war ihr Gedächtnis 1991 noch besser gewesen, als sie den Brief an die Luisenschule abgeschickt hatte. Wenn nicht, sollte der Brief als Geste der Versöhnung angesehen werden. Das würde ihm auch nicht weniger Bedeutung verleihen, aber er konnte dann kaum als eine Beschreibung der Vergangenheit verstanden werden.

Die jüdischen Schülerinnen erinnerten sich offenbar sehr unterschiedlich an ihre Schulzeit in Essen.[33] In dieser Hinsicht war Jakov Langer mein nachdenklichster Zeuge. Ich war in Mariannes Korrespondenz auf seinen Namen gestoßen – noch einer dieser Menschen aus der Vergangenheit, der in den 1980ern Kontakt mit ihr aufnehmen wollte und dem sie nicht geantwortet hatte. Er lebte mit seiner Frau in Kiryat Tivon, also im nördlichen Teil Israels, in einem idyllisch in der Natur gelegenen, einstöckigen Häuschen.[34]

Jakov Langer wurde 1924 geboren. Bald nachdem die Nazis an die Macht gelangten, war er auf die höhere Schule gewechselt. Er hatte zuerst in Gelsenkirchen gelebt, zu einer Zeit, an die er sich als relativ entspannt erinnerte, wo er mit seinen Klassenkameraden gespielt und »Blödsinn gemacht« hatte. Aber 1936, als er nach Essen zog und auf die Humboldt-Oberschule in der Steelerstraße ging, sah alles ganz anders aus. Seine Eltern hatten ihm gesagt, daß er vorsichtig sein müsse. 1937 und 1938 war er der einzige jüdische Junge unter 700 Schülern. Die meisten anderen Schüler gaben sich nicht mit ihm ab. Und eines Tages saß er allein auf seiner Bank im Klassenzimmer – seinem Tischnachbarn mußte man befohlen haben umzuziehen. Trotzdem hatte es laut Jakov Langer keine Beschimpfungen gegeben. Er machte mich auf das Buch ... *und dann mußte ich gehen* von Charles Hannam aufmerksam, in dem dessen beklemmenden Erlebnisse auf der Essener Goetheschule beschrieben werden.[35]

Langer sagte: »Ich habe dieses ›dreckiger Jud‹ und all diese

Dinge nicht gehört. Ich habe keine intensiven Kontakte mit den Mitschülern gehabt, das ist auch natürlich gewesen, man hatte sie dementsprechend auch natürlich indoktriniert in dem Jungvolk, aber es gab keine Rempeleien, es gab keine Anspielungen, nicht von Schülern und nicht von Lehrern.« Einer seiner Freunde, der auch auf der Goetheschule gewesen war, hatte andere Erfahrungen als Hannam gemacht. Langer war der Meinung, die Unterschiede lägen in der individuellen Wahrnehmung oder an dem Pech, in einer Klasse zu landen, in der es offenen Antisemitismus gab. Vielleicht hatte es Langer geholfen, daß er sportlich, wenn auch recht klein war. Am Unterricht durfte er sich normal beteiligen. Nur zweimal – in einer Stunde über die Ideologie des Nationalsozialismus und während einer Biologiestunde – wurde er aufgefordert, den Klassenraum zu verlassen. Ironischerweise vertraute man ihm die Bewachung des Schultores an. Er sollte sicherstellen, daß keine »fremden Elemente« in die Schule eindrangen.

Meine Wahrnehmung von Mariannes Schulzeit wurde nun differenzierter. Einerseits gewann die Erinnerung an ihr Elend die frühere emotionale Eindringlichkeit wieder, eine Eindringlichkeit, die zwischendurch vom Zufluß der Erinnerungsströme ihrer nichtjüdischen Zeitgenossinnen verwässert worden war. Andererseits war es erschütternd, wie unterschiedlich Menschen dieselben Ereignisse wahrnehmen können. Mariannes nichtjüdische Zeitgenossen hatten einfach nicht begriffen, wie sich das Fehlen eines unbeschwerten Austauschs auf Marianne ausgewirkt hatte. Der gelegentliche Ausschluß vom Unterricht, die Ausfälligkeit eines Lehrers oder eine antisemitische Bemerkung auf dem Pausenhof konnten durchaus eine feindliche Umgebung ausmachen. Daß sich die Mehrheit der Lehrer und Schüler meistens korrekt verhielt, daß selten etwas Antisemitisches offen gesagt oder getan wurde, war ihnen Beweis genug, daß die Schule in Ordnung gewesen war. Und für einige Juden war so eine Umgebung auch erträglich. Wenn sie, wie Langer, mit einem interpretativen Rüstzeug bewaffnet waren, das auch die Bedingungen in Betracht zog, die das Verhalten der Mitschüler prägte, dann waren sie in der Lage, die Stille um sie herum nicht als eine besonders feindliche aufzufassen. Für andere wie Marianne war die Erfahrung jedoch im großen und ganzen ungut und niederschmetternd. Wir wissen auch, daß Marianne eher die Regel als die Ausnahme war.[36]

Was Marianne die Schule noch schwerer ertragen ließ, war der Druck ihrer Eltern, die wie eh und je darauf bedacht waren, daß sie gute Noten nach Hause brachte. 1935 warnte die *Jüdische Rundschau* Eltern vor der Situation, der ihre Kinder ausgesetzt waren. Die *Rundschau* führte das Beispiel eines Mädchens an, das seine jüngere Schwester zu beruhigen versucht, ein im Weg stehendes Pferd würde ihnen nichts tun. »Geh doch, das Pferd weiß ja nicht, daß wir jüdisch sind.«[37] Was Siegfried und Ine anging, durfte jedoch nichts die Erziehung ihrer Tochter behindern.[38]

Dazu kam Mariannes angeschlagene Gesundheit. Wegen Asthma oder Bronchitis mußte sie oft zu Hause bleiben. Als sie 13 war, litt sie unter einer schweren Bronchitis und wurde zur Kur geschickt.[39] Die erzwungene Abwesenheit resultierte in schlechten Noten, wie sie mir mit Bedauern erzählte: »Meine Eltern waren sehr klug, vor allem meine Mutter, die eine Überfliegerin war und sehr ehrgeizig … In der Schule gut zu sein war wahrscheinlich das Wichtigste … Ich wußte also, daß ich für meine Eltern eine große Enttäuschung war, und das hat mir nicht gerade geholfen.«[40]

Jüdische Jugendgruppen

Alle jüdischen Zeitzeugen waren sich in einen Punkt einig: Spätestens ab 1935 konnten sie sich nur noch entspannt und mit einigen Selbstvertrauen amüsieren, wenn sie mit anderen Juden zusammen waren, vor allem mit Jugendlichen. Sie trafen sich in jüdischen Jugendgruppen, zu Veranstaltungen im Jüdischen Jugendzentrum oder bei sich zu Hause. Jakov Langer erinnerte sich daran, daß er ab und an in der Maccabi-HaZair-Jugendgruppe auf Marianne stieß, in der sie beide Mitglieder waren. Seine lebhafteste Erinnerung an sie war allerdings, wie er sie eines Abends bei einem Hauskonzert getroffen hatte. Die Langers nahmen an solchen Veranstaltungen regelmäßig teil, weil sie zur Essener Musikszene gehörten. Jakov (damals Klaus) und Marianne hatten denselben Klavierlehrer. An dem Abend kamen sie miteinander ins Gespräch. »Ich erinnere mich, daß sie hübsch war, und daß das Eindruck auf mich gemacht hat, daran erinnere ich mich auch.«

Auch wenn die Jugendgruppen der dreißiger Jahre in Mariannes Erinnerung keine besondere Rolle spielten, so wissen wir doch, daß Marianne an ihren Aktivitäten teilnahm und daß die Jugendbewegung einen bleibenden Einfluß auf sie ausübte. Nach 1933 durften die jüdischen Jugendgruppen noch relativ unbehelligt agieren, und so kam ihnen eine neue Bedeutung zu. War vor 1933 nur ein Viertel der jüdischen Jugendlichen in Deutschland in jüdischen Jugendgruppen organisiert, so stieg der Anteil danach auf mehr als die Hälfte. 1937 waren es etwa 60 Prozent.[41] Paradoxerweise hielt sich wohl in den jüdischen Gruppen der Geist der freien deutschen Jugendbewegung aus der Zeit vor 1933 am längsten.[42] Jakov Langer erinnerte sich an die blauen Hemden der Gruppenuniform, weiße Hemden waren für die besonderen Anlässe. Im Jüdischen Jugendzentrum stellten sie sich zum Appell auf und übten marschieren. Mariannes Gruppe (ab 1934 mit den jüdischen Pfadfindern zu den JPF-MH, Jüdische Pfadfinder-Maccabi-HaZair, vereint) war in den Jahren von 1936 bis 1938 sehr aktiv. Man traf sich regelmäßig an Abenden und am Wochenende zu Gesprächen, Spielen und Ausflügen.[43]

Vermittelt durch Ruth Gawse interviewte ich noch einen Essener ihrer Generation. Hans Eulau, heute Uri Aloni, arbeitete im Haus der Ghetto-Kämpfer.[44] Mehr als alle anderen betonte Uri Aloni die emotionale und psychologische Unterstützung durch die Jugendgruppen. Er hob hervor, daß ihm die Jugendbewegung auch eine starke Bindung an den Zionismus und den Glauben an die Zukunft vermittelt hatte. Seine Marschrichtung war aber dermaßen klar, daß ich mir nicht helfen konnte: Ich fühlte mich als Adressat seiner Propaganda. Und tatsächlich verknüpfte die Ausstellung des Museums die Jugendbewegung und ihre Rolle im Widerstand auf dieselbe klare und direkte Weise: von der Solidarität, die man im Habonim oder in der Maccabi-HaZair erlernte, über den Widerstand in der Nazizeit bis zum Beitrag der jungen Immigranten in den 1930ern und 1940ern zur Gründung des Staates Israel.

Augenblicklich veränderte sich meine Wahrnehmung der widersprüchlichen Zeugenaussagen erneut. Ursprünglich war ich mir vieler Veränderungen und Auslassungen in den Aussagen einzelner Menschen bewußt gewesen. Dann wurde mir klar, daß viele Ungereimtheiten die unterschiedlichen Wahrnehmungen der Ereignisse zur damaligen Zeit sehr genau widerspiegelten. Jetzt erkannte ich deutlich, wie wichtig der öffentliche Diskurs war, vor dessen Hintergrund sich Menschen an ihre Vergangenheit erinnerten. Meine nicht-jüdischen deutschen Briefpartnerinnen hatten an die Luisenschule im Kontext des besonderen deutschen Diskurses – Nachkriegs-Philosemitismus gepaart mit Vergeßlichkeit – zurückgedacht, und beim Bearbeiten ihrer Erinnerungen hatten sich die Ex-Luisenschülerinnen wechselseitig geholfen. Viele Schülerinnen hatten mir erzählt, sie hätten erst nach dem Krieg erfahren, daß ihr Lehrer Herr Schammel mehr gegen die Nazis eingestellt gewesen war, als sie damals ahnten.[45] Die ehemaligen Lehrer unterstützen die Verbreitung der Vorstellung, die Mehrheit in der Schule sei gegen den Strom geschwommen.[46] Meine israelischen Gesprächspartner sprachen ihrerseits bewußt oder unbewußt vor dem Hintergrund eines durch Kriege abgehärteten, hartnäckig sich selbst behauptenden israelischen Staates.[47] Doch für Marianne, auf die der Zionismus nie so stark abgefärbt hatte, gab es keinen solchen Diskurs, der ihre Erinnerungen hätte prägen können.[48]

Erholung in Wyk

In Mariannes Erinnerung war es ihre Kur in Wyk auf der Nordseeinsel Föhr – und nicht die Jugendgruppen –, die ihr in den dreißiger Jahren emotional am meisten geholfen hatte.[49] Föhr war als Kurinsel für Erkrankungen der Atemwege mit seiner flach abfallenden Küste für junge Gäste ideal, und so gab es dort ein paar Kindergenesungsheime. Der Jüdische Frauenbund (JFB) ließ dort 1927 ein eigenes Haus erbauen. Nach 1933 wurde das Heim außer zur Genesung als Zuflucht für Kinder, die unter den aktuellen politischen Umständen litten, annonciert.[50] 1936 hielten sich dort mehr Jugendliche auf als je zuvor, nämlich fast 300 – vielleicht ein Anzeichen dafür, daß es den Eltern bewußter wurde, welchem Druck ihre Kinder ausgesetzt waren.[51] In diesem Jahr hatte Marianne ernste asthmatische Beschwerden, die sich möglicherweise durch ihre Überlastung verschlimmert hatten. Marianne erinnerte sich, fast sechs Monate in Wyk verbracht zu haben. Die übliche Kurdauer betrug aber nur sieben Wochen, und es kann sein, daß Marianne die Zeit im nachhinein in ihrer Erinnerung verlängert hat, wenngleich Bemerkungen einer ihrer Lehrerinnen nahelegen, daß sie sich sehr wohl länger als üblich dort aufgehalten haben kann.

Ein Artikel aus dem Jahr 1937 zur Feier des zehnjährigen Bestehens des Kinderheims vermittelt den Eindruck einer sehr angenehmen Umgebung, wenn der Tagesablauf auch bis ins kleinste geregelt war. Das Heim wurde von Clara Simons aus Köln mit einem Team von etwa 20 Kindergärtnerinnen, Grundschul-, Unter- und Oberstufenlehrerinnen geleitet. Jeder Tag wurde genau geplant. Für die behütete 13jährige Marianne war so eine Umgebung wahrscheinlich ideal. Noch 1936 konnte das Heim den Kindern Ausflüge zu den kleinen kahlen, aber bewohnten Nachbarinseln anbieten.[52] Hier, wo die Bedürfnisse der Kinder im Mittelpunkt standen, empfand es Marianne als befreiend, aus Elternhaus und Schule fort zu sein und sich mit einigen der aufgeschlosseneren Lehrerinnen auszutauschen.

Sie lernte dort vor allem Edith Caspari kennen, die sie in Berlin während des Krieges wiedertreffen sollte. Caspari, von der Pädagogin Helene Lange ausgebildet, war auch eine Jung-Schülerin und Graphologin. Marianne erinnerte sich, daß Caspari die erstaunlichsten Schlüsse aus einer kurzen handschriftlichen Probe ziehen konnte. Sie führte Marianne in eine neue Gedankenwelt ein.[53] In einem Brief an Marianne vom Januar 1943 bewies Edith Caspari selbst unter dem Eindruck des äußersten Schreckens jener Zeit, in der viele ihrer vertrauten Kollegen gerade ermordet worden waren, eine derartige emotionale Verbundenheit, daß sie Marianne in einem eher literarischen Stil an ihr erstes Zusammentreffen zu erinnern vermochte:

> Oft noch sehe ich die kleine Marianne vor mir, mit den Hängezöpfen, wie sie an der Seite des Vaters zu mir kam, 15 Jahre alt.[54] Sehr rasch wurde sie größer, versuchte, das Leben zu genießen, war leichtsinnig im Unterricht und im Geldausgeben für hübsche Dinge u. zur Pflege des eigenen hübschen Körpers. Aber es ist gut, auch durch solche Zeiten hindurchzugehen, sie sind nicht verloren. Man ist als Mensch kein Engel. Und auch in dieser Zeit war Marianne oft erfreulich für andere Menschen. Nicht nur im Äußeren (ich sehe sie in dem hübschen dunkelblauen Kostüm u. im bunten Morgenrock).[55]

Doch während es für Außenstehende so aussah, als habe Marianne einen etwas oberflächlichen Charme ausprobiert und die ungewohnte Freiheit genossen, etwas Geld zum Ausgeben zu haben, ist ihre eigene Erinnerung die, daß ihre Identität zum ersten Mal Gestalt anzunehmen begann. Wie Edith Caspari beobachtete, kam sie als kleines Mädchen nach Wyk, aber als sie es wieder verließ, war sie an der Schwelle zum Erwachsensein.

Das Ende der Illusion

Nach der trügerischen Ruhe während der Olympischen Spiele 1936 verschlechterten sich die Bedingungen für viele Juden zwischen dem Herbst 1936 und dem Frühjahr 1937 rapide. Die Arisierung jüdischer Firmen wurde vorangetrieben. Im Februar 1937 verkündete der Leiter der Deutschen Arbeitsfront, Robert Ley, es sei das erklärte Ziel des von Hitler 1936 auf dem Nürnberger Reichsparteitag propagierten »Vierjahresplans«, die Juden aus dem deutschen Wirtschaftsleben auszuschließen.

Und doch waren im Januar 1938 erst 135 000 der 525 000 deutschen Juden ausgewandert. In den nächsten zwölf Monaten stand eine gewaltige Veränderung bevor, sowohl auf regionaler als auch auf nationaler Ebene.

Ab Januar 1938 wurden die Pässe jüdischer Bürger konfisziert, die die Grenze nach Frankreich oder in die Schweiz überschritten. Das Regime wollte das Reisen auf diejenigen beschränken, die tatsächlich emigrierten. Von den 100 000 jüdischen Läden und Geschäften des Jahres 1933 waren im April 1938 nur noch 40 000 in jüdischem Besitz. Annähernd die Hälfte aller jüdischen Arbeiter war jetzt arbeitslos. Im Juni 1938 befahl Hitler, die Münchner Synagoge dem Erdboden gleichzumachen. Als auch die Dortmunder Synagoge zerstört wurde, bedeutete das für die Strauß-Familie ein Vorrücken des Schreckens. Die Dortmunder Gemeinde wurde um die Mittel betrogen, die ihnen für das Gebäude hätten gezahlt werden sollen.[56] Am 23. Juli trat ein Gesetz in Kraft, demzufolge alle Juden – Säuglinge und Kleinkinder eingeschlossen – bis Ende des Jahres im Besitz einer jüdischen Kennkarte sein mußten. Im August schloß ein neues Gesetz, das im September in Kraft trat, alle jüdischen Ärzte von der Berufsausübung aus.[57] Nun durften Juden keine Autos mehr besitzen, und die Strauß' waren gezwungen, ihren prestigeträchtigen Wanderer zu verkaufen.[58] Im Oktober wurden Juden polnischer Herkunft, darunter einige hundert aus Essen, unter grausamen Umständen aus dem Land vertrieben.[59] Aber noch immer machten Siegfried und Ine keine Anstalten zu gehen.

3

Zerbrochenes Glas, zerstörtes Leben

Am 7. November 1938 schoß ein junger Mann namens Herschel Grünspan auf den deutschen Gesandtschaftsrat in Paris, Ernst vom Rath. Grünspan, ein Jude polnischer Herkunft, wollte damit gegen die Abschiebung seiner Eltern im Oktober 1938 protestieren. Am 9. November erlag vom Rath seinen Verletzungen. Als die Nachricht die deutsche Führung erreichte, waren Hitler und die meisten Mitglieder der Parteispitze gerade dabei, in München den 15. Jahrestag des »Hitlerputsches« von 1923 zu feiern. Nach einer Besprechung mit Hitler ergriff Joseph Goebbels die Initiative und wiegelte die Anwesenden zur »Vergeltung« auf. Um 22.30 Uhr eilte die versammelte Prominenz aus Partei, SA und SS von dannen, um die Anordnungen telefonisch in die jeweiligen Landesteile zu übermitteln. Auf diese Art und Weise wurde die Bühne für den als »Reichskristallnacht« bekannten Pogrom vorbereitet.

In Essen hatten die Aktivisten wie überall bei den Feiern zum Jahrestag des Hitlerputsches schon tief in ihre Gläser gesehen. Kurz vor Mitternacht wurden die betrunkenen SA- und SS-Männer überraschend zum Handeln aufgefordert. Zu Fuß und in Autos brachen sie zur Essener Synagoge auf. Da einer von ihnen Garagenmeister für die Gauleitung war, konnten die SS-Männer schnell Benzinkanister organisieren und zur Synagoge schaffen. Die Feuerwehr unterstützte die Aktion. In den folgenden Wochen sagte man in Essen: »Die Feuerwehr hat den Brand mit Benzin gelöscht.« Dem schloß sich ein Sturm von Angriffen auf jüdische Läden und Wohnhäuser an, der bis zum 11. November andauerte.[1]

Aus irgendeinem Grund blieben die Häuser auf der Ladenspelderstraße sowohl am 9. November als auch an den folgenden Tagen unbehelligt. Laut einer überlebenden jüdischen Zeugin, die damals in diesem Stadtteil von Essen wohnte, war der zuständige SA-Chef verhältnismäßig anständig, und deswegen sei das Viertel verschont geblieben.[2] Merkwürdigerweise hielt sich der Mythos des anständigen ortsansässigen SA-Mannes in jüdischen Berichten von der Pogromnacht hartnäckig – nicht nur in Essen, auch in anderen Städten. So wurde zum Beispiel oft erzählt, daß SA-Einheiten aus anderen Gegenden abkommandiert wurden, um zu vermeiden, daß freundschaftliche Bande der Gewalt entgegenwirkten. Dennoch hat die Forschung seither oft nachgewiesen, daß solche Behauptungen nicht der Wahrheit entsprechen.[3] Was auch immer der Grund gewesen sein mag, in der Nacht des 9. November schlief die Strauß-Familie jedenfalls ungestört.

Am folgenden Morgen ging Marianne, die keine Ahnung hatte, was sich überall in Deutschland abspielte, wie immer zur Schule. Rosemarie Lange schrieb mir:

> Schlimm war ihr letzter Schultag damals. [...] Wir hatten Musikstunde auf der Empore der Aula. Die Lehrerin verspätete sich, und in dieser Zeit erzählten einige Schülerinnen, was in der Stadt passiert sei, was sie gesehen hatten, was alles zerstört und zerschlagen sei. Vielleicht erfuhr Marianne von diesen Dingen erst wie ich in der Schule. Radio hörten wir nicht, meine Eltern waren verreist. Der Schulweg führte durch eine Wohngegend. [...] Diese Stunde muß für Marianne die Hölle gewesen sein. In der Pause verließ sie die Schule unauffällig, und wir haben nichts mehr von ihr gehört. An sie gedacht habe ich oft.

Eine andere Korrespondentin, Vera Vahlhaus,[4] hat mir diesen Tag auch beschrieben:

> Am Morgen nach der Kristallnacht – von der weder Marianne St. noch ich etwas wußten, weil wir in Wohnviertel lebten wo »nichts« passiert war – stand ich auf der Freitreppe zum Schuleingang u. Marianne Strauß kam langsam auf mich zu, da empfing eine andere Klassenkameradin, Gudrun P.,[5] Marianne mit den Worten »Du alte Jüdin, mach, daß Du wegkommst, Du hast hier nichts zu suchen!« und schlug ihr mit einem Atlas auf den Kopf. Ich ging spontan auf Gudrun los und schlug sie mit dem Kopf gegen die Schulmauer. Der Pedell hinderte mich Gott sei Dank daran, großen Schaden anzurichten. Es war das erste und einzige Mal, daß ich gegenüber einer anderen Kreatur tätlich wurde. Marianne Strauß lief von der Schule und ich habe sie seither nie mehr gesehen.

Ich habe versucht aufzuklären, ob Marianne von der Schule weggerannt ist, bevor der Unterricht begonnen hat oder erst in der Pause, wie sich Rosemarie Lange erinnerte. Ich fragte auch, ob ich den vollen Namen von Gudrun erfahren dürfe. Frau Vahlhaus schrieb zurück:

> Zu der Musikstunde: Ich hatte ja den Eklat mit Gudrun und mußte zum Direktor u. wurde nach einem Telefonat des Direx mit meinem Vater nach Hause geschickt, da ich völlig aufgelöst war und Gefahr lief, Dinge zu sagen oder zu tun, die meine Eltern in Gefahr gebracht hätten, das wußte der Direx.

Alles in allem scheint es, als habe Marianne wahrscheinlich nicht gleich die Schule verlassen und sei erst noch zum Musikunterricht gegangen, wie Dr. Lange gesagt hatte. Frau Vahlhaus wollte Gudrun P.s Nachnamen nicht nennen. Sie sagte, die Zeit für Rache sei vorbei, und auch wenn es mir nicht um Rache ging, beließ ich es dabei.

Nur eine meiner Korrespondentinnen, Gudrun Hochwald,[6] bestand darauf, daß Marianne am Tag nach der Kristallnacht *nicht* in der Schule aufgetaucht war. Sie schrieb:

> Entgegen der Erinnerung von Rosemarie Hahn [Lange] meine ich, daß Marianne am Tage nach der Kristallnacht nicht mehr in die Schule kam. Nachdem nach dem Krieg die ganze Tragödie der Juden an die Öffentlichkeit kam, habe ich mich oft nach dem Schicksal von M. gefragt, denn ich kann mich nicht eines Gespräches in der Klasse erinnern. Ich denke, ich habe damals das Unrecht gespürt, aber zuviel Zurückhaltung geübt. Unser Klassenlehrer war zu der Zeit Herr Schammel, der sich nach dem Krieg als überzeugter Regimegegner herausstellte. Er hätte sich vielleicht um Kopf und Kragen geredet, wenn er Stellung zu all dem Schrecklichen der Nacht genommen hätte.

Später hatte ich Gelegenheit, Frau Vahlhaus zu interviewen. Ich brachte all die Briefe mit, die ich von verschiedenen Luisenschülerinnen bekommen hatte. (Wegen der Unsicherheit, wann Marianne ein Jahr wiederholt hatte, wollte ich prüfen, welche meiner Korrespondentinnen zusammen in einem Jahrgang waren.) Ich brachte auch einen Abzug des Klassenfotos mit, das mir eine Mitschülerin Mariannes in Essen gegeben hatte. Frau Vahlhaus sah sich die Korrespondenz mit Gudrun Hochwald an. Sie konnte einen handschriftlichen Mädchennamen entziffern, was mir bisher nicht gelungen war. Sie stutzte. Frau Gudrun Hochwald war Gudrun Plumpe gewesen, das Mädchen, das Marianne auf der Treppe angegriffen hatte. Sie sah sich das Foto an, deutete auf ein Mädchen mit einer Brille und identifizierte es. Ich bemühte mich, einen wie auch immer gearteten Nachklang dieses Angriffs in dem freundlichen Brief auszumachen, den ich von Frau Hochwald erhalten hatte. Neben dem Passus über die Pogromnacht (der bereits wiedergegeben wurde) hatte sie geschrieben:

> Sie saß schräg links vor mir, und ich konnte immer ihre dicken, langen Zöpfe bewundern. Ich habe Marianne als stilles, zurückhaltendes Mädchen in Erinnerung. Ob das ihre Natur war oder aus der damaligen Situation erwuchs, vermag ich nicht zu sagen. Ich erinnere mich auch nicht, daß ihr in

irgendeiner Weise eine Sonderstellung eingeräumt wurde. Meine Einstellung zu ihr habe ich als unverkrampft in Erinnerung, zumal sich unsere Kontakte nur auf den Unterricht beschränkten. Darüber hinaus gab es auch keine schulischen Aktivitäten. Ich weiß auch nichts über die persönlichen Verhältnisse von Marianne (Eltern, Geschwister, Wohnung).

Während meines letzten längeren Aufenthaltes in Deutschland bat ich Frau Hochwald um ein Interview. Sie sei unsicher, ob sich ein Treffen lohne, da sie sich vielleicht nicht gut genug erinnern könne, aber ich sei herzlich eingeladen. Ein paar Tage später war es soweit. Als ich zu Frau Hochwalds Wohnung fuhr, fühlte ich mich noch unwohler als beim Gespräch mit Frau Sparrer, Mariannes »Peinigerin«. Sollte ich gleich zu Anfang den eigentlichen Grund meines Besuchs verraten? Mir war klar, daß ein verzerrtes Interview mit rein apologetischen Antworten das einzige Ergebnis sein könnte. Allerdings bin ich auch kein Pokerspieler. Frau Hochwald öffnete mir ihre Tür mit einem Lächeln, in dem ich neben einer höflichen Freundlichkeit eine Spur Mißtrauen wahrnahm. Ihr Ehemann war auch anwesend, ein freundlicher, aber bestimmter Mann, der eine erfolgreiche Karriere hinter sich hatte und ganz offensichtlich keinen Unfug dulden würde. Daß wir die Unterhaltung *à trois* führen würden, machte mich noch nervöser.

Das Interview nahm die übliche Wendung. Noch bevor ich das Band angestellt hatte, begann Frau Hochwald, von Mariannes exotischer Schönheit zu sprechen. Und als ich sie bat, die Bemerkungen für das Band zu wiederholen, da fing sie an, mir von der positiven Einstellung ihres Vaters gegenüber den Juden zu erzählen. Die Rede war von jüdischen Arbeitgebern, die dem Vater geholfen hätten, die Depression zu überstehen. Sie sagte, sie glaube nicht, daß Mädchen normalerweise BDM-Uniformen in der Klasse getragen hätten, und verhedderte sich, als sie das Foto erklären wollte, auf dem viele Mädchen in Uniform zu sehen sind. Das Foto mußte an einem Sonnabend gemacht worden sein, behauptete sie, obwohl BDM-Mädchen am Sonnabend nicht in die Schule gingen. Auch ihr Ehemann verwickelte sich in Widersprüche, als er während unserer Unterhaltung wiederholt betonte, wie wenig er von Politik verstand, nur um dann, als wir auf seine militärische Laufbahn zu sprechen kamen, seine Kenntnis der damaligen Lage herauszustreichen. Weitere offen vorgetragene Einzelheiten klangen eher apologetisch als glaubwürdig.

Frau Hochwald war eine begeisterte Führerin bei den Jungmädel gewesen, wie sie unumwunden zugab, und war dann aufgestiegen. Aber die Jungmädel waren überhaupt nicht ideologisch indoktriniert gewesen, wenn man ihr Glauben schenkte. Mit der Zeit wurde ich jedoch wieder etwas unsicherer. Frau Vahlhaus hatte sich daran erinnert, daß der Vater von Mariannes Angreiferin Apotheker und Parteimitglied gewesen sei. Frau Hochwalds Vater war keins von beidem. Frau Vahlhaus hatte Gudrun Plumpe auf dem Foto als dunkelhaariges Mädchen mit Brille identifiziert. Es war aber vollkommen klar, daß das Mädchen nicht die blonde Gudrun Hochwald gewesen sein konnte. Und als ich Frau Hochwald schließlich offen mit der Anschuldigung konfrontierte, überzeugte mich ihre Reaktion davon, daß wenn sie etwas verbarg, dann zumindest nicht bewußt.

Konnte ich mir jetzt noch sicher sein, daß die Beschuldigung berechtigt war, vor allem, da Marianne nie ihren letzten Schultag erwähnt hatte? Es war nur allzu verständlich, daß Mariannes Erinnerungen von den Schrecken dominiert wurden, die im Lauf des Tages über sie hereinbrachen. Aber hätte sie sich an einen Angriff nicht erinnert? Wer Interviews im heutigen Deutschland durchgeführt hat, weiß, daß sich die Erinnerungen an Juden in den 1930er Jahren um die Pogromnacht herum verdichten. Der Historiker Frank Stern hat in diesem charakteristischen Muster eine Form von defensivem Vergessen ausgemacht: Das langsame Aufkommen antisemitischer Vorurteile und Maßnahmen, an denen so viele teilgehabt hatten, wurde im nachhinein komprimiert und auf diese wenigen gewalttätigen Tage gestülpt.[7] Sollte der Angriff auf der Treppe vielleicht als eine solche komprimiert-symbolische Erinnerung angesehen werden, die für Dutzende kleinerer Vorkommnisse über eine lange Zeit stand, Vorkommnisse, an die sich Mariannes Zeitgenossinnen nicht mehr erinnern wollten? Oder markierte die Pogromnacht tatsächlich den Wendepunkt auf dem Schulhof, an dem Mädchen, die sich vorher nicht so offen antisemitisch verhalten hatten, nun ohne weiteres zu Gewalt übergingen, während andere erschüttert herauszufinden versuchten, was eigentlich los war? Ich sollte es nie erfahren.

Der Überfall auf die Strauß-Familie

Sicher ist, daß die Familie, kurz nachdem Marianne nach Hause kam, erfahren sollte, daß die Orgie der Zerstörung der vorangegangenen Nacht noch nicht der Höhepunkt des Schreckens gewesen war. Reinhard Heydrich, Chef der Gestapo und des Sicherheitsdienstes (SD) der SS, hatte den Befehl erteilt, daß möglichst viele Juden – vor allem vermögende Juden – verhaftet werden sollten. Anfangs sollten nur gesunde männliche Juden abgeführt werden. Sogleich wurden die Konzentrationslager informiert, damit ein rascher Gefangenentransport gewährleistet war.[8] In Essen wurden die ersten jüdischen Männer am 10. November 1938 inhaftiert. Wir wissen, daß mindestens 319 in »Schutzhaft« genommen und in die Polizeizellen im Haumannshof gebracht wurden. Als die Strauß-Familie von den Verhaftungen erfuhr, beschlossen Siegfried und Alfred unterzutauchen. Mariannes Großonkel Abraham Weyl (der Bruder der Großmutter mütterlicherseits) war erst vor kurzem nach Essen gezogen und in der Stadt noch unbekannt. Deswegen verkrochen sich Alfred und Siegfried in seiner Wohnung in der Hermann-Göring-Straße 316 in Essen-Bredeney, wo sie zwei Tage mit bangem Warten verbrachten. »Es gab also Hoffnung«, sagte Marianne, »daß sie dort gerettet werden konnten. Das hätte auch klappen können, wenn die Gestapo uns nicht die Daumenschrauben angesetzt hätte. Sie kamen alle paar Stunden und sagten, wenn sich die beiden nicht stellten, müßten sie meine Mutter und mich mitnehmen. Leider lockte das meinen Vater und meinen Onkel ziemlich schnell aus ihrem

Versteck. Ich glaube nicht, daß sie uns mitgenommen hätten, aber trotzdem ...«[9]

Mit gemischten Gefühlen sieht sich der Historiker in der »glücklichen« Lage, daß bei weiter fortschreitender Verfolgung auch die Unterlagen der Verfolger um so ausführlicher werden. Von diesem Zeitpunkt an enthalten beispielsweise die Gestapo-Akten überraschende Einzelheiten über das Leben der Strauß'. Wir wissen, daß sich die Strauß-Brüder schließlich am Nachmittag des 12. November der Polizei stellten und im Rahmen der Heydrichschen Maßnahme in »Schutzhaft« genommen wurden. In den Akten findet sich Siegfrieds Aussage, nachdem er aufgegeben hatte. Sie wurde am 12. November um 15.00 Uhr aufgezeichnet und lautet wie folgt:

> Seit dem Jahre 1919 bin ich in Essen ansässig. Meiner Militärpflicht habe ich vor dem Krieg genüge geleistet und war während des ganzen Krieges im Felde an der Front ...
>
> Von Geburt bin ich israelitischer Religion. Meine Vorfahren sind schon immer in Deutschland ansässig gewesen und kann ich dieses bis zum Jahre 1740 nachweisen. Ich besitze die deutsche Staatsangehörigkeit und fühle mich auch sonst als Deutscher.[10]

Es scheint mir keine Überinterpretation zu sein, daß Siegfried hier zum letzten Mal in seinem Leben – und es wurde auf Tag und Stunde genau festgehalten – zuversichtlich den Stolz auf seine nationale Identität zum Ausdruck gebracht hat.

Von der Pogromnacht an gewinnen Mariannes Erinnerungen erheblich an Tiefenschärfe. Kurz nach Kriegsende dachte sie an diese Zeit in einer Radiosendung der BBC zurück: »... der Brand der Synagogen, die bangen Tage und Nächte, in denen man so klar wie nie zuvor fühlte, in den Klauen einer Macht zu sein, der man schwerlich entrinnen konnte.«[11]

Während ihr Vater sich noch versteckte, erfuhren Marianne und ihre Familie, wie es der Großmutter Anna Rosenberg ergangen war. Mariannes Großmutter mütterlicherseits lebte damals allein in der Adolf-Hitler-Straße in Ahlen. Marianne und ihr Cousin Uri Weinberg erzählten mir übereinstimmend, daß die marodierenden SA-Männer aus anderen Orten nach Ahlen gekommen waren, aber wahrscheinlich war dies ein weiterer Mythos.[12] Laut Uri hatte Anna Rosenberg eine nicht-jüdische Mieterin. Als die SA-Männer unten zu hören waren, lief Anna Rosenberg schnell zu ihrer Mieterin und versteckte sich dort im Badezimmer. Die Mieterin erklärte der SA, daß Frau Rosenberg weggegangen sei, doch die Männer wurden mißtrauisch, weil ihre Tür offenstand. Die Mieterin war jedoch schlagfertig und sagte, Frau Rosenberg sei so fahrig, daß sie dauernd etwas vergesse. Während sich Anna Rosenberg ängstlich im Badezimmer der Mieterin zusammenkauerte, mußte sie mit anhören, wie ihre Wohnung zerstört wurde.[13]

Unterdessen versuchten Marianne und ihre Tante Oe, Leopold Strauß telefonisch in Dinslaken zu erreichen, um zu hören, wie es ihm ging. Aber er nahm nicht ab, weswegen sie jemanden baten, sie nach Dinslaken zu fahren. Das Haus in der Duisburger Straße 100 war leer. Alles war kurz und klein geschlagen, die Gardinen heruntergerissen. Der Anblick sei »absolut unbeschreiblich« gewesen. Das Obst, das Mariannes Großmutter vor ihrem Tod noch eingemacht und im Speicher gelagert hatte, die Gläser so »wunderschön und ordentlich beschriftet«, lag zwischen den Scherben auf dem Boden. Der Schaden war so groß, daß der Saft aus den Gläsern durch den Boden des Speichers ins nächste Stockwerk tropfte. Großvater Leopold fanden sie schließlich in einem Krankenhaus in der Nähe.

Von allen Familienmitgliedern ist Leopolds Schicksal am besten dokumentiert. Marianne hatte jedoch nicht zu allen Quellen Zugang. Ihre Erinnerung wurde von der Unsicherheit dominiert, was ihm widerfahren sein mochte, als sie ihn nicht erreichen konnten, sowie von der schrecklichen Entdeckung des menschenleeren Hauses. Nach dem Krieg gelangte Mariannes Cousin jedoch an die folgende eidesstattliche Erklärung von Leopolds nichtjüdischem Mieter Johann Mund:

> Am 10. November 1938 morgens gegen 9 Uhr kamen zuerst 4–5 SA Männer ins Haus. Ich öffnete die Tür, und man fragte

mich, ob ich Herr Strauß sei. Ich antworte, daß sie ja sehen würden, daß ich nicht Herr Strauß sei, und alsdann gingen sie zu Herrn Strauß in die 1. Etage. Diese SA Männer fingen sofort an mit der Kaputtschlagerei, aber gingen nach ca. 20–30 Minuten wieder weg. Danach kamen 25–30 Jungens, welche sofort anfingen, weiter alles kaputtzuschlagen. Sie rissen die Türen aus den Schränken und warfen sie alsdann um, zerschlugen die Marmeladentöpfe und Einmachtöpfe und warfen die Wäsche in die Marmelade. Ein großer Teil der Wäsche und des Porzellans sowie die Zigarrenvorräte von Herrn Strauß wurden durchs Fenster geworfen. Nachdem dieses geschehen war, wollten die Jungens auch das Treppenhaus demolieren. Ich sagte, jetzt wäre aber Schluß und daraufhin entfernten sie sich. Die Sachen blieben auf der Straße liegen und das Haus wurde von der Polizei umstellt. Keine Fensterscheibe im Haus war mehr ganz als die Jungen dieses verließen. Am nächsten Morgen, als die Polizei weg war, waren alle noch brauchbaren Gegenstände, die auf der Straße lagen, gestohlen. Ich selbst kehrte die Glasscherben zusammen.

Herr Strauß erlitt bei dieser Aktion eine schwere Kopfverletzung. Herr Strauß lief zu Dr. Kurz, der unterdessen verstorben ist, um sich dort verbinden zu lassen; er wurde daraufhin ins Krankenhaus eingeliefert, wo er einige Zeit verbrachte. Nach seiner Entlassung aus dem Krankenhaus ging Herr Strauß zu seinem Sohn Alfred Strauß in Essen, Hufelandstr. 23. Kurz darauf besuchte ich mit meiner Familie Herrn Leopold Strauß. Als ich in die Wohnung von Herrn Alfred Strauß kam, hatte ich den Eindruck ich käme in einen Palast.

Am Nachmittag des 10. November 1938 wollte man das Haus Duisburgerstr. 100 anzünden. Es war schon ein Wagen vorgefahren mit uniformierten Leuten, welcher Heu geladen hatte; da ich im Hause wohnte, hat man davon Abstand genommen, das Haus anzustecken.[14]

Johann Munds Bericht ist in mindestens einem Punkt unzutreffend: Es gelang Leopold nicht, geradewegs zu einem Arzt oder ins Krankenhaus zu gehen. Im Leo Baeck Institute in

New York stieß ich auf eine Rückschau auf die Ereignisse in Dinslaken am 10. November 1998 von Yitzak Sophoni Herz, einem Lehrer im Dinslakener Waisenhaus.[15]

Herz wurde mit den Kindern aus dem Waisenhaus in eine Seitengasse getrieben, von wo aus sie die Zerstörung des Waisenhauses mit ansahen. Ein Mob von über hundert Schaulustigen beobachtete das Geschehen, unter ihnen auch einige, die eine Woche zuvor noch Geschäfte mit der Waisenanstalt gemacht hatten. Die Kinder wurden in einem langen Zug über die Straßen in einen Schulhof geführt und von dort schließlich in die Aula getrieben. Ein paar jüdische Frauen, von denen manche nur notdürftig bekleidet waren, und einige ältere Männer waren schon dort. Yitzak Herz erinnerte sich, daß Leopold Strauß unter ihnen war:

> Der pensionierte alte jüdische Lehrer Dinslakens, ein besonders würdig aussehender Greis (er war einst Stadtverordneter und Leiter der Handelsschule), saß stöhnend in einer Ecke. Sein Kopf blutete von den Schlägen, die ihm von den Nazis verabreicht worden waren. Es gelang mir mittels eines gebrauchten Briefumschlages, Wasser zu dem leidenden Manne zu bringen. Nur in einem unbeobachteten Augenblick konnte ich das Wasser von einem im Korridor befindlichen Wasserhahn stehlen, denn jedes Herausgehen aus dem Saal war verboten.[16]

Erst jetzt tauchte ein NS-Beamter in Zivil auf, um ihnen zu versichern, daß sie nichts zu befürchten hätten (»Ihr seid ja nicht in Sowjet-Rußland«), und um ihnen mitzuteilen, daß die älteren Juden ins Krankenhaus gebracht werden dürften. Man werde sich auch um die Kuh des Waisenhauses kümmern, versicherte er. Ein Arzt erschien und behandelte die älteren Menschen mit »sichtlichem Mitgefühl«. Von der Aula der Schule aus muß Leopold ins Krankenhaus gebracht worden sein, wo Marianne ihn fand.

Unterdessen saßen Siegfried und Alfred in einem Essener Gefängnis. Einige der älteren Juden wurden freigelassen, aber am 16. November wurden 157 »jüngere Juden« – darunter auch Siegfried und Alfred – nach Dachau deportiert. Walter Rohr, damals ein gesunder 22jähriger, erinnerte sich lebhaft an den Transport. Im Zug wurde es immer voller, und irgendwann befahl man den Männern, in einen Viehwaggon ohne Licht und sanitäre Einrichtungen umzusteigen. Sie kamen um vier Uhr in Dachau an und taumelten im Nieselregen des frühen Novembermorgens vorwärts. An diesem Tag bekamen sie nichts zu essen. Für Rohr waren diese Tage – um fünf Uhr aufstehen, stundenlang strammstehen, harte Arbeit, Hunger und andere »Schrecken des Lebens in einem Konzentrationslager« – »die grausigsten« seines Lebens.[17]

Mariannes Mutter war verzweifelt. Uri Weinberg erinnerte sich, wie Tante Ine seine Eltern tränenüberströmt in Köln besuchen kam. Es gab nur eine Möglichkeit: ein Gnadengesuch bei der Gestapo. Ine schrieb ihren ersten Brief am 23. November, eine Woche nach Siegfrieds Deportation:

> Mein Mann ist 47 Jahre alt und hat als Unteroffizier den Weltkrieg vom 1. August 1914 bis zum Ende mitgemacht und ist im Besitz verschiedener Auszeichnungen. Er litt noch vor kurzer Zeit an einer schweren Venenentzündung, die ihn wochenlang ans Bett fesselte. Sein Herz ist durch diese Krankheit und durch überstandenen Gelenkrheumatismus erheblich in Mitleidenschaft gezogen. Es kommt hinzu, daß mein Ehemann für die Verwaltung der noch in seinem Eigentum stehenden Häuser unentbehrlich ist, da ich geschäftlich nicht Bescheid weiß und infolge meiner Unkenntnis in geschäftlichen Dingen nicht in der Lage bin, die Steuern, soziale Abgaben und sonstige laufenden Verpflichtungen zu erledigen.
>
> Auch muß der Verkauf des Grundbesitzes zwecks Arisierung sofort in die Wege geleitet werden. Es ist unser Bestre-

ben, sobald wie möglich nach Nordamerika auszuwandern. Die Bürgschaft ist seit einigen Tagen in meinem Besitz.[18]

Vier Tage später schrieb Ine den zweiten Brief. Bemerkenswert ist, daß sie Siegfrieds genaue Adresse kannte, bis hin zur Nummer seiner Zelle: KL Dachau 3K, Block 21, Stube 2b. Dies war die erste Andeutung eines wiederkehrenden Elementes in Mariannes Geschichte – die erstaunliche Fülle von Informationen, die in die Lager hinein- und aus ihnen herausgelangten. Ines zweiter Brief untermauerte die Argumentation des ersten: Siegfried wurde dringend gebraucht, um das Geld zur Begleichung der »Judenvermögensabgabe« aufbringen zu können,[19] ein Hinweis auf die Kompensationszahlungen, die der jüdischen Gemeinde abverlangt wurden, um die Kosten zu decken, die durch die Beschädigung ihres eigenen Besitzes entstanden waren.[20] Am 2. Dezember telegrafierte die Staatspolizei-Leitstelle in Düsseldorf nach Dachau, daß Siegfried Strauß' Ehefrau mit dem Nachweis seines Militärdienstes erschienen sei und die Absicht der Familie, in die Vereinigten Staaten ausreisen zu wollen, kundgetan habe. (Die vorgelegten Unterlagen müßten auch Alfreds Ausreiseabsicht nachgewiesen haben.) Frau Strauß wurde instruiert, die Kosten für die Bahnreise ihres Ehemannes nach Dachau zu überweisen. Der Dachauer Kommandant wurde ersucht, den Gefangenen 29 826[21] zu entlassen und ihm zu befehlen, sich bei der Gestapo in Essen zu melden.[22]

Die Brüder wurden am 9. Dezember zusammen entlassen, etwas über drei Wochen nach ihrer Ankunft in Dachau. In Mariannes Erinnerung hatte sich die Internierung auf sechs Wochen ausgedehnt. Einmal schrieb sie von acht Wochen.[23] In Mariannes Erinnerung ist die Internierung in Dachau eine existentielle Erfahrung für ihren Vater gewesen. Er sei vollkommen verändert zurückgekommen, sagte sie, in sich zusammengesunken und verbittert. Er sprach nie darüber, was er erlebt hatte, und wurde »sehr still, wirklich sehr ruhig und sehr störrisch«. Ich fragte mich, ob er wohl mit seiner Frau über Dachau gesprochen habe. Marianne wußte es nicht, und es ist möglich, daß er seine Erfahrungen niemandem mitteilen konnte. Die Frau des Dortmunder Rabbis erinnerte sich: »Es war unerträglich, unsere Freunde wiederkehren zu sehen, ihr Lebenswille war gebrochen, sie sprachen noch nicht einmal mit ihren Ehefrauen über ihre Erfahrungen.«[24] Für die junge Marianne war der Schlag gegen die Selbstachtung ihres Vaters qualvoll. Am schwierigsten mußte für ihn – so empfand es Marianne (wahrscheinlich erst später) – die Aufgabe zivilisierter Umgangsformen und die Konfrontation mit seinen eigenen nackten Überlebensinstinkten gewesen sein. »Denn das ist ja wirklich der Moment der Wahrheit – wie du damit klarkommst, wie du dich verhältst, nicht wie sich die anderen verhalten, auch wenn das erschreckend genug war.«[25]

Es gibt aber einige Hinweise darauf, daß die Brüder nicht ganz ihr Selbstbewußtsein verloren hatten. Mariannes Cousin mütterlicherseits, Uri (früher Alfred) Weinberg, hatte nicht wahrgenommen, daß Siegfried dermaßen verändert zurückgekommen war, wenn er auch tatsächlich wenig von seinen Erlebnissen gesprochen habe. Siegfried habe die Zugreise nach Dachau noch erträglich gefunden, danach habe aber »ein anderer Wind geweht«. Uris Bruder Eric Alexander (früher Alex Weinberg) erinnerte sich jedoch daran, daß Siegfried mit seinem Lageraufenthalt angab, was unangebracht und wenig überzeugend war. Es sei gar nicht so schlimm gewesen, habe er gesagt, und ihm habe die Bewegung gutgetan. Es gibt – wie wir gleich sehen werden – noch andere Anhaltspunkte dafür, daß der Kampfgeist der Strauß-Brüder nicht erloschen war, jedenfalls nicht in der Öffentlichkeit. Was sich zu Hause abspielte, steht auf einem anderen Blatt.

Die Begleichung des Schadens

Die Folgen der Pogromnacht beutelten die Strauß-Familie. Wie bereits in Ines Brief anklang, mußten sie sich jetzt der Aufgabe widmen, mit der sogenannten »Judenvermögensabgabe« für den Schaden aufzukommen. In einem der zynischsten Auswüchse des Regimes verlangte Hitler von den Juden eine Milliarde Reichsmark, um die Zerstörung zu »sühnen«. Die Steuerbehörden hatten Mühe, den Prozentteil jüdischen Vermögens zu ermitteln, der nötig war, um die Summe aufzubringen. Schließlich wurde beschlossen, daß alle Juden 20 Prozent ihres Vermögens in Raten zu überweisen hatten. Dafür wurde ein komplizierter Zahlungsplan erarbeitet. (Später wurde die Steuer auf 25 Prozent erhöht, wodurch eine weitere Teilzahlung hinzukam.) Nach ihrer Rückkehr aus Dachau blieb den Strauß-Brüdern kaum Zeit aufzuatmen: Sie mußten alles daran setzen, den vorgeschriebenen Zeitplan zur Begleichung der Steuer einzuhalten.

Unter Mariannes Papieren befindet sich ein Brief von Alfred Strauß an das Finanzamt Essen-Süd vom 13. Dezember 1938 über die Wertminderung des Familienvermögens seit der Bewertung im Sommer. Wenn man den Brief liest, vermag man kaum zu glauben, daß Alfred dieses Geschäftsdokument nur drei Tage nach seiner Rückkehr aus Dachau geschrieben hat. Die daraufhin erhobenen Steuern zeigen, daß Alfreds Revision angenommen wurde. Trotzdem war die Forderung unglaublich hoch. Alles zusammengenommen, bezahlten Siegfried, Ine und die Kinder etwas mehr als 75000 Reichsmark. Das überstieg Siegfrieds gesamte Einkünfte der letzten drei Jahre. Alfred und Lore mußten noch mehr aufwenden.[26] Siegfried, Alfred und Leopold kamen zusammen für etwa 2,5 Prozent der »Judenvermögensabgabe« ganz Essens auf.[27]

Die von den Brüdern über diesen Vorgang aufbewahrten Dokumente sind in mancherlei Hinsicht aufschlußreich. Die Termine folgten schnell aufeinander, und die ganze Verfahrensweise war voller Fallgruben und Erniedrigungen. So wies etwa Anna Rosenberg (deren Geschäftsangelegenheiten Siegfried verwaltete) am 13. Dezember die Deutsche Bank Essen und die Sparkasse Münster an, dem Finanzamt Wertpapiere für die erste Rate am 15. Dezember zu überschreiben. Beide Banken bestätigten später, daß sie das zuständige Finanzamt Beckum am 14. Dezember davon in Kenntnis gesetzt hatten, daß die Aktien überschrieben worden seien. Eine Woche später erhielt

Frau Rosenberg jedoch einen Brief des Finanzamtes (datiert auf den 14. Dezember, aber am 21. frankiert) mit der Behauptung, der Zahlungstermin sei überschritten. Neben einem Säumniszuschlag von 117 Reichsmark wurde eine »Sicherheitsleistung« in Höhe der noch ausstehenden Zahlungen gefordert. (Merkwürdigerweise war dieser Brief schon vor dem Fälligkeitstermin der ersten Rate datiert, also bevor überhaupt festgestellt werden konnte, ob Forderungen überfällig waren. Entweder hatte man sich im Datum geirrt, oder der Brief war in der Hoffnung geschrieben worden, daß Frau Rosenbergs erste Rate verspätet eingehen würde.) Am 4. Januar antwortete Frau Rosenberg, daß sie die Aktien vor dem Fälligkeitstermin überschrieben habe und ihre Order von der Bank bestätigt worden sei. Fünf Tage später wandte das Finanzamt ein, der Brief der Deutschen Bank sei erst am 24. Dezember eingegangen, neun Tage zu spät. Der Säumniszuschlag blieb bestehen. Ohne weitere Erklärung wurde er jedoch aufgrund des termingerechten Eingangs eines Teils der geforderten Summe herabgesetzt. Am 12. Januar (möglicherweise bevor sie den Brief vom 9. Januar erhalten hatte) schrieb Frau Rosenberg zurück. Es gebe keine Grundlage für die geforderte Sicherheitsleistung, außerdem könne sie sie nicht aufbringen, weil sie bereits eine Sicherheitsleistung für die noch zu zahlende Reichsfluchtsteuer hinterlegt habe. Am 16. Januar beantwortete sie den Brief vom 9. Januar, fügte den Nachweis der Deutschen Bank bei, daß diese das Finanzamt vor dem Fälligkeitstermin benachrichtigt habe, und bat um die Aufhebung des Säumniszuschlages. Zudem sollten die Zinsen der Aktien, die im Finanzamt aufgelaufen waren, zu ihren Gunsten verrechnet werden. Am 18. Januar stimmte das Finanzamt zu, eine Sicherheitsleistung sei nicht notwendig. Am 19. Januar schrieb das Finanzamt abermals: Die Benachrichtigung der Deutschen Bank vom 14. Dezember sei nicht ausreichend gewesen, erst am 22. Dezember sei das Formular in dreifacher Ausfertigung ausgefüllt und abgeschickt worden. »Aus Billigkeitsgründen« werde der Säumniszuschlag jedoch ausgesetzt.

Die folgenden Ratenzahlungen brachten ähnliche Probleme

mit sich. Der gesamte Vorgang war für die Strauß-Familie zwar erniedrigend und nervenaufreibend willkürlich, doch wurden noch verhalten hoffnungsvolle Botschaften übermittelt. Fast immer beschied man Eingaben positiv, in denen um die Aufhebung hoher Zuschläge gebeten oder auf die Abwertung des Vermögens hingewiesen wurde. Während der Tonfall des Finanzamtes nichts Tröstendes an sich hatte, sprach aus den Briefen der Deutschen Bank nach wie vor die traditionelle Ehrerbietung, die ein nicht unbeträchtliches Bankkonto vorschrieb. Wo Geld zählte, war die Korrektheit deutscher Institutionen noch gewährleistet.

Bemerkenswerter als die letzten Rudimente von Korrektheit war allerdings, daß die Strauß-Familie weiterhin an diese Institutionen glaubte. Der Fall Rosenberg ist auch hier ein gutes Beispiel. Im Oktober erschütterte die Nachricht, daß die Steuer auf 25 Prozent des Vermögenswertes erhöht worden war, die Juden Deutschlands. Weitere fünf Prozent mußten in einer fünften Rate gezahlt werden. Um diese Zeit zog Anna Rosenberg nach Essen. Sie setzte ihren Bruder Abraham Weyl als Bevollmächtigten ein, wenn auch angenommen werden kann, daß Siegfried ihre Bücher führte. Am 31. Oktober 1939 richtete Herr Weyl an den Oberfinanzpräsidenten in Düsseldorf (OFD) die Bitte, Anna Rosenberg die fünfte Ratenzahlung zu erlassen, da sie alt und in schlechter gesundheitlicher Verfassung sei und nur über ein geringes Einkommen verfüge.

Das Essener Finanzamt, inzwischen auch für Anna Rosenberg zuständig, ließ sich dazu herab, die Zahlung so lange zu stunden, bis die Angelegenheit in Düsseldorf überprüft worden sei. Sollte die Sache in Düsseldorf jedoch abschlägig beschieden werden, müsse Frau Rosenberg mit einer Strafe rechnen. Am 10. November 1939 erhielt Abraham Weyl eine aus einem einzigen Satz bestehende Ablehnung des Oberfinanzpräsidenten in Düsseldorf: »Ich lehne den Antrag auf Erlaß der von Frau Anna Sara Rosenberg Essen, Cäsarstr. 22 zu zahlenden 5750 RM ab.« Keine Erklärung, nichts. Aber die Familie beließ es nicht dabei. Am 14. November 1939 wandte sich Abraham Weyl mit derselben Bitte um Aufhebung der letzten

Anna Rosenberg, Essen 1940 *(Marianne Ellenbogen)*

Rate ans Reichsfinanzministerium in Berlin. Dennoch wurde die ausstehende Summe als Vorsichtsmaßnahme bereits überwiesen. Am 9. Januar antwortete der Oberfinanzpräsident, der Finanzminister habe den Antrag abgelehnt.

In diesem Fall konnten die Strauß' nichts mit ihren Eingaben erreichen. Doch ist es eine Tatsache, daß sie sogar nach der Pogromnacht und nach Dachau von den Behörden Gerechtigkeit erwarteten. Noch mehr erstaunt vielleicht, daß sie im öffentlichen Dienst auf Verständnis zu stoßen hofften, denn das Gesetz, nach dem Anna Rosenberg zu zahlen hatte, war eindeutig. Die Strauß' waren noch nicht so eingeschüchtert, daß sie sich nicht mehr zu fragen trauten. Ihre Hartnäckigkeit zeugt von dem ungeheuer großen Vertrauen, das die Strauß-Familie einst in deutsche Institutionen gesetzt hatte. Oder war die Möglichkeit, daß es keine Gerechtigkeit mehr gab, zu fürchterlich, um in Betracht gezogen zu werden?

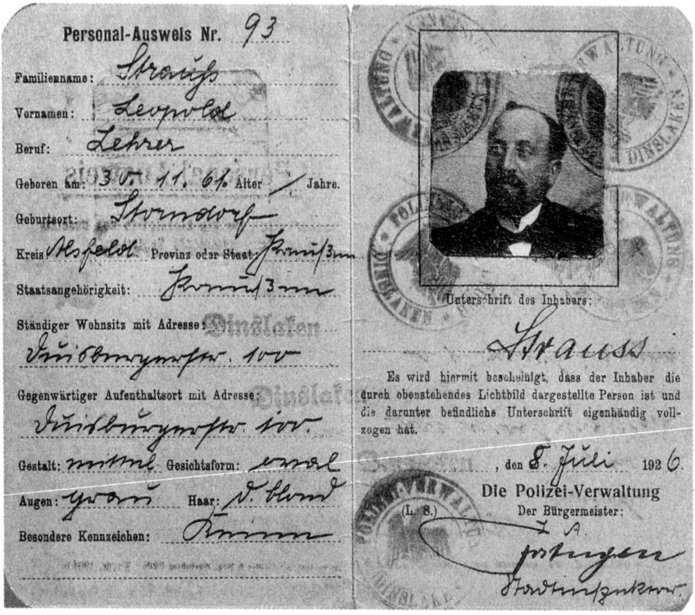
Personal-Ausweis Nr. 93

Familienname: Strauß

Vornamen: Leopold

Beruf: Lehrer

Geboren am: 30. 11. 61. Alter / Jahre.

Geburtsort: Storndorf

Kreis Alsfeld Provinz oder Staat: Preußen

Staatsangehörigkeit: Preußen

Ständiger Wohnsitz mit Adresse: Duisburgerstr. 100

Gegenwärtiger Aufenthaltsort mit Adresse: Duisburgerstr. 100.

Gestalt: mittel Gesichtsform: oval

Augen: grau Haar: d. blond

Besondere Kennzeichen: keine

Unterschrift des Inhabers:

Strauss

Es wird hiermit bescheinigt, dass der Inhaber die durch obenstehendes Lichtbild dargestellte Person ist und die darunter befindliche Unterschrift eigenhändig vollzogen hat.

, den 8. Juli 1926

Die Polizei-Verwaltung

(L. S.)

Der Bürgermeister:

I. A.

Stadtinspektor

Die Pogromnacht als Wendepunkt

Es ist allgemein bekannt, daß in der Pogromnacht jüdische Gotteshäuser, öffentliche Einrichtungen und Geschäfte zerstört wurden. Es ist auch bekannt, daß die NS-Politik durch das Pogrom eine dramatische, wenn vielleicht auch nicht geplante radikale Wendung nahm. Bis ich mich mit Marianne unterhielt, war mir jedoch nie richtig zu Bewußtsein gekommen, wie verheerend sich die Ereignisse jener Tage bis in die Privatsphäre jeder einzelnen deutsch-jüdischen Familie ausgewirkt hatten.[28]

Geht man von Mariannes Erinnerungen und Beschreibungen aus, ist es erstaunlich, daß sie diesen Gedanken von sich wies, als ich ihn formulierte. Sie sagte, sie habe die Pogromnacht nicht als Wendepunkt empfunden. Die Familie sei sich seit Jahren darüber im klaren gewesen, daß sich die Lage verschlimmerte. Dann fügte sie etwas Merkwürdiges hinzu: »Mein Vater,

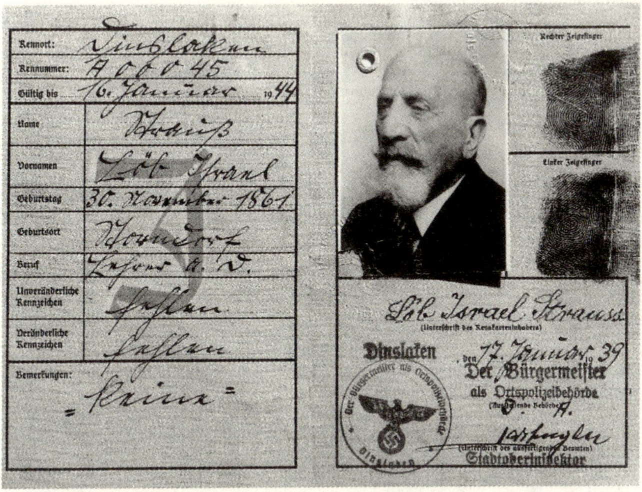

Leopold Strauß 1926 (linke Seite) und 1939 *(Marianne Ellenbogen)*

wir hätten rausgehen können, ich tat es immer, wir hatten immer … Sie fragten, ob es viel sozialen Austausch gegeben habe, und den gab es, aber mit Verwandten.« Hatte Marianne diesen Satz als Aussage über ihre sozialen Kontakte in den 1930ern angefangen? Oder hatte sie begonnen, mir zu erzählen, daß die Familie das Land früher hätte verlassen können – und dann das Thema gewechselt? Mich beschlich das Gefühl, daß Marianne es nicht zulassen konnte, daß die Pogromnacht eine einschneidende Erfahrung gewesen war (auch wenn ansonsten klar aus ihren Kommentaren hervorging, daß es so gewesen ist), weil sie sehr stark der Meinung war, daß ihre Eltern schon viel früher die Gefahren hätten erkennen sollen. Aber weil sie nicht bereit war, diese Kritik an ihren Eltern offen auszusprechen, erzählte sie mir schließlich etwas über den sozialen Austausch mit den Verwandten.

Für Mariannes Großvater Leopold war die Pogromnacht unwiderlegbar ein Wendepunkt. Unter den erhaltenen Familiendokumenten befinden sich auch zwei Ausweise Leopolds. Das Foto auf Leopolds Ausweis von 1926 zeigt einen kraftvollen, energiegeladenen Mann in seinen besten Jahren. Der jüdische

Ausweis von Januar 1939 zeigt einen Mann, der nicht 13, sondern 30 Jahre älter aussieht, noch immer vornehm, aber gealtert und erschöpft. Vor dem Angriff war er geistig sehr rege, danach litt er unter Alzheimer. Er verbrachte ein paar elende Monate in Essen, bevor er am 15. Juni 1939 in Alfreds Wohnung starb.[29] Leopolds Grab kann man noch heute auf dem Essener Friedhof besuchen. Er war der letzte der Familie, dem eine richtige Beerdigung auf deutschem Boden zuteil wurde.

Pogromnacht und Emigration

Erst jetzt, nach der Pogromnacht und der Verhaftung der Strauß-Brüder, bemühte sich die Familie um die Ausreise. Die Verfolgungsmaßnahmen der folgenden Wochen und Monaten bestärkten die Strauß' in ihrem Vorhaben. Ende 1938 wurden die jüdischen Pässe für ungültig erklärt und nur mit einem »J« gestempelt wieder herausgegeben. Am 1. Januar 1939 mußten Siegfried und Richard wie alle jüdischen Männer den zweiten Vornamen Israel annehmen, während Ine und Marianne der Name Sara zugewiesen wurde. Siegfried mußte seinen Führerschein abgeben, wofür er mit behördlicher Gründlichkeit eine »Empfangsbescheinigung« bekam. (Mit derselben Gründlichkeit stellten Siegfried und seine Tochter die Aufbewahrung des Dokuments bis heute sicher.)[30] Das Auto war sowieso schon weg. Im Februar 1939 mußten die Strauß' alles abgeben, was aus Gold, Silber oder Platin war, alle Perlen und Edelsteine, mit Ausnahme von Eheringen. Es kann jedoch angenommen werden, daß sie nicht alle Wertsachen ablieferten, sondern vielmehr eine wohlüberlegte Auswahl trafen, damit es so aussah, als ob es alles sei.[31]

Da sich Siegfrieds geschäftliche Aktivitäten auf seine Aufgaben als Vermieter beschränkten, konnten Mariannes Eltern jetzt mehr Zeit, Energie und Emotionen in die Emigrationsvorbereitungen investieren. Es war jedoch schwer, Geld abzuheben, da das Konto inzwischen unter amtlicher Kontrolle stand. Marianne war in dieser Zeit überwiegend im Kindergärtnerinnen-Seminar in Berlin, deswegen gingen die Bemühungen fast unbemerkt an ihr vorüber, aber aus der nicht unerheblichen Anzahl von Dokumenten bekommt man eine ungefähre Vorstellung von dem, was ihre Eltern unternahmen. Unter den Papieren befinden sich sauber ausgeschnittene Artikel aus dem *Jüdischen Nachrichtenblatt* über Auswanderung und Englischunterricht. Im Mai beantragte Siegfried die Einwanderung nach Neuseeland und Australien, wobei er seine besonderen Kenntnisse im Getreidehandel hervorhob. Aber die Einreise in diese Länder wurde außerordentlich restriktiv gehandhabt. Der australische Antrag wurde im Juni, der neuseeländische im Juli 1939 abgewiesen.

Die Strauß' zogen auch England in Betracht. Der Reichsbund jüdischer Frontsoldaten (RjF) informierte die jüdische Legion ehemaliger Soldaten in London, daß Siegfried ein Mitglied des RjF sei. Er drängte die Legion, »dem Kameraden mit Rat und Hilfe zur Seite zu stehen und ihm evtl. alle notwendigen Auskünfte kameradschaftlichst erteilen zu wollen«. Schließlich sei die gewünschte Hilfe nicht materieller Art. Gewiß wird Siegfried die Ironie nicht entgangen sein, daß der RjF an die kameradschaftlichen Instinkte des ehemaligen Feindes appellierte.

Im Mai bekam die Familie englische Atteste, in denen bestätigt wurde, daß keiner von ihnen »geistig gestört oder physisch in irgendeiner Weise beeinträchtigt« sei. Niemand sei mit Tuberkulose infiziert oder mit irgendeiner anderen »infektiösen, ekelerregenden oder ansteckenden Krankheit« wie beispielsweise »Favus, Lepra, Frambösie oder Himbeerpocken, Trachom, Syphilis oder Krätze«.[32] Im Juli 1939 setzte die Synagoge Empfehlungsschreiben für die Familie auf. Demnach war Marianne Strauß:

> ein gut erzogenes Mädchen. Sie ist intelligent, freundlich und hat ausgesucht gute Manieren. Sie ging ins Mädchengymnasium, das sie mit einem Abschlußzeugnis verließ. Seit Ostern 1939 besucht sie das Sozialpädagogische Seminar zur Ausbildung von jüdischen Kindergärtnerinnen und Hortnerinnen

Kennort: Essen
Kennnummer:
Gültig bis 12. Juni 1944
Name Strauß
Vornamen Marianne Sara
Geburtstag 7. Juni 1923
Geburtsort Essen
Beruf Schülerin
Unveränderliche Kennzeichen fehlen
Veränderliche Kennzeichen fehlen
Bemerkungen: keine
Gebührenfrei – 3 – RM.
Geb.-Buch Nr. 276/39
Rechter Zeigefinger
Linker Zeigefinger
(Unterschrift des Kennkarteninhabers)
Der Polizei-Präsident
(Ausstellende Behörde)
(Unterschrift des ausfertigenden Beamten)

Mariannes Kennkarte vom Januar 1939 *(Marianne Ellenbogen)*

in Berlin. Sie gewöhnt sich leicht an eine neue Umgebung und wird gut in eine englische Familie und in ein englisches Kindergartenseminar passen. Wir können sie uneingeschränkt empfehlen, da sie uns als besonders geeignet erscheint für die Arbeit, die sie erlernt.[33]

Das deutsch-jüdische Hilfskomitee, das in England arbeitete, teilte den Strauß' am 19. Juli 1939 mit, daß in ihrem Namen Visa beantragt worden seien. Am 15. August riet es ihnen, Visa in Berlin zu beantragen.[34] Am 17. August erhielten sie einen Brief vom britischen Generalkonsulat in Köln zur Verifizierung ihrer Adresse, und schließlich bestätigte ein Kurzbrief vom 21. August 1939, daß die Dokumente nunmehr zur Abholung bereitlägen.[35] Endlich durfte die Familie nach Großbritannien fahren. Man kann sich ihre Erleichterung vorstellen. Zwölf Tage später erklärte Großbritannien dem Deutschen Reich den Krieg; womit den Strauß' eine Auswanderung nach England ein für allemal unmöglich wurde.

4

Jugend in einer finsteren Zeit

»Ich muß sagen, trotz allem, des Kriegs und was passiert ist … es war wirklich wie ein neues Leben«, brachte Marianne die Zeit für mich auf den Punkt. »Es hat mich ungeheuer bereichert. Es war ein wunderbarer Unterricht, unheimlich viel Erfahrung in jeder Hinsicht, menschlich, sozial. Es war eine ganz wunderbare Zeit für mich.«[1] Wenn ich es nicht besser gewußt hätte, hätte ich angenommen, daß Marianne über die Nachkriegszeit sprach. Es war kaum zu glauben, daß sie die Jahre von 1939 bis 1941 meinte, als sie das Sozialpädagogische Seminar zur Ausbildung von jüdischen Kindergärtnerinnen und Hortnerinnen in Berlin besuchte. Ihr Urteil über die Jawne-Schule in Köln, die sie von Ende 1938 bis März 1939 besuchte, war fast genauso positiv.

Es war bemerkenswert, wie Mariannes Eltern ihren Wohlstand und ihre Zuversicht bis 1938 durch die dunklen Zeiten hinweg aufrechterhalten hatten. Während Marianne in der Schule litt, war es ihnen gelungen, sich fünf lange Jahre während der Naziherrschaft in einer Art Schwebezustand zu halten. Jetzt, nach der Pogromnacht, waren die Rollen vertauscht. Die Zeit, in der die jüdische Gemeinde den »sozialen Tod«[2] erlitt – bevor ihr physischer Tod eintrat –, war für Marianne die Zeit, »als das Leben begann«.

Schulwechsel

Auch wenn die offizielle Rechtsprechung erst am 15. November 1938 in Kraft trat, scheint die Luisenschule, wie viele andere auch, ihre restlichen jüdischen Schülerinnen am 10. November entlassen zu haben. Auf jeden Fall datiert Mariannes Zeugnis von diesem Tag. (Das Zeugnis hat sie selbstverständlich wie so viele andere Dokumente aufbewahrt.) 1938 war man an fast allen deutschen Schulen zu kleinmütig, um jüdische Schüler besser als »ausreichend« oder »befriedigend« zu zensieren. Die pauschale Beurteilung: »Marianne hat sich bemüht, den Anforderungen der Schule zu genügen«, und die vielen Dreien und Vieren haben den Klang feiger Mißgunst. Eine gewisse Plausibilität kann dem Zeugnis aber nicht abgesprochen werden, da Marianne immerhin zwei Zweien bekam: eine in Englisch (Frau Horn erinnerte sich daran, daß sie so gut darin war) und eine in Musik, wo ihr der Klavierunterricht sicherlich gelegen kam.[3]

Sowie Siegfried und Ine an etwas anderes als an das unmittelbare Überleben der Familie denken konnten, überlegten sie sich, wie es mit der Erziehung der Kinder weitergehen sollte. Am 15. November 1938 wurde jüdischen Schülern per Erlaß des Reichserziehungsministeriums der Besuch staatlicher Schulen verboten, wodurch eine Rückkehr an die Luisenschule nicht mehr in Frage kam.[4] Statt dessen beschlossen Siegfried und Ine, vielleicht dem Rat der Weinbergs folgend, ihre Kinder auf das Jawne-Gymnasium nach Köln zu schicken. Dieses 1919 gegründete Reformrealgymnasium war die einzige höhere jüdische Schule im Rheinland.

Bis 1933 kamen die Jawne-Schüler zum großen Teil aus orthodoxen Familien. Das Gros der liberalen jüdischen Mittelklasse schickte ihre Kinder in staatliche Schulen. Nach 1933 jedoch trat eine deutliche Veränderung ein. 1934 machten die Schüler von nichtorthodoxen Familien bereits 85 Prozent der neu aufgenommen aus, und die Gesamtschülerzahl stieg bis zu ihrem Höchststand im Jahr 1937 stetig an. Daß Jugendliche aus liberalen Elternhäusern in eine nach orthodoxen Prinzipien geführte Schule eingegliedert werden konnten, hatte vor allem mit der Person Dr. Erich Klibanskys (1900–1942) zu tun, der seit 1929 Direktor der Jawne war. Je weiter sich sein Ruf herumsprach, desto mehr Jugendliche kamen von außerhalb Kölns – 1938 schon ein Viertel aller Schüler.[5]

Marianne und ihr Bruder nahmen also an einer Entwicklung

teil, in deren Verlauf sich immer mehr nicht-orthodoxe Schüler nach einer sicheren und guten Schule umsahen. Sie wohnten bei ihren Cousins, den Weinbergs, die kurz zuvor nach Köln gezogen waren. Die Boykotte und der Druck in dem kleinen Ort hatten Ines Schwager Ernst Weinberg dazu gebracht, seinen Laden in Erkelenz zu verkaufen. Wie viele Juden glaubten auch die Weinbergs, die Anonymität der großen Stadt böte ihnen mehr Schutz als ihre Bekanntheit in der Kleinstadt. Die drei Jungen Alex, Alfred und Otto wurden alle auf die Jawne geschickt.

Marianne, Alfred und Alexander hatten ganz unterschiedliche Erinnerungen an die Schule. Für Marianne stand sie für geistiges Wachstum und Befreiung. Marianne erinnerte sich vor allem an die kultivierte Atmosphäre und die Qualifikation ihrer Lehrer. Da es keine anderen Stellungen mehr gab, war im Kollegium ein breites Spektrum herausragender Talente versammelt. Der berühmte Künstler Ludwig Meidner, ein expressionistischer Maler der Düsseldorfer Schule, war seit 1935 an der Jawne; er war auch Mariannes Kunstlehrer. Bei der hervorragenden Übersetzerin Else Nussbaum, ebenfalls seit 1935 an der Schule, hatte Marianne Englischunterricht. Marianne gefiel auch der theoretische und pädagogische Ansatz der Schule. Schon 1933, als die Immatrikulation jüdischer Studenten an deutschen Universitäten erheblich eingeschränkt wurde,[6] erkannte Klibansky, daß sich die Funktion der Schule fundamental verändert hatte. Jetzt ging es nicht mehr darum, den jungen Leuten die Hochschulreife zu bestätigen, sondern ihnen wirklich etwas beizubringen. Zeitgenössisch ausgedrückt, wurde aus einer »Berechtigungsanstalt« eine »Bildungsanstalt«.[7] Rückblickend sagte Marianne: »Zum ersten Mal in meinem Leben machte mir die Schule Spaß, und ich zog richtig Gewinn daraus.«

Alfred, heute Uri (der nach dem Krieg ultra-orthodox wurde und in Me'a Shearim lebt), erinnerte sich mit ähnlicher Freude an die Schule. Auch für ihn war sie ein Ort der Freiheit. Er erinnerte sich daran, wie vorsichtig er in seinem alten Gymnasium in Erkelenz hatte sein müssen. Dort habe er lernen müssen, den Charakter von Menschen sorgfältig zu prüfen. Aber auf der Jawne fühlte er sich frei. Als er in die Schule kam, unterrichtete Klibansky gerade Geschichte. Klibansky stellte der Klasse eine Frage, auf die Alfred, mit seinem soliden Gymnasialwissen, die Antwort kannte – Friedrich II. Alfred meldete sich und nannte ihn so, wie es in deutschen Schulen vorgeschrieben war, nämlich Friedrich der Große. Klibansky sagte: »Wir sagen nicht: Friedrich der Große, oder wenn wir es sagen, sagen wir: Friedrich, der große Schwätzer.« Alfred glaubte, die Frage sei gestellt worden, um herauszufinden, auf welche Seite er gehörte: Wünschte er sich immer noch (wie sein Bruder), Deutscher zu sein, oder sah er sich vor allem als Jude. Alfreds Antwort war klar, und in dieser Stunde fiel ihm ein Stein vom Herzen, weil er sich unter Freunden wußte. Die Schule war ein wichtiger Schritt in seiner religiösen Entwicklung. Als ich mit ihm sprach, gedachte er mit feuchten Augen Rabbi Steins, mit dem er sich in der Jawne angefreundet hatte; über ihn lernte er eine vitale Orthodoxie kennen.

Ich hatte erwartet, daß die Schule auch Marianne ein starkes Gefühl jüdischer Identität vermittelt hätte. Der Historiker Joseph Walk beobachtete, daß es dem orthodoxen und toleranten Klibansky, gelungen sei, die jüdische Identität seiner Schüler zu stärken. Viele von ihnen besannen sich wieder auf religiöse Gebräuche und gaben sie an ihre Eltern weiter.[8] Aber Marianne erzählt hiervon nichts. Ich fragte mich, ob es damit zusammenhing, daß sie damals keine positiven religiösen Erlebnisse gehabt hatte, oder ob sie im Laufe ihrer weiteren Entwicklung – sei es in den Jahren des Krieges, in denen sie eine andere Identität angenommen hatte, oder in den Jahren nach dem Krieg, in denen sie mit einem eher orthodoxen Ehemann zusammengelebt hatte – solche Erfahrungen möglicherweise vergessen hatte.

Für Eric Alexander (Alex Weinberg) war die Schule das Symbol seiner persönlichen Niederlage. Jetzt mußte er seinen Traum, ein erfolgreicher deutscher Junge zu werden, endgültig beerdigen. Die Schule war für ihn schwer, nicht zuletzt weil er zuvor auf einem altsprachlichen Gymnasium gewesen war, wo er keinen Englischunterricht gehabt hatte, und sich nun in einer Klasse mit englischer Unterrichtssprache wiederfand. Aber er war sehr fleißig, und 1939 ermöglichte ihm sein Lehrer die Ausreise nach England. Die Jawne hatte ihm also doch hervorragende Dienste geleistet. Dennoch hatte er sich an der Schule nie heimisch gefühlt. Er ließ sich in England nieder, und nach dem Krieg trat er in die Anglikanische Kirche ein – seine Kinder sollten nie verfolgt werden.[9]

Anfangs wohnten Marianne und Richard bei den Weinbergs. Doch nach einer Weile zogen sie nach Hause zurück und pendelten jeden Tag von Essen zur Schule. Marianne sagte, die Wohnung sei einfach zu klein gewesen, aber Eric Alexander erinnerte sich an etwas anderes. Er war damals 17, und Marianne war 15, und sie hatten eine »kleine Liebesaffäre, naja, man konnte es eigentlich gar nicht so nennen, wir hielten Händchen. … Dann kam Siegfried und ohhh!« Siegfried war nicht einverstanden? »Nein, ganz und gar nicht, deswegen mußte sie wieder ausziehen.«[10]

Entweder hatte Marianne das wieder vergessen, oder sie war einfach diskret. Später kam ich darauf, daß sie eine Beziehung mit einem französischen Kriegsgefangenen aus dem Jahr 1944 und eine kurze Romanze nach dem Krieg ebenso stillschweigend übergangen hatte. Marianne erwähnte jedoch, daß Richard und sie nun in aller Frühe aufstehen und in diesem eiskalten Winter einen fast zweistündigen Weg zurücklegen mußten. Die Kriminalpolizei ging durch den Zug und prüfte ihre Reisegenehmigung.

Abschied von der Jawne

Ostern 1939 gelang es Klibansky, Kinder nach England zu schicken. In dieser Gruppe waren viele aus Mariannes Klasse, und Marianne meinte sich zu erinnern, auch aus Richards. Insgesamt kamen 130 Kinder durch Klibanskys Vermittlung nach England.[11] Alexander Weinberg war schon mit einer früheren Gruppe gefahren, jetzt folgten Alfred und Otto. Aber Marianne und Richard durften nicht mit. Siegfried wollte nicht, daß sie allein ins Ausland fuhren.

Was hat sich Siegfried bloß dabei gedacht? Die Frau des Dortmunder Rabbis erinnerte sich daran, wie Eltern den Rabbi inständig baten, »ihre Kinder so schnell wie möglich wegzuschicken«, weil sie es nicht mehr ertrugen, »sie unter dem Haß und den Schmähungen leiden zu sehen«.[12] Dank diverser »Kindertransporte« – vor allem nach England – kam das Gros der jüdischen Kinder und Jugendlichen aus Deutschland heraus. Zu Beginn des Krieges gab es nur noch vereinzelt Teenager, 75 Prozent der Juden Deutschlands waren zu dem Zeitpunkt älter als 40 Jahre.[13] Deswegen ist Siegfrieds Position nur schwer nachzuvollziehen. Möglicherweise war er sich im März 1939 mit dem Affidavit von Fritz Stern gewiß, daß ihre Reise nach Amerika unmittelbar bevorstand. Das Risiko, die Familie zu diesem Zeitpunkt zu trennen, erschien ihm zu groß. Eine solche Zuversicht könnte auch erklären, warum er bis Mai 1939 wartete, bevor er sich um Visa für England, Australien und Neuseeland bewarb. Es scheint allerdings auf der Hand zu liegen, daß Siegfried, Dachau zum Trotz, immer noch nicht begriffen hatte, wozu das Regime fähig war. Wie sonst sollte man erklären, daß er befand, es sei sicherer für die Kinder, jeden Tag die Bahnreise von Essen nach Köln und retour zu unternehmen, als zu riskieren, daß Alfred und Marianne Händchen hielten?

Marianne sagte, sie habe die Entscheidung ihres Vaters, was die Ausreise nach England anging, zu der Zeit nicht hinterfragt. Natürlich hätte sie das Abenteuer genossen. Sie fühlte sich schon »sehr erwachsen und in meinen häuslichen Verhältnissen ziemlich eingeengt«. Ihrem Bruder, der zurückhaltender war, hätte es vielleicht nicht gefallen, sagte sie. Was sie im Rückblick von dem Entschluß des Vaters hielt, darüber sagte sie nichts.

Im März 1939 machte Marianne ihre Mittlere Reife. Im Abschlußzeugnis der Jawne-Schule wurde ihr allgemeines Betragen als »gut« bezeichnet, aber interessanterweise waren ihre Noten gar nicht so anders als auf der Luisenschule. Die Gesamtnote war »befriedigend«. Marianne hatte eine Zwei in Deutsch und Musik, aber eine Vier in Kunst und Mathematik. Unter Bemerkungen stand nur: »Die Schule entläßt Marianne mit den besten Wünschen für die Zukunft.«[14]

Wieder mußten Mariannes Eltern Weichen für die Zukunft ihrer Kinder stellen. Die jüdische Schule in Essen bot keine weiterführende Ausbildung an. Marianne konnte in Deutschland nirgends das Abitur machen, und deutsche Universitäten waren ihr ohnehin verschlossen. Wegen der offiziellen Politik einer »Unterstützung« der Emigration von Juden konnten sich jüdische Berufsschulen zu einer Zeit behaupten, in der alle anderen Ausbildungsmöglichkeiten wegfielen. Vor allem in Berlin gab es eine Reihe von Berufsschulen, die künftigen Emigranten nützliche Fähigkeiten vermittelten.[15] Die Auswahl war für Mädchen allerdings überschaubar. An Landwirtschaftsschulen gab es noch ein paar Plätze, dort wurden Mädchen auf die Emigration nach Palästina vorbereitet, aber die Strauß' dachten nicht an Palästina. Außerdem wurde Hauswirtschaft angeboten. An einigen jüdischen Krankenhäusern wie dem Säuglings- und Kleinkinderheim konnte man sich zur Krankenschwester ausbilden lassen. Allein das Jüdische Seminar für Kindergärtnerinnen und Hortnerinnen bot jedoch einen staatlich anerkannten Abschluß.[16] Es war charakteristisch, daß die Chance der staatlichen Anerkennung aus Sicht der Eltern der entscheidende Vorteil war. Das war ihnen so wichtig, daß Siegfried seiner 15jährigen Tochter erlaubte, allein nach Berlin zu gehen.

Der Umzug nach Berlin war in vielerlei Hinsicht Mariannes Befreiung. Im nachhinein verband sie ihn auch mit der Traurigkeit darüber, Richard zurückgelassen zu haben. Oft verlieren die älteren Geschwister den Kontakt zu den jüngeren, wenn sie von zu Hause ausziehen. Unter normalen Umständen kann dies aber später wieder wettgemacht werden. Doch für Marianne gehörte es zu den schmerzlichsten Erfahrungen, daß es nie ein Später gab, wo etwas hätte wettgemacht werden können. Die Einzelheiten, die Marianne mir über ihn erzählte, trafen nicht immer zu. Als sie mir zum Beispiel mitteilte, daß Richard nach der Jawne privat zu Hause unterrichtet wurde, verlor sie drei Jahre seiner Schulzeit aus den Augen – das waren natürlich die Jahre, in denen sie nur selten zu Hause war.

Im Dezember 1939 beging Richard seine Bar-Mizwa. Im

Vergleich zu früheren Familienfesten war die Feier bescheiden. Siegfried mußte vom Oberfinanzpräsidenten, Devisenstelle Düsseldorf (ODD) die Erlaubnis einholen, 100 RM von seinem Konto für »Konfirmationsgebühren« abzuheben, mit denen er wahrscheinlich den Rabbi bezahlte.[17] Marianne lebte damals schon in Berlin und kam nicht zu diesem Anlaß zurück. Einmal sagte sie zu mir, sie habe keine Erlaubnis bekommen. Aber bei einer späteren Unterhaltung sagte sie, sie wollte nicht herausgerissen werden, und ihre Eltern hätten sie nicht ermutigt zu kommen, weil sie ein größeres Interesse daran hatten, daß sie ihre Ausbildung nicht unterbrach. Im nachhinein tat es ihr leid, nicht hingefahren zu sein. »Zu der Zeit schienen solche Dinge nicht so viel zu bedeuten.«[18] Marianne fühlte sich schuldig, weil sie ihren Bruder aus den Augen verloren hatte. Auch ihren Eltern gegenüber, weil sie, und nicht ihr intellektuellerer Bruder, überlebt hatte.[19]

Das Kindergartenseminar

Heute ist sogar unter Fachleuten für jüdische Geschichte das Jüdische Seminar für Kindergärtnerinnen und Hortnerinnen nahezu unbekannt. Nach einigem Hin und Her wurde es vom Ministerium für Wissenschaft, Erziehung und Volksbildung nach seiner Gründung im Jahr 1934 staatlich anerkannt. »So lange Juden bei uns leben« (das war im Mai 1934!), »wird man ihnen prozentual zur Bevölkerung eine Ausbildung für die Tätigkeit in jüdischen Kindergärten und Horten nicht verwehren können, noch wollen.«[20] Damit nicht zu viele Jüdinnen ein staatlich anerkanntes Zeugnis bekamen, beschränkte das Ministerium die Aufnahme auf 30 Personen, weigerte sich, irgendeine andere Kindergärtnerinnen-Ausbildungsstelle im Reich anzuerkennen und bestand auf einer Verlängerung der Ausbildung auf zwei Jahre statt der vorgeschlagenen 18 Monate. Ostern 1938 durfte die Schule eine weitere Klasse eröffnen, und im Sommer 1938 übernahm die ehemalige Lehrerin Margarete Fraenkel[21] die Leitung.

Marianne meinte sich zu erinnern, daß man für die Schule ein Abitur benötigte. Ihre Mutter habe durch eine Sonderregelung erwirkt, daß Marianne trotz ihres jungen Alters zugelassen wurde. Wahrscheinlich schlägt sich in dieser Erinnerung die Ehrfurcht und Beklommenheit nieder, mit der Marianne nach Berlin ging. Denn mit der Mittleren Reife erfüllte Marianne die Mindestanforderungen. Allerdings wurde normalerweise vorausgesetzt, daß die Schülerinnen das 17. Lebensjahr erreicht hatten. Marianne hatte wohl insofern recht, daß sie mit 15 Jahren und zehn Monaten die jüngste Seminaranfängerin war, als sie im April 1939 in Berlin eintraf.[22]

Das Seminar lag in der Wangenheimstraße Nr. 36, im vornehmen Grunewald im Westen Berlins. »Es war eine sehr gute Adresse, so wie The Bishop's Avenue«, erklärte Marianne.[23] In der von einem jüdischen Bankier gestifteten luxuriösen Villa waren nicht nur die Schule, sondern auch die Wohnräume der Mädchen untergebracht, die von außerhalb Berlins kamen.[24] In Mariannes Erinnerung war es ein »enorm großes Haus aus den zwanziger Jahren, mit ich weiß nicht wie vielen Badezimmern« und mit einem riesigen Garten. Das begehrteste Zimmer war ein Eckzimmer im Dachgeschoß mit zwei kleinen Türmchen, von denen eines die Wangenheimstraße, das andere die Lynarstraße überblickte. 1940 gelang es Marianne, dort einzuziehen.

Die Stellenstreichung war für die Schule ein Segen, denn so hatten sich im Kollegium hochkarätige Intellektuelle und begnadete Lehrer zusammengefunden. Es war ihnen ja bewußt, daß viele ihrer Schülerinnen unter normalen Umständen eine akademischere Ausbildung gewählt hätten, und deswegen bot die Schule ein Themenspektrum an, das wesentlich theoretischer und breiter gefächert war als für Kindergärtnerinnen allgemein üblich. Eine Anzeige im Rundschreiben des Jüdischen Frauenbunds (JFB) von 1935 vermittelt eine Vorstellung davon:

> Der wissenschaftliche Unterricht erstreckt sich auf Geschichte der Pädagogik und Einführung in das pädagogische Schrifttum, Psychologie und Erziehungslehre, Kindergarten-

und Hortlehre, Gesundheitslehre, Gegenwartskunde, Jugendliteratur, Natur- und Kulturkunde, Deutsch, Hebräisch, Jüdische Geschichte und Judentumskunde. Die Grundlagen im Hebräischen werden bei Aufnahme ins Seminar vorausgesetzt. Große Bedeutung kommt innerhalb des Lehrgangs den technisch-künstlerischen Fächern zu: Musik, Werkarbeit, Zeichnen, Modellieren, Nadelarbeit, Gymnastik und Bewegungsspiele.[25]

Marianne erzählte mir, daß der Kern der Lehrerschaft im Pestalozzi-Fröbel-Haus ausgebildet worden sei – die berühmte, von Helene Lange gegründete Institution zur Ausbildung von Sozialarbeitern. Die Direktorin des Seminars war nicht nur eine Schülerin von Helene Lange, sondern auch von C. G. Jung und Alfred Adler. Im Vorstand waren mehrere prominente Juden, darunter auch Leo Baeck. Zum Kollegium zählten so außergewöhnliche Persönlichkeiten wie Hannah Karminski, ein tonangebendes Mitglied des Jüdischen Frauenbunds bis zu seiner Auflösung 1938, die selbst ausgebildete Kindergärtnerin und Sozialarbeiterin war. Aus Karminskis Korrespondenz geht hervor, daß das Unterrichten im Seminar für sie ein Ausgleich und eine Genugtuung war, denn hier konnte sie ihre bedrückenden und größtenteils hoffnungslosen Pflichten in der Wohlfahrtsabteilung der Reichsvereinigung der Juden in Deutschland (RV) kompensieren.[26] Es gab unter den Lehrern auch Musiker, Soziologen und Spezialisten aller Art. Marianne erinnerte sich an einen »Schüler von Gundolf – *dem* Übersetzer Shakespeares ins Deutsche, der mit uns Shakespeare gelesen hat. Wir hatten einen Lehrer nur für Shakespeare ... Das hatte es überhaupt noch nie gegeben.«

Für Marianne war das Leben im Seminar eine Befreiung. »Plötzlich war ich dieser strengen Kontrolle entkommen. Ich blühte *wirklich* auf; ich wurde jetzt in Windeseile erwachsen.«[27] Marianne war nicht die einzige Schülerin, die den Unterricht als befreiend wahrnahm. Edith Dietz hatte ihre Ausbildung ein Jahr früher angefangen und schloß sie 1940 ab. In ihren Erinnerungen[28] betonte sie auch die Unterrichtsqualität und das

Gefühl von Freiheit, das von Berlin ausging.[29] Auch Inge Deutschkron, die ihr Überleben im Untergrund später in dem Buch *Ich trug den gelben Stern* festhielt, hatte sehr warme Erinnerungen an ihr Studienjahr im Seminar. In einem Gespräch mit mir erinnerte sie sich auch an Marianne Strauß als eine anmutige, fast königliche Erscheinung.

Das Kollegium bemerkte Mariannes Enthusiasmus wohl und förderte ihre Fähigkeiten.[30] Auch für ihre praktischen Unterrichtseinheiten außerhalb des Seminars, in Kindergärten oder in Familien, bekam Marianne viel Anerkennung.[31] Doch während Marianne energiegeladen und begeisterungsfähig war, fand sie bald heraus, daß sie auch »sehr unschuldig war ... Die Direktorin sagte: ›Wir werfen dich den Wölfen vor, du bist die Jüngste.‹ Das hieß, schnell zu lernen, außerordentlich schnell zu lernen. Mit den Familien zu arbeiten und ihre Probleme kennenzulernen. Menschen, die verarmt und demoralisiert waren. Mütter, die Nervenzusammenbrüche erlitten. Kinder, die inzestuös gezeugt worden waren. Ich arbeitete in dem einzigen jüdischen Waisenhaus für Babys, das es noch gab, und das Elend der verlassenen Kinder dort ... das ist einfach nicht vorstellbar.«[32]

Eine der vielen Absurditäten dieser Zeit bestand darin, daß die häuslichen Situationen, die Marianne vorfand, an antisemitische Propagandafilme denken ließ. Sie mußte »Praktika in den abschreckendsten Elendsquartieren machen. Ich hatte nicht geahnt, daß solch bittere Not unter Juden herrschte ... Unzulänglichkeiten, Inzest, alles, was man sich vorstellen kann.«

Marianne erinnerte sich an eine Familie »namens Fleischhammel, und dieser bemerkenswerte Name paßte wunderbar zu ihnen, sie hätten aus einem Dickens entsprungen sein können oder noch schlimmer«. Wenn sie mit neuer Kleidung für die Kinder kam, dann war am nächsten Tag »alles weg, war gegen irgendwas getauscht worden. Die Tapete hing von den Wänden, und sogar am Tag krochen die Kakerlaken herum. Ich mußte mich nicht nur um die Kinder kümmern, sondern auch saubermachen. Die Kinder gingen nicht zur Schule, weil sie nichts zum Anziehen hatten, worin sie hingehen konnten. Und alle schliefen mehr oder weniger in zwei Betten, die Eltern und die Kinder, und die Bettwäsche, die war weggegeben oder verkauft worden oder was auch immer. Der Dreck war unbeschreiblich. Jeden Tag, wenn ich dort hinkam, fand ich es gleich vor. An einem Tag machte ich irgendwo sauber, und am nächsten Tag konnte ich wieder von vorne beginnen.«[33] Für eine 16jährige, die noch dachte, »man könne die ganze Welt über Nacht verändern und anständige Menschen aus allen Leuten machen«, war es unerträglich, daß ihre Hilfe nicht angenommen wurde und nichts bewirkte. »Es gab Zeiten, in denen ich mich ziemlich suizidal fühlte.«

Abends in die überaus zivilisierte Grunewalder Umgebung zurückzukehren war eine Belohnung. »Man vergaß, was draußen geschah. Es war immer irgend etwas Interessantes los. Viele interessante Leute lebten immer noch ihr normales Leben in Berlin – prominente Leute, Freunde der Organisation. Musiker gaben Konzerte, oder sie brachten Schallplatten mit; wir kamen abends zusammen, sangen Volkslieder, hörten Vorträge, die Geselligkeit war einfach wunderbar.«[34] Mariannes neue Unabhängigkeit brachte sie in Kontakt mit einem weitgefächerten Kreis an Menschen, darunter auch mit einem literarisch-kulturellen Zirkel. Trotz der Einschränkungen war ihr Leben voller Freiheiten, die sie sich nie hätte träumen lassen. »Bevor ich nach Berlin ging, war ich abends nie spät aus, von daher war es ein Segen, daß ich von Natur aus so vorsichtig bin. Sonst hätte ich wahrscheinlich in große Schwierigkeiten geraten können, wo ich so plötzlich von der Leine gelassen worden war.«[35]

Krieg in Berlin

Im September 1939 waren die Mädchen aufgrund eines Diphtheriefalles in Quarantäne. An einem heißen Spätsommertag saßen sie in dem prächtigen Wintergarten der Villa. Marianne erinnerte sich: »Um die Mittagszeit herum hatten wir eine Handarbeitsstunde. Wir saßen an einer Stickerei, und die

Nachrichten kamen übers Radio, daß Krieg erklärt worden war, und es war wirklich entsetzlich niederschmetternd. Auch wenn wir wahrscheinlich alle gedacht hatten, daß das passieren würde – die Deutschen wollten es, glaube ich –, war es ein unvergeßlich niederschmetternder Tag.«[36] Zunächst beeinträchtigte der Kriegsausbruch Mariannes Alltagsleben nicht. Für Juden wurde in Berlin eine Ausgangssperre verhängt, im Sommer zwischen 21.00 Uhr und 5.00 Uhr, in den Wintermonaten zwischen 20.00 Uhr und 5.00 Uhr,[37] aber ich glaube nicht, daß sie das allzu ernst nahm.

Das Leben war voller Ungereimtheiten. Die Seminarschülerinnen wurden aufgefordert, an Luftschutzübungen teilzunehmen. Die Fliegerabwehr kam ins Haus und brachte den Schülerinnen Erste Hilfe und Schutzmaßnahmen während der Luftangriffe bei. Den Mädchen wurden sogar Gasmasken zugeteilt. »Stellen Sie sich das vor!« sagte Marianne. 1939 schützte das Regime Juden noch vor Gas. Es bildete sie auch zu Luftschutzhelfern aus. Unter Mariannes Papieren befindet sich auch eine Bescheinigung, daß Marianne Sara Strauß vom 11. bis 21. Oktober 1940 an einem Luftschutzlehrgang der LS-Hauptschule der Ortsgruppe X/Charlottenburg teilgenommen hat. Es gab nur wenig Luftangriffe, aber häufig Fliegeralarm, der manchmal die ganze Nacht andauerte. Marianne wäre gerne in ihrem Dachgeschoßzimmer geblieben und hätte sich den Himmel angesehen. Aber »es war unerläßlich, sowie die verdammten Sirenen losgingen«, mußten alle in den Keller gehen. Anfangs verbrachten sie fast die ganze Nacht im Keller, aber allmählich hörten sie auf, dem Alarm immer Glauben zu schenken.[38]

Noch mehr Ungereimtheiten: Im Sommer 1940 arbeitete Marianne in einer jüdischen Anstalt für taubstumme Kinder, wo sie ihr erstes Gehalt verdiente.[39] Der Direktor war damals verreist, aber seine drei Kinder hatte er zu Hause gelassen. Sein Sohn verliebte sich in Marianne, und eine der Töchter hatte eine Affäre mit einem SS-Offizier. An Wochenenden kam »dieser Bursche vorbei, und Samstags abends saßen wir zusammen, und die Lichter gingen allmählich aus, und wir waren alle im gleichen Zimmer. Die beiden kamen ziemlich ungeniert zur Sache, und dabei wußte er doch, was das für Leute waren, und trotzdem hatte er eine Liebesaffäre mit diesem schönen Mädchen. Was aus ihnen geworden ist, weiß ich nicht.«[40]

Marianne hatte den Job angenommen, weil sie den Wunsch nach einer greifbaren verbotenen Frucht verspürte: Sie wollte sich ihr erstes Grammophon kaufen. Nicht aufgrund von Einschränkungen durch das Regime, sondern wegen ihres Vaters hatte sie kaum Geld. Da der Großteil des Vermögens amtlicherseits eingefroren worden war, wurde jedem Familienmitglied ein persönliches Taschengeld zugestanden. Doch Siegfried befand, daß Mariannes Taschengeld für ein Mädchen ihres Alters viel zu großzügig angesetzt war, und sie hatte die strikte Anweisung, einen Großteil davon nach Hause zu schicken. Sie erinnerte sich lebhaft an ihre Nervosität, als sie aus irgendeinem Grund nur etwas weniger Geld als sonst schicken konnte. Da ihr Vater es verboten hatte, konnte sie sich noch nicht einmal einen heruntergesetzten Badeanzug kaufen, auch wenn sie sich in der Sommerhitze sehnlichst einen wünschte. »Ich habe schon immer gerne eingekauft. Als ich jung war, war ich natürlich dauernd frustriert, aber das habe ich später wieder wettgemacht«, sagte Marianne lachend.[41] Das Grammophon wollte sie unbedingt haben. In den sechs Sommerwochen verdiente sie 35 Reichsmark und kaufte den billigsten tragbaren Plattenspieler, der mit einer Kurbel betrieben wurde. Marianne war stolz darauf, das Geld selbst verdient zu haben. Ihre verständnisvolle Tante Oe besorgte ihr die ersten Schallplatten.

Ende 1940 oder Anfang 1941 wurde die Villa von der Gestapo beschlagnahmt. Dem Seminar wies man ein anderes Gebäude aus dem Besitz der jüdischen Gemeinde zu, ein großes Haus in der Meinekestraße.[42] Die neue Unterkunft war spartanischer, und Marianne mußte ihr Zimmer mit anderen Mädchen teilen, »was etwas ganz anderes war«, aber immer noch »in Ordnung und zivilisiert«.[43]

Die neue Lage hatte jedenfalls etwas für sich: Das Haus lag in unmittelbarer Nachbarschaft zu einer der aufregendsten Straßen der Welt, dem Kurfürstendamm, mit all seinen verführe-

Marianne um 1939 *(Marianne Ellenbogen)*

rischen Möglichkeiten. »Samstags abends machten wir einen drauf«, erinnerte sich Marianne, »wir liefen zu zweit und zu dritt den Kurfürstendamm entlang. Ich erinnere mich an eine bestimmte Gelegenheit, als ich mit einer Freundin einen Schaufensterbummel machte und sich zwei SS-Typen an uns hängten. Plötzlich wurde uns klar, daß sie uns folgten. So weit gingen ihre Rasseinstinkte also! Wir wußten nicht, wie wir sie abschütteln sollten. Sie machten ganz offensichtliche Annäherungunsversuche, und es wurde sehr deutlich, daß wir uns zu ihnen gesellen sollten ... also kam als Ausweg nur noch ein Taxi in Frage. Das passierte ein paarmal, und am Ende war es wie russisches Roulette, eine Mutprobe.« Marianne dachte sich, »die Herrenrasse, das Herrenvolk, und sie können einen Juden noch nicht mal erkennen, wenn sie einen sehen«! Aber nach einer Weile fanden die Mädchen, es sei besser, das Schicksal nicht allzu sehr herauszufordern, und sie wurden vorsichtiger. Im Juni 1941 feierte Marianne ihren 18. Geburtstag in Berlin.

Solche Erinnerungen können uns leicht zu der Annahme verleiten, daß das Leben der Berliner Juden im großen und ganzen noch erträglich war. In Wirklichkeit jedoch lebte schon im ersten Kriegswinter jeder vierte Jude von der Sozialhilfe. Die städtischen Behörden waren grausam. Kleine Verkehrsvergehen, ein Verstoß gegen Verdunkelung oder Ausgangssperre, wenn man die Straße an einer unerlaubten Stelle überquerte oder zur falschen Zeit einkaufte, dies alles konnte hohe Geldstrafen (von bis zu 40 RM) mit sich bringen, manchmal sogar Verhaftung, Konzentrationslager oder Tod. In Berlin galt die anti-jüdische Gesetzgebung oft schon, bevor dies im Rest des Reichs der Fall war.[44]

Auf der anderen Seite verhinderte die Größe der jüdischen Gemeinde und die Weltläufigkeit eines großen Teils der nichtjüdischen Bevölkerung, daß die Nazi-Maßnahmen dieselbe Wirkung wie in der Provinz hatten. Marianne sagte: »In Berlin herrschte immer noch eine ziemlich andere Einstellung zu Juden als anderswo im Land. Es war viel kosmopolitischer, nicht so engstirnig; irgendwie benahmen sich die Leute viel zivilisierter uns gegenüber, als wir es erwarteten oder aus den Provinzen kannten. Vor allem nach der Kristallnacht, als uns allen schlagartig klar wurde, was wir noch erwarten konnten.«[45] Allein durch die Größe der Stadt konnte man leichter anonym bleiben und die Vorschriften umgehen, ohne entdeckt zu werden. So war es Marianne im Sommer 1941 noch immer möglich, den Kurfürstendamm hinunterzuschlendern, ohne als Jüdin angepöbelt oder angegriffen zu werden.

Selbst diese Umstände konnten die Gemeinde nicht vor den einschneidenden Veränderungen des Jahres 1941 bewahren.[46] Ohne daß es vorher richtig bekannt gemacht worden wäre, waren Ausflüge in die Wälder um Berlin für Juden auf einmal illegal.[47] Die Kinder der jüdischen Schule wurden gezwungen, den Sportunterricht auf dem jüdischen Friedhof abzuhalten, dem einzigen Platz unter freiem Himmel, der ihnen noch offenstand.[48] Im Herbst 1941 hing fast an jedem Laden am Kurfürstendamm ein Schild mit der Aufschrift »Für Juden verboten«. Die meisten Berliner Juden waren zur Zwangsarbeit eingezogen worden. Für die Erniedrigung und Erschöpfung, die von der ungewohnten Arbeit herrührte, für die umständlichen Wege zu den Fabriken bekamen sie einen Lohn, der nach allen Abzügen oft kaum die elementarsten Bedürfnisse deckte. (Juden zahlten die höchsten Steuern.) Im Juli beziehungsweise August wurde den Berliner Juden die Extra-Ration gestrichen, die ihnen für harte Arbeit oder Überstunden zugestanden worden war.[49] Marianne erinnerte sich, daß viele Ehepartner ihrer Lehrerinnen und Lehrer am Seminar zur Arbeit in der Kriegsindustrie zwangsverpflichtet wurden. »Sie sahen schrecklich schlecht aus; sie verdienten kaum Geld; es war Sklavenarbeit.«[50]

Die Gemeinde hatte einen Schock nach dem nächsten zu verkraften. Im März 1941 wurde plötzlich verkündet, daß tausend jüdische Wohnungen innerhalb von fünf Tagen geräumt werden mußten. Eine weitere große Räumung fand im August statt.[51] Wie ein Lauffeuer sprach sich herum, daß der für das Wohnungswesen zuständige jüdische Angestellte um etwas mehr Zeit zur Räumung ersucht hatte und prompt in ein Konzentrationslager eingewiesen worden war. Dort starb er einige Monate später.[52] Im Laufe des Sommers wurde auch bekannt, daß der ehemalige Vorsitzende der Reichsvereinigung der Juden in Deutschland (RV), Dr. Otto Hirsch, im Juni 1941 im Lager Mauthausen gestorben war.[53]

Mariannes glückliche Erinnerungen können also nicht mit der besonderen Situation Berlins erklärt werden. Aber junge Leute wie sie waren in einer privilegierten Stellung. Die Erwachsenen ihrer Welt schirmten sie so weit wie möglich von den schlimmsten Auswüchsen der Verfolgungen ab. Selbst im schrecklichen Jahr 1941 gelang es den Lehrern des Seminars ganz offensichtlich, ihre Schülerinnen bei Laune zu halten. Das war nicht nur Marianne erinnerlich. Viele der ehemaligen Schülerinnen hielten einen engen Kontakt mit dem Seminar aufrecht. Edith Dietz, die1940 Examen gemacht hatte, kümmerte sich jetzt ganztags um die oftmals stark verstörten Kinder der jüdischen Gemeinde. Aber sie kam immer noch zu den Pädagogik- und Psychologiestunden.[54] Frau Fraenkel hatte ein großes Talent, die Schülerinnen zu motivieren und sie davon abzuhalten, sich zu sehr mit ihren eigenen Sorgen zu beschäftigen; sie nahm sogar Theologie und Philosophie in den Lehrplan auf. Elisabeth Freund schreibt in ihrem bewegenden zeitgenössischen Bericht über Zwangsarbeit bei Siemens von 1940 bis 1941, daß sie junge Frauen vom Seminar kennengelernt und sich über ihre Begeisterung gewundert hatte. Diese Frauen hätten alles daran gesetzt, ihre Studien fortzuführen.[55]

Berlin via Essen und New Jersey

In dieser Schutz gewährenden Nische profitierte Marianne von der schlichten Solidarität der kleinen Gruppe, in der sie lebte, mit der sie lernte und zusammenarbeitete. Von Mai bis August 1941 arbeitete sie im Säuglings- und Kleinkinderheim in der Moltkestraße in Berlin-Niederschönhausen.[56] Als ich mit den Nachforschungen zu diesem Buch beschäftigt war, wandte sich ein Anwalt an die jüdische Gemeinde in Essen, um den Aufenthaltsort von Marianne Strauß in Erfahrung zu bringen. Seine Klientin, Trudy Schloß, benötigte eine Bestätigung ihres Pensionsanspruchs für ihre Arbeit im Krankenhaus Niederschönhausen. Damals sagte mir der Name Schloß nichts, aber später stieß ich auf Briefe von Mariannes Verwandten aus der Nachkriegszeit, in denen von ihrer »besten Freundin Trude Schloß«[57] die Rede war. Ich schickte dem Anwalt ein paar Briefe, die die Verbindung zwischen den beiden Frauen bestätigten, und bat ihn, einen Brief an Frau Schloß weiterzuleiten. Es stellte sich heraus, daß sie in New Jersey lebte, und da ich in kürze im Leo Baeck Institute in New York arbeiten wollte, machte ich einen Interviewtermin mit ihr aus.

Im August 1998 holten mich Lew und Trude Schloß in einem schnittigen neuen Mazda von meinem Hotel in Manhattan ab. Sie war zierlich und mit ihrem lebhaften Lächeln noch immer attraktiv. Er war groß und breitschultrig und nahm mich für sich ein, machte jedoch nicht den Eindruck, als ob er sich von irgend jemand viel sagen ließe. Nichts an diesem Paar ließ die grauenhaften Reisen, die hinter ihm lagen, auch nur erahnen. Sie hatten sich in einem Arbeitslager in Riga kennengelernt, waren sich später in einem Transport nach Stutthof – einem der grausamsten Konzentrationslager – wiederbegegnet und hatten es geschafft, sich nach dem Krieg zu treffen. »Hitler war unser *Schadchen* [jüdischer Heiratsvermittler]«, sagte Lew, als wir die George-Washington-Brücke nach New Jersey überquerten. Ich nahm an, daß er den Witz schon viele Male gemacht hatte, aber sie lachte und ich lachte, und er sagte, es sei ihm eben gerade so eingefallen.

Ihr Haus lag in einer typischen amerikanischen Vorortstraße. Es war freundlich eingerichtet und geräumig. Sie erzählten mir, daß die Häuser ihrer Kinder noch viel größer seien. Ihr Sohn war Personalchef in einer großen Firma, und ihre Tochter hatte auch irgendwo Karriere gemacht. Sie wohnten beide in der Nähe. Inzwischen hatte ich zu meiner Überraschung erfahren, daß Trudy und Lew Marianne unabhängig voneinander kennengelernt hatten, bevor sie sich über den Weg gelaufen waren. Lew, damals noch Ludwig, war in Gelsenkirchen aufgewachsen und hatte einen Freundeskreis in Essen. Seine ehemalige Freundin war sogar von 1940 bis 1941 das Dienstmädchen der Strauß' gewesen. Trudy hatte als Krankenschwester im Berliner Kinderkrankenhaus gearbeitet und Marianne dort kennengelernt. Ich begann Lew zu befragen. Seine Geschichten waren faszinierend, aber er konnte mir nicht viel über Mariannes Leben in Essen sagen. Hatte seine Freundin darüber gesprochen, wie es war, bei den Strauß' zu arbeiten? »Nein. Wir haben uns eigentlich nicht so sehr für, wissen Sie, für Arbeitsbedingungen interessiert.« Wir lachten. »Sie sah hübsch aus – das interessierte uns damals.«

In den späten dreißiger Jahren hatte Lew Marianne manchmal mit anderen getroffen. Woran erinnerte er sich? »Sie war ein bißchen hochnäsig. Daran erinnere ich mich. Sie war ein hübsches Mädchen. Daran waren wir damals vor allem interessiert, wissen Sie. Ich hinterfragte das nicht weiter«, und er lachte wieder. Trudy warf ein, daß Marianne ziemlich groß gewesen sei, aber Lew sagte, alle seien groß im Vergleich zu ihr, und wir lachten wieder. Lew sagte, Marianne sei gut mit seiner Freundin klargekommen und habe sie gar nicht von oben herab behandelt. Konnte er sich an ihren Bruder erinnern? »Nein, damals interessierte mich ihr Bruder nicht.«

Ich verstand und wandte mich an Trudy. Was waren ihre Erinnerungen an Marianne aus dem Krankenhaus?

Trudy: Nun, ich erinnere mich, daß sie, wie Lew gesagt hat, manchmal ein bißchen hochnäsig war. Aber in Berlin war das was anderes: sie war mit all den Mädchen zusammen, und wissen Sie, sie erzählte ziemlich viel von zu Hause, wie wir alle wahrscheinlich. Denn, man muß sich das klarmachen, wie alt wir waren, wir waren fünfzehn Jahre alt, und wir vermißten unsere Familien, wir alle, wissen Sie. Im Grunde war sie sehr, wie würde man es nennen …?
Lew: Lebhaft.
Trudy: Lebhaft.
Ich: Kontakfreudig?
Lew: Quicklebendig.
Trudy: Kontaktfreudig, sehr kontaktfreudig. Manchmal saßen wir abends zusammen und erzählten uns alles mögliche. Und wenn wir ab und zu mal einen Burschen kennenlernten, wissen Sie, wie junge Mädchen sind, was soll ich Ihnen sagen?

Trudy erinnerte sich, daß sie einmal Besuch aus ihrer Heimatstadt bekam, einen jungen Mann, der »es auch nicht geschafft hat«.

Trudy: Sie riefen mich, sie sagten, da ist jemand für dich, ein junger Mann, also, ich muß Ihnen nicht sagen, wie aufgeregt sie alle waren und den jungen Mann sehen wollten. Aber das ist … Ich habe schöne Erinnerungen daran.

Ich: Von dieser Zeit, ja, die hat Marianne auch.

Lew: Es war eine eingekapselte Gemeinschaft.

Die Mädchen arbeiteten hart, sie kümmerten sich nicht nur um kranke Kinder, sondern auch um solche, deren Eltern arbeiteten. Wenn es einen Luftangriff gab, mußten sie die Kinder manchmal mit in den Luftschutzraum nehmen. Aber laut Trudy »war es gar nicht so schlimm. Ich meine, wir konnten nicht so viel unternehmen, aber wir hatten ja uns, und wir hatten viel Spaß miteinander, wissen Sie, nur miteinander gesellig zu sein.« Die Möglichkeiten auszugehen waren beschränkt, und sie fühlten sich ohnehin in der Öffentlichkeit unsicher, schon bevor sie einen gelben Stern tragen mußten.

Lew stimmte zu. Juden waren so konditioniert, daß man eigentlich sehen konnte, wer Jude war, selbst wenn er keinen gelben Stern trug. Juden »hatten Angst, Angst etwas falsch zu machen, denn das Schwert hing ja immer über dem Kopf. Jeden Moment konnte irgendwas passieren.«

Trudy kehrte zu ihrem Thema zurück: »Ich kann nicht sagen, daß wir in Berlin *gelitten* haben, denn wir hatten zu essen, wir mußten uns keine Sorgen machen, wir hatten ein Dach über dem Kopf, es war sehr sauber – ich muß Ihnen nicht sagen, wie genau sie waren, Sie wissen, was ich meine.«

»Das waren Deutsche«, sagte Lew.

Trudy erinnerte sich: »Wie sie uns beobachteten, wenn wir die Instrumente sterilisierten und so. Ach Gott, sie standen hinter einem, wissen Sie. Solche Dinge vergißt man nie.«[58]

Marianne arbeitete von Anfang Mai bis Ende August 1941 in dem Krankenhaus. Ihr Zeugnis, ausgestellt vom Krankenhausdirektor Dr. Rosenberg, war sehr gut. Es bezeugte ihre harte Arbeit, ihre Fähigkeiten, ihr Pflichtbewußtsein.[59] Das Krankenhaus bestand bis zum März 1942, der Großteil des Personals wurde erst im August 1942 deportiert.[60] Aber da war Trudy schon längst weg. 1940 waren ihre Eltern in das französische Lager Gurs deportiert worden. Später wurden sie in Auschwitz ermordet. Im November 1941 war Trudys Tante an der Reihe; sie wurde nach Riga deportiert, und Trudy schloß sich ihr an, weil sie nicht allein in Deutschland bleiben wollte. Erst als sie dort ankamen, wurde ihr klar, für welch mörderische Möglichkeit sie sich entschieden hatte.

Eine Prüfung

Erinnerung kann vieles im nachhinein nivellieren. Verglichen mit Riga oder Stutthof, oder mit Mariannes Jahren im Untergrund, kann man sich gut vorstellen, daß ihr die Berliner Zeit im Rückblick paradiesisch vorgekommen sein muß. Sie muß sie deswegen nicht notwendigerweise damals so empfunden haben. Aber schon in einem sehr frühen Stadium unserer Unterhaltungen zeigte Marianne mir Briefe aus ihrer Berliner Zeit, aus denen ihre Fähigkeit hervorgeht, selbst in der unfruchtbarsten Umgebung Nahrung zu finden.

Im August 1941 schockierte die Berliner Gemeinde die Nachricht, daß jüdische Männer und Frauen zwischen 18 und 45 nicht mehr emigrieren durften. Daß sich das Gesetz auch auf Frauen bezog, war besonders alarmierend, da es offensichtlich keine militärischen Gründe dafür gab. Am 1. September 1941 wurde verfügt, daß alle Juden, die älter als sechs Jahre waren, einen gelben Stern zu tragen hatten. In Berlin hatte dies größere Auswirkungen als anderswo. Die vielen kleinen Übertretungen von Vorschriften, die wegen der Größe Berlins bis dahin möglich gewesen waren, wurden nun viel schwieriger und gefährlicher.[61]

Am 11. September 1941 wurde der jüdische Kulturbund verboten.[62] Anfang Oktober kamen neue Räumungsbescheide mit der ernüchternden Anweisung, die Betroffenen sollten sich keine neuen Wohnungen suchen. Die erste Deportation folgte am 18. Oktober 1941 ins Ghetto von Łódź.[63] Hunderte von Menschen wurden in der großen Synagoge in der Levetzowstraße eingepfercht und tagelang dort festgehalten, bevor die Deportation begann. Weil es drinnen nicht genug Platz gab, mußten viele stundenlang draußen im Regen stehen.[64] Die Stimmung unter den Juden Berlins erreichte den absoluten Tiefpunkt.[65] Viele der Kinder, die die im Seminar ausgebildeten Kindergärtnerinnen betreut hatten, wurden deportiert.[66]

Marianne kehrte im Oktober nach Essen zurück, wo ihre Familie und sie nur sehr knapp einem Transport nach Łódź entgingen. Sie blieb ein paar Monate in Essen, und in dieser Zeit lernte sie einen jungen Mann kennen. Ernst Krombach war Sohn des Anwalts David Krombach, der den Ton angab in dem, was von der Essener jüdischen Gemeinde noch übriggeblieben war. Marianne und Ernst (der selbst eine Weile in Berlin studiert hatte) verliebten sich Hals über Kopf ineinander. Im Februar 1942 erhielt Marianne ein Schreiben von der Reichsvereinigung der Juden in Deutschland, in dem ihre Zulassung zur letzten staatlichen Prüfung bekanntgegeben wurde, die am 9. Februar beginnen und am 20. enden sollte.[67] (Dieser Brief findet sich genauso wie die Korrespondenz mit Ernst unter Mariannes Papieren. Als ob sich die Umstände verschworen hätten, jedes Dokument zu erhalten, das in Mariannes Leben eine Rolle gespielt hatte, hatte Ernst Marianne zu einem späteren Zeitpunkt alle Briefe zur Aufbewahrung anvertraut.)

Die berüchtigte Wannsee-Konferenz, auf der die Zuständigkeiten und das Vorgehen zur Ermordung der europäischen Juden vereinbart wurden, hatte zwei Wochen vorher in Berlin stattgefunden. Die Deportationen waren in vollem Gang. Und doch kehrte Marianne um eines Zeugnisses willen in die Hauptstadt der Nazis zurück.

In Berlin angekommen, schrieb Marianne gleich an Ernst:

Berlin, den 5. II. 42
Iranische Strasse 4[68]

Lieber, erst jetzt komme ich dazu, Dir zu schreiben. Es ist nämlich schon spät. Andauernd kam jemand anders, um bei meinem Anblick in Freudengeheul auszubrechen. (Ist das schon eingebildet?!) Nun erledige ich meine Korrespondenz in meinem alten Bett; es ist alles so, wie es war; jedenfalls auf den ersten Blick; die gleiche Unordnung wie früher – Bohème ist nichts dagegen – nur spüre ich sie jetzt stärker, weil ich sie nicht mehr gewöhnt bin; aber so geht es mir nicht nur mit der Unordnung, sondern mit allem; ich kenne all und alles ganz genau, aber muß mich erst wieder daran gewöhnen; aber ich muß der Reihe nach erzählen:

Die Reisegesellschaft war schrecklich. Du hast wohl ein Gebet zum Herrn geschickt, daß er mich nicht in Versuchung führen soll? Drei Nonnen speziell zu meiner Unterhaltung. Eine hatte ein klapperndes Gebiß, die zweite trank dauernd aus einer unergründlichen Thermosflasche, während die dritte es vorzog nichts zu trinken, weil sie meinte, man müßte dann so viel laufen [...].

Aber die Fahrt durch die weiße Welt war schön; weißt Du was ich mir gewünscht hätte ...? An Feldern vorbei; manchmal zogen Pferde eine alte Kutsche durch den Schnee, einmal sogar einen Schlitten. Der Schnee verschluckt alle Farben, man sieht nur Nuancen von weiß zu schwarz. Und trotzdem wird man nicht müde zu sehen; daß ich da nicht viel gearbeitet habe, kannst Du Dir denken (machst Du ein böses Gesicht?) Und nun bin ich also hier. Alles ist so wie früher und trotzdem ganz anders. Kannst du dir das vorstellen? Das ist ein Gefühl, das man nicht erklären kann, aber es ist ja auch gleichgültig; morgen sieht ja alles ganz anders aus.

Zunächst habe ich den Eindruck, daß mir alles über den Kopf wächst, aber das schreib ich nur, weil wir uns ja alles schreiben wollen, das hört sich zwar nicht schön an, aber da ich nun mal so ehrlich bin...! [...]

Als sie am nächsten Tag wieder schrieb, hatte sie schon den ersten von Ernsts Briefen bekommen.

Freitag, den 6. II. 1942
Iranische Strasse 4
Tel 460441

Mein lieber Ernest,

Als ich am frühen Abend müde und durchgefroren nach Hause kam, fand ich Deinen Brief, daß ich mich sehr mit ihm gefreut habe, kannst Du Dir denken; dazu ist er noch unter soo großen Opfern geschrieben worden! Doch geht es mir ähnlich: gerade schlägt es Mitternacht; die Jeanny ist also sehr brav: bis jetzt hat sie gebüffelt (aber nicht aus Furcht vor Deinem Bös'-sein!)

Heute war ein denkwürdiger und erhebender Tag: große Begrüßungsszene mit Frau Dr. Fraenkel vor versammelter Mannschaft. Als ich wieder unter ihnen saß, mußte ich mich in den Arm kneifen, um festzustellen, ob ich auch nicht träumte. Aber ich wurde schnell in die Wirklichkeit zurückgerufen, dank der Besprechungen über Examensthemen; als Wahlfach habe ich Kindergarten- und Hortlehre; Pflichtfach – Gesundheitslehre; Themen, auf die ich mich noch nicht ein bißchen vorbereiten konnte; dazu kommt Pädagogik; dazu bekomm' ich dann auch gleich einige Themen »zum Ansehen« gefragt: Pestalozzi, Fröbel, Landeserziehungsheim, Schulenform u. s. f. Du siehst also, mein Lieber, daß es gar nicht Deiner so pädagogischen Mahnung bedurft hätte!! –

[...] Lehrprobe geb' ich Donnerstag; ich bin einem Kindergarten zugeteilt; ich werde »Erlebnisturnen« mit den Kindern machen; eine Gruppe von 6-8 Kindern ist mir zugedacht, wie üblich. Hannah Karminsky, eine unserer Lehrerinnen und die Angestellten des Kindergartens sind »Zuschauer«. Hoffentlich klappt's. Das ist mehr eine Glücksache. Aber in Ivrith [Hebräisch] rutsche ich bestimmt durch; aber Frau Fraenkel tröstet mich: »das Schlimmste, Sie schreiben mangelhaft.« Selbst für Ivrit ein schwacher Trost!

Heute, in einer Freistunde, wollte ich Uta besuchen; doch traf ich sie nicht an; sie haben ihre Wohnung wegen Kälte verlassen und sind zu ihren Eltern gezogen. Heute morgen hatten wir im Hort Marburger Straße u. nachmittags in der

Joachimsthalerstraße Unterricht, weil die Wilsnackerstraße »abgebrannt« ist.

Mit Kohlen ist es hier überhaupt schlecht bestellt. Auch hier im Heim ist es eisig. Außerdem die eisige Fahrerei in ungeheizten Straßenbahnen. Wenn wir nach Hause kommen, steigen wir erst mal in die heiße Badewanne und dann bald ins Bett. Morgen will ich aber den Heroismus aufbringen, und die Nacht durch arbeiten; für die päd. Klausur am Montag befürchten wir ein Thema über Pestalozzi und Fröbel; dafür muß noch viel getan werden.

Aber ich finde, daß ich nun genug von mir berichtet habe. Hoffentlich hast Du ein paar schöne Stunden mit Hilde, wenn Du magst, kannst Du sie von mir grüßen. Besonders aber herzliche Grüße an Deine Eltern.

Du fragst, ob die Zeit wohl schnell herumgeht; Lieber, laß sie Dir nicht zu lang werden. Das ist für Dich schwerer als für mich. Hier erlebe ich täglich Neues, das verarbeitet werden muß und meine Zeit ausfüllt, während bei Dir das Leben seinen gewohnten Gang geht. Aber ich habe festgestellt, dass man an Mehreres gleichzeitig denken kann ......!

Nun aber Schluß. Und Morgen wieder ein Stündchen mit Dir, wenn's irgend geht.

Nimm einen Kuß von

Deiner
Jeanny

Auf den ersten Blick scheinen diese Briefe zuverlässigere Quellen zu sein als Erinnerungen, die 50 Jahre später erzählt werden. Die Briefe sind unbestreitbar genau so, wie sie 1942 waren. Und doch stellen sie uns vor zähe Interpretationsprobleme. Was sollen wir zum Beispiel damit anfangen, daß weder das Tragen des gelben Sterns, noch die offiziellen Schikanen, noch so viele andere Aspekte des Lebens für Juden im Deutschland von 1942 angesprochen werden? Wieviel Selbstzensur wird hier in einem Brief ausgeübt, der schließlich die Überwachung des Polizeistaates zu durchlaufen hatte? Das Leben zur Nazizeit ist wohl, so kann es einem vorkommen, schon *per definitionem* nicht mehr erkennbar. Jeder noch so schwache, aus dieser dunklen Ära entwichene Lichtschimmer wird verzerrt. Entweder durchläuft er die Brechungen des Filters langer Jahre der Erinnerung, oder er ist nicht mehr als eine Wiederspiegelung zeitgenössischer Dokumente von ungewisser Verläßlichkeit und Wahrheitstreue. Deswegen ist das Wechselspiel zwischen Briefen und Erinnerungen in diesem Fall so hilfreich. Die Briefe zeigen uns, daß Marianne ihre kleine Berliner Welt nicht erst im nachhinein verklärt hat. Die Erinnerungen sagen uns, daß ihre positiven Briefe nicht auf eine, wie auch immer geartete, Selbstzensur zurückzuführen sind. Hier handelt es sich wohl eher um die Grundhaltung, Probleme als (beinahe willkommene) Herausforderung anzusehen.

Am Montag, dem 9. Februar berichtete Marianne von einem ereignisreichen Tag:

Mein Lieber!

die ersten Stunden des Schreckens sind vorüber; nun sitzen Lilly und ich bei Marianne, wo wir in Kaffee und Marmelade schwelgen. Erinnerungen an alte Zeiten, als auch alles schöner war! (was machst Du nun für ein Gesicht?) – – – die beiden sind sogar sehr ruhig und rücksichtsvoll, denn sie wissen, daß ich an dich schreibe, Du Lieber. Du mußt es mir wirklich hoch anrechnen, daß ich nach dem heutigen Morgen weiter schreibe. Wir hatten 3 Themen:

1) * Allein wer andere wohl zu leiten strebt, muß fähig sein, viel zu entbehren.

2) Notwendigkeit und Möglichkeiten der Zusammenarbeit des Kinderhorts mit Familie und Schule

3) Die Darstellung einer Kindheitsentwicklung in der Literatur

Ich hatte zuerst das 3. Thema genommen und weißt Du, welches Buch ich besprechen wollte? … »Fall Maurizius«! Die Entwicklung des Etzel Andergast. Aber nachdem ich schon eine ganze Menge aufgesetzt hatte, fragte ich auf den Rat des Mädels hin Frau Dr., die meinte, daß ich dieses Buch nicht nennen dürfe. So entschloß ich mich dann zum Thema

Nr. 2. Das war natürlich nicht schön und ich glaube infolgedessen, daß ich die Klausur gründlich verhauen habe. Lilly, die die Arbeit gelesen hat, findet es zwar nicht, aber ich habe das bestimmte Gefühl.

Morgen früh ist Handarbeits- oder Zeichnenklausur; ich werde zeichnen, bzw. kleben; Nachmittags dann schriftl. Ivrith!!!!! –

Um 5 haben wir wieder Unterricht und nachdem ich mich bei diesem Brief an Dich so gut erholt habe, wird es sicher sehr gut gehen. Nur muß ich noch die große Reise vom Alexanderplatz zur Joachimsthalerstrasse zurücklegen. Deshalb für jetzt Schluß; wenn's geht, schreibe ich in später Stunde weiter.

Inzwischen ist es Abend geworden, und erst jetzt kann ich weiterschreiben; heute war wieder keine Post von Dir da und so muß ich bis morgen Abend warten! Eine schrecklich lange Zeit! Immer denk ich an Dich, Ernst, und wünsche, Du wärst mit hier; dann brauchten wir auch nicht zu schreiben. Seltsam; ich dachte, daß sich Dinge, die man sagen möchte, aber nicht sagen kann, viel besser und leichter schreiben lassen, aber ich mache bei Dir die Erfahrung, daß ich es gar nicht kann; meine Briefe an Dich werden immer anders als sie sollen, aber vielleicht ändert sich das noch. Lieber, so viel müßte ich Dir sagen, aber es sagt sich eben leichter, als es sich schreibt; außerdem gibt es ja auch Zwischenräume in den Zeilen!!!!

Vorläufig wünsche ich nur, daß sich all das, was ich heute Nacht noch zu tun habe, alleine erledigt, damit ich schlafen, schlafen, schlafen kann; denn ich bin müde; die beiden durchwachten Nächte machen sich bemerkbar. Der heutige Examenstag fing übrigens vielversprechend an: Inge und ich saßen um 1.00 über Büchern, Heften und Bonbons, als wir plötzlich großen Radau auf dem Flur hörten. Eine Wache war da gewesen und hatte gemerkt, daß hier im Haus schlecht verdunkelt sei; als wir den Lärm im Korridor hörten, machten wir schnell das Licht aus, und versanken in unseren Betten und gleichzeitig in »tiefen Schlaf«. Die Hausmeistersfrau rannte verzweifelt durch alle Zimmer auf diesem Flur und konnte nirgends Licht finden. Alles lag im tiefen Dornröschenschlaf; hier und da knurrte jemand verschlafen, als sie die Türen aufriß (wir natürlich auch). So fing es alles an. Dieses war der erste Streich, doch der zweite folgt sogleich: Um 9.00 sollten wir in der Wilsnackerstrasse sein; um 8.00 fand mich eine erbarmende Seele friedlich schlafend in meinen Kissen; ich fluchte, betete, rannte, stolperte und – kam rechtzeitig! Saß aber den ganzen Morgen da, hungrig und dringend auf ein gewisses Örtchen müssend, denn erstens hatte ich nichts gegessen – (später erbarmten sich aber ein paar Mädels) und 2.– –! und 3. darf man ja bei einer Klausur nicht den Raum verlassen.

Mein Lieber, nun bist Du aber wirklich genau über mein Pech orientiert. Hoffentlich habe ich morgen mehr Glück und mindestens zwei Briefe von Dir!

Es denkt immer an Dich

Deine
Jeanny

*[unten auf dieser Seite:] Ilmenau

Als Ernst den Hinweis auf die ersten Stunden des Schreckens gesehen hat, mag er sich gedacht haben, daß Marianne einer schrecklichen Nachstellung ausgesetzt war, vielleicht war sie der Gestapo knapp entwischt. Doch wird ja schnell klar, daß sie ihre Examen meint. Sogar im Deutschland der Wannsee-Konferenz, der Einschränkungen und Deportationen vermochte Marianne ihre ganze Energie und all ihre Gefühle für die Anforderungen einer Prüfung zu bündeln. Eine bittere Ironie liegt in der Tatsache, daß es für dieses deutsch-jüdische Mädchen nur eine Bedrohung gab, die ihm fünf Ausrufungszeichen wert war: seine schriftliche Hebräisch-Prüfung. Frau Fraenkel, der das entsetzliche Geschehen vor den Türen ihrer Institution bekannt war, versuchte sie zu beruhigen: Womit sie im schlimmsten Fall zu rechnen habe, sei eine schlechte Note. Für Marianne ist das jedoch nur ein schwacher Trost. Im Gegensatz dazu bieten der Wachposten, der die Verdunkelung überprüft, und die Hausmeistersfrau, die durchs Haus rennt, nur ein komisches Zwischenspiel.

Marianne war nicht die einzige, die einen ereignisreichen Montag hinter sich hatte. Als Ernst an dem Tag nach Hause kam, fand er Frau Austerlitz, eine ältere Dame, mit der die Krombachs die Wohnung teilten, tot vor.

Leute in der Situation von Marianne und Ernst, »die […] für den Moment nur leben«, so schreibt Ernst, müßten eine gewisse Distanz zum Elend um sich herum wahren, auch wenn das nicht bedeutete, daß sie die Fähigkeit oder das Bedürfnis verloren hätten, mitzufühlen.[69]

Mariannes postwendende Antwort war ebenso aufschlußreich:

Lieber,

daß dich der Tod von Frau Austerlitz stärker beeindruckt hat, als Du selbst es zu meinen scheinst, glaube ich doch: denn als ich die ersten Zeilen in deinem Brief las, hatte ich ein ganz seltsames Gefühl: es mußte etwas bei Dir nicht in Ordnung sein. Daß man jemals aus einem Brief Stimmungen erfühlen kann, in denen sie geschrieben sind, habe ich nicht für möglich gehalten …

Denkst Du noch an unser Gespräch über Tod und Leben? Man muß dem Tod nur die richtige Einstellung entgegenbringen, um ihn nicht grausam finden zu müssen: er ist Erlöser und biologische Notwendigkeit. Deshalb wird dieser Fall auch für Dich äußerlich nicht so viel Erschreckendes haben: es ist die natürliche Folge. Darüber brauchst du nicht unglücklich zu sein, mein Lieber. Diese Einstellung sollte die natürlichere sein und war es in frühen Zeiten auch, ist es bei allen Völkern heute nicht; die Menschen mit ihrer »Kultur« haben auch diese Auffassungen und Sitten geändert. Daß man traurig und unglücklich ist, wenn ein geliebter Mensch für immer fort geht, ist selbstverständlich; doch darf der Tod nicht mehr als eine natürliche Tatsache sein; (da komme ich Deiner wissenschaftlichen Anschauung in den Lebensfragen näher.) […] Wie viel weiser sind doch z.B. die Inder! Man müßte von ihnen lernen. Sie verkörpern überhaupt vieles, was unsere moderne Psychologie anstrebt. Deshalb wäre es

> sehr fein, wenn wir beide nach Freud etwas über indisches Leben lesen würden?! Ich will mich mal hier umhören, nicht wahr? – es ist herrlich, mal wieder hier zu sein und ich habe mich wirklich großartig akklimatisiert.[70]

In den nächsten vier Jahren beschäftigt sich Marianne in ihren Briefen und Tagebüchern immer wieder mit dem Tod und seiner Bewältigung. Im Kindergarten-Seminar war die Psychoanalyse nach C. G. Jung in Mode, und das schlägt sich auch ein wenig in den Briefen nieder.[71] Ein weiteres, oft besprochenes Thema war, was man von Stammesgesellschaften lernen konnte, deren »natürlicher« Lebensstil als beispielhaft empfunden wurde. Hier klingt als Echo ein wesentliches Anliegen der Jugendbewegung und Weimarer Lebensreform-Kreise an.

Der Mittwoch brachte für Marianne neue Erfahrungen. Zu dem bedrückenden Niedergang um sie herum bemerkte sie:

> Heute nachmittag hatten wir, die wir von zu Hause jetzt kommen, 5 sind's, eine Pädagogikstunde bei Frau Dr. Das genieße ich dann in vollen Zügen. Diese Konstante tröstet mich immer über die Veränderungen hinweg und macht sie geringfügig und bedeutungslos. Ich empfinde es dann minder schmerzlich, welch geringes Niveau das Internat erreicht hat; es ist nunmehr ein Eisberg und hat auch alle äußeren Schönheiten verloren. Geistiges Leben gibt es im Internat nicht mehr; keine Musikabende, keine Diskussionen über Gott und die weite Welt, keine Zusammenkünfte mehr in schönen und gemütlichen Zimmern bis spät in die Nacht.[72]

Nichtsdestoweniger konnte man in Berlin offensichtlich noch im Februar 1942 viele interessante Leute kennenlernen – sofern es einem gelang, die täglichen Schrecken auszublenden. Da war der Künstler Bielefeld, den Marianne so bezauberte, daß er ihr eine Zeichnung schenkte. Und da war Alfred Selbiger, ein früherer Jugendarbeiter, der inzwischen bei der Reichsvereinigung angestellt war. Mit ihm hatte sie eine »phantastische Unterhaltung« über die Probleme junger Leute unter den herrschenden Bedingungen geführt. »Er ist ein ausgesprochener Jugendbewegungstyp«, schrieb sie an Ernst, »und hat mir ausgezeichnet gefallen. Umgekehrt scheinbar auch, denn er schlug mir vor, mich mit einem Kreis, der seiner Auffassung entspricht und der zu ihm gehört, vertraut zu machen. Von dem Vorschlag bin ich natürlich begeistert und will sehen, was sich mit meiner Zeitknappheit vereinbaren läßt. Es kam mir so zum Bewußtsein, wie schön es wär, jetzt für uns, mitten im bündischen Leben zu stehen. Und schon deshalb ist es interessant, den Kreis kennenzulernen um festzustellen, ob man hineinpaßt, oder ob alle seine Ideen Illusionen sind.«[73]

Doch weder Marianne noch Ernst gaben sich großen Hoffnungen hin, daß sich die Umstände bessern würden. Prophetisch schrieb Marianne:

> Jetzt habe ich oft das Gefühl, als ob das Leben mir vor irgendeinem Toresschluß noch einmal viel bereiten möchte. Es ist so ungewohnt viel, was auf mich zukommt und ich wundere mich, warum es jetzt anders ist, als in den 2½ Jahren vorher. Aber vielleicht scheint es mir nur anders, weil ich augenblicklich besonders lebe und das Hiersein als ein Geschenk betrachte. Könntest Du doch immer dabei sein! Wir *leben* ja da gar nicht; hier hat man doch immer noch größere Möglichkeiten. Es ist vielleicht unbescheiden, so zu denken; wir haben ja uns – undenkbar, wenn es nicht so wäre -; aber von außen kommt dort nichts zu uns. Es ist traurig! Aber trotzdem haben wir heute Abend gelacht, wie schon lang nicht mehr: wir haben nämlich sämtliche Lehrer durch den Kakao gezogen.[74]

Mariannes letzte mündliche Prüfung fand wie vorgesehen am 20. Februar statt. Unter ihren Papieren habe ich ein Telegramm gefunden, das sie am 20. Februar um 15.10 Uhr an Ernst Krombach, Semperstraße 5, Essen, geschickt hat. Der Text lautete: »Alle Schrecken erfolgreich überstanden – Marianne.«

Mit großer Skepsis hatte ich zunächst Mariannes Behauptung aufgenommen, die Prüfungen des Kindergarten-Seminars hätten noch einen offiziellen Status gehabt. Denn am 25. Juni 1940 hatte das Reichserziehungsministerium generell erlassen, daß Prüfungen weiterführender jüdischer Schulen und Berufsschulen vom Staat nicht mehr anerkannt wurden.[75] In ihrem Lebenslauf und in ihren Bewerbungen hatte Marianne zwar immer eine staatlich anerkannte Prüfung angegeben, und sie hatte mir versichert, wirklich eine offizielle Prüfung abgelegt zu haben. Doch wurde meine Skepsis durch die Korrespondenz in Sachen Wiedergutmachung verstärkt, in deren Verlauf es Marianne nicht gelungen war, den offiziellen Status ihrer Qualifikation nachzuweisen.[76] Als sich ihr Sohn Vivian jedoch schließlich durch den Kleinkram im Schuppen zu dem riesigen Koffer an der rückwärtigen Wand vorgearbeitet hatte, fanden wir das Dokument tatsächlich. Marianne hatte drei »Gesamturteile« bekommen, ein »ausreichend« und zwei »gut« (in Hebräisch und für ihren Aufsatz jeweils »mangelhaft«, wie sie es vorhergesagt hatte). Bemerkenswerter war jedoch, daß auf dem Dokument das amtliche Siegel des Reichs prangte, der Reichsadler über dem Hakenkreuz, dazu die Unterschrift des Stadtpräsidenten der Reichshauptstadt Berlin. Im Februar 1942, einen Monat nach der Wannsee-Konferenz, unterzogen sich jüdische Kindergärtnerinnen tatsächlich noch einer staatlich anerkannten Abschlußprüfung, obgleich ihre zukünftigen Schützlinge schon auf dem Weg nach Łódź, Minsk und Riga waren.[77]

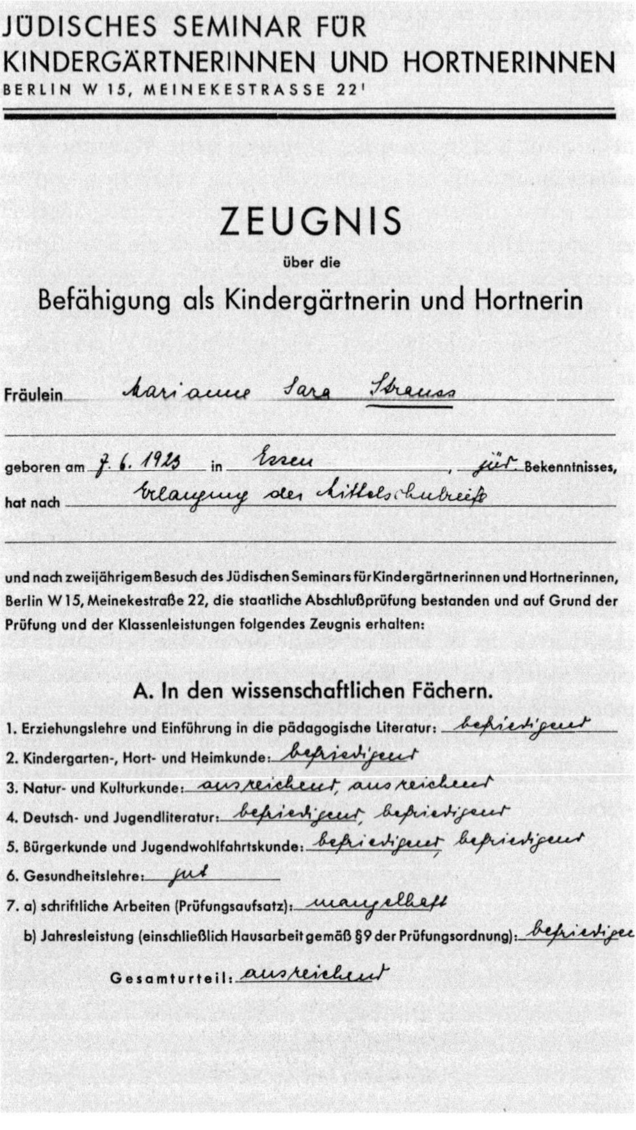

JÜDISCHES SEMINAR FÜR KINDERGÄRTNERINNEN UND HORTNERINNEN

BERLIN W 15, MEINEKESTRASSE 22'

ZEUGNIS

über die

Befähigung als Kindergärtnerin und Hortnerin

Fräulein Marianne Sara Strauss

geboren am 7.6.1923 in Essen, jüd. Bekenntnisses,

hat nach Erlangung der Mittelschulreife

und nach zweijährigem Besuch des Jüdischen Seminars für Kindergärtnerinnen und Hortnerinnen, Berlin W 15, Meinekestraße 22, die staatliche Abschlußprüfung bestanden und auf Grund der Prüfung und der Klassenleistungen folgendes Zeugnis erhalten:

A. In den wissenschaftlichen Fächern.

1. Erziehungslehre und Einführung in die pädagogische Literatur: befriedigend
2. Kindergarten-, Hort- und Heimkunde: befriedigend
3. Natur- und Kulturkunde: ausreichend, ausreichend
4. Deutsch- und Jugendliteratur: befriedigend, befriedigend
5. Bürgerkunde und Jugendwohlfahrtskunde: befriedigend, befriedigend
6. Gesundheitslehre: gut
7. a) schriftliche Arbeiten (Prüfungsaufsatz): mangelhaft
   b) Jahresleistung (einschließlich Hausarbeit gemäß §9 der Prüfungsordnung): befriedigen

Gesamturteil: ausreichend

Mariannes Zeugnis vom Jüdischen Seminar für Kindergärtnerinnen und Hortnerinnen *(Marianne Ellenbogen)*

B. In den künstlerisch-technischen Fächern.

1. Körpererziehung und Bewegungsspiel: sehr gut, gut
2. Musik: gut
3. Beschäftigungsunterricht einschließlich Werkunterricht: gut
4. Zeichnen, Ausschneiden und Modellieren: befriedigend
5. Nadelarbeit: gut

Gesamturteil: gut

C. In der praktischen Arbeit.

1. Arbeit im Kindergarten mit Kinderpflege: gut
2. Arbeit im Hort mit Kinderpflege: gut
3. Haus- und Gartenarbeit: befriedigend
4. Beschäftigungsprobe: gut

Gesamturteil: gut

Fräulein Marianne Sara Strauss

ist hiernach befähigt, als Kindergärtnerin und Hortnerin in jüdischen Familien, Kindergärten, Horten und Kinderheimen tätig zu sein.

Berlin, den 28. Februar 1942

Der Staatliche Prüfungsausschuß:

Der Stadtpräsident der Reichshauptstadt Berlin – Kommissionssiegel

[illegible], Oberschulrat

Vertreter des Oberpräsidenten

[illegible]

Leiterin des Seminars

Leistungen in den Lehrfächern außerhalb der staatlichen Prüfungsbestimmungen:

1. Hebräisch: mangelhaft (Unterstufe)
2. Judentumskunde: } ausreichend
3. Jüdische Geschichte: }

Johanna Sara Karminski

Reichsvertretung der Juden in Deutschland

Reichsvereinigung der Juden
In Deutschland
Bln.-Charlottenburg, Kantstr. 158

5

Die Familie, die Gestapo, die Abwehr und der Bankier

Nach dem Ausbruch des Krieges mit Großbritannien hofften die Strauß' wieder auf Rettung aus den Vereinigten Staaten. Verglichen mit vielen anderen Emigrationswilligen, genossen sie zwei Vorteile. Erstens hatten sie einen Verwandten in den USA, der willens und in der Lage war, ihnen ein Affidavit zu beschaffen. Ihr Cousin Fritz Stern – dessen Mutter Bertha war eine Schwester von Leopold – war Direktor der Great American Knitting Mills in Pennsylvania und verfügte über ein beträchtliches Einkommen. Zweitens konnten sie für ihre Überfahrt selbst aufkommen (vorausgesetzt, man gestattete ihnen, Geld von den gesperrten Konten abzuheben). Doch als die Nazis schließlich im August und September 1941 die Emigration von Juden aus Deutschland ganz unterbanden, lebten die Strauß' immer noch in Essen. Marianne war später felsenfest davon überzeugt, daß ihre amerikanischen Verwandten sie im Stich gelassen hatten. Ihr Vater habe sie inständig gebeten, etwas zu tun, aber »sie taten überhaupt nichts«.

Der Schriftwechsel zwischen Mariannes Eltern und ihren amerikanischen Verwandten von 1939 bis 1941 stützt diese Sichtweise jedoch nicht unbedingt. Die Strauß' hatten ein großes Problem, und zwar die Zeit. Weil sie sich so spät beworben hatten, bildeten sie das Ende der Warteschlange für Visa in die USA: Nummer 28972.[1] Das Konsulat der Vereinigten Staaten in Stuttgart forderte ihre Antragsformulare erst im Januar 1941 an.[2] Und das Einreichen der Papiere war nur der Startschuß für die langwierige zweite Runde, die mit einem Interview im Konsulat und – durch Glück – der Erteilung des Visums ihren Höhepunkt und zugleich ein Ende fand.

Dessenungeachtet schöpfte die Familie im Januar 1941 neue Hoffnung. Siegfried und Ine nahmen Intensivunterricht in englischer und amerikanischer Buchhaltung. In einem Gedicht, das Siegfried von seinen Mitschülern anläßlich seines 50. Geburtstags überreicht wurde, ist von seinem Fleiß, aber auch von seinen Schwierigkeiten mit der englischen Aussprache die Rede. Der »Vorbereitende Unterricht für den Beruf des Buchhalters« nahm sie im Mai und Juni in Anspruch.[3] Im Englischunterricht hielt Siegfried wöchentlich Vorträge über die Sitten und Eigenheiten der unterschiedlichen amerikanischen Bundesstaaten.[4]

Ein Cousin, Hugo Strauß, schickte ihnen nützliche Informationen über das Leben in den Vereinigten Staaten: Die Möbel seien hell und einfach, man koche auf Gasherden und benutze Kühlschränke, Toaster und Staubsauger, die Krawatten der Männer seien schmal und bunt.[5] Mariannes Eltern fanden diese Einzelheiten so wichtig oder so beruhigend, daß sie sie abtippten. Im Juli 1941, kurz vor dem Interviewtermin in Stuttgart, wurden jedoch alle amerikanischen Konsulate in Deutschland geschlossen. Die Anträge wurden jetzt in Washington, D. C., bearbeitet. Es gab eine ganz neue Verfahrensweise, und wahrscheinlich wurden deutlich weniger Visa ausgegeben. Die Verwandten in Amerika konnten tatsächlich nichts für sie tun.

Dennoch ist gut nachvollziehbar, warum die Strauß' unsicher darüber waren, wieviel Unterstützung sie von ihren amerikanischen Cousins zu erwarten hatten. Ihre wichtigsten Ansprechpartner waren Hugo und Grete Strauß, die sie gut kannten. Hugo und Grete waren indes selbst erst seit 1938 in den Vereinigten Staaten. Als neu Eingereiste waren sie in keiner Position, ein plausibles Affidavit zu beschaffen oder finanzielle Unterstützung zu gewähren. Im Gegensatz zu ihnen ging es Fritz Stern, dem Verwandten, der seit 1938 als Siegfrieds Bürge auftrat, finanziell so gut, daß er für Unterstützung sorgen konnte. Die Strauß' kannten ihn jedoch kaum.

Im Januar 1940 hatte die Familie Fritz Stern gebeten, das Affidavit für sie zu erneuern. Er antwortete relativ schnell, am

23. Februar, aber da die Post unzuverlässig war, traf der Brief nicht vor Mitte April ein. Die Verspätung war besorgniserregend genug. Im Mai erhielten Mariannes Eltern einen Brief von Hugo Strauß, den er im Januar geschrieben hatte (also nachdem ihre Bitte um ein neues Affidavit in den Staaten eingetroffen war, aber bevor Fritz Stern geantwortet hatte). Hugo nahm in seinem Brief die Gelegenheit wahr, seine Englischkenntnisse auszuprobieren:

> Dear Folks,
>
> I want to inform you that I spoke to Fritz Stern today with regard to the renewal of your affidavits. We agreed in the fact, that you should let him know as soon as this renewal is actually necessary. If it is urgent, you may wire to him and he will send out the papers immediately. To have always best results for the common benefit, in avoiding any work, not necessary for the very moment. But don't hesitate and let me know immediately, when it is the right time. Fritz is a very nice man, clearcut and short in his decisions. Let me know as soon as you make your request to him, that I may follow it up.

Fritz mag ja sehr nett gewesen sein, aber war es nicht schon bedenklich, daß Hugo sie dessen versichern mußte? Warum hatte Hugo geschrieben, nicht Fritz? Neben »clearcut« hatten Siegfried oder Ine die deutsche Übersetzung in Bleistift geschrieben, weil sie die Bedeutung des Wortes wohl nicht kannten und es erst nachschlagen mußten. Da ihr Leben von diesem Mann abhing, war es wichtig, jedes Adjektiv zu verstehen.

Ihre Unsicherheit, ob und wieviel Hilfe sie erwarten durften, muß durch das Schicksal von Siegfrieds Schwester noch gesteigert worden sein. Während Siegfried und Ine keine finanzielle Unterstützung benötigten, um in die Staaten zu gelangen, wie sie mehr als einmal betonten, war Siegfrieds Schwester Bertel in einer anderen Lage. Am 22. Oktober 1940 wurden Bertel, ihr Ehemann Ferdiand Wolf und ihr Sohn Richard im Rahmen der Bürckel-Aktion zusammen mit 6504 Juden aus Baden und etwa tausend aus Elsaß und Lothringen in Konzentrationslager in Vichy-Frankreich deportiert. Siegfried schrieb an Hugo und bat ihn, etwas für sie zu tun.[6]

Hugos Antwort, die er im Januar 1941 abschickte, die aber erst im März bei den Strauß' eintraf, war nicht ermutigend. Er habe alles mögliche für Verwandte in ähnlichen Umständen getan, jedoch ohne Erfolg. Fritz Stern sei »ein sehr feiner Mann«, jedoch schwer in New York zu erreichen. Es sei nicht leicht, eine Entscheidung von ihm zu bekommen. »Ich werde mein Bestes versuchen«, versprach Hugo, denn »Fritz ist meine einzige Hoffnung«.[7]

Später im selben Jahr erfuhren Siegfried und Ine über Grete Strauß, daß ihre Hoffnungen auf eine Emigration Bertels gescheitert waren. Sie war inzwischen im Lager Rivesault, getrennt von Mann und Sohn. Mariannes Tante Lore konnte ihre Ernüchterung nicht verbergen: »Wir waren ganz enttäuscht, da wir damit gerechnet hatten, daß sie Mitte Juli zu Euch kämen, als Du, lb. Grete, schriebst, daß es an den Passagegeldern gescheitert wäre. Gerade Bertel und Ferdinand sind doch so zuverlässig, daß sie bestimmt jeden Pfennig zurück zahlen würden, der für sie verauslagt worden wäre, wenn sie erst ans Verdienen kämen.«[8]

Wenn Gretes Informationen zutrafen, dann scheiterte ein Entkommen der Wolfs daran, daß die amerikanischen Verwandten nicht für sie zahlen wollten.[9] Bertel und Ferdinand wurden schließlich in Ausschwitz ermordet, ihrem Sohn Richard gelang es jedoch zu fliehen. Er überlebte.

Mariannes Groll könnte also im Fall der Wolfs berechtigt gewesen sein, aber hinsichtlich ihrer engsten Familie entbehrte er jeglicher Grundlage. Fritz Stern tat alles, was man von ihm erbat, und das für Verwandte, die er kaum kannte. Nicht zum letzten Mal fragte ich mich, ob Marianne in ihrer Kritik an anderen vielleicht den Ärger ableitete, den sie ihren Eltern gegenüber verspürte, weil sie zu lange gewartet hatten, bevor sie den Entschluß faßten, Deutschland zu verlassen.

Für Mariannes Eltern standen die Jahre 1939 und 1940 eher unter dem Zeichen einer steten Verschärfung der Verfolgungsmaßnahmen als unter dem eines radikalen Wandels. Nach dem Kriegsausbruch wurde das monatliche Einkommen der Familie auf 700 RM festgesetzt. Das war zwar nicht großzügig, reichte aber zum Leben aus, denn Siegfried durfte das Schulgeld für Marianne zusätzlich überweisen.[10] Die Einführung der Rationierungen nach dem Ausbruch des Krieges gab dem deutschen Beamtentum große Entfaltungsmöglichkeiten, um Juden Lebensmittel und andere Dinge vorzuenthalten. So gab es für Juden keine Kleiderkarten,[11] und ab dem 18. Dezember 1939 wurde ihnen nur noch die Grundversorgung zugestanden. »Sonderzulagen« standen Juden nicht zu. Nicht-rationierte Lebensmittel durften sie nicht kaufen.[12] Trotzdem hatten die Strauß' bis 1941 keine großen materiellen Sorgen, wenn ihr Lebensstandard auch deutlich bescheidener wurde.

Doch 1941 nahm die Gefährdung der Familie Strauß durch das Regime eine neue Dimension an. Ihre Unversehrtheit, ihr Überleben standen auf dem Spiel. Zunächst aber sollte das Herzstück ihres Vermögens – die beiden Wohnblöcke in der Hufelandstraße – angetastet werden. Es überrascht nicht, daß die komfortablen Wohnungen einigen »Arisierern« gefielen, darunter auch dem Essener Stadtrat. Die Unterlagen über die Schachzüge der Stadt, die in allen Einzelheiten in den Stadtarchiven aufbewahrt sind, werfen ein Licht auf den Prozeß, der nun in Gang gesetzt wurde.[13]

Das Interesse des Stadtrats an der Hufelandstraße wurde wahrscheinlich im Herbst 1940 geweckt, als ein Krankenhaus in der Nähe Unterkünfte für Ärzte und Schwestern suchte. Zunächst wandte sich der Rat an Rudolf Zbinden, den Architekten der Strauß-Brüder. Am 5. Dezember 1940 schickte ein Stadtrat namens Schlicht dem Oberbürgermeister eine ausführliche Erörterung der Unterbringungsprobleme des Krankenhauses und bemerkte: »Daher wurde Umschau gehalten nach Häusern, die etwa zu kaufen bzw. im Wege der Arisierung des Grundbesitzes zu übernehmen wären.«[14] Ende Dezember 1940 forderte ein ortsansässiger Nazi und Mitarbeiter der Stadtverwaltung, Schwarzlose, das städtische Grundbuchamt auf herauszufinden, ob die Brüder bereit seien zu verkaufen. Wenn nicht, würde er beim Reichswirtschaftminister um die Erlaubnis zur »Zwangsentjudung« ersuchen.[15]

Im Januar 1941 kam Siegfried Strauß zu einer Unterredung mit städtischen Beamten. Das Protokoll vermerkt folgendes:

> Herr Strauß sprach in der Angelegenheit am 28.1. ds. Jahrs vor. Er wies daraufhin, daß z. Zt. in den beiden Häusern 28 Mieter untergebracht sind, von denen nur 2 arisch sind. Mit Rücksicht darauf, daß er Frontkämpfer ist und selbst bisher in keiner Weise straffällig geworden ist, bat er, unter Berücksichtigung der vorliegenden besonderen Umstände doch möglichst von einem Erwerb der Besitzungen Abstand zu nehmen und möglichst in der Nachbarschaft andere Besitzungen zu erwerben. Er glaubt einen solchen Antrag umso eher stellen zu können, als er beabsichtigt, sobald als angängig nach Amerika auszuwandern. In diesem Zusammenhang regte er an, bei der Devisenstelle einen Austausch vorzuschlagen in der Form, daß ihm etwa Grundeigentum eines deutschen Rückwanderers aus Amerika als Ersatz für den hier verlorengehenden Besitz angeboten wird.[16]
>
> Ich habe Herrn Strauß darüber unterrichtet, daß die Stadtgemeinde dringend den Ankauf der Besitzungen Hufelandstr. verfolgen muß und daß unter Umständen die Genehmigung der Zwangsentjudung herbeigeführt werden soll. Im übrigen habe ich es abgelehnt, bei der Devisenstelle einen Antrag in der geschilderten Form zu stellen und allenfalls zugelassen, daß die Stadt eine etwa durch Strauß ermittelte Tauschgelegenheit bei der Devisenstelle durch die Herausstellung eines öffentlich rechtlichen Interesses an dem Eigentum der Häuser Hufelandstr. unterstützt.[17]

Einen Tag später folgte ein weiteres Gespräch. Mit der ihm eigenen Hartnäckigkeit legte Siegfried noch einmal seine Position dar, wobei er seine Auswanderungsabsichten betonte. Der Beamte bewies seine Unkenntnis der Situation für Juden, indem er bezweifelte, daß eine Auswanderung in Kriegszeiten möglich sei. Siegfried gab zurück, daß vor kurzem noch mehrere Schiffe von Lissabon in die USA gefahren seien, und bat wieder um einen Tausch seines Besitzes mit einem amerikanischen. Bei dieser Gelegenheit bemerkte der städtische Beamte nur, dies sei nicht durchführbar. Siegfried betonte, daß sein Bruder und er aufgrund ihrer Geschichte als Frontkämpfer im Ersten Weltkrieg einen gewissen Schutz vor der »Zwangsentjudung« genießen würden, und bat die Stadt eindringlich, die Häuser nicht zu übernehmen. Daraufhin fragten ihn die Beamten, ober er bereit sei, sich von einem Haus zu trennen, was er jedoch verneinte.[18] Also setzte die Stadt mit Rückendeckung durch die Gauwirtschaftskammer alle Räder in Bewegung, um die Brüder zum Verkauf zu zwingen.

Die Stadt war nicht der einzige Interessent. Im Juni 1941 erhielt der Bürgermeister den folgenden Brief eines Geschäftsmannes:

> Auf Anraten meines Schwiegervaters Herrn Dr. Paul Redlich von der Essener Industrie- und Handelskammer wende ich mich an Sie mit der Bitte, mich in nachstehend näher bezeichneten Angelegenheit in Ihrer Sprechstunde empfangen zu wollen.
>
> Seit Januar des Jahres bemühe ich mich, in Essen eine Wohnung zu bekommen. Nach meiner Heirat mußte ich, da ich keine Wohnung finden konnte, mit meiner Frau möblierte Zimmer mieten und wohne zur Zeit in Untermiete in der Billrothstraße 32. Bei meiner Wohnungssuche stellte ich nun fest, daß in den schönsten Wohnungen in meiner jetzigen Wohngegend, in der Hufelandstraße 23 und 25 fast ausschließlich Juden wohnen. Da ich nicht verstehen kann, dass hier in Essen die schönsten Wohnungen noch von Juden bewohnt werden, während andere gleich mir mit ihren Frauen in möblierten Zimmern wohnen müssen und meine Frau zudem noch in Umständen ist, wende ich mich an Sie, um viel-

leicht hierdurch einen Weg zu finden, eine Wohnung zu erhalten.

In Erwartung Ihrer Nachricht, wann ich Sie aufsuchen kann verbleibe ich mit

Heil Hitler

Diplom Kaufmann Ricco Arendt[19]

Die alltägliche Tatsache, daß sich auch viele Bürger aus persönlichem Interesse für die Enteignung der Juden einsetzten, trieb die Arisierungskampagne der Nazis von Anfang an voran.[20] Wir können uns vorstellen, wie enttäuscht Herr Arendt war, als er von der Stadtverwaltung erfuhr, daß die Häuser vom Krankenhaus genutzt werden würden.

Die Arisierung war nicht die einzige Waffe, die gegen die Strauß' eingesetzt wurde. Am frühen Abend des 10. Mai klopfte der Blockwart, ein Ingenieur namens Kemmerer, an die Tür der Hufelandstraße 23 und beanstandete ein nicht vollständig verdunkeltes Fenster im zweiten Stock. Er hatte die Gestapo mitgebracht. Das fragliche Fenster befand sich in Alfreds Wohnung. Die Folge für einen Arier wäre ein barscher Verweis gewesen, vorausgesetzt, die Beschwerde entbehrte nicht jeder Grundlage. Für einen Juden sah das anders aus: Alfred Strauß wurde verhaftet. Am 22. Mai drängte die Gestapo den Staatsanwalt, das Verfahren zu eröffnen. Anklage, Aussagen und Antworten des Staatsanwaltes sind sämtlich in den Gestapoakten in Düsseldorf aufbewahrt worden.

Laut Gestapoprotokoll behauptete Kemmerer, »daß er seitens der Ortsgruppe Holsterhausen den ständigen Auftrag hat, die Verdunkelungen in seinem Block, zu welchem auch die Häuser Hufelandstr. 23 und 25 gehören, zu kontrollieren. In den eben genannten Häusern, die nur von Juden bewohnt werden, seien schon oft grobe Verstöße gegen die Verdunkelungsbestimmungen festgestellt und stets der Ortsgruppe gemeldet worden.«[21]

Im nationalsozialistischen System hatte das einfache Parteimitglied oft enttäuschend wenig Macht, vor allem nach 1934. Andere mit der Einhaltung der Verdunkelung zu behelligen war eine der letzten verbliebenen Freuden eines Blockwarts. Hier bot sich die Chance, dem wohlhabenden Besitzer eines Wohnkomplexes seine Muskeln zu zeigen, und dazu noch einem Juden. Das war Wasser auf die Mühlen der Gestapo, die zu dem Schluß kam: »Der Verdacht, daß hier die Juden die für die Verdunkelung erlassenen polizeilichen Bestimmungen ab und zu absichtlich nicht genau befolgen, dürfte deshalb in etwa begründet sein«.[22] Die vagen Formulierungen – »ab und zu«, »absichtlich nicht genau«, »in etwa begründet« – sprechen für sich. In einem internen Memorandum an die Düsseldorfer Vorgesetzten gab die Essener Gestapo zu, daß sie einen Anlaß zur Anklage suchten, »hauptsächlich aus dem Grunde, um St. im Falle einer gerichtlichen Bestrafung zum Volks- und Staatsfeind erklären zu lassen. Er besitzt noch ein Vermögen von ca. 150000 RM.«[23]

In der offiziellen Eingabe an den Staatsanwalt tat Kriminal-Assistent Kosthorst von der Essener Gestapo sein Bestes, die Schwere des Falles nachzuweisen: Erstens sei der Schuldige ein Jude und daher ein notorischer Staatsfeind. Es sei ja allseits bekannt, daß die Juden danach trachteten, die gesetzliche Autorität zu unterwandern. Zweitens zeigten die wiederholten Verstöße gegen die Verdunkelung, daß die Übertretungen absichtlich geschehen seien. Drittens seien die Patienten des unmittelbar benachbarten Krankenhauses in Gefahr, wenn ein feindliches Bomber das Licht entdecke.[24]

In seiner eigenen Eingabe berichtete Alfred Strauß ausführlich von seinem militärischen Einsatz im Ersten Weltkrieg. Außerdem betonte er, daß er sich vor 1933 politisch nicht betätigt habe und er sich bewußt sei, daß es Juden besonders obliegen würde, die Gesetze zu befolgen. Aus diesem Grunde könne von einer absichtlichen Übertretung keine Rede sein. Zu der in Frage stehenden Beschuldigung bemerkte Alfred, daß an dem bewußten Fenster sowohl ein Vorhang als auch Verdunklungseinsätze angebracht seien. An dem fraglichen Abend sei der Vorhang zweifellos vorgezogen gewesen, es könne jedoch sein, daß die Einsätze vergessen worden seien, so daß etwas Licht nach draußen dringen konnte. Schließlich bemerkte

Alfred, daß er die Hoffnung hege, in naher Zukunft in die Vereinigten Staaten auszureisen, und bat darum, seiner Emigration keinerlei Hindernisse in den Weg zu stellen.

Der Staatsanwalt wies die Klage aus zwei Gründen ab. Erstens habe es zur fraglichen Zeit noch gedämmert. Zweitens gäbe es keine Beweise, daß die anderen Verstöße in Alfred Strauß' Wohnung stattgefunden hatten. Daß die anderen Bewohner des Gebäudes sich derselben Übertretung schuldig gemacht haben könnten, täte nichts zur Sache.[25]

Selbstredend war die Gestapo enttäuscht. Sie beschloß, Alfred 21 Tage in Schutzhaft zu nehmen. Der Essener Polizeipräsident wurde aufgefordert, über weitere Maßnahmen nachzudenken.[26] Interessanterweise verbrachte Alfred nur sechs Tage in Haft, obwohl die Gestapo der Ansicht war, die Polizei sei mit den 21 Tagen Verwahrung einverstanden. Alfred zahlte außerdem eine Strafe von 30,50 RM.[27]

Wie nach der Pogromnacht, als es den Strauß' gelungen war, dem Finanzamt Zugeständnisse abzuringen, so vermittelte auch dieses Rechtsverfahren der Familie widersprüchliche Botschaften. Offensichtlich konnte man immer noch Gerechtigkeit der einen oder anderen Art von manchem Staatsdiener erwarten. Das Rechtssystem hatte sich noch einen gewissen Grad an Unabhängigkeit von Heinrich Himmlers Polizeistaat bewahrt. Andererseits waren die angeführten Tatsachen eine beklagenswert unangemessene Antwort auf die Willkür der Anklage. Dem Staatsanwalt muß schließlich klar gewesen sein, daß die Gestapo Alfred Strauß mit einer äußerst dürftigen Begründung verhaftet hatte, nämlich der des teilweisen Versäumnisses, ein Fenster zu verdunkeln, als es draußen noch gar nicht dunkel war.

Am 26. Juni 1941 nahm der Kampf um die Hufelandstraße eine neue Wende. Der Regierungspräsident in Düsseldorf informierte die Brüder, daß »auf Grundlage des § 2 der Verordnung über den Einsatz jüdischen Vermögens vom 3.12.1938«[28] ein Dr. Gilka Treuhänder ihres Eigentums sei. Der Staat sei bereit, die Immobilie zum Preis der Baukosten zu erwerben. Das entsprach zwar nicht dem Marktwert, aber immerhin bestand noch irgendein Verhältnis zum Wert der Wohnungen. Die Brüder beugten sich dem Unabwendbaren.[29]

In der städtischen Akte findet sich ein kleiner, aber vielsagender Hinweis auf die Atmosphäre in den Amtsstuben. Das Wohnungsamt entwarf einen Brief an die Bewohner der Hufelandstraße, in dem es sie davon in Kenntnis setzte, daß ihr Mietverhältnis im Oktober beendet sei. Es war an »Herrn Israel N. N.« gerichtet. »N. N.« steht für nomen nominandum, eine Standard-Abkürzung, für die der richtige Name eingesetzt werden konnte. Da die Mieter jüdisch waren, mußten sie den mittleren Namen Israel tragen. »Herrn Israel N. N.« war also eine zynische Abkürzung mit der Bedeutung »an den Juden, den es betrifft«.

Weitere Verfolgungsmaßnahmen wurden rasch hintereinander verhängt. Im Juli 1941 wurden die amerikanischen Konsulate geschlossen. Im August kam das Emigrationsverbot und im September die Einführung des gelben Sterns. Anfang Oktober 1941 verließen die Strauß' die Hufelandstraße und zogen in ihr altes Haus in der Ladenspelderstraße zurück.[30] In einem schwachen Moment klagte Ine in einem Brief an Verwandte in den USA, wie sehr sie den Auszug aus ihrer komfortablen und schönen Wohnung bedauerten.[31] Aber es sollte noch schlimmer kommen. Sie hatten kaum ausgepackt, als sie durch Schwarzlose, den ortsansässigen Parteibonzen und städtischen Beamten, informiert wurden, daß das Haus in der Ladenspelderstraße enteignet werden würde.[32] Kaum hatten sie *das* verarbeitet, bekamen sie die Nachricht von ihrer unmittelbar bevorstehenden Deportation gen Osten.

Dem Tod von der Schippe gesprungen

Im Oktober 1941 hielt sich Marianne in Berlin auf. Sie wurde durch ihre Eltern von der Deportation in Kenntnis gesetzt und aufgefordert, sofort nach Hause zu kommen. Das Seminar stellte ihr schnell ein provisorisches Abschlußzeugnis aus,[33] und am 25. Oktober traf Marianne in Essen ein.[34] Der Transport, dem Siegfried und seine Familie zugewiesen worden waren, sollte am 26. Oktober 1941 stattfinden und sie nach Łódź bringen.[35] Nach der Ausweisung der polnischen Juden 1938 war dies die erste große Deportation aus Essen, von der etwa 250 Menschen betroffen waren.[36] Bis Anfang November wurden 8000 deutsche Juden aus allen Teilen Deutschlands nach Łódź gebracht. Ines Schwester Hannah und deren Ehemann Ernst Weinberg waren für einen Transport aus Köln eingeteilt.

Siegfried Strauß und seine Familie könnten zufällig auf die erste Liste gesetzt worden sein, doch gibt es einen nicht unbedeutenden Punkt, der dagegen spricht. Obwohl man sich im Juli auf den Verkauf der Hufelandstraße verständigt hatte, genehmigte der Oberbürgermeister die Überweisung erst am 24. Oktober 1941, zwei Tage vor der geplanten Deportation. Die Summe konnte jedoch erst nach Bewilligung der Devisenstelle in Düsseldorf ausgezahlt werden, insofern kann angenommen werden, daß der Essener Stadtrat hoffte, ganz um eine Auszahlung Siegfrieds herumzukommen.[37] Zugleich hatte die Stadt ein Auge auf die schöne Immobilie in der Ladenspelderstraße geworfen. Die Deportation der Familie würde die Enteignung erleichtern, allein weil sich die Notwendigkeit erübrigte, sie woanders unterzubringen.

Den Strauß' war ihr Ziel wahrscheinlich unbekannt – Marianne erinnerte sich vage an ein »Arbeitslager im Osten«.[38] Ebenso die Umstände, die sie zu erwarten hatten. Mariannes Eltern hatten jedoch eine Vorstellung von den Qualen, die die Opfer der Deportationen von 1940 nach Frankreich erlitten hatten (unter denen ja auch Siegfrieds Schwester war). Doch offensichtlich hatten sie keine Ahnung von den wahren Schrecken, die ihnen bevorstanden, denn als ich in den Gestapo-Unterlagen nachsah, entdeckte ich zu meiner Überraschung, daß Marianne gar nicht auf der Deportationsliste stand.[39] Ich glaube, daß Marianne nie erfahren hat – sie hat es jedenfalls nie erwähnt –, daß ihre Eltern sie aus freien Stücken mitnehmen wollten. So wie sie Marianne und Richard im März 1939 von der Reise nach England abgehalten hatten, so hatte auch jetzt der Zusammenhalt der Familie für sie absolute

Priorität. Es ist unwahrscheinlich, daß Siegfried und Ine darauf bestanden hätten, wenn sie gewußt hätten, was sie erwartete.

Marianne erzählte mir, sie hätten drei Tage mit fieberhaftem Packen verbracht. Wie bei anderen Gelegenheiten hatten sich auch hier diese traumatischen Tage im Rückblick ausgedehnt – in Wirklichkeit war sie nur einen Tag zu Hause.[40] Die offiziellen Bestimmungen sahen vor, daß jeder höchstens 100 RM mitnehmen durfte, außerdem einen Koffer mit Haushaltsgegenständen, Kleidung, Bettwäsche sowie Lebensmittel für acht Tage. Wertgegenstände, zusätzliches Geld, Schmuck (außer Eheringen), Haustiere und Lebensmittelkarten durften nicht mitgeführt werden.[41]

Am Morgen des 26. Oktober erschien ein Beamter, nahm die Haustürschlüssel an sich und versiegelte das Haus. Siegfried, Ine, Marianne und Richard gingen zu Fuß zur Sammelstelle im Haumannshof, wo das Hauptquartier der Polizei und das Bezirksgericht lagen. Mit ihrem Gepäck in der Hand liefen sie die Ladenspelderstraße hinunter, um die Ecke der Hufelandstraße und bis zum Haumannshof. Hier warteten bereits viele andere auf die Deportation.

Marianne erinnerte sich, daß sie sich anstellten, um eine Straßenbahn zum Bahnhof zu nehmen, von wo aus der Transport nach Łódź abging: »Ich kann nie vergessen den Augenblick, wo wir da standen und all die Menschen in die Straßenbahn eingeladen wurden und die beiden Gestapobeamten in Essen, die berüchtigten Hauptleute in der Kortumstraße im Gestapohauptquartier, unserer Familie sagten, im Angesicht all der anderen, die in der Straßenbahn waren, daß wir nun nicht mitgehen sollten, sondern wieder zu unserem Haus zurückkehren sollten.«[42]

Der Haß, der sich auf den Gesichtern der anderen spiegelte, als die Strauß' gehen konnten, grub sich in Mariannes Gedächtnis ein. »Wir wurden nach Hause geschickt. Es war das schlimmste Erlebnis, das ich je hatte, als dieses animalische Heulen losbrach, das war wirklich etwas, was ich niemals vergessen werde. Es dauerte ziemlich lange, bevor ich es nicht mehr ständig hörte.«[43] Die Familie ging zur Ladenspelderstraße zurück und brach die Haustürsiegel. Siegfried sagte, sie seien »dem Tod von der Schippe gesprungen«.

Bis zu diesem Tag hatten die Erfahrungen und das Verhalten der Strauß-Familie mehr oder weniger denjenigen der vielen anderen patriotisch gesinnten, gutsituierten Juden der deutschen Mittelschicht entsprochen. Am 26. Oktober 1941 bekam die Geschichte der Strauß' jedoch eine ganz andere Dimension. Es war etwas geschehen – etwas, für das Siegfried viel getan hatte und das für Marianne unerwartet und unerklärlich war. Etwas, das die Familie in eine andere Umlaufbahn katapultierte, in eine, die es Marianne schließlich ermöglichte zu überleben.

Im Rückblick faßte Marianne den Moment im Haumannshof als Wendepunkt auf. Bei einer Gelegenheit erzählte sie mir von einigen politisch links stehenden Freunden, die sie während des Krieges gekannt hatte. Sie seien der prägendste Einfluß ihres Lebens gewesen, sagte sie. »Ich fand, daß ich diesen ganzen jüdischen Ballast, wie ich es damals empfunden habe, abwerfen mußte, wegkommen mußte von der Scheinheiligkeit ... Ich sah, wie diese Menschen sich benommen hatten. Wir wurden von diesem Sammelpunkt zurückgeschickt, wissen Sie, wo alle zusammengekommen waren, und wir waren von allen gut zu sehen, es war sicherlich mit der Absicht geschehen, diese Spannung zu erzeugen ... All diese Dinge kamen zusammen, und ich dachte, ich will nicht mehr.«[44]

Dem bitteren Aufschrei der Menschen, die kurz vor ihrer Deportation standen, kam in Mariannes Erinnerung eine besondere Bedeutung zu. Marianne war gespalten: Einerseits war da die Kränkung, ungerechterweise zum Objekt von Neid und Wut geworden zu sein, und andererseits die Beklommenheit, unverdient bevorzugt worden zu sein. Durch diese doppelte Last von Zorn und Schuld wurde die Szene im Haumannshof zu einem Schlüsselmoment ihres Lebens. Im Laufe der Zeit interpretierte sie die Episode als wesentlichen Schritt in ihrer Entfremdung von der jüdischen Gemeinde.

Warum waren die Strauß' gerettet worden?

Warum wurde die Familie nach Hause geschickt? Die jüdische Gemeinde in Essen hatte einen Verdacht. Die Tochter des ehemaligen Sekretärs der Essener jüdischen Gemeinde erklärte mir zu meiner Bestürzung, daß die Strauß' die Gestapo bestochen und eine mittellose Mutter dafür bezahlt hatten, einen ihrer Söhne an ihrer Statt nach Łódź zu schicken. Sie erinnerte sich sogar noch an den Namen: Frau Moszkowicz.[45] Zu meinem noch größeren Entsetzen stand auf der Gestapoliste des Transportes nach Łódź tatsächlich ein junger Mann dieses Namens, obzwar anders geschrieben: Jakob Moschkowitz. Was mich daran so aufbrachte, war weniger der Schatten, der auf Mariannes Familie fiel – wenngleich der Vorfall, so er denn wahr wäre, belastend genug war –, sondern eher die Vorstellung, daß Plätze auf den Transporten ge- und verkauft werden konnten.

Durch Zufall stand ich bereits in Verbindung mit Imo Moszkowicz, dem einzigen Überlebenden seiner Familie. Als ich ihm mit einer gewissen Befangenheit schrieb und um Aufklärung dieser Geschichte bat, antwortete er mir jedoch, Jakob sei nicht sein Bruder, sondern sein Cousin gewesen, und ja, es sei die Rede davon gewesen, sich freiwillig zu melden, jedoch nicht als Ersatz für die Strauß-Familie. Sein Cousin, der in Essen nur seine Zeit vertrödelte, hatte sich bereit erklärt, zwei ältere Damen auf dem Transport zu begleiten. Vielleicht sei dabei Geld im Spiel gewesen, er sei sich nicht sicher. Schon die Tatsache, daß Jakob und die Strauß' auf derselben Gestapoliste standen, hatte die Geschichte von einem Austausch suspekt erscheinen lassen. Imo sagte mir, daß er und seine Freunde angenommen hätten, die Strauß würden beschützt, weil Mariannes Vater den berühmten Krupp-Edelstahl, Nirosta-Stahl, erfunden habe.[46] Diese Seite Siegfrieds war mir bislang verborgen geblieben. Allerdings stellte sich später heraus, daß Imo Moszkowicz und andere Zeitgenossen Siegfried mit dem Essener Juden Bruno Strauß verwechselten, dem tatsächlichen Erfinder des Nirosta.

Diese Geschichten legten nahe, daß es vielleicht tatsächlich möglich gewesen ist, Einfluß auf die Listen zu nehmen. (Mit Sicherheit war die Bestechlichkeit groß.) Vor allem gewann ich jedoch einen Einblick in die Art und Weise, wie sich Gerüchte in jenen aufgepeitschten Zeiten ausbreiteten. Wenn unfaßbare Entscheidungen von oben den Unterschied zwischen Leben und Tod bedeuten konnten, mußte es einfach Spekulationen darüber geben, was hinter ihnen stehen mochte. Und so, wie die Gemeinde den Schutz, den die Strauß' genossen, auf eine bestimmte Art interpretiert hatte, wurde in der Gerüchteküche eine Tatsache daraus.

Für Marianne war vieles geheimnisumwoben, was mit der Gnadenfrist der Deportation ihrer Familie zu tun hatte. Siegfried Strauß blieb seiner Angewohnheit treu, seine Angelegenheiten nicht mit der Familie zu diskutieren, jedenfalls nicht mit den Kindern, selbst wenn ihr Überleben von diesen Angelegenheiten abhing. Wir wissen, daß er sich Sorgen darüber machte, ob sie ein Geheimnis wahren konnten. Die Menschen, mit denen er es jetzt zu tun hatte, hatten ihn bestimmt auf die Notwendigkeit absoluter Diskretion hingewiesen. Je mehr davon erfuhren, desto unsicherer wurde das Unterfangen. Was Marianne herausfand, war erstaunlich genug. Ihre Familie, so scheint es, wurde von niemand Geringerem beschützt als von der Abwehr, dem Geheimdienst der deutschen Wehrmacht.

Parallel zum SD (dem Sicherheitsdienst, der zu Himmlers weitverzweigtem Polizeinetz gehörte) war es Aufgabe der Abwehr, im Auftrag der Wehrmacht Aktivitäten ausländischer Informationsdienste zu überwachen und auch selbst nachrichtendienstlich relevante Informationen aus dem Ausland einzuholen. Die meisten Abwehrbeamten unterstützten das Regime. An der Spitze des militärischen Geheimdienstes standen jedoch eine Reihe von Personen, die sich im Lauf der Zeit immer mehr gegen die Nazis wandten. Anfangs war der aktivste unter ihnen Major Hans Oster, Stabschef im Amt Ausland/Abwehr des Oberkommandos der Wehrmacht. 1938 setzte sich Oster mit der Unterstützung seines unmittelbaren Vorgesetzten, Admiral Wilhelm Canaris, dem Chef der Abwehr, mit Offizieren in Verbindung, die Hitler verabscheuten, allen voran General Ludwig Beck. Hans von Dohnanyi, der Schwager des oppositionellen Christen Dietrich Bonhoeffer, der selbst seit langem ein Nazigegner war, stieß im August 1939 zur Abwehr. Neben Canaris, Oster und Dohnanyi war Helmuth James von Moltke eine Schlüsselfigur in der Verschwörung der Abwehr gegen die Nazis. Er war mit Kriegsausbruch in die Auslands-Abteilung der Abwehr eingetreten.[47]

Heutzutage ist weithin bekannt, daß die Abwehr während des Krieges eine Verschwörung gegen Hitler anzettelte und viele der Drahtzieher noch kurz vor Kriegsende hingerichtet wurden. Weit weniger bekannt ist ihr Engagement bei der Emigration deutscher Juden. Mich hat sehr überrascht, daß die Organisation mit den Strauß-Brüdern in Kontakt gestanden haben soll. Die Familie war nicht prominent; geschäftlich hatten sie nicht in Kreisen zu tun, die Verbindungen zur Regierung pflegten. Marianne glaubte, daß der Kontakt zur Abwehr durch den Bankier der Familie, Friedrich W. Hammacher, zustande gekommen sein müsse.

Als ich mir das Ganze noch einmal durch den Kopf gehen ließ, wurde mir bewußt, daß Marianne die Sache als unwürdig empfand. Es gibt eine Stelle im Mitschnitt unserer Unterhaltung vom September 1996, als Marianne auf die erste Fassung meines Manuskripts reagiert, an der deutlich wird, daß sie froh gewesen wäre, wenn sie die Episode gar nicht erwähnt hätte. Nach Mariannes Tod entdeckte ich in den Akten der Gestapo über ihren Vater und Onkel ein unglaubliches Katz-und-Maus-Spiel, das Abwehr und Gestapo zwei Jahre mit quälender Langsamkeit gespielt hatten. Die detaillierten Unterlagen waren so aufschlußreich, daß ich es verfluchte, sie erst zwei Wochen nach Mariannes Tod gefunden zu haben. Ich wünschte, ich hätte sie ihr zur Beruhigung vorlegen können.

Später jedoch, als Vivian und ich uns durch Mariannes Papiere arbeiteten, fanden wir heraus, daß sich Kopien der Gestapounterlagen unter den Dokumenten befanden, die ihr in den 1970ern und 1980ern von Forschern aus der Alten Synagoge zugeschickt worden waren. Dies war einer der vielen Bereiche, in denen sich herausstellte, daß Marianne viel mehr wußte – zumindest früher gewußt hatte –, als mir klar war. Noch später, als ich auf ihre Aussage im Wiedergutmachungsprozeß aus dem Jahr 1952 stieß, wurde offensichtlich, daß sie Sachen gewußt hatte, die noch nicht einmal in den Gestapounterlagen standen. Wahrscheinlich hätten auch Berge von Unterlagen nicht ausgereicht, um ihr das Unbehagen darüber zu nehmen, daß allein ihre Familie unter einem besonderen Schutz gestanden hatte.

Die Gestapo und die Abwehr

Ein erster Hinweis darauf, daß die Strauß' der Deportation möglicherweise entkommen konnten, war ein Telegramm vom 22. Oktober 1941 um 20.10 Uhr von der Gestapo in Bremen an die Gestapo in Essen. Unter der Überschrift »Geheim. Dringend. Sofort vorlegen« stand der folgende Text: »Strauß hat sich bereit erklärt für die Stelle Bremen der Abwehrabteilung des Oberkommando der Wehrmacht nach Amerika zu gehen. Da Strauß aber im Zuge einer Aktion gegen die Juden am 26. 10. 41 nach Polen abtransportiert werden soll bittet die ›Stelle Bremen‹ Strauß von dem Abtransport zurückzustellen da er für Wehrmachtsbelange in USA eingesetzt werden soll.«[48]

Weil sie sich unsicher waren, was nun zu tun sei, riefen die Essener Gestapobeamten in derselben Nacht ihre Düsseldorfer Vorgesetzten an. Der Düsseldorfer Kriminalsekretär Ommer wies sie an, die Strauß' nicht von der Deportationsliste zu streichen, bis er sich eingehend erkundigt hätte.[49]

Am folgenden Tag tat Düsseldorf offensichtlich nichts. Am 25. Oktober, als Marianne von ihrem Berliner Zufluchtsort anreiste, wurde Siegfried, inzwischen wegen der bevorstehenden Deportation vermutlich sehr nervös, bei der Essener Gestapo vorstellig. Dort meldete er den Besuch eines Bremer Abwehrbeamten vom Vortag. Der Besucher sei nicht in der Lage gewesen, persönlich bei der Gestapo vorzusprechen, habe ihm aber empfohlen, eine Bestätigung einzuholen, daß er von dem Transport befreit sei.[50] Der Chef der Essener Gestapo, Krimi-

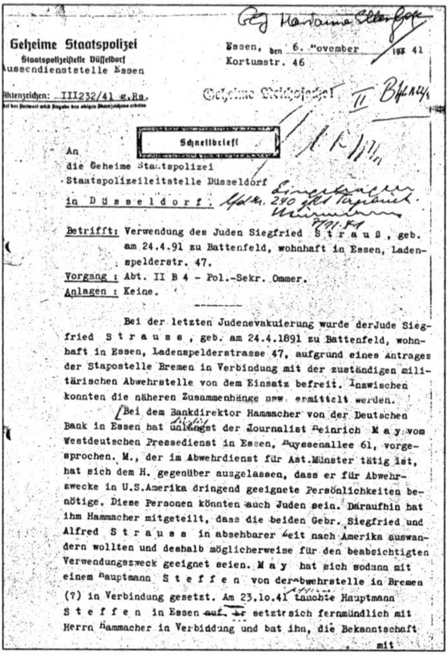

Geheime Staatspolizei
Staatspolizeistelle Düsseldorf
Aussendienststelle Essen

Essen, den 6. November 1941
Kortumstr. 46

Aktenzeichen: III232/41 g.Rs.

Geheime Reichssache

Schnellbrief!

An
die Geheime Staatspolizei
Staatspolizeileitstelle Düsseldorf
in Düsseldorf.

Betrifft: Verwendung des Juden Siegfried S t r a u ß , geb. am 24.4.91 zu Battenfeld, wohnhaft in Essen, Ladenspelderstr. 47.
Vorgang: Abt. II B 4 - Pol.-Sekr. Ommer.
Anlagen: Keine.

Bei der letzten Judenevakuierung wurde derJude Siegfried S t r a u s s , geb. am 24.4.1891 zu Battenfeld, wohnhaft in Essen, Ladenspelderstrasse 47, aufgrund eines Antrages der Stapostelle Bremen in Verbindung mit der zuständigen militärischen Abwehrstelle von dem Einsatz befreit. Inzwischen konnten die näheren Zusammenhänge usw. ermittelt werden.

Bei dem Bankdirektor Hammacher von der Deutschen Bank in Essen hat unlängst der Journalist Heinrich M a y vom Westdeutschen Pressedienst in Essen, Huyssenallee 61, vorgesprochen. M., der im Abwehrdienst für Ast.Münster tätig ist, hat sich dem H. gegenüber ausgelassen, dass er für Abwehrzwecke in U.S.Amerika dringend geeignete Persönlichkeiten benötige. Diese Personen könnten auch Juden sein. Daraufhin hat ihm Hammacher mitgeteilt, dass die beiden Gebr. Siegfried und Alfred S t r a u s s in absehbarer Zeit nach Amerika auswandern wollten und deshalb möglicherweise für den beabsichtigten Verwendungszweck geeignet seien. M a y hat sich sodann mit einem Hauptmann S t e f f e n von der Abwehrstelle in Bremen (?) in Verbindung gesetzt. Am 23.10.41 tauchte Hauptmann S t e f f e n in Essen auf. Er setzte sich fernmündlich mit Herrn Hammacher in Verbindung und bat ihn, die Bekanntschaft mit

Gestapo-Dokument vom 6. November 1941
zur Untersuchung der Verbindungen der Strauß'
zur Abwehr *(Hauptstaatsarchiv Düsseldorf)*

nalrat Vaupel, telegrafierte daraufhin erneut nach Düsseldorf. Sollte die Strauß-Familie »evakuiert« werden, wie die Gestapo die Deportationen euphemistisch nannte, oder nicht?[51]

Die Düsseldorfer Beamten waren skeptisch. Aber jetzt wandten sie sich an ihre Vorgesetzen im Reichssicherheitshauptamt in Berlin, dem Organ, das die Aktivitäten der Polizei und Gestapo koordinierte:

> Es wird angeregt, das Ersuchen von Bremen abschlägig zu bescheiden. Str. wurde eben hier vorstellig und sagte, der betr. Herr aus Bremen habe ihn gestern in seiner Wohnung aufgesucht und ihm aufgegeben, sich heute hier bestätigen zu lassen, daß er von der Evakuierung freigestellt worden sei. Der fragliche Herr aus Bremen habe hier nicht vorsprechen kön-

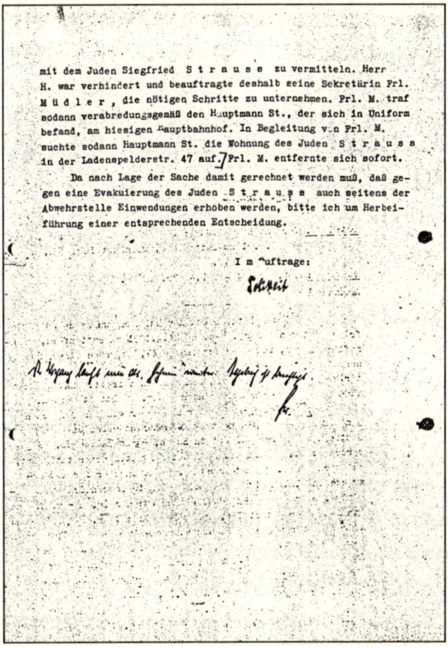
mit dem Juden Siegfried S t r a u s s zu vermitteln. Herr H. war verhindert und beauftragte deshalb seine Sekretärin Frl. M ü d l e r , die nötigen Schritte zu unternehmen. Frl. M. traf sodann verabredungsgemäß den Hauptmann St., der sich in Uniform befand, am hiesigen Hauptbahnhof. In Begleitung von Frl. M. suchte sodann Hauptmann St. die Wohnung des Juden S t r a u s s in der Ladenspelderstr. 47 auf. Frl. M. entfernte sich sofort.

Da nach Lage der Sache damit gerechnet werden muß, daß gegen eine Evakuierung des Juden S t r a u s s auch seitens der Abwehrstelle Einwendungen erhoben werden, bitte ich um Herbeiführung einer entsprechenden Entscheidung.

I m Auftrage:

nen, weil er bereits um 7.45 Uhr weitergefahren sei. Den Namen des betr. Herrn wollte er nicht nennen. Die Angaben des Str. erschcinen zweifelhaft. Er will sich anscheinend nur an der Evakuierung vobeidrücken, Str. ist sehr vermögend.

Ich bitte eine klare Entscheidung herbeiführen zu wollen. Es bleibt bei der vorgesehenen Evakuierung, da die Angaben des Str. zu zweifelhaft sind.[52]

Ob aus Berlin im Laufe des Tages eine Antwort einging, wissen wir nicht, aber gegen Abend fühlte sich ein höherer Beamter in Düsseldorf, Regierungsrat Ventner, berufen, eine Entscheidung zu treffen.[53] Um 19.40 Uhr telegrafierte Ommer nach Essen, daß die Strauß-Familie einen Aufschub bis zum nächsten Transport bekäme.[54]

Die Gestapobeamten in Essen leiteten diese Information nicht sofort an die Strauß' weiter, sondern zogen es vor, die Farce am Sammelpunkt aufzuführen. Vielleicht wollten sie die psychologische Folter verlängern. Vielleicht wollten sie auch, wie Marianne vermutete, die Strauß' von der Gemeinde abspalten. Vielleicht fühlten sie sich überlistet und wollten ihre Macht unterstreichen. Wie auch immer man es interpretiert, sie haben nicht einfach nur nach Vorschrift gehandelt, sondern sie dachten sich ihr eigenes Spiel aus.

In der Zwischenzeit bemühten sich die Düsseldorfer Beamten herauszufinden, was sich ihnen in den Weg stellte und wie weit die Abwehr Siegfried Strauß unterstützte. Am 28. Oktober wiesen sie ihre Kollegen in Bremen telegrafisch an zu ermitteln, ob Siegfried Strauß' Bericht seiner Beziehungen zur Abwehr zutraf.[55] Am 4. November telegrafierte die Bremer Gestapo zurück, bestätigte Strauß' Bericht und bat darum, seine Familie von zukünftigen Transporten auszunehmen.[56]

Da sie die Sonderrolle der Strauß' nicht ergründen konnten, widmeten sich die Essener Beamten jetzt dem Vorspiel der Sache. Sie entdeckten, daß Heinrich May, ein Journalist des Westdeutschen Pressedienstes, der auch für die Abwehrstelle in Münster arbeitete, einem Herrn Hammacher (einem Direktor der Deutschen Bank in Essen) mitgeteilt hatte, daß sich die Abwehr nach geeigneten Personen für »Abwehrzwecke« in den USA umsah. Diese Personen »können auch Juden sein«. Hammacher hatte die Strauß-Brüder vorgeschlagen, weil sie in absehbarer Zeit in die Vereinigten Staaten auswandern wollten. Daraufhin setzte sich May mit einem Hauptmann namens Steffen in Verbindung, der die Strauß' am 23. oder 24. Oktober in Essen aufsuchte. Hammachers Sekretärin arbeitete als Mittlerin, sie holte den uniformierten Steffen vom Essener Bahnhof ab und brachte ihn in die Ladenspelderstraße 47.[57]

Historiker und die Abwehr

Lange Zeit war nur wenig über den Einsatz der Abwehr für Juden bekannt. Die Schlüsselfiguren der Abwehr wurden vor Kriegsende umgebracht. Die wenigen Hinweise in den Memoiren anderer Persönlichkeiten der Abwehr sind oft ungenau.

Doch die kürzlich erschienene herausragende Studie von Winfried Meyer geht dem »Unternehmen Sieben« auf den Grund.[58] Ein paar Verschwörer an der Spitze der Abwehr (darunter auch der Chef, Admiral Canaris) retteten im Rahmen des »Unternehmen Sieben« 15 Juden und Halbjuden das Leben. Hans von Dohnanyi spielte dabei die wesentliche Rolle.[59] Die Operation begann 1942, als Dohnanyi versuchte, einige jüdische Kollegen vor der Deportation zu bewahren. Auf Geheiß von Bonhoeffer und Canaris wurden weitere Namen auf die Liste der Protegés gesetzt. Die Verschwörer arbeiteten zur Deckung mit der Geschichte, sie würden die Juden in Südamerika als Agenten einsetzen. Im August und September 1942 gelang es der Abwehr nach monatelangen schwierigen Vorbereitungen und Verhandlungen, die Juden in die Schweiz zu schicken. Dort überlebten diese 15 Menschen den Krieg, nicht zuletzt dank der finanziellen Unterstützung durch die Abwehr.

Meyers Studie lenkt aus verständlichen Gründen und vollkommen zu Recht die Aufmerksamkeit auf den Mut und die Prinzipien der Männer, die hinter dieser Rettung standen. Dohnanyi und sein vorgesetzter Kollege Hans Oster wurden damals bereits vom SD überwacht. Es erforderte großen Mut, an den Plänen festzuhalten. Von Dohnanyis Verhaftung war letztendlich auch auf das »Unternehmen Sieben« zurückzuführen. Es war einer der Gründe für seine Exekution, wenngleich der wesentliche Anklagepunkt gegen ihn, Bonhoeffer, Oster, Canaris und von Moltke, die alle im Januar beziehungsweise April 1945 ermordet wurden, die Verwicklung in Umsturzpläne gegen das Regime war.[60]

Anderswo war die Beziehung der Abwehr zu den Juden Deutschlands deutlich weniger wohlwollend. Teile der Abwehr arbeiteten eng mit der SS und dem SD zusammen, z. B. um die Rassenpolitik der Nazis umzusetzen, und sie ermordeten Juden in Polen und Rußland.[61] Bei anderen Gelegenheiten, als die Abwehr Juden vor der Deportation bewahrte, waren die Motive weit minder heroisch als im »Unternehmen Sieben«. Manchmal wurden die Juden wirklich gebraucht, um für das Reich zu spionieren. In solchen Fällen zwang man sie meistens dazu, indem man den in Deutschland zurückgehaltenen Angehörigen Repressalien oder Deportation androhte. In anderen Fällen war die Grenze zwischen der Hilfestellung und Ausbeutung der Juden deutlich verschwommener, und auf nichts traf das mehr zu als auf das »Unternehmen Aquilar«, das wahrscheinlich der Grund für den Schutz der Strauß-Brüder war.

Das »Unternehmen Aquilar« wurde vom dubiosen Harry W. Hamacher (der mit dem Familienbankier Friedrich W. Hamacher nicht verwandt ist) ins Leben gerufen. Er war der Inhaber eines arisierten Reise- und Transportbüros und ein Mann mit guten Beziehungen. Die hatte er auch zur Abwehr, und er nutze sie, um einigen niederländischen Juden eine offizielle Emigration zu ermöglichen. Es ist nicht auszuschließen, daß Hamacher auch aus humanitären Gründen handelte, auf jeden Fall verdiente er gut mit seinen Hilfeleistungen für die verzweifelten holländischen Juden.[62] Der Mann aus der Abwehr, mit dem Hamacher in Kontakt stand, mag auch humanitäre Motive verfolgt haben. Sein Hauptinteresse galt allerdings der Verbreiterung des nachrichtendienstlichen Informationsflusses aus den beiden amerikanischen Subkontinenten. Als Flüchtlinge getarnt, hatten niederländische und deutsche Juden die plausibel wirkende Möglichkeit, nach Nord- und Südamerika zu reisen, die nichtjüdischen Deutschen verwehrt blieb. Canaris stand hinter »Aquilar«, und im April stimmte der maßgebliche SS-Beamte in den Niederlanden der Ausreise von 250 Menschen nach Nord-, Mittel- und Südamerika vorläufig zu. Ganz offensichtlich ist die Geschichte des »Unternehmens Aquilar« bei weitem nicht so erbaulich wie die des »Unternehmens Sieben«, denn bei diesem Unterfangen vermengten sich finanzielle Motive, Informationsbedarf und der Wunsch, Juden zu retten. Andererseits hatte das »Unternehmen Aquilar« eine größere Breitenwirkung. Unter seinem Namen gelang 174 Menschen 1941 und sogar noch 1942 die Emigration, der Mehrheit von ihnen nach Mittel- und Südamerika.[63] Daß die gesamte Strauß-Familie am Unternehmen teilnehmen sollte (daß also keine Geiseln zurückgelassen werden sollten, die man benutzen konnte, um Informationen herauszupressen), bedeutet sicherlich, daß viele von denen, die rekrutiert wurden, gar nicht wirklich spionieren sollten.

Das Unternehmen hatte zwar seinen Stützpunkt in Holland, doch erscheint das Bremer Büro in den Telegrammen in der Strauß-Akte, weil dort die Gesamtverantwortung für die Spionagetätigkeit in Amerika lag. Während viele künftige Emigranten aus den Niederlanden kamen, wurden mehrere Stellen der Abwehr außerhalb der Niederlande davon in Kenntnis gesetzt, daß auch auswanderungswillige Juden eventuell rekrutiert werden konnten. Wir wissen (wiederum durch Meyers Studie), daß der Heinrich May, der in den Gestapo-Akten im Fall Strauß erwähnt ist, seit 1939 bei der Abwehr beschäftigt war. Der Nachrichtendienst der Vereinigten Staaten hatte Beweise dafür, daß May Einzelheiten über die britische, französische und amerikanische Flugzeugherstellung sammelte.[64]

Bankdirektor Hammacher

Wodurch hatten sich die Strauß-Brüder qualifiziert? Die Abwehr nahm gerne Juden, die im Ersten Weltkrieg ausgezeichnet worden waren. Doch gab es natürlich genug jüdische Veteranen, die nicht unter dem Schutz der Abwehr standen. Nach den Unterlagen der Gestapo und nach Mariannes Erinnerungen war Bankdirektor Hammacher von der Deutschen Bank die wesentliche Verbindung zwischen der Abwehr und den Brüdern Strauß. Handelte er nur aus Loyalität zwei langjährigen Kunden gegenüber, mit denen ihn eine vertrauensvolle und kooperative Beziehung verband? Die Korrespondenz der Deutschen Bank mit den Brüdern blieb jedenfalls bis zum Schluß höflich und respektvoll.

Es ist schwer, an direkte Informationen über diesen Mann zu kommen. Wir wissen, daß Friedrich Wilhelm Hammacher schon vor dem Ersten Weltkrieg Prokurist bei der Essener Credit-Anstalt war. Zu Beginn der dreißiger Jahre bekleidete er die Position eines Stellvertretenden Direktors bei der Deutschen

Bank in Essen. Irgendwann vor 1937 wurde er zu einem der Bankdirektoren ernannt.

Anhaltspunkte für seine Rolle in der Angelegenheit geben Aussagen in den Wiedergutmachungsdisputen zwischen Marianne und Hammacher und eine eidliche Zeugenaussage einer früheren Mieterin Hammachers, Hanna Aron, die in den Vereinigten Staaten lebt. Hammachers Einschreiten stand in Verbindung mit dem Kauf des Strauß-Hauses in der Ladenspelderstraße. In einem Brief an die Gestapo aus dem Jahr 1943 sagte er aus, daß er mit der Genehmigung des Oberkommandos der Wehrmacht (OKW) seine Kriegsopferrente kapitalisiert habe, um damit die Ladenspelderstraße 47 vom »Juden Siegfried Israel Strauß« am 30. Oktober 1941 zu kaufen, nur vier Tage nach der geplanten Deportation.[65] Als die Strauß-Familie Essen schließlich 1943 verließ, zog Hammacher tatsächlich in ihr Haus. Nach dem Krieg, im Zusammenhang mit Mariannes Wiedergutmachungsansprüchen gegen ihn, betonte Hammacher seine Rolle beim Schutz der Familie. Er räumte jedoch ein, daß dies mit dem Kauf des Hauses in Verbindung gestanden habe: »Die von mir vor Kaufabschluß zugesagte Hilfe bestand u. a. darin, daß ich mit Unterstützung meiner Freunde von der damaligen Abwehr (Canaris-Gruppe) 8 Pässe mit Einreisevisa nach Schweden beschaffte. Die beteiligten Herren leben heute noch, davon 2 in Essen.«[66] Hammacher behauptete, daß das Recht der Strauß-Familie, bis zu ihrer Abreise in der Ladenspelderstraße zu wohnen, in einem geheimen Kodizill zum Hausverkauf festgehalten worden sei. Und tatsächlich gibt es keinerlei Hinweise darauf, daß er versucht hat, die Familie aus dem Haus zu vertreiben.

Mariannes Aussage im Wiedergutmachungsprozeß fügt unserem Verständnis der damaligen Bedingungen eine weitere Dimension hinzu. 1952 gab sie vor dem Essener Landgericht zu Protokoll, daß Schwarzlose, das Parteimitglied, das ihren Vater von der unmittelbar bevorstehenden Enteignung der Ladenspelderstraße 47 informierte, ein guter Bekannter von Herrn Hammacher war. Obwohl der Rat der Stadt die Immobilie eigentlich erwerben wollte, habe man später doch Herrn

Hammacher erlaubt, das Haus zu kaufen.[67] Hanna Aron, die bei den Strauß' gewohnt hatte und im Haus blieb, nachdem Herr Hammacher das Gebäude übernommen hatte, erinnerte sich ebenfalls daran, daß er sehr gute Beziehungen zur Gestapo unterhielt. So sei er zusammen mit den Gestapobeamten erschienen, als die Familie Strauß im Jahr 1943 das Haus verlassen mußte, um Anspruch auf einen Teil der Familienmöbel zu erheben.[68] Diese Verbindung erklärte manches, worüber ich mich bereits gewundert hatte, beispielweise daß laut den Unterlagen die Gestapo an Hammacher nichts auszusetzen hatten, obwohl er als der ursprüngliche Verbindungsmann zwischen der Abwehr und der Strauß-Familie identifiziert worden war. In den Anhörungen zur Wiedergutmachung unterstellte ein anderer Zeuge, daß Geld geflossen sei.[69] Marianne bezeugte in einer eidesstattlichen Erklärung, daß beträchtliche Summen unter dem Tisch die Hand gewechselt hätten, damit ihnen die Gestapo gewogen blieb. Ihr Vater habe ihr einmal erzählt, daß er mehr als 40000 RM bezahlen mußte, um sein Visum zu bekommen.[70]

Es gibt vieles, was wir nie wissen werden. Zahlreiche dieser Aussagen wurden im Zusammenhang mit Anhörungen zur Wiedergutmachung gemacht und sind vielleicht nicht, was sie scheinen: Marianne bemühte sich, eine Kompensation durchzusetzen, Hammacher hatte ein ebenso großes Interesse, seine Unschuld zu beweisen. Und doch fühlte ich mich, als hätte ich zumindest einen flüchtigen Blick in eine dunkle Welt geworfen, die jenseits der Akten lag. Die Verbindungen zwischen Hammacher und der Abwehr, Hammacher und der Partei, Hammacher und der Stadtverwaltung, Hammacher und der Gestapo waren im Dritten Reich, soweit ich weiß, nichts Ungewöhnliches. Der Schutz, unter dem Siegfried stand, setzte ein verborgenes Netzwerk voraus, innerhalb dessen ein gewisser Grad an Sympathie, den ein Bankier für seinen rechtschaffenen Klienten empfand, sich mit einer legalen Gelegenheit zur Bereicherung überschnitt, welche ihrerseits auf die offene Korruption der Gestapo und mancher städtischen Beamten traf. Im Laufe meiner Untersuchung stieß ich auf genügend Beispiele dafür, daß Bestechlichkeit im Dritten Reich deutlich weiter verbreitet war, als bisher angenommen wurde.

Hanna Aron, die nicht nur Mieterin bei Hammacher war, sondern auch die Tochter des jüdischen Gemeindesekretärs, erinnerte sich an folgende Episode: Als der Name des letzten Kopfes der jüdischen Gemeinde, Fritz Ostermann, auf eine Deportationsliste gesetzt wurde, sagte »Herr Kosthorst zu Herrn Ostermann: ›Herr Ostermann, wenn Sie gehen, kann ich ja Ihre Aktentasche haben.‹ Und meine Mutter kam nach Hause, und sie weinte sich die Augen aus, daß die schon planten, ihn auszuplündern, obwohl er noch hier war.«[71]

Arthur Prinz, ein führendes Mitglied der Reichsvereinigung der Juden in Deutschland, schrieb in seinen Memoiren, daß »die Korruption zu der Zeit schon so weit verbreitet war, selbst bis in die unterste Ebene, daß einige Beamte – in unserem Fall einer unserer Bezirkspolizisten – den Emigranten, die kurz vor der Haushaltsauflösung standen, genau sagten, was sie haben wollten. Sie erwarteten natürlich, das ›umsonst‹ zu bekommen.«[72]

Einzelne Gestapo- oder Polizeibeamte, die sich persönlich auf Kosten der Deportierten bereichert hatten, wurden von den Nazis belangt. Deswegen nehmen viele Historiker immer noch an, daß die meisten der an der Judenverfolgung Beteiligten sich an die Regeln hielten. Aber im Fall Strauß widersprechen die Aussagen von Zivilisten den offiziellen Unterlagen. Die Geschichte der Bestechlichkeit im Dritten Reich muß vermutlich erst noch geschrieben werden.

Das Privileg der eigenen vier Wände

Was auch immer die genauen Gründe für ihren Schutz gewesen sein mochten, auf alle Fälle waren Siegfried und seine Familie fürs erste in Sicherheit. Da die Deportation Siegfrieds fehlgeschlagen war, wandte die Gestapo ihre Aufmerksamkeit seinem Bruder Alfred zu.[73] Alfred hatte nun dieselbe zermürbende Wartezeit zu überstehen wie Siegfried, aber er konnte zumindest ein gewisses Vertrauen darauf haben, daß sich der Schutz auch auf ihn erstrecken würde.[74] Tatsächlich wurde der Druck von außen so stark, daß Alfred und Oe die Hufelandstraße ein paar Wochen später verließen und zu Siegfried und seiner Familie in die Ladenspelderstraße zogen. Auch Else Dahl, Oes Mutter, war dort amtlich gemeldet, in Wirklichkeit wohnte sie jedoch weiterhin in der Brahmsstraße 10 zur Miete.

In den eigenen vier Wänden wohnen zu dürfen war ein immer selteneres Privileg unter den Essener Juden. Seit dem 1. Mai 1941 hatte die Stadt die Juden in sogenannten Judenhäusern zusammengedrängt. Im April 1942 wurden viele von ihnen gezwungen, in die Barackensiedlung Holbeckshof zu ziehen, im östlichen Vorort Essen-Steele, die den Vorzug hatte, unmittelbar an der Eisenbahn gelegen zu sein. Wer nicht in die Baracken ziehen mußte, wurde in noch trostlosere Wohnungen gepfercht.[75] Im Juni 1942 schrieb Leopold Sternberg vom Holbeckshof an seinen Sohn Walter in Chile, daß Walters ehemalige Arbeitgeber, Siegfried und Alfred Strauß, fast die einzigen seien, die noch immer in ihrer eigenen Wohnung wohnten.[76] Unter solchen Umständen ist es nicht verwunderlich, daß sich in der schwindenden Gemeinde mißgünstige Gerüchte darüber verbreiteten, was die Strauß-Brüder für diese Sonderstellung getan haben mochten.

Kuba

Für die Strauß' hatte das Verlassen Deutschlands höchste Priorität. Mitte Oktober, bevor sie von ihrer Gnadenfrist wußten, hatte Siegfried wieder seine Verwandten in den USA angeschrieben, diesmal mit der Bitte um Visa nach Kuba. Am 17. November 1941 schrieb Siegfried an Fritz Stern:

Lieber Fritz!

Die Unruhe der letzten Wochen ließ mir nicht die Zeit, Dir den Brief zu schreiben, der mir sehr am Herzen lag, um Dir und den übrigen Beteiligten für Eure Hilfe und die prompte Erledigung unserer Angelegenheit zu danken. Wie mit Deinem Kabel vom 24. Vor. Mts. für Mitte Nov. angesagt, erhielten wir am 14. November ein Kabel von Hugo mit der Mitteilung, daß für uns die Visaanweisung bei der Cuba Gesandtschaft Berlin vorliegt. Inzwischen ist der Transfer teilweise schon durchgeführt. Der Rest folgt. Wir erwarten täglich den Eingang des Visums und hoffen dann so bald wie möglich die Reise anzutreten. Alfred und Lore haben ihr Visum für Cuba und warten auf die nächste Reisemöglichkeit. Mein Schwager Adolf Rosenberg wird inzwischen unsere Briefe erhalten haben und wissen, daß wir und unsere Mutter, die mit uns reisen wird, gesund sind. Von meinem Schwager und meiner Schwägerin Ernst und Hannah Weinberg hören wir seit Ende Oktober leider sehr wenig. Sie sind in derselben Lage wie unsere Schwester Bertel. Wir hoffen sehr auf ein baldiges Wiedersehen mit Euch und allen Verwandten.

Mit nochmaligem herzlichen Dank für all Eure Mühe um uns und vielen herzlichen Grüßen für Dich, l. Fritz und Deine Familie

verbleibe ich Dein Vetter *Siegfried*

Lieber Fritz! Nimm auch meinen herzlichen Dank für Deine Hilfe und Verwandtschaftlichkeit und sei Du und die Deinen Vielmals gegrüßt von Deiner Cousine *Ine.*[77]

Im Vergleich zu ihren früheren Ausreisebemühungen mußten es die Strauß' nun mit zwei ungeheuren Hindernissen aufnehmen. Vorrangig verfolgten die Nazis anstatt der Emigration der Juden nun ihre Auslöschung. Etwa bis 1939 hatte die Politik der Nazis im wesentlichen darin bestanden, die Juden zur Ausreise zu zwingen. Über die nächsten zweieinhalb Jahre experimentierten die Naziführer mit verschiedenen Ideen zur territorialen Sammlung der Juden. Die letzten Versionen einer territorialen Lösung wurden noch im Frühjahr und Sommer 1941 diskutiert. Da sah es noch danach aus, als erwäge die Führung der SS die Schaffung einer Art Reservat auf russischem Boden. Zu der Zeit waren zwar schon viele Juden in Polen getötet worden, jedoch noch nicht unter dem Zeichen einer systematischen Vernichtungspolitik. Aber während des Rußlandfeldzuges, also von Juni 1941 an, wurde aus den unregelmäßigen mörderischen Vorstößen gegen einheimische Eliten, gegen Partisanen und Juden, die bereits die Besetzung Polens gekennzeichnet hatten, ein systematisches Töten. SD, Armee, Polizei und andere Einheiten liquidierten die russisch-jüdische Bevölkerung mit unvorstellbarer Brutalität und Gründlichkeit. Sie löschten eine halbe Million russischer Juden in einer relativ kurzen Zeit aus (und eine Unzahl sollte später hinzukommen). Ende 1941 hatte sich die Ermordung der europäischen Juden als wesentliches Ziel der NS-Politik fest verankert.[78]

Selbst wenn jedoch die Abwehr der Familie Strauß helfen sollte, das Land zu verlassen, würde es noch eine zweite Hürde geben: Mit dem japanischen Angriff auf Pearl Harbor und Hitlers Kriegserklärung an die Vereinigten Staaten am 11. Dezember existierte keine Möglichkeit mehr, direkt nach Nordamerika auszureisen. Außerdem konnten die Verwandten in den USA längst nicht mehr so viel für sie tun, seit jede direkte Verbindung verboten war. Der Brief an Fritz Stern vom November 1941 ist, soweit wir wissen, der letzte zwischen den Strauß' und ihren transatlantischen Cousins.

Die einzige Verbesserung für die Brüder bestand darin, daß sie durch die Intervention der Abwehr wieder etwas eigenständiger über ihre Konten verfügen durften. Sonst wären sie nie imstande gewesen, die nötigen Mittel für Visa, Reisedokumente und ausländische Währung aufzubringen. Wenigstens konnten sie jetzt ihr Vermögen für sie arbeiten lassen, was sie seit Oktober 1938 nicht mehr gedurft hatten.1940 hatte das Essener Finanzamt Siegfried auf 201501 Reichsmark nach Steuern geschätzt.[79] Alfred seinerseits hatte 274000 Reichsmark.[80]

Nach der Ruhe der letzten fünf Jahre gab es auf Siegfrieds Konto plötzlich heftige Bewegungen. Im November 1941 flossen etwa 150000 RM auf das Konto und etwa 100000 wieder heraus.[81] Die Unterlagen zu diesen Transaktionen zeigen nicht nur, wie geschäftig die Brüder waren, sondern auch, wie sie auf Schritt und Tritt vom Reich ganz legal ausgeplündert wurden. Am 13. Oktober, kurz vor Siegfrieds fehlgeschlagener Deportation, hatte Alfred die gewaltige Summe von 150337,50 RM nach Kuba transferiert.[82] Doch da ausländische Währungen nur zu vier Prozent ihres eigentlichen Wertes zu haben waren, kamen etwa zwischen 2000 und 4000 Dollar heraus. Und die Straf-Konversionsrate war nicht das einzige Problem. Es gab noch weitere Sondersteuern, Beiträge für die Wohlfahrt der jüdischen Gemeinde und ähnliches mehr. Alfred erhielt den Kaufpreis für die Hufelandstraße schließlich am 23. Dezember, aber von den 115000 RM, auf die man sich geeinigt hatte, wurden fast 20000 RM unverzüglich vom Reich konfisziert.[83] Vom Rest wurden 68624 RM auf ein Sperrkonto für die Zahlung der noch ausstehenden Reichsfluchtsteuer überwiesen, 17454,30 RM waren für die Jüdische Kultusvereinigung Synagogengemeinde in Essen vorgesehen und 2000 RM für diverse andere Zahlungen. Nur 9544,52 RM wurden tatsächlich auf Alfreds Konto überwiesen – über welches er ohnehin nicht die volle Verfügungsgewalt hatte.[84] Mit anderen Worten, nach allen Abzügen stand fest, daß die Strauß-Brüder nur einen verschwindend kleinen Teil ihres Vermögens ins Ausland transferieren konnten, sicherlich deutlich unter einem Prozent.

Sie hatten aber keine Wahl. Sie mußten ihr Vermögen liquidieren.[85] Zu Beginn des Jahres 1942 waren praktisch alle Immobilien verkauft, und das Vermögen der Brüder befand sich großteils in Form von Wertpapieren und Aktien auf dem Sperrkonto.[86] Im März 1942 akzeptierten die Brüder die offizielle Löschung ihres Getreidehandels aus dem Handelsregister.[87]

Das Verhalten der Gestapo schwankte: Mal erteilte sie widerwillig Genehmigungen, mal tat sie alles in ihrer Macht Stehende, um die Emigration möglichst hindernisreich zu gestalten. Am 20. November 1941 informierten Essener Gestapobeamte ihre Vorgesetzten in Düsseldorf, daß die Deutsche Bank beauftragt worden sei, 4000 Reichsmark für die Strauß-Familie nach Kuba zu transferieren, und daß dies von der Devisenstelle in Düsseldorf genehmigt worden sei. Alles schien in

Ordnung, aber der Beamte Horn konnte sich nicht enthalten hinzuzufügen: »Sollte die Genehmigung zur Auswanderung nicht erteilt worden sein, so bitte ich um Mitteilung, ob gegen die Evakuierung der Juden Str. nunmehr noch Bedenken bestehen.«[88] Am 24. November schrieb die Essener Gestapo an den Essener Polizeipräsident, ausnahmsweise sollten Siegfried und Regina Strauß im Interesse des Reiches Pässe ausgestellt werden. Doch wurde in einem Zusatz vermerkt, daß es noch keine Paßgenehmigung für Reginas Mutter gäbe. Ob es das war, was sie von der Ausreise nach Kuba abhielt, wissen wir nicht.[89]

In der Zwischenzeit versuchte die Düsseldorfer Gestapoleitstelle in Zusammenarbeit mit Berlin herauszufinden, ob die Abwehr wirklich vorhatte, die Familie Strauß einzusetzen, sobald diese erst einmal im Ausland war. »Berlin« bedeutete hier die für Emigration und Deportation von Juden zuständige Abteilung im Amt IV (Geheimes Staatspolizeiamt) des RSHA unter Adolf Eichmann. Da eine Klärung aus Berlin noch ausstand, setzte die Düsseldorfer Stelle die Strauß-Brüder vorläufig auf eine Liste für einen Transport nach Riga am 11. Dezember.[90] An dieser Stelle enthält die Strauß-Akte etwas Bemerkenswertes: Adolf Eichmann schaltete sich direkt ein. Das RSHA wollte die Familie als Testballon benutzen, um die Abwehr herauszufordern. In einem Telgramm vom 2. Dezember, das an den Chef der Düsseldorfer Gestapo, SS Obersturmbannführer Oberregierungsrat Dr. Albath, gerichtet war, skizzierte Eichmann die Kernfragen, um die es hier ging:

> Auf den dortigen Schnellbrief vom 20.11.1941 wird mitgeteilt, daß in letzter Zeit bei dem Anlaufen der Evakuierungstransporte in auffälliger Weise von einzelnen Dienststellen oder Offizieren der Wehrmacht für Juden interveniert wird.
>
> Unter den verschiedensten Gründen werden neuerdings, unter dem Vorwand einer angeblichen Verwendung für Belange der Abwehrstellen nach ihrer Auswanderung im Ausland, Zurückstellungen von Juden von Evakuierungsaktionen und Erteilungen der Auswanderungsgenehmigung beantragt.

Nach Lage der Dinge kann die Vermutung nicht von der Hand gewiesen werden, daß in der Mehrzahl der Fälle persönliche Interessen Anlaß dieser Anträge sind.

Eine Zurückstellung der genannten Juden von der Evakuierung und die Erteilung der Auswanderungsgenehmigung kann daher solange nicht vorgenommen werden, als nicht vom Oberkommando der Wehrmacht selbst ein diesbezügliches besonders begründetes Schreiben hier vorliegt, in dem die tatsächliche Verwendung dieser Juden für Abwehraufträge bestätigt wird.

Der Abwehrstelle in Bremen ist anheimzustellen, in vorliegender Angelegenheit ein entsprechendes Schreiben des OKW an das RSHA richten zu lassen.[91]

Das RSHA, dem das gesamte Unterfangen verdächtig vorkam, wollte erreichen, daß sich die Abwehr kompromittierte, indem sie in aller Form ihre Unterstützung für Juden erklärte. Am 6. Dezember 1941 leitete die Düsseldorfer SS pflichtschuldig an ihre Kollegen in Bremen weiter, daß die Wehrmacht eine förmliche Anfrage, die Strauß-Brüder betreffend, einzureichen habe. Andernfalls ständen die Brüder weiterhin auf der Liste für einen geplanten Transport. Da in den folgenden Wochen keine derartige Anfrage einging, scheint es, daß die Kommunikation entweder telefonisch stattgefunden hat oder die Gestapo sich durch ein Gespür dafür, daß hier wichtige Stellen beteiligt waren, davon abhalten ließ, einen eigenmächtigen Weg einzuschlagen.[92]

Wieder begann eine qualvolle Wartezeit. In jeder Phase nahmen sich die Behörden unendlich viel Zeit, um die erforderlichen Genehmigungen auszustellen. Erst gegen Ende März 1942, mehr als fünf Monate nach dem ersten Einschreiten der Abwehr, kam die Zustimmung der Gestapospitze aus Berlin (inzwischen bezog sie sich wahrscheinlich auch auf Anna Rosenberg und Else Dahl).[93] Nun waren die Steuerbehörden an der Reihe, die Sache zu verschleppen. Am 11. Mai 1942 bekam Siegfried Strauß den Stempel mit der Ausreisegenehmigung nach Kuba. Er ersuchte bei der Devisenstelle in Düsseldorf

(ODD) um die Erlaubnis, Gelder nach Kuba zu transferieren und einige Koffer – in denen sich Tisch- und Bettwäsche, Kleidung und Dinge des persönlichen Gebrauchs befanden – mit ins Ausland zu nehmen. Das ODD verweigerte die Genehmigung zunächst und wandte sich an die Düsseldorfer Gestapo.[94] Weitere zweieinhalb Wochen vergingen, bevor die Düsseldorfer Beamten sich dazu herabließen zu verkünden, es gäbe keinen Grund für eine Verweigerung der Genehmigung.[95]

Nachdem er von seinen Vorgesetzten gebeten worden war aufzuklären, welche Fortschritte der Fall gemacht habe, teilte Kriminalrat Nohles von der Essener Gestapo mit, daß den Strauß' jetzt nur noch die Visa für die Durchgangsländer fehlten.[96] Ob sie darüber stolperten oder ob andere Komplikationen auftauchten, entzieht sich unserer Kenntnis, aber Mitte August erfuhren die Strauß', daß die Emigration nach Kuba gescheitert war.[97] Wahrscheinlich hatten die Formalitäten in Deutschland so lange gedauert, daß die kubanischen Visa ihr Gültigkeit verloren. Aus der Nachkriegskorrespondenz zwischen Marianne und Marcus Cohn, einem Baseler Anwalt, der einige Aufträge der Familie angenommen hatte, wissen wir, daß die Familie versucht hat, Visa für Mexiko zu erhalten.[98] Doch auch daraus wurde nichts.

Das Gebaren der Gestapo verschärfte sich, teilweise wegen eines bürokratischen Durcheinanders. Am 2. Juli 1942 ersuchte Tante Oes Mutter, Else Dahl, den Essener Polizeipräsidenten um eine schriftliche Bestätigung, daß sie von den Deportationen ausgenommen sei. Man hatte ihr nämlich gesagt, daß sie ein solches Dokument benötigte, um von der Reichsvereinigung der Juden in Deutschland in Berlin ein weiteres Dokument zu erhalten, welches die Fortdauer ihres Aufenthalts genehmigte.[99] Nach der üblichen Rückfrage bei der Gestapo wurde ihr diese Bestätigung auch ordnungsgemäß ausgestellt, und im September 1942 übergab Else Dahl der Reichsvereinigung eine Kopie. Diese landete in einer anderen Unterabteilung des RSHA, welche von der Bewilligung, die der Strauß-Familie im vorangegangenen März erteilt worden war, keine Kenntnis hatte oder zu haben vorgab. Im Oktober 1942 traf in

Düsseldorf ein Brief dieser Unterabteilung des RSHA ein, in dem die Gestapoleitstelle befragt wurde, wie die Sachlage sei.[100] Den Düsseldorfer Beamten war sofort klar, daß es sich in Berlin um ein Mißverständnis handelte, aber sie nahmen die Gelegenheit wahr, die Ausnahmeregelung erneut grundsätzlich in Frage zu stellen. Das aktivierte Adolf Eichmanns Büro, am 14. Dezember 1942 erneut die Abwehr herauszufordern:

> Dem Antrag auf ausnahmsweise Genehmigung der Auswanderung vorstehend genannter Juden nach USA wurde am 23. 12. 1941[101] im Abwehrinteresse des Reiches zugestimmt. Ihre Auswanderung ist bis jetzt nicht erfolgt. Auf Grund des inzwischen verstrichenen langen Zeitraumes nehme ich nicht an, daß z. Zt. an der Angelegenheit weiterhin Interesse besteht. In diesem Zusammenhang ist weiter zu berücksichtigen, daß durch die Bestrebungen der Juden Strauß, unter allen Umständen ihre Auswanderung sowie die ihrer Angehörigen durchzuführen, größere Kreise, vor allem die jüdischen Organisationen, von der Ausnahmebehandlung erfahren haben, so daß nach hiesiger Auffassung die Geheimhaltung der Angelegenheit offensichtlich kaum noch gegeben ist. – Um Mitteilung der dortigen Stellungnahme wird gebeten.[102]

Trotz des provokativen Tons, in dem die »Annahme« formuliert ist, daß kein weiteres Interesse an der Familie besteht, bat Eichmann die Düsseldorfer Gestapoleitstelle, weitere Anweisungen abzuwarten. Es scheint, als habe die Abwehr in den nächsten paar Monaten zugunsten der Familie Strauß auf Zeit gespielt, indem sie einfach nicht antwortete.[103]

Und so mußten sich die Strauß' Ende 1942, vier Jahre nach ihren ersten Versuchen, das Land zu verlassen, der Tatsache stellen, daß sie wieder da waren, wo sie angefangen hatten. Sie hatten bisher nur erreicht, dem Schicksal der anderen Essener Juden vorerst entgangen zu sein.

6

Liebesbriefe im Holocaust

Im Oktober 1941 war Marianne wieder zurück in Essen, ohne ihre Berliner Freundinnen und Freunde und ohne ihre Studien. Sie war der Deportation um Haaresbreite entkommen. Nun wurde ihr eine Gnadenfrist gewährt, und von jetzt auf gleich hatte Marianne nichts mehr zu tun. Auf einmal fand sie das Leben zu Hause unerträglich. Obwohl sie in Berlin so viel erlebt hatte, erwarteten ihre Eltern noch immer, daß sie sich wie eine pflichtschuldige Tochter benahm.[1] Es gab kein kulturelles Leben mehr. Die Deportationswellen versetzten die Menschen in Panik. Und es waren nur noch so wenig junge Leute da. Dies waren die Umstände, unter denen sich Marianne in Ernst verliebte.

Marianne und Ernst Krombach hatten sich schon ein paarmal in jüdischen Jugendgruppen während der dreißiger Jahre gesehen. Eine Freundin von Marianne, Ute Unger, hatte Ernst 1937 in Berlin kennengelernt, wo er auf eine Fachhochschule ging. 1939, als Ernst Berlin schon wieder verlassen hatte, entwickelte sich eine enge Freundschaft zwischen Ute und Marianne. Ute ließ Marianne wissen, daß Ernst »für sie perfekt wäre«. Im Mai 1940 waren die Krombachs in die Hufelandstraße gezogen und Nachbarn und Mieter der Strauß' geworden.[2] Mariannes Tante Oe organisierte zusammen mit Ernst Aktivitäten für die noch in Essen verbliebenen jüdischen Kinder. Oe fand auch, daß Marianne und Ernst gut zusammen passen würden. Nicht immer haben ehestiftende Freunde und Verwandte das richtige Gespür, in diesem Fall hatten sie jedoch recht.[3]

Marianne hat mir nicht viel von Ernst erzählt, sie machte aber auch keinen großen Hehl daraus, daß er die erste große Liebe ihres Lebens war. Sie sagte, er sei sehr gutaussehend gewesen, was auch aus den Fotos hervorgeht. Beide liebten Kinder. Ernst wollte Kinderarzt werden, und Marianne meinte, er wäre ein sehr guter geworden.[4] In Mariannes Tagebuch von 1942 las ich später ihre Tagträume darüber, wie sie Geld verdienen würde, wenn sie erst zusammen wären, um Ernst die medizinische Ausbildung zu ermöglichen, die ihm unter den Nazis verwehrt wurde.[5] Sie erzählte mir von seiner rührenden Besorgnis um sie, als sie wegen einer Verletzung am Fuß einen Arzt aufsuchen mußte. Marianne sagte zu mir: »Basil hätte mich nie begleitet.«[6] Aber sie sagte das lachend, und ich hatte nie den Eindruck, daß Ernst die *einzige* Liebe ihres Lebens war. (Wenn ich auch glaube, daß es für sie einfacher war, nach Basils Tod über Ernst zu sprechen.)

Von Buenos Aires aus gesehen

Marianne mußte auch nicht viel über Ernst sprechen, weil sie mir so viel über ihn und von ihm zu lesen gab. Briefe von Ernst, Kopien ihrer Briefe an Ernst, ihr Tagebuch aus der gemeinsamen Zeit mit Ernst – das waren die einzigen Dokumente, die ich von Anfang an hatte. Marianne hatte sie mir alle während unserer ersten beiden Treffen überreicht. Außerdem gab sie mir Briefe, die sie Ende der achtziger Jahre von Ernsts Bruder Heinz (jetzt Enrique) Krombach aus Argentinien bekommen hatte. Obwohl er ihr mehrmals geschrieben hatte, konnte sie sich nie überwinden zu antworten.

Ich schrieb an Enrique. Per Fax und Brief entwickelte sich zwischen uns eine herzliche Beziehung. Sein erster Brief vom 31. Dezember 1996 war teilweise an Marianne gerichtet:

> Lieber Herr Dr. Mark Roseman,
>
> Dank für Ihre Zeilen vom 18. November. Erinnerungen sind meistens mit Schmerz verbunden, doch bin ich zu der Überzeugung gekommen, daß wir, die die Schreckenszeiten der 30iger Jahre überleben konnten, eine geschichtliche Verpflichtung haben, die Geschehnisse zu überliefern. Somit

Ernst Krombach *(Marianne Ellenbogen)*

sind wir uns beide nahe, denn Sie als Historiker haben sich als Lebensaufgabe die Erforschung des Vergangenen gesetzt.

Ja, Sie haben bestimmt Recht, daß mein Bruder Ernst im Leben von Marianne sicher den schmerzlichsten Abschnitt bedeutet, und ich habe öfter versucht, Kontakt mit ihr aufzunehmen. Ich wäre Ihnen überaus dankbar, wenn Sie Marianne von unserem Schriftwechsel berichten würden, denn sie soll und muß wissen, daß sie jene Zeiten nicht alleine in sich trägt und unsere Lieben weiter leben, solange man an sie denkt.

Gerade Ihre Arbeit würde uns helfen, das Andenken wach zu halten, und daß die gebrachten Opfer nicht umsonst waren. Man soll verzeihen aber nicht vergessen. [...][7]

Ich konnte Marianne diese Nachricht nicht mehr zukommen lassen. Sie war eine Woche vor Enriques Brief gestorben.

In den folgenden Monaten wurde deutlich, daß die Erinnerungen an die Familie für Enrique so schmerzhaft waren, daß es ihm fast genauso schwerfiel wie Marianne, sich der Vergangenheit zu stellen. Außerdem hatte er nicht viel Zeit zum Schreiben, denn obwohl er bereits Mitte Siebzig war, war er beruflich noch sehr eingespannt. Nach einer Weile spürte ich auch, daß seine Freundlichkeit mir gegenüber, wenn sie gewiß auch aufrichtig war, etwas Defensives hatte. Sie sollte ihn gegen den Schmerz wappnen, den ihm meine Nachforschungen zufügen würden. Mehr als sechs Monate vergingen, bevor er mir eine Charakterisierung seines Bruders zukommen ließ, die auch jetzt noch nicht besonders detailliert war. Enrique unternahm regelmäßig Geschäftsreisen nach Europa, und ich hatte gehofft, ihn einmal auf einer dieser Reisen treffen zu können. Doch wir lernten uns erst im Juni 1998 kennen, als ich ihn in Buenos Aires besuchte.[8]

Wir hatten verabredet, daß Enrique mich in meinem Hotel abholen sollte. Als ich in der Lobby auf ihn wartete, sah ich durchs Fenster hinaus auf die Passanten und fragte mich, ob ich ihn wohl erkennen würde. Es erschien mir unmöglich, daß der Mann, der dann auf mich zukam, Enrique sein sollte. Sein Haarschnitt und Schnurrbart verliehen ihm ein spanisches Aussehen. Aber gleich darauf erkannte ich die schweren Augenlider, die ich auf einem Foto seiner Mutter gesehen hatte. Wir umarmten uns. Mit seinen 78 Jahren war Enrique voller Kraft und Energie, wenn er auch immer melancholischer wurde, je mehr der Tag sich neigte. Er steuerte seinen neuen silbergrauen Escort selbstbewußt über die breiten Straßen von

Buenos Aires, wobei er dauernd die Spur wechselte, wie es in Argentinien offensichtlich üblich ist, während er mir eine komprimierte Stadtrundfahrt bot: die alte Synagoge, das Gerichtsgebäude, das Regierungsviertel. Dabei wirkte er wie jemand, der sich dort ganz zu Hause fühlt.

Bald hatten wir Buenos Aires hinter uns gelassen und folgten einem Nebenfluß des Rio de la Plata auf die Stadt Tigre zu. Am Fluß lagen Ruderclubs, kleine Cafés und hübsche Bungalows. Wegen des warmen Wetters erinnerte die Szenerie an sommerliche Ferientage (eigentlich ist der Juni mitten im argentinischen Winter). Wir setzten uns in ein Café zwischen Familien und Jugendliche, die den freien Sonnabend genossen. Ich fragte Enrique, ob er die Fotos sehen wollte, die ich mitgebracht hatte. Er erstarrte merklich. »Sind welche von Ernst dabei?« – »Ja.« Es stellte sich heraus, daß er keines besaß. Aus meinem Portemonnaie kam der gutaussehende Junge mit dem klaren Blick zum Vorschein, und Enrique traten Tränen in die Augen. Ich überließ ihm die Fotos, damit er sich Abzüge machen lassen konnte. Die Weichen waren gestellt: Ich hatte explosives Material mitgebracht, und mir war bewußt, daß es ihn verletzen würde. Mir wurde bewußt, daß Enrique (von Vivian einmal abgesehen) von all meinen Interviewpartnern am verwundbarsten war. Mehr als die anderen würde ihn das quälen, was ich von ihm wissen mußte und was ich ihm erzählen konnte. Er wischte sich die Tränen ab und stürzte sich in die Vergangenheit.

Ernsts Hintergrund war dem Mariannes erstaunlich ähnlich. Wie Mariannes Eltern kamen auch die Krombachs aus gutbürgerlichen Familien. Ernsts Vater David konnte seine Vorfahren bis ins 18. Jahrhundert zurückverfolgen, und seine Mutter Minna, geborene van der Walde, kam aus einer wohlhabenden Hamburger Familie, die in gehobenen gesellschaftlichen Kreisen verkehrte. Wie die Strauß-Brüder hatte sich David Krombach beim Ausbruch des Ersten Weltkriegs freiwillig gemeldet. Wie sie hatte er den Rang eines Unteroffiziers bekleidet und das Eiserne Kreuz zweiter Klasse erhalten. David Krombach war wie die Strauß' unmittelbar nach dem Krieg nach Essen gezogen, aber nach dem Universitätsabschluß schlug er eine andere Laufbahn ein: Abel, Herzfeld und Krombach waren bald eine der renommiertesten Anwaltspraxen der Gegend. Die Krombachs zählten sich zu demselben assimilierten patriotischen Flügel der Essener Jüdischen Gemeinde wie die Strauß'. Ungewöhnlich selbst unter den assimilierten Juden war es allerdings, daß David Krombach leidenschaftlich gerne ritt. Man sah ihn oft auf einem Pferd eines Essener Reitclubs. Die Söhne Heinz und Ernst wurden 1920 und 1921 geboren und gingen wie Marianne und Richard auf eine jüdische Volksschule. Wie Siegfried und Ine gaben David und Minna einer weltlich-humanistischen Erziehung den Vorzug, weswegen sie die Jungen danach zur Goetheschule schickten.

Laut Enrique fühlte sich die Familie »vollkommen deutsch, aber wir lebten als bewußte Juden«. David Krombach engagierte sich in der Jüdischen Gemeinde. Er war ein führendes Mitglied der tonangebenden Vereinigung, die vor 1933 jüdische Interessen vertrat, nämlich des Central-Vereins deutscher Staatsbürger jüdischen Glaubens (CV). Er war auch Mitglied des nationalen Komitees des CV. Außerdem war er in jüdischen Jugendvereinen aktiv. 1933 arbeitete er zusammen mit seinem Kanzleipartner und Freund Ernst Herzfeld an einer wichtigen Essener Initiative, die schließlich zur Gründung der Reichsvertretung der deutschen Juden (RV) führte.[9]

1933 waren die Krombachs wie die Strauß' der Ansicht, daß die gesetzestreuen Deutschen den Nazismus nicht lange tolerieren würden; sie waren sich außerdem sicher, daß ihre bürgerlichen Rechte nicht in Frage gestellt werden würden. David und Minna dachten nicht an Auswanderung, doch Enrique erzählte mir, daß er sich schon 1933, im Alter von 13 Jahren, nach einigen beängstigenden und erniedrigenden Vorfällen zur Emigration entschlossen hatte. Als ehemaliger Frontsoldat durfte David Krombach noch bis weit in die dreißiger Jahre hinein praktizieren. In dieser Zeit war er eine zentrale Figur der Jüdischen Gemeinde; er wurde Vorsitzender der Essener und Rheinland-Westfälischen Niederlassungen des CV und unterhielt zusammen mit Ernst Herzfeld eine juristisch-wirtschaftliche Beratungsstelle für Gemeindemitglieder.[10] Wie für die Strauß' war auch für die Krombachs die Pogromnacht der Wendepunkt in ihrer Einstellung zur Emigration. Heinz reiste Anfang 1939 nach Argentinien aus, Ernst hingegen wollte bei seinen Eltern bleiben, bis sie alle Visa für die USA hatten. Eine weitere grauenvolle Parallele zum Schicksal der Strauß' war, daß diese Visa nie eintrafen.

Enrique hatte mir viel über seinen Vater zu erzählen. Darüber hinaus konnte ich mir durch einige publizierte Würdigungen ein Bild von ihm verschaffen.[11] David Krombach war so mutig gewesen, am Tag nach der Kristallnacht einen Klienten in einem Essener Gefängnis aufzusuchen.[12] Und weil er immer darauf bestand, sich strikt ans Gesetz zu halten, hat er nicht schnell genug reagiert und nach den chilenischen Visa gegriffen, die Heinz in Paris auf dem Weg nach Argentinien besorgt hatte.[13]

Wie Mariannes Erinnerungen an Richard war das, was sich Enrique von seinem jüngeren Bruder ins Gedächtnis rufen konnte, sehr lückenhaft. In den späten zwanziger und frühen dreißiger Jahren war Heinz der Unternehmungslustigere von beiden gewesen und hatte viel Zeit in der nicht-zionistischen jüdischen Jugendgruppe verbracht, der CV-Jugend.[14] Ernst ging zwar auch manchmal dorthin, war aber häuslicher als sein Bruder. Da Heinz das Recht versagt wurde, Abitur zu machen, verließ er die Goetheschule vor seinem jüngeren Bruder. Als Sohn eines Frontsoldaten wurde ihm damals noch ein Fachhochschulstudium gestattet, und so verließ er sein Elternhaus, um eine Fachhochschule in Mettweiler zu besuchen. Kurz nach der Pogromnacht schloß er sich einer Jugendgruppe an, die in Südamerika eine Kibbutz-ähnliche Gemeinschaft gründen wollte.[15] Deswegen konnte mir Enrique auch nicht viel mehr als eine Zusammenfassung von Ernsts Ausbildung bieten. 1936 oder 1937 wurde auch Ernst gezwungen, die Goetheschule vor dem Abitur zu verlassen, und nahm in Berlin ein Chemiestudium auf. Mit der Pogromnacht fand dies ein Ende. Nach einem kurzen Aufenthalt in Essen schrieb sich Ernst für einen Kurs an der Israelitischen Gartenbauschule Ahlem ein, eine der wenigen jüdischen Ausbildungsstätten, die bis 1942 geöffnet blieben.[16] Um das Jahr 1941 herum kehrte Ernst nach Essen zurück und wurde zur Zwangsarbeit ins nahe gelegene Velbert verpflichtet.

So wie Marianne mußte Enrique mit dem Schmerz leben, als älteres Geschwisterkind den jüngeren Bruder gar nicht richtig gekannt zu haben. Er hatte Schuldgefühle: Wenn sie sich näher gestanden hätten, wäre Ernst vielleicht mit ihm nach Argentinien gekommen. Für Enrique war die Wunde erst vor kurzem wieder aufgebrochen, denn auf Mariannes Wunsch und seine eigenen Bitten hin hatte ich ihm Kopien der Briefe geschickt, die Ernst Marianne 1942 geschrieben hatte. Enrique war beeindruckt von dem jungen Mann, der aus den Briefen sprach – Ernst war viel reifer, als er ihn in Erinnerung hatte. Enrique vertraute mir an, wie sehr er jetzt einen Bruder vermißte und daß er sich oft vorstellte, wie gut sie sich verstehen würden. Ihn rührte auch, wie intensiv sich Ernst um ihre Eltern gekümmert hatte.

Die letzten Briefe, die Enrique von Ernst erhalten hatte, stammten aus dem Jahr 1941. Heiser vor Emotionen erzählte mir Enrique, Ernst habe geschrieben, »daß ich ihn nicht verstehen würde. Und wenn ich heute zurückblicke, kann ich auch begreifen, warum er das geschrieben hat. Wir haben uns hier nämlich *evidamente* keine Vorstellung gemacht, was das Leben für die Menschen, die nicht rauskonnten, eben bedeutet.« Als ich ihn fragte, ob er die Briefe noch habe, sagte er: »Nicht alle, aber ich habe da noch ein oder zwei Briefe, auch die letzten Briefe meines Vaters, bevor er im April '42 abgefahren ist, da schreibt er doch: ›Eine neue Aufgabe steht uns bevor.‹ Also das bezeugt, daß selbst eine Deportierung und die Betreuung der Menschen, das eben das Leben meines Vaters gekostet hat, eben noch in einem solchen Augenblick auch immer wieder eine Bedeutung war, daß er so eine neue Aufgabe sah.«

Enrique kehrte das erste Mal 1984 nach Deutschland zurück. Von da an flog er jedoch regelmäßig vor allem nach Düsseldorf, wo er die Zusammenarbeit zwischen den Länderregierungen von Buenos Aires und Nordrhein-Westfalen unterstützte.

Er besaß gute Beziehungen zu dem damaligen nordrhein-westfälischen Fraktionsführer der SPD, Matthiesen, den Enriques Lebensgeschichte bewegt hatte, und er wurde sogar gebeten, für das neue Krombacher Pils Pate zu stehen. Diese Termine waren für ihn offensichtlich sehr wichtig; genauso wie die Bekanntschaft mit dem Essener Anwalt Bernd Schmalhausen, der sich dem Gedenken der jüdischen Anwälte Essens widmete.[17]

Ich fragte Enrique, wie er in Argentinien gelebt habe. Es wäre in Deutschland anders gewesen, sagte er, viel leichter. Und als er fortfuhr, hörte ich ein Echo der Worte seines Vaters. Er gab zu bedenken, daß es ein Vorteil gewesen sei, es nicht so leicht gehabt zu haben, da es die Herausforderungen seien, an denen wir wachsen. Wenn er jetzt zurückblicke, könne er zufrieden sein. Die Anerkennung, die er bekommen habe, zeige ihm, daß er seinen Teil beigesteuert habe. Welche Anerkennung? Nun, sagte Enrique, die Deutsche Botschaft in Buenos Aires habe ihn wissen lassen, daß sich das Verhältnis zwischen Buenos Aires und Nordrhein-Westfalen ohne Herrn Krombach längst nicht so reibungslos gestaltet hätte. Wir fuhren im Zwielicht der anbrechenden Nacht in die Stadt hinein. Ich sah hinaus auf die freundlichen Vororte, die einst den Reichen von Buenos Aires vorbehalten waren, und mich berührte die Ironie, daß Enriques Maßstab für Erfolg selbst jetzt noch die Bestätigung durch Deutschland war.

Briefwechsel zwischen Essen und Berlin

Marianne und Ernst hatten so viel gemeinsam, ihre Herkunft, ihre Interessen, sie sahen gut aus und waren in einer überalterten Gemeinschaft isoliert; es überrascht kaum, daß sie sich zueinander hingezogen fühlten. Es dauerte nur zwei Monate, und sie liebten sich innig. Am 1. Januar 1943, im Rückblick auf das katastrophale Jahr 1942, schrieb Marianne von ihrem «Neujahrsspaziergang im vorigen Jahr, die Kirche mit der Orgel hat unsere unendlichen Wünsche erlauscht. Lieber! Ich kann das Ungeheuerliche nicht fassen!«[18]

Für das Abschlußexamen des Kindergarten-Seminars im Februar 1942 mußte Marianne ihren Geliebten verlassen und nach Berlin zurückkehren. Die Briefe zwischen Ernst und seiner »Jeanne« vermitteln einen lebendigen Eindruck ihrer Beziehung. Ihre Liebe füreinander war unübersehbar. Auf der Rückseite eines Zettels mit ihren Prüfungszeiten schrieb Marianne ein paar Zeilen von Manfred Hausmann:[19]

Füreinander

Du bist für mich, ich bin für Dich erwählt
wie Reim und Reim im atmenden Gedicht.
Und eins ist nichts, wenn ihm das andre fehlt.

Ernst und Marianne teilten viele Werte und Einstellungen. Unter dem Einfluß der deutschen Jugendbewegung sahen sie die traditionelle Ehe kritisch. Ihre Kritik bezog sich aber nicht auf eine freiere Sexualität – tatsächlich sind ihre Briefe keusch und gehen nie weiter, als dem anderen »tausend Küsse« anzutragen oder zu betonen, wie schön es war, wenn einem der andere körperlich nah war.[20] Sie verabscheuten die Heuchelei und das Getue innerhalb der bürgerlichen Ehe und die stereotypen Rollen, die sie den Eheleuten aufzwang. So schrieb Ernst an Marianne von einer Hochzeit[21], zu der er in Essen eingeladen worden war: »Im Übrigen war die Trauung […] grotesk typisch. Ganz abgesehen von [dem] Steckenbleiben und Ablesen [des Vorbeters] sah man deutlichst, wie unangebracht hier seine Floskeln und Phrasen waren. ›Denkt daran, daß nach dem ersten Sturm der jungen Liebe …‹ (6 Jahre verlobt) oder: ›Du, mein l. Bräutigam, hast die Verpflichtung auf Dich genommen, Deine Frau sorgsam und sicher durchs Leben zu führen …‹ (Wer hat die Hosen an?) Kannst Du Dir mein ironisches Lächeln dabei vorstellen? Es fiel mir furchtbar schwer, dabei ernst zu bleiben.«[22]

Mariannes Haltung zur Ehe war eher noch kritischer. Ihre Freundin Marianne Levy hatte »das Kreuz der Ehe auf ihre schwachen Schultern genommen«.[23] Mit einer Beharrlichkeit, die an Freudsche Verdrängung denken läßt, vergaß Marianne die Nachnamen ihrer verheirateten Freundinnen.[24]

Ihren Eltern gegenüber waren Ernst und Marianne sehr kritisch. Jedoch war Ernst froh, daß seine Eltern ein bei aller Zurückhaltung rührendes Interesse an seiner Liebesaffäre nahmen, und er hielt sie auf dem laufenden. Im Gegensatz dazu ließ Marianne Siegfried und Regina nach Nachrichten aus Berlin hungern. Ernst, der die recht typische Erfahrung machte, daß die schrecklichen Unterdrücker, die ihm von seiner Geliebten beschrieben worden waren, »sehr nett und liebenswürdig«[25] waren, jedenfalls zu ihm, besuchte die Strauß' am Sonntag, dem 15. Februar 1942, »um den (Deinen) lieben Eltern zu den bisherigen Erfolgen ihres Frl. Tochter zu gratulieren. Beinahe wärst Du ja ordentlich reingeflogen, da ich merkte, daß Deine Eltern keine blasse Ahnung hatten und Dienstag die letzte Nachricht erhielten! [...] Ich bin übrigens sehr nett und liebenswürdig empfangen worden (besonders zu erwähnen).«[26]

Unter normalen Umständen wäre ihr unterschiedliches Verhältnis zu ihren Eltern nicht weiter von Bedeutung gewesen. Doch ein Teil dessen, was Marianne ihr Leben lang belastete, war das Gefühl, daß Ernst und sie verschiedene Schicksale erlitten hatten, weil er seine Eltern mehr geliebt hatte als sie die ihren.

Ihr Briefwechsel verlief nicht immer reibungslos. Nicht zum letzten Mal mußte das Paar lernen, mit den Wechselfällen der Post zurechtzukommen. Marianne fuhr am Donnerstag, dem 5. Februar, nach Berlin. Bis zum Sonntag, nach »drei ganzen Tagen«, hatte Ernst noch keinen Brief erhalten. Er beschwerte sich bei Marianne: »Gestern war ich Dir böse. Heute hätte ich auch noch Grund dazu. Ich habe nämlich *noch gar keine* Post von Dir! Furchtbar. Mir kommen die Tage schon wie Wochen vor. Eigentlich wollte ich Dir heute auch nicht schreiben. Ich bin schon halb ausgezogen und will gerade ins Bett gehen ... Nur konnte ich doch nicht anders. Wahrscheinlich ist es doch Schuld der Post ...«[27]

Am nächsten Tag wurde sein Warten beendet. Zwei Briefe

auf einmal! Um Ernst noch mehr Freude zu bereiten, hatten seine Eltern den zweiten Brief zurückbehalten. Sie überreichten ihn erst, nachdem er den ersten durchgelesen hatte.[28]

In der zweiten Woche mußte Ernst jedoch vor allem damit zurechtkommen, daß Marianne von einer anregenden Erfahrung nach der anderen berichtete, und oft genug waren auch interessante Männer im Spiel. Mehr als einmal mußte Ernst sich mitten im Absatz unterbrechen, weil er zu aufgewühlt war, um fortzufahren. Vor allem ein Mann machte ihn nervös. Ernst kannte Alfred Selbiger, mit dem Marianne eine »phantastische Unterhaltung« über die Jugendbewegung geführt hatte. Er hatte ihn ursprünglich sehr gemocht, Selbiger war sogar so etwas wie ein Rollenvorbild für ihn gewesen: »Rein äußerlich machte er schon einen fabelhaften Eindruck, daß er wohl auch jedem sympathisch sein muß. Das weiß er leider aber auch zu genau und auch er wird deshalb nur schwer zu kämpfen haben, um mit den ihm zufliegenden Menschen – abgesehen von der Agitation – keinen Mißbrauch zu treiben. Räqui's Mutter war übrigens auch eine ›Freundin‹ von ihm. [...]

Nun Jeanny, ich vertraue auf Dich! Du wirst den richtigen Weg schon finden! Sonst können wir uns ja bald darüber aussprechen.«[29]

Am folgenden Tag, als Marianne die kulturelle Ödnis Essens mit dem kontrastierte, was Berlin ihr zu bieten hatte, gab Ernst seiner Nervosität noch einmal nach. Eigentlich hatte er ja schon vorausgesehen, wie anders das Leben in Berlin für Marianne sein würde. Indem er so vorgab, sie beruhigen zu wollen, beruhigte er sich selbst: »Was ist es doch für ein Unterschied, statt in einem Kaff mit beschränkten Menschen und ebensolchem Horizont in einer Welt leben zu können, wo es noch wirkliche Menschen, wirkliches Erleben und Anregung gibt. [...] Wenn Du meinst, daß Du das Leben dort jetzt viel bewußter führst, ist auch dieses nur natürlich. [...] So will ich mich auch mit Dir in diesen Tagen freuen, doch nur eins: verliere in diesem ›Glückstaumel‹ nicht Deinen gesunden und klaren Menschenverstand! (Siehe meinen gestrigen Brief).«[30]

Marianne erhielt seine ersten beiden Briefe am Mittwoch

und mußte erst einmal ein Bad nehmen, um sich von ihnen zu erholen. In ihrem Wechsel zwischen Reue und Verärgerung entbehren ihre Antworten nicht der Komik:

Ich wünschte, ich könnte nun bei Dir sein um Dir all Deine Zweifel zu nehmen. Eigentlich ist es traurig, daß Du in mich so wenig Vertrauen setzt. Aber dieser Fehler wird wohl bei mir liegen, denn »Suche die Fehler Deiner Kinder in dir selbst!« (Salzmann). Aber ich will alles, was ich verbackt habe, Geliebter, wieder gut machen an Dir.

Eigentlich schadet ein bißchen Eifersucht mal gar nicht. Aber dies scheint nun doch zu viel bei Dir zu sein. Mach' Dir keine Sorgen.

Hab mich so lieb, wie ich Dich.[31]

Am Donnerstag kam ein weiterer von Ernsts besorgten Briefen, und Marianne antwortete beschwichtigend:

Obwohl morgen der entsetzlichste Tag, der seit ewigen Zeiten zu befürchten ist, eintritt, will ich Dir auch an diesem Abend schreiben. Es war heute entsetzlich. Meine Noten in Ivrit: 5! und in Judentumskunde 4! Ein erhebendes Gefühl! Nun zittere ich, daß ich nicht bestehe.

Nun zu Dir! Wieder so ein Brief wie gestern. Nur gut, daß wir bald wieder zusammen sind. Ich freue mich so maßlos darauf. Es ist der leuchtende Punkt, der mir hoffentlich auch hilft. In diesen Tagen habe ich gesehen, wie sehr wir beide zusammengehören. All die vielen Menschen, die mir begegnet sind, die mich beeindruckt haben, von denen ich begeistert war, sind erblaßt vor dem Gedanken an Dich. Darüber bin ich glücklich, Lieber. Denn das ist der einzige Maßstab für die Stärke der Gefühle und der Bindung an einen Menschen.

Wär' ich erst wieder bei Dir; könnte ich Dir all das sagen, was ich Dir sagen möchte!

Ich hab' Dich lieb

Deine J[32]

Das war Mariannes letzter Brief aus Berlin. Ernst schrieb einen deutlich heitereren am Mittwoch. Er war vor allem froh über Mariannes Reaktion auf seine deprimierten Grübeleien vom Wochenende. Marianne schickte noch das Telegramm mit der Nachricht, daß sie bestanden hatte. Eine Karte in Ernsts Handschrift, die auf den 23. Februar datiert ist und persönlich abgegeben wurde, trägt den Text: »Nach glücklich überstandenen Strapazen ein Herzliches Willkommen!«

Heimliche Verlobung

Als Marianne nach Essen zurückkehrte, erwartete die dortige Jüdische Gemeinde bereits die nächste Katastrophe. Ihre Familie hoffte noch, nach Kuba auszuwandern. Die angespannt-nervöse Atmosphäre zu Hause war unerträglich. Also tat Marianne, was in ihrer Natur lag: Sie stellte sich Tag und Nacht in den Dienst der Gemeinde. Von ihrer Ausbildung angeregt, machte sie sich daran, einen Kindergarten zu gründen. Ihr erster Schritt war der Kauf der Ausstattung. Als sie sich mit mir darüber unterhielt, sah sie die komischen Aspekte ihrer damaligen Begeisterung: »Ich erinnere mich daran, daß ich loszog und das wirklich auf die konventionelle Art und Weise betrieb, wie man es mir beigebracht hatte.«[33] Der Kindergarten kam in einem Haus in der Hindenburgstraße unter, wo damals das Gemeindezentrum untergebracht war. Es war ein heruntergekommenes altes Gebäude mit einem großen Raum, der vielleicht einmal ein Laden gewesen war. Im Keller befanden sich einige kleinere Räume, und diese verwandelte Marianne in den Kindergarten.

Sie hatte ihre Arbeit, und sie hatte ihre Beziehung zu Ernst. Die erste Liebe mit 18 nimmt einen oft vollkommen in Anspruch; doch zu einer Zeit so verliebt zu sein, in der man »den letzten Tropfen Existenz auszuquetschen« versucht, ist wieder etwas anderes. Schnell spürten die beiden, daß sie die Liebe ihres Lebens gefunden hatten, obwohl sie wegen Ernsts Arbeit und Mariannes Verpflichtungen nur den Sonntag ganz miteinander verbringen konnten. Bald hatten sie die Belastungen der Trennung verwunden. Marianne schrieb in ihr Tagebuch: »Diese Trennung hat uns beiden erst gezeigt, wie sehr wir zusammengehören.«[34]

Irgendwann in den nächsten sechs Wochen verlobten sie sich heimlich, erzählte Marianne mir. Ich war mir nicht sicher, wie verbindlich das gemeint war. Enrique zum Beispiel hatte nie etwas davon gehört. In den Briefen wird die Verlobung nicht ausdrücklich erwähnt, wenn Ernst später auch etwas über die Ringe schrieb, die sie getauscht hätten, und Marianne in ihren Unterhaltungen mit mir von Ernst als von ihrem ehemaligen Verlobten sprach. Es gibt einen Hinweis darauf, daß sie sich vor dem 26. März verlobten, denn ein Zettel von Ernst deutet ein geheimes »Theater« an, in das sie beide verwickelt waren.[35]

Ein paar Tage später schrieb Ernst in einer anderen Notiz, die er nach einem langen, gemeinsam verbrachten Sonntag verfaßte:

> Jeanne, wie schön wäre es, wenn Du jetzt bei mir – oder ich bei Dir – sein könnte! Gar nicht auszudenken, wenn dieses dann Tag für Tag der Fall sein wird! Solche Gedanken können wir als ersehntes Endziel gar nicht unterdrücken, denn das ist doch nur die natürliche Folge und Lösung unserer wohl durchdachten Empfindungen. Trotzdem müssen wir uns in der Übergangszeit immer kleine Ziele stecken. So können wir nur die Zeit überbrücken, bis wir ausschließlich für uns leben können. –
>
> 10 Uhr, Jeanne. Jetzt mache ich schnell mein Bett, richte für morgen früh meine Sachen und dann bin ich wieder ganz bei Dir![36]

Gegen Ende des Jahres 1942 vertraute Marianne ihrem Tagebuch an: »All die Barrikaden und unser bürgerliches, anständiges Denken, wir hätten es uns sparen sollen. Aber wer kann all das voraussehen!«[37] Bevor ich auf diesen Eintrag stieß, hatte ich Marianne jedoch schon die heikle Frage gestellt. Hatten sie ...? »Leider, leider ...!« Marianne hätte »ja gewollt«, aber Ernst sei »zu sehr Gentleman« gewesen.[38]

Die Bombenangriffe auf Essen begannen am 10. März 1942.[39] Das Haus der Familie Strauß wurde verschont, aber die Krombachs hatten nicht so viel Glück. Wir wissen ein wenig über dieses Ereignis aus dem Tagebuch von Artur Jacobs, einem Nicht-Juden, der es sich zusammen mit seiner (jüdischen) Frau und einigen regimekritisch gesinnten Freunden zur Aufgabe gemacht hatte, Verbindungen zur jüdischen Gemeinde aufrechtzuerhalten und zu helfen, wo es nur ging.[40] Im Frühjahr 1942 stand Artur Jacobs in regelmäßigem Kontakt mit den Krombachs. Am 13. März schrieb er in sein Tagebuch:

> Bei Dr. K[rombach], der jetzt auch in verwüstetem Hause sitzt. Dach ab, Decken heruntergerissen, Fenster eingedrückt, Türen herausgerissen. »Wir erleben die polnischen Verhältnisse im voraus«, sagte er. »Man gewöhnt sich ein.« Kein Wasser, keine Heizung, Dreck, Trümmer …
>
> Die letzten Möbel sind jetzt auch demoliert. Aber wenn man auf Nichts eingerichtet ist, erlebt man das gemeinsame Unglück nicht mehr so hart.
>
> Im Nebenhaus haben sie noch eine alleinwohnende Frau am Morgen des Unglücks aus schlimmer Lage befreit.
>
> Die Begleichung kam prompt am nächsten Morgen.
>
> Ein Schupomann mit einem Offizier: »Sie müssen die Wohnung räumen. Platz für obdachlos gewordene arische Mitbürger.«
>
> Das Ausziehen aus den demolierten Zimmer ist ja schließlich nicht so schlimm.
>
> Aber daß das der Dank ist, das stimmt bitter.[41]

Das brachte das Verhältnis der Krombachs zu ihrem Vaterland auf den Punkt. Die Familie mit ihrer großmütigen Vorstellung von Pflicht und Verantwortung – das Regime mit seiner Entschlossenheit, sie zu vertreiben.

Es ist erstaunlich, daß sich weder in den späteren Briefen noch in Mariannes Memoiren irgendwelche Hinweise auf die

Zerstörung des Krombachschen Hauses finden. Für die normale, nicht-jüdische Bevölkerung war die Erfahrung der Bombenangriffe, besonders die Zerstörung ihrer Häuser, *die* unvergeßliche Erfahrung des Krieges. Der Tag, an dem das eigene Haus getroffen wurde, war einer dieser Fixpunkte, um den sich alle Erzählungen drehten. Welch aufschlußreiches Bild für die Bedrohung, der die Essener Juden ausgesetzt waren, daß diese Zerstörung in ihren Briefwechseln oder Lebenserinnerungen gar nicht auftaucht! Die Krombachs und der Witwer Austerlitz zogen aus ihren komfortablen Wohnungen in der Semperstraße in ein beengtes Quartier in der Lindenallee 61, wo schon einige andere jüdische Familien lebten.[42]

Aus David Krombachs Kommentar, daß man »polnische Verhältnisse im voraus« erlebe, geht deutlich hervor, daß er nun, Mitte März, die Deportation erwartete. Mit seinen Verbindungen zum RV mußte er wohl wissen, daß die Vertreibungen des Jahres 1941 noch nicht das Ende gewesen waren.

Vorbereitungen für die Deportation

Ohne daß Marianne oder Ernst etwas davon ahnten, nahm ein administrativer Prozeß seinen Lauf, der sie bald auseinanderreißen sollte. Als nämlich Marianne im Februar 1942 von Essen nach Berlin reiste, wurden von dort die aktuellen demografischen Daten über die Juden des Düsseldorfer Gebiets abgefragt, um die Anzahl derjenigen, die deportiert werden konnten, zu ermitteln. Am 6. Februar reichte die Gestapoleitstelle in Düsseldorf die Anfrage an städtische Polizei- und Gestapobeamte weiter. Eine Antwort mußte innerhalb von 24 Stunden vorliegen. Am 7. Februar telegrafierte die Essener Gestapo zurück, daß 455 Juden in die entsprechenden Kategorien fielen.[43]

Am 26. März kam Ernst in einem Brief an Marianne zum ersten Mal auf die drohende Deportation zu sprechen, wobei er jedoch alles tat, um Marianne zu beruhigen, daß die Gefahr »bei dieser Gelegenheit« vorübergegangen zu sein schien. Die beiden ahnten wahrscheinlich nichts von den grotesken bürokratischen

Machtkämpfen im Hintergrund: Das Arbeitsamt, das seine zwangsverpflichteten Arbeitskräfte behalten wollte, bemühte sich, die Anzahl der zu Deportierenden auf 100 zu verringern – bei dieser Zahl wäre Ernst sicherlich von der Liste gestrichen worden. Aber schließlich einigten sich Gestapo und Arbeitsamt auf 353. Spätestens am 8. April wußte Ernst, daß er und seine Familie zusammen mit einigen hundert Essener Juden für den Transport, der am 22. April »nach dem Osten« gehen sollte, vorgesehen waren.[44] Fast alle Kindergartenkinder Mariannes standen auf der Liste. Der Brief, den die Opfer erhielten, informierte sie selbstredend nicht darüber, wohin sie geschickt werden würden.

Jetzt mußten die Krombachs ihre eigene Enteignung erleichtern. Sie hatten ein Formular auszufüllen mit einer detaillierten Aufstellung all dessen, was sie besaßen, ihrer Kleidung, der Wertsachen und all der anderen Vermögenswerte. Füllten sie die Formulare nicht wahrheitsgetreu aus, gäbe es »keine Nachsicht«. Außerdem mußten sie 50 Reichsmark bereithalten für den Umtausch in Złotys.[45] Viele, die auf der Liste standen (unter ihnen war auch der Freund der Krombachs, Herr Austerlitz), mußten einige Tage vor der Deportation in die Baracken im Holbeckshof ziehen und praktisch alles, was sie besaßen, zurücklassen.[46]

Weitere Entscheidungen fielen über die Köpfe der menschlichen »Fracht« hinweg. Die erste große Welle von Deportationen aus dem Reich im Oktober 1941 ging nach Łódź, die zweite im November nach Minsk und Riga. Nach der Wannsee-Konferenz befahl Eichmann Anfang März 1942, daß das Gros der Deportationen aus dem Dritten Reich in Ghettos und Lager des Bezirks Lublin innerhalb des Generalgouvernements umgeleitet werden sollte. Dieses Kerngebiet Polens war also ursprünglich als Verwahrgebiet für »nicht-arische« Polen und Juden gedacht gewesen (wogegen Gebiete wie der Reichsgau Wartheland als »eingegliederte Ostgebiete« für arische Besiedelung vorgesehen waren).[47] Doch 1942 wandelte sich die Funktion des Generalgouvernements für die Juden: Es wurde ein zentraler Ort der Vernichtung. Transporte in diese Gegend fielen mit der Eröffnung des Vernichtungslagers in Bełżec Mitte März und mit dem Bau von Sobibór und Treblinka zusammen. Eine Reihe von Orten – unter anderem Trawniki, Piaski, Izbica Lubielska – waren als Durchgangslager vorgesehen.[48] Ursprünglich sollte der Transport der Krombachs nach Trawniki gehen, doch aufgrund technischer Schwierigkeiten wurde Izbica Lubielska im Verwaltungsgebiet Lublin ihr Ziel.[49]

Obwohl 1942 Izbica für viele Juden aus Deutschland, Österreich und der Tschechoslowakei ein Transitort war, ist seine Rolle im Holocaust fast unbekannt geblieben. In den meisten jüdischen Enzyklopädien und Enzyklopädien des Holocaust findet sich kein oder kein detaillierter Eintrag unter diesem Namen. Izbica hat die Aufmerksamkeit der Historiker kaum auf sich gezogen, und es gibt nur ein paar Dokumente über den Ort aus den Jahren 1942 und 1943. In dem vom Bundesarchiv Koblenz erarbeiteten, voluminösen *Gedenkbuch Opfer der Verfolgung der Juden* ist zu erfahren: »Es sind keine Unterlagen überliefert, die über die im Lager angewandten Methoden, Zu- und Abgänge oder über das Schicksal der Häftlinge, die durchgeschleust wurden, nähere Angaben enthalten.«[50] Wie wir sehen werden, ist die Bezeichnung »Lager« ziemlich unangebracht. Und wie wir ferner sehen werden, sind einige Unterlagen und Dokumente doch überliefert worden.

Eine Abreise in Würde

Während der letzten 14 Tage in Essen wurde Ernst von der Zwangsarbeit freigestellt. Erst jetzt konnten Marianne und er fast jede wache Stunde miteinander verbringen. Sie machten lange Spaziergänge durch den Essener Stadtwald oberhalb des Baldeneysees. Zur selben Zeit bereiteten Ernsts Eltern alles für die Abfahrt vor. Artur Jacobs, der schon lange zu dem Schluß gekommen war, daß man den Nazis nicht mit gesetzlichen Mitteln begegnen könne, war verzweifelt über Minna Krombachs Wunsch, sich an die Regeln zu halten. Jacobs hatte wohl vorgeschlagen, eine illegale Vorkehrung zum Schutz des Familienbesitzes zu treffen: »15. April. Frau Kr. will mit ›reinem Gewissen‹ ›reisen‹ und drum nichts tun, was ›verboten‹ ist! Soll man fluchen, soll man lachen? Wieviel Unmoral ist in solcher ›Moral‹! Wieviel bürgerliche Scheinmoral! Verkümmerter Rechtsinstinkt, wieviel Lebensschwäche!«

Vielleicht hat Artur Jacobs nicht begriffen, daß es den Deportierten guttat zu wissen, daß auf sie persönlich kein Verdacht fallen konnte, weil sie nichts Verbotenes getan hatten. Trotzdem fällt es schwer, Jacobs nicht beizupflichten. Schließlich war die Familie nur deshalb noch in Deutschland, weil David Krombach darauf bestanden hatte, sich an das Gesetz zu halten. Dabei war die Zeit dafür in dieser amoralischen Gesellschaft längst vorbei.

Dennoch verheimlicht Jacobs seine Bewunderung für David Krombachs letzte Worte, die er in der Nacht vor der Deportation sprach, nicht:

> 20. April[51]
>
> Letztes Wort von Dr. Krombach (als er sich abgekämpft und übermüdet von mir verabschiedet – morgen geht die Reise los):
>
> »Wir haben viel Schweres erlebt. Immer wieder meint man, es nicht tragen zu können.
>
> Aber auch Hoffnungsvolles. Die Ich-Gefühle schrumpfen doch zusammen. Man schämt sich ihrer. Man rückt zusammen und erlebt etwas von den Kräften des Ganzen.«
>
> »Es mag wohl sein«, fügte er nach einer Pause hinzu, »daß wir später einmal, wenn sie überstanden ist, diese Zeit für die wichtigste Zeit unseres Lebens halten und sie nicht entbehren möchten, so grausam sie war.«

Hier hört man deutlich das Echo David Krombachs letzter Worte an Enrique: »Eine neue Aufgabe steht uns bevor.«[52]

Die geliehene Erinnerung

Marianne erinnerte sich, in der Nacht vor Ernsts Abfahrt Artur Jacobs in der Wohnung der Krombachs getroffen zu haben – eine schicksalhafte Begegnung, wie die späteren Ereignisse noch zeigen sollten. Zu diesem Zeitpunkt kannte sie ihn erst flüchtig. Artur Jacobs und David Krombach zogen sich zu einer privaten Unterhaltung in ein Hinterzimmer zurück; es könnte sein, daß David Krombach dort die Dinge sagte, die oben wiedergegeben sind. Marianne half der Familie beim Packen.

Marianne erzählte mir, daß sie die Familie zu den Baracken im Holbeckshof begleitet und die Nacht über versucht habe, Ernst zum Weglaufen zu überreden.[53] Mir kam das außerordentlich mutig vor, denn sie setzte sich dem nicht unbeträchtlichen Risiko aus, ebenfalls deportiert zu werden. Später fragte ich mich, an welche Art von Flucht sie wohl gedacht hatte. Sie hatte Artur Jacobs gerade erst getroffen und konnte noch nicht wissen, welche Möglichkeiten er ihnen eröffnen würde. Aber als ich sie danach fragte, sagte Marianne, sie habe gehört, wie er der Familie seine Hilfe anbot.[54]

Unter den Briefen von Ernst, die Marianne mir gegeben hatte, stieß ich später auf den folgenden:

20./21. April

Jeanne!

Die letzte Nacht in der Wohnung und damit wohl auch noch einmal etwas »Ruhe«. Ein ungewöhnlich hartes Schicksal haben wir zu tragen. Darüber haben wir ja keine Zweifel. Es wird uns sicher schwer fallen, nun plötzlich in schwierigerer Lage noch alleine sein zu müssen; besonders da wir zuletzt täglich zusammen waren und dem Zusammenleben in einer Ehe sehr nahe kamen. Was könnte uns auch anderes erfüllen! Wie wertvoll und lebenswert war unser Beisammensein in einer Zeit scheußlichster Umstände und wie muß es dann erst einmal sein, wenn wir mal wieder bewußt als Menschen der Freiheit leben können! Worte gibt es kaum für das beglückende Gefühl unserer Zusammengehörigkeit, das an keine Zeit, keinen Ort, noch sonst noch etwas gebunden ist.

Liebes, »Geliebte«.

Ständig werde ich bei Dir sein, das mußt Du wissen und fühlen. [...]

Ich möchte hoffen, daß Du möglichst schnell Deutschland verlassen kannst. Wenn auch eine größere räumliche Trennung, so doch eine viel größere Beruhigung für mich. Wir werden und müssen uns wiederfinden! Eine harte Probe und Aufgabe, die uns gestellt ist, am Ende jedoch winkt uns eine glückliche, goldene Zeit! Arbeit und Menschen werden uns beschäftigen und ablenken, immer bestrebt, viel Wertvolles für unser späteres Beisammensein zu sammeln. –

Glück auf, Jeanne! Du lebst ständig und ewig in

Deinem Ernest

Ernsts Empfindungen hatten mich so berührt, daß mir erst nach Mariannes Tod ein durch diesen Brief entstandenes Problem auffiel. Durch die beiden Daten (»20./21. April«) wird deutlich, daß der Brief über Mitternacht hinaus in den frühen Morgenstunden geschrieben wurde. Wir wissen, daß der Transport der Krombachs am 21. abfuhr.[55] Im Brief steht, daß Ernst in der Krombachschen Wohnung schrieb und Marianne nicht bei ihm war. Mit anderen Worten: in der Nacht vor der Deportation war Ernst nicht in den Baracken – und er war nicht mit Marianne zusammen. Auch Jacobs' Tagebucheintrag vom 20. April bestätigt, daß sich die Krombachs an diesem Abend in ihrer Wohnung aufhielten.

Einige Zeit nach Mariannes Tod war ich in Essen und las in einer Sammlung von Beiträgen, die unter der Schirmherrschaft der Alten Synagoge zusammengestellt worden war, über das jüdische Leben dieser Stadt. Dort schrieb Hanna Aron, daß ihr Freund zusammen mit seiner Mutter in den Holbeckshof umziehen mußte. Er stand auf der zweiten Deportationsliste nach Izbica am 15. Juni 1942. Aron berichtete, daß sie am Abend vor der Deportation in den Holbeckshof gegangen sei, wo sie die Nacht mit ihrem Freund verbracht und ihn angefleht habe, nicht mitzugehen. Aber er wollte seine Mutter nicht im Stich lassen.[56] Das schien Mariannes Bericht erstaunlich nahezukommen. Ich machte mir daraufhin die Mühe, Mariannes Büchersammlung durchzusehen, aber sie besaß die Sammlung nicht, in der der Beitrag erschienen war.

Anschließend erfuhr ich, daß Hanna Aron und Marianne

sich einmal sehr gut gekannt hatten. 1998 besuchte ich Hanna in Connecticut. Sie erzählte mir, daß sie im März 1943 zusammen mit ihrer Mutter und ihrem Bruder bei den Strauß' eingezogen sei. Damit nicht genug, war Hannas Freund Richard Fuchs ein ehemaliger Privatlehrer von Mariannes Bruder, so daß die Familie Strauß ihn gut kannte. Hanna hat Marianne mit großer Wahrscheinlichkeit während der Zeit, in der sie mit den Strauß' zusammenlebte, von ihrer letzten Nacht in der Baracke erzählt, und Marianne muß später zu der Auffassung gelangt sein, die Geschichte sei ihre eigene.[57] Höchstwahrscheinlich war Marianne am frühen Abend vor der Deportation mit Ernst zusammen gewesen, aber dann nach Hause gegangen. In Briefen, die einige Wochen später geschrieben wurden, gibt es Hinweise darauf, daß Marianne sich überlegt hatte, mit Ernst zusammen nach Izbica zu gehen. Sie gab ihren Eltern die Schuld dafür, daß sie es verhindert hatten. Was auch das Ergebnis ihrer Überlegungen gewesen sein mag, an jenem Abend war sie jedenfalls nicht im Holbeckshof.[58]

Als Vivian meine Mutmaßungen las, war er mir böse, denn ich hinterfragte eines der wenigen Ereignisse, die seine Mutter ihm mehr als einmal erzählt hatte. Ihm schien es ungerecht, weil sie nicht mehr antworten konnte. Warum sollte sie sich so etwas ausdenken? Gerade daran erinnerte sie sich so lebhaft. Es war einer der traumatischen Abschiede ihres Lebens – eines Lebens, in dem es mehr als genug Abschiede gegeben hatte. Ich konnte Vivians Unbehagen nachvollziehen; mir war selbst nicht wohl dabei. Es war tatsächlich eines der Ereignisse, über das Marianne gesprochen hatte, als sei es erst gestern gewesen. Und doch waren die Anhaltspunkte dafür, daß sie sich eine fremde Geschichte angeeignet hatte, schlicht überwältigend. Erst als ich auf weitere Diskrepanzen in Mariannes Erinnerung stieß, begann ich in den Veränderungen, die ihr Gedächtnis der Vergangenheit aufzwang, eine Gesetzmäßigkeit zu erkennen.

Die Fahrt der Krombachs nach Izbica

Am Morgen des 21. April wurden die Krombachs aus Essen deportiert. Marianne wartete am Hauptbahnhof, um Ernst zum Abschied zu winken. Er hatte jedoch offensichtlich nicht damit gerechnet, daß sie da sein würde, denn als er endlich aus dem Fenster sah, war der Zug schon fast aus dem Bahnhof hinausgefahren. Danach ging Marianne in die Wohnung der Krombachs, wo noch Änne, die treue ehemalige Haushälterin der Krombachs, war. Hier brach sie verzweifelt zusammen.[59] Sie sei in einem solchen Zustand gewesen, sagte sie, daß die Haushälterin ihre Eltern verständigte. In den achtziger Jahren schrieb Enrique an Marianne, daß Änne sich noch immer daran erinnerte, »welch hübsches Mädchen Du warst, wie sehr Du mit Ernst gefühlt hast und wie oft Du Dich in Gefahr begeben hast, für sie [die Krombachs] etwas zu erreichen«.[60] Marianne prägte sich dieser Moment als einer der äußersten Verzweiflung ein. »Das war das letzte Mal in meinem Leben«, sagte sie zu mir, »daß ich richtig geweint habe.«[61]

Wir nehmen ganz selbstverständlich an, daß die Verbindung der Liebenden mit der Trennung abbrach. Wir halten die Deportierten für abgeschnitten vom Rest der Welt. Möglicherweise *wollen* wir dies glauben, damit wir die denkenden, fühlenden, leidenden Menschen nicht bis zum Ende begleiten müssen.

Unter den Materialien, die Marianne mir anvertraute, war jedoch ein gepolsterter Umschlag, auf dessen Vorder- und Rückseite sie »Marianne – nicht zu öffnen. 29. VII. 46« geschrieben hatte. Die Aufschrift legt nahe, daß Marianne den Umschlag 1946 nach England vorausgeschickt hat (vielleicht zusammen mit anderen persönlichen Dingen) und sichergehen wollte, daß niemand hineinsah. Hätte jemand das getan, hätte er mehr als 20 Briefe und Karten von Ernst gefunden (von April bis August 1942) sowie einige lange maschinenschriftliche Texte, halb Tagebucheinträge, halb Briefe, von Marianne an Ernst. Anderen Deportierten aus Essen war es gelungen, eine Karte aus Izbica zu verschicken,[62] aber es ist kein anderer Fall bekannt, in dem eine derart umfangreiche Korrespondenz erhalten geblieben wäre.

Mariannes 59 einzeilig getippte Seiten beginnen mit einem Eintrag für den 22. April 1942, einen Tag nachdem die Krombachs Essen verlassen mußten. Sie hatte nicht sehr viel freie Zeit zum Schreiben. Mit der Deportation der meisten Kinder nach Izbica war der Kindergarten geschlossen worden, und die Gemeinderäume wurden in ein Altersheim umfunktioniert. Die ganz alten Menschen waren größtenteils von dem Izbica-Transport ausgeschlossen worden und waren nun völlig auf sich gestellt, ohne familiäre Unterstützung oder sonst jemanden, der sich um sie kümmerte, weswegen sie jetzt in den Gemeinderäumen in der Hindenburgstraße versorgt wurden. Für jeden wurden ein Bett, ein Regal und ein Kleiderschrank in das provisorische Zuhause gebracht. In der jüdischen Gemeinde gab es immer noch ein paar Krankenschwestern, und Marianne unterstützte sie, anfangs als unbezahlte Hilfskraft.

Am 22. April 1942 schrieb Marianne:

Lieber, wie Du wohl geschlafen hast? Ich habe heute Nacht im Bett Deiner Mutter geschlafen. Änne und ich hatten noch so viel zu tun. So war ich noch eine Nacht in Deiner Atmosphäre und das war gut. Ich werde viel zu tun finden und darüber bin ich froh. Die Menschen sind liebevoll mit mir und ich will ihnen ein Gleiches tun im Gedanken an Dich.

Daß ich Dich gestern nicht noch mal gesehen habe! Wir 3 haben noch den Zug erwartet. Als Du ans Fenster kamst, war der Zug schon in weiter Ferne. Es war vielleicht besser so. Im Büro gab Herta mir Deinen Brief. Dank Dir, Lieber. Wir beide, Du und ich, wir wollen danach leben; egal, was kommen mag. Ich habe den Eindruck, daß die Sache, die geplant ist, wirklich ernst wird.[63] Nicht zu meiner Freude. Aber es ist halt alles Schicksal und wir müssen sehen, für uns beide das Beste daraus zu machen. Einmal werden wir wieder zusammen sein.

Ich werde Dir über jeden Tag einen Bericht geben. Wie ein

-1-

den 22.4.42.

Lieber,wie Du wohl geschlafen hast?Ich habe heute nacht im Bett Dei
ner Mutter geschlafen.Anne und ich hatten noch so viel zu tun.So wa
ich noch einen Nacht in Deiner Atmosphäre und das war gut.Ich werde
viel zu tun finden und darüber bin ich froh.Die Menschen sind liebe
voll mit mir und ich will ihnen ein Gleiches tun im Gedanken an Dic

Dass ich Dich gestern nicht noch mal gesehen habe!wir 3 haben noch
den Zug erwartet.Als Du ans Fenster kamst,war der Zug schon in wei-
ter Ferne.Es war vielleicht besser so.Im Büro gab Herta mir Deinen
Brief.Dank Dir,Lieber.Wir beide,Du und ich,wir wollen danach leben;
egal,was kommen mag.Ich habe den Eindruck,dass die Sache,die ge-
plant ist,wirklich ernst wird.Nicht zu meiner Freude.Aber es ist ja
alles Schicksal und wir müssen sehen,für uns beide das Beste daraus
zu machen.Ein m a l w e r d e n w i r w i e d e r z u s a m m e
s e i n.

Ich werde Dir über jeden Tag einen Bericht geben.Wie ein Tagebuch.
Diese Blätter werde ich dann nach einer bestimmten Zeit gesammelt
schicken.So weisst Du,was hier vorgeht.Sobald ich Deine Adresse ha-
be,bekommst Du die ersten Blätter.

Um eins mein Lieber,kann ich Dich nicht oft genug bitten: s i e h
u n d s o r g e, d a s s D u g e s u n d b l e i b s t.

23.4.42.

Mein Lieber,inzwischen sind Deine ersten beiden Nachrichten von
Duisburg und Düsseldorf angekommen.Bärchen und ich sind so glück-
lich mit der Post,die wir beide bekommen.Wir sind gute Freunde,und
werden immer bessere werden.Über Deine zweite Karte war ich etwas
beruhigter,nachdem ich nämlich vorher nur Gegenteiliges gehört hat-
te.Die Hauptsache ist,Lieber,dass man selbst versucht,alles leichter
anzusehen und mit allem sich abzufinden und fertig zu werden.Dazu
müssen wir uns erziehen,wollen wir selbst uns nicht verrückt machen.
Ausserdem ist Arbeit das beste Mittel.Heute hatte ich meinen ersten
Dienst-Tag im Betsaal.Jetzt kommt mir viel mehr das Unerfreuliche
dort zum Bewusstsein.Aber man wird sich daran gewöhnen.Ausserdem
tröste ich mich in dem Gedanken,dass jeder Tag,den man hinter sich
bringt,uns beide näher zusammen führt.

Was soll ich Dir sonst schreiben?Du weisst ja alles,denn jeder Ge-
danke gehört Dir.

Gestern kam ein Brief an Dich von Manfred K.an,den ich gleich beant-
wortete.An Theodor will ich auch baldmöglichst schreiben.Schreiben
hilft mir sehr über das Denken hinweg.Es ist unbedingt die Beschäf-
tigung,die am zwingendsten die Gedanken in andere Bahnen lenkt.

Manfred schreibt,dass er jetzt in der Friedhofsgärtnerei arbeitet.
Die Arbeit macht ihm Freude;vor allem das Pflanzen.Nur kann er das
leider nicht immer tun,denn es müssen sehr oft Grüften geschaufelt
werden.Er klagt,dass er s o sehr allein ist und Post seine einzige
Abwechslung bedeutet.Ein Grund mehr für mich,ihm gleich zu antwor-
ten.

Die erste Seite von Mariannes Brieftagebuch *(Marianne Ellenbogen)*

Tagebuch. Diese Blätter werde ich dann nach einer bestimmten Zeit gesammelt schicken. So weißt Du, was hier vorgeht. Sobald ich Deine Adresse habe, bekommst Du die ersten Blätter.

Um eins mein Lieber, kann ich Dich nicht oft genug bitten: *sieh und sorge, daß Du gesund bleibst.*

Ernst seinerseits schrieb seine erste Postkarte, als der Zug aus Essen herausfuhr; die angegebene Adresse ist »nach Mülheim« – die nächste Station –, und am Stempel auf der Briefmarke können wir erkennen, daß sie in Duisburg aufgegeben wurde, in der darauffolgenden Station. Aus dieser Karte wissen wir, daß Ernst am Essener Bahnhof noch einen letzten Blick auf Marianne werfen konnte: »Schnell nochmals meine Grüße! Im letzten Moment sah ich Euch noch auf dem Bahnsteig beim Durchfahren – Ich war eben bei Else Bär und Löwensteins ›zu Besuch‹. In Mülheim stiegen eine Menge Bekannter zu. Das nächste Ziel scheint Duisburg zu sein, wo ich diese Karte abwerfen möchte. Deinen Eltern, Oe und Kurt K noch meine besonderen Grüße. Auf ein baldiges Wiedersehen! Dein Ernst«[64]

Ernst schickte die nächste Karte aus Düsseldorf ab, wo die Essener über Nacht aufgehalten wurden. Erst jetzt konnte Ernst ihr Ziel herausfinden, wenn auch nicht mit Gewißheit.[65]

Von dem Historiker Michael Zimmermann wissen wir, daß diese erste Etappe des Transportes in Düsseldorf-Derendorf endete, wo Juden aus unterschiedlichen Teilen der Region auf dem Weg nach Izbica versammelt wurden. Derendorf ist inzwischen ein regulärer, wenn auch ziemlich desolater Halt, der während meiner Recherchen gerade renoviert wurde. Wenn ich nach Deutschland flog, landete ich immer auf dem Düsseldorfer Flughafen und nahm von dort die S-Bahn in die Stadt hinein. Der Zug fuhr durch Derendorf, und wenn wir die Station erreichten, mußte ich daran denken, daß Ernsts Gruppe hier aussteigen mußte und zu einem nah gelegenen Schlachthof geführt wurde. Die Station hatte die Gestapo wegen ihres langen Bahnsteigs ausgesucht. Als meine S-Bahn weiterrollte, Meter um Meter an der tristen Plattform unter dem Baugerüst vorbei, überkam mich eine Ahnung vom Elend der Familien, die damals hier anstehen mußten und so schwer zu tragen hatten an ihrem Gepäck und ihrer Angst.

Ernsts Zug traf hier gegen 14.30 Uhr ein. Die Menschen wurden von Polizisten in die große Halle des benachbarten Schlachthofes geführt (auf 20 Deportierte kam ein Polizist). Nun begann die Durchsuchung. Ein Großteil des Gepäcks wurde konfisziert. Zugleich händigten Gerichtsvollzieher amtliche Dokumente aus, auf denen bestätigt wurde, daß nach dem Reichsbürgergesetz vom 25. November 1941 das Eigentum von Juden, die das Land verließen, automatisch dem Reich zufiel.[66]

Die Deportierten durften nur noch ein Gepäckstück mit dem Unentbehrlichsten behalten, darunter Lebensmittel für 14 Tage, die vor allem aus Brot, Mehl und Nüssen bestehen sollten, außerdem eine Wolldecke, in die die Lebensmittel für die ersten drei Tage zu wickeln waren, ein Löffel, ein Teller. Alles andere wurde konfisziert und kam dem Deutschen Roten Kreuz zu. Aus dem Dankschreiben, den es an die Gestapo schickte, wissen wir, daß die Lieferung in Derendorf unter anderem aus dem Folgenden bestand: Verbandsmaterial, Medikamente, Kerzen, Handtücher, Fackeln, Waschpulver, Seife, Rasierklingen, Rasierschaum, Shampoo, Toilettenwasser, Streichhölzer, Eau de Cologne, Hautcremes, Schuhputzcreme, Nähsachen, Zahnbürsten, Tabak und Kautabak, Zigaretten, Zigarren, Tee, Kaffee, Kakao, Süßigkeiten, Würstchen, Orangen, Zitronen und anderes Obst.[67] Die einbehaltene Kleidung ging an die Nationalsozialistische Volkswohlfahrt. Wir haben keine vollständige Liste der Kleidung, Bettwäsche, Tischdecken, Schirme, Rucksäcke und Kissen, die ihr zufielen, aber wir wissen, daß allein die konfiszierte Oberbekleidung aus 192 Mänteln bestand, dazu aus 82 Jacketts, 69 Damenblazern, 345 Kleidern, 181 Blusen, 5 Badeanzügen, 330 Paar Strümpfen, 21 Paar Hausschuhen, 37 Hüten und Kappen, 93 Halstüchern, 165 Krawatten, 171 Männerhosen, 19 Bademänteln, 485 Wollutensilien, 131 Schuhpaaren und 30 einzelnen Schuhen, 145 Handschuhen und 41 Schals.

Die offiziellen Dokumente vermitteln den Eindruck von

namenlosen und passiven Opfern, die keine andere Wahl hatten, als ihr Eigentum der Gestapo zu überlassen. Auch Enrique war der Ansicht, daß die noch in Deutschland verbliebenen Juden nichts tun konnten, als sich dem zu unterwerfen, was ihnen zugemutet wurde. Doch Ernsts Briefe schildern keine passive Opferhaltung. Zweifellos wollte er Marianne auf den Karten nicht das Schlimmste mitteilen, und er mußte die Zensur berücksichtigen. Doch sein Brief aus Düsseldorf von Mittwoch, dem 22. April, legt nahe, daß es ihm nicht nur bemerkenswert gut gelungen war, die demoralisierende Plünderung zu umgehen. Er hatte so viel Kraft und war so guten Mutes, daß er nicht nur an sich dachte: »Nach der 2. schlaflosen Nacht tausend liebe Grüße. Ich bin trotz ›Schönheitsfehler‹ mit dem Ergebnis sehr zufrieden. Leider ging es den anderen allen nicht so, doch war es mir eine Freude, den anderen mildernd in jeder Beziehung helfen zu können. Auch in der Gepäckfrage!«[68]

Ein unzensierter Brief vom August brachte ans Licht, daß es seine Position als jüdische Aufsicht gewesen war, die Ernst verholfen hatte, das Schlimmste zu überstehen und zu umgehen: »Bis Düsseldorf war die Fahrt angenehm. Abholung von Gendarmen und Gestapo – zum Schlachthof – Durchsuchung der Gepäckrollen und der Koffer, die alle sehr erleichtert wurden. Durch bes. Umsicht und Armbinde[69] gelang es mir, die Rollen und uns ohne Verlust durch die Kontrolle zu bringen.«[70]

Früh am Morgen wurden die Essener Deportierten aus dem Derendorfer Schlachthaus in den Zug DA 52 getrieben. Sie hatten insofern »Glück«, als sie in normalen Passagierwagen transportiert wurden und nicht in den Güter- oder Viehwaggons, die meistens außerhalb Deutschlands eingesetzt wurden. Nachdem sie den Zug bestiegen hatten, warteten sie stundenlang. Schließlich verließen sie die Station um 11.06 Uhr. Auf dem Weg nach Izbica, das sie zwei Tage darauf erreichten, hielten sie in Erkrath, Hagen, Soest, Paderborn, Ottbergen, Northeim, Nordhausen, Wolferode, Halle, Falkenberg, Cottbus, Sagan und Glogau.[71]

Ernst schrieb wieder am Donnerstag, dem 23. April 1942, als der Zug aus dem Reichsgebiet in das von den Deutschen besetzte Polen fuhr.

Liebste! Wir fahren weiter. Die Zeit rückt mit und damit unser Zusammensein auch näher! Das ist auch unser Trost, daß jeder Tag uns näher bringt. Wahrscheinlich werde ich vom Transport aus zum letzten Mal schreiben. Es wird nämlich immer schwieriger. Allerdings erfuhr ich, daß wir vom Lager aus werden schreiben können. Es wird in die Lubliner Gegend gehen, allerdings vielleicht nicht in die beiden angegebenen Orte, sondern in die Nähe.[72] Sowie wir wissen, hörst Du natürlich.

Unsere Trennung, Jeanne? Hart! Unabänderlich! [...] Feststeht, daß Ihr bezw. Du es schwerer als wir habt. Bei Euch machen sich die Lücken sofort fühlbar, während uns Anforderungen und damit Ablenkung gestellt wird. Ich schreibe Dir dieses ausdrücklich, damit Du Dir keine Sorge machst und beruhigt leben kannst. Liebe, viel Schweres wird überwunden werden können. Sowie wir hier zu Ruhe und damit zum Denken kommen, wird es für uns wohl auch schwerer werden.

Ich fühle mich jetzt aber stark genug; wenn ich in Essen auch noch manche Zweifel hegte. Ich wäre beglückt, wenn Du auch so sprechen und denken könntest. In *ganz* kleiner Weise kann man eine Parallele zu unserer Berliner Trennung ziehen. Nur ist es jetzt umgekehrt. Ich freue mich auch immer, Menschen zu haben, mit denen ich mich mal über Dich unterhalten kann. – Eben unterhielt ich mich noch längere Zeit mit Rudi.[73] [...] Mit meinen Eltern stehe ich mich momentan nicht besonders. Begründung: mein Vater zu egoistisch, wenn ich für die Gesamtheit sorgen will. Na, ich habe sie G. s. D. nicht nötig – Nun, liebste Jeanne, ist unser Bogen zu Ende. Ich habe den ganzen Nachmittag mit Unterbrechungen geschrieben. Daher kann manches durcheinander sein.

Ich nehme Dich lange in meine Arme und küsse Dich innigst!

Dein Ernst

Eine Karte, die am selben Tag mit einem Poststempel aus Ostrowo abgeschickt wurde, war sogar noch optimistischer.

Meine liebe Marianne!

Heute sollst Du nun wieder mal meine Grüße erhalten. Wir sind guter Dinge, wären jedoch sehr froh, wenn wir bald am Ziel angelangten. Soweit es möglich ist, werde ich Dir natürlich immer schreiben. Interessant waren natürlich immer die Landschaften. Wir sind ja jetzt im Generalgouvernement. Man merkt natürlich an der Sauberkeit den deutschen Ursprung. – Wir hatten doch so reichlich zu Essen mit, daß wir jetzt noch nicht einmal die belegten Stullen auf haben. Eine Einkaufstasche ist noch damit voll. Sei also unbesorgt. – Inzwischen hat sich der Zug schon wieder in Bewegung gesetzt. [...]

Mehr noch als Mariannes Briefe aus Berlin stellen uns diese Quellen vor ein Interpretationsproblem, mit dem sich auch Marianne konfrontiert sah. Vermitteln sie überhaupt irgend etwas von den wirklichen Bedingungen im Zug? Offensichtlich versuchte Ernst, Marianne zu beruhigen; und indem er sie schützte, machte er sich selbst Mut. Außerdem mußte er natürlich immer an die Zensur denken. Später konnte Ernst in einem Brief, der über private Verbindungen sein Ziel erreichte, andere Einzelheiten von der Zugreise berichten – zum Beispiel daß sie zu zwölft in einem Coupé gereist sind[74] (was wahrscheinlich bedeutete, daß sich zwei Menschen einen Sitzplatz teilen mußten, vom Gepäck ganz zu schweigen) und daß der Waggon, in dem das Gepäck derjenigen war, die es nicht allein tragen konnten, in Lublin abgekoppelt wurde.

Wenngleich wir davon ausgehen, daß Ernsts frühe Briefe Einzelheiten zurückhielten, können wir doch vieles davon glauben. Aus ihnen spricht eine eigenartige Mischung aus Informiertheit und Unwissenheit. Wenn sie mutig sind, können die Deportierten Nachrichten nach Essen übermitteln und Karten vom Zug aus schreiben. Ihr Ziel liegt jedoch noch immer im dunkeln. Aus den Briefen geht klar hervor, daß im Zug die Gerüchteküche brodelte: Wohin fuhren sie wohl? Wie würden die Bedingungen dort sein? Offensichtlich behauptete jemand zu wissen, daß es erlaubt wäre, Briefe zu schreiben, und

Ernst entschied sich dafür, das zu glauben. In Wirklichkeit konnte niemand so etwas mit Gewißheit sagen. Eindeutig ist jedoch, daß die Deportierten keine Kenntnis des größeren Zusammenhangs hatten. Daß ihr erstes Ziel nur ein Durchgangslager war, daß sie danach ermordet werden würden.

Ernsts Tapferkeit und Großmut sind offensichtlich. Seine Eltern, darauf bedacht, ihre Kraft und Reserven aufzusparen, müssen wohl gemeint haben, daß er sich zu sehr für andere einsetzte, vielleicht auch zu viele Risiken für andere einging. Zudem hat Ernst etwas zutiefst Deutsches an sich: Seine Freude an der Sauberkeit und den Zeichen deutscher Wurzeln hätte kaum größer sein können, wenn er ein junger »Arier« gewesen wäre, der ins Reichsgau Wartheland in Polen reiste, das für die deutsche Besiedelung vorgesehen war, und nicht ein Jude, der zu einer Fahrt in eines der Ghettos im Generalgouvernement verurteilt war.

Während sie auf Nachrichten wartete, stürzte sich Marianne in die Arbeit und kümmerte sich um die Alten der Jüdischen Geimende. Ihre Aufgabe wurde ihr durch die Geschwindigkeit, mit der die Karten von Ernst eintrafen, sehr erleichtert. Die zwei Depeschen aus Duisburg und Düsseldorf erreichten sie am 23. April. Über ihre prompte Ankunft und ihren positiven Inhalt war Marianne unendlich erleichtert. »Mein Lieber«, hämmerte Marianne in die Tasten der von der Jüdischen Gemeinde geliehenen Schreibmaschine:

> … inzwischen sind Deine ersten beiden Nachrichten von Duisburg und Düsseldorf angekommen. Bärchen und ich sind so glücklich mit der Post, die wir beide bekommen. Wir sind gute Freunde, und werden immer bessere werden. Über Deine zweite Karte war ich etwas beruhigter, nachdem ich nämlich vorher nur Gegenteiliges gehört hatte.[75] Die Hauptsache ist, Lieber, daß man selbst versucht, alles leichter anzusehen und mit allem sich abzufinden und fertig zu werden. Dazu müssen wir uns erziehen, wollen wir selbst uns nicht verrückt machen. Außerdem ist Arbeit das beste Mittel.
> Heute hatte ich meinen ersten Dienst-Tag im Betsaal [wo die

Alten untergebracht worden waren]. Jetzt kommt mir viel mehr das Unerfreuliche dort zum Bewußtsein. Aber man wird sich daran gewöhnen. Außerdem tröste ich mich in dem Gedanken, daß jeder Tag, den man hinter sich bringt, uns beide näher zusammen führt.

Was soll ich Dir sonst noch schreiben? Du weißt ja alles, denn jeder Gedanke gehört Dir.

Bärchen, das war die damals 30 Jahre alte Herta Byttiner, geborene Behr, die als Schreibkraft für die Jüdische Gemeinde arbeitete.[76]

Am 24. April 1942 rollte Ernsts Zug in Izbica ein. Eine ganze qualvolle Woche lang bekam Marianne keine Nachricht; eine Karte vom 31. bestätigte Ernsts Ankunft, gab aber keine Adresse an. Am 3. Mai erhielt sie zwei weitere Botschaften von Ernst, die er am 25. und 28. April abgeschickt hatte, während er das neue Zuhause der Krombachs, Izbica Lubielska, Kreis Krasnystaw im Verwaltungsdistrikt Lublin des Generalgouvernements, begutachtete.[77]

Der erste Austausch mit Izbica

Während Marianne auf Post wartete, schrieb sie über ihre Arbeit, ihre Probleme mit der Familie und natürlich darüber, wie sehr sie Ernst vermißte:

Lieber, noch eine Weile will ich mit Dir zusammen sein, bevor es ins Bett geht. Wie wirst Du schlafen? […] Mit jedem Gedanken bin ich bei Dir. Wenn ich doch ganz bei Dir sein könnte. Ob Gott es gut mit uns meint? Wir wollen an Ihn glauben und hoffen, daß Er uns hilft. Nur in *dem* Gedanken können wir Trost finden. Wenn ich nur weiß, daß Du über allem stehst und mit den Dingen fertig wirst, will ich ruhig sein. Das *mußt Du wollen*; Lieber, ich will es auch.

Immer wieder bin ich froh, daß es viel für mich zu tun gibt. Jede Minute ist ausgefüllt. Nachts sinke ich totmüde hin. Das ist gut so. (Hab' keine Angst, ich denke an mein Versprechen, und übernehme mich nicht.) Das Leben ist schwerer geworden. Vor zwei Wochen waren wir noch glücklicher. Es ist unglaublich, wie schnell das Geschick über uns zusammenschlagen kann. Die Hauptsache ist nur, daß man das Licht nicht verliert; d. h. die Hoffnung. Wir wollen unser Licht vor uns her tragen. Dann sehen's die Andern auch und richten sich danach. Den Alten bin ich, glaub ich, viel. Sie freuen sich, wenn sie mich sehen, und das macht mich glücklich. Das Äußere dort ist deprimierend, aber man muß tapfer sein und mit einem Lächeln über alles Häßliche hinweg täuschen; das ist oft furchtbar schwer. Doch wenn man uns Ruhe und Zeit läßt, und nicht baldigst alles wieder umwirft, wie in so vielen Fällen, werden wir gewiß vieles verbessern und vereinfachen können. Heute habe ich einen Medikamenten- und einen Instrumentenschrank eingerichtet. Es fehlt nichts mehr daran. Wenn wir so weiter arbeiten können, werden wir sicher was schaffen. Willy H. geht es viel besser; auch seiner Mutter. Er ist mein Lieblingspatient. Weißt Du, mein Sohn. Nun, da ich keine kleinen Söhne mehr habe, muß ich sie durch große ersetzen. [...]

Augenblicklich sitze ich zu Hause. Vor mir, auf dem Schreibschrank, steht immer Dein Bild vom Baldeneysee in einem kleinen Rahmen, den ich bei Dir gefunden habe. Bei Deinem Bild sind immer frische Zweige, denn etwas wollen wir beide doch von unserem Frühling haben!![78]

Auch wenn Mariannes Arbeitsbelastung stetig wuchs, ergriff sie freudig die Herausforderung:

Unsere Patientenzahl vergrößert sich [...] Der Betsaal ist vollgestopft bis oben hin, aber dem »Vorstand« noch nicht voll genug; manchmal kommt er hereinberlinert und gibt seine Meinung zum Besten. Es tut sich was mit Umziehen; aber das hat einen Vorteil: man kommt nicht aus der Übung und bekanntlich liegt ja auch der Reiz im Neuen. [...] Ich werde vielleicht jetzt ein kleines Taschengeld bekommen; dann kann ich meinem Lieben *unbegrenzt* Päckchen schicken.

Heute kann ich Dir nun nichts mehr erzählen. Es ist zu spät und ich muß das Feld räumen, damit ich Oe und Alfred nicht länger im Schlafe störe. Ich tippe nämlich hier oben, weil sie mich unten herausgeekelt haben. Mit meinen Eltern geht es mir im Übrigen wie Dir mit Deinen. Nun wünsche ich mir, daß Du jetzt gut und tief und ruhig schläfst. Jeden Abend bete ich für Dich und dafür, daß Er uns bald wieder zusammentut, daß nur der Tod uns scheide.[79]

Es war ein Trost für Marianne in diesen frühen Tagen der Trennung, Freunde zu besuchen, die noch im Holbeckshof in Steele wohnten: »Heute morgen war ich kurz in Steele. Das hat mir wieder etwas auf die Strümpfe geholfen. Die Stimmung dort ist prima. Ich bedauere nur, daß ich wenigstens dort nicht immer dazwischen sein kann. Ich komme mir von allen und allem isoliert vor. Ein scheußliches Gefühl. Man plant draußen Gemeinschaftsabende. Jedesmal soll ein anderer die Ausgestaltung übernehmen. Toll wie schnell sich die Menschen über Lücken hinwegsetzen, obwohl sie ihnen immer bewußt sind. Glaube nicht, daß man Euch hier vergessen hätte.«[80]

Es war symptomatisch für die Kluft, die sich zwischen Marianne und ihren Eltern aufgetan hatte, daß Siegfried und Ine um jeden Preis vermeiden wollten, in den Holbeckshof umziehen zu müssen, wo es keinen Komfort gab und die Menschen beengt lebten, während Marianne hingegen sich dort so viel freier fühlte. Sie genoß die erzwungene Gemeinschaft und das Zusammengehörigkeitsgefühl. Außerdem war ihr die Veränderung willkommen, denn hier gab es keine schweren Möbel wie zu Hause. Ihr Verhalten ist ein weiteres Anzeichen dafür, wie unterschiedlich die Generationen auf die Maßnahmen der Nationalsozialisten reagierten. Junge Leute bis etwa Mitte Zwanzig, deren Lebensgewohnheiten noch nicht so festgelegt waren, die weder sozialen Status noch materielle Güter hatten, konnten sich Umständen anpassen, die für ältere Menschen schlicht unakzeptabel waren. In derselben Woche, in der Marianne die eben zitierten Gedanken festgehalten hat, notierte Artur Jacobs in seinem Tagebuch:

In den Baracken [...]

Vor was für Aufgaben werden die Menschen da Hals über Kopf gestellt! Über Nacht sind über 300 Menschen – aus allen Schichten, Altersklassen, Berufen zusammengeworfen ohne das Nötigste, in überstürztem Aufbruch (sie durften ja nur mitnehmen, was sie später nach dem Osten mitnehmen dürfen, so gut wie nichts, verglichen mit dem normalen Dasein). Keine Möbel, kein Schrank, kein Tisch, keine Matratzen (statt dessen Strohsäcke, z. T. mit Papier gefüllt) ein Riesenherd zum Kochen (an dem nun fast hundert Frauen wirtschaften sollen!) – daß da (zumal bei diesen Menschen, die nicht aneinander gewöhnt sind und im Zusammenleben noch so gut wie alles lernen müssen) nicht alles klappt, daß vieles gegeneinander läuft, Reibungen, Unzufriedenheit, berechtigte und unberechtigte Ansprüche – wer wollte sich darüber wundern!

Man *muß* sich einrichten (um überhaupt leben zu können), aber wer hätte Lust, sich wieder alles schön und wohnlich zu machen, da morgen schon wieder alles zu Ende sein kann.

Erschütterndes Bild – der alte Rektor, der die (immer noch vorhandenen) Kinder betreuen soll und nun verzweifelt zwischen seinen aufgestapelten Büchern sitzt und sich mit seinem Schicksal nicht abfinden kann.

»Man lebt ja wie ein Toter, geistig abgeschnitten, im Dreck und Elend und wie hat man einmal gelebt ...«

Dabei rinnen ihm die Tränen.

Was kann man viel trösten? Jedes falsche Trostwort reißt die Wunde nur weiter auf.[81]

Der Unterschied zwischen Mariannes Wahrnehmung der Situation im Holbeckshof und der des weinenden Rektors könnte kaum krasser sein. Wahrscheinlich war ein Teil ihrer Beobachtungen illusorisch. Sie war ja nicht gezwungen worden, in den Baracken zu leben und alles, was sie besaß, zurückzulassen. Diejenigen, die dazu gezwungen worden waren, wie Imo Moszkowicz, beschrieben den Ort deutlich weniger romantisch. Im nachhinein glaubt Moszkowicz, daß sie dort für das spätere Leben in Auschwitz gedrillt worden seien. Zweifellos bestand die Attraktion von Steele für Marianne zum Teil darin, daß es nicht die Ladenspelderstraße 22 war. Jede Erfahrung schien durch die wachsende Kluft zwischen ihr und ihren Eltern bestimmt zu werden, eine Kluft, die sie manchmal dazu trieb, für sie untypische Haltungen anzunehmen. So vertrat Marianne (die Kinder doch so liebte) in einer Unterhaltung mit einem Freund in den Baracken beispielsweise den Standpunkt, wenn eine Frau sich mit der Entscheidung konfrontiert sehe, ob sie den Mann oder die Kinder verlassen soll, sie mit dem Mann gehen sollte. »Eltern müssen sich von den Kindern frei machen können.«[82]

Schließlich, am 3. Mai, fast drei Wochen nachdem die Krombachs Essen verlassen hatten, traf ein Brief von Ernst ein, der einen ersten Blick auf die Lage in Izbica ermöglichte:

> Liebste!
>
> Schade, daß ich noch keine Post von Dir bekommen konnte. So warte ich nun auf etwas Schönes. Was soll ich nun berichten? Es ist tatsächlich so, daß alle Erwartungen auf Essen und Sauberkeit übertroffen wurden, nur kann man diesen Zustand nicht in Worte kleiden. Du würdest nie das richtige Leben hier aus Worten verstehen können, niemand. Wild-West ist gar nichts hiergegen. Es sind so unverständliche Lebensauffassungen und Grundsätze hier, daß jeder unbefestigte Mensch seelisch stark ins Wanken gerät, wenn nicht für immer entgleist. Es gibt weder Kultur noch Moral; zwei Dinge, auf die wir mal glaubten, verzichten zu können. Erlebt man dieses Extrem, so ist man geheilt. Furchtbar ist es, Menschen nicht helfen zu können. Da steht man machtlos vis à vis!
>
> Ich habe Dir mit den ersten Sätzen versucht, einen Einblick zu geben. Es ist aber unmöglich, das merke ich. Ich

könnte 20 Seiten damit füllen und Du wüßtest noch immer nicht, wie es wirklich ist. Das spare ich mir auf, bis ich Dir mal mündlich erzählen kann. – Mach Dir um mich nur keine Sorge. Ich bin stark genug und werden wir uns, falls ich kein Pech habe, vorher den Weg alles Irdischen gegangen zu sein, auch wiedersehen. Das Wissen habe ich und der Gedanke an Dich hält mich auch. Ich schreibe Dir dieses in solcher Offenheit nur, damit Du *auf keinen Fall* mit Bärchen dem Plane nachgehst. Ich bin richtig glücklich, daß Du nicht hier zu sein brauchst und bete jeden Tag zu Gott, Dich in Sicherheit zu lassen und zu geben! –

Jeanne, ich weiß, daß es nun doppelt schwer für Dich ist. Wenn Du aber *das* Vertrauen zu mir hast, mußt Du auch stark sein. Ich weiß, daß es fast unmenschlich ist; doch wollten wir doch immer Großes leisten; damit legen wir unser erstes und wohl auch schwerstes Zeugnis ab. Das Wort MUSS steht über uns und das Wiedersehen ist unser Ziel, das uns hält. –

Arbeiten tue ich nicht; das ist nicht gebräuchlich. Wo es geht, versuche ich zu helfen, doch ist die Not so groß und vielfach und meine Mittel so gering, daß man nur mit »Geduld und Spucke« im Vergleich zur Quantität helfen kann. Täglich bin ich immer mit netten gleichaltrigen Menschen zusammen, um auch selbst mal was zu haben. Liebe, ich merke immer wieder: vergleichen kann man, aber es gibt niemanden, der zu mir paßt, wie Du. Der Unterschied ist so turmhoch!

Postanweisungen werden wohl nicht überall angenommen. Geld darf man aber erhalten und Brief und Briefpäckchen kommen hier an. Pakete schickt man besser nicht. Außerdem kann man in Briefpäckchen auch alle Textilien legen. Lebensmittel bekommt man dann schon. Du bist sicher furchtbar neugierig, wie es nun aussehen mag? Es sind in diesem Nest 7000 Juden unter dem Ältestenrat, der der Gestapo untersteht. Das hört sich schön an, doch sieht es anders aus. Ein kleines Bild wirst Du Dir nun wohl doch machen können, aber ich bezweifele es, ob es auch ganz naturgetreu sein wird. –

Nun ist unser Bogen zu Ende, Jeannilein!

Schockiert schrieb Marianne zurück:

> Heute kam Dein Brief vom 28.4. und was ich dazu sagen kann, weißt Du: wir wollen und müssen, wir dürfen den Mut und die Hoffnung nicht verlieren. Wir haben ja auch ein Ziel, auf das wir hinleben und das uns die Kraft erhalten muß, alles zu ertragen, was uns entgegentritt. Die Uhr geht weiter und mit jedem Zeigerrücken kommen wir dem Licht einen Schritt näher. Nur die Guten stellt Gott auf die Probe. Er ist immer bei uns; daran wollen wir uns halten. Nur, wenn wir selbst stark sind, können wir die Aufgabe erfüllen, die wir selbst uns gestellt haben: den anderen zu helfen. Wir wollen stolz sein, Lieber, daß es uns nicht leicht gemacht wird. Du bist ganz in mir; wie könnte ich sonst leben! Glaube nicht, daß es mir leicht gemacht wird. Aber wir wollen uns Aufgaben stellen, arbeiten, dann wird alles leichter. Für Dich wird es bestimmt unendlich viel zu tun geben. Wolle nicht alles auf einmal; habe Geduld, Geduld. Ich glaube an Dich, immer und weiß, daß Du es schaffst. Ist es so, daß all Deine Ideale in Scherben vor Dir liegen? Dann verzage trotzdem nicht; wir beide, Du und ich, wir wollen die Scherben aufheben und sie zusammenlegen, später einmal. Es wird vieles zerstört; Krieg; aber aus Trümmern entsteht Neues und Besseres. Wir haben ja starke Hände.[83]

Vernunft und Gefühl

Diese und folgende Briefe zeigen, wie nah sich Marianne und Ernst seit Mariannes Aufenthalt in Berlin gekommen waren. Damals war der emotionale Ton ihrer Briefe noch recht konventionell: die Wiederholung ihrer Empfindungen, die Ungewißheit, die gelegentlichen Eifersuchtsanfälle, die eine Trennung mit sich bringen kann. Jetzt hatten sie ein ganz anderes Niveau erreicht. Oft lag der stärkste Beweis ihrer Liebe in dem, was sie *nicht* sagten, in ihrer Zurückhaltung, ihrer Selbstlosigkeit, dem entschieden optimistischen Ton zum Wohle des anderen. »Bezeichnend fand ich es«, kommentierte Ernst, als ihn endlich der erste von Mariannes Tagebuch-Briefen erreichte, »wie wir unabhängig voneinander die gleichen Worte und Sätze für das Empfinden unserer Trennung fanden.«[84] Vor allem waren die beiden zu dem Schluß gekommen, daß die Sprache der Liebe und der Gefühle den anderen nur belasten und ein Verlangen wecken würde, das nicht erfüllt werden könnte, und die Trennung somit vollends unerträglich würde. Später artikulierte Ernst dies explizit: »Wird nicht das Vernunftmäßige dadurch zum Gefühlsmäßigen, daß wir wissen, daß es für den anderen so besser ist? Immer wieder die 2 wichtigen Faktoren: Vernunft – Gefühle!«[85]

Aus einigen Briefen wird deutlich, daß sich damals noch andere zwischen Essen und Izbica schrieben. Mariannes Kollegin »Bärchen« aus dem Essener Gemeindebüro schrieb sich mit ihrem Freund Rudi Löwenstein. Aber wie die meisten Juden, die noch in Essen waren, wurde Bärchen im Juli nach Theresienstadt deportiert. Wahrscheinlich blieb keine weitere Korrespondenz wie die zwischen Marianne und Ernst erhalten, weil bis zum Sommer 1942 alle Empfänger deportiert und ihr Eigentum zerstört worden war.

Noch ungewöhnlicher als die Tatsache, daß die Briefe durchkamen, war das Ausmaß, in dem es Marianne gelang, für materielle Hilfe zu sorgen. Nach einem schleppenden Anfang erhielt Ernst von ihr gegen Ende Mai 1942 eine Reihe von Paketen. Ein wiederkehrendes Thema in den Briefen aus Izbica war die ungeteilte Freude, die diese Pakete ihren Empfängern bereiteten – indem sie ihre Rationen aufstockten und sie mit Kapital versorgten (in einer Lage, in der man alles bekommen konnte im Tausch oder gegen Geld) – als Zeichen der Liebe und Opferbereitschaft, als Verbindung zur Welt draußen, kurz, als Lebensquell für Ernst und seine Eltern. Ernsts Briefe vermitteln den Eindruck, daß der Wert dieser Pakete jenseits dessen lag, was mit Worten zum Ausdruck gebracht werden kann. Ein Außenstehender konnte sich ihre Bedeutung schlicht und einfach nicht vorstellen.[86]

Viele Botschaften aus Izbica waren auf Postkarten beschränkt, deren Text amtlich vorgeschrieben war und mit denen die Deportierten den Erhalt von Paketen bestätigen durften: »Wir sind gesund. Es geht uns gut. Innigsten Dank für die Postsendungen!« Unter Mariannes Papieren finden sich solche Karten, die Ernst am 28. Juni, am 4., 10., 17., 24., 31. Juli sowie am 8. und 14. August 1942 abgeschickt hat. Doch selbst diese Karten vermitteln keine Vorstellung von der Menge an Paketen, die es Marianne zu verschicken gelang. Von Ende Juli bis in den Herbst hinein entwickelte Marianne eine fieberhafte Heimarbeit; sie tauschte Textilien ein (oder bekam sie von mitfühlenden Freunden und dem freundlichen Pastor Wilhelm Keinath aus Wuppertal geschenkt), um sie den Deportierten im allgemeinen und den Krombachs im besonderen zu schicken. Marianne lebte, wie sie schrieb, für die Hilfe, die sie Ernst und seiner Familie geben konnte:

> Du weißt, mein Leben hat einen tiefen Sinn: ich bin für Dich da, und das Bewußtsein ließ mich wachsen und läßt mich immer weiter wachsen. Meine größte Sorge gilt Dir und den Menschen, die wir beide lieb haben. Ich will Euch helfen, helfen, helfen, so gut und so viel ich kann; aber deshalb mußt Du einmal über Deine Seele steigen und mir sagen, ganz nackt und klar, womit ich das am Besten kann; darum bitte ich Dich unendlich.[87]

Ein paar Tage später, am 11. August, schrieb Ernst:

> Die letzte Woche bin ich aber wieder einmal ordentlich verwöhnt worden. D. h. die Lüko-Päckchen haben sich in größerer Zahl eingefunden. 131, 135, 114, 115 – das waren die Nummern der letzten Tage. Ich glaube, die Nummern allein sprechen schon Bände für den unermüdlichen Beweis Deiner Liebe.

Bis Mitte August waren also mehr als hundert Pakete bei ihren Empfängern eingetroffen, und mittlerweile gab Marianne täglich mehrere auf einmal am Zug auf.

So wurde zwischen der Ladenspelderstraße 47, Essen, und Block III/443c, Izbica, ein Rettungsseil gespannt. Nachdem ich jedoch herausgefunden hatte, welcher Brief wann angekommen war, wurde deutlich, daß dieses Rettungsseil lediglich ein dünner Faden war. Es handelte sich hier nicht um einen Briefwechsel im herkömmlichen Sinn. Im Gegenteil, Mariannes Pakete erreichten ihr Ziel zwar (wenn auch nicht in der richtigen Reihenfolge), die Post kam aber ganz unregelmäßig, manchmal brauchte sie nur vier Tage, dann wieder vier Wochen. Einige Botschaften waren bei ihrem Eintreffen längst veraltet, bei anderen war die Tinte kaum getrocknet, so daß die beiden Liebenden sich fast zu berühren meinten.[88] Über lange Zeitspannen hinweg schrieben sie einander, ohne wissen zu können, ob die Post ankam, und ohne eine Antwort vom anderen zu bekommen.

Zuerst verstand Marianne nicht, wie die langen Pausen zwischen Ernsts Briefen zustande kamen.[89] Allmählich begann sie jedoch zu ahnen, daß es für das, was gesagt und geschrieben werden durfte, ernst zu nehmende Einschränkungen gab. »Wenn Du spärlicher Nachricht von uns bekommst, ist das kein Grund, sich Sorgen zu machen. Wir schreiben natürlich, wenn wir können,« schrieb Rudi Löwenstein im Juni.[90]

Von Anfang Mai bis Anfang Juni mußte Marianne vier Wochen ohne ein Wort von Ernst durchstehen.[91] Gegen Ende Mai steigerte sich ihre Unruhe noch, weil man hörte, daß die meisten Essener weitergeschickt worden seien. Am 27. 5. 1942 schrieb Marianne: »Unsere Vorstellung kann wohl nicht mit der Wirklichkeit Schritt halten, mag sie sich noch so anstrengen.«[92]

Mariannes Ängste entbehrten nicht der Grundlage. Es ist unmöglich, mit Gewißheit zu sagen, wer wann deportiert wurde, aber in seiner Studie über die Vernichtungslager erwähnt Yitzhak Arad die Deportation von etwa 400 Juden am 15. Mai von Izbica ins Vernichtungslager von Sobibór. Aus Ernsts Briefen geht hervor, daß es noch weitere Deportationen gab, die Arad nicht aufführt.[93] Dennoch scheint es, als sei die Mehrheit der Essener Deportierten im Mai noch in Izbica gewesen.

Und dann traf wundersamerweise ein paar Tage vor Mariannes Geburtstag, am 7. Juni, eine Geburtstagskarte von Ernst ein, die er am 31. Mai abgeschickt hatte. Mit einem Jauchzer der Erleichterung und mit neu erwachter Zuversicht schloß sie den ersten Abschnitt ihrer Tagebucheintragungen ab und steckte ihn in die Post: »Heute, Lieber, Lieber, kam seit fast 5 Wochen die erste Karte von Dir. Wie ich mich gefreut habe, Ernest, das brauche ich doch gewiß nicht zu sagen. Unendlich glücklich bin ich, daß Du meine Sendungen erhalten hast. Nun bin ich ganz glaubend und ganz mutig geworden und lege dem Päckchen kurz entschlossen diese Tagebuchblätter bei. Der Bericht geht weiter.«[94]

Kurz darauf folgte noch ein Brief, aber dann riß der dünne Faden wieder. Er hatte sich in der unergründlichen Post- und Zensurmaschinerie verheddert. Erst später fand Marianne heraus, daß das Abschicken von Briefen aus Izbica offiziell mit dem Tod bestraft wurde.[95]

Auch Ernst mußte fast zehn Wochen ohne einen Brief aus Essen ausharren, dabei schickte Marianne fast jeden Tag welche.[96] Erst das Päckchen, das Ende Juni eintraf, in dem sich der erste Teil von Mariannes Berichten befand, brach das Schweigen. »Das war aber richtig ein Stück von Dir, wie Du liebst und lebst!«[97] Da hatte Ernst jedoch schon begriffen, daß persönliche Briefe oft nicht nach Izbica durchgelassen wurden, auch wenn Marianne das noch nicht wissen konnte. Geldanweisungen und Pakete wurden weitergeleitet, und Briefe, die in Paketen versteckt waren (wie Mariannes Brief-Tagebücher), hatten eine Chance, ihr Ziel zu erreichen.[98]

Den Kummer und die Unruhe, die aus der Unregelmäßigkeit der Post erwuchsen, kann man sich kaum vorstellen, aber wenn Briefe durchkamen, die bestätigten, daß der andere noch lebte und noch immer an einen dachte, was für eine Freude machten sie ihnen dann! Anfang August, nach einer längeren Wartezeit, erhielt Marianne endlich einen Brief von Ernst. Daraufhin mußte sie sofort das folgende zu Papier bringen:

Mein Geliebter, heute abend brachte Oe mir von Melitta den Brief mit.[99] Es ist immer so vieles, was eine solche Nachricht von Dir in mir wachruft. Vor allem bin ich unendlich glücklich über das greifbare Lebenszeichen und ich suche dann Dich darin, so wie Du bist und wie Du in meiner Erinnerung lebst. [...]

Immer wieder lese ich Deine Briefe, spät abends, wenn es still um mich geworden ist und wenn die Nacht uns selbst still werden läßt. Dann spricht nur die innere Stimme. Auf die lauschen wir auch in den Träumen, Lieber. – Und mit den Sternen geht es mir so wie Dir: Der liebe Gott läßt sie zu gleicher Zeit zu Dir und mir reden mit der gleichen Sprache. Wir empfanden es ja hier schon genauso, erinnerst Du Dich?

Die Briefe aber sprechen am eindringlichsten zu mir, wenn ich sie zum ersten Mal lese. Dann sind sie am unmittelbarsten. Dann bin ich bei Dir und alles um mich ist ausgelöscht.[100]

Da ahnte Marianne bereits, daß ihre Kommunikation bald eine dramatische Wendung nehmen würde.

7

Bericht aus Izbica

Anfang 1942, vielleicht auch Ende 1941, in jedem Fall bevor Ernst deportiert wurde, hatte die Familie Strauß Christian Arras kennengelernt, den damals 28jährigen Sohn des Inhabers einer LKW-Vertretung und Reparaturwerkstatt in Essen, bei dem er als Geselle beschäftigt war. Marianne erinnerte sich, daß die Werkstatt Verträge mit der SS abschloß und daß Christian der Organisation aus opportunistischen Gründen beitrat, damit ihm diese Geschäfte nicht entgingen. Sie lernten Christian und seine Verlobte Lilli bei Oe und Alfred kennen: »Er kannte Ernst also, und mich natürlich auch, und er wußte, wo Ernst war. Ich hatte es ihm gesagt, er kannte die ganze Geschichte. Und eines Tages sagte er zu mir, daß er dort hinfuhr, und fragte mich, ob er ihm etwas mitbringen sollte.«[1]

Es war so beiläufig gesagt, ich hätte es fast überhört. Dann traf es mich mit voller Wucht. Christian hatte ihr angeboten, auf seiner Geschäftsreise ins Generalgouvernement etwas von Marianne dorthin mitzunehmen und es dem jüdischen Deportierten Ernst zu übergeben. Marianne fragte sich, ob Christian Fahrzeuge nach Izbica lieferte. Wenn ja, dann war es ein unglaublicher Zufall, daß dieser kleine Ort, ein kleines Rädchen in der SS-Tötungsmaschinerie, von jemandem aus Essen beliefert werden sollte, den sie kannte. Ebenso außergewöhnlich war, daß Christian sich auf eine dermaßen gefährliche Mission einlassen wollte.

Am 2. August packte Marianne einen Koffer, den Christian ihrem Liebsten bringen würde. Endlich hatte sie wirklich etwas, wofür es sich zu leben lohnte.[2] Zwischen Kleidung, Lebensmitteln und anderen Sachen verstaute sie einen Brief:

»Eigentlich brauche ich Dir ja nun nicht viel zu schreiben, Ernst; was hast Du wohl gedacht? Hundertmal habe ich in Gedanken diesen Augenblick mit Dir erlebt und wünsche, wünsche, daß *ich* Euch die Grüsse und meine Liebe überbringen könnte; doch wir wollen zufrieden sein und dem lieben Gott danken; dies ist ja wieder ein Zeichen dafür, daß er es gut mit uns meint. [...]«[3]

An die Rückseite dieses Briefes hatte Marianne einen »Fragebogen« ohne Überschrift geheftet:

> Hier hast Du nun einen Fragebogen vor Dir, damit Du systematisch die Fragen beantworten kannst, die uns so brennend beschäftigen und über die wir bis jetzt von Euch keine oder nur lückenhaft Auskunft hatten. Vor allem bitte ich Dich: sei ganz ehrlich und denke nicht, daß Du uns mit der Wahrheit belastest. Nur wenn ich wirklich um Dich weiß, um Euch alle weiß, kann ich ruhig sein.
>
> 1) Was macht Ihr tagsüber; Arbeit, Arbeitszeit
>
> 2) Behandlung
>
> 3) Verdienst
>
> 4) Bekommt Ihr eine bestimmte rationierte Verpflegung oder müßt Ihr Eure Verpflegung aus eigenen Mitteln bestreiten?
>
> 5) Könnt Ihr Euch frei bewegen oder nur mit einer Genehmigung und wer erteilt diese?
>
> 6) Welche Behörde ist Euch maßgebend und wie ist mit ihr umzugehen
>
> 7) Genaue Beschreibung der dortigen Wohnverhältnisse und der Hygiene
>
> 8) Freizeitgestaltung (Bücher, Musik), Freundschaften, Einstellung der Genossen zu moralischen und ethischen Fragen
>
> 9) Könnt Ihr dort an Lebensmitteln alles bekommen, wie ist es besonders mit Fett (Butter u.s.w.)?
>
> 10) Müßt Ihr für Eure Päckchen und Doppelbriefe Zoll bezahlen und wonach richtet sich die Höhe des jeweiligen Betrages?

11) Könnt Ihr unsere Sendungen wirklich gebrauchen und *was davon am besten?*

12) Was benötigt Ihr besonders für den persönlichen Gebrauch?

13) Kommen die Sendungen, speziell an Dich, vollzählig an und hast Du den Eindruck, daß sie vollständig sind ???

14) Hältst Du es für zweckmäßig, in jedes Päckchen eine Aufstellung über seinen Inhalt einzulegen?

15) Hat man Vermutungen oder feststehenden Bericht über den Verbleib derjenigen, die von dort weiterkamen?

16) Wieviel waren es? Wo sind Arthur und Else, bis jetzt keine Nachricht von ihnen.

17) Beschäftigung und Ernährung der Kinder.

18) Werdet Ihr, aller Voraussicht nach, dort bleiben, oder weiter fortkommen?

Christian hatte zunächst Probleme, sich mit Ernst zu treffen. Am 17. August 1942 wußte Marianne jedoch mit Gewißheit, daß Christian zwei Tage später in Izbica sein würde, und sie war zuversichtlich, daß er Ernst dort auch treffen könnte. »Übermorgen wird er dort sein. Unzählige Wünsche und Gedanken begleiten ihn. Immer wieder habe ich in meiner Vorstellung das Zusammentreffen erlebt; als wenn es mich beträfe. – Für uns ist es der Blick hinter die siebenmal verschlossene Tür, und das ist noch zu gelinde ausgedrückt.«[4]

Am 26. August traf ein Telegramm in Essen ein und am folgenden Tag eine Postkarte: Christian hatte es wirklich geschafft, Ernst zu besuchen.[5]

In Mariannes nächstem Tagebucheintrag vom 5. September ist zu lesen: »Du einzig Geliebter, nun ist Christian schon bald eine ganze Woche zurück. Nun erst fasse ich's ganz. Ich hatte ja so viel Post! – Sonnabends schellte es spät, da wußte ich gleich, wer das war. Und Sonntag, nachdem ich die Post hatte, ging ich auf unseren Waldhügel vom v. April, da war ich ganz ungestört und DU warst bei mir wie damals. – Du Lieber, Geliebter«

Marianne saß »auf ihrem gemeinsamen Hügel« im Stadtwald und las Stunde um Stunde.

Auf einem zweiseitigen Deckblatt hatte Ernst alles aufgeführt, was er mitgeschickt hatte:[6]

1 Brief an Deine Eltern
1 Brief an Deine Eltern, O. und Dich von meinem Vater, mit Notizen von Katzenstein
1 Brief an Dich von Rudi
1 Brief an Dich, der hier herumlag, den ich nicht rausbekommen konnte, zum Teil überholt
1 18seitiger Bericht an Dich
1 Arbeitszettel für Dich – 4 Seiten – mit zwei Briefen von meinem Vater

Weder die Briefe an Mariannes Eltern noch die Briefe von Ernsts Vater, die dem »Arbeitszettel« beigefügt waren, sind erhalten geblieben. Der zum Teil bereits überholte Brief an Marianne könnte einer der Briefe aus Izbica sein, den sie aufbewahrt hat, aber es ist heute nicht mehr möglich, das mit Sicherheit festzustellen. Die anderen Briefe sind alle erhalten geblieben und klar zu identifizieren.

Ein großer Unterschied zwischen Ernsts Arbeitszettel[7] und seinen vorherigen Nachrichten bestand darin, daß er jetzt alle Verwandten namentlich nennen konnte, die zu kontaktieren waren, die mit Neuigkeiten versorgt und um Hilfe gebeten werden sollten. Er führte einen Namen nach dem anderen in Deutschland, Portugal, Holland, Spanien und Südamerika auf. Auch wenn der Gedanke an Hilfe aus dem Ausland illusorisch war – denn Marianne erfuhr durch seinen Brief auch, daß momentan weder Briefe noch Päckchen nach Izbica hineingelassen wurden –, gab es doch immer die Hoffnung, daß sich die Bedingungen einmal ändern würden. Zudem hatten die Krombachs offensichtlich noch ein kostbares Porzellanservice in Essen versteckt, das genutzt werden konnte, um sich für Hilfe erkenntlich zu zeigen.

Ernst nutzte die Möglichkeit der unzensierten Verständigung und schlug vor, die Texte auf den offiziellen Postkarten, die er schicken durfte, um sich für den Erhalt eines Päckchens zu bedanken, in Zukunft zu verschlüsseln: »Steht das Datum links oben, so kann man nichts schicken. Rechts oben: vielleicht (d. h. vorsichtig mal versuchen). Links unten: man kann wieder schreiben. Ist das ›den‹ abgekürzt: ›d.‹, so nur kleine unter ca. 25 Zł. Zoll. Ist es ausgeschrieben, so kann man auch größere Päckchen schicken. Ist der Monat mit Zahl geschrieben, so ist Vorsicht geboten, da eine Evakuierung bevorsteht. Schreibe ich 1942 ist alles o.k., nur ›42‹ werden wir mit Bestimmtheit evakuiert und abwarten, bis Nachricht vielleicht kommt. Dieses gilt erst ab heute. (Meine Karte vom 22. gilt noch nicht).«[8]

Natürlich konnte solch ein Code nur eingesetzt werden, wenn die Post wieder funktionierte. Nur weil sie die Möglichkeit einer anderen Verbindung hatten, erschien ihnen die Unterbrechung des Postverkehrs weniger ernst, als sie war.

Das Wesentliche in Ernsts Paket war jedoch ein 18seitiger Bericht über die Bedingungen in Izbica, geschrieben mit Bleistift in Ernsts ordentlicher Handschrift in geraden, gleichmäßigen Zeilen. Marianne hat ihn mir im Juni 1996 überreicht. Er war ja der Ausgangspunkt für dieses Buch. Dieser Brief ist eines der wenigen erhaltenen Zeugnisse aus dem Konzentrationslager Izbica, die dort verfaßt wurden.[9] Es gibt einige Überlebensberichte aus der Nachkriegszeit, die ich in Yad Vashem einsehen konnte, und es gibt auch die kürzlich publizierten Erinnerungen des Überlebenden Thomas Blatt, der in Izbica aufgewachsen ist.[10] Zunächst per E-Mail, dann in einem persönlichen Gespräch hat mir Thomas Blatt weitere Informationen und Fotos zukommen lassen. Ernsts ausführlicher und gemessener Bericht mit seiner Mischung aus Fakten und Beobachtungen ist jedoch etwas ganz Außergewöhnliches. Er hat nicht nur für die nach Izbica Deportierten Gültigkeit, sondern für alle deutschen Juden, die nach Polen deportiert wurden.

22/viii. 42

Meine Liebe, Allerliebste!

Meine Gefühle und Freude kannst Du Dir sicher vorstellen! Das Mitgebrachte, das uns der Sorge für die nächste Zeit ums tägliche Brot enthebt. Das Erzählen und Erleben, alles auf einmal läßt so eine gehobene Stimmung und natürlich auch unbewußte Erregung aufkommen. Alles ist so etwas Außergewöhnliches und die Gedanken überstürzen sich in diesem Moment natürlich. Zuerst denke ich da natürlich immer wieder an uns und als das Wichtigste möchte ich es auch vorwegnehmen. Dir wird es sicher genauso ergehen, bei dieser Brücke zu überlegen, wie sie für *uns* nutzbar gemacht werden kann. Wie kommen wir wieder zueinander? Ist es unser Bestes, wie weit ist es zu verantworten und durchzuführen. Vorab: Angenommen, die Möglichkeit oder Gelegenheit bestände, daß *ich* zurückkäme: Die Schwierigkeiten und Gefahren sind sehr groß, eine schlechte Möglichkeit, mich dort aufzuhalten bei der genaueren Statistik und Kontrolle und Ungewißheit für welche Dauer. Das Wichtigste und Unmögliche daran aber, daß ich meine Eltern in allergrößte Gefahr, d. h. wie die Erfahrung es bisher bewies in direkte Lebensgefahr bringe. Diese Sache müssen wir uns also aus dem Kopfe schlagen. Wie ich mir von Chr. berichten ließ, ist Eure Ausreise nicht mehr durchführbar; bis Ende ds. J. sollen alle evakuiert werden. Folglich sehe ich für Dich bzw. Euch nur die Möglichkeit: Auf alle Fälle eine Ausreise durchzuführen. Gegeben erscheint mir doch die Schweiz, und Du mußt Deinen Vater dahin bearbeiten, Geld für diesen Zweck auszugeben (was er doch ohne Risiko kann – siehe uns). Liebe, ich weiß, daß es so das Beste ist und wir müssen uns so dem Schicksal fügen, wenn es Dir noch die große Chance bietet! Furchtbar ist es, daß ich Dir nicht helfen kann und Dir im entscheidenden Moment – einer evtl. Evakuierung – nicht zur Seite stehen kann. Sollte diese mit Chr. 2. Fahrt zusammenfallen, würdest Du wohl versuchen mitzukommen.[11] Diese scheint nach den hiesigen Beobachtungen ein Minimum von Risiko zu besitzen. Aber – wie gesagt – ich kann von hier aus nicht im mindestens etwas tun und muß es abraten, freiwillig hierher zu kommen. Wir müssen uns füreinander erhalten und würdest Du es ohne den vorher erwähnten zwingenden Grund tun, so wirst Du von jedem vernünftig denkenden Mensch für anormal erklärt [...] Ich will

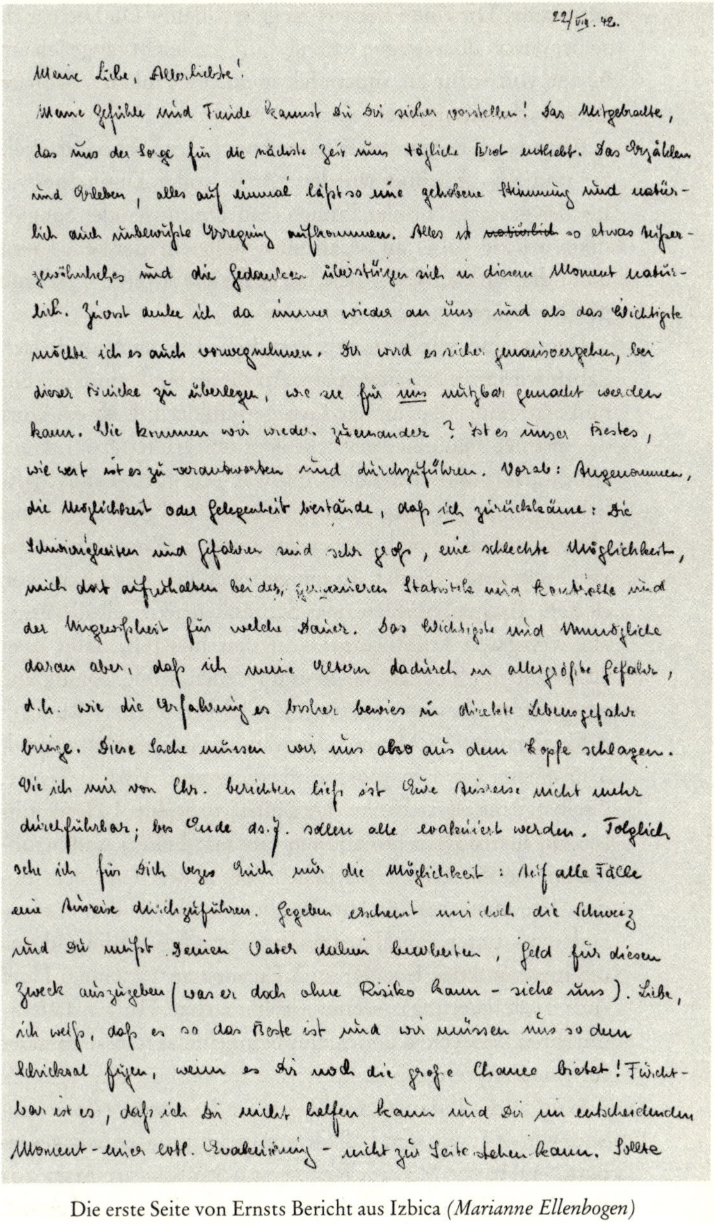

22/VII. 42.

Meine Liebe, Allerliebste!

Meine Gefühle und Freude kannst Du Dir sicher vorstellen! Das Mitgebrachte, das uns der Sorge für die nächste Zeit ums tägliche Brot enthebt. Das Erzählen und Erleben, alles auf einmal läßt so eine gehobene Stimmung und natürlich auch unbewußte Erregung aufkommen. Alles ist ~~natürlich~~ so etwas Außergewöhnliches und die Gedanken überstürzen sich in diesem Moment natürlich. Zuerst denke ich da immer wieder an uns und als das Wichtigste möchte ich es auch vorwegnehmen. Dir wird es sicher genauso ergehen, bei dieser Brücke zu überlegen, wie sie für <u>uns</u> nutzbar gemacht werden kann. Wie kommen wir wieder zueinander? Ist es unser Bestes, wie weit ist es zu verantworten und durchzuführen. Vorab: Angenommen, die Möglichkeit oder Gelegenheit bestände, daß <u>ich</u> zurückkäme: Die Schwierigkeiten und Gefahren sind sehr groß, eine schlechte Möglichkeit, mich dort aufzuhalten bei der genaueren Statistik und Kontrolle und der Ungewißheit für welche Dauer. Das Wichtigste und Unmögliche daran aber, daß ich meine Eltern dadurch in allergrößte Gefahr, d.h. wie die Erfahrung es bisher bewies in direkte Lebensgefahr bringe. Diese Sache müssen wir uns also aus dem Kopfe schlagen. Wie ich mir von Chr. berichten ließ ist Eure Ausreise nicht mehr durchführbar; bis Ende d.J. sollen alle evakuiert werden. Folglich sehe ich für Dich bzw. Euch nur die Möglichkeit: Auf alle Fälle eine Ausreise durchzuführen. Gegeben erscheint mir doch die Schweiz und Du mußt Deinen Vater dahin bearbeiten, Geld für diesen Zweck auszugeben (was er doch ohne Risiko kann – siehe uns). Liebe, ich weiß, daß es so das Beste ist und wir müssen uns so dem Schicksal fügen, wenn es Dir noch die große Chance bietet! Furchtbar ist es, daß ich Dir nicht helfen kann und Dir im entscheidenden Moment – einer evtl. Evakuierung – nicht zur Seite stehen kann. Sollte

Die erste Seite von Ernsts Bericht aus Izbica *(Marianne Ellenbogen)*

versuchen, Dir einen Bericht zu geben, damit Du Dich auch selbst davon überzeugen kannst. [...] Vielleicht fange ich am besten von vorne an, indem ich meine Gedanken 4 Monate zurückschweifen lasse. – [...]

Abends bei Regenwetter kamen wir in I. an. Von Jüd. Polizei und S.S. abgeholt wurden wir in voller Dunkelheit in Löcher gesteckt, höhlenähnlich. Ein Optimist oder Sanguiniker würde dabei an »Carmen« vielleicht denken, wenn nicht die Wirklichkeit – besonders für die Älteren – zu rauh gewesen wäre. –

Damit sind wir hier angekommen und nach und nach haben wir uns hier »eingelebt«. An dieser Stelle muß ich Dir nun erst einmal das hiesige Gefüge schildern: I. ist ein Dorf das in einer Talmulde versteckt liegt und früher größtenteils von Juden (polnischen) bewohnt war – ca. 3000. Landschaftlich ist es herrlich gelegen. Die »Häuser« sind größtenteils aus Holz oder Lehm und bestehen aus 1 oder 2 »Zimmern«. Alles verdreckt und verlaust. In einigen wenigen der Luxus von Betten, Tischen, Stühlen oder Schränken. Wir selbst hausen am wenigsten komfortabel von den meisten, dafür aber außerhalb mit Sicht auf Grün und Freiheit, ruhig, sonnig und gestankfrei (da ohne Kanäle). Zu 12 Personen: 4 Rudi's,[12] 3 Katzenstein,[13] 2 Meyers (Verwandte von Rudi's) und wir 3 in einem 2 x 4 m grossen Höhlenraum. Vorn 2 Tische, 2 selbstgezimmerte Bänke, 4 organisierte Stühle, 1 Herd; mitten auf luxuriösem Holzboden (anders: Lehm) und Strohsäcken die »Betten«, einer neben dem anderen auf dem Boden. Die Hausgemeinschaft ist leider – wie bei den meisten anderen – unter den Hausfrauen nicht rosig. Bedingt durch die Enge und das Kochen zu 3 Parteien an 1 kleinem Herd (mit Holzfeuerung). – Diese höhlenartige Hüttenstadt ist mit ihren Verstecken und Schlupfwinkeln das reinste Paradies für eine Pimpfengruppe. –

Nun zum »Judenstaat«: Bevor der 1. Transport hier einzog, wurde I. von den Polnischen Juden größtenteils gesäubert.[14] D. h. von S.S. mit Knarre und Stöcken. Im März zog nun der 1. Transport hier ein – aus der Tschechoslowakei

(Theresienstadt, wo sie schon 2 Monate waren). Der 2. Transport kam auch aus der Tschechoslowakei und damit waren auch bis heute die Posten und Pöstchen besetzt. Dann kamen die Transporte nacheinander: Aachen, Nürnberg, Aachen-Düren, Breslau, Essen, Stuttgart, Frankfurt, 2 x Slowakei, 2 x Theresienstadt usw. Nun müssen wir also 3 Kategorien unterscheiden: Deutsche, Polen, Tschechen. Der deutsche Schlag ist Dir bekannt: militärisch gedrillt, zuverlässig, arbeitsam. Der Pole das Gegenteil: Disziplinlos, faul, dreckig, unkameradschaftlich, sehr geschäftstüchtig. Nun darf man allerdings nicht zu hart urteilen, denn viele äußere Umstände und Zwang haben den Polen zu solch einem Menschen geprägt. Es ist ein richtiges Studium gewesen, das ich diesem Menschenschlag in der ersten Zeit widmen mußte. Sie sind nämlich hochintellligent, begabt und besitzen eine schnelle Auffassungsgabe. Ein 8jähriger Junge, der durch die Verhältnisse in keiner Schule war, schreibt Dir in einer ausgeschriebenen Handschrift und Geläufigkeit seinen Namen, wie es bei uns manch Erwachsener nicht kann. Meine Klampfe, die er bestimmt noch nie gesehen hat, greift er sofort richtig; wenn sie auch Mißtöne hervorbringt, so doch mit Rhythmus. – Die Tschechen sind auch wenig umgänglich. Grund: Sie betrachten sich als Tschechen von den Deutschen vertrieben (erklärlich, da sie es erst seit Kriegsbeginn mitmachen) und betrachten uns auch als Deutsche. Sie sind nicht so wie wir auf das Judentum gestossen worden und zu ihm zurückgeführt worden. Über diesem Gemisch der Grundsatz: »Sauve, qui peut« oder ICH, ICH, dann meine Angehörigen (Protektion bis dorthinaus) und dann die anderen noch lange nicht. So wie I. gibt es in der Umgebung noch mehrere Dörfer, bewohnt von Polnischen und evakuierten Juden, Polnischen Ariern und wenigen Volks-Deutschen ohne Stacheldraht (G. s. D.). Beherrscht wird dieser Bezirk von *2 S.S.-Leuten* und *einer Maschinenpistole*. Im Dorf selbst regiert unter Kontrolle der S.S. der sog. Judenrat mit seiner gesamten Organisation wie Evidenz, Ordnungs-Dienst, sanitärer Ordnungs-Dienst, Desinfektion, Beerdigung, Material-Verwaltung, Holz, Raumwirtschaft, *Volksküche* usw. usw. Der Judenrat setzt sich aus den Transportleitern zusammen; d. h. im Laufe der Zeit kamen dann so viele an, daß die restlichen (Deutsche natürlich) in einen sog. Arbeits-Ausschuss gestopft wurden, wo mein Vater auch drin steht. Diese haben natürlich nichts zu bestellen und sollte es von diesen jemand wagen, den Mund aufzumachen, so wird er einfach in einen der unregelmäßig abgehenden Evakuierungs-Transporte gestopft und somit unschädlich gemacht. Der Judenrat besteht also aus Tschechen, an denen manches an Korrektheit und mangelnder Menschlichkeit auszusetzen ist. Nebenbei existiert aber auch ein polnischer Judenrat, dessen Präses es gelungen ist, die Hauptmacht an sich zu reißen (über beide Judenräte also). Alles in allem: ein denkbar schwerer Stand für uns Deutsche, die mit so vielen Illusionen eines kameradschaftlichen Zusammenlebens davongegangen sind. –

Das Strafgesetzbuch ist schnell zu erzählen: Todesstrafe. Henkersleute, die die Armen herausschleppen und zum Teil auch ausfindig machen, sind Juden. Verboten ist hier alles und die Strafe wie oben erwähnt: Verlassen des vorgeschriebenen Quartiers vor 7 oder nach 19 Uhr. Handeln und Einkauf oder Verkauf oder Sprechen mit polnischen Ariern. Backen von Brot. Einkauf kriegsbewirtschafteter Lebensmittel, wie Butter, Eier, Brot, Kartoffel usw. usw. *Absendung von Briefen oder sonstigen Nachrichten.* Verlassen der Stadtgrenze. Besitz von Gold, deutschem Geld oder überhaupt Geld, Schmuckstücken, Silber usw. usw. Leider sind dieser Vergehen (oder auch nicht) wegen schon viele zum Opfer geworden. Bei der Ankunft werden zunächst einmal die letzten Habseligkeiten wie doppelte Wäsche, Anzüge, Mäntel, Schuhe, Ledersachen, Schmuck, Eheringe usw. einkassiert. Zum Exempel werden vorher dann welche erschossen. Dabei bin ich bei einer Sache angelangt, die uns beide betrifft: Die goldenen Ringe stellten unser Anfangskapital dar. Es wurden nicht genug von unserem Transport abgeliefert. Leute wurden ausfindig gemacht, die Ringe aufkauften (denen ich auch angeboten hatte) und erschossen werden sollten.[15] Man ging von Haus zu Haus und notierte die Namen. In dem Moment habe ich das Liebste geopfert, was ich von Dir besaß: unseren Ring. Meine Bitte kennst Du nun: Schicke mir den gleichen, neu! [...]

In der Zwischenzeit sind nun schon viele Transporte hier abgegangen. Von ca. 14000 hier angekommenen Juden sind heute nur noch ca. 2–3000 da. Diese Leute gehen mit noch weniger in Viehwagen und schärfster Behandlung hier los, d. h. mit dem, was sie am Leibe tragen. Das wäre also noch eine Stufe tiefer. Gehört hat man von diesen Leuten nie mehr etwas (Austerlitz, Bärs usw.). Beim letzten Transport sind leider manche Männer von der auswärtigen Arbeit zurückgekommen und haben weder Frauen, noch Kinder, noch Sachen vorgefunden. (Einiges Glück haben wir sowieso gehabt, da die späteren Transporte schon ohne Männer ankamen; diese sind in Lublin schon herausgeholt worden.) Mit einigem Glück kann man sich aber meistens vor solchen Evakuierungen drücken, indem man sich versteckt und nach Abgang des Transportes einfach wieder auf der Bildfläche erscheint, ohne Unannehmlichkeiten. Dieses hat man schon von den Polen gelernt ... Bei den Strafen bezw. Erschiessungen sind die Polnischen größtenteils bevorzugt worden, ein schwacher Trost. Ein Deutscher wird doch mehr als Mensch angesehen – bei dem zerlumpten Aussehen der Polen verständlich (die aber mehr Geld haben, als man ahnt). Wenn ich die Möglichkeit gehabt hatte, in den Ordnungsdienst einzutreten, habe ich es immer abgelehnt. Hauptsächlich wegen der unangenehmen Arbeit: Juden auf Juden. Ich kam aber nicht umhin, eine Evakuierung von poln. Juden mitzumachen. Schauderhaft. Man muß jedes menschliche Gefühl unterdrücken und mit Peitsche unter Aufsicht von S.S. die Leute heraustreiben, so wie sie sind: barfuß, mit Säugling auf dem Arm. Szenen, die ich nicht wiedergeben kann und möchte, spielen sich dabei ab, die ich so schnell wohl nicht vergessen werde. Doch das nur nebenbei. Es war mir eben nur eingefallen. Im Grunde genommen habe ich G. s. D *eine gesunde Natur*, die mich diese Unmenschlichkeiten nur im Traum erleben läßt und mir den gesamten Überblick und Klarheit läßt. –

Die Verpflegung bildet für alle hier eine Hauptsorge. Viele, die an Unterernährung zu Grunde gehen. Niemand da, der für sie sorgt. Es besteht eine »Fürsorge« wohl, die kaum Hilfe leistet (Wassersuppe) und eine beispielhafte unmenschliche Haltung dieser Tschechen im Judenrat, die Fürsorgebedürftigen einfach abzuschieben, mit einem der Transporte. Verschiedene Privatleute nehmen sich jemandem zum Mittagessen. So auch Rudis und wir Essener Bedürftige. Wer kein Geld, keine Verwandten oder Bekannten in Deutschland hat, der Sachen schickt, nichts mehr zum Verkaufen hat, kann verhungern – oder stiehlt. Augenblicklich ist es gute Erntezeit mit allen Gemüsen. Wir 3 können sehr zufrieden sein. (Wir essen von Deinen Tellern) Gemüse oder Graupen-Suppe, Kartoffeln, Pfannkuchen, Salat, schon mal Fleisch, Pudding, Gurken, Gemüse, Bohnen, Erbsen. Nahrhafte Kost, der nur Fett fehlt. Ab und zu kaufen oder tauschen wir schon mal Butter oder Öl. Wegen Fettmangel essen wir ungeheure Quantitäten. Aber das hat noch einen anderen Grund: die Angst vor dem Verhungern oder Selbsterhaltungstrieb. Das ist zu solch einer Manie geworden, daß 90 % der Gespräche nur um das Essen geht. Und wenn man schon darüber spricht, wird der Magen natürlich auch angeregt bei denen, die es nicht so nötig haben. [...]

Damit kommt nun einmal das Thema: Geld-Wert. Eine Reichsmark ist regulär 2 Zloty – im Schleichwege bis zu 2,80 Zloty wert. Sonst durch offenen Schleichhandel die reinste Inflation: Ein 2 kg Brot 24–28 Zloty, 1 Ei ca. 1,30 Zl., 1 kg Butter 80–100 Zl., 1 kg Kartoffel ca. 4 Zl., 1 l Milch 5 Zl., 1 kg Tomaten 4,80 Zloty. Sonst kann man von der Schlagsahne, Eis, Schokolade bis zum Schnaps usw. alles zu ungeheuren Preisen bekommen – aber in hervorragender reiner Qualität. Wichtiger noch ist der Verkauf: 1 Anzug = ca. 800 Zl., 1 P. Schuhe 200 Zl., 1 gute Uhr 300 Zl., 1 P. Strümpfe 50 Zl. – Das aber nur für tadellose Ware. Sie besehen sich genau auf Stopfstellen und wollen immer die Preise drücken. Auch Wäsche und Tischwäsche, Kopftücher, alles ist gefragt. Für die Postsendungen wird hier immer Zoll und Aufschlag vom Judenrat erhoben (!). Die Doppel-Briefe in Beuteln werden oft nur mit 1,10–1,60 Zl. bewertet. Überhaupt geht das sehr unregelmäßig und ohne große Norm. Die Doppelbriefe in Kartons kommen oft auf 2,40–4,– Zl. Die Päckchen bei Lebensmitteln nur auf 2,40, mit Textilien je nach Laune des Beamten. Tücher und Taschentücher werden kaum oder gar nicht bewertet. Viel Zoll, der sich beim Verkauf nicht lohnt, wird auf Seidenwäsche erhoben. Die Polen brauchen nämlich nur grobes Zeug. (Sehr gesucht: Bettwäsche und große Kissenbezüge, Anzüge usw., weniger Handtücher, Seide.) Das Päckchen mit der braunen Jacke kostete 50 Zl. Zoll. Für ca. 300 Zl. kann ich sie hier los werden. Die gute Hose habe ich auch bekommen (ca. 20–30 Zl. Zoll). Sonst waren alle Päckchen liebevoll durchdacht und alles zu verwerten. Öfter war allerdings beklaut. Regulär rausgenommen werden Zigaretten, Süssstoff, Trockenspiritus. Süssstoff ist *sehr* begehrt. Verstecke ihn daher gut. Ebenso ist Puddingpulver, Gries, (Traubenzucker) sehr wertvoll für uns. Es wird nie rausgenommen, daß Du in Kaltschalen, Puddingpulvern wohl ruhig mal Geld, Schriftliches oder sonst was einlegen kannst, was Du dann wieder zuklebst. Brühwürfel brauchen wir auch.

Liebes, nun habe ich einen ganzen Nachmittag geschrieben. Morgen geht mein Bericht weiter: Arbeit, Hygiene usw. Für heute eine gute Nacht! Wie werde ich wohl schlafen?

Innigst!

23/viii. 42

Liebste Jeanne!

Nun geht es also weiter. Ich bin so froh, Dir mal in aller Ausführlichkeit und ohne Zwang frei von der Leber schreiben zu können; so, wie Du es Dir sicher schon lange gewünscht hast. Ich wollte, ich hätte noch viel mehr Zeit zum Schreiben. [...]

Als Schleckermaul kann ich Dir sagen, daß mich Deine »süßen« Sendungen oftmals mehr erfreuten, als andere. Keks oder Bonbons zu kaufen, leisten wir uns natürlich nicht und als Nicht-Raucher und »solider Mensch« habe ich nun öfter Hunger auf was Süßes gehabt. Die selbstgemachten Plätzchen waren immer wunderbar. Du scheinst ja meine Leidenschaft gewußt zu haben und hast mir mit diesen wiederholten und ständigen Sendungen eine ganz besondere Freude gemacht. – Briefpost haben wir ja gar nicht mehr bekommen – nur ganz am Anfang die 3 blinden Karten. Deine eingelegten Briefe scheinen aber alle durchgekommen zu sein. Nur mußt Du Dich mit der direkten Bestätigung meiner Post sehr in Acht nehmen, da ich es ja nur unter großer Gefahr abschicken kann. – Du schreibst mir von den 3 Briefen, die ich leider alle nicht erhalten habe. Hoffentlich kommen sie nicht in unrechtmäßige Hände. Nr. 1 den Doppelbrief habe ich nicht erhalten; er fiel wohl schon in die Sperre und wird gar nicht weiter als Warschau gekommen sein. – Nr. 2 an Alice: Es ist nicht klug, weiter nochmal dorthin zu schreiben, da mit Alice keine Verbindung besteht. Damals war es nur eine zufällige Verbindung. Nr. 3 an Hetty ist auch nicht durchgekommen. Ich habe über Hetty schon bald 4 Wochen nichts mehr gehört, habe ihr aber wöchentlich geschrieben. Schade, daß Du Chr. nichts Ausführlicheres Schriftliches mitgegeben hast. – Na, von Zufriedenheit ist gar keine Rede – glücklich kann man mich in diesem Augenblick wohl trotz äußerer Umstände nennen – der glücklichste Mensch (augenblicklich) von I.! *Es ist ganz ungeheuer,* was Du uns durch Chr. beschert hast! Doch dazu später noch ein Wort. –

Nun wird Dich wohl mein Tagesprogramm und meine Arbeit interessieren: Mein Vater ist durch den Arbeitsausschuß mit verschiedenen Aufgaben betraut. Hat Fett verloren und sieht auch nicht so sonderlich aus, da er immer in der Stube hockt und sich das Elend der Leute täglich anhören muß, die von ihm Hilfe erwarten, die er kaum geben kann. Bestenfalls mildern. Meine Mutter ist von früh bis spät in Trab. Ist auch schmal geworden, doch leistet Ungeheures. Das Kochen allein nimmt viel Zeit, dann Einkaufen, Verkaufen (die Polen kommen auch zu einem in die Wohnung), Wäsche usw. Ein großer Brocken Arbeit lastet auf meiner Mutter. Dinge, die auf dem Gasherd kein Problem sind, nehmen hier in aller Primitivität Stunden in Anspruch. Ich selbst sehe wohl noch am Besten aus. Manche sagen: sogar besser als zu Hause. Ich bin aber auch sehr auf meinen Körper bedacht, da ich durchkommen will, esse alles, was mir in die Quere kommt und habe bisher (unberufen toi-toi-toi) auch manches Glück gehabt. Die meisten Menschen kommen nämlich dadurch herunter, daß sie bei unverhältnismässig leichter Kost ungewohnte schwere Arbeit leisten müssen. Vom 1. Tag an bin ich nämlich in Arbeit (bis heute noch in derselben),[16] die ich mir gesucht habe und wurde so nicht wie viele andere in ein Arbeitslager oder sonstige schwere körperliche Arbeit bei schlechter Behandlung gestopft. Der Verdienst in solchen Arbeitslagern ist gering – meistens nur eine nicht ausreichende Verpflegung an ¼ Brot, Kaffee und Wassersuppe täglich, vielleicht sogar ein paar Zlotys in der Woche – das ist aber viel. Ich verdiene nichts; d. h. eine Brotkarte, auf der ich ein 2 kg Brot regulär für 3 Zlotys erhalte (im Monat 4 kg!!). Sonst habe ich noch den Vorzug, keine Miete und Wassergeld (6 Pumpen bestehen in ganz I.) bezahlen zu brauchen und das Bad (eine wunderbare Neuerung – das schönste von ganz I.: ein Brausebad) frei 1x in der Woche benutzen zu dürfen. Ab und zu bekomme ich im Werk selbst ein halbes Brot geschenkt. Das Werk ist eine Ziegelei, die aber nicht in Betrieb ist. Es ist ein großes Gebäude und Geländekomplex, das einem deutschen Direktor in S.S. Funktion untersteht. Bei diesem Direktor arbeite ich in seinem persönlichen Garten als Gärtner. Die Behandlung ist großzügig. Ich bin der Hahn im Korb, indem ich einen ganzen Harem Mädels um mich herum habe, denen ich auch die Arbeit angeben muß. Dank meiner pädagogischen Fähigkeiten gelingt es mir sogar auch, mit den poln. jüd. Mädels, die jegliche Arbeit für verrückt halten, fertig zu werden, so daß der Direktor mit der Bestellung seines Feldes zufrieden ist. Was wir an Gemüse und Tomaten, Gurken usw. hochzüchten, sind aber auch wahrhafte Prachtexemplare! Mit meinem Obergärtner verstehe ich mich auch gut. – Mein Tagesprogramm sieht so aus: ½ 7 Aufstehen und Waschen, 7.00 Antreten, Arbeitseinteilung, um 8 verschwinde ich dann, um Turnunterricht den gesamten Izb.-Jungen vom Ordnungs-Dienst aus zu geben. Eine Sache, die Anregung, Abwechslung, Beziehung zur Polizei bringt. Um 10 geht's dann wieder in den Garten, von 12–13 Uhr Mittag, 13–16 Uhr wieder Arbeit. Die Arbeit ist fabelhaft, auf der Höhe in freier, frischer und gesunder Luft, in der Natur, fast nackt, braungebrannt – ein Gegenstück zu allem Elend dort unten im Dorf. Nach der Arbeit versuche ich, meiner Mutter im Handel zu helfen; im Kochen bin ich auch schon perfekt und das Topflecken erinnert mich an frühere Zeiten. Nebenbei bin ich noch Feuerwehrmann und habe damit auch zu Übungen 2 x in der Woche zu tun. –

Leider sieht der Tag nicht so rosig und ruhig aus, wie es sich hierbei anhört. An Schüsse hat sich das Ohr schon gewohnt. Sonst vergeht keine Woche, in der nicht etwas vorkommt: Evakuierung, Einfaches Aufladen von der Straße weg zur Arbeit in der Umgebung, Besuch von fremden S.S., Haussuchungen, Ablieferung von bestimmten Gegenständen usw. usw. Letzthin sind an einem Morgen allein über 20 poln. Juden erschossen worden, die Brot gebacken haben ... Ungewißheit, Unsicherheit ist unser Leben. Es kann morgen wieder eine Evakuierung geben, wenn es auch von zuständiger Stelle als nicht gegeben erklärt wird. Ein Verstecken ist bei der augenblicklich geringen Anzahl von Menschen immer schwieriger – besonders da immer eine bestimmte Zahl gefordert wird. Wild-West wäre bei diesen Verhältnissen noch kein Ausdruck! –

Die Hygiene ist hier ein Ausdruck, der verhöhnt werden kann. Alles verdreckt, Läuse (bes. Kleiderläuse, die eigentlichen Überträger des hier herrschenden gefährlichen Fleck-Typhus. Sind Kleiderläuse mit der Krankheit behaftet, so ist das Einatmen des Kots von diesen die Übertragung), Flöhe, Wanzen usw. Latrinen (mit Stange) gibt es nur wenige. Die

Abwasser fließen einfach durch die ungepflasterte Straße (Gestank, Krankheitskeime). Eine Krankheit ist hier oft vorkommend: ohne Symptome hohes Fieber, das aber so schnell kommt, wie es geht; nur schwächt es natürlich. Durchfall ist ebenso gewöhnlich. […] Es kam schon mal vor, daß durch einen Wolkenbruch riesige Wassermengen im Sturzbach durch die Straßen fluten, daß niemand auch nur einen Fuß vor die Tür setzen kann und die Häuser auf einmal »fließendes Wasser« haben und nachmittags durch blendenden Sonnenschein alles trocken ist. […]

Von gesellschaftlichem Leben kann man hier gar nicht reden Bei diesen Verhältnissen und Sorgen und »Sauve qui peut-Komplexen« verständlich. Konzert, Vortrag, Musik sind Dinge aus einer anderen Welt. 25 Groschen Romane gehen von Hand zu Hand. Der Verkehr untereinander ist entweder auf Handel oder oberflächlich abgestimmt. Richtige Freundschaft kann man mit der Lupe suchen. – Ich selbst entbehre *diese* Menschen nicht. Sie können mir nichts geben. Es sind doch Menschen aus aller Herren Länder und die verschiedensten Typen hier. Meine Menschenkenntnis ist vielleicht bald komplett. Aber niemand reicht an Dich!

[…] Damit endet mein Bericht oder besser Überblick. Wahrscheinlich wird Chr. Dir manches ausführlicher erzählen, was ich nur anschneiden konnte, oder gar nicht behandelt habe. Jedenfalls habe ich Dir so geschrieben, wie es ist, unverfälscht. Es gibt aber so viel Elend, das sich gar nicht in Worte kleiden läßt. Ein Bild des Herrn Simon, Vater von Eugen aus der Maschinenstraße, würde wohl mehr sprechen als 3 Bände: Halb irr vor Verzweiflung, unterernährt, blau geprügelt kommt von der auswärtigen Arbeit am Wochenende zurück und findet nichts mehr vor: Frau, Kind und Schwester abtransportiert, sein Gepäck verschwunden … besonderes Pech, aber ein tägliches Bild. –

Jeanne, das ist nichts für Dich! Es werden noch viele draufgehen, davon bin ich überzeugt. Ich habe den Willen durchzukommen und wird mir das durch Dich und in Gedanken an Dich erleichtert. Wir können nur einen Schluß ziehen, wie ich ihn am Anfang dieses Schreibens gezogen habe. Daß wir uns oft, fast ständig vermissen und entbehren, kann ruhig gesagt werden. Da kann ich Dir nichts vormachen. Das aber nur in den ruhigen Stunden. Sonst bin ich froh, Dich in Sicherheit zu wissen. So hart die Zeit augenblicklich für uns ist, was daraus entsteht wird etwas Großes sein. Welch Fundament an Liebes-Beweisen hat unsere Zukunft dann! [...]

Gerade lese ich noch einmal Deinen »Fragebogen« durch. Ich glaube, Dir mit diesen 18 Seiten alles zufriedenstellend beantwortet zu haben. Es ist eine Zeit voll Unsicherheit und Unruhe für uns, die wir aber mit Hoffnung, Vertrauen und ... Glück überstehen werden. Du hast nun die rauhe Wahrheit, aber auch Gewissheit und Wirklichkeit über mein Leben. Gott wird uns schützen und helfen, wie er es bisher auch getan hat. Er wird uns seinen Segen geben und alles noch zum Guten lenken! Bis jetzt kann und darf ich nicht unzufrieden sein und klagen! Sei stark und tapfer, wie bisher und ohne Sorge! Wenn es auch leicht gesagt ist, kann man es doch im Vertrauen aufeinander sein!

Allerinnigste Küsse!

E.

Ernsts Brief verstehen

Welche Wirkung hatte dieser außerordentliche Brief wohl auf Marianne? Bei jeder Zeile, jedem Absatz muß sich alles in ihrem Kopf gedreht haben – vor Entsetzen, Hoffnung, Angst, Verwunderung über den Lebenswillen, über die Charakterstärke der Menschen und vor allem über Ernst.

Besonders diese Mischung aus Normalität und Grauen, »Lebbarkeit« und Leid wird ihr große Verständnisschwierigkeiten bereitet haben. Sie war indes für dieses uneinheitliche Bild mitverantwortlich: sie hatte die Krombachs ja in ihrem Elend mit Reichtümern beschenkt. Dank ihr konnten sie sich bemerkenswert gut ernähren. Im Brief wird außerdem klar, daß Ernst den Sinn seiner momentanen Lebensumstände nicht erkennen konnte; selbst innerhalb dieses einen Berichts scheinen Ernsts Stimmungen und Urteile zu schwanken. Die verschiedenen Standpunkte des Briefes verdeutlichen, in welchem Maß sich ein zeitgenössischer Bericht von Nachkriegszeugnissen unterscheidet. Als Ernst diesen Brief im Jahr 1942 schrieb, hatten Europas Juden noch keine Vorstellung vom Holocaust, die ihren Erfahrungen Form und »Logik« verlieh. Die meisten von ihnen werden wohl noch nicht gewußt haben, worauf alles hinauslaufen würde. Bis zu dem Moment, in dem sie zur Ermordung selektiert wurden, ging das Leben weiter, in allen Nischen und Winkeln zwischen den Nazi-Bestimmungen.

Bis zu einem gewissen Grad war das Nebeneinander von Erträglichem und Barbarischen auch ein Charakteristikum der Lubliner Gegend. In anderen Teilen Polens und Litauens wurden die Juden vom Land vertrieben und in großen Ghettos konzentriert. Doch weil Lublin ursprünglich als jüdisches Reservat vorgesehen war, wurden die Juden nicht konzentriert, sondern auf kleinere Gemeinden verteilt. So ist zu erklären, warum Ernst so nahe der Natur am Rande eines kleinen Ortes ohne Stacheldraht lebte.

Marianne konnte nicht auffallen, wie deutsch Ernst war. Thomas Blatt, ein ehemaliger Bewohner Izbicas, hat einen ironischen Blick auf das »Deutschtum« der Deportierten geworfen. Bei unserem Treffen in Frankfurt habe ich ihm viele Briefe von Ernst gezeigt. Er machte mich auf die Adresse aufmerksam: Block III/443c, Izbica a./Wiepiz, Kreis Krasnystaw, Bezirk Lublin, Generalgouvernement, und sagte, er habe ähnlich formelle Adressen auch auf anderen deutschen Postkarten gesehen und sich darüber gewundert, weil Izbica gar nicht in Blöcke unterteilt gewesen sei. Wie er erst vor kurzem von einem polnischen Überlebenden erfahren habe, hatten die deutschen und tschechischen Judenräte eine solche Unterteilung eingeführt, um die Verwaltung zu erleichtern.

Seit er deutschen Boden verlassen hatte, schilderte Ernst seine Eindrücke als die eines jungen Mannes, der an Ordnung, Sauberkeit, Fleiß und Redlichkeit gewöhnt ist. Nicht einmal die jahrelange Herrschaft der Nationalsozialisten hat diese

Erwartungshaltung zunichte gemacht. Ernsts begeisterte Behauptung im April im Zug nach Izbica, die Ordnung der Landschaft verrate den deutschen Einfluß, offenbarte seine Herkunft.[17] Ernst teilte viele Vorurteile seiner Landsleute, was besonders deutlich wird in seiner Haltung den polnischen Juden gegenüber. Seine Reaktion auf den Dreck und die Unordnung ist verständlich. Da diese jedoch seine Vorurteile bestätigten, schien er ganz offensichtlich anzunehmen, daß jene Verhältnisse in Polen, die er vorfand, schon immer so gewesen seien – und nicht erst das Resultat des Krieges waren. Tatsächlich zeigt Thomas Blatts Autobiographie, daß es in Izbica vor dem Krieg ein interessantes soziales und kulturelles Leben gegeben hatte, das die Deutschen auslöschten. Die Izbicaer Gemeinde war zwar schon immer arm gewesen, aber mit dem Einmarsch der Deutschen veränderten sich die Umstände. Bis im März 1942 viele der polnischen Bewohner deportiert wurden, war der Ort vom Zustrom der Juden aus allen Teilen des Landes überflutet worden. Ernst sah nichts von den sozialen oder religiösen Unterschieden innerhalb der polnischen Gemeinde, über die uns Blatt Auskunft gibt. Nie hätte Ernst vermutet, daß die inflationären Preise ein Ergebnis der Zahlungsmittel waren, die Neuangekommene wie er mit sich führten – Preise, die die Einheimischen kaum bezahlen konnten.[18]

Von diesen Vorurteilen einmal abgesehen, vereinigte Ernst in vielerlei Hinsicht die besten Eigenschaften deutscher Jugendlicher in sich. Es war typisch, daß er als ehemaliger Leiter einer Jugendgruppe bemerkte, Izbica sei für Pfadfinder ideal, weil es so viele Möglichkeiten zum Verstecken bot. Ernst gab den jungen Leuten Turnunterricht und stand seinen Eltern zur Seite. Er war ein großzügiger und idealistischer Junge und fand den rücksichtslosen Selbsterhaltungstrieb vieler jüdischer Ratsmitglieder unerträglich. Wie er selbst zugab, fiel es allerdings oft schwer, sich anders zu verhalten. Als Ernst dazu gezwungen wurde, die polnischen Opfer mit der Peitsche in den Zug zum Vernichtungslager zu treiben, nahmen diese ihn in ihrer aussichtslosen Lage sicherlich nicht anders wahr als die anderen beteiligten Aufseher. Und doch gab es einen Unterschied:

Ernst war nicht egoistisch. Er war sich bewußt, daß es eine Chance zur Flucht gab – aber dadurch hätte er seine Eltern dem nächsten Deportationszug ausgeliefert, und dazu war er nicht imstande. In der letzten Bemerkung, die er zu dem Bericht legte, fand Ernst sogar die Zeit, sich Sorgen zu machen, ob Marianne sich zu Hause eine Ecke eingerichtet hatte, die sie ihr eigen nennen, in der sie in Ruhe lesen und schreiben konnte. Bei jemandem, der einen Raum mit acht Personen teilt, setzt das großes Einfühlungsvermögen voraus.

Ernsts Beteuerungen zum Trotz muß sich Marianne gefragt haben, ob er wirklich ein wahrheitsgetreues Bild der Lage gezeichnet hatte. Sein Brief diente offensichtlich zwei Zwecken: sie abzuschrecken und sie zu beruhigen. Marianne sollte nicht in Versuchung geführt werden, ihm zu folgen; sie sollte einerseits genügend realistische Einzelheiten erfahren, um zu begreifen, aber andererseits nicht über die Maßen beunruhigt werden. Ich habe Aussagen von Überlebenden aus Izbica über Ereignisse des Sommers 1942 gelesen, die Ernst bekannt gewesen sein müssen, die er hier aber nicht erwähnt. In diesen Aussagen (die in Yad Vashem aufbewahrt werden) treten die regelmäßigen Schläge und die Erschießungen deutlicher in den Vordergrund. Thomas Blatt erzählte mir, daß die beiden Gestapo-Beamten Engels und Klemm regelmäßig Juden auf den Straßen geschlagen und erschossen haben.[19] Ein anderer Überlebender, Hejnoch Nobel, hat zu Protokoll gegeben, daß ein Deutscher namens Schultz, der Izbicas Bürgermeister wurde, seinen Schäferhund zu seiner Belustigung abgerichtet hatte, Menschen mit weißen Armbinden (also Juden) anzugreifen. Nobel mußte mit ansehen, wie eine Frau auf dem Rückweg vom Wasserholen von dem Hund angegriffen und totgebissen wurde.[20] Es gab viele solcher und noch schlimmerer Vorkommnisse. Diese Schrecken sind in Ernsts Bericht weitgehend ausgeklammert, obwohl er sich ihrer bewußt gewesen sein muß.

Ich fragte mich, ob Ernst Marianne alles berichtete, was er von den sogenannten Evakuierungen in den Osten wußte. Ernst war so gut über andere Punkte informiert, ist es da möglich, daß er das Ziel der Deportationszüge nicht kannte?[21]

Nach Yitzhak Arads Untersuchung hatte sich bis August 1942 im Generalgouvernement noch nicht herumgesprochen, was in den Vernichtungslagern Bełżec und Sobibór (das Ziel der meisten Züge, die Juden aus der Lubliner Gegend abtransportierten) geschah. Im August und September trafen Warschauer Juden in Bełżec und Treblinka ein, die keine Vorstellung von ihrem unmittelbar bevorstehenden Schicksal hatten.[22] Sobibór wurde dermaßen geheimgehalten, daß dort noch im Januar 1943 Juden ankamen, die nicht wußten, was ihnen bevorstand. Andererseits erklärt Thomas Blatt, seine Familie habe bereits im Dezember 1941 von den Chełmnoer Gaswagen gehört und kurz nach der ersten großen Deportation aus Izbica im März 1942 erfahren, daß die Unglücklichen in Bełżec ermordet worden waren.[23] Blatts Bericht ist natürlich erst später geschrieben worden, und er sagt auch, daß sich seine Familie nicht sicher war, ob sie diesen Informationen Glauben schenken sollte. Blatt räumt ebenfalls ein, daß die polnischen Juden eher als die deutschen dazu neigten, auf solche Gerüchte zu vertrauen. Ab August 1942 verbreiteten sich dann allerdings unter den Juden, die noch in den Ghettos und Arbeitslagern des Generalgouvernements verblieben waren, relativ schnell Gerüchte und Informationen über jene Lager und das Schicksal der Deportierten. Am 20. September druckte eine Untergrundzeitung in Warschau Fakten aus Treblinka.[24] Es wäre also gerade noch möglich gewesen, daß Ernst zu dem Zeitpunkt, an dem er an Marianne schrieb, die Wahrheit noch nicht kannte – wenn seine Unwissenheit auch nicht viel länger angehalten haben kann. Er wußte allerdings, daß die Herausgegriffenen mit nichts als dem, was sie am Leib trugen, losgeschickt worden waren. Solch eine Deportation hatte nichts Gutes zu bedeuten. Was konnte das Ziel sein?

Ernsts letzte Worte an Marianne stehen auf einem Deckblatt, das er zu den Briefen legte. Noch einmal drückte er seine Verwunderung darüber aus, was Marianne und Christian geleistet hatten, und wiederholte, daß sie sich den Wert des Koffers gar nicht vorstellen könne. Christian hatte ihm gesagt, was für Mühen Marianne auf sich genommen hatte, um alles zusammenzustellen. Erst jetzt erfahren wir, wieviel sie durch Christian geschickt hat: einen Koffer voller Pullover, Jacken, Nahrungsmittel und vielem mehr. Ernst sagte, sie würden einen Teil der Sachen verkaufen, da sie im Fall einer weiteren Deportation liquide sein müßten. Er bat Marianne, sich bei Christian großzügig mit dem Essener Porzellan der Krombachs zu bedanken.

Schließlich mußte Ernst seinen Stift aus der Hand legen:

Wenn das körperliche Verlangen auch oft sich nach Dir sehnt, tritt es dennoch bei der Größe und Reinheit unserer Liebe an 2. Stelle – auch, oder gerade, in dieser harten Trennung. Das körperliche Verlangen – ein Problem, das mir harte Kämpfe und große Entbehrungen brachte – hat sich augenblicklich von selbst geregelt. Es mag aber wohl im Unterbewußtsein bei meiner Sehnsucht doch eine Rolle spielen? Ich weiß, daß ich in 1. Linie Dich als Mensch will und das sagt mir alles. –

Geliebte, Du hast nicht weniger Sorgen als wir. Ich möchte so viel Kraft haben, bei Dir zu sein und Dich zu beschützen. Tägliche Angriffe aus der Luft? Gott wird und muß helfen. Es ist nicht anders denkbar! Jeden Abend bete ich für uns. In vielem hat man trotz allgemeiner Härte doch immer Milderungen gesehen. Wir hoffen alle auf baldige Rückkehr. –

Liebe Jeanne! Hab' Dank für alles, alles! Du bist immer bei mir, wie ich bei Dir. Es ist mir jetzt so, als wenn der Zug abfährt. Der Brief muß weg, sonst kommt er nicht mehr zurecht und Du bekommst noch nicht einmal eine Zeile! Alles, was fehlt, erzählt Dir Chr.!

Könnte ich Dich jetzt in meine Arme nehmen und Dich küssen ...

Ewig Dein Ernst.

Wir können uns die Reaktion der Krombachs vorstellen, als dieser hochgewachsene deutsche Uniformierte, mit so vielem Guten beladen, im Lager auftauchte. Ernst konnte es nicht glauben – und wir auch nicht. Marianne erzählte mir, daß Christian Arras in der SS war. Aber was war das für ein SS-Mann?

Marianne hegte sehr zwiespältige Gefühle für Christian Arras. Sie erinnerte sich, daß seine Verlobte Lilli und er die Strauß-Familie durch einen von Oe organisierten Verkauf von Haushaltsgegenständen kennengelernt hatten. Lilli und Christian richteten sich damals gerade ein, und in den Läden war nicht viel zu bekommen. Lilli, eine junge und elegante Frau (laut Marianne ein »nettes Mädchen, sehr liebenswürdig«), verstand sich sofort gut mit Oe, und sie freundeten sich an. Im Lauf der nächsten Monate wurde auch Christians Beziehung zu Alfred und Oe herzlich. Marianne erinnerte sich, daß Lilli und Oe in Modesachen einer Meinung waren. Ihrer lebhaften Tante, die von so vielem abgeschnitten war, war jeder Kontakt zur Außenwelt willkommen. Außerdem war es wichtig, Kleider und Dinge, die man nicht benötigte, gegen Bargeld und Lebensmittelkarten einzutauschen. Christian und Lilli brachten Alfred und Oe Lebensmittel mit, »denn natürlich konnte man nichts wirklich Gutes mehr bekommen«. Aber Marianne sagte auch, Christian sei »ein Opportunist gewesen, ein absoluter Opportunist. Er wurde sehr wohlhabend, es ging ihnen ausgezeichnet, mit der Arbeit für die SS, bei der Reparatur all dieser Sachen. Sie waren nützlich, aber natürlich wurden sie gut dafür bezahlt, und am Ende bekamen sie sehr viel von den Sachen meiner Tante, die sie aufbewahren und nach dem Krieg wieder zurückgeben sollten, wenn sie wiedergekehrt wären. Nach dem Krieg sah ich ihn nur einmal.«[25]

Ich nehme aber an, daß Marianne nicht das Geld als plausible Erklärung für Christians Tat ansehen konnte. Was auch immer die Strauß' zu verschenken gedachten, es ist unwahrscheinlich, daß Mariannes Eltern dem Wohl der Krombachs viel zu opfern wünschten, weil sie sie nicht besonders gut kannten. Wenn

Christian Arras in Wehrmachtsuniform *(Lilli Arras)*

Ernst auch vorschlug, Christian ein Geschenk aus dem Krombachschen Eigentum zu machen, war diese Vereinbarung mit Sicherheit nicht vorab getroffen worden. Es ist einfach nicht glaubwürdig, daß Christian die Pakete einer materiellen Entlohnung wegen nach Izbica brachte.[26]

Marianne äußerte eine weitere Interpretation von Christians Motiven: »Ich glaube, es machte ihm einfach Spaß, Risiken einzugehen. Er war ein Draufgänger und war wahrscheinlich in seiner Jugend ziemlich wild gewesen, wie so viele aus der SS. Ich habe Christian Arras nie getraut, weil er so ein Schwätzer war. Und ich konnte nie recht ergründen … Warum sollte ein Mann wie er so etwas tun? Was hatte er davon? Ich weiß es nicht. Ich nehme an, es war einfach das Draufgängerische an der Sache.«[27] Christian hatte Ernst gemocht, wahrscheinlich mochte er Marianne, und mit Sicherheit mochte er ihren Onkel

Alfred. Aber das, so fand Marianne, war nicht Grund genug, seinen Kopf zu riskieren. Aber genau das hatte er getan.

Die Bedeutung seiner Tat war unbestreitbar. Mir schien allerdings, ich sollte nie das Rätsel lösen, was einen Mann, der so weit in das deutsche Mordsystem integriert war, daß er ein SS-Ghetto ungehindert betreten und wieder verlassen konnte, dazu bringen sollte, das Risiko einzugehen, einen jungen Juden ausfindig zu machen und ihm zu helfen – noch dazu einen, den er kaum kannte.

Lilli Arras

Auf meiner ersten Forschungsreise nach Essen im Januar 1997, kurz nach Mariannes Tod, war ich zum Tee im Büro der Historikerin Mathilde Jamin, die mich mit Marianne bekannt gemacht hatte. Eher nebenbei sah ich in ihrem Telefonbuch nach, ob es noch immer eine Werkstatt oder eine LKW-Vertretung gab, die von einem Christian Arras geleitet wurde. Ich war verblüfft, als ich tatsächlich eine fand. Für einen Anruf war es schon zu spät, und an diesem Abend wälzte ich verschiedene Möglichkeiten in meinem Kopf hin und her, wie ich ein in die Jahre gekommenes Mitglied der SS davon abhalten könnte, bei der Erwähnung der Vergangenheit gleich den Telefonhörer aufzulegen.

Am folgenden Morgen rief ich in der Firma an und fragte nach Christian Arras. Mißtrauisch fragte jemand, wer ihn denn sprechen wollte, aber er wurde sofort viel freundlicher, als ich erklärte, wer ich sei. Es stellte sich heraus, daß ich mit Christian Arras' Sohn sprach und daß die Firma nach Christians Vater, der auch Christian geheißen hatte, benannt worden war. (Um der Klarheit willen werde ich sie Christian Arras senior, Christian Arras, und Christian Arras junior nennen.) Offensichtlich hatte Christian Arras junior einen Anruf von jemandem erwartet, mit dem er nicht gerne sprechen wollte, aber genauso war erkennbar, daß er Historikern gegenüber keine Vorbehalte hatte. Sein Vater war vor einigen Jahren gestorben. Aber seine Mutter Lilli lebte noch und würde sich bestimmt gerne mit mir unterhalten.

Ein oder zwei Tage später nahm ich einen Zug zu der kleinen Stadt Geldern nahe der niederländischen Grenze. Ich wartete bereits vor dem verlassenem Bahnhof, als ein dunkelblauer neuer BMW vorfuhr. Lilli Arras war groß und trotz ihres nicht unbeträchtlichen Alters elegant. Ihre Haare waren sorgfältig frisiert, der dunkle Mantelkragen hochgeschlagen. Wir fuhren zu einem Dorf außerhalb von Geldern, zu dem hübschen Bungalow, in dem sie mit Christian seit der Pensionierung gelebt hatte.

Unterwegs entspann sich eine merkwürdige Unterhaltung. Obwohl ich über das staunte, was Christian Arras getan hatte, blieb ich mißtrauisch. Aufgrund von Mariannes zwiespältigen Gefühlen und der Unklarheiten – die Frage von Christians SS-Mitgliedschaft, die Andeutung, daß er seine Dienste gegen Geschenke aus dem Familienbesitz angeboten hatte und so weiter – ließ mir die Geschichte keine Ruhe. Es muß an meinem überempfindlichen Zustand gelegen haben, daß ich die Mißtöne auf dem Weg zum Bungalow so deutlich hörte. Als wir in das kleine Dorf fuhren, bot sich uns ein ganz undeutscher Anblick: vor den Häusern flatterte an diesem verschneiten Tag Wäsche im Wind. Lilli Arras sagte, dort wohnten Aussiedler. Es habe Pläne gegeben, noch mehr hier anzusiedeln, aber ein Einwohner hatte eine Beschwerde eingereicht und den Bau weiterer Häuser gestoppt. »Es war richtig so«, sagte sie. Und dann sprach sie weiter über die Vergangenheit. Die schlimmste Zeit, sagte sie, sei nach dem Krieg gekommen. Die Jahre 1946 und 1947, als es nichts zu essen gegeben habe. Und ich hatte immer geglaubt, es habe eine weit schlimmere Zeit in Deutschland gegeben als 1946 und 1947!

Dann aber, in einem herzzerreißenden Moment, erzählte mir Lilli von ihren Kindern, von Marianne, die 1947 geboren wurde. Ich sah sie an. »Ja«, sagte sie, »extra.« Marianne hatte nicht gewußt, daß die Arras' eine Tochter nach ihr benannt hatten. Für mich war es eine Geste der Freundschaft und des Respekts, die Marianne verdient hatte. Aber mehr noch: Ich spürte plötzlich, daß ich mich nicht nur durch vergilbte Papiere wühlte, auf denen ich den schwachen Abdruck vergangener Ereignisse zu entziffern suchte, sondern daß ich tatsächlich eine Geschichte rekonstruierte, die noch nie vollständig erzählt worden war, ja, die selbst den Beteiligten nicht gänzlich bekannt war. Zum ersten, aber lange nicht zum letzten Mal bedauerte ich, daß ich die Nachforschungen in Deutschland nicht ein paar Monate früher hatte durchführen können, solange Marianne noch am Leben war.

Wir betraten Lilli Arras' elegant eingerichteten Bungalow, und ich begann, mir Notizen zu machen. Christian war 1914 geboren worden, Lilli vier Jahre später. Christians Vater, Christian senior, stammte aus der Pfalz. Er war Schmied und kam 1904 nach Essen, wo er eine Schmiede eröffnete. Die Firma führte auch Transporte durch und übernahm eine Magirus Deutz LKW-Vertretung. Christian begann in den dreißiger Jahren für seinen Vater zu arbeiten, und während des Krieges hatte die Firma Verträge mit der Armee abgeschlossen. Lilli stammte aus bescheidenen Verhältnissen. Ihr Vater war Vorarbeiter bei Krupp, und sie waren fünf hungrige Kinder gewesen. Da Lillis Vater lange arbeitslos war, wußte sie genau, was harte Zeiten sind. Sie lernte Christian über eine ihrer Schwestern kennen. Angeblich sah der ehrgeizige Unternehmer Christian senior auf das Mädchen aus bescheidenen Verhältnissen herunter.

Lilli konnte sich nicht mehr ins Gedächtnis rufen, wie die Beziehung zwischen der Familie Strauß, Christian und ihr begonnen hatte. Ihre Erinnerungen an den Krieg kreisten um die Bombardierungen. Dreimal wurden die Häuser, in denen sie mit Christian lebte, zerstört. Am schlimmsten war es, als sie einmal im Keller verschüttet wurden. Der Fluchtweg war mit Brettern vernagelt, und sie hatten Angst, in den Flammen umkommen zu müssen. Erst nachdem sie die Bretter weggerissen hatten, konnten sie entkommen. Dabei wurden übrigens fast alle ihre Möbel zerstört, auch die Sachen, die sie von den Strauß' geliehen hatten. Beim nächsten Angriff, so erinnerte sich Lilli, regneten die Bomben nur so auf die Straßen, und die Häuser stürzten in sich zusammen. Wieder und wieder brachten meine Fragen zu anderen Themen sie auf die Bombardierungen zurück. Ihre Kriegschronologie strukturierte sich um diese Ereignisse. Zunächst war ich argwöhnisch: *Wußte* sie denn nicht, daß es weit schlimmere Schicksale gegeben hatte? Aber dann verstand ich: Schließlich war das der rote Faden ihres eigenen Überlebens.

Marianne hatte sich erinnert, daß die Beziehung zwischen den Familien mit einem Verkauf von Haushaltsgegenständen begonnen hatte. Lilli schien sie jedoch auf Kontakte ihres Ehemanns zurückzuführen. Christian kannte Jakob Ackermann aus der jüdischen Gemeinde gut. Sie hatten zusammen in einem großen Kellerraum auf dem Arrasschen Firmengelände für den Schwarzmarkt geschlachtet. Ja, räumte Lilli ein, sie hätten auch Geschäfte mit den Strauß' gemacht. Eine bunte Couch der Familie Strauß hatte den Krieg im Besitz der Arras' überstanden. Lilli erzählte mir, Alfred und Oe hätten ihnen am 23. Februar 1943 zu ihrer Hochzeit ein Telefontischchen geschenkt. Am 5. März seien die Hochzeitsgeschenke einem Bombenangriff zum Opfer gefallen.[28]

Mir drängte sich der Eindruck auf, daß Lilli an der Familie Strauß vor allem das großbügerliche Flair bewundert hatte. Ihre Eleganz und guten Manieren zeichneten sie als Menschen von Rang aus. Lilli erinnerte sich daran, wie sie Marianne kennengelernt hatte. Mit ihrem geflochtenem Haar habe sie wie »eine Baronin von einem Landgut« ausgesehen. »Da habe ich aufgeguckt.«[29] In einem der vielen Briefe, die sie mir nach dem ersten Interview geschickt hat, gedachte Lilli mit besonderer Freude eines Moments, in dem ihr Alfred seine Kriegsauszeichnungen gezeigt hat. Sie erzählte Alfred von den Orden ihres eigenen Vaters aus dem Ersten Weltkrieg – er hatte das Eiserne Kreuz erhalten. Lilli schrieb mir (wobei sie sich während des Schreibens daran erinnerte, daß Alfreds Ehefrau Lore hieß): »Da rief Herr Strauß: ›Lore hör doch mal!‹«[30] Dieses Erinnerungsfragment war von ergreifender Ironie. Der loyale deutsche Veteran, der sich über die Auszeichnungen eines anderen ehemaligen deutschen Soldaten freut, und die junge Lilli, die so viel Stolz bei der sozialen Anerkennung empfindet, die ihr von einem ausgestoßenen Juden entgegengebracht wird.

Wie kam es denn dazu, fragte ich, daß Christian den Krombachs einen solchen Dienst erweisen konnte? Darüber konnte oder wollte Lilli nur vage Vermutungen äußern. Sie sagte, Christian habe ihr vorher nicht gesagt, wohin er fahren wollte. Sie erinnerte sich daran, daß er mit Koffern voller Kleider in ein Lager gegangen war; sie meinte, es sei Theresienstadt gewesen, es hätte aber auch Izbica sein können. Er habe wohl die Wachen bestochen und sich als SS-Mann ausgegeben. Ich sagte, er habe nicht so tun müssen, er *sei* in der SS *gewesen*. Lilli wurde darauf hin sichtlich unruhig. Die Frage stand im Mittelpunkt unserer weiteren Unterhaltung und eine Weile lang auch im Zentrum unseres anschließenden Briefwechsels. Lilli bestand darauf, daß er nur im Militär gewesen sei, und zwar bei den Pionieren (dem technischen Korps der Armee). Er habe seinen Militärdienst von 1935 bis 1937 in Königsberg geleistet, aber sei nie in der SS gewesen.[31] Später versorgte mich Christian junior mit weiteren Einzelheiten. Sein Vater habe seinen Militärdienst in den dreißiger Jahren in einem Pionierbataillon geleistet und sei 1939 eingezogen worden, wo er im Rang eines Schirrmeisters für den Transport eines technischen Bataillons verantwortlich gewesen sei. Er sei erst in Polen stationiert gewesen, dann in Frankreich, dann wieder in Polen. Aber dem alten Herrn Arras sei es gelungen, die Anwesenheit seines Sohnes als für die Firma unabdingbar zu erklären, so daß er nach Hause kommen konnte. Erst später wurde Christian wieder eingezogen.

Nach unserem Interview schrieb mir Lilli noch zweimal zu diesem Thema. Sie schickte mir ein Foto, auf dem Christian in Wehrmachtsuniform abgebildet ist, sowie seine Entlassungspapiere aus einem Kriegsgefangenenlager, aus denen klar hervorgeht, daß er der Wehrmacht angehört hat und nicht der Waffen-SS. Im Berlin Document Center (BDC), in dem die Unterlagen ehemaliger SS- und Parteimitglieder aufbewahrt werden, gab es keine Akte über Christian Arras. Ganz am Ende meiner Recherche entdeckte ich schließlich Christian Arras' Entnazifizierungsakte. Laut diesen Unterlagen war er nicht nur nie SS-Mann, sondern auch niemals in der Partei gewesen.[32]

Marianne mußte sich demnach getäuscht haben. Sie hatte ja selbst gesagt, sie habe ihn nie in Uniform gesehen.

Aber wenn er nicht in der SS gewesen war, was hatte er dann in Izbica zu tun? Hatte er vielleicht für die Wehrmacht in der Gegend gearbeitet und war durch Bestechung ins Dorf gelangt? Ich fand mich damit ab, daß ich das wahrscheinlich nie herausfinden würde. Lilli erinnerte sich allerdings daran, daß die Wachen eine ziemlich hohe Summe gefordert hatten, bevor er zu den Krombachs gehen durfte.[33]

Die andere Frage war, warum Christian sich auf ein solches Risiko eingelassen hatte. Hier war sich Lilli sicher: Seine Gründe seien nicht ideologischer Art gewesen. Er sei schlicht und einfach gutherzig gewesen. Er habe Freunde gehabt, und diese Freundschaften hätten ihn zur Unterstützung veranlaßt. Ich entdeckte später, daß die Ackermanns, mit denen Christian eng befreundet war, mit demselben Zug deportiert worden waren wie die Krombachs, und aus Mariannes Hinweisen auf »Jakobs Freund« geht deutlich hervor, daß Christian in Izbica auch Jakob Ackermann helfen wollte. Als ich Christian junior kurz darauf in der Werkstatt aufsuchte, zeichnete er ein ähnliches Bild seines Vaters. Er habe kein Interesse an Politik gehabt. Vielmehr sei sein Vater im Nordviertel und im Stadtteil Segeroth aufgewachsen, wo es viele Juden gegeben habe, und habe als Jugendlicher viele jüdische Freunde gehabt. Vor allem sei er aber ein guter Mensch gewesen. Christian junior sagte, in seinem Armeezeugnis habe es geheißen, er sei »ein guter Kamerad und ein schlechter Soldat«.

Als Christian aus Izbica zurückkam, daran erinnerte sich Lilli, kam er mit einem dicken Stapel Briefe – das müssen wohl die Briefe von Ernst gewesen sein. Christian erzählte ihr ein wenig von dem, was er gesehen hatte, und das sei genug gewesen. Er habe ihr von einer Familie berichtet (möglicherweise den Krombachs), in der die Frau sehr krank gewesen sei. Sie erinnerte sich vage, daß die Menschen dort in Löchern vegetierten, absolut primitiv. Christian war bestürzt. Und dann verlieh Lilli bereits zum zweiten Mal in unserem Gespräch ihrem Gefühl der durcheinandergeratenen sozialen Ordnung Ausdruck.

Die Familie sei aus einem »gutbürgerlichen Haus [gewesen], furchtbar krank. Ganz erbarmungswürdig.«[34]

Aufgrund dieser Gespräche und der Korrespondenz sowie aus dem Fehlen einer BDC-Akte über Lillis Ehemann veränderte sich meine Haltung zu Christian Arras allmählich. Aber ich hatte seine Entnazifizierungsakte noch nicht gefunden und war noch nicht soweit, ihm den Status eines Helden zu verleihen.

Andere Stimmen

Nach der Deportation der Krombachs blieb Marianne mit Artur Jacobs in Verbindung, dessen Tagebucheintragungen über den Bombenabwurf auf das Krombachsche Haus wir bereits gelesen haben. Am 4. September beschäftigte sich Jacobs in seinem Tagebuch mit Izbica. Daraus geht hervor, daß Marianne ihm Ernsts Bericht vorgelegt haben muß.[35] In den nächsten Tagen zitierte er mehrmals direkt aus Ernsts Briefen, so auch am 16. September. Die Lektüre muß diesen empfindsamen Mann deprimiert haben, denn vor dem Exzerpt notierte er:

> Gespräch mit einem Mann, der aus dem General-Gouv. zurückkehrte (auch in I war). Einfacher Mensch, nüchtern, bloß Tatsachen. Glaubwürdiger Eindruck – verstärkt die schauerlichen Eindrücke der früheren Berichte.
>
> Da vollzieht sich eine Tragödie, die nur mit der Tragödie der Armenier im Ersten Weltkriege vergleichbar ist – fast noch schauerlicher.
>
> Immer wieder faßt man sich verzweifelt an die Stirn:
>
> Ist das möglich? Ist das menschen-möglich?!
>
> Oft ist mir, als wenn ich träumte, als wenn alles nur ein gräßlicher Alptraum gewesen wäre, und wenn ich gleich aufwachen müßte mit dem erlösenden Gefühl: Ach es war ja alles nur Traum.
>
> Aber welches Gehirn könnte sich einen solchen Traum ausdenken?!

Artur Jacobs' Eintrag bezeugt anschaulich, wie ein sensibler und mitfühlender Beobachter des jüdischen Schicksals allmählich die Ungeheuerlichkeit dessen, was sich im Osten abspielte, aufdeckte. Er erlaubt uns auch, einen weiteren Blick auf Arras zu werfen. Mit Sicherheit war er der Mann, von dem hier die Rede ist, denn er war gerade aus Izbica zurückgekehrt und wird so mit Ernsts Brief in Verbindung gebracht. Da mir bekannt war, welch ausgezeichnete Menschenkenntnis Jacobs besaß, war das für mich ein weiteres Indiz zugunsten von Arras.

Ungefähr zehn Tage später stieß ich bei Nachforschungen über Mariannes Vorfahren mütterlicherseits (den Rosenbergs aus Ahlen) auf Interviews, die der Regionalhistoriker Hans Gummersbach mit Imo Moszkowicz durchgeführt hatte, einem jüdisch-deutschen Ausschwitz-Überlebenden, der nach dem Krieg in Deutschland geblieben war.[36] Zu der Zeit wußte ich noch nichts von Gerüchten, die Moszkowicz' Cousin mit der den Strauß' im Jahr 1942 gewährten Gnadenfrist in Verbindung brachten. Ich erfuhr, daß Moszkowicz zwar in Ahlen geboren war, aber ab 1939 in Essen gelebt hatte. Beim Weiterlesen stolperte ich über eine erstaunliche Passage: Irgendwann zwischen April 1942 (als Imo Moszkowicz' Mutter nach Izbica deportiert worden war) und Februar 1943 (als Imo selbst nach Auschwitz deportiert wurde) war etwas geschehen, an das er sich noch lebhaft erinnerte und das doch so außergewöhnlich war, daß er es kaum glauben konnte. Aus »nicht nachvollziehbaren Gründen« sei ein »hochrangiger Militärmensch, vielleicht sogar SS-Mann« zu ihnen nach Hause gekommen und habe ihnen erzählt, was im Osten geschah:

> Er berichtete von den Vernichtungslagern. Wir hielten ihn, ganz töricht, für einen Gestapo-Spitzel, der uns ausfragen sollte. [...] Er kam aus dem Osten. Er sagte, wir sollten das Land verlassen, flüchten! Wir nahmen das für eine Provokation, um eventuell geschnappt zu werden. Wir haben diesem Mann hochgradig mißtraut. [...] Und ich entsinne mich, daß er mit einem Kopfschütteln weggegangen ist. So ist meine Erinnerung. Er hatte behauptet, er hätte Essener Familien im

Osten getroffen, er brachte sogar einen handgeschriebenen Gruß von irgendwelchen Essener Juden mit, mit denen er befreundet zu sein vorgab. Er hatte eine große Autoreparaturwerkstatt in Essen, Richtung Altenessen. Er hat für die Wehrmacht Fahrzeuge repariert und diese in den Osten gebracht. Als Nachschub, wie das damals hieß. Er hat den Transport begleitet, sagte er, weil er wissen wollte, was dort los war. Nach außen tat er ganz und gar, als ob er ein hunderprozentiger Hitleranhänger wäre und in Wirklichkeit versuchte er, das alles zu unterwandern.[37]

Wenn es nicht mehrere Besitzer großer LKW-Werkstätten im Essener Norden gegeben hat, die Wehrmachtslaster nach Polen brachten, muß dies Christian Arras gewesen sein. Als ich mich deswegen mit Imo Moszkowicz in Verbindung setzte, war er überrascht, mit einem Ereignis konfrontiert zu werden, das 50 Jahre zurücklag. Dank seiner Erinnerung hatte ich jetzt endlich eine plausiblere Erklärung dafür, was Arras im Osten zu suchen hatte. Er nutzte den Vorwand, die Wehrmachts-Lastwagen zu begleiten. Doch auch wenn ihm die Verträge mit der Wehrmacht einen Grund für seine Reisen nach Polen lieferten, brauchte er immer noch ungeheuer viel Mut (und wahrscheinlich nicht wenig Bargeld), um einen Ort wie Izbica zu betreten.

Warum tat Christian Arras das? Imo Moszkowicz hatte sich auch schon den Kopf darüber zerbrochen, wie er mir in einem späteren Brief anvertraute:

Christian Arras suchte ich nach der Befreiung, hoffend, daß er über den Verbleib meiner Familie etwas weiß. Aber meine Absicht, ihn, in jener Zeit – in der Bahn und Post noch nicht wieder funktionierten – (und das Leben auf mich wartete!) zu suchen, verlor sich bald; zumal ich erst *jetzt*, durch Ihren Brief, den Namen Arras in mein Gedächtnis habe zurückrufen können; damals wollte er und wollte er mir nicht einfallen.

Ja, er organisierte Aufträge zur Reparatur an Lastkraftwagen der Wehrmacht und er verstand es, daß er die Rückführung der reparierten Fahrzeuge in den Osten persönlich besorgen konnte. Es ging ihm – glaube ich mich zu erinnern – um einen jüdischen Freund, dessen Namen ich nicht mehr weiß, der nach Izbica verbracht worden war, den er dort suchte und wohl auch fand.

Arras war ein Held.

Ist eigentlich in Essen sein Lied gesungen worden?

Ach, wissen Sie, Mark Roseman, auch wir, die wir überlebt haben, sind – nach jener Zeit – schwerster Unterlassungssünden schuldig geworden, vielfältig.[38]

Als ich Hanna Aron interviewte (deren Erinnerung, ihren Geliebten in den Holbeckshof begleitet zu haben, Marianne unbewußt ausgeliehen hatte), hatte auch sie mir etwas über Arras zu erzählen. All dieses unter der Oberfläche verborgene gemeinsame Wissen! Hannas Mutter Irene Drucker war Sekretärin im Jüdischen Gemeindebüro gewesen, und Hanna sagte, ihre Mutter habe ihr von Arras erzählt, einem deutschen Soldaten, der ihnen Hilfe und Informationen verschaffte. Aber sie durfte niemandem etwas davon sagen. »Ich glaube, er war ein guter Mann; er hat sein eigenes Leben aufs Spiel gesetzt. Warum er das tat, weiß ich nicht, denn es war hochgefährlich. Er muß wirklich eine Verpflichtung gefühlt haben, für ihn muß es eine Frage des Gewissens gewesen sein. Sonst würde man so etwas nicht tun. Sie wußten alle, daß man ins Lager gebracht werden konnte.«[39]

Laut Hanna stellte die Gemeinde Nahrungsmittelpakete zusammen, die Christian Arras nach Izbica brachte.[40] Sie erzählte mir, daß ihre Vorstellungen über die Bedingungen im Osten durch seinen Besuch im Gemeindebüro völlig verändert wurden. Als er erzählte, was er im Osten gesehen hatte, verloren die Essener Juden alle Illusionen, daß man die Deportation überleben könnte.

Imo und Hanna nahmen mir meine Skepsis. Hier konnte kein materieller Anreiz im Spiel gewesen sein, da die verarmten Moszkowicz-Jungen Christian Arras schließlich nichts anzubieten hatten. Ich hatte keine Zweifel mehr: Christian Arras war ein Held, wenn auch ein ungewöhnlicher.

Und doch konnte ich Mariannes Zwiespältigkeit nachvollziehen, deren Echo ich in den Berichten von Imo Moszkowicz und Hanna Aron hörte. In der Atmosphäre des Terrors muß fast jede freundliche Geste suspekt gewesen sein. Ich konnte auch verstehen, daß Marianne und Imo in allen deutschen Uniformen – seien es die der Wehrmacht, wie in diesem Fall, der Bahn oder Polizei – die bedrohliche SS-Uniform sahen. Auf dieses Phänomen sollte ich bei meinen Interviewpartnern immer wieder stoßen. Es war zudem leicht zu verstehen, warum es ihnen so schwerfiel, Arras' Handlungen zu ergründen. Hier war ein apolitischer Mensch, nicht erhaben über ein paar Schwarzmarktgeschäfte, der sich auf ein äußerst gefährliches Unterfangen einließ. Aber wofür?

Als ich Hanna Aron fragte, ob sie ihre positiven Erinnerungen auch schriftlich festhalten würde, damit ich sie nach Yad Vashem weiterleiten könnte, um Arras eventuell Anerkennung zuteil werden zu lassen, stellte sie plötzlich alles in Frage. Sie schrieb: »Zu der Zeit glaubten wir, daß er die Pakete abgeliefert hat. Heute bin ich mir da gar nicht mehr so sicher. Er berichtete auch von den Menschen, die noch da waren. Heute muß ich mich fragen: Wie wußte er davon? War er selbst in einem der Kommandos? Ich habe vor kurzem Daniel Goldhagens Buch über die Kommandos gelesen. Mich würde nichts mehr überraschen.«[41] Sie schrieb das, obwohl Ernsts Briefe (die ja erhalten waren) einwandfrei bewiesen, daß Arras die ihm anvertrauten Päckchen abgegeben hatte. Aber was Arras getan hatte, widersprach allem, was man über die Deutschen und Deutschland wußte, so daß es schwer war, an seine guten Taten zu glauben.

Ernsts Schicksal

Leider konnte Arras kein Rettungsseil zu Ernst spannen, wie Marianne gehofft hatte. Izbica war nur ein Zwischenstop auf dem Weg in die Vernichtungslager. Daß Ernst all diese Monate überlebt hatte, war einzig das Resultat einer Reihe logistischer Störfälle in der Tötungsmaschinerie.[42] Im April 1942 waren die Einrichtungen im nahegelegenen Bełżec übervoll, weshalb für eine Weile keine Deportationen stattfanden. Die existierende Tötungsvorrichtung wurde niedergerissen und eine größere Einrichtung gebaut. Eine Zeitlang, im Mai und im Juni, wurden die Menschen in Sobibór umgebracht, bis die Sommeroffensive in die Sowjetunion zu einem Stop aller nicht-militärischen Transporte führte. Im August, als Ernst seinen Brief an Marianne schrieb, wurden viel Personal und viele Fahrzeuge für die »Großaktion« im Warschauer Ghetto gebraucht, in deren Rahmen 300000 Menschen innerhalb weniger Wochen deportiert wurden, die meisten von ihnen nach Treblinka.[43] Erst Ende August konnten wieder mehr Deportationen aus dem Bezirk Lublin stattfinden. Doch noch immer bremsten technische Probleme – zum Beispiel mit der Eisenbahnverbindung nach Sobibór – das Tempo der Deportationen. Anfang Oktober 1942, als die Tötungswelle heranrollte, wurde Izbica wiederum verschont, weil die Auslöschungen zunächst im Norden des Bezirks vonstatten gingen.[44]

Zunächst war nur das andauernde Postembargo für Marianne ein Anzeichen von Gefahr. Anfang September schrieb sie an das Rote Kreuz im Generalgouvernement und fragte, ob man dort Päckchen für sie weiterleiten könne. Die knappe Antwort eines Herrn Michel, datiert auf den 14. September 1942, informierte sie, daß nur Pakete, die im Präsidium des Deutschen Roten Kreuzes in Berlin registriert worden seien, weitergeleitet werden könnten. Sie solle sich in Berlin nach den Bestimmungen erkundigen.

In ihrem privaten Tagebuch, das Marianne Ende September begonnen hat, schlägt sich ihre zunehmende Ungewißheit darüber nieder, wie sie mit Ernst in Verbindung bleiben könnte. Hier gestattete sie sich düsterere Gedanken, als sie in dem Brief-Tagebuch an Ernst zum Ausdruck bringen wollte. Am 6. Oktober 1942 bekannte sie zum ersten Mal, daß viele Leute sagten, niemand käme zurück aus Izbica.[45] Am 22. Oktober läßt ein außerordentlich vorsichtiger Eintrag darauf schließen, daß Christian wieder in Izbica gewesen war und es Hinweise darauf gab, daß die Krombachs noch dort waren. Vielleicht konnte Christian Ernst bald wieder treffen: »Doch nun haben wir die Hoffnung, daß unser langer Freund ihn besuchen wird, denn wir wissen nun endlich, daß sie noch da sind.« Falls Nachrichten von dort eintrafen, sind sie nicht erhalten geblieben.

Es entzog sich natürlich Mariannes Kenntnis, daß der 22. Oktober der Tag war, an dem die Räumung von Izbica wirklich begann. Alles in allem waren mehr als 50 000 Juden aus dem Bezirk Lublin von der Aktion betroffen, die sich bis Anfang November hinzog.[46] Zu dieser Zeit kannten die meisten von ihnen ihr Schicksal bereits, weswegen mit viel Gewalt gegen sie vorgegangen werden mußte. Viele Juden flohen aus den Ghettos in die Wälder.[47] Massenerschießungen folgten. Mehr als 10 000 Juden wurden zwischen Oktober und Dezember allein im Lubliner Bezirk erschossen.

Thomas Blatt erinnerte sich lebhaft an den 22. Oktober. Der Ort wurde von SS-Soldaten umzingelt. Engels, der dortige Befehlshaber der Gestapo, rief die jüdischen Räte zu sich. Viele Bewohner befürchteten, daß dies das Ende von Izbica sei. Es war sinnlos, sich zu verstecken, denn es gab keine Hoffnung, sich frei bewegen zu können, sobald die Aktion vorüber sein würde. Die ortsansässigen nicht-jüdischen Bürger lieferten jeden aus, der sich zu verstecken suchte. Also gingen die Juden zur vorgeschriebenen Zeit, um 14 Uhr, zum Bahnhof. Blatt versteckte sich trotzdem, während seine Familie weiterlief. Aus der Richtung des Bahnhofs kamen Schreie und Maschinengewehrsalven. Später hörte er jemanden Jiddisch sprechen; aus seinem Versteck heraus sah er, wie Menschen in den Ort zurückkehrten; einige trugen jämmerliche Habseligkeiten, andere waren voller Blut und weinten. Als er nach Hause ging, fand er dort seine Mutter, seinen Vater und seinen Bruder lebend vor. Der Zug war zu klein gewesen, weshalb Engels eine Selektion durchgeführt hatte. Er hatte sein Maschinengewehr auf der Schulter des Vorsitzenden des Judenrates abgestützt und eine Gruppe von Menschen niedergemäht und die anderen in die Güterwagen gezwungen. Sie wurden zu so vielen hineingestopft, daß manch einer schon erstickt war, bevor der Zug den Bahnhof verlassen hatte. Die restlichen wurden nach Hause geschickt.[48]

Es scheint, als hätten die Krombachs sogar diesen grauenvollen Einsatz überlebt, aber im November folgten weitere Deportationen.[49] Am 25. November schrieb Marianne verschlüsselt über einen Besuch von Christian Arras:

> Heute ist mir wieder das Herz so schwer: jemand, der von dort kommt, hat erzählt, daß niemand mehr in Izbica sei. Immer wieder hätte er sich umgesehen und gefragt, aber seit der letzten Zeit sollen alle von dort fortgekommen sein; vielleicht in die nächste Umgegend von Lublin. – Wer weiß! Der Winter, der immer näher rückt, macht mir Sorgen, wie noch nie zuvor. Ich denke immer nur an Euch, wie er Euch wohl begegnen mag und wie Ihr ihn besteht. Nur in der Not kann man seine Kleinheit und Unbedeutsamkeit in ihrer ganzen Kraft ermessen und daran erkennen, wie ohnmächtig man ist.[50]

Im Dezember folgten weitere Nachrichten. Christian Arras war erneut geschäftlich in die Gegend gereist und hatte Post für Ernst mitgenommen. Aber die Verhältnisse, auf die er diesmal stieß, waren ganz anders als zuvor. Am 30. Dezember 1942 schrieb Marianne in ihr privates Tagebuch:

> Ich weiß nun nicht mehr, was ich eigentlich schreiben soll, denn das Leben ist zwecklos in seiner Aussichtslosigkeit. Es ist ein Kreis, in dem man herumläuft und aus dem kein Weg herausführt.
>
> Nach genau 4 Monaten endlich eine Nachricht. Unser lieber Freund brachte sie wieder, seit dessen letztem Bericht kein Lebenszeichen mehr gekommen war. Aber sie war noch um so vieles schrecklicher als die letzte. Es gibt Dinge, von denen man weiß, daß sie furchtbar sind, aber deren Grausamkeit man nie völlig erfaßt, um dadurch vor dem Irrsinn geschützt zu sein; nur manchmal leuchtet eine Erkenntnis

auf, die mehr als lähmend ist und die uns zeigt, was der Mensch in Wirklichkeit bedeutet, oder besser: was er nicht bedeutet.

Irgendwo hat mein Glaube nun ein Loch bekommen, und ich kann nur noch ängstlich darüber wachen, daß es nicht weiter reißt. … Ich habe Angst um Dich, nun, da Du so ganz allein und auf Dich gestellt bist. Die Mutter fort, niemand weiß, wohin sie mit all den anderen gekommen ist; das Los der meisten. Der liebe Gott muß bei Dir sein. Der Vater – gestorben, an Rippenfellentzündung, wie man sagt.

Man sagt und hört und schreibt Worte, deren Sinn man ja gar nicht versteht! Und Du, Du erlebst ihre grausige Wirklichkeit und Du mußt stark sein, daß Du nicht selbst … hörst Du, Du musst! Wie Du aussiehst möchte ich wissen, wie Du lebst. All das lastet ja so unendlich auf mir, das Nicht-wissen und Nicht-helfen-können! Ich möchte Dir so ganz, ganz nahe sein. Und noch nicht einmal mit Post kann ich das.

Und trotz allem musst Du stark bleiben und Deinen seelischen Halt bewahren, denn wenn Du den verlierst, hast Du Dich ja selbst aufgegeben.

Armes Bündel Mensch! Ich will nicht mehr!

Mehr als 50 Jahre später erinnerte sich Marianne noch daran, was Arras ihr erzählt hatte: »Von den paar hundert Leuten, die im April 1942 dort angekommen waren, war nur noch eine Handvoll über, etwa 60 Menschen aus dieser einen Gruppe. Der Rest war entweder getötet worden, oder sie waren weggeschickt oder einfach erschossen worden – hatten versucht zu fliehen und wurden erschossen, oder sie waren verhungert oder einer Krankheit zum Opfer gefallen.«[51] Und Ernst selbst? »Ernst, sagte er, sei für ein medizinisches Experiment benutzt worden und habe sein Augenlicht verloren. Ob das für immer war, wußte er nicht.«[52]

Ein sehr vorsichtiger Brief, den Marianne an einen Herrn Austerlitz schrieb,[53] benachrichtigte diesen von David Krombachs Tod, ohne dessen Namen zu erwähnen. Der Sohn sei durch einen »Unfall« erblindet, ob irreparabel stehe nicht fest. Zur selben Zeit schrieb Marianne an Emil Fuchs in Berlin, um herauszufinden, ob die Reichsvereinigung irgendwelche Möglichkeiten hatte, mit den Deportierten (beziehungsweise »Evakuierten«, wie sie offiziell genannt wurden) Verbindung aufzunehmen. Aber Fuchs konnte keine Hilfe anbieten:

> Sehr geehrtes Fräulein Strauß!
>
> Zu meinem sehr großen Bedauern muß ich Ihnen mitteilen, daß auch uns alle – aber auch alle – Möglichkeiten abgeschnitten sind, mit solchen, die evakuiert wurden, in Beziehung zu treten.
>
> Seit einigen Monaten sind alle Wege geschlossen, die wir immer neu versuchten und suchten.
>
> Wir leiden sehr darunter. Aber wir sind hilflos.
>
> Seien Sie in tiefer schmerzlicher Teilnahme gegrüßt von Ihrem
>
> Emil Fuchs[54]

Wie es für Marianne charakteristisch war, ließ sie es nicht dabei bewenden. Unter der Adresse des Jüdischen Gemeindebüros wandte sie sich wieder mutig an das Rote Kreuz und fragte, ob an Ernst Krombach Post geschickt werden könne. Ende Januar erhielt sie eine Antwort des Beauftragten des Deutschen Roten Kreuzes aus dem Generalgouvernement in Polen. In trockenem Amtsdeutsch und wenigen Worten informierte er sie, daß »die Zustellung Ihres Briefes an den Obengenannten nicht möglich ist«.[55] Man kann sich vorstellen, welche Qualen der Ungewißheit dem Erhalt eines solchen Briefes folgen mußten. Hatte das zu bedeuten, daß Briefe und Pakete grundsätzlich nicht ausgetragen wurden, oder war Ernst nicht da, um sie in Empfang zu nehmen?

Marianne schrieb noch einmal, und am 10. Februar traf ein weiterer Brief aus demselben Büro ein, in dem man sie widerwillig etwas mehr wissen ließ: »Unter Bezugnahme auf Ihr Schreiben vom 1. 2. 1943 teile ich Ihnen mit, daß im allgemeinen eine Nachrichtenvermittlung an Juden möglich ist und nur in diesem Falle die von Ihnen erbetene Nachricht nicht weitergeleitet werden kann.«[56] Was hatte »in diesem Falle« zu bedeuten? Bezog es sich auf ganz Izbica oder nur auf Ernst Krombach? Irgendein moralischer Zwang oder eine bestimmte Informationspolitik hinderten das Rote Kreuz daran, Mariannes Briefe einfach zu ignorieren, waren aber dennoch wenig hilfreich.

Unverzagt schrieb die hartnäckige Marianne noch einmal:

> Marianne Sara Strauß, Hindenburgstr. 75, an das Deutsche Rote Kreuz Krakau, 17. 2. 1943
>
> Betrifft: Nachrichtenvermittlung an Ernst Israel Krombach Aktenzeichen: S-O/GG J/II NR.6084/43/1
>
> Bezugnehmend auf Ihr Schreiben vom 10. d. M. belästige ich Sie nochmals mit folgender Frage, über deren Antwort mich Ihre letzte Nachricht im Zweifel läßt:
>
> Ist eine Nachrichtenübermittlung nach Izbica *generell* unmöglich, oder ist Ernst Israel Krombach dort nicht mehr erreichbar?
>
> Hat es Zweck seinen jetzigen Aufenthalt zu ermitteln und welche Stelle oder Organisation ist gegebenenfalls dafür zuständig?
>
> Im Voraus besten Dank für Ihre Bemühungen[57]

Als keine Antwort eintraf, schickte sie ihre Anfrage noch einmal los. Daraufhin sandte ihr das Rote Kreuz die schlimmste aller möglichen Antworten: »Unter Bezugnahme auf Ihr Schreiben vom 8. 3. 43 teile ich Ihnen mit, daß der Obengenannte in dem Lager nicht mehr zu erreichen ist und weitere Nachforschungen zwecklos sind.«[58] Dieser Brief vermittelte eindeutig, daß weitere Bemühungen zwecklos wären, und zugleich ließ er Ernsts endgültiges Schicksal noch immer im unklaren.

Da sie sich von dieser Stelle nichts mehr erwartete, schrieb Marianne im April an die Hauptgeschäftstelle des Roten Kreuzes in Berlin, um sich zu erkundigen, ob das Schwedische Rote Kreuz im Generalgouvernement vertreten sei.[59] Wieder bekam sie keine Antwort, und wieder schickte sie einen zweiten

Brief.[60] Sie wurde mit einem lakonischen Dreizeiler belohnt, daß es dort keine schwedische Organisation gebe.[61] In all den Briefen, die sie bekommen hatte, gab es kein Wort des Verständnisses oder des Mitgefühls, noch nicht einmal die höfliche Geste eines »Sehr geehrte« oder »hochachtungsvoll«.

Was ist Ernst tatsächlich zugestoßen? Über Izbica ist so wenig bekannt, und es ist so gut wie unmöglich, an präzise Informationen zu kommen. Ich begann mich trotzdem zu fragen, ob Mariannes Erinnerung an Christian Arras' Bericht über medizinische Experimente zutreffen konnte. Solche Experimente setzten aber medizinische Forschungseinrichtungen voraus, die immer weniger zu dem paßten, was ich über den Ort herausfand. Außerdem gab es keinen Hinweis auf medizinische Experimente in Mariannes Briefen oder Tagebüchern aus jener Zeit. Nachdem Marianne vom Roten Kreuz nichts mehr erwarten konnte, wandte sie sich um Hilfe ins Ausland. Ich hatte nicht gewußt, daß deutsche Juden noch immer mit Freunden und Verwandten in den neutralen Ländern kommunizieren durften, aber am 15. April und am 16. Mai 1943 schrieb Marianne über das Rote Kreuz an eine ehemalige Gemeindeschwester, Schwester Julie Koppel, die jetzt in Stockholm lebte. In der Hoffnung, daß Julie durch ihre Verbindungen zum Roten Kreuz Informationen über Mariannes Geliebten einholen könnte, berichtete Marianne dasselbe wie in dem Brief an Herrn Austerlitz vom Januar. Ernst, schrieb sie, »soll infolge eines Unglücks erblindet sein«. Es ist natürlich möglich, daß dies absichtlich so neutral gehalten war, damit der Brief durch die Zensur kam.[62]

In seiner Sammlung von Nachrufen auf Essens jüdische Anwälte erzählt Bernd Schmalhausen in seiner Würdigung David Krombachs eine andere Geschichte. Laut Schmalhausen (und Enrique Krombach, der mir nachher genau dasselbe mitteilte) schrieb Schwester Julie Koppel an Enrique in Südamerika, daß Ernst nach einem fehlgeschlagenen Fluchtversuch von SS-Schergen vorsätzlich geblendet worden sei.[63] Wenn das zutraf, dann hatte Julie Koppel eine andere Informationsquelle über Izbica als Marianne. Seltsamerweise schrieb Julie jedoch am

25. Juni 1943 an Marianne, um ihr mitzuteilen, daß sie keine Informationen über die Krombachs habe und daß es unter den gegebenen Umständen unmöglich sei, mehr herauszufinden, wenn sie auch ihr Bestes tun würde. Soweit ich weiß, existiert der Brief von Julie Koppel an Enrique nicht mehr, so daß auch Schmalhausens Bericht auf Enriques Erinnerung basierte.

Ich schrieb an Thomas Blatt und fragte ihn, ob er sich an medizinische Experimente oder einen versuchten Ausbruch deutscher Juden in Izbica erinnerte. Er war sich sicher, daß es Ersteres dort nicht gegeben hatte, und relativ sicher, daß es auch keine Ausbruchsversuche gegeben hatte, jedenfalls nicht von deutschen Juden.[64]

In Artur Jacobs' Tagebuch fand sich ein weiterer Teil des Puzzles. Am 31. Dezember 1942 schrieb er eine der düstersten Bemerkungen zum Krieg:

> Soeben ist Marianne gegangen. Es liegt noch wie eine Betäubung auf mir. Immer denke ich: es ist nicht wahr. Du träumst, es kann ja nicht sein und bemühe mich, es wegzuwischen.
>
> Dr. Krombach gestorben, seine Frau fort, der Junge erblindet …
>
> Die andern Schicksale ähnlich. Nur noch knapp ein Zehntel der Essener dort, die anderen tot oder weitergeschleppt, Frau Krombach zwei Tage nach dem Tod ihres Mannes. Das sei so üblich. Stirbt der Mann, kommt die Frau fort.
>
> Der Junge arbeitet in einer Sprengstoffabrik und ist bei einer Explosion ums Augenlicht gekommen. Wo er ist, was er jetzt tut, wie er lebt, ob ihm jemand hilft, wo jeder nur mit äußerster Anstrengung für sich selbst sorgen kann, niemand weiß es.
>
> Noch sehe ich den Vater vor mir, wie er am letzten Tage vor der Abreise todmüde und abgearbeitet mit ganz zerfurchtem Gesicht aus einer Sitzung kam […]
>
> Mann tot – Frau verschleppt (wer weiß, wohin? Ob sie überhaupt noch lebt?) Und der Junge – blind!
>
> Grauenhaft greifbar steht das jüdische Schicksal in seiner

ganzen nackten Furchtbarkeit und Aussichtslosigkeit vor einem.[65]

Hier also war eine weitere Version – erblindet durch einen Unfall in einer Sprengstoffabrik. Oder war das überhaupt etwas anderes? War es nicht im Grunde das, was Marianne im Januar 1943 an Austerlitz geschrieben hatte und im Mai an Julie Koppel? Davon beeinflußt, was sie mir über die medizinischen Experimente geschrieben hatte, hatte ich angenommen, daß die Briefe eine selbstbereinigte Version der Ereignisse boten und nicht die Wahrheit. Jetzt schien es so, als hätten die Briefe die schlichte und entsetzliche Wahrheit konstatiert. Wenn das stimmte, dann bedeutete es, daß beide, Marianne und Enrique, die auf verschiedenen Kontinenten lebten, sich nach dem Krieg private Legenden über Ernsts Schicksal geschaffen hatten.

Noch etwas sprach für einen Unfall. Im August 1945 schrieb Liesel Sternberg (eine frühere Angestellte und Freundin von David Krombach, die seit 1939 in Birmingham lebte) an eine Kollegin in Essen und versuchte, die Spur der Krombachs zu verfolgen.[66] Liesel bezog sich auf einen Brief, den sie gerade von Enrique Krombach erhalten hatte und in dem stand, er habe im September 1943 von Julie Koppel erfahren, daß Ernst durch einen Unfall in einer Fabrik erblindet sei. Mit anderen Worten, direkt nach Kriegsende hatte Enrique eindeutig angenommen, daß sein Bruder durch einen Arbeitsunfall erblindet war. Es ist unwahrscheinlich, daß Julie Koppel später andere Informationen nachreichte. So wurde deutlich, daß die Geschichte der Flucht und die des medizinischen Experiments spätere Erfindungen waren.

Natürlich führt uns diese Kette von Briefen und Tagebucheintragungen nur auf Arras' ursprünglichen Bericht zurück, und wir werden nie herausfinden, inwiefern dieser zutraf. Wir wissen nicht, wie er an die Information über David Krombach gelangt ist. »Rippenfellentzündung« hört sich wie eine dieser vorgeschobenen Todesursachen an, die die Konzentrationslager lieferten, wenn Erkundigungen eingezogen wurden. Wir können aber sagen, daß Marianne und Enrique unabhängig voneinander unterschiedliche Versionen von Ernsts Schicksal von einem gemeinsamen Ausgangspunkt entwickelten. Ich konnte Marianne zu diesem Prozeß nicht befragen, weil sie vor meinen Entdeckungen starb. Enrique hingegen überraschte, was ich herausgefunden hatte. Er stimmte mir zu, seit dem Krieg keine neuen Informationen erhalten zu haben. Also warum sollte sich seine Erinnerung verändert haben? Wie er selbst feststellte, war es schließlich nicht so, daß seine Version leichter zu ertragen war. Im Gegenteil, sie war noch grausamer als der ursprüngliche Bericht. Marianne und er hatten der Geschichte, die ihnen erzählt worden war, noch eine grauenvolle Nuance hinzugefügt. Später, als ich mehr über das Schicksal von Mariannes eigener Familie herausfand, sollte ich auch bemerken, daß diesen Umarbeitungen ein erkennbares Muster zugrunde lag.

Eines war klar: Izbica war kein Ort, wo ein Blinder überleben konnte, schon gar nicht, wenn man ihm seine Familie genommen hatte. Der Gedanke an den erblindeten Ernst, der an diesem entsetzlichen Ort ohne einen einzigen Freund herumirrt, ist unerträglich. »Oh, diese schönen Augen, die so vertrauend in die Welt sahen«, schrieb Julie Koppel im Juni 1943 an Marianne. »Ach wäre doch alles nicht wahr, was Sie wissen. – Auch wir hoffen auf Wunder.« Aber Ende 1942 gab es keine Wunder in Izbica. Für eine kurze Zeit durften Juden wieder in der Stadt arbeiten. Im April 1943 fand die endgültige Räumung statt, und die letzten Juden wurden nach Sobibór deportiert.[67]

Soweit wir wissen, war Schwester Julies Brief vom Juni 1943 der letzte Brief, den Marianne über Ernst erhielt. Doch hinterließ Ernst Marianne auch ein materielles Andenken: In Mariannes Haus fanden Vivian und ich in der allerletzten Plastiktüte mit Papieren einen goldenen Ring mit der Gravur: »Ernest, März 1942«. Dies muß der Verlobungsring gewesen sein, den Ernst Marianne vor seiner Deportation geschenkt hatte.

8

Deportationen, Tod und der Bund

Für Mariannes Eltern muß 1942 ein langes und elendes Jahr unter stetig sich verschlechternden Bedingungen gewesen sein. Es ist makaber, daß die Bestimmungen, die den Juden das Leben so schwermachten, immer umfangreicher wurden, just zu der Zeit, als es in Deutschland immer weniger Juden gab. Im Verlauf des Jahres wurden den Juden erst Eier, dann Weißbrot und Brötchen, später Zigaretten und viele andere Dinge verwehrt. Die Zuteilungen für Juden fielen unter die Hungergrenze. Mit ihrem Geld und ihren Kontakten gelang es der Familie Strauß, über die Runden zu kommen, wobei ihr Leben sicher alles andere als annehmbar war. Juden durften nicht mehr mit den öffentlichen Transportmitteln fahren. Auch die Kommunikation gestaltete sich schwierig. Nachdem man erst die privaten Telefone konfisziert hatte, durften Juden jetzt auch keine öffentlichen mehr benutzen. Ab März durften sie auch keine Zeitungen und Zeitschriften mehr kaufen. Die Segregation wurde streng vorangetrieben, und jüdische Häuser mußten mit einem schwarzen Stern gekennzeichnet werden. Ebenso schritt die Enteignung fort – aus einer handschriftlichen Notiz unter den Familienpapieren der Strauß' geht hervor, daß sie am 22. Juni 1942 drei Schreibmaschinen, das letzte verbliebene Fahrrad und ihr Fernglas abliefern mußten.[1]

Wie wir gesehen haben, bewies das deutsche Beamtentum bis in den Frühling 1941 hinein gelegentlich noch eine Spur seiner ehemaligen Korrektheit. Nach dem Herbst 1941 war es allein die nie versagende Höflichkeit der Deutschen Bank, die die Strauß' an die Achtung erinnerte, die man ihnen einst entgegengebracht hatte. Beispielhaft für das Beamtentum war ein leitender Finanzinspektor des Oberfinanzpräsidiums Düsseldorf, der sich vor einer Überweisung an Else Dahl und Lore Strauß ohne Umschweife an die Gestapo wandte. »Bevor ich die Oberfinanzkasse, Düsseldorf, zur Auszahlung anweise, bitte ich um umgehende Mitteilung, ob mit einer baldigen Evakuierung dieser Jüdinnen zu rechnen ist.«[2] Mehr und mehr bemerkten die Strauß', daß Beamte sie als *personae non gratae* behandelten, deren Abreise in den Osten längst überfällig war.

Die Isolation der Familie wuchs. Bis 1942 hatte Richard noch so etwas wie ein gesellschaftliches Leben. Von 1939 bis 1941 hatte er die Jüdische Volksschule in Essen besucht. Weil ihm eine akademische Laufbahn, die er unter normalen Umständen gewählt hätte, vorenthalten wurde, begann er im Anschluß eine Ausbildung in der Metallverarbeitung und pendelte täglich zu einer jüdischen Werkstatt nach Köln.[3] Am 20. Juni 1942 wurden jedoch alle jüdischen Berufsschulen geschlossen. Fast alle jungen Juden, die sich noch in Köln aufhielten, wurden nach Minsk deportiert und kurz nach ihrer Ankunft ermordet.[4] Wahrscheinlich war es zu dieser Zeit, als Siegfried Privatunterricht für Richard organisierte. So scheint es, als seien weder Richard noch Marianne – im Gegensatz zu ihren jüdischen Altersgenossen – zur Zwangsarbeit verpflichtet worden.

Die einzigen sozialen Kontakte der Strauß' waren solche zu Nicht-Juden, die sich einem Risiko aussetzten, indem sie mit ihnen Geschäfte machten. Neben Christian und Lilli Arras tat dies unter anderem noch ein katholisches Paar, die Jürgens'. Marianne erklärte: »Meine Mutter hatte diese Frau Jürgens kennengelernt. Meine Mutter warf ihr die wundervollsten Silbersachen vor und Meißen und Gott weiß, was alles, im Tausch gegen ein Stück Fleisch oder was auch immer. Frau Jürgens hatte schließlich unheimlich viele Sachen, all die Möbel und Bilder, die sie nicht alle zurückgegeben hat. Aber so waren diese Beziehungen ... sie beruhten einfach nur auf der Notwendigkeit.«[5]

Auch Marianne wurde zunehmend isoliert. Einige ehemalige Klassenkameradinnen erinnerten sich, sie auf der anderen Straßenseite gesehen zu haben, sie trug den gelben Stern, aber keine traute sich, sie zu grüßen.[6] (Irgendwann wunderte ich mich darüber, warum sich die Klassenkameradinnen nie daran erinnerten, sie auf derselben Straßenseite gesehen zu haben.) Im Juni 1942 waren die meisten aus Mariannes noch verbliebenem jungen Freundeskreis in einem zweiten Transport nach Izbica gebracht worden.[7] Am 20. Juli wurden alle ihre älteren Patienten zusammen mit den Krankenschwestern und Gemeindeangestellten, auf die sie sich im Laufe der Zeit immer mehr verlassen hatte – Irma Ransenberg, Bärchen und die anderen –, auf Viehwaggons geladen und nach Theresienstadt deportiert.[8] Mariannes Großonkel und Großtante, Abraham und Anna Weyl, gehörten auch zu dieser barbarisch verschickten menschlichen Fracht. Die meisten von ihnen wurden, nachdem sie über ein Jahr in Theresienstadt waren, nach Auschwitz weitergeschickt.[9]

»Herr O[stermann] ist noch hier«, schrieb Marianne an Ernst am 21. Juli. »Sonst wäre es unerträglich. Aus allem herausgerissen. Hast Du aus meinen Briefen gespürt, wie die Arbeit mich ausfüllte und befriedigte? Es ist nun niemand mehr hier, den ich aus der Nähe umsorgen kann. So wird meine Sorge in verstärktem Masse Euch gelten.«[10]

Eine Weile war es jetzt Mariannes Hauptbeschäftigung, Sachen für die Pakete zu sammeln. Aber im Herbst schließlich, als deutlich wurde, daß keine Post mehr durchkam, verlor auch diese Tätigkeit ihren Sinn.

Marianne erledigte weiterhin wichtige Schreibarbeiten für die Gemeinde,[11] indem sie beispielsweise die Fragen emigrierter Juden nach zurückgelassenen Angehörigen beantwortete.[12] Wie Ernst konnte auch Marianne nicht verhindern, selbst ein winziges Rädchen in der Nazi-Maschinerie zu werden. Nun, als das Gros der Gemeinde nach Łódź, Minsk, Izbica deportiert worden war, stand noch eine Reihe kleinerer Deportationen an, und man hatte Marianne die Aufgabe zugeteilt, diejenigen zu informieren, die für den nächsten Transport vorgesehen waren. In diesem Zusammenhang erinnerte sie sich vor allem an eine Frau in den mittleren Jahren, »die allein lebte, der ich diese Nachricht bringe mußte. Sie nickte nur, sagte nichts, und am nächsten Tag fand man sie tot auf, sie hatte sich erhängt.«[13]

Imo Moszkowicz
und die Hindenburgstraße

Nach dem Sommer 1942 waren nur wenige privilegierte Juden oder solche, die für Kriegsarbeiten unentbehrlich waren, zurückgeblieben. Als die restlichen Juden vom Holbeckshof in die Hindenburgstraße einzogen, wurde es dort zwar wieder lebhafter, aber im Gegensatz zu den Kindern oder Alten benötigten sie keine besondere Hilfe. Es gab wenig, was Marianne für sie tun konnte: »Der traurige Überrest siedelt morgen von Steele nach 22 über. Im Saal werden Junggesellen untergebracht, 15 an der Zahl, die Ehepaare kommen in die anderen Zimmer und in die 88. So kommt wieder Leben in die Bude, die in der letzten Woche ganz ausgestorben war. Die Betroffenen sind darüber nicht sehr erbaut und das kann man ihnen wirklich nicht verdenken. Sie waren dort so ungehemmt.«[14]

Im Sommer 1997 gewann ich einen ganz unerwarteten Eindruck von Mariannes Wirkung auf diese Gruppe. Der 16jährige Imo Moszkowicz war einer der neuen Bewohner in der Hindenburgstraße. Imo ist in diesem Buch schon mehrfach aufgetaucht. Doch ich entdeckte, daß sein Leben mit dem Mariannes noch enger verwoben war, als mir bislang deutlich wurde.

Es begann mit meinem Besuch bei dem Historiker Hans Gummersbach. Von ihm erfuhr ich, daß Imo Moszkowicz in Ahlen aufgewachsen ist und daß er über die Rosenbergs, die Eltern von Mariannes Mutter, die Tanten und Onkel etwas erzählen konnte. 1939 war Imo nach Essen gekommen. Dann entdeckte ich, daß seine Mutter und die meisten seiner Geschwister im selben Zug wie die Krombachs nach Izbica deportiert wurden. Imo und Marianne waren zur selben Zeit am Essener Bahnhof gewesen, um dem Zug nachzuwinken. Noch dramatischer war seine Begegnung mit Christian Arras – eine Begegnung, an die er sich zwar noch gut erinnerte, die ihm aber nach 50 Jahren kaum mehr glaubhaft erschien. Weil mich diese vielfältigen Überschneidungen so überwältigten, lieh mir Dr. Gummersbach das Video einer Fernsehsendung, die er über Imo Moszkowicz' Leben produziert hatte.

Der Film folgte dem Lebensweg Imo Moszkowicz' von seiner Kindheit in Ahlen über seine Jahre in Essen bis zu seiner Deportation nach Auschwitz im Februar 1943. Nachdem er sowohl Auschwitz als auch die Todesmärsche überlebt hatte, entschloß er sich nach dem Krieg dazu, in Deutschland zu bleiben. Die zweite Hälfte des Films zeigte, wie der gutaussehende und charismatische Moszkowicz in der Nachkriegszeit als Theaterdirektor und Meister des neuen Mediums Fernsehen reüssierte, für das er über 100 Filme machte.

In dem Video wurde deutlich, mit welchem Widerstand Moszkowicz sich der Vergangenheit näherte – und das auch erst nach Jahrzehnten des Schweigens. Trotzdem konnte ich mich nicht enthalten, ihm zu schreiben. Er antwortete prompt per Fax: »Sehr geehrter Doktor Roseman, soeben erhielt ich Ihren Brief, der mich in Blitzschnelle in jene Vergangenheit stieß, der ich – vergeblich! – zu entfliehen versuche. Gibt es Marianne Strauß noch?«[15] Einen Tag später erhielt ich ein sechsseitiges Fax. Es begann mit Marianne:

> [...] mit strenger Intensität versuche ich, mich in jene Zeit zu versetzen, in der ich in Marianne Strauß' Gegenwart war; der Versuch, Konkretes aus der Erinnerung zu kramen, will allerdings nur schemenhaft gelingen.
>
> Marianne war ein Wesen, das mit allergrößter Selbstverständlichkeit mit den Schwierigkeiten der Zeit umging, adoriert von allen, die mit ihr waren. Wenn die Erinnerung mir nichts vorgaukelt, so meine ich, daß sie ihre Zöpfe meistens wie einen Haarkranz trug, was ihrem guten Aussehen einen besonderen Akzent gab.[16]

Dann wiederholte er den weitverbreiteten Irrtum, Siegfried habe den Nirosta-Stahl für Krupp erfunden und deswegen unter besonderem Schutz gestanden. Zu Imo Moszkowicz existierte eine weitere unerwartete Verbindung: Wie sich herausstellte, war Marianne nämlich die Nichte von Carlos (Karl) Rosenberg aus Ahlen, mit dem sich Imo nach dem Krieg angefreundet hatte.

Dann ging er ausführlich auf die Essener Deportationen und Arras ein und fuhr schließlich fort:

»Ist Ihnen Marianne Strauß überhaupt ein Begriff?« fragen Sie und treffen damit einen ganz wichtigen Punkt in meiner erinnernden Reflexion; man muß verstehen, daß Marianne eine außergewöhnliche Erscheinung in unserer damaligen Welt war, und das nicht nur äußerlich betrachtet. [...]

Marianne ist (war?) aus einem sehr guten Hause, aus einer assimilierten, fast goischen Familie, sehr reich und wohlerzogen, ich hingegen [...] bin aus einer bettelarmen, mehr oder weniger gläubigen, aus dem Osten stammenden Schusterfamilie. Und seit frühester Kindheit litt und leide ich unter der Unterschiedlichkeit zwischen Ost- und Westjuden. Ich verstand, daß das Yiddish meiner Eltern den westlichen Ohren nicht angenehm sein konnte, weil es wie ein deformiertes Deutsch klang; auch waren Kaftan und Peies [die Schläfenlocken orthodoxer Juden], die in der westlichen Welt kaum einer trug, eher ein abstoßendes Erscheinungsbild, waren schlimme Vorlagen für die Hetzblätter (›DER STÜRMER‹) und die karnevalistischen Vereine. [...]

Imo schrieb, daß, auch wenn die Nazis nicht zwischen den Juden aus Ost- und Westeuropa unterschieden, die Unstimmigkeiten und wechselseitigen Beschuldigungen innerhalb der Gemeinde zu keinem Ende kamen.

Aber, ich hatte bereits als Kind das belastende Gefühl, daß sich hier eine schlimme Distanzierung zeigte, die mich sehr bedrückte. Und selbst in allergefährlichsten Zeiten, denke ich, in Zeiten, da die Gaskammern bereits hochaktiv waren, gab es keine wirkliche Verschmelzung zwischen West- und Ostjuden. Man muß doch bedenken, daß es damals, im Jahre 38, als die polnischen Staatsangehörigen des Landes verwiesen, über die deutschpolnische Grenze abgeschoben wurden, nicht einmal von den im sicheren Ausland lebenden deutschen Juden Proteste gab, denn es war wohl vielen West-

Imo Moszkowicz *(Imo Moszkowicz)*

juden so unrecht nicht, daß diese ostjüdische Last – durch Hitler! – von ihnen genommen worden war, sie hingegen – als deutsche oder staatenlose Juden – jetzt den schnöden Vorteil der Unterschiedlichkeit – für eine Weile wenigstens – nutznießend in Anspruch nehmen konnten.

Marianne brach alle diese entsetzlichen Schranken, durch die Art und Weise wie sie uns begegnete nieder, gesellte sich zu uns Verfemten, nutzte ihr Privilegiertsein erst, als auch für sie die Situation handgreiflich lebensbedrohlich wurde, obwohl sie damals längst schon hätte ins schützende Ausland ziehen können.

Oder war es einfach nur die Liebe zu Ernst Krombach, die sie an Ort und Zeit band? [...]

So ist diese Marianne mir, in meiner Erinnerung, zu einem Begriff geworden, der den Traum von einer bedingungslosen jüdischen Einigkeit meint, und die diesen Traum – in der fürchterlichsten Hölle – in schönste Realität umsetzte, und mir damit meinen stets schwankenden Glauben an eine Notwendigkeit des Judentums immer wieder stabilisieren half.

Dafür verehre ich sie, achte ich sie, behielt ich sie all die Jahre in meinem Gefühl, in meiner Erinnerung. [...]

»Alles was Sie an diese Zeit an Essen erinnern können, würde mich sehr interessieren«, schreiben Sie mir.

Die mich belastende Rückkehr in diese Zeit habe ich, Mariannes wegen, noch einmal zu gehen versucht, obwohl ich mir fest vorgenommen hatte, dieses niemals mehr zu tun, denn alles, was mich an Essen erinnert, ist zwar stets und ständig in meiner Nachdenklichkeit, aber: darüber zu schreiben oder zu sprechen verlangt ein konzentriertes Rückversinken in eine Vergangenheit (die wohl immer auch Gegenwart ist), und das ist halt unsäglich schwer.

Nur für ein Denken an Marianne Strauß habe ich mich noch einmal überwunden, komme ich der schweren Pflicht des Zeitzeugen nach; vielleicht aber tat ich es, weil ich als lebenssüchtiger Jüngling eine so sehr starke Zuneigung zu ihr empfand, die man auch Liebe nennen darf.

Und dieses unbeschreibliche Empfinden ist durch Ihre Nachfrage wieder gegenwärtig.

Dafür bin ich Ihnen sehr, sehr dankbar.

Solange es ein Erinnern gibt – und mag es noch so belastend sein – sind alle Gewesenen existent: *Non omnis moriar*, sagt Horaz in seinen Oden.

Durch Imo Moszkowicz' Brief, seinen Schmerz und sein Staunen über die versteckten Verbindungen, die 57 Jahre später die Schatten wieder zum Leben erweckten, fühlte ich mich einen Moment lang als Teil der Geschichte, als Glied in der Kette. Natürlich gibt es immer Zufälle, Zusammenhänge und Assoziationen, die hinter jeder Ecke lauern, einige von ihnen, um entdeckt zu werden, während die anderen immer im Verborgenen bleiben. Aber hier ging es um mehr. Der Widerwille oder die Unfähigkeit, sich der Vergangenheit zu nähern, das Schweigen nach 1945 hatten eine Barriere sowohl vor die Wiederaufnahme als auch vor die Klärung von Beziehungen und Freundschaften gestellt. Obwohl ich es bedauerte, Marianne all diese Verwicklungen nicht mehr aufgedeckt haben zu können, fragte ich mich, ob sie überhaupt mit dieser in die Gegenwart zurückgeholten Vergangenheit fertig geworden wäre.

Und stand denn Imo Moszkowicz' idealisierte Marianne – oder vielmehr seine fast literarische Überhöhung Mariannes als Brücke zwischen Ostjuden und assimilierten Juden – in einer angemessenen Beziehung zur realen Person? Für Marianne war der Austausch in der Hindenburgstraße viel weniger bedeutsam. In ihrem Tagebuch erwähnte sie zwar einige Treffen mit den Jungen in der Hindenburgstraße, beispielsweise am 17. November 1942, als sie so verzweifelt war über das Ausbleiben von Nachrichten von Ernst, ein Treffen mit den Jungen zum Oneg Sabbat. (Oneg, wörtlich »Freude«, ist ein Arbeitstreffen am Sabbat.) Offensichtlich ging Marianne nur widerwillig dorthin. Sie fand, daß man sich aus Respekt vor denjenigen, die deportiert worden waren, nicht an seiner unverdienten Freiheit erfreuen sollte. Selbstironisch schrieb sie ihren Ansichten aber etwas »Puritanisches, Blaustrümpfiges« zu und ließ sich durch die Zusammenkunft schließlich doch etwas aufheitern. Sie lasen »Angst« von Stefan Zweig und sangen alte Lieder. Marianne war mit ihren Gedanken allerdings woanders.

»Meint Gott es gut mit uns?«

Es verwundert nicht, daß der 16jährige Imo solche Gefühle für Marianne hegte. Nicht nur ihre Schönheit, auch ihre Gelassenheit und Zuversicht, ihre Offenheit und Stärke riefen seine Bewunderung hervor und machten ihm Hoffnungen. Marianne bewies, daß es noch immer Juden gab, die nicht am Boden zerstört waren trotz allem, was ihnen das Dritte Reich angetan hatte. Zugleich hatte sie ein offenes Ohr für die Sorgen anderer und engagierte sich vorbehaltlos. Sie repräsentierte die beste Seite der jüdischen Elite. Und so überrascht Imo Moszkowicz' Annahme nicht, daß sie, wenn sie nur gewollt hätte, das Land jederzeit hätte verlassen können.

Marianne bestärkte Imo in seinem Glauben an den Judaismus, während es oft so schien, als ob Marianne ihre jüdische Herkunft eher gleichgültig war. Es war sicherlich kein Zufall, daß Hebräisch und Judaistik im Kindergarten-Seminar ihre schlechtesten Fächer waren. Marianne hatte mir ja auch von dem Bruch zwischen ihr und der Gemeinde erzählt, der durch das neiderfüllte Aufheulen im Haumannshof entstanden war. Und doch fungierte sie in Imo Moszkowicz' Gedächtnis als Symbol jüdischer Einheit.

Als ich aber Mariannes Tagebuch und Korrespondenz aus dem Jahr 1942 noch einmal durchsah, wurde mir bewußt, daß die Religion Marianne zu dieser Zeit mehr bedeutet hatte als je zuvor oder danach. Es ist bemerkenswert, wie oft Marianne in ihren Briefen an Ernst Gott erwähnte. »Ob Gott es gut mit uns meint? Wir wollen an Ihn glauben und hoffen, daß Er uns hilft. Nur in *dem* Gedanken können wir Trost finden.«[17] Als Ernsts Karte rechtzeitig zu ihrem Geburtstag eintraf, sah sie das als ein Zeichen der Vorsehung. Das unterscheidet die Briefe aus dieser Zeit deutlich von denjenigen, die sie in Berlin schrieb und von späteren Tagebucheintragungen. Im Jahr 1944 beispielsweise kommt sie nicht ein einziges Mal auf Gott zu sprechen.

1942 trug Marianne die jüdischen Feste in ihr Tagebuch ein. Manchmal schrieb sie nur, daß sie nicht begangen wurden. Mitunter aber schöpfte sie auch Hoffnung aus den Texten, die traditionell an diesen Tagen gelesen werden. Am 21. Mai bezog sie sich auf Shawout, das jüdische Pfingst- oder Wochenfest, und die damit einhergehende Zeit der Reflexion und Kontemplation.[18] Das nächste große Fest im Kalender ist Rosh Hashana, das jüdische Neujahrsfest, und um diesen Tag zu feiern, suchte Marianne ein Geschenk für Ernst aus, das sie ihm schicken wollte, sobald sich die Gelegenheit ergeben würde. Am feierlichsten Tag von allen, am Versöhnungstag Jom Kippur, schrieb Marianne, wie tröstend die Gebete seien, wieviel Hoffnung sie ihr geben würden. Und sie exzerpierte in ihrem Brief-Tagebuch für Ernst die Haftorah [19] des Propheten Jesaja, die am Morgen des Jom Kippur[20] vorgelesen wird.

Ernst unterschied in seinem Bericht aus Izbica zwischen deutschen und tchechoslowakischen Juden. Die tschechoslowakischen Juden »sind nicht so wie wir auf das Judentum gestossen worden und zu ihm zurückgeführt worden«. Das hätte ja zu bedeuten, daß die Nazis bei den deutschen Juden eine Besinnung auf den Judaismus bewirkt hatten, indem sie die jüdische Identität in den Vordergrund rückten. Ernst war ganz offensichtlich der Ansicht, daß Marianne eine solche Aussage nicht nur verstehen würde, sondern auch damit einverstanden wäre.

Anderen Menschen eine unveränderliche Identität zuzuschreiben ist immer ein Irrtum. Der Historiker Arno Klönne, der in der Weimarer Republik aufwuchs, schrieb zu diesem Thema in der Weimarer Zeit und in Nazideutschland: »Aus eigener Erfahrung weiß ich, daß es so etwas wie ein Fluktuieren des Bewußtseins geben kann und daß man in einem einzigen Jahr drei Phasen eines Selbstverständnisses durchlaufen kann, ohne aus seinem Jugendbund auszuscheiden: einen säkularjüdischen Nationalismus sozialistischer Prägung, einen deutsch ausgerichteten Antifaschismus und eine jüdische Religiosität.«[21]

Im Verlauf ihres späteren Lebens verlor Marianne aus den Augen, wieviel Kraft sie einst aus ihrer jüdischen Identität gezogen hatte. Im Jahr 1942 war der Judaismus für Marianne zeitweise tatsächlich eine Quelle des Trostes und der Kraft.

Abgrund der Verzweiflung

Im Oktober und November 1942, als Marianne noch immer nichts von Ernst gehört hatte und die Nachrichten und Gerüchte immer beängstigender wurden, ging es ihr von Tag zu Tag schlechter. Oft meinte sie, in einem Traum zu leben. Bei einer Operation am Fuß verwischten sich Realität und Alptraum vollends. Ihre Verletzung aus Berlin hatte sich wieder bemerkbar gemacht – ein großer Nachteil, da doch alle Busse und Bahnen für Juden verboten waren. Wo sollte sie sich nun behandeln lassen? Jüdische Ärzte gab es nicht mehr. In Essen-Steele gab es allerdings noch ein katholisches Krankenhaus, und Tante Oe, die mutiger als Regina war, schlug schließlich vor, daß Marianne sich einen Termin geben lassen sollte, ohne weitere Angaben zu machen. Der Chirurg stellte keine Fragen, und so wurde ein Termin für Mariannes dritte Operation Ende September 1942 festgesetzt.[22] Ein Teil des Knochens war abgesplittert und wanderte im Zeh. Marianne wurde mit Chloroform betäubt, woraufhin der Chirurg den erbsengroßen Splitter entfernte. Sie erzählte mir, daß das traumatische Erwachen nach der Operation von dem Entsetzen geprägt worden sei, vielleicht etwas gesagt zu haben, was ihre Identität preisgegeben haben könnte. Sie habe die Angst vor der Narkose ihr Leben lang nicht mehr verloren.

In ihren Tagebüchern habe ich diese Erfahrung nachgelesen, die sie wochenlang verfolgte. Sie habe eine »traumähnliche« Vision gehabt, schrieb sie am 3. Oktober 1942, »wie grausam das Leben ist und wie schlecht die Menschen damit fertig werden, aber daß Gott so gnädig ist, sie trotzdem leben zu lassen«. Sie stand vor einer Art göttlichem Gericht, ein kleiner, nur mit einem Hemd bekleideter Junge wanderte umher und spielte eine Melodie; sie konnte die Gegenwart anderer spüren, sie aber nicht sehen. Und dann plötzlich: »Es ist, als wenn sich *in dieser einen* Minute das Leben an mir vollstrecken würde, in dieser *einzigen Minute* des *Wachseins* unerbittlich die Prüfung Gottes vollziehen würde; aber ich bin nicht mehr *Ich*, sondern verantwortlich für *alle Menschen* und das Urteil: ›Ihr seid nicht wert, als höherentwickelte Wesen zu gelten … aber ich will gnädig sein und Euch dulden, wie bisher.‹ Doch noch immer ist die Todesangst nicht gewichen …«[23]

Diese Epiphanie, teils Alptraum, teils Prophezeiung, beschäftigte Marianne monatelang. Am 18. Oktober schrieb sie ihren bis dahin düstersten Tagebucheintrag:

Sonntag, den 18. Oktober

Geliebter, und nun weiß ich nicht, wie ich all das aus mir heraus schreiben soll, was da tief in mir sitzt; all die entsetzliche

Angst, die mich umkriecht, wie ich sie bekämpfen soll und kann, wenn meine Waffen immer weniger, und meine Kräfte immer geringer werden, all dem Schweren begegnen sollen. Nächtens wenn ich wach liege oder aufrecht im Bett sitze, kommt es schleichend immer näher und näher, all das Grauenvolle und ich erlebe dann alles, was Dir das Dasein unerträglich macht und was Euch alle seelisch und körperlich umbringen muß. Und ich verfluche meine Ohnmacht und ich rette mich in ein Gebet, das mir nicht mehr als Trost und Dir nicht einmal das geben kann. Wie lange wird Gott das noch mit ansehen! Ich wünsche, das entsetzliche Leben hätte endlich ein Ende. Und trotzdem nimmt man alles hin, wie es kommt, ergreift was geboten wird, wahllos, im Gefühl des Provisorischen, Behelfsmäßigen.

Nun folgte ein Schock auf den nächsten. Ende des Jahres kam Christian Arras mit der grauenvollen Nachricht, daß Ernst erblindet und auf sich allein gestellt war. Und als Marianne gedacht haben muß, daß sie nichts mehr ertragen konnte, traf ein Brief von Edith Caspari ein, ihrer ehemaligen Lehrerin in Wyk und am Berliner Seminar, den diese am 31. Dezember geschrieben hatte.[24] Edith beschrieb darin die Fassungslosigkeit der Berliner Gemeinde. Mütter waren ohne ihre Kinder deportiert worden. So war ein 14jähriges Mädchen allein zurückgelassen worden, weil sie zur Zeit der Deportation an Diphtherie erkrankt war. Was Marianne aber unsagbar traurig gemacht haben muß, waren die Nachrichten von ihren alten Freunden und Lehrerinnen. Die geistreiche Hannah Karminski, ihre ehemalige Lehrerin und Prüferin, war als Geisel genommen und daraufhin mit 500 anderen Angestellten der RV deportiert worden. Karminski starb während des Transports (was Edith Caspari noch nicht wissen konnte).[25] Andere Geiseln waren erschossen worden, auch Alfred Selbiger, Mariannes gutaussehender Gesprächspartner vom Februar, auf den Ernst so eifersüchtig gewesen war. Edith Caspari schrieb, das Buch Hiob sei nun »unser Buch«, und sie beendete den Brief mit einem herzlichen: »Leben Sie wohl! Hoffen wir auf ein besseres neues Jahr! Bleiben Sie meine Marianne!«

Das war das Ende. Die Nachrichten waren dermaßen verheerend, sie waren so entsetzlich, das Gefühl der Hilflosigkeit war so überwältigend, daß es nichts mehr tun, nichts mehr zu sagen gab. Nachdem Marianne den folgenden Eintrag getippt hatte, brach sie das Brief-Tagebuch ab.

Neujahr 1943

Neujahr. Und es sieht so ganz anders aus, als wir dachten und erhofften. Was kann ein Jahr aus einem Menschen machen, ein Tag, eine Stunde nur ... nicht denken, nicht denken! Unser Neujahrsspaziergang im vorigen Jahr, die Kirche mit der Orgel hat unsere unendlichen Wünsche erlauscht. Lieber! Ich kann das Ungeheuerliche nicht fassen! Bei Dir sein, Dir helfen, Dich beschützen! Lieber, Lieber was hab ich getan! Daß ich nicht bei Dir geblieben bin oder Dich aus der Gefahr gebracht habe! All die Barrikaden und unser bürgerliches, anständiges Denken, wir hätten es uns sparen sollen. Aber wer kann all das voraussehen! Was das Jahr uns gebracht hat und was wird dieses uns bringen? Ich bete, bete, bete, daß Gott Dich mir wiedergibt, ganz, ganz bald. Deine lieben, guten Augen ... ich *kann* es nicht denken und begreifen. Und wie ich es erfahren habe! – aber das ist ja so gleichgültig -

Wie schön und jubelnd hat das Jahr für uns angefangen und wie hört es auf! Sternschnuppen und andere Zeichen – sind sie gute oder böse Omen? Ich weiß nichts mehr, will nichts mehr wissen und denken. Nur Du. Dir helfen, Dich befreien.

Gott muss uns helfen![26]

Der Bund

In diesen Monaten der Verzweiflung trat eine Kraft in Mariannes Leben, die ihr einen geistigen Halt geben sollte, noch bevor sie sie physisch rettete. Um das nachvollziehen zu können, müssen wir uns kurz in die zwanziger Jahre zurückversetzen.

»Bund« nannten sich viele Organisationen. Am bekanntesten ist vielleicht der sozialistisch-jüdische Bund mit seinen vielen Mitgliedern in Polen und Rußland. Der Bund aus Mariannes Geschichte ist nicht bekannt, er war auch keine große Organisation. Selbst zu seiner Blütezeit gehörten dem »Bund. Gemeinschaft für sozialistisches Leben« nicht mehr als ein paar hundert Mitglieder an.

Der Bund wurde zu Beginn der zwanziger Jahre von Artur Jacobs und den Schülern seiner Essener Volkshochschulkurse gegründet. Ziel der nach dem Ersten Weltkrieg entstehenden Volkshochschulen war es, das Allgemeinwissen und den kulturellen Horizont der Arbeiterklasse zu erweitern. Jacobs, der Sohn eines frommen protestantischen Handwerkers, war vor dem Ersten Weltkrieg in der deutschen Jugendbewegung aktiv gewesen. Trotz seiner eher bescheidenen Herkunft war es Jacobs gelungen, die Universität zu besuchen und Lehrer zu werden. Den konservativen Essener Eltern war er allerdings zu radikal. So ließ er sich früh pensionieren und wurde begeisterter Volkshochschullehrer. 1924 wurde der enge Kontakt zu seinen Schülern formell durch den Bund besiegelt.[27]

Der Bund war einer der wenigen linken Zirkel in der Weimarer Republik, der die marxistische Gesellschaftstheorie mit Kants Idee der objektiven ethischen Gesetze, die den einzelnen leiten, in Einklang zu bringen suchte.[28] Jacobs glaubte an die historische Mission des Proletariats sowie an die Bedeutung der moralischen Entscheidungen, vor die sich die Menschen in ihrem täglichen Leben gestellt sehen. »Wer die bescheidenste Erkenntnis ins Leben umsetzt«, tat Jacobs 1929 kund, »ist der Wahrheit näher, als wer die erhabenste nur erforscht und verkündet.«[29] Daran lag es wohl, daß die Mitglieder des Bundes eheliche Beziehungen oder Arbeitsprobleme eines Mitglieds genauso häufig wie die Entwicklung der Weltwirtschaft diskutierten.[30]

Das »sozialistische Leben« aus der vollständigen Bezeichnung des Bundes wollte also ein doppeltes Konzept vermitteln. Die Kampagne für eine bessere Gesellschaft sollte sich mit dem Experimentieren an neuen Lebensformen verbinden, der

»Lebensreform« in der Sprache der Weimarer Zeit. Die Mitglieder, die zum inneren Kern des Bundes gehörten, trafen sich sonntags und verbrachten den Tag miteinander; sie diskutierten, aßen, gingen spazieren, musizierten und tanzten. In den zwanziger Jahren bauten, kauften oder mieteten Bund-Mitglieder sogenannte Bundhäuser. Das »Blockhaus« in Essen wurde 1927 fertiggestellt. Im Essener Dönhof gab es noch ein zweites Haus, und eines stand in Wuppertal. Einige Bund-Mitglieder lebten in diesen Häusern als Kollektiv (wenn auch ohne die freie Liebe, die ihre Nachfolger in den sechziger Jahren praktizierten).[31]

Die Gruppe arbeitete auch an einem neuen Verhältnis zur Bewegung und zum eigenen Körper. Artur Jacobs' jüdische Frau Dore, geborene Marcus, hatte sich intensiv mit Eurythmie auseinandergesetzt und entwickelte eine eigene Philosophie der Rhythmik und der Bewegung, die sich vor allem an nicht-professionelle Tänzer wandte. 1925 wurde die Dore-Jacobs- Schule für Rhythmus und Bewegung gegründet. Viele kamen durch Dores Unterricht zum Bund oder nachdem sie deren Schülerinnen und Schüler tanzen gesehen hatten. Während der Weimarer Zeit war es nicht unüblich, Tanz und Bewegung als Teil des politischen Kampfes anzusehen. Keine sozialistische Festveranstaltung kam ohne Tanzgruppe und Theateraufführungen aus. Ebenso wurde damals der Schwerpunkt von einer eng verstandenen Intellektualität zur natürlichen Energie und Körperlichkeit des Menschen verlagert. Trotzdem kam es selten vor, daß eine politische Organisation und eine Tanzgruppe so fest miteinander verbunden waren wie in diesem Fall. Es war Ziel des Bundes, eine sozialistische Lebensweise zu entwickeln, in dem die ganze Person aufgehen konnte – Körper, Geist und Seele.[32] Im Gegensatz zu ihren Gegenstücken aus den sechziger Jahren standen die Mitglieder des Bundes allen Formen des künstlichen Rausches ablehnend gegenüber, auch dem Alkohol.

Der Bund war von der Ordensidee beeinflußt, einem weitverbreiteten Konzept in der Weimarer Zeit. Ein Orden bestand aus einer Gruppe, die durch einen gemeinsamen Schwur aneinander

Dore und Artur Jacobs 1964 *(Marianne Ellenbogen)*

gebunden war und unter der natürlichen Autorität eines charismatischen Führers stand. Artur und Dore wurden von den anderen Mitgliedern sehr respektiert. So war der Bund eine Art Zwitter. Zum einen war er eher ein Kreis von Freunden als eine formelle Organisation. Zum anderen aber war diese Gruppe von Menschen einander eng verbunden, und manche lebten sogar zusammen. Die Mitglieder besprachen alles untereinander und hatten einen feierlichen Eid der »Verpflichtung« geschworen. »Verpflichtung« war ihr Schlüsselwort.[33] Ursprünglich hatten sich nur die Kernmitglieder, der sogenannte innere Kreis, feierlich verpflichtet und einen Eid auf den Bund geschworen. Bei den alljährlichen Festen traten im Verlauf der Zeit aber stets neue Mitglieder in die Reihen der Verpflichteten ein. Die Ausflüge – im Sommer etwa zu immer ein und demselben Refugium im Sauerland – gaben den weiter entfernt wohnenden Mitgliedern die Gelegenheit, sich an die Kernmitglieder zu binden und die Atmosphäre der Gruppe zu absorbieren.

Für viele, die neu dazukamen, war beeindruckend, wieweit es dem Bund gelang, Klassenschranken zu überwinden, die in der Weimarer Republik sonst unüberbrückbar waren. Einige der führenden Persönlichkeiten des Bundes waren Lehrer, die aus bescheidenen Verhältnissen kamen. Andere, insbesondere viele Frauen, stammten aus gutbürgerlichen Elternhäusern, wogegen wiederum andere Arbeiter waren. Die aus der Mittelschicht stammende Tove Gerson erinnerte sich ehrfürchtig, wie Dore sich in einer Tanzklasse an einen Arbeiter wandte: »Also daß man ganz ungeniert zu einem Arbeiter sagte: ›Fritz, zeige mal [wie man einen Stempel einsetzt]‹, das war für mich noch nie da gewesen. Ich war Bürger, und dann daß wir zusammen da arbeiten, also da blitzte mir erst mal die Haltung zur sozialen Frage auf.«[34]

Der Bund beschäftigte sich mehr mit Geschlechterfragen als die meisten anderen Gruppierungen jener Zeit und stand für Gleichheit in der Ehe ein. Eins der scharfsinnigsten und progressivsten Pamphlete, die der Bund publizierte, war das Traktat *Mann und Frau als Kampfgenossen* von 1932.[35] Dieses Bewußtsein für die Geschlechterproblematik übte eine starke Anziehungskraft auf Frauen aus (paradoxerweise tat das jedoch auch Arturs patriarchale Rolle als Vater der Bewegung). Darüber hinaus bot Dore den Frauen die Möglichkeit, Tanz- und Gymnastiklehrerinnen zu werden – ein Beruf, der sich in den zwanziger und dreißiger Jahren zunehmend durchsetzte. Geschlechterfragen stellten eine direkte Herausforderung im täglichen Leben dar, wo die vertretenen Prinzipien gleich umgesetzt und erprobt werden konnten.[36]

Die Bekämpfung des Rassismus war ein weiteres wichtiges Anliegen des Bundes. Artur Jacobs schrieb schon 1920 einen Artikel über Rassismus in der Erziehung in der Zeitschrift *Völkische Hochschule oder Volkshochschule*, der eine Auslese aufgrund rassischer oder ethnischer Grundsätze ablehnte.[37] Da es in der Gruppe jüdische und halbjüdische Mitglieder gab, wurde die Wahrnehmung in dieser Frage geschärft.[38]

Nach 1933 wurde die Verpflichtung der Mitglieder immer stärker auf die Probe gestellt. Viele ähnliche linke Zirkel brachen unter dem Druck zusammen, sei es, daß sie das Regime einfach unterschätzt und an waghalsigen Protestaktionen teilgenommen hatten, daß Nazis die Gruppe durch Unterwanderung zerrüttet hatten oder daß Opportunismus und Angst zu Stillhalten und Schweigen führten. Im allgemeinen beteiligte sich der Bund nicht am offenen Widerstand. Aber die Verpflichtung, Gruppensitzungen und Kontakte aufrechtzuhalten, sowie die unauffälligen Bemühungen, Rassismus und Faschismus entgegenzutreten, verlangten bereits genug Mut. In den frühen Jahren der Naziherrschaft beschützten die Mitglieder des Bundes auch Menschen, die auf der Flucht vor politischer Verfolgung waren, und halfen ihnen, außer Landes zu gelangen.[39]

Obwohl Jacobs idealistisch und fürsorglich war, besaß er eine erstaunliche politische Weitsicht. Er machte sich Sorgen, daß die Ehrlichkeit und Zivilcourage vieler Mitglieder in gefährlichen Widerstandshandlungen oder einer Fehleinschätzung der Risiken resultieren könnten. Lisa Jacob, eine der ersten Schülerinnen von Dore Jacobs und Gründungsmitglied des Bundes, erinnerte sich: »Artur Jacobs lehrte uns (und in diesem ›Nachhilfeunterricht‹ flossen manche Tränen!), *den Gegner mit seinen eigenen Waffen zu bekämpfen*. Vertrauen auf menschliche Anständigkeit, auf Reste von Rechtsempfinden in der Justiz waren gänzlich unangebracht. Wir lernten verschweigen, lügen, tarnen – bewußt irreführen.«[40] Lisa kam aus einer jüdischen Familie, und diese Nachhilfestunden sollten ihr das Leben retten.

In Arbeitsgruppen analysierten die Bund-Mitglieder systematisch die verschiedenen Elemente der natioalsozialistischen Ideologie. Jacobs erarbeitete »17 Punkte«, eine Art intellektuellen Katechismus, in dem alle Schwächen des nationalsozialistischen Glaubensbekenntnisses aufgeführt wurden. Ein weiteres einflußreiches Gründungsmitglied war Ernst Jungbluth. Seine Witwe Ellen erinnerte sich in einem Interview daran, daß sowohl Artur Jacobs' als auch Ernst Jungbluths Stärke ihre Gründlichkeit gewesen sei. Nie behandelten sie einen Vorfall, einen Fehler oder ein Problem als einmaliges Ereignis, sondern gingen der Sache immer auf den Grund. In Rollenspielen übten Mitglieder, wie sie in bestimmten Fällen – zum Beispiel einem Verhör – reagieren würden, und wurden anschließend von anderen Gruppenmitgliedern kritisiert. Die für richtig befundenen Antworten wurden schließlich so oft wiederholt, bis alle sie im Schlaf aufsagen konnten.[41]

Sogar während der Nazijahre gelang es den Mitgliedern des Bundes, ihre regelmäßigen Treffen abzuhalten. Diese waren wichtig, weil sie den einzelnen halfen, das Gleichgewicht zwischen persönlicher Sicherheit und politischem Engagement zu wahren.[42] Vor allem aber durchbrach der Bund das Gefühl der Isolation. In einer bald nach Kriegsende erschienenen Publikation versuchte der Bund, Freunde aus dem Ausland darüber aufzuklären, was es bedeutet hatte, in einer Umgebung zu leben, wo man niemandem trauen konnte. Wo jeder ein potentieller Feind war. Wo es keine freie Presse gab, sondern nur einen ununterbrochenen Strom von Lügen und Täuschungen.[43] Im Gegensatz zu anderen Ländern mit ihren nationalen Widerstandsbewegungen gegen die deutsche Besatzung gab es in Deutschland keine Verschmelzung oppositioneller Ideale, die auf ein breites Echo stießen, kein nationales Ethos, das den Widerstand einigen konnte.[44]

Anders als viele andere linke Gegner des Nationalsozialismus erkannte der Bund von Anfang an, daß der nationalsozialistische Antisemitismus der Kern des Problems war. Besonders nach der Pogromnacht bekannte der Bund Farbe. Tove Gerson kannte noch Artur Jacobs' Leitspruch: »Aus der Reserve treten und die Isolation der Juden durchbrechen.« Es war befreiend zu wissen, was man zu tun hatte. Tove Gerson erinnerte sich zudem daran, wie sie einen Spießrutenlauf durch einen grölenden Mob überstehen mußte, als sie am Tag nach der Pogromnacht eine wohlhabende jüdische Familie in ihrer zerstörten Wohnung besuchte. Ihre Solidaritätsbezeugung konnte jedoch nicht verhindern, daß das Paar später Selbstmord beging. In

Artur Jacobs' Tagebuch finden sich viele Beispiele dafür, daß er sich immer wieder weigerte wegzusehen.[45]

Als die Deportationen begannen, unterstützten die Mitglieder des Bundes die Betroffenen, wo sie nur konnten. Sie halfen ihnen, das Gepäck zu tragen, boten psychologische Unterstützung an und schickten später Pakete in die Ghettos. Trude Brandt, die 1939 nach Polen deportiert worden war, bekam regelmäßig Pakete mit Lebensmitteln und Kleidung von Lisa Jacob, die dabei von anderen Bund-Mitgliedern unterstützt wurde.[46] 1941 hielt Artur Jacobs seine letzte Unterhaltung mit einer Frau fest, die nach Minsk deportiert wurde. Sie dankte ihm für seine Hilfe, und er antwortete: »›Wofür? Für die winzige Hilfe, die mehr Hilfe für uns war als für Sie? Wir müssen danken, daß wir ein Tröpflein wenigstens der Schuld mit abtragen können, mehr dem guten Willen nach als dem wirklichen Tun – aber man erstickt ja sonst …‹ Sie (in Weinen ausbrechend – nach wochenlangem Sichzusammenraffen, Gelassenheit erzwingend): ›Sie wissen nicht, welch einen Trost Sie mir da mitgeben.‹«[47]

Den meisten jüdischen Mitgliedern des Bundes gelang es, das Land vor dem Krieg zu verlassen. Andere, wie Dore Jacobs, lebten in einer »privilegierten Mischehe« (einer Ehe, in der der männliche Partner nicht jüdisch war und die Kinder nicht als Juden erzogen wurden) und waren zunächst noch vor einer Deportation sicher. Im April 1942 mußte sich die Gruppe ihrer größten Herausforderung stellen, als Lisa Jacob auf die Deportationsliste nach Izbica gesetzt wurde. Man hatte schon lange für diesen Fall vorgesorgt. Lisa ging in den Untergrund, wo sie drei Jahre lang von anderen Bund-Mitgliedern ernährt und unterstützt wurde.

Marianne und der Bund

Marianne hatte schon 1933 das erste Mal mit dem Bund zu tun gehabt. In diesem Jahr wurden die jüdischen Schülerinnen von den Tanzkursen an der Folkwangschule ausgeschlossen. Daraufhin schickten die Eltern Marianne zu Lisa Jacob und Dore

Jacobs. Für mich war eine von Mariannes einnehmendsten Seiten ihr selbstbewußt-abschätziges Urteil, vor allem in kulturellen Dingen, in denen sie sich so gut auskannte. Immer wenn ehemalige Bund-Mitglieder mit mir über den wunderbaren Tanz- und Bewegungsansatz von Dore Jabobs sprachen, kam mir Mariannes vernichtender Urteilsspruch in den Sinn: »Unendlich langweilig!« Sie fand, der Unterricht sei nicht halb so konstruktiv, lebhaft oder phantasievoll gewesen wie der an der Folkwangschule. Doch auf diese Art hatte sie immerhin einige Bund-Mitglieder im Gemeinschaftshaus im Dönhof kennengelernt.

Nach einer Weile hörte Marianne mit dem Bewegungsunterricht auf, und ihr Kontakt zum Bund brach ab. In der Nacht vor Ernsts Deportation wurde sie Artur Jacobs in der Wohnung der Krombachs erneut vorgestellt. Er ermutigte sie, ihn zu besuchen, wenn sie Rat oder Hilfe brauchen sollte. Als Marianne bald darauf im improvisierten Altersheim mit einer Gemeindeschwester arbeitete, kam Artur mit Lebensmittelkarten vorbei und bot nochmals seine Hilfe an. Ab und zu brachten Mitglieder des Bundes Lebensmittelkarten oder Essen für die alten Leute. Artur bat Marianne, ihn auf dem laufenden zu halten, weil er ein Dossier über Nazi-Maßnahmen zusammenstelle.[48] In dem geistigen und emotionalen Vakuum, das der Deportation von Ernst folgte, suchte Marianne die Jacobs' schließlich tatsächlich auf, zunächst zögerlich, dann immer häufiger: »Ich fühlte mich immer sehr willkommen geheißen, und für mich war es eine unglaubliche moralische Unterstützung, wissen Sie, über diese furchtbare Angelegenheit sprechen zu können und ihnen mein Herz auszuschütten.«

Einige Stellen aus Artur Jacobs' bemerkenswertem Tagebuch sind schon zuvor zitiert worden. Ich wurde auf das Tagebuch aufmerksam, weil die inzwischen verwitwete Dore Jacobs Marianne in den sechziger oder siebziger Jahren einen Auszug daraus als Andenken an Artur geschickt hatte. Als ich mich nach und nach mit den Überlebenden der Jacobs-Gruppe bekannt machte, fragte ich immer nach dem Tagebuch. Niemand von ihnen wußte, wo es war, aber jemand meinte, ein Teil davon könnte sich im Essener Stadtarchiv befinden, was tatsächlich stimmte: In einem großen Pappkarton im Gewölbe des Archivs fand ich viele Bände, einige in ihrem ursprünglichen Zustand, andere waren später abgeschrieben worden. Wie sich herausstellen sollte, wurde das Tagebuch zu einer der spannendsten Quellen dieses Buches. Es springt von Gedanken über Goethe zu lyrischen Naturreflexionen, zu bewegenden Berichten über Arturs Versuche, Essener Juden zu unterstützen. Dazu kommen Exzerpte aus einer ebenso bewegenden Korrespondenz mit Arturs Sohn Gottfried, der in Holland eingeschlossen war und schrecklich unter der deutschen Besatzung litt. Neben bemerkenswerten Einsichten in das Nazisystem beschrieb er sein wachsendes Bewußtsein der Monstrosität der Endlösung sowie Menschen, die er getroffen hat, darunter die Krombachs und natürlich Marianne.

In einem Eintrag vom August 1942 können wir das erste Mal nachlesen, was Jacobs von Marianne hielt. Es ist der Auszug eines Briefes, den Jacobs gerade an seinen Sohn Gottfried geschrieben hatte. In den dreißiger Jahren war Gottfried in die Sicherheit der Niederlande geschickt, aber später unter der deutschen Besatzung zur Zwangsarbeit verpflichtet worden. Die bedrückten Briefe an seine Eltern müssen für diese niederschmetternd gewesen sein. Im Juni 1942 schrieb Gottfried, daß er vor Unterernährung ohnmächtig geworden und sich nicht sicher sei, ob er weiterhin alle Anforderungen erfüllen könne. Im Juli schrieb er noch trauriger über die Deportation seiner Freundin Gina aus Holland. Artur wollte Gottfried dazu ermuntern, seine Depression abzuschütteln und sich der Unterstützung anderer zu widmen. Schließlich versuchte er es mit einem positiven Beispiel:

> Gestern Abend war ein junges Mädchen bei mir, dessen bester Freund um Ostern fortmußte. Sie hat immer ein reiches und bewegtes Leben gehabt mit vielen Freunden, Büchern, Musik usw. Jetzt ist ihr alles genommen. Und wie lebt sie? Ich fragte sie danach. Da erzählte sie: von früh bis spät sitze ich im Büro, dann nach Hause, um der Mutter zu helfen,

dann packe ich Päckchen [in Bleistift unten eingefügt: »für deportierte Juden«] und überlege, wie zu helfen ist; meist wirds zwölf drüber. Das ist nicht das Leben von früher; aber es befriedigt mich. Das einzig Unbefriedigende ist, daß es viel zu wenig ist.

Das ist gewiß kein glückliches Leben im üblichen Sinn. Aber ist es nicht ein Leben, das zu leben trotzdem lohnt? Und glaubst Du nicht, daß es dem Menschen Augenblicke tiefer Befriedigung gibt, die ein sorglos »glückliches« Leben nie verleihen kann? Und welchen anderen Ton bekommt das Leben, wenn es mal wieder andere Möglichkeiten hat, von diesem dunklen Grund aus![49]

Marianne wird zwar nicht namentlich genannt, doch sprechen die Einzelheiten und ihre spätere Erwähnung im Tagebuch dafür, daß sie hier gemeint ist. Wie in Imo Moszkowicz' Erinnerung tritt Marianne als Rollenmodell hervor. Sich den Respekt eines Mannes wie Arthur Jacobs zu verdienen, der mit sich selbst so streng war wie mit anderen, war allerdings eine Auszeichnung.

Anfang September 1942 finden sich in Arturs Tagebuch viele Kommentare über Izbica und Exzerpte aus Ernsts Briefen. Am 18. September bezieht er sich auf ein Treffen mit Christian Arras und zitiert Ernst noch einmal. Dann am 22.9.:

Singen mit Marianne Str.

Volkslieder und ernste von Brahms.

Sie hatte es selbst gewünscht. Doch tut man es mit zwiespältigen Gefühlen.

Menschen, die so* drin stehen, deren ganzes Leben nichts ist als Warten auf etwas Schreckliches, Hören von etwas Schrecklichem, wie könnten sie sich dieser schönen, ernsten Welt zuwenden, die so fern ist, so unwirklich wirkt, so wie ein Hohn auf dieses Leben?!

Ein Frontsoldat, der zum ersten Mal wieder die alten Lieder hörte, begann plötzlich zu weinen – so furchtbar, so erschreckend und aufwühlend war ihm dieser Gegensatz …

Ja, das Weinen scheint einem fast natürlicher als das unbeschwerte Mitschwingen in diesem Strom von Gefühlen, der einem aus diesen Liedern entgegen tönt.[50]

*[In Bleistift unten auf der Seite:] Sie erwartete ihre Deportation.

Mariannes Selbstdisziplin, die in der Zurückhaltung ihrer eigenen Briefe deutlich wird, war für einfühlsame Beobachter zu erkennen. Wie in Berlin, nur unter erschwerten Bedingungen, konzentrierte sich Marianne auf die Gegenwart. So gelang es ihr, das belastende Wissen um den Terror und ihren Verlust zeitweilig zu verdrängen. Diese Fähigkeit zur Selbstkontrolle und zur absoluten Konzentration war eine wesentliche Waffe in ihrem Arsenal des Überlebens. Später verwandelte sie diese in eine Strategie für den Umgang mit der Vergangenheit.

Im November besuchte Marianne Artur Jacobs, weil sie Mut brauchte für eine bevorstehende Befragung durch die Gestapo. Jacobs notierte: »Vorhin noch Marianne – in persönlicher Not. Sie ist für morgen vorgeladen. Vielleicht etwas Nebensächliches – vielleicht auch nicht. Man muß sich auf alles gefaßt machen. Sie war sehr ruhig.«[51]

Als Marianne Artur Jacobs am 31. Dezember besuchte, unmittelbar nach dem Eintreffen der hoffnungslosen Nachricht über Ernst, konnte er über ihre unbeugsame Haltung nur den Kopf schütteln:

Seltsam das Mädchen in seiner starren Gelassenheit.

Daß Schauerliches in ihrem Innern vorgeht – wie sollte es anders sein?

Aber äußerlich hält sie die Konvention aufrecht, wie ein Panzer, der den schwach gewordenen Körper nicht zusammensacken läßt.

Wieviel menschlicher wäre einem jeder wilde Ausbruch. Aber vielleicht ist dies noch die beste Seite der konventionellen Haltung – so ein junger Mensch würde ja auseinanderbrechen.

Und doch spürt man, wie hier das Leben erstarrt – statt

sich durch Trauer zu lösen und in Leben und Tiefe umzusetzen.

Auf der einen Seite ein vollkommener Pessimismus, der jeden Trost, jedes Spürchen einer Hoffnung, jeden kleinsten realen Schatten eines zu begehenden Weges brüsk ablehnt, auf der andern ein Gewebe von Illusionen, in denen die Seele ohne jedes Realitätsbewußtsein wie ein Trunkener herumirrt.[52]

Marianne war sich bewußt, wie merkwürdig ihr gelassenes Betragen den anderen vorgekommen sein muß. Sie schrieb in ihr Tagebuch: »Sie alle müssen manchmal von mir denken, daß mich die eigensten Dinge kaum berühren (ich habe so das Gefühl); aber ich stopfe alles ganz tief in mich hinein und lasse niemand an mir teilhaben.«[53]

Jacobs war von Marianne beeindruckt, und sie ließ sich ihrerseits zunehmend vom Bund beeinflussen. Zu mir sagte sie: »Das war wirklich der prägendste Einfluß meines Lebens.«[54] In ihren Tagebüchern und Briefen war sie natürlich äußerst vorsichtig, ihre Verbindung zu der Gruppe anzusprechen. Zwar brachte eine ehemalige Krankenschwester der Jüdischen Gemeinde, Schwester Tamara (die selbst nicht jüdisch war), mit der Marianne in Briefkontakt stand, im Frühjahr 1943 ihre Freude darüber zum Ausdruck, daß Marianne sich regelmäßig im Blockhaus in Essen-Stadtwald zurückziehen konnte;[55] jedoch sind die zeitgenössischen Hinweise zum Einfluß des Bundes auf Marianne sonst nicht so direkt. So kann man ab November 1942 in Mariannes Tagebuch ein neu erwachtes Interesse am politischen und militärischen Geschehen feststellen, was nicht nur darauf zurückzuführen ist, daß sie mit der Veränderung der militärischen Situation langsam wieder zu hoffen beginnen konnte und die Nachrichten deutlich annehmbarer und erwähnenswerter wurden.

Jetzt läßt sich dort auch die ethische Lehre des Bundes erkennen. In der folgenden Stelle schreibt sie über eine erneute Bedrohung durch die Gestapo:

Gestern zum Beispiel wurde mir ein kleiner Schreck eingejagt, es handelt sich um Anweisungen, nun, ich kann Dir ja später davon erzählen, hoffentlich ist nun alles vorbei. – Aber was auch ist: man muß alles hinnehmen. Die Frage nach Recht oder Unrecht ist eine Illusion. Man muß sich einen eigenen Sittenkodex bilden, nach dem man lebt. Es ist ja so wichtig, daß man das, was man tut, vor sich selbst verantworten kann und sich sagen kann: Es war richtig. – Gleich, was die Konsequenzen fordern. Die Welt ist unberechenbar und ungerecht, deshalb muß man mit sich selbst im Reinen sein.[56]

Das war genau Artur Jacobs' ethische und juristische Anschauung: Beuge dich der höheren Gewalt, wenn du mußt, aber lebe nach deinem eigenen ethischen Kodex soweit wie möglich.

Als Marianne sich darum bemühte, nach den niederschmetternden Nachrichten aus Izbica wieder Boden unter die Füße zu bekommen, übernahm sie Jacobs' Strategie und versuchte, den Problemen auf den Grund zu gehen, um sie leichter bewältigen zu können. »Ergründen, Erforschen, Beweisen, Verstehen, alles, alles. – Nicht dies ewige Aus-der-Bahn-geworfensein«, schrieb sie im Januar 1943.[57] Und allmählich kehrte im Frühjahr 1943 ihr alter Schwung zurück.

Familiäre Spannungen

Für Marianne bedeutete die Hinwendung zum Bund eine Abkehr von ihren Eltern. Statt daß die Familie bei den täglichen Strapazen und Belastungen enger zusammenwuchs, gab es dauernd Streit. Im November 1942 wurden die Reibereien durch eine Einberufung Mariannes zum Gestapo-Hauptquartier noch verschärft.[58] Es scheint, daß die Gestapo zwei an sie adressierte Briefe konfisziert hatte, in denen sich etwas Geld befand. Die Befragung, notierte Marianne in ihrem Tagebuch, war nicht sehr bedrohlich ausgefallen. Aber sie schrieb auch: »Diese Gelegenheit war sehr günstig, den Kasten von Deinen und meinen Briefen und Tagebuchblättern aufzubrechen und alles zu durchstöbern und aufmerksamst zu lesen. Man konnte dahinter so fromme Zwecke argumentieren: z. B. daß bei einer Suchung kein verfängliches Material entdeckt werden könne, oder die Sorge um mich.«[59]

Zuerst dachte ich, die Gestapo habe Mariannes Sachen durchsucht. Aber dann wurde mir klar, daß es ihre Eltern gewesen sein mußten. Marianne war verletzt und verbittert. Es sei wie eine Vergewaltigung gewesen. Sie zog sich weiter von ihren Eltern zurück und brachte all ihre Sachen aus dem Haus. In ihrem Tagebuch notierte sie: »Stumme und laute Anklage gegen die schlechte und kalte Tochter, die den Lieben nur Undankbarkeit, Egoismus und Vertrauenslosigkeit entgegenbringt, bin ich schon gewohnt, und sie treffen mich auch jetzt nicht mehr als je.«[60]

Fünfzig Jahre später können wir mehr Verständnis für verzweifelte Eltern aufbringen, die sich in einer dermaßen gefährlichen Zeit Sorgen machten über die Aktivitäten ihrer Tochter und zu verstehen versuchten, was diese beschäftigte. Wie Dore Jacobs berichtete, hatte der Bund auch in solchen Fällen eine Maxime: »Niemand sich selbst überlassen, auf keinen, auch den Zuverlässigsten, sich blind verlassen, z. B. in bezug auf sein Zimmer, seine Briefe, Schriften. Periodische Durchprüfung (wir nannten es ›Hausputz‹) unumgänglich.«[61]

Für Mariannes Eltern hatte die Ausreise die oberste Priorität, nichts durfte diese Pläne durchkreuzen. Sie müssen Marianne als selbstsüchtig wahrgenommen haben. Jedes Risiko, das sie einging, konnte sich auf das Schicksal ihres Bruders, ihrer Eltern, ihrer Tante und ihres Onkels, ihrer Großmutter und Lores Mutter auswirken. Wir können jedoch auch Verständnis für Marianne aufbringen. Sie hatte den unumstößlichen Drang, anderen zu helfen. Außerdem war sie erst 19 und gerade dabei, sich von ihren dominanten Eltern emotional zu lösen. Tragischerweise mußte ihr Kampf um Unabhängigkeit unter diesen entsetzlichen Bedingungen stattfinden. Ein paar Tage später beschäftigte sie das verletzende Ereignis noch immer: »An die Geschehnisse von letztem Donnerstag denke ich mit größtem

Schrecken und möchte sie so weit wie möglich von mir schieben; aber sie sind hartnäckiger als ich wünschte und erschweren mir alles unnötigerweise noch mehr; außerdem sorgen sie dafür, daß es kein Gemeinsames mehr zwischen mir und den Eltern gibt. Es ist belastender, als sich sagen läßt und ich wünschte, es würde einen Weg auch der äußeren Trennung geben, damit das bestehende Verhältnis nicht dauernd an seine Unnatürlichkeit erinnern könnte.«[62]

Ich habe mich gefragt, ob Marianne diese Passage wohl jemals wieder gelesen hat. Sollte sie es getan haben, muß das im Licht der späteren Ereignisse unerträglich gewesen sein.

9

Die Flucht

Als das Jahr 1942 endete und das Jahr 1943 begann, schmolz die dünne Eisschicht, die die Familie Strauß noch trug, langsam dahin. Die verbliebenen »privilegierten« Mitglieder der Gemeinde wurden eines nach dem anderen für die Deportation herausgegriffen. Als Mariannes ehemaliger Chef in der Jüdischen Gemeinde, Fritz Ostermann, zusammen mit seiner Frau und den letzten Gemeindebeamten im Juni 1943 nach Theresienstadt deportiert wurde, waren die Strauß' wahrscheinlich die letzte »volljüdische« Familie in der Stadt, vielleicht sogar in der Region. Eine weitere Quelle der Angst waren die zunehmenden Bombardierungen. Da den Strauß' der Zutritt zu den öffentlichen Luftschutzkellern verwehrt war, suchten sie im eigenen Keller Schutz zwischen ihren gepackten Kisten. Als wir uns unterhielten, erinnerte sich Marianne an die Luftangriffe als an eine Zeit voller Angst. Doch die Bombardierungen werden in ihrem gesamten Kriegstagebuch und den Briefen nur ein einziges Mal erwähnt, obwohl sich sogar Artur Jacobs trotz seiner Selbstlosigkeit und seinem Blick fürs Ganze 1943 eine Weile außerordentlich intensiv mit den Angriffen beschäftigte. Es ist ein Zeichen dafür, wie groß die anderen Gefahren und Sorgen für Marianne waren, daß nicht einmal die schlimmsten Bombardierungen als bedeutende Ereignisse in ihren schriftlichen Zeugnissen aus der Kriegszeit erwähnt werden. Wegen der wachsenden Wohnungsnot mußten die Strauß' ihr Heim mit anderen Menschen teilen. Marianne erzählte mir, daß sie im März 1943 Irene Drucker, die ehemalige Sekretärin der Jüdischen Gemeinde, gerettet und zusammen mit ihrem Sohn und ihrer Tochter zu sich nach Hause genommen hatte, da sie obdachlos geworden waren.

Als ein in einer »Mischehe« lebendes Paar etwa einen Monat später ein weiteres Zimmer bei ihnen zugewiesen bekam, mußten die Strauß' ihr Zimmer im Erdgeschoß abtreten.

Im Laufe des Frühjahrs 1943 schöpften sie jedoch wieder Hoffnung. Marianne erinnerte sich, daß die Abwehr ihnen Visa für Schweden besorgt hatte. Aus den Unterlagen geht jedoch hervor, daß die Gestapo davon ausging, die Familie sei im Begriff, in die Schweiz auszuwandern.[1] Mir war bekannt, daß die Abwehr Juden vor allem eine Ausreise in die Schweiz ermöglichen konnte; deswegen folgerte ich, daß Mariannes Erinnerung sie vielleicht im Stich gelassen hatte. Später fand ich jedoch genügend Beweise dafür, daß die Familie tatsächlich Schweden avisiert hatte. Vielleicht hatte die Abwehr die Gestapo absichtlich im dunklen gelassen. Die Gestapo war jedenfalls der Ansicht, die Strauß-Familie würde am 30. August 1943 in die Schweiz ausreisen. Möglicherweise war sie von der Abwehr nicht nur über das Ziel, sondern auch über das Datum falsch informiert worden.

Nach den Unterlagen der Deutschen Bank löste Siegfried im Mai 1943 sein Konto auf. Das kann nur bedeuten, daß er wirklich davon ausging, das Land sehr bald zu verlassen.[2] Er verkaufte seine letzten Vermögenswerte, Papiere im Wert von 65 000 RM, die auf einem gesperrten Konto lagerten. Der Erlös wurde dem Notar Ivor Morting in Schweden überwiesen, dem Schwiegersohn einer entfernten Verwandten von Ine, Grete Sander. Die Deutsche Bank bestätigte die Anweisung am 10. Mai. Die Wertpapiere wurden von der Deutschen Golddiskontbank zur üblichen Umtauschrate von 4 Prozent akzeptiert. Bei einem Wertverlust von 96 Prozent blieben 4368 schwedische Kronen übrig.[3] Ein weiterer Transfer von 32 626,95 RM ergab netto 2192 Kronen.[4] Auch Alfred schrieb an die Deutsche Bank und bat um die Konvertierung seiner verbliebenen Anteile. Da er 21 908 RM Reichsfluchtsteuer zu entrichten hatte, wurde sein Vermögen von über 75 000 RM auf nur 3700 skr reduziert.[5]

Es gibt weitere Hinweise darauf, daß die Familie reisefertig war. Am 23. Juni nannte Schwester Tamara in einem Brief an

Mariannes Postausweiskarte, die sie sich im August 1943
noch ausstellen ließ *(Marianne Ellenbogen)*

Marianne unbedacht das Ziel: »Ich fürchte persönlich sehr, daß ich Sie im Spätherbst nicht mehr vorfinde. D. h. für *Sie* wünsche ich *innig*, daß Sie bald in Schweden landen.« Dann fuhr sie begeistert fort, welche Vorzüge das Land habe und wie Marianne dort ihre Fähigkeiten in der Kinderbetreuung und ihre Energie einsetzen könne. Sie bat Marianne zudem, eine Nachricht an ihre frühere Kollegin Julie Koppel zu übermitteln.

Am 2. Juli wandte sich Bankdirektor Hammacher an die Gestapo mit der Bitte um Erlaubnis, Möbel der Strauß' kaufen zu dürfen. Er legte dar, daß die Familie bald emigrieren würde und er selbst ausgebombt sei. Beigefügt war eine von Siegfried Strauß unterschriebene Liste mit den fraglichen Möbeln.[6] Am 19. Juli willigte die Gestapo ein.[7] Die Strauß' hinterließen an verschiedenen Orten Gegenstände, die sie nach dem Krieg wieder abholen wollten. Bei Familie Jürgens wurden mehrere Schrankkoffer mit Kleidern, Leinen, Silber und Büchern, Stühle und andere Möbeln sowie Perserteppiche untergebracht. Geschäftspapiere wurden Herrn Hammacher anvertraut.[8]

Der Bund gab Marianne die besten Wünsche auf den Weg,

und Artur Jacobs ließ sie wissen, daß, wenn es hart auf hart käme, sie sich an den Bund um Hilfe wenden solle. Tove Gerson, auch ein Mitglied des Bundes, berichtete mir etwas, was Marianne nie erwähnt hat und wofür ich deshalb nicht bürgen kann. Tove war 1943 mit ihrem »halbjüdischen« Ehemann in die Vereinigten Staaten emigriert und hatte dies selbst wiederum nur von dem Bund-Mitglied Else Bramesfeld gehört, einer lebenslangen Freundin Mariannes, die starb, bevor ich sie kennenlernen konnte. Diese um zwei Ecken gehörte Geschichte kann falsch sein, aber in ihr klingt Artur Jacobs' Ehrlichkeit und Direktheit an. Demnach soll Artur zu Marianne gesagt haben: »Deine Eltern kannst du nicht retten, aber dich kannst du retten.«[9]

Alles schien bereit für die Emigration, und doch traf Marianne eine Vorsichtsmaßnahme. Am 12. August 1943 ließ sie sich eine internationale Postausweiskarte ausstellen (oder wahrscheinlich erneuern), die auf Marianne Strauß lautete, also ohne das obligatorische »Sara« und damit ohne irgendeinen Hinweis darauf, daß sie Jüdin war. Laut Ausweis war sie schlicht eine Essener »Kindergärtnerin«. Inzwischen wissen wir, daß etliche Juden von der Bereitschaft der Post, »arische« Dokumente auszustellen, Gebrauch machten. Beamten der Düsseldorfer Gestapo hatten sich sogar darüber beschwert. Die Dokumente waren zwar nicht von großem Wert, haben aber sicherlich ein gewisses Gefühl von Sicherheit vermittelt.

Die SS, die Abwehr und die Strauß-Brüder

Bis zum Juli 1943 schlugen alle Bemühungen der Gestapo fehl, den Strauß-Brüdern ernsthaft gefährlich zu werden. Am 27. Mai schickte die Düsseldorfer Gestapo ein Telegramm nach Berlin. Es bestehe wenig Aussicht, daß die Strauß-Familie Deutschland verlasse. Ob sie für die nächste Deportation nach Theresienstadt eingeplant werden solle?[10] Aus anderen Gestapo-Unterlagen wissen wir, daß für den 16. Juni 1943 ein Transport vorgesehen war.[11] Aber Eichmann befahl der Düsseldorfer

Gestapoleitstelle abzuwarten. Er habe mit dem Oberkommando der Wehrmacht Rücksprache gehalten, was ein auf den 9. Juni datiertes Schreiben bestätigt.[12] Wie Eichmanns Intervention im Fall der Strauß' zeigt, stellte das RSHA den Einsatz jüdischer Agenten durch die Abwehr bereits seit 1941 in Frage. Im Februar 1942 bemängelte Heinrich Himmler dies bei Hitler persönlich. Doch im Sommer 1942 war es dem Chef der Abwehr, Admiral Wilhelm Canaris, wieder gelungen, die Initiative mehr an sich zu reißen. Nach einem Spionage-Fiasko und dem Tod mehrerer deutscher Agenten hatte sich Hitler zu der Bemerkung verstiegen, man solle doch »Kriminelle oder Juden« für eine solche Arbeit heranziehen. Doch Anfang 1943 untersuchte der SD in der Operation »Depositenkasse« den Einsatz jüdischer Agenten durch die Abwehr. Im Juni 1943 wurde Dietrich Bonhoeffer, der zu der Zeit im Armeegefängnis in Berlin-Tegel festgehalten wurde, in der Sache befragt. Wahrscheinlich hat Hitler irgendwann im Juli die Verwendung von Juden für Spionagetätigkeiten ausdrücklich abgelehnt.[13]

Dann einigte sich Himmler überraschend mit dem zunehmend an Macht verlierenden Canaris. Himmler hatte seine eigenen Gründe, warum er die Abwehr nicht völlig auflösen wollte – nicht zuletzt den, daß er seine Fühler schon in Richtung Frieden streckte und die Abwehr als Vermittlerin mit den Alliierten brauchte. Die Abwehr sollte überleben. Als Gegenleistung durfte sie keine »unzuverlässigen Elemente« mehr einsetzen. Eine Neuorganisation folgte. Gegen den inzwischen inhaftierten Hans von Dohnanyi wurde ermittelt, Hans von Oster wurde suspendiert und unter Hausarrest gestellt. In der Registratur der Bremer Abwehr finden sich Hinweise darauf, daß Mitte Juli entscheidende Anweisungen, den Einsatz jüdischer Agenten betreffend, eingetroffen waren. Am 24. Juli reagierte die Abwehr in Bremen mit einer zehnseitigen Liste jüdischer Informanten, die in Bremen geführt wurden. Diese Liste ist nicht erhalten, aber wahrscheinlich sind auf ihr die Strauß-Brüder namentlich genannt worden.[14]

Todesurteile kommen in unterschiedlichen Formen. Am 6. August 1943 traf dasjenige der Familie Strauß in Düsseldorf

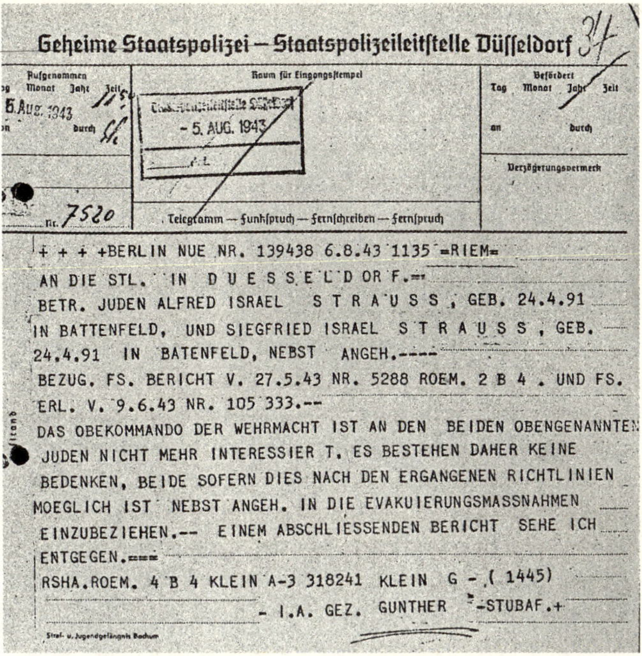
Geheime Staatspolizei – Staatspolizeileitstelle Düsseldorf

Aufgenommen Tag Monat Jahr Zeit
5. Aug. 1943

Raum für Eingangsstempel
– 5. AUG. 1943

Befördert Tag Monat Jahr Zeit

Verzögerungsvermerk

Nr. 7520

Telegramm – Funkspruch – Fernschreiben – Fernspruch

+ + + +BERLIN NUE NR. 139438 6.8.43 1135 =RIEM=
AN DIE STL. IN D U E S S E L D OR F.=
BETR. JUDEN ALFRED ISRAEL S T R A U S S , GEB. 24.4.91
IN BATTENFELD, UND SIEGFRIED ISRAEL S T R A U S S , GEB.
24.4.91 IN BATENFELD, NEBST ANGEH.----
BEZUG. FS. BERICHT V. 27.5.43 NR. 5288 ROEM. 2 B 4 . UND FS.
ERL. V. 9.6.43 NR. 105 333.--
DAS OBEKOMMANDO DER WEHRMACHT IST AN DEN BEIDEN OBENGENANNTEN
JUDEN NICHT MEHR INTERESSIER T. ES BESTEHEN DAHER KEINE
BEDENKEN, BEIDE SOFERN DIES NACH DEN ERGANGENEN RICHTLINIEN
MOEGLICH IST NEBST ANGEH. IN DIE EVAKUIERUNGSMASSNAHMEN
EINZUBEZIEHEN.-- EINEM ABSCHLIESSENDEN BERICHT SEHE ICH
ENTGEGEN.===
RSHA.ROEM. 4 B 4 KLEIN A-3 318241 KLEIN G - (1445)
- I.A. GEZ. GUNTHER -STUBAF.+

Straf- u. Jugendgefängnis Bochum

Telegramm der Gestapo Düsseldorf: »Das Oberkommando der Wehrmacht ist an den beiden obengenannten Juden nicht mehr interessiert.«
(Hauptstaatsarchiv Düsseldorf)

ein. In einem knappen Telegramm, unterzeichnet von Eichmann-Stellvertreter SS-Sturmbannführer Günther, gab das Oberkommando der Wehrmacht bekannt, man sei an Siegfried und Alfred Strauß »nicht mehr interessiert«. Es gebe daher keine Hinderungsgründe mehr, die Strauß-Familie mitsamt allen Angehörigen in die Evakuierungsmaßnahmen einzubeziehen, insoweit es die bestehenden Bestimmungen vorsehen.[15] Ein paar Tage später wurden diese Anweisungen nach Essen weitergeleitet, aber mit einer makaberen Verdrehung. In dem Entwurf des Briefes an Essen stand, daß es keinen Grund gebe, die Strauß-Familie in die Evakuierungsmaßnahmen einzubeziehen. Vielleicht wurden die Gestapobeamten von ihren eigenen Euphemismen so durcheinandergebracht, daß sie

»Emigration« mit »Evakuierung« verwechselten. In jedem Fall machte ein schneller Bleistiftstrich aus der Gnadenfrist ein Todesurteil: »Es besteht daher keine Veranlassung mehr, die Gebrüder Strauß und ihre Angehörigen ~~in die~~ *aus den* Evakuierungsmaßnahmen ~~einzubeziehen~~ *auszunehmen*.«[16] Die Essener Gestapo wurde instruiert, die Emigration der Strauß' zu verhindern und weitere Direktiven in bezug auf einen Transport nach Theresienstadt abzuwarten. Eine weitere Mitteilung vom 8. August riet dem Düsseldorfer Oberfinanzpräsidium, mit den Überweisungen zu warten.[17]

Ob Siegfried und Alfred Kenntnis von dieser Veränderung ihrer Lage hatten, wissen wir nicht. Nach Mariannes Erinnerung erwarteten sie bis zuletzt, innerhalb weniger Tage abreisen zu können. Vielleicht haben sie am 30. August (falls das wirklich das geplante Abfahrtsdatum war) vermutet, daß etwas schieflief, weil sie ihre Pässe nicht erhielten. An diesem Tag rief Kriminalsekretär Kosthorst von der Essener Gestapo seine Vorgesetzten in Düsseldorf an und warnte sie, die Strauß-Familie könne versuchen, sich abzusetzen. Man beschloß, sie am 31. August zu verhaften.[18]

Hätten sie früher gehen können? Hielten sie sich immer noch mit Kleinigkeiten auf, warteten sie auf die letzte Überweisung, wie erbärmlich die Summe auch sein mochte, die schließlich auf den schwedischen Konten landete? Im Mai hatte Siegfried sein Vermögen transferiert. Alfreds Geldgeschäfte waren jedoch erst am 24. August abgeschlossen, obwohl er sie bereits im Juni in Angriff genommen hatte.[19] Hatten die Brüder ausgeharrt, bis das Geld umgerechnet worden war? Nach dem Krieg schrieb Hammacher: »Die Ausreisemöglichkeit bestand schon seit Anfang 1943; warum die unglücklichen Opfer solange gezögert haben auszuwandern, ist mir bis heute nicht verständlich.«[20] Hammachers Zeugnis können wir jedoch nicht vorbehaltlos Glauben schenken. Im Zusammenhang mit Mariannes Entschädigungsansprüchen, die sich auf das in seinem Besitz befindliche Straußsche Familieneigentum bezogen, hatte Hammacher nämlich ein großes Interesse daran, seine Hilfestellung zu betonen. Die versäumte Chance, so seine Argumentation, sei nicht auf fehlende Unterstützung zurückzuführen, sondern auf die mangelnde Aufbruchsbereitschaft der Familie. Ich überlegte mir zuerst ernsthaft, den Brief unberücksichtigt zu lassen. Die Behauptung Hammachers ließ mich dann allerdings sehr an den früher von den Strauß' an den Tag gelegten Widerwillen gegenüber einer Auswanderung denken. Es ist nicht ausgeschlossen, daß ihre Abreise sich aufgrund von Geldgeschäften im Jahr 1943 hinauszog.

Unter Mariannes Papieren fand ich die Kopie eines Briefes aus dem Jahr 1961 von Ernst Dahl, Lores Bruder in Kanada, an Mariannes Cousin René Wolf in Frankreich. Zusammen mit Marianne waren sie die legalen Erben von Alfred und Lore. Aus Ernst Dahls Brief erfuhr ich, daß Alfred im Sommer 1943 nicht nur Gelder nach Schweden transferiert, sondern auch einige seiner Anzüge dorthin geschickt hatte. Es war leicht nachzuvollziehen, was er sich dabei gedacht hatte. Wenn die Brüder in Schweden Arbeit suchten, dann brauchten sie respektable Kleidung. Die Anzüge trafen in Stockholm ein, wo sie bis zum Ende des Krieges auf ihren Besitzer warteten.[21]

Fünf Minuten vor zwölf

Unter Mariannes Papieren finden sich mehrere Entwürfe ihres Artikels, der in *Das Münster am Hellweg* erschienen ist. Mit unerheblichen Abweichungen steht in allen, daß zwei der meistgefürchteten Gestapomänner, Kriminalobersekretär Kosthorst[22] und Kriminaloberassistent Hahn, am 31. August um 10 Uhr morgens in der Ladenspelderstraße 47 auftauchten. Sie gaben der Familie zwei Stunden Zeit, um für den bevorstehenden »Abtransport nach dem Osten« zu packen. Die Ankunft der Gestapo, schrieb Marianne, habe sie wie ein Blitz aus heiterem Himmel getroffen. Bis zu diesem Moment hatte die Familie gehofft, in den nächsten Tagen aufbrechen zu können. Nun mußten sie sich innerhalb von zwei Stunden in ihr neues Schicksal fügen und alles für die Deportation zusammensuchen.

Kurz vor Mittag steckte Mariannes Vater ihr einige Hundertmarkscheine zu, die sie in die Tasche ihres Trainingsanzugs stopfte.[23] Inzwischen waren die Gestapomänner in den Keller hinuntergegangen, um sich den nicht unbeträchtlichen Familienbesitz anzusehen, der dort in Kisten verpackt lagerte. Marianne ergriff die Chance: Ohne ihrer Familie auf Wiedersehen sagen zu können, rannte sie die Treppe hinunter und aus dem Haus hinaus. Später schrieb sie:

> Ich rannte um mein Leben, jeden Augenblick einen Pistolenschuß hinter mir erwartend; aber ein solches Ende zu finden, war mir immer als ein weit besseres Geschick erschienen als das Unvorstellbare, das mir in Auschwitz oder Litzmannstadt, in Treblinca oder Izbica bevorstehen würde.

In unseren Unterhaltungen fügte Marianne dem Bild noch ein paar Pinselstriche hinzu. Sie erzählte mir, daß der freundliche Pastor Keinath beim Eintreffen der Gestapo zu Besuch gewesen sei.[24] Er habe sich auf dem Balkon versteckt und versucht, sich aus dem Haus zu stehlen, während die Männer im Keller waren. Leider hätten die Stufen geknarrt. Marianne sagte, als die Gestapo erschien, habe Keinath wie ein Gespenst ausgesehen. Nachdem er einige Fragen beantwortet hatte, durfte er gehen. Marianne erinnerte sich, daß er mit einer hohen Geldstrafe davonkam, die die Kirche übernahm – vielleicht weil Pastor Keinaths Frau mit Bischof Galen verwandt war. Keinath überlebte, und Marianne blieb bis zu seinem Tod in freundlichem Kontakt mit ihm; danach korrespondierte sie mit seinen Nachkommen.[25]

Mir war an der Geschichte jedoch folgendes merkwürdig vorgekommen: Wenn Keinath versucht hatte, den Gestapomännern zu entkommen, während sie im Keller waren, ist es eigentlich unvorstellbar, daß sie wieder *zu zweit* in den Keller hinuntergegangen sind, nachdem sie ihn aufgehalten hatten. Außerdem hätte Marianne wohl kaum denselben Fluchtweg mit Erfolg wählen können.

Der Familie wurde das Ziel des Transportes nicht offiziell mitgeteilt. Man gab ihnen jedoch zu verstehen, daß es Theresienstadt sei.[26] Mariannes Mutter zog ihr einziges Paar vernünftiger Schuhe an, ihre soliden Wanderstiefel. Da sagte einer der Gestapomänner, es habe keinen Sinn, die Stiefel anzuziehen, denn in der Polizeistation würde man sie ihr ohnehin wieder abnehmen, noch bevor sie weitergeschickt würden. Marianne bekam einen Wutanfall. Nahmen sie nicht schon genug vom Eigentum der Familie an sich? Mußten sie ihnen auch noch die Kleider vom Leibe reißen? Sie erinnerte sich an den mit gezückter Pistole auf der Treppe stehenden Gestapobeamten. Marianne sagte, machen Sie nur, erschießen Sie mich doch, das ist besser, als auf den Transport zu gehen. In unserem letzten Interview fügte sie hinzu, daß ihr diese Episode vor Augen geführt habe, welch eine Belastung sie für die Familie bedeuten würde.[27]

In unseren Unterhaltungen sagte Marianne außerdem, daß ihr Vater ihr beim Eintreffen der Gestapo ein Bündel von Hundertmarkscheinen zugesteckt habe, die er noch im Haus hatte (»was natürlich auch illegal war«).[28] Sie konnte sich nicht mehr an die genaue Summe erinnern, aber sie meinte, daß es einige tausend Reichsmark gewesen sein müssen. »Ich schwor, daß er es ganz zurückbekommen würde, wenn er zurückkam.«[29] Sie sagte ihrem Vater, daß sie fliehen wollte, und fragte, ob sie Richard mitnehmen dürfe. Ihr Vater war einverstanden, aber Richard wollte nicht. Laut ihrer Niederschrift sah Marianne ihre Chance gekommen, als die Gestapo wieder in den Keller hinunterging. Sie warf ihrer Mutter in der Küche noch einen schnellen Blick zu und winkte unauffällig. Ihre Mutter nickte ihr zu, die Eingangstür ließ sich geräuschlos öffnen – und sie war draußen.

Nachdem sie das Ende der Straße erreicht hatte, lief sie kreuz und quer durch die Stadt. Falls ihr jemand folgte, konnte er ihr Ziel so nicht erraten. Sie hielt sich an die kleineren Straßen, setzte sich ein Kopftuch auf und verfiel in einen anderen Schritt. In einer Telefonzelle wählte sie eine Nummer, die ihr Vater ihr gegeben hatte. Sie erinnerte sich, mitbekommen zu haben, daß sie dem Chef der Canaris-Gruppe gehörte, der einen Butler hatte und auf großem Fuß lebte. »Ich weiß nicht, wer ans Telefon gegangen ist, ein Mann war dran, und ich fragte, ob ich mit dem und dem sprechen könnte.« Marianne benutzte den Code, den man ihr gegeben hatte. Sie war sich nicht sicher, ob die Person am anderen Ende wußte, worüber sie sprach. Wenn er es wußte, ließ er sich nichts anmerken. Marianne teilte ihm mit, daß ihre Familie im Gefängnis in Essen sei. Dann hängte sie schnell ein und lief weiter.

Ich fragte sie, ob sie sich noch daran erinnern könne, was ihr durch den Kopf gegangen sei, als sie das Haus verlassen hatte. Sie sagte, sie habe nur einen einzigen Gedanken gehabt:

> Wegzukommen. Ich erwartete in jeder Minute, absolut – ich war mir ganz sicher –, daß es eine Schießerei geben würde und daß es das dann gewesen sei. Aber das wollte ich ja ... In eins der Lager zu gehen war für mich eine der entsetzlichsten, alptraumhaftesten Vorstellungen, und ich konnte es nicht, ich konnte das einfach nicht machen.[30]

Den Nachmittag verbrachte sie bei einem ehemaligen Assistenten von David Krombach. Später erfuhr ich, daß sie wahrscheinlich auch den Krupp-Manager Martin Schubert aufgesucht hatte, der Verbindungen zum Bund pflegte.[31] Als es Nacht wurde, machte sich Marianne auf den Weg nach Essen-Stadtwald. Jacobs hatte ihr gesagt, falls sie fliehen mußte, sollte Marianne ins Blockhaus gehen und dort bei Sonja Schreiber wohnen. Das tat sie jetzt.

Als ich über Mariannes Flucht nachdachte, ging mir durch den Kopf, wie bescheiden der technische und polizeiliche Überwachungsapparat damals war. In dieser Geschichte tauchen immer wieder dieselben zwei oder drei Beamten auf, und tatsächlich bestand das gesamte Judenreferat der Essener Gestapo aus nur drei bis vier Mann. Um dennoch effektiv zu sein, verließen sie sich auf Denunziationen.[32] Daß die Gestapo keine Polizeiverstärkung angefordert hatte, zeigt zudem, wie sehr sie an die Passivität der Opfer gewöhnt war. Man ging davon aus, daß zwei Beamte ausreichten, um die achtköpfige Strauß-Familie zu bewachen.

Die Gestapo gibt Mariannes Entkommen zu Protokoll

Erst am nächsten Tag um elf Uhr brachte die Essener Gestapo den Mut auf, ihren Vorgesetzten nach Düsseldorf zu telegrafieren:

Telegramm Außendienststelle Essen Gestapo an die Stapoleitstelle Düsseldorf 1. 9. 1943 11.07
Betr.: Evakuierung der Juden Strauß
Bezug: Fernmündliche Anordnung vom 30. 8. 1943.
Die zum Zwecke ihrer Evakuierung nach Theresienstadt festzunehmende Jüdin Marianne Sara Strauß geb. am 7. 6. 1923 in Essen, wohnhaft hier, Ladenspelderstr. 47 wurde am 31. 8. 1943 flüchtig. In einem vorgefundenen Brief an ihre Eltern heißt es:
»Ich gehe nicht mit, ich nehme mir das Leben. Gott behüte Euch. Marianne«

[gez.] Nohles[33]

Weil ich erst nach ihrem Tod auf dieses Telegramm stieß, konnte ich Marianne nicht mehr nach dem Brief fragen. Die Gestapobeamten können ihn durchaus erfunden haben, denn in ihrer Akte findet sich kein solcher Brief. Eine tote Jüdin war kein so gravierendes Eingeständnis des Scheiterns wie eine flüchtige.[34]

Am selben Tag telegrafierte die Stapoleitstelle Düsseldorf (die inzwischen wegen Bombenschäden in ihrer Zentrale ins nahe gelegene Ratingen verlegt worden war) nach Theresienstadt:

Dringend, sofort vorlegen:
Betrifft: Wohnsitzverlegung von Juden nach Theresienstadt.
Bezug: FS 31. 8. 1943.
Aus dienstlichen Gründen kann der Transport der im vorerwähnten FS genannten Juden nicht am 6. 9. 1943 sondern erst am 9. 9. 1943 stattfinden. Dementsprechend trifft der

> Transport am 8. 9. 1943 mit dem fahrplanmäßigen D-Zug um 2.57 in Theresienstadt ein.
>
> Es wird um Bestätigung gebeten.[35]

Ohne zu bemerken, daß die Gestapo eine Ankunftszeit vorgesehen hatte, die einen Tag vor der Abreise lag, telegrafierte Theresienstadt Einverständnis. Erst am Tag darauf wurde dieser Fehler korrigiert.

Diese Verzögerung um lediglich drei Tage deutet darauf hin, daß die Gestapo annahm, Marianne könne sich nicht lange allein über Wasser halten, weil ihr niemand für längere Zeit Zuflucht gewähren würde. Wie Marianne später von den Druckers erfuhr, kam die Gestapo, nachdem sie die Familienwohnung der Strauß' versiegelt hatte, zu unterschiedlichen Zeiten am Tag und in der Nacht in die Ladenspelderstraße 47 zurück in der Erwartung, Marianne dort vorzufinden.[36]

Am 3. September sah sich Kosthorst offensichtlich gezwungen, einen ausführlicheren Bericht über die Flucht Mariannes abzufassen:

> Am 31. 8. 1943 begab ich mich mit dem Krim.-Ober-Assistenten Hahn in die Wohnung der Juden Strauss, um sie von der bevorstehenden Abschiebung nach Theresienstadt in Kenntnis zu setzen. Ich gab den Juden eine befristete Auflage zum Packen der mitzunehmenden Sachen. Während des Einpackens beaufsichtigte ich die Angehörigen der in der 1. Etage wohnenden Familie Siegfried Israel Strauss (5 Personen), während Krim.-Ober-Assistent Hahn die in der 2. Etage wohnenden Angehörigen der Familie Alfred Israel Strauss (3 Personen) beaufsichtigte. Zwecks Mitnahme der Reiseverpflegung hatte ich der Jüdin Marianne Sara Strauss gestattet, die im Erdgeschoss gelegene Küche aufzusuchen. Sie hat dann in einem unbewachten Augenblick das Haus verlassen. Nach etwa 5 Minuten wurde ihr Fehlen festgestellt. Im Hausflur wurde der bereits erwähnte Abschiedsbrief vorgefunden.
>
> [Gez.] Kosthorst[37]

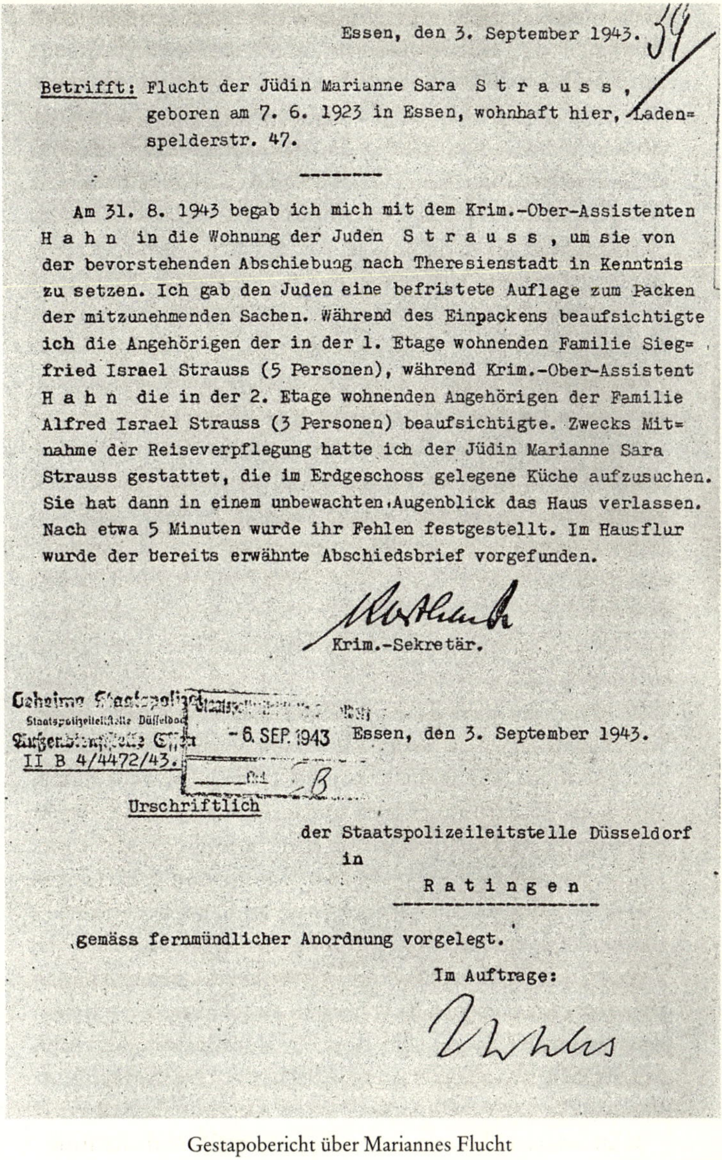

Essen, den 3. September 1943.

Betrifft: Flucht der Jüdin Marianne Sara S t r a u s s , geboren am 7. 6. 1923 in Essen, wohnhaft hier, Ladenspelderstr. 47.

Am 31. 8. 1943 begab ich mich mit dem Krim.-Ober-Assistenten H a h n in die Wohnung der Juden S t r a u s s , um sie von der bevorstehenden Abschiebung nach Theresienstadt in Kenntnis zu setzen. Ich gab den Juden eine befristete Auflage zum Packen der mitzunehmenden Sachen. Während des Einpackens beaufsichtigte ich die Angehörigen der in der 1. Etage wohnenden Familie Siegfried Israel Strauss (5 Personen), während Krim.-Ober-Assistent H a h n die in der 2. Etage wohnenden Angehörigen der Familie Alfred Israel Strauss (3 Personen) beaufsichtigte. Zwecks Mitnahme der Reiseverpflegung hatte ich der Jüdin Marianne Sara Strauss gestattet, die im Erdgeschoss gelegene Küche aufzusuchen. Sie hat dann in einem unbewachten Augenblick das Haus verlassen. Nach etwa 5 Minuten wurde ihr Fehlen festgestellt. Im Hausflur wurde der bereits erwähnte Abschiedsbrief vorgefunden.

Krim.-Sekretär.

Geheime Staatspolizei
Staatspolizeileitstelle Düsseldorf
Außendienststelle Essen
II B 4/4472/43.

- 6. SEP. 1943

Essen, den 3. September 1943.

Urschriftlich

der Staatspolizeileitstelle Düsseldorf
in
R a t i n g e n

gemäss fernmündlicher Anordnung vorgelegt.

Im Auftrage:

Gestapobericht über Mariannes Flucht

Dies entsprach nicht ganz Mariannes Bericht. Marianne erinnerte sich, daß die korrupten Beamten den Keller nach Beute durchstöberten. Kosthorst schien diese Übertretung hinter dem Bild des menschlichen Polizisten verstecken zu wollen, der der Tochter gestattet hatte, Proviant einzupacken. Sein Vertrauen war von der hinterlistigen Jüdin mißbraucht worden. Als ich im Leseraum des Düsseldorfer Staatsarchivs auf dieses Dokument stieß, kam mir in den Sinn, daß ich wahrscheinlich der erste Leser war, der wußte, daß es eine Lüge enthielt.

Kurz nachdem ich mir die Gestapounterlagen angesehen hatte, sprach ich mit Lilli Arras. Sie hatte Marianne ein- oder zweimal nach dem Krieg getroffen, und Marianne hatte ihr von der Flucht berichtet. Ganz spontan erzählte mir Lilli, als die Gestapo bei der Familie gewesen sei, habe Marianne darum gebeten, Brot holen zu dürfen – und sei geflohen. Plötzlich schien es also, als sei die Gestapo-Geschichte wahr – und Mariannes Bericht an diesem Punkt ungenau.

Spätere Echos auf die Flucht

Lilli Arras war nicht die einzige, der Marianne erzählt hatte, was an dem Tag passiert war. Als ich mit einigen ihrer Freunde aus Liverpool und einigen ihrer überlebenden Verwandten sprach, fand ich heraus, daß die meisten etwas von ihrer Flucht erfahren hatten, selbst wenn sie sonst wenig von Mariannes Vergangenheit wußten. Im großen und ganzen deckten sich ihre Erinnerungen mit Mariannes schriftlich festgehaltenem Bericht: Die Gestapo im Keller, ihr schnelles Weglaufen die Treppen hinunter und zur Eingangstür hinaus. Manche hatten sich gedacht, sie sei vielleicht durch eine Hintertür geflohen oder aus einem Fenster geklettert. Ihr Cousin zweiten Grades, Robert Selig, schrieb mir eine E-Mail aus Dänemark:

> Marianne erwähnte ihre Vergangenheit nie, und alle Informationen, die ich habe, habe ich aus anderen Quellen, meistens von meinen Eltern. Soweit ich weiß, lebte sie in Essen

mit ihren Eltern, ihrer Großmutter und ihrem jüngeren Bruder Richard. Die Gestapo (oder vielleicht andere Polizisten) kam, um sie zu verhaften, aber Marianne kletterte aus einem Fenster an der Rückseite des Hauses und floh. Sie wollte ihren Bruder mit sich nehmen, aber ihre Mutter erlaubte es nicht, mit der Begründung, er sei zu jung. Die nächsten Jahre verbrachte sie im Untergrund, bis sie in ein britisches Lager nah der Frontlinie lief.[38]

Ich nahm an, die Einzelheiten, die sich von Mariannes schriftlichem Bericht unterschieden, waren von den Zuhörern nur falsch wiedergegeben worden. Daß sie jedoch in ein britisches Lager an der Front gelaufen sein sollte, war so anders als das, was wirklich passiert war, daß Marianne dies nie gesagt haben konnte. Dann fand ich unter den Wiedergutmachungsunterlagen allerdings eine Aussage Mariannes aus dem Jahr 1961, wonach sie bei ihrer Flucht aus einem Fenster gesprungen sei. Ich fragte mich deswegen, ob Seligs Kommentar, Regina habe nicht gewollt, daß Richard mitging, nicht auch auf eine Aussage Mariannes zurückzuführen war.[39]

Flucht vor der Erinnerung

Die Flucht war eines der intensivsten und traumatischsten Ereignisse in Mariannes Leben und stand unter dem Zwillingsgestirn von Befreiung und Verrat. Sie war sowohl der Moment der Entscheidung, als ihr Leben an einem seidenen Faden hing, als auch der Moment, in dem sie ihre Familie verließ, aller Voraussicht nach für immer.

Und doch veränderte sich ihre Nacherzählung der Flucht schon relativ früh. Es überrascht nicht, daß sie 1984 mit über sechzig, als ihr Artikel in *Das Münster am Hellweg* erschien, ein paar Details eines 40 Jahre zurückliegenden Ereignisses durcheinanderbrachte. Tatsächlich hatte Marianne jedoch schon 1957 im Rahmen ihres Wiedergutmachungsprozesses eine schriftliche Erklärung an Eides Statt abgegeben, daß die Gestapo im

Keller gewesen sei.[40] Ein paar Jahre später erklärte sie, diese Version geringfügig variierend, sie habe das Haus durchs Fenster verlassen.[41] In den wenigen Jahren nach dem Ende des Krieges waren ihr die Einzelheiten also schon entglitten, und sie änderten sich fortwährend.

Im wesentlichen sind drei Aspekte beim Verlassen des Hauses ungeklärt. Erstens die Frage, wieviel Vorsatz in der Flucht lag. In Mariannes schriftlichem Bericht erschien die Flucht wie ein Impuls des Augenblicks. Erst kurz zuvor habe der Vater ihr das Bargeld zugeschoben. In ihren Unterhaltungen mit mir sagte sie, ihr Vater habe ihr das Geld schon vorher gegeben, und ihre Entscheidung zu fliehen sei gefallen, nachdem sie die Auseinandersetzung mit der Gestapo auf der Treppe geführt hatte. Zweitens die Frage, warum Richard nicht mitgegangen ist. Im publizierten Bericht wird das Thema nicht angesprochen. In unserer Unterhaltung hat Marianne gesagt, Richard wollte nicht mitkommen. Die Seligs hatten gehört, Ine habe es nicht erlaubt. Drittens die Frage, wie sie aus dem Haus gekommen ist. Wenn Marianne gefragt hatte, ob sie etwas Brot holen dürfe, schien mir das zu gewichtig und erinnerungswürdig, um in ihrem Gedächtnis verschüttet zu werden.

Zu diesem Zeitpunkt hatte ich noch keine ausgereifte Theorie dazu, warum Marianne diese bestimmte Erinnerung abhanden gekommen war. Ich spürte jedoch schon, daß es die Traumata der Trennung waren, die in Mariannes enormer Sammlung trauriger Erinnerungen die schmerzhaftesten und am schwersten begreiflichen Vorfälle waren. Ich erkannte in dieser Episode ein deutliches Echo von Mariannes Bericht über Ernsts Abreise. Wieder war ein bitterer Moment der Trennung gekommen. Vielleicht war ja auch hier ein »geliehener« Weg eingeschoben worden, in dem Sinne, daß Pastor Keinaths vereitelte Flucht, als die Gestapo im Keller war, sich in ihren eigenen Fluchtweg verwandelt hatte, genauso wie Hanna Arons nächtlicher Ausflug in den Holbeckshof zu Mariannes letztem Gang zu Ernst geworden war. Aber warum hätte sich Marianne die Wege anderer Menschen zu eigen machen sollen? Noch verstand ich das nicht.

Ich hatte Mariannes Berichte gehört und gelesen. Ich hatte diejenigen befragt, die ihr nahestanden und mit denen sie irgendwann zwischen den vierziger und den achtziger Jahren gesprochen hatte. Und ich hatte mich durch die Gestapo-Unterlagen gearbeitet, mit all ihren erstaunlichen Einzelheiten (wenn sie auch manchmal erlogen waren und oft auf falsche Fährten führten). Ich fand, nun hatte ich mehr Aussagen über eine Flucht aus einem Wohnhaus im Nazideutschland der Kriegszeit zusammengetragen, als selbst der besessenste Historiker verlangen konnte.

Dann traf ich Hanna Aron. Hanna, die inzwischen in Connecticut lebte, war als Hanna Drucker zur Welt gekommen. Sie war diejenige gewesen, die im März 1943 mit ihrer nichtjüdischen Mutter und ihrem Bruder ins Haus der Strauß-Familie gezogen war. Und wie sich herausstellte, war sie am Tag von Mariannes Flucht zu Hause gewesen. Hanna erzählte mir:

> Es war so, daß ich an dem Tag, an dem sie mitgenommen wurden, blaugemacht hatte.[42] Und ich war in ein Kino in Essen-West gegangen, was natürlich verboten war. Ich hatte meinen Stern abgenommen, war ins Kino gegangen, zurück nach Hause gekommen, und als ich in die Tür kam – es gibt da diese Stufen, da, genau wie diese Stufen hier. Wenn man ins Haus kam, konnte man direkt in die Küche gucken, und hoch ins Treppenhaus – als ich reinkam, sah ich sofort Herrn Hahn von der Gestapo dort stehen. Ich kannte ihn ganz gut, und er kannte mich. Und ich ging schnell nach rechts, an der Küche vorbei, in unser Zimmer, denn ich hatte ihn gesehen, und du meine Güte, war ich in einer entsetzlichen Lage, weil ich den Stern abgenommen hatte! Also machte ich ihn wieder an, und er kam in mein Zimmer und sah, daß ich ihn gerade mit einer Nadel festgesteckt hatte. Und er sagte zu mir: »Weißt du, ich könnte dich auf der Stelle ins Lager schicken.« Ich weiß nicht mehr, ich glaube, ich habe mich entschuldigt, ich muß mich entschuldigt haben, ganz zurückhaltend, weil

ich so eine Angst hatte. Irgend jemand muß meine Mutter bei der Arbeit angerufen haben. Ich war es bestimmt nicht, denn »du bleibst in deinem Zimmer!«, und das tat ich dann natürlich, weil ich so eine Angst hatte. Ich glaube, Rosenberg hat meine Mutter angerufen, und sie kam nach Hause. Und als sie in unser Zimmer kam, kam Herr Hahn hinterher und erzählte ihr, was passiert war. Daß er mich ohne Stern erwischt hatte und so weiter.

Aber bevor meine Mutter nach Hause kam, vorher, öffnete Marianne die Tür meines Zimmers. Sie sah hinein, und ich saß da, wissen Sie, ich hatte so viel Angst, ich saß da nur und fürchtete mich. Marianne öffnet die Tür, guckt rein, macht eine Kopfbewegung, sagt nichts. Läßt die Tür angelehnt. Und ich denke, was zum Teufel macht die denn jetzt?! Ich habe genug Probleme! Ich dachte nicht mehr an sie. Dann kam meine Mutter nach Hause, und als Herr Hahn ins Zimmer kam, fragte sie ihn: »Herr Hahn, dürfen wir gehen?«, und er sagte, ja, wir könnten gehen. Und sie nahm mich und wir gingen zu diesen Freunden, die wir in Essen-West hatten. Später kamen wir nach Hause, es war schon dunkel, und natürlich gab es die Ausgangssperre. [...]

Wir kamen zurück, und Herr Rosenberg, Fritz, war ganz aufgeregt. »Mein Gott, Frau Drucker, Sie wissen ja nicht, was passiert ist!« – »Was ist denn passiert, was so fürchterlich war?« – »Marianne ist weggelaufen! Und wenn sie sie fassen, dann bringen sie sie um!« Und meine Mutter lächelte und sagte: »Gott sei Dank, wenigstens sie ist davongekommen!« Dann erzählte er uns, daß zu der Zeit, in der sie fertig zum Gehen waren und alle ihre Sachen zusammen hatten, Marianne nicht da war, man konnte sie nicht finden, und dann bemerkten sie, daß die Haustür offenstand. Sie war durch die Haustür gegangen und hatte nichts mitgenommen, hatte die Tür angelehnt gelassen, um kein Geräusch zu machen. Und sie muß sehr leise aus dem Haus gegangen sein, wissen Sie. Und Rosenberg war so aufgeregt deswegen, und meine Mutter sagte zu ihm: »Herr Rosenberg, ich kann mich darüber nicht so aufregen, es ist gut für sie, daß sie verschwunden ist.« [...]

Am nächsten Tag kam die Gestapo, sie nahmen alles mit, was nicht niet- und nagelfest war. Sie nahmen die Bilder, sie nahmen die riesigen Überseekoffer, die nicht im Keller standen. Ich habe es selbst gesehen. Und sie haben schwer gearbeitet, denn die Koffer waren schwer.[43]

Hanna war sich nicht sicher, wo die Gestapo gewesen war, als Marianne verschwand. Sie meinte, Marianne sei wahrscheinlich weggelaufen, nachdem sie kurz in Hannas Zimmer gesehen hatte. Später fiel mir auf, daß Hanna und ihre Mutter also ausgegangen sein mußten, nachdem Marianne das Haus verlassen hatte, aber bevor andere die Tür geöffnet vorgefunden hatten. Ich schrieb ihr deswegen, und sie sagte, daß die Tür offen gewesen sei und sie sie so gelassen hätten. Aber ob das eine authentische Erinnerung war oder etwas, von dem sie meinte, daß es zu meiner Frage paßte, das konnte ich nicht beurteilen.

Ihre Erinnerung brachte meine Nachforschungen jedoch in zweierlei Hinsicht weiter. Erstens war Marianne mit Sicherheit durch das Treppenhaus geflohen und nicht durch ein Fenster. Zweitens hatte niemand im Haus erwähnt, daß Marianne eine Notiz hinterlassen hatte. »Nein, nichts, nichts, absolut nichts«, sagte Hanna. »Sie sah nur in mein Zimmer, und erst danach wurde mir klar, daß sie auf Wiedersehen gesagt hatte.« Es sah also danach aus, als sei dieser Teil des Gestapo-Berichts erlogen.

Hanna sagte, als ihre Mutter nach Hause kam, habe sie Ine in der Küche gesehen. Und was hatte Ine gesagt?

»Nun, ich weiß nicht, aber ich glaube, sie haben sich umarmt und etwas geweint.«

»Hat Ihre Mutter das gesagt, oder glauben nur Sie, daß es so gewesen ist?« fragte ich.

»Nein, das ist, was meine Mutter gesagt hat. Erstens konnte man nicht viel machen, wenn die Gestapo da war, und man wollte sich auch nicht gehenlassen. Denn wenn man einmal mit dem Weinen anfing, dann konnte man nicht mehr aufhören. Deswegen glaube ich, daß Ine sich ziemlich zusammenriß und meine Mutter wahrscheinlich auch. Sie haben sich einfach umarmt, und das war's.«

10

Erinnerungen aus dem Untergrund: August 1943 bis Frühjahr 1944

Lange Zeit konzentrierte sich meine Wahrnehmung der Gefahren und Mühen von Mariannes Flucht auf die Risiken und Schmerzen dieses plötzlichen Abschieds. Ich dachte darüber nach, wie traumatisch es gewesen sein muß, die Eltern und den Bruder unter diesen Umständen zurückzulassen. Ich stellte mir vor, wie Marianne den Schuß im Rücken zu spüren meinte. Ich überlegte, wie groß die Chance gewesen ist, daß sie jemand in der Ladenspelderstraße weglaufen sah und das tat, worauf sich die Gestapo bei den Bürgern verließ: sie anzuzeigen. Das waren – so nahm ich an – die Bedrohungen und die Ungewißheiten, die sie beschäftigt hatten.

Als ich mir jedoch ein paar Monate nach der Aufzeichnung die Tonbänder vom September 1996 noch einmal anhörte, zog etwas anderes meine Aufmerksamkeit auf sich. Marianne sprach darüber, daß ihr der Bund seine Unterstützung zugesagt hatte: »Vielleicht wäre jemand anders zimperlich mit dem Angebot umgegangen und hätte gedacht, na ja, die Leute sagen so was, und dann meinen sie es nicht wirklich. Aber ich ging das Risiko ein, wissen Sie. Ich dachte mir, wenn sie mich nicht wollen, dann können sie es mir ja sagen. Zu der Zeit kannte ich Artur allerdings schon gut genug, um zu *denken*, daß sie es *tatsächlich* so meinten. Und so war's ja auch: Sie haben mich ja wirklich durchgebracht.«[1] Auf dem Band war deutlich ein Seufzen zu hören, und plötzlich fiel mir das Offensichtliche auf. Als sie floh, konnte Marianne gar nicht wissen, ob der Bund ihr wirklich helfen würde und könnte. Sie floh ins Ungewisse. Was ihr bevorstand, war genauso bedrohlich, wie das, was sie hinter sich gelassen hatte.

Am Tag vor Mariannes Flucht hatten die Bund-Mitglieder eines ihrer Sommertreffen abgehalten. Artur Jacobs machte sich Sorgen. Ein paar Tage zuvor war eine Karte von der Vermieterin seines Sohnes eingetroffen. Gottfried sei seit Wochen verschwunden. Artur hatte daraufhin an den deutschen Konsul geschrieben und an die Polizei in Amsterdam. Jetzt, Ende August, hatte er die Nachricht von Gottfrieds Verhaftung erhalten.[2] Es war charakteristisch für Artur, daß er dennoch weiterhin rege am Schicksal seiner Mitmenschen Anteil nahm. Vor allem Marianne lag ihm am Herzen. Der Bund würde sein Wort halten.

Ein oder zwei Tage nach Mariannes Flucht schrieb Artur in sein Tagebuch:

> Marianne im Blockhaus, noch in letzter Stunde dem Unheil entronnen.
>
> Was für ein gerade erwachsener, kluger, aktiver, mutiger junger Mensch! Und kaum ein leiser Schatten über ihrer Erscheinung bei allem, was sie durchmacht.
>
> Was haben diese Menschen zu verarbeiten gelernt! Und ganz ungebrochenen Gemütes.
>
> Daß solches Milieu für solche Jugend noch Raum läßt, gibt zu denken: ist aber wohl auch sicher ein Beweis dafür, daß der richtige Keim sich durch jede Hülle durcharbeitet. [...]
>
> Aus welcher Quelle schöpft sich so ein Mensch? Einmal ist es eine unbedingte Jugendkraft, dann eine von Jugend an geübte Zurückhaltung in den Lebensäußerungen – und nicht zuletzt eine Leidens- und Wachstumszeit, die alle guten Kräfte auf den Plan gerufen hat.[3]

Das Blockhaus

Am Abend des 31. August 1943 traf Marianne im Blockhaus ein. Als ich im Sommer 1997 dorthin fuhr, um Fotos von dem Haus zu machen, fiel mir auf, daß ich früher nur ein paar hundert Meter entfernt gewohnt hatte. Der Hügel, auf dem Marianne spazieren gegangen sein muß, war derselbe, den ich so oft hochgelaufen war. Das Blockhaus war mir allerdings nie aufgefallen. Ich hätte ja auch nie erraten können, was es damit auf sich hatte. Jetzt hingegen barst das kleine Holzhaus, das seit Mariannes Zeiten offensichtlich unverändert war, fast vor Bedeutung. Für Passanten war es ein unscheinbares, vielleicht etwas deplaziert wirkendes Gebäude in dieser sonntäglich ruhigen Vorortstraße. Die Dore-Jacobs-Schule, die die Räumlichkeiten seit 1927 nutzte (die Nazijahre ausgenommen), war wegen Sommerferien geschlossen. So konnte ich ungestört dem Gedanken nachgehen, daß das einzig erhalten gebliebene Gebäude, in dem Marianne gelebt hatte, ausgerechnet aus Holz war.

Im Mai 1999 pilgerte ich wieder zum Blockhaus, diesmal um Karin Gerhard, die Direktorin der Dore-Jacobs-Schule, zu interviewen. Innen war alles fast noch wie zu Kriegszeiten. Als Frau Gerhard bemerkte, wie wichtig mir der Besuch war, bot sie mir eine Führung durch das gesamte Haus an. Endlich konnte ich einmal durch Zimmer gehen, in denen Marianne früher gelebt hatte: die kleine Küche, das Zimmer, in dem sie geschlafen hatte, der Saal, in dem die katholische Kirche die Gottesdienste abgehalten hatte. Einen Moment lang war die Vergangenheit so nah, daß mir das Atmen schwer fiel.

Bald nach ihrer Ankunft schnitt sich Marianne die Haare und färbte sie, denn sie hatte von Frau Drucker gehört, daß die Gestapo einen Steckbrief von ihr ausgehängt hatte.[4] Viele, die Marianne während des Krieges getroffen hatten, bewahrten sich ein Bild von ihrem lebhaften Gesicht und ihrem rötlichen Haar. Noch hatte Marianne allerdings wenig Kontakt zu anderen, außer zu ihrer Gastgeberin Sonja Schreiber. Marianne spürte sofort, daß sich die 49jährige Frau für sie verantwortlich fühlte. Im Laufe der Zeit wurde Sonja ihr zu einer Art Ersatzmutter.[5]

Sonja Emmi Schreiber war eine der vielen gesellschaftskritischen Frauen des Bundes, die aus der Mittelschicht stammten. 1894 als Tochter eines Essener Ratsherren geboren, war sie un-

Das Blockhaus *(Mark Roseman)*

gefähr 30 Jahre vor Marianne auf die Luisenschule gegangen. Sie studierte in Bonn und in Düsseldorf auf der linksgerichteten Frauenakademie und engagierte sich in der Jugendbewegung. Nach dem Ersten Weltkrieg lehrte sie an einer konfessionslosen Versuchsschule in Essen-Rellinghausen. Wie viele andere stieß sie zu Artur Jacobs' Kreis durch seine Kurse über Kant an der Volkshochschule. So wurde aus ihr eine der Gründerinnen des Bundes und ein Mitglied des inneren Kreises.[6]

Sonja lebte von 1927 bis zu ihren letzten Lebensjahren im Blockhaus. Dore Jacobs' Schule wurde nach 1933 geschlossen, und die Übungsräume wurden der katholischen Gemeinde Essen-Stadtwald überlassen. Dort fanden nun Gottesdienste statt. Wochentags war dort ein Kindergarten untergebracht. Sonja wohnte in den Räumen darüber, die zu einem Zufluchtsort für all diejenigen wurden, denen der Bund half. 1940 war Sonja bei der Gestapo denunziert worden, weil sie ihrer Empörung über die Behandlung der Juden Luft gemacht hatte, und war mit einer ernsthaften Verwarnung knapp davongekommen.[7] Diese Erfahrung hinderte sie aber nicht daran, Marianne zu helfen.

Sonja Schreiber *(Dore-Jacobs-Schule, Essen)*

Tagsüber mußte sich Marianne mit den Zimmern im oberen Stock begnügen. Sie schrieb:

> Ich konnte nur nach dem Dunkelwerden das Haus für kurze Gänge verlassen, denn in Essen war ich bekannt, und Denunzierung war die größte Gefahr für mich und alle, die in mein Untertauchen verstrickt waren. Tagsüber mußte ich in meinem kleinen Zimmer bleiben, denn der Kindergarten im Haus brachte viel Ein- und Ausgehen von Außenseitern. Die Küchenarbeit war bald meine Aufgabe, und ich kochte nun zum ersten Mal in meinem Leben, für Sonja und mich – hauptsächlich Kohl auf alle Arten – vorwiegend Gemüse und Rohkost, und was Sonja auf ihre Lebensmittelkarte bekam, und was sie nach ihrer täglichen Arbeit in ihrer Schule nach Hause brachte und wertvolle Gaben unserer Freunde. Sie teilte alles, besonders die Gefahr mit mir.[8]

Erst nachdem ich selbst gesehen hatte, wie klein das Haus war, wurde mir bewußt, daß eine steile Treppe und eine geschlossene Tür alles war, was Marianne von denen trennte, die sie verraten konnten.

Der letzte Kontakt zu ihren Eltern

Während Marianne im Blockhaus war, wurden ihre Eltern, ihr Bruder, ihre Tante, ihr Onkel, ihre Großmutter Anna Rosenberg und ihre Großtante Else Dahl in den Zellen des Polizeihauptquartiers festgehalten. Grete Ströter, die ebenfalls dem Bund angehörte und zu dieser Zeit mit den Jacobs' im Bundhaus im Dönhof lebte, besuchte die Familie im Gefängnis und überbrachte ihnen ein Geschenk von Marianne. Siegfried und Ine hatten nun die stumme Bestätigung, daß ihre Tochter frei und bei Freunden war.[9] Ein Besuch bei inhaftierten Juden 1943 zeugte von Gretes außerordentlichem Mut. Sie war so diskret über ihr Heldentum, daß andere Bund-Mitglieder, beispielsweise Ellen Jungbluth, erst durch mich davon erfuhren. »Typisch Grete!« sagte Ellens Stieftochter Ursula Jungbluth.

Marianne erzählte mir, daß ihre Familie für drei Wochen festgehalten wurde, während die Gestapo bei Tag und bei Nacht in die Ladenspelderstraße zurückkehrte, weil sie Marianne dort anzutreffen hoffte.[10] Wieder hatte Marianne eine grauenhafte Zeit in ihrer Erinnerung ausgedehnt (genauso wie die Verhaftung ihres Vaters in Dachau und wie die Tage, die sie in Essen vor der verschobenen Deportation verbracht hatte). Ihre Eltern wurden in Wirklichkeit nur etwas über eine Woche festgehalten. Marianne befürchtete, daß ihre Familie ihretwegen die schlimmsten Folterungen ertragen mußte. »Ich hatte meine Eltern in Gefahr gebracht, ich hatte meine ganze Familie der schlimmsten Gefahr ausgesetzt; die Gestapo hätte alles mit ihnen machen können, was sie wollte. Ich weiß noch nicht mal, wie groß ihre Zelle war. Ganz ehrlich, ich stellte nicht zu viele Fragen. Ich wollte es wirklich nicht wissen. Denn ich konnte ja nichts dagegen tun. Und ich hatte Alpträume, wie Sie sich sicherlich vorstellen können.«[11]

Weil sie sich darüber klar war, daß ihre Eltern wenigstens zum Teil deshalb festgehalten wurden, um Druck auf sie auszuüben, fragte sich Marianne immer wieder, ob sie sich nicht stellen sollte. »Und dann, ich weiß nicht, was es war, ob ich einfach feige war oder ob es mein besseres Gespür war oder die Kombination von beidem mich unterkriegte, und ich dachte: ich kann nichts tun. Wenn ich mich stelle, tue ich der Gestapo einen Gefallen, aber weder meinen Eltern noch mir, weil die Gestapo sie dann dahin schicken kann, wohin sie sie schicken will. Während meine Familie auf diese Art noch da ist, solange die Gestapo hofft, daß sie irgendwie auf mich stoßen werden, damit sie nicht nach Düsseldorf berichten müssen, daß von acht Leuten einer fehlt. Das hat mir richtig gefallen.«

Unter Mariannes Wiedergutmachungspapieren findet sich eine Aussage von Julia Böcker, die angeblich damals bereits im Polizei-Hauptquartier eingekerkert war und so Zeugin der Verhaftung der Strauß-Familie wurde. Sie schrieb, sie sei überrascht gewesen, wieviel Schmuck und Wertsachen die Strauß-Familie noch besessen habe:

> Einen Tag nach der Einlieferung kam die Gestapo und entkleidete die Familie Strauß vollkommen und brachte sie alsdann in eine andere leere Zelle. Man gab ihnen nur eine Decke, welche sie überwerfen durften. Alsdann haben die Gestapobeamten Kosthaus [sic!] und Hahn die Zelle, in welcher die Familie Strauß vorher war, vollkommen durchsucht. Sie zerschnitten sogar die Strohsäcke, um nach Schmuck zu suchen. Daraufhin verpackten sie sämtliche Gegenstände, die sich von der Familie Strauß in der Zelle befanden, in die Koffer dieser Familie und nahmen die Koffer mit. Sie ließen lediglich Leibwäsche und Kleider, welche die Familie Strauß nach der Durchsuchung wieder anziehen durften, zurück.[12]

Der Wahrheitsgehalt der Zeugenaussage von Frau Böcker muß allerdings in Frage gestellt werden. Sie sagte nämlich auch aus, Lore Strauß sei in Auschwitz ermordet worden, was mit Sicherheit nicht stimmt.[13] Auf jeden Fall, das könne sie »heute noch genauestens behaupten«, habe Lore einen Diamantring getragen. Marianne wußte aber, daß das nicht zutraf. Auf die Frage, wie sie wissen konnte, was die Gestapo an sich genommen habe, meinte sie, alles durch ein kleines Loch in der Wand beobachtet zu haben.[14] Genauso günstig für Mariannes Wiedergutmachungsanspruch war es, daß Frau Böcker behauptete, mit angehört zu haben, daß die Gestapoleute die Anzüge der Strauß-Brüder haben wollten, denn es habe sich um »sehr gute Anzüge« gehandelt. Deswegen darf vermutet werden, daß Frau Böcker eine etwas zu entgegenkommende Zeugin gewesen ist – vielleicht im Gegenzug für eine kleine Aufmerksamkeit.

Auch Herr Hammacher gab zu Protokoll, mit der Familie während ihres Gefängnisaufenthaltes in Verbindung geblieben zu sein. Es sei ihm über seinen Chauffeur gelungen, »dauernd Lebensmittel und sonstige Bedarfsgegenstände für die Familie Strauß in das Gefängnis einzuschmuggeln«.[15] Marianne war jedoch skeptisch. Schließlich wollte Hammacher seine Position in der Verhandlung zur Wiedergutmachung stärken. Andererseits, wenn irgend jemand die nötigen Verbindungen besaß, um etwas ins Gefängnis zu schmuggeln, dann war es Bankdirektor Hammacher.

Gelegentlich wagte sich Marianne am Abend hinaus, um Beziehungen der Familie Strauß zu bemühen. Später schrieb sie: »So lange meine Familie in Essen in Haft war, hatte ich jedoch die Hoffnung, durch meine wiederholten telefonischen Versuche einflußreiche Stellen zu aktivieren, die uns so lange geschützt hatten. Aber dies wurde schließlich zu gefährlich und blieb am Ende erfolglos.«[16] Letztendlich gab man ihr deutlich zu verstehen, »daß es gefährlich wäre, wenn ich mich wieder mit ihnen in Verbindung setzten sollte. Also ließ ich es, und damit hatte es sich.«[17]

Der Schutz, den ihr die elterliche Welt geboten hatte – die verdeckten Beziehungen zwischen angesehenen Juden und hochrangigen Persönlichkeiten aus Widerstandskreisen –, war ihr unmißverständlich entzogen worden. Jetzt mußte Marianne auf die ethischen Grundsätze des sozialistisch-proletarischen Bundes vertrauen. Doch zumindest ein Teil ihres Glücks ist auf ihren Vater zurückzuführen. Vor allem weil er als bürgerliches Mitglied der Jüdischen Gemeinde gute Verbindungen hatte, konnte Marianne vom Schutz des Bundes profitieren. Artur Jacobs' Sorge um das erbarmungswürdige Los der Essener Juden hatte ihn mit führenden Köpfen der Gemeinde wie David Krombach in Verbindung gebracht. Von daher war Jacobs eher mit Leuten bekannt, die sich in Krombachs Kreisen bewegten. Wie wir wissen, konnte nur jemand mit so viel Einfluß und Geld wie Siegfried Strauß bis 1943 der Deportation entkommen. Die anderen Juden waren zu zahlreich, zu unbekannt und wurden zu früh vom Geschehen eingeholt, ohne die Chance zu haben, vom Netz des Bundes aufgefangen zu werden. In der zweiten Jahreshälfte 1943 waren nur noch wenig Juden übrig, und es gab klare Anzeichen dafür, daß Deutschland dabei war, den Krieg zu verlieren. Jetzt war es der Gruppe möglich, sich der Gefahr auszusetzen, einzelnen Schutz zu gewähren. Damit sollen die Risiken nicht heruntergespielt werden, die der Bund auf sich nahm. Es ist nur so, daß Marianne durch Siegfrieds Geld und seine Beziehungen Zeit gewonnen hatte. Nun legte sie ihr Schicksal in die Hände des pro-proletarischen Bundes.

Die Familie wird verschickt

Am 6. September verständigte die Gestapo die Bahnangestellten in Mönchengladbach: »Zur Durchführung eines Gefangenentransportes wird gebeten am 9. September 1943 (Donnerstag) in dem planmäßigen DmW 311 zwei Abteile 3. Klasse möglichst an der Spitze des Zuges freizuhalten und diese als ›bestellt‹ anzugeben. Um kurze schriftliche Bestätigung wird gebeten.«[18] Der Zug sollte gegen 22.00 Uhr in Dresden ankommen. Von dort würden die Strauß' etwas nach Mitternacht weiterfahren und kurz vor drei Uhr in Theresienstadt eintreffen.

Theresienstadt, tschechisch Terezín, war vor dem Krieg eine kleine Garnisonsstadt, etwa 60 Kilometer nördlich von Prag. 1930 hatte es knapp über 7000 Einwohner. Die Garnison bestand aus Baracken, von denen viele noch immer so primitiv waren wie zu ihrer Erbauungszeit 150 Jahre zuvor, sowie aus ebenso primitiven Privathäusern. In diesen Gebäuden waren Zehntausende von Juden aus den ersten Transporten von 1942 eingepfercht. 1943 waren mehr als 40000 Menschen auf einer Fläche von 700 mal 500 Metern zusammengedrängt. Theresienstadt war als »Vorzeigelager« für prominente und alte Juden sowie für Veteranen aus dem Ersten Weltkrieg vorgesehen; aber es war nur insofern ein »Musterlager«, als Auschwitz und Treblinka den Maßstab setzten.

Am 9. September wurde das Schicksal der Familie besiegelt. Maria Jürgens, die Nutznießerin des profitablen Tauschhandels mit der Familie – Lebensmittel gegen Meißener Porzellan und Silber –, war zufällig oder absichtlich am Essener Bahnhof zugegen. Sie sah zu, wie die Familie zum Zug abgeführt wurde. Als Marianne Maria ein paar Tage später traf, erzählte sie ihr, daß die Familie mit noch einigen ihrer Koffer abgereist sei, wenn sie auch den Großteil ihrer Sachen eingebüßt hatte.[19] (Ein weiterer Hinweis darauf, daß Frau Böcker übertrieben hatte.) Eine Gestaponotiz vom 21. September vermerkt: »Der Transport ging ohne Zwischenfälle reibungslos vonstatten. Begleitet wurden die Juden durch den Pol. Sekr. Waldbillig und Krim. Sekr. Pütz.«[20] 770,42 RM wurden von der Familie konfisziert, wovon 450 RM an Theresienstadt weitergeleitet wurden. In der Akte befindet sich die Quittung aus Theresienstadt über die gesamte Summe.[21] Der Rest ging an das Oberfinanzpräsidium in Düsseldorf. Alles korrekt erledigt.

Ein rechtlich interessanter Punkt, über den ich mir zunächst den Kopf zerbrochen habe, war, warum das Eigentum der Strauß nach dem Erlaß vom 4. Juli 1942 konfisziert wurde, der die Enteignung von »Volks- und Staatsfeinden« betraf. Das Eigentum der Krombachs war diesen mit dem Hinweis auf das Reichsbürgergesetz vom 25. November 1941 abgenommen worden, nach dem das Vermögen von Juden, die das Land verließen, automatisch an das Reich fiel. Warum wurde dasselbe Gesetz nicht im Falle der Strauß' angewandt? Die Antwort ist jedoch logisch. Theresienstadt lag in der Tschechoslowakei, also im Protektorat Böhmen und Mähren, und war deswegen offiziell kein ausländisches Gebiet. Das Gesetz von 1941 konnte nicht angewandt werden, weswegen ein anderer Erlaß benötigt wurde.[22]

In einer internen Mitteilung wurden die Gestapobeamten angewiesen, Informationen über die Familie auf Karteikarten festzuhalten und die übrigen Papiere zu archivieren. Die Akte Strauß wurde geschlossen.[23]

Die Brandbombe

Im Blockhaus war Marianne jetzt von ihren früheren Freundinnen und Freunden und von ihrer Familie getrennt. Ihr Leben im September 1943 – wochenlang eingesperrt, von den paar Atemzügen frischer Luft am Abend abgesehen – ähnelte kurze Zeit der gängigen Vorstellung von einem Leben im Untergrund, die stark vom Tagebuch der Anne Frank beeinflußt ist: ein Leben der Untätigkeit, Frustration, vielleicht auch, wie bei Anne Frank, intensiver Reflexionen. Und das Warten darauf, denunziert, entdeckt oder befreit zu werden, was auch immer zuerst kommen mochte. Solche endlosen Wartezeiten gab es natürlich in Nazideutschland. Vor allem in Berlin mußten Menschen in kleinen Wohnungen bis zum Kriegsende ausharren.[24] Marianne mußte aber nur kurze Zeit untätig sein. Von den wenigen Juden, die im Versteck überlebten, war es nur einigen vergönnt, an einem Ort zu bleiben.[25] Ironischerweise waren es oft die zunehmenden Luftangriffe der Alliierten, die die Flüchtlinge in Gefahr brachten. Sie vertrieben auch Marianne. Ob sie allerdings zwei Jahre lang mit erzwungener Muße zurechtgekommen wäre, ist wieder eine andere Frage.

Eines Abends fiel eine Brandbombe auf die Turnhalle des Blockhauses. Bevor sie hochgehen konnte – erzählte mir Marianne –, »brachte ich den Mut auf, das zischende Ding zu ergreifen, durch die lange Halle zum Fenster zu rennen und sie in den Garten zu werfen, wo sie sofort explodierte. Vielleicht habe ich das Blockhaus, das mir in so teurer Erinnerung ist, und das ich immer noch oft besuche, vor den Flammen bewahrt.«

Dieser Vorfall machte die Gefährlichkeit von Mariannes Lage sehr deutlich. Bei einem Luftangriff war das Blockhaus besonders leicht zu zerstören. Und da Marianne noch immer so nah bei ihrem früheren Zuhause wohnte, ging sie ein großes Risiko ein, erkannt zu werden, sowie sie vor die Tür trat. Hinter den Kulissen besprach der innere Kreis des Bundes, was zu tun sei. Man kam zu dem Schluß, daß ein weiterer Aufenthalt Mariannes im Blockhaus einfach zu riskant war. So endete die Zeit relativer Geborgenheit schon nach ein paar Wochen.

Dennoch – als Marianne umherziehen mußte, blieb Sonja für sie wichtig, und das Blockhaus war weiterhin ihr physischer und psychischer Halt und ihr Zufluchtsort.[26] Und die Wochen, die sie mit Sonja im September 1943 verbrachte, waren der Beginn einer lebenslangen Freundschaft.

Auf der Flucht

Von Oktober 1943 bis Februar 1945 bestand Mariannes Leben aus vielen kurzen Aufenthalten bei Bund-Mitgliedern, ab und an bei Freunden ihrer Familie oder entfernten Verwandten. Sie reiste per Bahn und Straßenbahn quer durch Deutschland. In dieser Zeit unternahm sie mehr als 30 – wahrscheinlich sogar mehr als 50 – Reisen.

Ein Schriftsteller würde Marianne jetzt begleiten, von Ort zu Ort, von Familie zu Familie. Die Geschichte wird in Braunschweig ihren Anfang nehmen und dann nach Göttingen führen, von den Morgensterns zu den Gehrkes, den beiden Familien, denen der Bund Marianne zunächst anvertraute. In den kürzer werdenden Tagen des Winters 1943/44, als man im Dunklen nicht so schnell erkannt werden konnte, würde ihr die Geschichte wieder in Richtung Heimat folgen, während sie rastlos zwischen Remscheid, Wuppertal, Mülheim, Essen und Burscheid unterwegs war. Hier würden wir mit ihr in die Straßenbahnen steigen, mit der sie zwischen ihren Gastgebern hin- und herpendelte und die sie der deutlich stärker kontrollierten Reichsbahn vorzog.

Obwohl Mariannes Ziele im allgemeinen bekannt sind, kann man ihre Zeit im Untergrund jedoch nicht in einer linearen Erzählung wiedergeben. Das gilt vor allem für die Monate vor dem April 1944. Marianne entsann sich einiger Episoden mit großer Klarheit, andere waren ihrem Gedächtnis aber entfallen. Einige ihrer Gastgeber erinnerten sich deutlich an Marianne in dieser Zeit, andere waren inzwischen gestorben oder konnten sich aus gesundheitlichen Gründen nicht mehr mit mir treffen. Ich kann daher lediglich eine Art Collage von Mariannes ersten Monaten im Untergrund zusammenstellen.

Straßen- und Eisenbahnen

Zu reisen bedeutete für Marianne vor allem, in einem Polizeistaat ohne Paß unterwegs zu sein. Lisa Jacob, die ein Mitglied des Bundes war und sich seit dem Izbica-Transport vom April 1942 versteckte, war es gelungen, einen gefälschten Paß zu bekommen. Unter ihrem Foto waren dort die Daten einer nichtjüdischen Freundin, die dem Bund angehörte, angegeben. Nach dem Krieg verfaßte Lisa eine kleine Lobeshymne auf dieses Dokument: »Der Ausweis war mein kostbarstes Gut, Leben und Tod hingen von seinem Vorhandensein ab. Ich verwahrte ihn in meiner Schultertasche, die ich nie von mir ließ. In der Nacht lag sie immer neben mir. Der Griff nach ihr bei Alarm, bei Besuch, bekam allmählich etwas Reflexhaftes.«[27]

Dieses »kostbarste Gut« war genau das, was Marianne fehlte. Ihr einzig brauchbarer Ausweis war die Internationale Ausweiskarte der Post, die sie sich beschafft hatte, bevor sie in den Untergrund gegangen war. Links ist ein Foto von Marianne mit hochgesteckten Haaren zu sehen, ihre großen Augen blicken den Fotografen ruhig, aber auch verwundbar an. Auf den unteren Teil des Fotos wurde eine grüne 50 Pfennig Marke geklebt: Hitler im Profil. Offiziell hatte der Ausweis nur auf dem Postamt Gültigkeit, sonst bot er wenig Schutz. Man kann also sagen, daß Marianne ohne Papiere reiste.

Damals fanden viele Ausweiskontrollen statt. Wenn Männer

in Uniform in die Züge stiegen, ging Marianne manchmal auf die Toilette und verließ den Zug bei der nächsten Station. Ein- oder zweimal bahnte sie sich langsam vor den Kontrolleuren her einen Weg durch den überfüllten Zug und hatte Glück, daß sie aussteigen konnte, bevor sie eingeholt wurde. In ihrer eidlichen Zeugenaussage vor dem Wiedergutmachungsausschuß in den fünfziger Jahren berichtete Marianne, daß sie zweimal von der Polizei im Zug erwischt worden war. Bei beiden Gelegenheiten konnte sie weglaufen, das eine Mal dank der Unaufmerksamkeit der Polizisten und das andere Mal, weil sie in der Menge untertauchte.[28] Auch in den Straßenbahnen mußte sie sich mehrfach nach hinten zurückziehen, wenn vorne Kontrolleure einstiegen.[29]

Als ich Marianne bei ihren Erzählungen von diesen Reisen zuhörte, konnte ich mir praktisch nicht vorstellen, wie das damals gewesen sein mochte. Aber was sie sagte, erinnerte mich daran, daß ich kurz zuvor mit einem britischen TV-Journalisten und einem deutschen Kollegen von Dortmund nach Essen gefahren war – eine Strecke, die Marianne oft gefahren sein muß. Wir kamen gerade von einem Gespräch mit einem Ausschwitz-Überlebenden, und sein furchtbarer Bericht hatte meine Nerven angegriffen. Am Dortmunder Bahnhof rannten wir zur S-Bahn, die wir gerade noch erreichten, aber ohne vorher ein Ticket gekauft zu haben. Das grauenhafte Interview war mir dermaßen nahgegangen, daß ich das Schwarzfahren kaum aushalten konnte. Wir wurden nicht geschnappt, aber als ich jetzt Marianne zuhörte, fiel mir meine Angst wieder ein. Was hätte uns im schlimmsten Fall passieren können? Eine Strafe von 40 Mark. Für Marianne ging es bei diesen Kontrollen um Leben und Tod.

Ich sammelte Anekdoten, die Marianne anderen erzählt hatte – Bund-Mitgliedern, mit denen sie im Krieg zusammen gewesen war, deutschen Freunden, mit denen sie direkt nach dem Krieg gesprochen hatte, Freunden in Großbritannien, denen sie hin und wieder ein Bröckchen ihrer Geschichte vorgeworfen hatte. In einer eidesstattlichen Versicherung vor dem Wiedergutmachungsausschuß unterstützte eine ehemalige Bund-Freundin, Hanni Ganzer, Mariannes Anspruch auf Entschädigung für den Verlust der Freiheit. Sie gab zu Protokoll, daß Marianne einmal auf dem Weg nach Bremen von der Polizei aufgehalten worden sei und nur durch einen Zufall entkommen konnte.[30] Der zwischenzeitlich verstorbene Fritz Briel, ein Bund-Mitglied aus Remscheid, erinnerte sich lebhaft an Mariannes Bericht über ihr knappes Entfliehen. Als im Zug eine Kontrolle durchgeführt wurde, versteckte sich Marianne auf der Toilette. Plötzlich klopfte es an der Tür. Sie öffnete, und vor ihr standen drei junge SS-Männer. Marianne muß sie angefahren haben: »Was fällt Ihnen ein, ein junges Mädchen so zu erschrecken?« Die entgeisterten Uniformierten fragten sie daraufhin nicht mehr nach ihren Papieren.[31] (Es ist übrigens unwahrscheinlich, daß es sich um SS-Männer gehandelt hat. Hier hat wohl in der Erinnerung eine Verwechslung der Uniformen stattgefunden.)

1997, als ich dem Aufstellen von Mariannes Grabstein in Liverpool beiwohnte,[32] bemerkte ich, daß Sol und Clara Bender, enge Freunde der Ellenbogens, die im nahe gelegenen Chester wohnten, mir auch etwas mitteilen wollten. Kurz vor ihrem Tod (während der Zeit unserer Interviews) war Marianne nach einem ihrer Besuche in den Antiquitätenläden von Chester bei den Benders vorbeigefahren und hatte zum ersten Mal in den vielen Jahren ihrer Freundschaft offen über die Kriegsjahre gesprochen. Die Benders ärgerten sich, daß sie nicht gleich aufgeschrieben hatten, was Marianne ihnen erzählt hatte. Einiges hatten sie sich merken können, vor allem, wie Marianne mit den Kontrolleuren und Wachen Verstecken gespielt hatte.[33] Eine filmreife Szene schoß mir durch den Kopf, während ich mir vorstellte, wie Marianne sich wachsam durch die Menge bewegt, die Uniformierten immer im Auge.

Später hörte ich in den USA eine weitere Anekdote von Lew und Trudy Schloß. Noch bevor ich den Kassettenrecorder anstellen konnte, erzählten sie mir eine Geschichte, die sie seit mehr als 50 Jahren beschäftigte. Sie hatte sich zugetragen, als Marianne sie 1945 unangemeldet in Essen aufsuchte – es war das einzige Mal, daß sie Marianne nach dem Krieg sahen. Dies ist die Version der Geschichte, die ich mitschneiden konnte:

Trudy: Ich erschrak, als es plötzlich an der Tür klingelte, weiß du noch?
Lew: Nun, es gab so wenig Juden – wir beide und noch ein paar andere.[34]

Und da stand Marianne und sah so deutsch aus, sagten sie, sie hätte Scholtz-Klink sein können (als »Reichsfrauenführerin« die ranghöchste Frau in der Nazibewegung). Beide lachten.

Lew: Sie erzählte uns, einer der Gründe, warum sie überlebt hatte, war, daß sie sich als Nazi ausgab; nicht als Nazi, sondern als Agentin.
Trudy: Ich weiß nicht, ob das stimmt, ich weiß es nicht.
Lew: Sie sagte, daß sie in die Abteile ging, in denen hohe Nazis und die Gestapo-Offiziere reisten, und das hat uns damals beeindruckt, und vor allem daran mußte ich, mußten wir beide immer denken: daß sie uns gesagt hat, daß sie überlebt hat, weil sie in die Höhle des Löwen ging, und immer wenn sie jemand fragte, was sie tat, sagte sie, das kann ich Ihnen nicht sagen, weil ich direkten Befehl vom Führer habe. Also ich weiß nicht, ob das stimmte.
Trudy: Aber das ist die Geschichte, an die wir uns erinnern …
Lew: Daran erinnere ich mich genau …
[…]
Lew: Das war damals so einzigartig, aber wissen Sie, weil ich unter allen möglichen Bedingungen überlebt hatte, konnte ich mir damals gut vorstellen, daß jemand so etwas getan haben könnte. Auf jeden Fall war es so, als sie hereinkam, ich meine, alles, was ihr noch fehlte, war die Uniform, und sie wäre perfekt gewesen.
Trudy: Sie sah wirklich wie eine Deutsche aus. Als sie damals hereinkam bei uns, konnte ich es nicht glauben.

Die Erinnerung an das Ereignis war so stark, daß wir nach dem Mittagessen ein drittes Mal darauf zu sprechen kamen:

Trudy: Ja, wir saßen da und waren absolut …

Lew: wie vor den Kopf gestoßen …

Trudy: … wie vor den Kopf gestoßen, als sie uns die Geschichte erzählte. Und wie sie im Zug immer Erster Klasse fuhr, und die anderen sie fragten …

Lew: Sie fuhr immer in der Ersten Klasse.

Trudy: Und die anderen fragten sie immer danach, was sie machte …

Lew: Direkter Befehl von Hitler. So was in der Art. Sie kann nicht drüber reden.

Trudy: Sie erzählte uns auch, daß sie sich gut anzog, damit sie nach was aussah, wissen Sie.

Lew: Wie schaffte sie *das* bloß?

Trudy: Ich weiß nicht, wie sie das alles *schaffte*, ich habe keine Ahnung.

Auch Mariannes Cousin Eric Alexander erinnerte sich an etwas, das Marianne ihm erzählt hatte: Kurz vor Kriegsende wollte ein Gestapo-Offizier Mariannes Papiere kontrollieren. Er habe sie laufenlassen, obwohl sie sich nicht richtig ausweisen konnte. Marianne war der Ansicht, der Beamte habe gewußt, daß irgend etwas nicht stimmte, aber das Ende des Krieges war bereits so absehbar, daß er sie laufenließ.[35]

So setzte ich langsam ein Mosaik aus Mariannes Alltagsleben zusammen. Jeder ihrer Zuhörer bewahrte ein Bruchstück ihrer Erfahrungen, das sich ihm so eingeprägt hatte, daß es über 50 Jahre in seinem Gedächtnis haftenblieb. Jedes Bruchstück sah anders aus. Manchmal waren die Unterschiede so gering, daß ich vermutete, es könne sich um ein und dieselbe Geschichte handeln, die im Prozeß des Erinnerns verändert worden war, aber oft hatte ich auch den Eindruck, daß Marianne in den Schoß jedes Freundes je eine Perle fallen ließ und niemals mehr. Als ich Lew und Trudy mitteilte, was *ich* von Mariannes Überleben im Untergrund wußte, waren sie überrascht, daß Marianne ihnen im Sommer 1945 nichts vom Bund erzählt hatte. Marianne teilte die Geschichte aus dem Zug mit ihnen – mehr nicht.

Fast immer mußte sich Marianne Fremden anvertrauen, deren Herkunft und Lebensweise wenig mit ihren eigenen Erfahrungen gemein hatten. Nur manchmal konnte sie auf freundschaftliche oder familiäre Beziehungen zurückgreifen. Eine entfernte Bekannte wohnte in Beverstedt bei Bremen. Dann gab es Grete Menningen, eine Schwester von Mariannes ehemaliger Kollegin, der Krankenschwester Irma Ransenberg, die in Barmen in einer »Mischehe« lebte und relativ sicher war, bis sich das Vorgehen des Regimes im Sommer 1944 auch gegen solche Ehen verschärfte.[36] In der Mansarde von Emilie Busch in Wuppertal-Elberfeld, der ehemaligen Haushälterin Oes, durfte Marianne mehrfach ein paar Tage überbrücken. Im wesentlichen waren es jedoch Bund-Mitglieder, die sie in dieser Zeit beschützten. Für Marianne grenzte es an ein Wunder, »daß sich in dieser angstvollen Zeit immer wieder ein Auffangnetz fand; daß sich bisher fremde Menschen bereit fanden, sich für mich – aber mehr aus Menschenrechtsgründen – solchen Gefahren auszusetzen.«[37]

Was für Leute das waren? Selbstredend waren ihre Gastgeber – die Gehrkes in Göttingen, die Morgensterns in Braunschweig, die Briels in Remscheid, die Zenkers in Mülheim und die Schmitz' in Burscheid – ganz unterschiedliche Menschen, aber alle hatten etwas gemeinsam. Fast alle kamen aus der Arbeiterklasse, nur Carlos Morgensterns Frau Karin stammte aus der Oberschicht. Sie hätten eine »außergewöhnliche Ehe« geführt, sagte Marianne, »sie paßten so wenig zusammen, und doch war es gut und funktionierte«.[38] Die meisten von ihnen hatten die Volksschule nach dem Ablauf der Schulpflicht verlassen, um Geld zu verdienen. Im Durchschnitt waren sie etwa 15 bis 20 Jahre älter als Marianne, viele hatten kleine Kinder, besaßen meistens wenig Geld und lebten in beengten Wohnungen, in denen es kein Gästezimmer gab. Für Marianne blieb oft nur das Sofa.

Wie Marianne waren auch sie oft von der Jugendbewegung beeinflußt, und zwar eher von Gruppen des linken Flügels wie den Naturfreunden oder pazifistischen Gruppen. In den zwanziger Jahren waren sie zu den linken Parteien gestoßen. Einige waren Mitglieder der SPD, während andere (die Morgensterns, Briels und Zenkers) überzeugte Kommunisten waren. Andere waren durch ihre Teilnahme am Turnunterricht oder den Besuch einer Aufführung der Schüler von Dore Jacobs auf den Bund gestoßen. Wieder andere hatten Kurse des Bundes an Volkshochschulen in Essen oder in Wuppertal besucht.

Das war alles so unendlich weit von Mariannes eigener Herkunft und sozialer Umgebung entfernt. Trotzdem fand sie in vielen ihrer Gastgeber, oft Autodidakten, anregende Gesprächspartner und Vorbilder. Häufig waren die Männer nicht zu Hause, entweder waren sie eingezogen worden (wie Gustav Gehrke und Carlos Morgenstern), oder die Frauen waren vor den Bombenangriffen aufs Land geflohen, während die Männer in der Nähe der Fabriken bleiben mußten. Deswegen waren es die Frauen aus dem Bund – vor allem Sonja Schreiber, Maria Briel und später Meta Steinmann[39] –, die Marianne am meisten bedeuteten.

Maria Briel wurde 1905 in eine große Familie hineingeboren. Ihr Vater, ein Handwerker, starb zu Beginn des Ersten Weltkriegs an Tuberkulose. Maria wurde Sekretärin und arbeitete im Büro einer Fabrik. Zugleich besuchte sie Kurse an der Volkshochschule. Hier knüpfte sie ihre ersten Kontakte mit der pazifistischen und antimilitaristischen Bewegung und schließlich mit dem Bund. Das sei eine persönliche Befreiung gewesen, erinnerte sie sich. Mit ihren neuen Gefährten ging sie auf lange Spaziergänge. »Und dann fing eine ganz wunderbare Zeit an, da spürte ich richtig, wie ich Boden unter die Füße bekam, wie ich überhaupt jemand wurde, wie ich ›Ich‹ wurde!«[40]

Ihr Ehemann Fritz Briel kam 1907 ebenfalls in einer Arbeiterfamilie zur Welt. Nach dem Ersten Weltkrieg machte er eine Tischlerlehre. Den Bund entdeckte er in den zwanziger Jahren. Maria und er nahmen an monatlichen Treffen der Remscheider Volkshochschule teil und standen in regelmäßigem Kontakt zur Essener Gruppe.[41] 1933 verteilten sie Flugblätter gegen die Nazis, aber schon bald wurde ihnen das Risiko, das sie damit

Maria Briel *(Wolfgang Briel)*

eingingen, bewußt. Beide wurden auch kurzzeitig von den Nazis inhaftiert. Trotz der Gefahren und der Anfeindungen durch Verwandte blieben die Briels in den dreißiger Jahren Mitglieder des Bundes. Die ebenfalls dem Bund angehörende Grete Diepholz, deren Schwester mit dem linken Dramatiker Friedrich Wolf verheiratet war, machte beide auf die Probleme der jüdischen Gemeinde aufmerksam.

Von den Beziehungen, die Marianne in den ersten Monaten ihrer Flucht knüpfte, war die zu den Briels wahrscheinlich die engste. In dem kurzen Artikel über ihre Erfahrungen im Krieg hob sie deren Furchtlosigkeit und Großzügigkeit besonders hervor. Maria Briel wurde wie Sonja Schreiber eine Art Ersatzmutter für Marianne.

Weil Maria Anfang der neunziger Jahre gestorben ist und die Gesundheit ihres Ehemanns Fritz sehr angegriffen war, als ich mich in Deutschland aufhielt, konnte ich beide nicht mehr kennenlernen. Mit Fritz telefonierte ich, später traf ich noch ihren Sohn Wolfgang, der aber erst 1940 zur Welt gekommen war und sich deshalb nicht mehr sehr gut an die Kriegsjahre erinnerte. Glücklicherweise gibt es ein ausführliches Video-

Interview mit Maria Briel von 1990.[42] Mir fiel sofort die ruhige Kraft auf, die sie ausstrahlte. Ihr Gesicht war zu streng, um charmant zu wirken, ihre Brille war dick und klobig, trotzdem war ihre Gesamterscheinung überaus sympathisch. Sie wirkte selbstgenügsam und bescheiden und war eine starke Erscheinung, die nicht mehr von sich preisgab als nötig.

Es gelang mir nur, eine einzige von Mariannes Gastgeberinnen aus ihrem ersten Jahr im Untergrund zu treffen. Bei Änne Schmitz hat Marianne im Frühjahr 1944 gewohnt. Mein erster Eindruck von ihr war von ihrer zittrig-nervösen Stimme am Telefon geprägt. Ich wollte einen Interviewtermin ausmachen, aber Frau Schmitz wußte nicht, ob sie das durchhalten konnte. Da sie schon alt war und allein lebte, zögerte sie verständlicherweise, einen Fremden in ihre Wohnung zu lassen. Ellen Jungbluth, ein weiteres Bund-Mitglied, schritt vermittelnd ein, und wir besuchten Frau Schmitz gemeinsam.

Als mich das Taxi vor Frau Schmitz' Wohnung abgesetzte, war es dunkel und eiskalt. Ich klingelte, wurde hereingebeten und sah mich augenblicklich in einer verwirrenden Situation. Frau Jungbluth, die selbst sehr zart war, bedeutete mir flüsternd, ihr in ein Zimmer zu folgen. Frau Schmitz gehe es nicht gut, ein Arzt sei gerade bei ihr. Es war nicht klar, ob wir uns unterhalten könnten. Das kalte, winterliche Dunkel des Wuppertaler Abendhimmels unterstrich die Warnung, daß nur noch wenig Zeit blieb, um das Projekt zu beenden. Wie traurig war es, diese einst so unbeugsamen Frauen zu solch fragilen Menschen reduziert zu sehen. Der Arzt kam zu uns, und Frau Jungbluth und er kamen zu dem Schluß, daß es Frau Schmitz gut genug für eine kurze Unterhaltung ging. Trotz ihrer offensichtlichen Unruhe begrüßte Änne Schmitz Frau Jungbluth herzlich, als sie ihre Stimme hörte. Sie war blind.

Ich erfuhr, daß Änne Schmitz 1906 geboren wurde und einer Arbeiterfamilie entstammte.[43] Ihre Mutter war sehr religiös, ihr Vater war Sozialdemokrat, und Änne hatte eine sehr gute Beziehung zu ihm. Wenn ihre Mutter mit den Geschwistern in die Kirche ging, unternahm sie Wanderungen mit ihrem Vater, »was meiner Mutter sehr weh getan hat«. Anfang der zwanzi-

Ellen Jungbluth *(Mark Roseman)*

ger Jahre trat Änne den Jungen Sozialisten bei und wurde mit 19 SPD-Mitglied, »was ich heute immer noch bin«. Sie machte eine Buchbinderlehre und durchlief eine Schulung für den Arbeiter-Samariterbund. 1928 trat sie in den Bund ein. Sie hatte Mitglieder des Bundes bei einem linken Festival gesehen, einer »L-L-L«-Feier (Lenin, Liebknecht, Luxemburg) in Barmen. Dore Jacobs' Tanzgruppe führte ein Stück über die Wirkung der Maschinen auf die Menschen auf, und Änne Schmitz konnte sich noch lebhaft erinnern, wie sehr sie die simulierten mechanischen Bewegungen auf der Bühne beeindruckt hatten. Einer Einladung Ernst Jungbluths folgend, besuchte sie die Volkhochschule in Wuppertal. Später nahm sie an Artur Jacobs' Kursen an der Essener Volkhochschule teil. Bei der Erwähnung seines Namens wurde Frau Schmitz ganz lebhaft. »Artur sah die Gefahren schon, er sah die Gefahren schon«, sagte sie mit ihrer zittrigen Stimme. Auch Ännes zukünftiger Ehemann August trat dem Bund bei.

In den frühen Nazijahren wurde ihre Wohnung als Unterschlupf für Linke genutzt, die schnell außer Landes geschleust werden mußten. Frau Schmitz wußte nicht, wie die Leute hießen. Sie hatten damals ein Gästezimmer, wo sie für ein oder zwei Tage jemanden verstecken konnten. Ihre Nachbarn waren entweder Sozialdemokraten oder alte Kaisergetreue, jedenfalls keine fanatischen Nazis. Dennoch wurde August einmal für ein halbes Jahr inhaftiert. Frau Schmitz konnte sich noch an die Hausdurchsuchung erinnern, an die Männer in Stiefeln, die ihre Bücher durchwühlten. Ebensowenig wie die Briels ließen sich die Schmitz' von dieser Erfahrung einschüchtern.

Mein Treffen mit Änne Schmitz war denkwürdig und ging mir zu Herzen, dennoch war es in einer Hinsicht gescheitert: Weil mir bekannt war, daß blinde Bund-Mitglieder durch Kassetten miteinander kommunizierten, war ich davon ausgegangen, daß Frau Schmitz über einen gut funktionierenden Kassettenrecorder verfügte, und hatte meinen eigenen nicht mitgebracht. Leider war an ihrem sperrigen Kassettenrecorder nur ein kurzes Kabel, das nicht bis zu uns reichte. Er hatte auch nur ein eingebautes Mikrofon. Während unseres Gesprächs ließ ich das Band zwar laufen, aber alles, was ich später zu Hause darauf hören konnte, war ein entferntes Murmeln, das schließlich von den Abspielgeräuschen der Kassette überdeckt wurde.

Tarngeschichten

Marianne Zuflucht zu gewähren, und sei es auch nur für ein paar Wochen, war ein Akt, den man nur nach ernsthaften Überlegungen und sorgfältiger Planung auf sich nehmen konnte. Man mußte sich vor allem etwas einfallen lassen, wie man Nachbarn, Verwandten, sogar den eigenen Kindern erklären wollte, wer diese Fremde war. Bei den Morgensterns in Braunschweig war das nicht kompliziert. Sie lebten in einem einsam gelegenen Haus am Stadtrand; und wenn Carlos weg war, führten Karin und Marianne ein zurückgezogenes Leben, ernährten sich von Gemüse aus dem eigenen Garten und spendeten sich gegenseitig Trost. Als Kindergärtnerin hatte Marianne viel Freude daran, sich um die beiden Töchter zu kümmern. Bei den Gehrkes gab es eine problematische Schwiegermutter, eine »schreckliche alte

Cholerikerin«, der man die Wahrheit nicht erzählen konnte. Hedwig fand es schwierig, Mariannes Anwesenheit zu erklären, und während eines späteren Aufenthalts im Jahr 1944 sollten diese Spannungen zu einem Bruch führen.

Als Artur Jacobs die Briels darauf ansprach, ob Marianne bei ihnen unterkommen könnte, zögerten sie nicht. »Angst hatte man, aber man dachte auch, es wird schon gut gehen.«[44] Aber es war keine leichte Sache, denn sie lebten relativ zentral in einer kleinen Wohnung in Remscheid, und in den benachbarten Mietshäusern wohnten etliche überzeugte Nazis sowie einige Rechte, die im Spanischen Bürgerkrieg auf der Seite der Phalangisten gekämpft hatten. Da man sich auch nicht auf alle Verwandte der Briels verlassen konnte, mußte eine Tarngeschichte erfunden werden. Selbst Wolfgang Briel, damals erst drei Jahre alt, hatte schon aufgeschnappt, daß die Welt voller Feinde und versteckter Gefahren war. Maria Briel erinnerte sich: »Wenn er rausging, fragte er: ›Mutter, sind Mikotenz' [der Name von Bekannten] mit *uns*?‹ Obwohl wir ihm nie was sagten, die Kinder nehmen so was auf. Der wußte, das ist nicht alles so koscher hier.«[45]

Wie sollte man aber erklären, daß eine so leistungsfähige junge Frau wie Marianne nicht arbeitete. Artur Jacobs kam auf die Idee, für Marianne ein Kind von einem der Bund-Mitglieder »auszuleihen«, um sie dann als die Mutter ausgeben zu können. »Als wir das Kind da hatten, sagten die Nachbarn: ›Das Kind ist der Mutter aber wie aus dem Gesicht geschnitten!‹« Bekannte von Fritz Briel, die ihn bei einem Spaziergang mit der attraktiven Marianne trafen, waren der Meinung, irgend etwas Seltsames, aber entschieden Beneidenswertes gehe bei den Briels vor. Fritz erinnerte sich, daß sie ihn später mit seiner »Freundin« aufzogen.

Als Marianne die Briels nach dem Krieg besuchte, bestätigte sich, daß man ihnen die Tarngeschichten abgenommen hatte. Maria Briel erinnerte sich: »Als [Marianne] später da war, sagte meine Schwägerin ›Oh, da habe ich Sie lange nicht gesehen.‹ ›Ja‹, sagte sie ›ich war damals illegal hier ...‹ Die kannte nicht mal den Ausdruck ›illegal‹. Wo es von Illegalen wimmelte.«

Bei den Schmitz' war alles etwas leichter. Weil sie 1943 ausgebombt wurden, zog Änne mit ihrer Schwester und ihrem zwei Jahre alten Sohn Jürgen zu ihrer Tante nach Berringhausen, einem Dorf nördlich von Burscheid. Burscheid selbst ist eine bescheidene Stadt im Rheinisch-Bergischen Kreis südlich der Ruhr, nicht weit von Köln. Der Berringhausener Gutsherr vermittelte den Schwestern eine Wohnung bei einem alten Bauern, schräg gegenüber von ihrer Tante. Die alte Dame, die dort gelebt hatte, war gestorben. Ernst Jungbluth war öfter zu Besuch. Als sie einmal im Wald spazierengingen, sagte Ernst zu Änne: »Ich würde dir gerne eine Freundin vorstellen.« – »Selbstverständlich«, war die Antwort. Aber auch in diesen relativ abgeschiedenen Wohnverhältnissen mußte man für die örtlichen Behörden und Beamten eine plausible Geschichte parat haben. Der Bürgermeister wollte wissen, wer Marianne sei. Änne erklärte, daß sie aus Essen stamme und ihre Eltern bei einem Bombenangriff verloren habe. Sie würde nicht lange bleiben. Da sie vorhatte, bald wieder nach Essen zurückzugehen, wollte sie sich in Burscheid nicht polizeilich melden. »Ich war sehr sicher. Wir lebten da frei.« So erinnerte sich Änne Schmitz an eine Unterhaltung, die sie das Leben hätte kosten können.[46]

Manchmal tauchte Marianne ohne Vorwarnung auf. Ihre Großmutter hatte eine entfernte Cousine, die einen Nicht-Juden geheiratet hatte. Sie lebten auf dem Land in Beverstedt bei Bremen. Marianne kannte ihre Adresse nur, weil die Strauß' ein paar Kisten an diese Familie zur Aufbewahrung geschickt hatten. Eines Tages erschien Marianne bei ihnen. Der Ehemann, ein »richtiges Original«, war Zahlmeister auf einem Schiff einer Bremer Linie, aber das Ehepaar ließ sich darauf ein, sich um Marianne zu kümmern, und so blieb sie ein paarmal dort.[47]

Zwischen Freiheit und Gefahr

Ich hatte angenommen, daß Marianne, wenn sie bei ihren Gastgebern war, ihre Blockhaus-Gewohnheiten wiederaufnehmen würde, daß sie sich also in Schlafzimmern oder Gästezimmern aufhielt und abends nervös kurze Spaziergänge unternahm. Aber als Maria Briels Interviewer sie auf dem Video fragte, ob es wahr sei, daß sie ein jüdisches Mädchen in ihrer Wohnung versteckt habe, sagte sie: »Versteckt kann man nicht sagen, die hat offen gelebt bei uns, aber sie konnte so leben, weil sie sich verändert hatte vom Aussehen her und sie hier keine Bekannten hatte.«[48]

Marianne war also gar nicht auf dem Dachboden versteckt worden. Bei den Briels schlief sie auf einem Klappbett im Wohnzimmer. Am Tag, sagte Maria Briel, blieben wir »nicht in der Wohnung. Nein, wir sind raus gegangen [...] Wir haben nicht so getan, als ob wir jemand verstecken da. Die hat ganz offen gelebt, in der Hoffnung, es geht gut.«

Da wurde mir zum ersten Mal richtig klar, wie frei sich Marianne unter diesen Umständen bewegt hatte. Als Fritz Briel mit mir am Telefon sprach, erinnerte er sich, Marianne sei »sehr couragiert und frech« gewesen und – natürlich – sehr gutaussehend.[49] Auch Maria erstaunte Mariannes offensichtlicher Mangel an Nervosität oder Sorge. Sicher gab es angsterfüllte Momente. Maria sagte: »Angst war nur, wenn wir in den Bunker mußten. Sie hatte keine Papiere, und ich weiß, daß die Hauswirtin, unsere Hauswirtin, einmal sagte, wie wir in den Keller gingen mit unserem Bettzeug, da sagte sie ›Ach, die Marianne, die kriecht immer richtig da drunter!‹«[50] Wenn sie nach ihren Papieren gefragt worden wäre, wäre das eine Katastrophe gewesen.

Maria erinnerte sich auch an andere Momente: »Ich weiß nur, wir mußten aufpassen, daß wir mit der Hauswirtin in einem guten Verhältnis standen, die wurde sehr böse, als ich beim Treppenputzen war und Marianne mir einen Wink gab, ich soll kommen, daß ich mir den englischen Sender anhören konnte, und dann kam die Hauswirtin später, und sagte ärgerlich: ›Zwei Frauen im Hause, und lassen noch einen Eimer auf der Treppe stehen!‹ Also die war richtig böse!«[51] Trotz der Folgen, die Unvorsichtigen drohten, hörten die Briels und Marianne also zusammen BBC, besonders dann, als die BBC begann, mehr Nachrichten über die Behandlung von Juden durch die Nazis zu senden.

Marianne während ihrer Zeit im Untergrund mit Wolfgang Briel
(Marianne Ellenbogen)

Eine Geschichte, die Maria mir erzählte und die Marianne mit ihrer typischen Zurückhaltung für sich behalten hatte, handelte von Mariannes Romanze mit einem französischen Kriegsgefangenen. In der Nähe ihrer Wohnung war ein Luftschutzkeller überflutet worden. Zwangsarbeiter, unter ihnen ein junger französischer Soldat, mußten den Keller wieder in einen betretbaren Zustand versetzen. Auch wenn es für Deutsche strengstens verboten war, mit fremden Zwangsarbeitern Kontakt aufzunehmen, entwickelte sich eine Freundschaft – oder eher mehr – zwischen Marianne und dem jungen Mann. Dies war das einzige Mal während Mariannes Aufenthalt, daß sogar die mutigen Briels nervös wurden.[52]

Alle Gastgeber Mariannes vermittelten mir ein ähnliches Bild. Änne Schmitz erinnerte sich an ihre Fröhlichkeit. Ihr stand ganz deutlich das Bild vor Augen, wie Marianne sich eines Abends heiter die rote Farbe ins Haar wusch. Tatsächlich betonten so viele meiner Zuhörer Mariannes Haarfarbe, daß ich allmählich bemerkte, daß ich hier etwas übersah. Sicherlich wird das Ergebnis gut ausgesehen haben – Änne erinnerte sich, daß die jungen Männer aus dem Dorf viel Interesse an der Neuen gezeigt hatten. Marianne sah beinah zu gut aus. Etwas unauffälliger, etwas diskreter wäre besser gewesen. Daß Mariannes rotes Haar wie ein Signalfeuer durch die unterschiedlichen Erinnerungen der Menschen leuchtete, war jedoch etwas, was ich immer noch nicht völlig verstand.

Aber dann stieß ich in den wunderbar geschriebenen Erinnerungen der polnisch-jüdischen Überlebenden Janina Fischler-Martinho auf eine Passage, in der sie beschreibt, wie sie Lola, die ehemalige Maniküre der Familie, traf. Lola war dank ihrer Liaison mit einem Arier viel selbstbewußter geworden: »Sie hatte sich Henna ins Haar gewaschen. Heute ändert eine Frau ihre Haarfarbe von einem dunklen Brünett in Goldblond von einem Tag auf den anderen und es kräht kein Hahn danach … Aber wenn man damals seine Haarfarbe änderte, dann war man eine Frau, die die Unverfrorenheit hatte, so etwas zu tun, eine Pionierin, fast eine Revolutionärin. Eine Fülle von feurig kupfernen Lokken. Wir waren sprachlos vor Wunder und Erstaunen über die Kühnheit und die Pracht dieser Verwandlung.«[53]

In Mariannes Fall war es nicht einmal so, daß die Leute von ihrer plötzlichen Verwandlung überrascht worden wären. Schließlich hatten viele von ihnen Marianne mit dunklen Haaren gar nicht gekannt. Es ging vielmehr um die Kühnheit – unter normalen Umständen die Anstößigkeit –, sich überhaupt die Haare zu färben. Ich bemerkte, daß es eine Art Komplizenschaft unter ihren damaligen Gastgebern gab, an diesem verwegenen Täuschungsmanöver beteiligt gewesen zu sein.

Über dieselben Themen, über Schönheit, Veränderung und Freiheit, sprach Hanna Jordan, die nach dem Krieg eine berühmte Bühnenbildnerin wurde. Als ich sie besuchte, war sie gerade von einer Reise zurückgekehrt. Sie hatte es sich in ihrer geräumigen Wohnung mit viel Kunst, ausgefallenen Nippes, Kuscheltieren und zwei Papageien gemütlich gemacht. Hannas Mutter war jüdisch, aber Hanna selbst war nach dem Krieg Quäkerin geworden. Sie holte weit aus und war auf eine Weise kosmopolitisch, die mir nach der ruhigen Ernsthaftigkeit vieler meiner Gesprächspartner guttat. Ich hatte erwartet, in unserem Gespräch etwas über ihr eigenes Schicksal während des Krieges zu erfahren. (Ich wußte, daß sie damals mit dem Bund in Verbindung gestanden hatte.) Was ich nicht erwartet hatte, war, daß sie Marianne kannte.

Hanna Jordan war zwei Jahre älter als Marianne. Sie war 1921 in Wuppertal zur Welt gekommen, als Tochter zweier bildungshungriger, politisch links stehender Eltern.[54] Niemand aus ihrer Familie war Mitglied im Bund, aber ihre Eltern bewegten sich in denselben Kreisen, nahmen regelmäßig an Volkshochschulkursen in Wuppertal teil und kannten einige Bund-Mitglieder gut. Schon früh fanden sie die Ernsthaftigkeit und Strenge des Bundes beeindruckend. In den dreißiger Jahren wurde Hanna nach Holland auf eine Quäker-Schule für Kinder aus Familien, die in Nazideutschland verfolgt wurden, geschickt. Die Schule prägte Hannas politische und religiöse Identität. Zu einigen ihrer damaligen Mitschülern hat sie heute noch Kontakt. Sie kehrte dann wieder zu ihrer Familie zurück, in die sich zunehmend verschlechternden Verhältnisse, mit denen ein »Mischling 1. Grades« sich konfrontiert sah.

1942 erfuhr Hanna, wie hilfsbereit der Bund war. Als Verwandte, ein junges Paar mit seinem Sohn, auf die Deportationsliste gesetzt wurden, bot ihnen der Bund seinen Schutz an. Hanna überbrachte dem Paar die Nachricht des Bundes, aber es hatte zu viel Angst, um darauf einzugehen. Schließlich wurden die drei in den Osten transportiert, und man hörte nie wieder etwas von ihnen. Ende 1942 wurde Hannas Mutter in einem der Berliner Einsätze gefangengenommen und mit dem Ziel der Deportation interniert. Nach den damaligen Bestimmungen hätte Frau Jordan – da sie in einer privilegierten Mischehe lebte – nicht verhaftet werden dürfen. Hannas Vater fuhr nach Berlin, legte die entsprechenden Papiere vor und erwirkte die Freilassung seiner Ehefrau kurz vor ihrer Verschickung in den Osten.

Unsere Unterhaltung wandte sich einem anderen Thema zu, und plötzlich stellte ich überrascht fest, daß Hanna Marianne damals kennengelernt hatte. Stimmte das wirklich? Wann war das gewesen? Hatten sie sich getroffen, als Marianne im Untergrund lebte? Es mußte sicher in dieser Zeit gewesen sein, denn bis dahin hatte Marianne keinen Kontakt zu weiteren Kreisen des Bundes, abgesehen von den Jacobs' und Sonja Schreiber in Essen. Aber Hanna war anderer Meinung: »Jetzt glaube ich nicht, daß es war, während sie versteckt war, hätte sie ja gar nicht 'raus gedurft, da konnte sie gar nicht jemanden besuchen. Wir haben das selber auch erlebt, die Versteckerei am Schluß vom Krieg, meine Eltern und ich, und da saß man da, wo man saß. Verborgen, und konnte sich nicht mehr rühren …«

Welches Bild sie sich von Marianne bewahrt hatte, wollte ich wissen.

> Der Haupteindruck ist, der natürlich mir als weiblichem Wesen sicher besonders, aber uns allen einen Eindruck gemacht hat, sie war so schön, ich habe noch nie einen so schönen Menschen wieder gesehen, unglaublich, wenn man die sah, dachte man, so möchtest du auch aussehen, so sah die aus, die hatte so krause rote Haare, gebunden hinten, und ein wunderschönes Gesicht, dunkle braune Augen, also für einen Maler gefundenes Fressen; sie sprach sehr gut, sprach schön, bewegte sich, sie hatte einfach das, was man nicht so im üblichen Sinn, sondern da hielt man richtig den Atem an, also man hat sie angeguckt, Donnerwetter! Und ich weiß nicht, ob ich das geträumt habe oder ob das stimmt, daß sie irgendwann mal schwarze Haare hatte statt rote oder …

»Ja«, sagte ich.

»Kann es so was gegeben haben während der Versteckerei?«

»Während der Versteckerei war sie rot.«

»*Da* war sie rot! Ich kenne sie rot und schwarz, kann mich aber nicht erinnern, wann rot und wann schwarz.«

»Also haben Sie sie doch erlebt in der Untergrund-Zeit.«

»Also, das Rote ist bei mir die Haupterinnerung.«

Und dann fuhr sie fort:

> ... mehr weiß ich nicht, nur das ist eine nicht nur sporadische Erinnerung, sondern ein sehr persönlicher Eindruck von jemand, der mehr als einmal bei uns war und der uns sehr in Erinnerung geblieben ist. Und über den noch später gesprochen wurde. Ich erinnere mich, ein sehr gescheiter Mensch, ein sehr kluger Mensch, ein sehr vernünftiger Mensch, hatte richtig eine große Persönlichkeit, hat uns sehr imponiert, damals, das blieb haften. Das war ganz deutlich zu erkennen. Ich hätte sie gern später wieder erlebt.

Diese ungewöhnlich großzügige Würdigung überraschte mich nicht nur, weil es die bisher stärkste Aussage über Mariannes außerordentliche Ausstrahlung war. Aus Hannas Erinnerung und auch aus anderen Hinweisen ging hervor, daß der wesentliche Kontakt zwischen den beiden Frauen während Mariannes Zeit im Untergrund stattgefunden haben mußte. Obwohl sie der andauernden Bedrohung und Unsicherheit ausgesetzt war, gelang es Marianne, einen dermaßen lebhaften und ungebundenen Eindruck zu vermitteln, daß Hanna Jordan anfangs gar nicht glauben konnte, daß ihre Erinnerungen aus Mariannes illegalem Lebensabschnitt stammen *mußten*. Hanna wußte ja nur zu genau, wie es war, wenn man untertauchen mußte, weil sie selbst während der letzten Kriegsmonate im Untergrund gelebt hatte.

Mir wurde klar, daß ein Wort wie »untertauchen« auf jemanden wie Marianne gar nicht zutraf. In vielerlei Hinsicht lebte sie völlig unversteckt als rothaarige »Arierin«. Ihre Identität war untergetaucht, sie selbst aber befand sich draußen im Freien.

Wenn sie auch einen sorglosen Eindruck gemacht haben mag, war Marianne sich dennoch darüber im klaren, worum sie ihre Gastgeber bat. Sie setzte sie nicht nur großer Gefahr aus – die Bund-Mitglieder mußten sie außerdem mit ihrem eigenen beschränkten Vorrat an Lebensmitteln versorgen, da Marianne als *persona non grata* keine eigenen Lebensmittelmarken hatte. Karin Morgenstern und Hedwig Gehrke bauten Gemüse im eigenen Garten an. Anderen jedoch bot sich diese Möglichkeit nicht. Viele Bund-Mitglieder, bei denen Marianne nicht wohnte, halfen aus und gaben ihr Lebensmittel ab. Aber die Hauptlast trugen stets die Gastgeber.[55]

Marianne versuchte deswegen, sooft wie möglich dort essen zu gehen, wo man nicht nach Lebensmittelmarken fragte. In Braunschweig gab es ein gutes Restaurant, in dem man ein Stammgericht ohne Marke bekam. Natürlich hieß das aber, sich in der Öffentlichkeit unter Fremde zu mischen. Einmal war das Restaurant so überfüllt, daß sie sich an den Tisch eines Wehrmachtsoffiziers setzen mußte, und so wie Marianne nun einmal war, spielte sie russisches Roulette und stürzte sich in eine Mischung aus Flirt und Diskussion. Sie folgte der Strategie des Bundes, politische Bildung in persönlichen Unterhaltungen zu vermitteln. Sie vermutete zwar, daß der gutaussehende Offizier erriet, daß irgend etwas an ihr merkwürdig war, aber er blieb galant, und das Gespräch hatte keine Konsequenzen.[56]

Selbst wenn man nicht immer Lebensmittelmarken brauchte, um in einem Restaurant zu essen, so kostete es in jedem Fall etwas. Ich war davon ausgegangen, daß Marianne ihre Zeit im Untergrund mit Hilfe des Bündels von Geldscheinen, das ihr der Vater gegeben hatte, finanziert hatte. Als ich sie danach fragte, sagte sie mit Bestimmtheit, daß sie dieses Geld nie angerührt habe.[57]

In Anbetracht der Ernsthaftigkeit, die Siegfried bei finanziellen Angelegenheiten an den Tag gelegt hatte, wachte sie argwöhnisch über das Bündel. Sie war entschlossen, sich als pflichtbewußte Tochter zu erweisen, und vielleicht diente das unangetastete Geld auch dazu, die Eltern symbolisch am Leben zu erhalten. Nach dem Krieg zahlte sie das Geld auf ein Sparbuch ein. »Ich brauchte wirklich nicht viel Geld«, sagte sie zu mir. »Meine Freunde hätten nicht gewollt, daß ich sie für das, was sie für mich taten, bezahlte – das wäre eher eine Beleidigung gewesen. Also tat ich, was immer ich konnte, um mich erkenntlich zu erweisen, vor allem ging ich aufs Land und besorgte Lebensmittel.«[58]

Marianne fuhr ab und an nach Essen zu Maria und Wilhelm Jürgens, bei denen ihre Eltern ein paar Koffer untergestellt hatten. Mit Haushaltsgegenständen, Bett- und Tischwäsche und ähnlichem machte sich auf zu dem »notwendigen, aber gefährlichen Unterfangen«, die Sachen bei den Bauern in der Gegend gegen alles einzutauschen, was sie bekommen konnte. »Ein Perserteppich – 100 Gramm Speck, drei Eier gegen einen maßgeschneiderten Anzug – diese Art Wechselkurs. Die Geschichten, die nach dem Krieg kursierten, von Schweineställen, die mit Perserteppichen ausgelegt waren, stimmen tatsächlich. Die Bauern kamen aus dem Krieg mit allem, was man sich nur vorstellen kann. Man war ihrer Willkür vollkommen ausgeliefert und dem, was sie einem geben wollten.«[59]

Das Problem beim Abholen der Sachen aus dem Familienbesitz bestand darin, daß sie die Siegel der Koffer im Haus der Jürgens erbrechen mußte. »Als ich das erst einmal getan hatte, fingen sie an, sie systematisch zu plündern. Nun, ich kann es ihnen nicht verübeln ... Sie sagten sich wahrscheinlich, daß meine Eltern nicht mehr zurückkämen und ich bestimmt gefunden werden würde, also war es nicht weiter riskant.«[60] Einmal, als Wilhelm bei Mariannes Ankunft noch im Bett lag, sah sie den Wecker ihres Bruder, ein Bar-Mizwa-Geschenk, auf seinem Nachttisch. Aber sie konnte nichts sagen.[61] Die Jürgens' vermittelten ihr einen einmaligen Einblick in die Doppelmoral von zumindest einem Teil des christlichen Deutschlands jener Zeit. Sie lebten in der Nähe des Blockhauses. Der Saal des Blockhauses wurde zeitweilig für den Gottesdienst genutzt, und als fromme Katholiken gingen Herr und Frau Jürgens an Sonntagen dorthin. Marianne konnte sie von ihrem Versteck

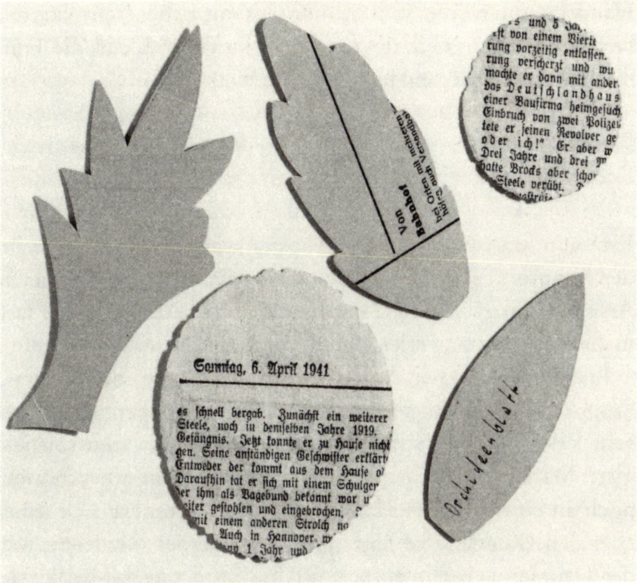

Mariannes Schnittmuster für Filzblumen *(Marianne Ellenbogen)*

aus sehen, wenn sie im Blockhaus war, »und es war wirklich ziemlich ironisch, wie sie zum Gottesdienst kamen und dort in diesem kleinen Saal beteten und ich sehen konnte, wie sie kamen und gingen. Sie ahnten ja nicht, daß ich um die Ecke von ihnen untergekommen war. Sie gingen in die Kirche und beteten, dann gingen sie nach Hause und nahmen sich noch etwas.«[62]

Außer daß sie Sachen aus den Kisten eintauschte, setzte Marianne Fähigkeiten ein, die sie sich als Kindergärtnerin erworben hatte; so bastelte sie zum Beispiel künstliche Blumen aus Filz und Leder. (Vivian und ich fanden ein paar Muster unter ihren Sachen.) Sie suchte die Stoffreste aus Kartons heraus, die sie bei Freunden deponiert hatte. In den Läden gab es nichts mehr, deswegen kauften ihr die Ladenbesitzer gerne die kunsthandwerklichen Produkte ab. Auf diese Weise verdiente sie Geld und kam auch an Lebensmittelmarken. In Braunschweig gab es einen kleinen Modeladen, deren Besitzerin Mariannes

Hauptkundin wurde, weil sie meistens mit Lebensmittelkarten bezahlte. Marianne hatte das deutliche Gefühl, daß die Frau ihre Lage verstand und helfen wollte.[63]

Krankheit

Eine von Mariannes größten Ängsten war, daß sie krank werden könnte. »Es durfte einfach nichts passieren, daß man einen Arzt brauchte.« Während der Luftangriffe hatte Marianne fast mehr Angst davor, verletzt zu werden, als zu sterben.

Im Winter 1943 in Wuppertal geschah dann doch etwas. Wuppertal ist eine hügelige Stadt mit vielen Treppen. Es war ein sehr kalter Winter, Straßen und Bürgersteige waren spiegelglatt. Marianne rutschte auf einer Stufe aus, konnte sich zwar noch an einem Eisengeländer festhalten, verrenkte sich dabei aber den Daumen. Sie hatte große Schmerzen, vielleicht war der Daumen ja auch gebrochen. Und doch war das Risiko, in ein Krankenhaus zu gehen, zu groß. Marianne war verzweifelt, weil der verletzte Daumen immer weiter anschwoll, stark pochte und langsam so aussah, als ob er nicht mehr eingerenkt werden könnte. Nach zwei Tagen beschloß Marianne, etwas zu tun.

Als sie sich in einem protestantischen Krankenhaus vorstellte, war das Personal überrascht, als sie sagte, daß sie keine Versicherung hatte und als Privatpatientin kam. Doch als Marianne die Ärzte darum bat, das Gelenk ohne Betäubung einzurenken, wurde aus der Überraschung Entsetzen. »Sie konnten sich nicht im Traum vorstellen, so etwas ohne Betäubung zu tun.« Doch Marianne erklärte ihnen, daß sie nach der Operation am Fuß entsetzliche Angst vor der Narkose habe. Sie sagte ihnen natürlich nicht, daß sie Angst hatte, sich zu verraten, wenn sie betäubt oder bewußtlos wäre. Hatten die Ärzte irgendwas vermutet? Das glaubte Marianne nicht. Mit ihrem roten Haar im Knoten sah sie wie der Inbegriff eines deutschen Mädchens aus. Schließlich ließen sie sich darauf ein. Drei Ärzte und zwei Krankenschwestern waren beteiligt, und »es war wie eine mittelalterliche Prozedur. Ich glaube nicht, daß ich einen Pieps von mir gab, und das verschlug ihnen die Sprache … Sie renkten den Daumen ein, aber er ist nie richtig verheilt.«

Auf lange Sicht zehrten die ununterbrochene Anspannung und die schlechte Ernährung an ihr. Wegen der Rationierung bestand ihre Ernährung zum großen Teil aus Brot und Kartoffeln und sehr wenig Fett und Proteinen.[64] Aber in dieser Hinsicht unterschied sich Mariannes Lage nicht von der anderer Deutscher in jener Zeit.

Gift und Spiele

Als ich mir vorzustellen versuchte, wie sie unter solchen Umständen überlebt hatte und mit den Ängsten, die sie doch gehabt haben mußte, umgegangen war, fragte ich Marianne, woher sie solch eine Kaltblütigkeit genommen hatte. »Ich bin eine Kämpferin, sonst wäre ich jetzt nicht hier«, sagte sie. Das Ganze sei wie ein Schachspiel gewesen. »Ich wollte sie überlisten, es war wie ein Spiel. Ich strengte mich ganz bewußt an, niemals Angst zu zeigen … Heute könnte ich das nicht mehr, aber damals fühlte ich mich, als hätte ich nichts, um das es sich zu leben lohnte.«[65] In unserem Interview aus dem Jahr 1989 hatte sie gesagt: »Für mich war das wichtigste, daß ich auf jeden Fall die Nazis überlisten mußte. Daß ich meinen Verstand und meinen Willen gegen ihre Dummheit und ihren Amtskram einsetzen konnte.«

Sie erzählte mir, daß sie Zyanid hatte: »Meine Hoffnung war, daß ich nie lebend von der Gestapo aufgefunden werde. Ich hatte immer genug Medikamente bei mir, an meiner Person, daß ich mir jederzeit hätte das Leben nehmen können. Das war für mich das allerwichtigste, daß ich entweder gesund oder nicht aus diesem Inferno entkommen würde. […] Das hat mir sehr geholfen, diese Möglichkeit. Daß ich nicht ein Opfer war, sondern daß es in meiner Hand war, in irgendeiner Weise mein Schicksal zu beeinflussen, obwohl ich natürlich völlig von anderen Menschen abhängig war.«

Marianne hat das Zyanid mehrfach erwähnt. Ganz offensichtlich hatte es ihr ein Gefühl der Kontrolle vermittelt, eine Möglichkeit, die Art ihres Todes selbst bestimmen zu können oder auch die Erniedrigung der Inhaftierung in einem Konzentrationslager zu umgehen.

Doch meinte ich, in Mariannes wiederholter Erwähnung des Gifts einen Unterton mitschwingen zu hören. Als ich im Oktober 1996 mit ihr sprach, war sie des Lebens überdrüssig. Wenn wir uns trafen, hatte sie Medikamente genommen, damit sie die Gespräche durchhalten konnte. Sie sagte zu mir über das Spiel gegen die Nazis, sie könnte es »jetzt nicht mehr spielen«. Vielleicht wünschte sie sich 1996, daß sie noch immer den Mut und die Mittel besäße, ihr Schicksal endgültig in die Hand zu nehmen.

Das Tagebuch

Anfang Dezember 1997, fast ein Jahr nach Mariannes Tod, besuchte ich Vivian wohl zum dritten Mal, um Mariannes Papiere zu sichten. Bei den vorangegangenen Gelegenheiten hatten wir Berge von Wiedergutmachungsakten gesichtet und Schneisen durch Nachkriegsberichte und die Korrespondenz mit Bund-Mitgliedern geschlagen. Diesmal war ich an einem Freitag über Nacht geblieben, um den Berg der übrigen Dokumente durchzuarbeiten. So konnte ich auch am nächsten Tag an der Feier zu Vivans 50. Geburtstag teilnehmen. Wie seine Mutter wahrte auch Vivian seine Geheimnisse, weswegen er mich im voraus bat, bei der Feier nicht über unsere Funde zu sprechen.

In Vorbereitung auf meinen Besuch war Vivian durch mehrere Kartons mit Papieren gegangen und hatte eine Menge Persönliches zutage gefördert. Darunter war Mariannes Poesiealbum aus ihrer Schulzeit und ein kleines gestreiftes Adreßbuch mit Namen von Bekannten in Übersee. Ich hatte damit begonnen, mich durch weitere Wiedergutmachungsakten zu pflügen, als Vivian sagte, daß ich mir etwas anderes ansehen solle. Er hielt mir ein kleines quadratisches Notizbuch mit demselben abstrakten rot-blauen Muster wie das Poesialbum und demselben grünen Rücken hin. Ich war mit der Akte, die ich bearbeitete, zwar noch nicht fertig, aber Vivian bestand darauf.

Als ich es aufschlug, sah ich unlinierte Seiten, bedeckt mit Mariannes Handschrift. Ich konnte ihre Sütterlin-Schrift damals noch nicht richtig lesen, weswegen das Buch mir nicht sogleich seinen Inhalt offenbarte. Auf einer zufällig aufgeklappten Seite entzifferte ich die Überschrift: »Mülh., 31. 9. 44«. »Mülh.«? Mülheim? Dann schlug ich die erste Seite auf. Der erste Eintrag stammte vom 20. April 1944. Ich ging ans Ende: 10. September 1944. Nein, es gab noch einen zusätzlichen Eintrag vom Februar 1945. Dann bemerkte ich auch einen getippten Zusatz am Anfang. Der erste Eintrag war auf den 18. April 1944 in Remscheid datiert. Zwischen den Seiten lagen gefaltete Briefe, einige waren noch während des Krieges getippt worden, andere danach. »Vivian!« rief ich: »Wissen Sie denn überhaupt, was das ist?«

Als ich in der folgenden Nacht nach Hause fuhr, war ich unglaublich aufgeregt. Die Vorstellung, daß wir einen Einblick in Mariannes Innenleben *während ihrer Flucht* bekommen würden, war schwindelerregend. Fast genauso überraschend, vielleicht sogar etwas unheimlich, fand ich die Tatsache, daß Marianne nie etwas von dem Tagebuch erwähnt hatte. Es war schließlich unmöglich, daß ihr seine Bedeutung für mein geplantes Buch entgangen sein konnte. Vielleicht wollte sie es mir vorenthalten – aber wenn das so war, warum? War es zu persönlich? Ich glaubte nicht, daß es intimer sein konnte als ihre Korrespondenz mit Ernst, die sie mir doch überreicht hatte. Vielleicht konnte sie es einfach nicht ertragen, zwischen all diesen Papieren danach suchen zu müssen. Vielleicht war es ihr auch entfallen, daß es das Tagebuch gab. Die Seiten des Tagebuchs waren unberührt, und es war klar erkennbar, daß sie seit dem Krieg wenig oder gar nicht gelesen worden waren. In jedem Fall öffnete das auf diese Weise aufgetauchte Tagebuch ein Fenster: nicht nur auf ihre Fluchtjahre, sondern auch auf Mariannes Widerwillen, sich mit der Vergangenheit auseinanderzusetzen.

11

Chronik aus dem Untergrund: April 1944 bis April 1945

Auf dem zwischen die ersten Seiten des Tagebuchs gelegten Zettel war unter der Zeile »18. April 1944, Remscheid« zu lesen:

> Die Gedanken wandern mit dem Bächlein, summen mit den Bienen. Wie gut ist das Alleinsein, das Sich-wiederfinden. Der Abstand von den Menschen, vom Alltag, die Gemeinsamkeit mit dem Wind, der durch Gras und Bäume streicht, mit dem Hasen, der zutraulich ein paar Schritt von mir sein Futter sucht und mir mit seinen langen Ohren winkt. Das Lauschen auf die Geräusche dieser Welt, in der man es einmal so wohltuend und dankbar empfindet, daß sie nur aus einem kleinen Fleck Erde besteht: aus einer sonnenbestrahlten Wiese von einem Bach durchgluckst und rundum abgegrenzt von einer Tannenhöhe. Man wird so ehrfürchtig in dieser Begrenzung, der Blick ist nicht abgelenkt von der Vielfalt und Zerstreutheit des täglichen Lebens, er ist begrenzt durch Höhen, die nicht zu überschauen sind.
>
> Wie sehr fühlt man's: Schauen und Lauschen, das heißt bei-sich-sein. Wieviel müßte man sich davon mit in den Alltag nehmen! […]
>
> Und meine Gedanken wandern weiter durch Zeit und Raum. Wie unbegreiflich und entsetzlich ist das; der geschlossene, verträumte Friede hier, diese kleine Welt in der großen, in der sich in jedem Augenblick unzählige Schicksale vollziehen. All die Menschen dort draußen, vielfach so innig in anderer Gedanken getragen und doch so weit und allein; ungeahnt und ungefühlt, was der Augenblick ihnen an Schwerem bereitet; der Augenblick, den man selbst so glück-

lich und erfüllt erlebt. Und dann denkt man, daß man unmöglich selbst so unbehelligt hindurchkommen kann, denn wie sollte man selbst eine solche Zeit ohne Opfer und Schmerz überstehen, in der sekündlich unzählbare Schmerzen und Opfer auferlegt werden? Was hält das Leben für einen noch bereit?! Wie sehr schwingt diese Frage im großen Raum der Geschicke. Wie gut ist's, daß man der Zukunft mit verbundenen Augen, tastend Schritt für Schritt entgegengeht.

Aber darum müßte man lernen so zu leben, daß man getrost den nächsten Tag erwarten kann, ohne etwas nachholen oder gutmachen zu müssen. Jeder Tag müßte *ein Leben* sein; abgeschlossen, sich lohnend geschehen und erlebt zu sein; erfüllt von Pflicht, von Liebe und wenigstens *einer* guten, redlichen Tat und *einem* guten Gedanken, *einem* liebevollen Wort. Etwas müßte täglich geschehen, daß man sich am Abend sagen kann: ich hab heute geholfen, das Rad weiter zu schieben.

Und dabei fällt mir wieder ein Gedanke ein, der mir gestern kam bei der Gartenarbeit. Ich dachte plötzlich, wie viele Jahrhunderte und wie viele Menschen dazu nötig gewesen sind, um den Urboden so zu bearbeiten, daß wir ihn heute bestellen können. Und das hat mir so klar gezeigt, daß das Leben bejahenswert ist, wo etwas geschieht, was für die Nachwelt von Wert ist.

Sein Gesetz erkennen und es erfüllen.

Das eigentliche handschriftliche Tagebuch setzt am 20. April 1944 ein – auf den Tag genau zwei Jahre nachdem Marianne Ernst das letzte Mal gesehen hat:

Wie sehr meine Gedanken heute bei Dir sind! So sehr wie lange nicht mehr. Zwei Jahre liegen wie eine Kluft vor dem Heute; zwei Jahre mit ihrem Geschehen, Erleben, mit ihrem vielen Schweren, Harten, Grausamen und so wenig Schönem. So sehr trag' ich dich heute in meinem Gefühl, in meinem Blut, in meinem Herzen. Alles ist mir wieder so gegenwärtig, dein Sein, deine Liebe, dein Verstehen. Ach, Lieber, wärst Du mir doch immer so nah! Die Flucht, das ruhelose Suchen wäre nicht nötig. Wie gleichmäßig schwingend wäre dann alles! Oft denk ich mit Angst und Schuld, wie, wie es möglich ist, daß ich Dich so verlieren konnte. Weißt Du, das Erlebte, das Gemeinsame, all das Gute, daß du in mich gelegt hast, ist immer fühlbar in mir; das ist gleichsam dein Vermächtnis, immer unsterblich, so lang ich bin, und so lang ichs anderen weitergeben kann; aber du, du *Mensch*, du bist meinem Fühlen nicht mehr erreichbar.

[...] meine Gedanken reisen den Weg zurück, den Weg mit Dir, die schönste Zeit meines Lebens; – die erste Zeit des Alleinseins dann noch so ganz erfüllt von dir, so gemeinsam und doch so fern. Und dann das Wissen um dein Schicksal und nur der einzige Gedanke in mir: dir helfen und dir nah sein. Und dann kam nichts mehr; kein Wort; und langsam entglittest du mir; ich wollt's nicht und hielt dich krampfhaft. Aber es gibt Kräfte, die sind stärker als der Willen. Und dann kam das neue Leben; Umstellung, Gefahr, Anforderung an den ganzen Menschen; da mußt' ich fallen lassen, was ich noch halten wollte; die Hände mußten frei sein, um das Neue zu meistern. – – –

So sind nun zwei Jahre vergangen. Wenn Du mich nun wiederfändest? Wie würde das aussehen? Wie anders sind wir geworden. – Gemeinsam ist das Vergangene, aber die Gegenwart erlebt jeder für sich; da ist nichts Gemeinsames als das, was noch von der Vergangenheit in jedem von uns lebt; – und die Zukunft, könnten wir sie zusammen tragen? Ich weiß es nicht! Ich weiß nur, daß ich dich so in mir bewahren möchte, wie in diesen zwei Jahren. Und daran soll ein ganzes Leben nichts ändern; wie es auch kommen mag.

Marianne schrieb diese beiden Einträge in Remscheid nieder, während sie bei den Briels wohnte. Der nächste längere Bericht datiert von Pfingsten 1944 (28./29. Mai) und wurde von Marianne verfaßt, als sie an einer Studienreise des Bundes durch das Bergische Land teilnahm. Der Eintrag beginnt äußerst verwirrend: »Herrliche Tage draußen im Bergischen Land. Pfingstgespräch über WA. Man möchte, daß alle österlichen Wunden verheilt seien. Aber sind sie's? Das Mühen ist zu groß!«

Es dauerte eine Weile, bis ich darauf kam, daß »WA« Mariannes Abkürzung für Weltanschauung war. Doch blieben mir die »österlichen Wunden« weiterhin rätselhaft. Der nächste Eintrag stammt ebenfalls aus der Pfingstzeit. Marianne schrieb unter der Überschrift: »2. Juni 44 (an der Talsperre); (aus einem Brief)« das folgende:

> Regnen tut's in Strömen; aber wie schön ist es trotzdem: das Zelten am See. Wie lebt man mit der Natur, mit Wetter und Zeit; mit den Tieren und Lauten der Einsamkeit. Ich kann dir nicht sagen, wie schön das ist! Zuerst hab ich um schönes Wetter gebangt und gedacht, daß man nur genießen und sich glücklich fühlen kann, wenn alles in Sonne getaucht ist; aber jetzt sehe ich, daß es gar nicht so ist; daß alles hier draußen und man selbst viel mehr *lebt*, wenn Wolken, Regen und Wind um einen sind. Es geht mir wie Gras und Blättern, die sich so ganz den Elementen hingeben und sich ihnen öffnen mit unendlicher Bereitschaft. Schön ist das! Schön, schön, schön.
>
> So ganz Ich zu sein, ohne Verzerrung, ohne Maske, ohne Vorbehalt. Sich ganz zu öffnen, sich zu vergessen und dadurch erst sich selbst zu finden.
>
> So ganz lauschend zu sein; fühlend, sehend, hörend. Und nichts *wollen*; nur nehmen was kommt; es schmecken und genießen.
>
> Das Aufwachen in der Frühe nach einer erstaunlich warmen, guten Nacht im Zelt; das Morgenbad in der Sperre, umhüllt vom Frühnebel, der über dem Wasser wandert. Ach, und dann: die Wanderung durch den strömenden Regen; Wälder, Felder, Wiesen. Einmal nur ein regenmüdes Fuhrwerk, sonst kein Laut, der Menschennähe spüren läßt. […]
>
> Nachmittags
>
> […] Bei vielen Bauern bin ich gewesen heute; Menschen und Lebensluft und Anschauungen wollte ich erfahren; ach, was kann man da oft für ein Durcheinander erleben. Wieviel

Zeit und Geduld und Schulung ist da nötig! Angst kann einem da kommen. Lernen, erkennen und überzeugt sein; vielleicht ist das das Geheimnis, das diese Angst besiegt?

Am nächsten Tag.

[...] Weißt Du, über die Pfingsttage möchte ich Dir auch noch manches erzählen. Schön waren sie. Die Gespräche muß ich noch oft bedenken. Es ging um WA. Ein Thema, das Ihr gewiß schon oft bedacht und besprochen habt und so unerschöpflich. Es ist noch nicht alles davon so ganz in mir. Es wird einem vieles so klar; und vieles wird angerührt nur, angestoßen und rollt wie ein schwerer Stein in einem weiter. Wo er aufschlägt, weiß man noch nicht; man spürt ihn nur rollen. Fragen, die mich schon lange beschäftigen, mit denen ich mich schwer herumschlage, wurden bei diesen Gesprächen angerührt, ausgetragen und viel Zweifel genommen.

WA. Was versteht man darunter, wo gab es eine, wie muß sie beschaffen sein?

Als ich Mariannes schöner, aber nahezu unentzifferbarer Sütterlinschrift allmählich diese ersten Einträge abgerungen hatte, kam ich mir wie ein Archäologe vor, der über einen antiken Goldfund von unermeßlichem Wert stolpert. Die Seiten waren fast unberührt. Die Einträge waren äußerst konzentriert aufgesetzt worden. Im ganzen Tagebuch war nur sehr wenig durchgestrichen. Fast nirgends findet sich verwischte Tinte. Möglicherweise hatte sie auch erst ins Unreine geschrieben; zudem bestehen viele Einträge aus Abschriften ihrer Briefe.

Beim Entziffern des Tagebuchs fühlte ich mich, als ob ich etwas an die Oberfläche holte, das in einem doppelten, ja eigentlich dreifachen Sinn versteckt gewesen war. Das Tagebuch war so unerwartet aus dem Durcheinander in Mariannes Liverpooler Haus aufgetaucht. Die ruhigen und ebenmäßigen Zeilen hatten ein Leben im Untergrund in Nazideutschland überdauert. Vor allem anderen aber brachten schon die ersten Worte etwas zum Vorschein, das der Welt, in der sie verfaßt worden waren, diametral entgegenlief – zumindest dem Bild, das wir uns von dieser Welt geschaffen haben. So erkannte ich jetzt schnell, daß meine vorgefaßte Meinung über das Leben im Untergrund mich beinah daran gehindert hatte, die Freiheit zu begreifen, die Marianne einer solchen Situation abgerungen hatte. Ich sah jedoch auch, daß Marianne ihr früheres Leben zu jener Zeit aus den Augen verloren hatte und vor allem die Person, die sie selbst einmal gewesen war. Rein gar nichts hatte mich während unserer Gespräche darauf vorbereitet, daß Marianne etwas unternommen haben könnte, das so unbeschwert war wie ein Zeltlager.

Wenngleich das, was Marianne tat, sorglos erscheinen mochte, ihre Reflexionen waren alles andere als das. Aus den Bemerkungen derer, die sie damals kannten, hatte ich kein solch differenziertes Tagebuch voller Reife und Einfühlsamkeit erwartet. Was sie über Ernst schrieb, zeugte von einer bewundernswerten Selbsterkenntnis. Sie rief sich ihre Liebe an ihn ins Gedächtnis zurück; aber zur selben Zeit erkannte sie auch die Distanzierung, die notwendigerweise stattgefunden hatte. Ein Jahr zuvor hatte sie noch in ihrem Essener Tagebuch vermerkt, daß andere sie aufgrund ihrer Art, schmerzliche Dinge tief nach unten zu drücken, herzlos finden könnten. Nun machte sie sich mit der Metapher »die Hände mußten frei sein« bewußt, daß der psychologische Mechanismus, Schmerzhaftes zu verdrängen, für ihr Überleben von großer Bedeutung war. Am beeindruckendsten ist vielleicht, daß sie ihre Liebe zu Ernst und ihre Schuld ihm gegenüber so stark wie eh und je fühlen konnte, sich zugleich aber fragte, ob sie – vorausgesetzt, Ernst hatte überlebt – aufgrund ihrer unterschiedlichen Erfahrungen vielleicht nicht mehr zueinander passen würden.

Das Tagebuch deckt zum ersten Mal auf, daß Marianne schon auf der Flucht große Schuldgefühle hatte. Jene anrührende Stelle fällt ins Auge, wo sie sich »mit Angst und Schuld« fragt, wie sie Ernst erlaubt haben konnte zu gehen. Schuld wird leicht zu Angst und umgekehrt. Wenn sie sich wundert, wie sie sich an Frieden und Schönheit erfreuen kann, während andere unbekannte und unsägliche Qualen erdulden, fragt sie sich gleichzeitig, ob auch sie eines Tages unausweichlich ein großes Opfer erbringen muß und Schmerz ihr Los sein wird.

Oft scheinen Mariannes Sorgen und Beurteilungen ihrer Notlage – wie wir sie verstehen – nicht zu entsprechen. Wer das Tagebuch in die Hand nimmt, ohne etwas über seinen Hintergrund zu wissen, würde nicht bemerken, daß Marianne auf der Flucht war. Natürlich war allein schon das Führen eines Tagebuchs riskant, worüber sich Marianne im klaren war. Deswegen tarnte sie einige Details, vermied es, ihre Gastgeber und Gesprächspartner zu nennen sowie ihre genaue Adresse oder Einzelheiten zu ihrer Person preiszugeben. Wir müssen also bis zu einem gewissen Grad zwischen den Zeilen lesen und uns vorstellen, daß viele Gedanken und Gefühle wegen der Angst, entdeckt zu werden, ausgespart wurden.

Dann aber wieder überlegte sie etwa in einem Absatz, in dem ihre Freude an der Einsamkeit sie zum Nachdenken darüber bringt, ob man in völliger Abgeschiedenheit wirklich zu sich finden kann. Die Frage, wie man individuelle Freiheit mit den Bedürfnissen der Gemeinschaft vereinbaren kann, war für den Bund wie für Kant ein zentrales Anliegen. Wenn Marianne sich selbst ermahnte, »[d]as Gesetz [des Lebens zu] erkennen und es [zu] erfüllen«, dann verlieh sie damit – getreu der Auffassung ihrer Bund-Mentoren – dem Kantschen Glauben an einen objektiven moralischen Imperativ Ausdruck, der in jeder Situation das Handeln bestimmt. Danach ist der Mensch erst wirklich frei, wenn er das objektiv Richtige erkennt und sein Handeln daran ausrichtet. Mariannes Tagebuch aus dem Jahr 1944 ist voll von Reflexionen zu diesem Thema. Durch die Rassengesetze aus der Gemeinschaft ausgestoßen, auf der Flucht, ihre Familie inhaftiert, vor sich ein Schicksal, das nur Gott kannte, ihr Liebster geblendet, wahrscheinlich tot – und Marianne beschäftigte sich mit allgemeinen Reflexionen über den Platz des Individuums in der Gesellschaft, als ob solche grundsätzlichen philosophischen Entscheidungen ihre Probleme beheben konnten! Wie aber spätere Einträge zeigen, lagen ihr diese Fragen tatsächlich am Herzen. Marianne definierte ihre unmittelbaren Erfahrungen neu, vielleicht begrub sie sie auch unter der gewissenhaften, nach Anleitung des Bundes geführten Auseinandersetzung mit den Kantschen Fragen nach Individuum und Gesellschaft.

Am 28. April 1944 beschäftigte sich Marianne mit einem kurz zuvor erschienenen Bericht, wonach die Frauen einer Fachschule viel besser abgeschnitten hatten als die Männer, von denen die meisten invalide Veteranen waren. »Welche Folgen«, bemerkte Marianne emotional, »kann die herabgeminderte körperliche Leistungsfähigkeit für den geistigen Stand, die geistige Entwicklung eines Volkes haben!« Natürlich hoffte sie nicht, daß Deutschland den Krieg gewinnen würde. Aber sie erweckt auch nicht den Eindruck, sich als Außenseiterin in einer fremden Gesellschaft gefühlt zu haben. Zugleich muß man an das denken, was sie am 18. April über das Arbeiten im Garten geschrieben hat, wo vor ihrem geistigen Auge so viele Generationen erschienen waren, die vor ihr denselben Boden bearbeitet hatten. Ohne sich selbst in den Mittelpunkt zu stellen, fand sie Trost in der Vorstellung, daß sie durch die Gartenarbeit mit Hunderten von Jahren der Urbarmachung und Landarbeit verbunden war. Indem sie so dachte, machte sie sich ironischerweise eine Vorstellung von Kontinuität zu eigen, von der antisemitische Konservative behaupteten, die »wurzellosen« Juden besäßen sie nicht. Und ironischerweise eignete sie sich diese Vorstellung zu einer Zeit an, als die Antisemiten aus *ihr* eine entwurzelte Jüdin machten.

Wieder unterwegs

Während des Pfingst-Treffens müssen sich die Leiter des Bundes entschieden haben, daß es für Marianne erneut Zeit war, das Ruhrgebiet zu verlassen. Ihr erster Anlaufpunkt war kein Mitglied des Bundes, sondern eine entfernte Verwandte in Beverstedt: die Cousine, die »rausgeheiratet« hatte, und ihr »Original« von Ehemann. In einem Tagebucheintrag, der unter dem Eindruck der Nachrichten von der Landung der Alliierten am selben Tag stand, beschrieb Marianne ihre Bahnreise nach Norden: »Am 6. Juni. In B. Fahrt durch eine schicksalsschwere Nacht. Ahnungslos – und doch: so eng verwoben und verkettet mit dem Geschehen der Welt. Noch steht man äußerlich abseits; aber wie bald wird der Strudel, der nun wirbelt auch die eigene Person so ganz erfassen und hineinziehen? Wird man den Kampf bestehen??«

Die Reise führte sie durch Bremen, wo sie den Tag verbrachte, bevor sie nach Beverstedt weiterfuhr.[1] »Hier habe ich erst die Nachricht von der Invasion gehört; die Nacht war so ahnungslos mit der Fahrt vergangen. Eigentümlich und beängstigend, daß man Augenblicke, Stunden, so gesichert erlebt, in denen andere Entscheidendes durchkämpfen und erleben. Und wie sehr ist man doch mithineinverwirkt, unlösbar im Kleinsten mitverhaftet! Es ist ja so viel besser in Gefahren zu leben!«

Am folgenden Tag beging Marianne ihren 21. Geburtstag. In dem Artikel aus dem Jahr 1980 schrieb sie, daß sie an diesem Tag Grauenhaftes erfuhr: »Am 7. Juni 1944 – an meinem 21. Geburtstag, war ich wieder in Beverstedt und hörte im englischen Rundfunk, daß der Transport von Theresienstadt, vom 18. Dezember 1943, nach Birkenau-Auschwitz, dort innerhalb der letzten Tage vergast worden sei. Ich wußte, daß meine Eltern und mein Bruder diesen Transport nach Auschwitz mitgemacht hatten. Und so hatte ich ein unvergeßliches Geburtstagsgeschenk.«[2]

Doch gibt es keinen Eintrag für den 7. Juni; und am 8., noch immer erfüllt von den pfingstlichen Gesprächen mit Bund-Mitgliedern, ließ sich Marianne ruhig und gelassen über Weltanschauungen aus. Konnte sie wirklich solche grauenhaften Nachrichten von ihrer Familie erhalten haben?

WA

Den ganzen Sommer über setzte sich Marianne intellektuell mit den Fragen auseinander, die das Bund-Treffen aus dem Jahr 1944 aufgeworfen hatte. Am 8. Juni nahm Marianne eine ausführliche Beschreibung der Bedeutung einer Weltanschauung in Angriff, wobei sie sieben Faktoren skizzierte, die jede vernünftige »WA« kennzeichnen sollte. Einen Monat später, als sie sich in Göttingen niedergelassen hatte, rang sie noch immer mit denselben Fragen. Eines Morgens wachte sie früh auf und konnte nicht mehr einschlafen, da schrieb sie einen Brief an Freunde, den sie daraufhin in ihr Tagebuch übertrug: »I. ›Grundsätze‹; das ist die Kernfrage, und als erstes wird man sich wohl fragen müssen: ›was ist eigentlich ein Grundsatz‹? Ein Grundsatz ist die Formel, die einem bestimmten Lebensgebiet eine sachliche Richtlinie gibt (bist du damit einverstanden?) Und ich glaube, daß damit schon Entscheidendes gesagt ist: eine *sachliche* Richtlinie.«

War das Beschreiben einer »sachlichen Richtlinie« wirklich etwas »Entscheidendes«? Wir dürfen durchaus erstaunt sein, daß jemandem in einer solchen Situation diese schwerfällige und trockene Übung etwas bedeutete. Doch ist klar, daß diese Fragen mehr für sie waren als ein intellektuelles Spiel. Sie suchte nach einem wahren Glauben oder einigen wenigen Grundsätzen, die stark genug waren, um ihr eine Hilfestellung in einer bedrohlichen und entsetzlichen Welt geben zu können. In den folgenden seitenlangen Reflexionen ist ein Satz unterstrichen: »*Grundsätze entstehen also, um Sicherungen zu geben, einen Maßstab zu geben.*«

In einem Eintrag vom 8. Juni kommentiert sie das Fehlen objektiver Grundsätze zu ihrer Zeit:

> Und wir? Unsere Zeit? Wir leben in einer WAlosen Zeit. Aus allen Ecken werden Lehren und Schlagworte zusammengehäuft, ineinandergeschachtelt, und man achtet nicht darauf, daß sie nicht ineinanderpassen. Es ist nicht der Boden da, auf dem Einheitliches wachsen kann. Die letzten beiden Jahrhunderte mit ihrer technischen Entfaltung haben die Menschen vor umwälzende Aufgaben gestellt, mit denen sie noch nicht fertig geworden sind. Die Technisierung hat eine Umwandlung im gesamten Weltenbau bewirkt, eine Verschiebung der Begriffe und Werte.
>
> Daher ist es zu erklären, daß man in unserer Zeit von einer WA nicht sprechen kann; denn sie hat als obersten Anspruch den, organisch gewachsen zu sein.

In dieser Passage verschwindet die Nazizeit fast aus dem Blick und wird statt dessen von den Problemen unserer »technologischen« Zeit verschluckt. Interessanterweise brachten viele deutsche Konservative in der unmittelbaren Nachkriegszeit genau dies als eine Erklärung vor für das, was in Deutschland passiert war, nicht zuletzt, um ein Bewußtsein um die Einzigartigkeit der Naziverbrechen gar nicht erst aufkommen zu lassen.[3] Daß Marianne diese Erklärung eingeleuchtet haben soll, ist jedoch überraschend, vor allem weil sie zu vorgefertigt und ausgestaltet erscheint, um einfach nur ihre Meinung wiederzugeben. Sie ist wahrscheinlich auf den Bund zurückzuführen. Doch weder der Bund noch Marianne teilten die Beweggründe der Konservativen, die einzigartige Grausamkeit der Nazis leugnen zu wollen. Vielleicht versuchte auch der Bund als Ganzes, genauso wie Marianne, die schreckliche Bedrohung, der er sich ausgesetzt sah, zu bewältigen, indem er sie mit allgemeinen historischen und soziologischen Begriffen neu bestimmte. So vermengten sich wichtige Erkenntnisse mit einer Art psychologischer Gefahrenbewältigung.

Träume, Filme und Radiosendungen

Marianne bemühte sich tagsüber darum, ihre Ängste durch philosophische Reflexionen zu überwinden, ihre Träume ließen sich jedoch nicht so leicht kontrollieren. In Beverstedt wachte sie am Tag nach dem eben zitierten Eintrag früh auf und griff nach dem Federhalter:

9. 6. 44

6°

Ich erwache aus einem Traum, von dem ich glaube, ihn festhalten zu müssen:

er umfaßt zwei Bildnisse H.'s, die ihn klar, großartig klar charakterisieren.

Ich sitze mit mehreren Freunden zusammen, als H. mit einer jungen Frau, seiner Frau, den Raum betritt, um uns in der Folge an zwei Episoden seines Lebens und »Schaffens« teilhaben zu lassen.

Der erste zeigt ihn als jungen Menschen, noch Knabe; er ist bei einer Feuerwehrübung; er ist mit mehreren Kameraden in der Feuerwehruniform, schwarz, mit Stahlhelm; im Traumbild erscheint nun ein neuer Mensch, der uns Freunden nun erzählt, was wir gleichzeitig sehen; In seiner Jugend gehörte H. einer Feuerlöschkompanie an. Er hatte darin nur kleine Aufgaben zu erfüllen; aber da war einer, der die Leiter besonders hoch steigen konnte, von allen wurde er deswegen bestaunt u. bewundert, und wenn dieser nun da oben stand, konnte er aus schwindelnder Höhe sogar einen Schuß abfeuern, d. h. daß er stehen konnte, ohne sich festzuhalten; H. ließ es nun keine Ruhe; er *mußte* auch das erreichen, was der andere konnte, eines Tages gelang es ihm, er stand mit einem Gewehr auf der höchsten Sprosse, feuerte einen Schuß ab; er schoß aber gegen die Straßenlampe, die über ihm hing, so daß das Licht ausging; Als wir uns im Dämmer, das nun herrschte umsahen, waren rings in den Straßen Trümmer; Mauern, Häuserreste, aufgerissene Straßen, wirr durcheinander. Irgendwo steht eine Straßenbahn, düster verhängt. – H. steigt nun von der Leiter, und fragt, wer es ihm nachmachen könnte; irgendein junger Kerl, der ihm hinzugekommen ist, meldet sich, führt es aus, und als er wieder herunterkommt, schüttelt H. mit souveräner Gebärde ihm die Hand und greift nun neben sich zu einem Kasten, den er aufschließt; der Junge denkt nun, daß er einen Orden bekommt [»d. h. *ich* denke das!«, fügt sie mit einem Sternchen am Seitenende hinzu] aber H. legt nur etwas hinein, und macht wieder zu. Weiter reicht meine Erinnerung an dieses Traumbild nicht.

2./Noch immer sitzen wir zusammen; H. u. seine junge Frau unter uns; er überlegt, wie er sich uns noch zeigen könnte. Da erscheint über uns an einem Fenster der Kopf eines Mannes, ein schöner, kluger Kopf; sofort ruft H. herauf, »v. Mst. ich möchte sie sprechen«.

Das Gesicht dort oben verdüstert sich, wird unsicher. Aber dann kommt er in Begleitung zweier und begrüßt H. Ein Begleiter gibt M. etwas, und ich erkenne, daß es ein

Revolver ist. Dann gehen die vier in einen Raum [Hierzu merkt sie am unteren Seitenrand an: »H. ganz allein«] u. in der Folge sehen wir nichts mehr, sondern hören nur die Stimmen.

H. macht v. M. Vorwürfe über die Invasion, macht ihn verantwortlich dafür, aber v. M. beweist ihm mit klugen, klaren Worten, daß es ja gar nicht anders hätte kommen können, daß es die Weiterentwicklung des Vorangegangen sei; er spricht ganz ruhig, überlegt u. klar, ich meine ihn dabei lächeln zu sehen, während die Stimme H's laut u. aufgebracht ist. Als v. M. mit seinen Worten zu Ende ist, sagt er nur: »Das verstehe ich nicht, da komm ich nicht mit«.

Dann kommen sie wieder aus dem Raum heraus, zu uns. H. mit geschwollener Brust und erhobenem Haupt, mit dem Ausdruck wie nach einer gewonnenen Schlacht; dahinter M. mit einem nachsichtigen Lächeln, das mir weise erscheint, und nun sehe ich, daß er gar keine Uniform, sondern Knikkerbocker anhat. Seine Begleiter sind hinter ihm, und er gibt dem einen den Revolver zurück. H. sieht es und droht ihm, aber M. bleibt ganz ruhig, überlegt einen Augenblick und sagt dann: »das ist nur, weil ich mit Ihnen gehen will«. H. sagt nichts mehr und ich verstehe, daß wenn H. geschossen hätte – – –

An diesem Punkt bricht Marianne ab und läßt das Ende offen. »H.« ist offensichtlich Hitler. »v. Mst.« oder »v. M.« oder »M« könnte Erich von Manstein, einer von Hitlers Feldmarschällen, sein. Eindringlich zeichnet dieser Traum Hitlers Charakter nach, vor allem als junger Mann. Hitlers Schuß auf die Lampe ist eine äußerst geglückte Metapher seines Anschlags auf die deutsche und europäische Ordnung. Die bewaffnete Distanzierung zwischen Hitler und Deutschlands militärischen Führern (wenn sie wahrscheinlich auch andeutet, daß Marianne die weitverbreitete, dennoch irrtümliche Meinung teilte, daß die Armee nicht so stark in die Naziverbrechen verwickelt war) nimmt das fehlgeschlagene Attentat auf Hitler um etwas mehr als einen Monat vorweg. Der Traum ist ein Meisterwerk der

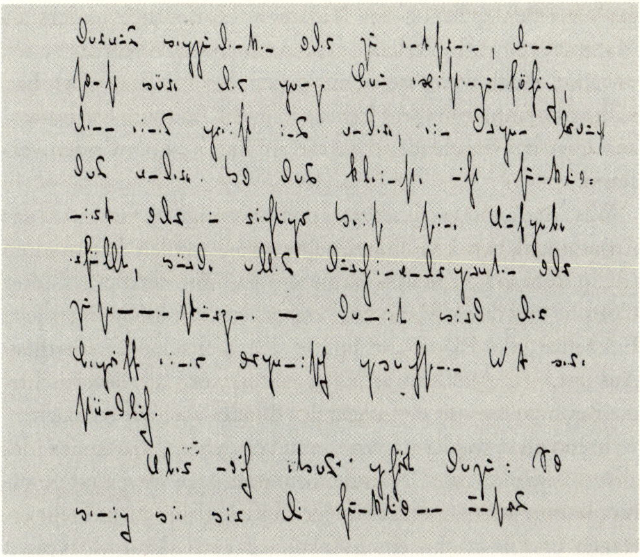

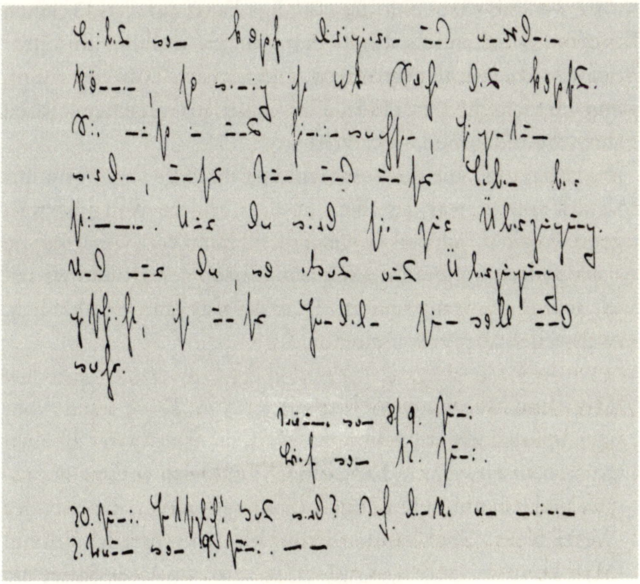

Mariannes Tagebuch, das sie während ihrer Zeit im Untergrund führte
(Marianne Ellenbogen)

genauen Beobachtung des Naziregimes, deutlich anders als Mariannes bewußte Reflexionen, in denen sie Politik nur selten erwähnt. Auch wenn sie es mir gegenüber nie zugegeben hat, sollte Marianne zeit ihres Lebens in ihren Träumen das Entsetzen über das durchleben, was sie am Tag zu überwinden verstand.[4]

Was Marianne tagsüber wirklich unerträglich fand, war das Zusammenleben mit engstirnigen provinziellen Verwandten (nicht zum ersten Mal) – in diesem Fall mit der Beverstedter Cousine und ihrem Mann. Sie verabscheute die kleinbürgerliche Einstellung des Paares und ärgerte sich über seine Borniertheit. Aus ihren Tagebucheintragungen geht hervor, daß sie versuchte, die Beverstedter mit den Ideen des Bundes vertraut zu machen, während diese wiederum verstimmt versuchten, Mariannes Idealismus anzukratzen.[5] Nachdem ein paar Tage so verlaufen waren, konnte Mariannes unruhiger Geist das alles nicht mehr ertragen, und sie machte einen Ausflug, der so riskant wie typisch für sie war. Sie nahm eine dreistündige Fahrt auf sich für einen Kinofilm. »Geheimnis Tibet« war, wie sie nachher in einem Brief schrieb, »wirklich großartig, und ich hätte etwas versäumt, wenn ich nicht die Umstände, die von hier aus mit einer solchen Fahrt verbunden sind, riskiert hätte.«[6]

Für Marianne, die die Beschränkung ihres Bewegungsradius so stark spürte, war der Blick in diese andere Welt überwältigend. Allein durch den provinziellen Hafen von Wesermünde zu schlendern konnte ihre Sehnsucht nach der großen weiten Welt schon ein wenig lindern. Der Ort war grau und häßlich, kein Zweifel, aber er war ein Tor zu:

> Meer und Weltwind. Viel ist's ja jetzt im Krieg nicht, aber man spürt doch etwas von der Welt, die das Wasser an allen Küsten anschwemmt. Lang bin ich am Deich entlang gegangen und hab mit tiefen Zügen die Brise geatmet, die über der Weser weht. Groß ist der Strom hier an seiner Mündung. Man könnte glauben am Meer zu sein; am Ufer Sand, die Luft riecht nach Salz und Tang, Möwen fliegen, und auf dem Wasser große Schiffe. Drüben, fern, windet sich der Fluß

> durch Oldenburg durch, Blexen durch; eine kleine Kirche, eine Windmühle so weit wie aus einer Spielzeugschachtel. So recht genossen habe ich's und mit geschlossenen Augen in mich hineingenommen.[7]

Unmittelbar bevor sie Beverstedt verließ, verfaßte Marianne einen kurzen Eintrag von völlig anderer Art. Anderthalb Zeilen unten auf einer Seite lauten: »20. Juni. Entsetzlich! Was wird? Ich denke an meinen 2. Traum vom 9. Juni. – –« Die heftige Unmittelbarkeit dieses kryptischen »Entsetzlich!« durchbricht den üblichen Ton des Tagebuchs. Was war passiert?

Es kann angenommen werden, daß dies ein Hinweis auf außerordentlich grauenhafte Nachrichten war. Es scheint, daß Marianne die BBC-Sendung über den Theresienstadt-Auschwitz-Transport gehört haben muß, von dem sie wußte, daß ihre Eltern und ihr Bruder mit ihm gefahren waren. Die Sendung – deren Geschichte wir hier noch verfolgen werden – wurde am 16. Juni 1944 übertragen. Darin wurde vorausgesagt, daß die Insassen dieses Transports am 20. Juni vergast werden würden.[8] Und am 20. Juni verfaßte Marianne auch den entsetzten Eintrag. Irgendwie wurde sie an ihren lebhaften Traum erinnert – wahrscheinlich wegen der verstörend genauen Darstellung von Hitlers wilder Radikalität. War der Traum ein schlechtes Omen gewesen? Sie muß sich gefragt haben, welch dunkle Gewalten eine Welt beherrschten, in der ein Londoner Radiosender das genaue Datum der Ermordung ihrer Familie voraussagen konnte.

In Göttingen mit Hedwig und Meta

Fast sofort setzte sich jedoch Mariannes üblicher Ton wieder durch. Hier hören wir sie, ein oder zwei Tage später, untergeschlüpft bei Hedwig Gehrke in Göttingen: »Gö. 25 VI Tage bei He. Herrlich schöne Sonne; Garten, Bienen und Kind. Wie anziehend ist die Stadt! Aber die Menschen!« Auch in ihren Unterhaltungen mit mir dachte Marianne an das Vergnügen zurück, in Hedwig Gehrkes Garten zu arbeiten, sich um ihre Bienen zu kümmern und ihr bei der Betreuung des Kindes zu helfen. Göttingen bot noch andere Ablenkungen. Marianne ging ins Kino und sah sich unter anderem *Nora*, nach dem Drama von Ibsen, an. Aber die Schwierigkeiten im Zusammenleben mit Hedwigs Mutter wollten nicht enden. Es ist nicht klar, ob sich das geheimnisvolle »Aber die Menschen!« auf die alte Frau Gehrke bezog oder auf die Göttinger Mittelschicht, die auf Marianne so viel weniger Anziehungskraft ausübte als die viel stärker gegen die Nazis eingestellte Arbeiterklasse des Ruhrgebiets.

Am oder kurz nach dem 20. Juli, dem Tag des fehlgeschlagenen Attentats auf Hitler, zog Marianne bei Meta Steinmann ein.[9] Viele Jahre nach dem Krieg veröffentlichte Meta, die wieder geheiratet hatte und nun Kamp hieß, einen Bericht ihrer Erfahrungen im Dritten Reich für ihre Kinder und Enkelkinder. Marianne lieh mir das Buch, und mit seiner Hilfe konnte ich Frau Kamp ausfindig machen. Ich hatte mir nämlich überlegt, daß die Göttinger Stadtverwaltung die Veröffentlichung des Buches finanziell unterstützt haben könnte; und freundliche Mitarbeiter im Kulturamt konnten mir tatsächlich die Adresse von Frau Kamp geben. Wie sich herausstellte, waren sowohl Meta als auch ihre jüngere Schwester Elfriede Nenadovic in der Kommunalpolitik nicht ohne Einfluß gewesen. Frau Nenadovic war noch im kulturellen Leben und in der Erforschung der Stadtgeschichte aktiv, als ich mit ihr in Kontakt trat.

Meta Steinmann, geborene Wahle, wurde am 24. Juli 1907 als eins von fünf Kinder in eine Arbeiterfamilie geboren.[10] Ihr Großvater war Teppichweber und ein angesehener Sozialdemokrat gewesen. Ihre Eltern (der Vater war Schneider, die Mutter Hausfrau) waren ebenfalls Sozialdemokraten und sangen im Arbeiterchor. Meta, die schon von früh an viel las, wurde in den zwanziger Jahren zur überzeugten Sozialdemokratin. Sie und ihr späterer Mann Ernst waren begeisterte Mitglieder der Jugendbewegung und vor allem der Naturfreunde.[11] Alkohol- und Tabakabstinenz sowie der Vorsatz, sich weiterzubilden, deuten allein auf die hohe Gesinnung der Gruppe. Meta erinnerte sich daran, daß sie u. a. Dostojewski, August Bebel und Kant (»von dem wir nicht alles verstanden haben«) lasen.

Marianne während ihrer Zeit im Untergrund
(Marianne Ellenbogen)

Meta kam in den dreißiger Jahren über Carlos Morgenstern mit dem Bund in Verbindung. Sie glaubte, daß sie diejenige war, die sich von all den Göttinger Gefährten am meisten mit dem Bund identifizierte und schon früh erahnte, worum es dort ging. Sonja Schreiber war ihre »geistige Beraterin«, und von Artur Jacobs' Persönlichkeit war Meta äußerst beeindruckt. Sie hatte das Gefühl, »nach Hause zu kommen«, sagte sie. »Als wenn ich darauf gewartet hätte.«[12] Leider teilte Metas Ehemann ihre Begeisterung nicht. Ihre erste große Auseinandersetzung drehte sich um die Gleichberechtigung der Geschlechter. Meta hatte das Pamphlet des Bundes *Mann und Frau als Kampfgenossen* gelesen. Für ihren Ehemann Ernst, der in einer traditionellen Bauernfamilie aufgewachsen war, ging dies jedoch entschieden zu weit. Deswegen begab sich Meta ziemlich allein auf ihre geistige Reise. Ihre Unabhängigkeit wurde noch dadurch verstärkt, daß Ernst in den dreißiger Jahren viel auf Baustellen in ganz Deutschland arbeitete.

1936 wurde Metas Vater von den Nazis verhaftet und einige Monate lang inhaftiert, da sein Name von einem ehemaligen sozialdemokratischen Genossen im Verhör preisgegeben worden war. Meta lernte, besonders vorsichtig zu sein, nicht zuletzt wegen der feindlichen Nachbarschaft. Der Blockwart lebte im zweiten Stock von Metas Haus und hielt immer Ausschau, ob er nicht diese oder jene Aktivität denunzieren könnte.[13] Nichtsdestotrotz versuchten Meta und andere Bund-Mitglieder, die Philosophie der Gruppe vor Ort in die Tat umzusetzen: Sie brachten Zwangsarbeitern Essen und nahmen Marianne schließlich bei sich auf.

Um ihre Familie nicht zu gefährden und in Anbetracht des geringen politischen Engagements ihres Ehemanns, erwähnte Meta niemandem gegenüber, daß Marianne jüdisch war. Statt dessen erfand sie eine Geschichte. Marianne sei in Essen ausgebombt worden und habe ihre Familie verloren, weswegen sie psychisch instabil sei. Ihr Arzt habe ihr zur Erholung einen Ortswechsel angeraten. Nachdem Meta den Nachbarn dieses Märchen aufgetischt hatte, machte es schnell die Runde.

In Metas veröffentlichtem Bericht und ihren Unterhaltungen mit mir tauchten viele herzliche Erinnerungen an Marianne auf. Wie viele andere Bund-Mitglieder erinnerte auch sie sich an Mariannes Schönheit – und natürlich an ihre Haare. Die Farbe, schrieb sie in ihren Memoiren, sei von einem »warmen Braun mit einem rötlichen Schein gewesen«. Und Marianne, sei »im Grunde ein fröhlicher, lebensbejahender, junger Mensch« gewesen. Als sie mit mir sprach, fiel ihr wieder ein, wie sie sich über Mariannes Zuversicht und Fröhlichkeit gewundert hatte. Aber in dieser Verwunderung schien auch eine unausgesprochene Frage mitzuschwingen. Frau Kamp war unverständlich, wie Marianne so fröhlich sein konnte. Damals war sie tatsächlich etwas betreten darüber gewesen, daß Marianne einfach zu heiter für jemanden wirkte, dessen Familie gerade einem Bombenangriff zum Opfer gefallen sein soll: »Wenn sie sich so heiter und sicher bei uns bewegte, mußte ich doch manchmal der Nachbarin mit trauriger Miene zublinzeln und an meinen Kopf deuten. Was soviel hießen sollte: ›Das arme Mädchen ist völlig durcheinander!‹«[14] Zu anderen Zeiten setzte sich Marianne jedoch bedrückt irgendwohin, und selbst wenn sie nur wenig miteinander sprachen, bekam Meta doch eine Ahnung vom Aufruhr hinter der Fassade.

Metas Buch schildert eine dramatische Episode: Eines Tages, als Marianne mit Metas Sohn Ernst junior spazierenging, wurden die beiden von der Polizei angehalten und sollten sich ausweisen. Wenn die Polizei die Situation durchschaut hätte, hätte das für Marianne den sicheren Tod bedeutet und furchtbare Folgen für Metas Familie gehabt. Aber Marianne war so freundlich und schlagfertig, daß die Patrouille sie schließlich nicht weiter belästigen wollte und den beiden gestattete, weiterzugehen.

Von Meta bekam ich die Telefonnummer des jungen Ernst. Als ich mich mit ihm in Verbindung setzte, war er 67 Jahre alt und lebte in der Nähe von Hamburg. Ich wollte von ihm wissen, wie er diesen Moment empfunden hatte, und war erstaunt zu hören, daß er sich gar nicht mehr an den Vorfall erinnern konnte, auch wenn er nicht daran zweifelte, daß er stattgefunden hatte. Wie konnte ein Moment, in dem sein Leben an einem seidenen Faden hing, aus seinem Gedächtnis verschwinden? Aber seine Mutter wies mich noch einmal darauf hin, daß in der Familie ja niemand gewußt hatte, daß Marianne jüdisch war. Deswegen hatte Ernst keinen Schimmer von der Gefahr, in der er sich befunden hatte, und auch nicht von der Größe des Mutes, den Marianne bewiesen hatte. Es war für ihn eigentlich nichts Außergewöhnliches vorgefallen: Sie waren nach ihren Papieren gefragt worden, mußten sie dann aber doch nicht vorzeigen. Nichts, woran man sich erinnern mußte.

Nachdem sie die BBC-Sendung gehört hatte, muß Marianne sich vor Sorge um ihre Familie aufgerieben haben. Metas deutlich jüngere Schwester Elfriede erzählte mir eine zu Herzen gehende Geschichte darüber. Im Juli 1944 befand sie sich im Arbeitsdienst in Oberschlesien. Als sie einmal in Göttingen zu Besuch war, erklärte Meta ihr, daß ihr junger Gast sie gerne etwas zu Oberschlesien fragen würde. Die beiden unternahmen also einen Spaziergang. Elfriede fand Marianne sehr nett und lebhaft, aber sie fragte sich, was diese eigentlich von ihr wollte. Das sollte sie schon bald erfahren. »Haben sie von einem Lager gehört für politisch Unzuverlässige?« fragte Marianne. Auf diese vorsichtige Weise versuchte Marianne, die Wahrheit über die BBC-Sendung zu Auschwitz herauszufinden. Natürlich wußte Elfriede nicht, warum Marianne das fragte. Sie hatte auch nichts von Auschwitz gehört, so daß sie nur wenig zur Aufklärung beitragen konnte. Aber sie einigten sich auf einen Code, mit dem sie Marianne alles mitteilen konnte, was sie herausfinden würde. Zurück in Oberschlesien, hörte sie sich um. Ein Bauer bestätigte ihr, daß dauernd Sonderzüge in das Lager fuhren; mehr konnte er ihr auch nicht sagen. Elfriede erklärte mir, daß sie relativ weit von Auschwitz entfernt war. Auch sie verstand erst nach dem Krieg die Bedeutung dieser Begegnung mit Marianne. Mit ihrer scheinbar so nebensächlichen Frage hatte Marianne versucht herauszufinden, ob die Deportierten aus Theresienstadt wirklich ermordet wurden.[15] Erst 1945 wurde Elfriede klar, wie angstfrei und »aufgekratzt«, wie sie es nannte, Marianne gewesen war. Ihre zuversichtliche Art sei Mariannes Schutz gewesen, sagte Elfriede – das und die Tatsache, daß sie »nicht jüdisch« aussah.[16]

Prüfungen der Freundschaft

In Mariannes Tagebucheintrag vom 13. Juli 1944 findet sich in Exzerpten eines Briefes an Sonja Schreiber eine weitere Enthüllung. Sonja ließ ihrer freundschaftlichen, aber bestimmten Kritik an Mariannes Verhalten gegenüber den Briels freien

Lauf. Wie es scheint, nahm Marianne keine Rücksicht auf Maria, als sie eine enge Freundschaft mit Fritz Briel einging. Sonja kommentierte außerdem Mariannes Freundschaft mit einem Mann namens Hermann:

> Und dann noch etwas, da ich gerade bei den mütterlichen Ermahnungen bin: daß Sie Küken Hermann beraten in den Fragen seiner persönlichen Beziehung, hat mich auch etwas erschreckt. So etwas darf und kann eigentlich nur ein reifer Mensch, der in diesen schwierigen Fragen Einsichten und erkämpfte Erkenntnisse hat. Hoffentlich haben Sie sich nicht verstrickt in Schwierigkeiten. Ich meine auch, Sie sollten etwas zurückhaltender sein dem Mann gegenüber, wenn er in einer nahen Beziehung zu einer Frau steht. Dafür kennen Sie beide Teile noch viel zu kurz.« – Wie recht hat sie! Und darum tut's doppelt weh! – –

Zwischen diese Seiten hatte Marianne einen Brief von Hermann Schmalstieg gelegt. Wenn der Ton des Briefes auch freundlich ist, so machte sich der Absender offensichtlich Sorgen über einen unerbetenen Ratschlag, den Marianne seiner Freundin Berti zuteil werden ließ. Er stellte Mariannes Einsichten nicht in Frage, sondern vielmehr die Unangemessenheit, jemandem einen Rat erteilen zu wollen, den sie doch kaum kannte.[17] Hatte sie sich die Unterhaltung vorher zurechtgelegt, wollte er wissen, denn solche Dinge mußte man sich doch reiflich überlegen. Hatte sie die Sache mit Hedwig diskutiert? (Hedwig Gehrke war nicht nur mit Marianne, sondern auch mit Hermann gut befreundet.) Angefügt hatte er einen Ausschnitt aus einem Brief von Berti, aus dem deutlich hervorging, wie unglücklich sie über die ganze Sache war.

Ich fand dies alles – das Tagebuch und die Briefe – natürlich erst nach Mariannes Tod. Wenn wir uns über die Bund-Mitglieder unterhalten hatten, hatte Marianne manchmal auf Spannungen mit Frau Gehrke senior, Hedwig Gehrkes Schwiegermutter, angespielt. Die Briels, die Schmitz' und die anderen hingegen waren für sie fast so etwas wie Heilige. Einige nahmen noch immer viel Raum in ihren Gedanken ein, wie zum Beispiel Maria Briel und Sonja Schreiber; andere, wie die Morgensterns, standen ihr nicht so nah, wenn auch nur deswegen, weil Marianne nach dem Krieg nur noch selten mit ihnen in Verbindung getreten war. Aber niemals hatte es den kleinsten Hinweis auf Spannungen unter ihnen gegeben. Daraufhin sah ich mir das Tagebuch noch einmal an, und mir fiel auf, daß sich mir die Bedeutung einiger anderer Stellen beim ersten Lesen nicht ganz erschlossen hatte. Als Marianne an Pfingsten über die »österlichen Wunden« schrieb, »nur fühlbar für uns drei«, war dies nämlich nicht, wie ich zunächst angenommen hatte, eine Art religiöser Anspielung, sondern ein Hinweis auf einen Konflikt zwischen ihr und den Briels.

Wenn der Brief von Sonja der Wahrheit entsprach, so scheint die Ursache der Reibungen ironischerweise Mariannes Wunsch gewesen zu sein, ihren Gastgebern zu helfen. Intime familiäre Situationen drängten sich ihr plötzlich auf, und Marianne sah sich in einer Weise mit dem Eheleben anderer Menschen konfrontiert, die ihr gänzlich neu war. (Auch Ernst hatte aus Izbica von der Neuartigkeit berichtet, Seite an Seite mit anderen Familien zu wohnen. Nationalsozialistische Maßnahmen und die Entwurzelungen, die der Krieg mit sich brachte, zerrissen oft den Schutz der Privatsphäre, in dem sich das Familienleben unter normalen Umständen abspielte.) Außerdem gehörte es ja, wie wir gesehen haben, zur Philosophie des Bundes, daß die moralischen und politischen Werte sowohl in der Ehe als auch im öffentlichen Bereich erprobt werden sollten. Die Mitglieder hatten sich auf das Experiment eingelassen, eine moralische Gemeinschaft zu erschaffen, und sie pflegten eine Tradition der offenen Diskussion über zwischenmenschliche Beziehungen.[18] Für Marianne, die ihre Untätigkeit und ihre Abhängigkeit so deutlich spürte, existierte hier ein Forum, das ihr das Gefühl vermittelte, aktiv helfen zu können. Aber die Wirkung dieser jungen Frau war offensichtlich ziemlich explosiv.

Die nächsten Wochen vergingen über diversen Versuchen, die Mißstimmung beizulegen. Am Sonntag, dem 16. Juli, notierte Marianne: »Eine schöne, klärende, offene Aussprache mit

Hermann; Hedwig war dabei. Das habe ich so gewollt. [...] Dennoch ist alles in mir schwer und dunkel.« Im Tagebuch folgt daraufhin die Abschrift eines Briefes an Sonja. Marianne schrieb auch an die Briels.[19] Und sie schrieb an Berti – diesmal mit harmloseren Ratschläge dazu, wie diese ihr Zimmer gestalten könnte. Sie schlug ihr vor, ein paar Landschaften von van Gogh aufzuhängen. Für jemanden wie Marianne, die so viel von Kunst verstand und sich ihrer Umgebung so bewußt war, muß es quälend gewesen sein, zwei Jahre praktisch ohne persönliche Sachen zu leben und ohne die Möglichkeit, sich in ein eigenes Zimmer zurückziehen zu können.

Zu ihrer Friedensmission gehörte ein Wochenendausflug mit Hermann Schmalstieg und Berti in den Harz. In ihrem in den achtziger Jahren veröffentlichten Bericht erwähnte Marianne Hermann Schmalstieg nur kurz, und in unseren Unterhaltungen tauchte er gar nicht auf. Deswegen bemühte ich mich anfangs nicht, ihn zu finden. Als Meta Kamp mir erzählte, daß er noch lebte, und mir seine Adresse gab, war ich natürlich froh, mich mit ihm in Verbindung setzen zu können. Aber erst nach der Entdeckung des Tagebuchs wurde mir klar, daß Marianne ihn 1943 und 1944 mehrfach getroffen haben mußte und daß sie sich regelmäßig geschrieben hatten. Ich rief Herrn Schmalstieg einige Male an und schrieb ihm auch Briefe – immer mit einer neuen Liste von Fragen –, und schließlich interviewte ich ihn im Jahr 1999 bei einer Sommerzusammenkunft des Bundes.

Wie so viele im Bund entstammte auch Hermann Schmalstieg einer Arbeiterfamilie.[20] Als Jugendlicher hatten ihn die Naturfreunde begeistert. Und wie so viele Bund-Mitglieder kam er mit der Gruppe durch das Turnen in Kontakt. Doch obwohl er nicht im Kernland des Bundes, im Ruhrgebiet, lebte, hielt er die Verbindung zum Bund aufrecht durch seine Teilnahme an den Zusammenkünften, die auch in den Nazijahren abgehalten wurden. Diese Treffen hinterließen einen so tiefen Eindruck bei ihm, daß er nach dem Krieg seine Stelle als Labortechniker aufgab und in der Jugendarbeit tätig wurde, um bei der Heranbildung einer neuen Generation von Deutschen mitzuhelfen.

Während des Krieges arbeitete Hermann an der Technischen Hochschule in Braunschweig. Wegen der Luftangriffe zog seine Forschungsabteilung, in der Fernmeldegeräte für das Militär getestet wurden, an den Auerhahn in die Nähe von Goslar im Harz. Hermann wurde in eine einsame Försterhütte in einer romantisch abgelegenen Gegend einquartiert, die ideal war, um die junge Marianne zu verstecken. Dorthin ging sie im Juli 1944. Hermann Schmalstieg erinnerte sich lebhaft an ihren Besuch, vor allem an eine bestimmte Episode: Eines Morgens hatte er Marianne in der Hütte zurückgelassen und war zur Arbeit gegangen. Niemand durfte erfahren, daß sie dort wohnte, da sich in der unmittelbaren Umgebung eine geheime technische Forschungseinrichtung des Militärs befand. Als er nach Hause zurückkam, ist ihm das »Herz in die Hosenbeine gerutscht«: Marianne hatte die Fenster weit geöffnet und saß fröhlich singend mit baumelnden Beinen auf der Fensterbank.

Marianne dagegen hielt diese Zeit ganz anders in ihren Aufzeichnungen fest. Sie war einsam und hatte erst vor kurzem die schreckliche Nachricht über ihre Familie erhalten, und ganz offensichtlich begann sie sich für Hermann zu interessieren, was ihr einiges Kopfzerbrechen bereitete:

Montag den 31. 7.

Wochenende im Harz

Gespräch mit Hermann im Anschluß an eine Bemerkung, die ich einmal gemacht hatte:

»Nur das hat Wert im Leben, was man aus sich selbst schöpft; die Erkenntnis, die aus dem Selbst kommt« [...]

Frühe Morgenstunden an einem herrlich schönen Tag, aus dem die Zuneigung zu einem irgendwie verwandten und doch so fremden Menschen wuchs. Um mich freie Stille; tannendunkle Höhen und Täler.

Was für ein zwiespältiges Wesen man doch ist! Hin und hergerissen oft zwischen Herz und Verstandeskräften; wie dicht steht man oft vor der Verzweiflung; spürt den Abgrund neben sich. Dann ist man so grenzenlos einsam; oder besser; die Einsamkeit wird einem dann so klar und bewußt. Die

Hilfe kann man nur aus sich selbst gewinnen; aus den klaren objektiven Kräften, die in einem wirken, und es ist vielleicht die größte Aufgabe des wahren Menschen, diese Kräfte immer und in jedem Augenblick wach zu halten, nie das klar wägende Kritische (in einem *guten* Sinn) zu verlieren. Aber wie nah ist die Gefahr! Wenn man nicht in jedem Augenblick wach genug ist, darum zu kämpfen; es will immer wieder erworben sein; man *hat* es nie einfach zur Hand. [...]

Lieben können, lieben, lieben, lieben; uneingeschränkt, unangefochten vom eigenen Gewissen, unangefochten von außen! – aber daß es nicht geht, daß es mir noch nie geschenkt ward, immer so viel Schmerz brachte, – das muß doch einen Sinn haben? [...]

Das Gespräch auf unserem Spaziergang gestern, Weltanschauung, Judenfrage; – wie ist eine solche Einstellung bei solchen Geistes- und Urteilskräften möglich! – wenn der wüßte! – ach, mein dummes Herz! [...]

Ernest, nun mein' ich, ich hätte Dich verloren; oder: hast Du mich fallen lassen?

Es ist nicht mit absoluter Sicherheit festzustellen, ob die Unterhaltung, auf die sich Marianne bezieht, die Unterhaltung mit Hermann ist, mit der der Eintrag beginnt, aber es ist wahrscheinlich. Offensichtlich hatte derjenige, der sie bei dem Spaziergang begleitete, Liebesgefühle in ihr geweckt – und Schuldgefühle in Hinblick auf Ernst. Aufgrund dieses Eintrags und der Briefe fragte ich mich, ob vielleicht mehr als Freundschaft zwischen Marianne und Hermann Schmalstieg gewesen war. Meta Kamp glaubte dies nicht. Schließlich schrieb ich an Hermann Schmalstieg und legte Abschriften von Tagebuchpassagen und Briefe hinzu. Nachdem ich mich dafür entschuldigt hatte, ihn mit Dingen zu konfrontieren, die vielleicht schmerzhaft waren, bat ich ihn darum, mir etwas mehr Hintergrundinformationen zu verschaffen.

Mein Brief rührte Hermann Schmalstieg, aber er bestand darauf, keine Affäre mit Marianne gehabt zu haben. Damals sei er mit Berti zusammen gewesen, einem zartbesaiteten Mädchen, mittlerweile längst verstorben, das unter Minderwertigkeitsgefühlen gelitten und deswegen viel Unterstützung benötigt habe. Er erinnerte sich an ein Treffen zwischen Marianne und Berti. Wenn er nun zurückblicke, erstaunte es Hermann Schmalstieg, daß es unter den Bedingungen des Krieges und des Naziterrors überhaupt ein Privatleben gegeben hatte:

> Um auf Marianne zurückzukommen, sie ist wirklich ein liebenswerter Mensch gewesen. Wie nah sie mir gestanden hat, das habe ich erst in den Gedanken aus ihrem Tagebuch erfahren. Es geht um die Gedanken und Empfindungen, die Marianne, im Anschluß an ein Gespräch mit mir, in ihrem Tagebuch niedergeschrieben hat. Ja, da öffnet sich mir eine Welt, von der ich damals keine Ahnung hatte, daß sie so in ihr lebte. Ich selbst war viel zu sehr besetzt mit der Aufgabe für Berta, mit dem Kriegsgeschehen und der Arbeit im Institut. Wenn ich heute als älterer Mensch solche Gedanken und Empfindungen von Marianne lese, dann kann man den Eindruck gewinnen, als wäre ihr Verhalten zu mir mehr als nur freundschaftlich gewesen. Aber dem war, von meiner Seite aus, nicht so. Ich erklärte schon, warum nicht. Trotzdem rühren mich diese Gedanken von Marianne. Das kommt daher, daß das, was in den Tagebuchaufzeichnungen erahnt wird, auch meine Welt ist. Eine Welt, die ich nun schon ein langes Leben als festen Besitz mit mir herumtrage.

Als wir uns schließlich bei der Zusammenkunft des Bundes in Rüspe im Sauerland trafen, war Hermann etwas wackelig auf den Beinen, versprühte aber immer noch einen jugendlichen Charme und vor allem eine mitreißende Unschuld, obwohl er nun schon in seinen Neunzigern war. Er wurde von seiner attraktiven Ehefrau begleitet, die erst um die Sechzig war und eher noch jünger aussah. Hermann versicherte mir noch einmal, wie sehr es ihn bewegt habe, von Mariannes Gefühlen für ihn zu erfahren.

Ich war neugierig, ob Hermann sich der Bedeutung einiger Bemerkungen Mariannes völlig bewußt war. In einem meiner

Briefe hatte ich eine heikle Frage gestellt: »Eine Eintragung vom 31. 7. 1944, die sich *vielleicht* auf ein Gespräch mit Ihnen bezieht, warf die Frage bei mir auf, ob Sie eigentlich damals gewußt haben, daß Marianne Jüdin war? Oder ist zu Ihrer und ihrer Sicherheit Ihnen diese Information vorenthalten worden?«

Natürlich habe er gewußt, daß sie Jüdin war, schrieb er mir zurück. Und soweit ich weiß, wußten das alle Bund-Mitglieder, unter deren Schutz Marianne stand. Aber Marianne schrieb, daß ihr »dummes Herz« ihr starke Gefühle für jemanden eingegeben hatte, der indiskutable Ansichten zur »Judenfrage« äußerte, was die einzige Eintragung im ganzen Tagebuch zur Folge hat, in der sie einen offenen Hinweis auf ihre jüdische Identität gibt. Ihre Bemerkung »wenn der wüßte! –« konnte entweder bedeuten, daß »er« nicht wußte, daß sie jüdisch war, oder daß »er« mit seinen Ansichten über Juden nicht wußte, daß sie ihn liebte. Sollte Hermann Schmalstieg die Bedeutung von Mariannes Bemerkungen nun klargeworden sein, so ließ er es mich nicht wissen.

»Wohin nun?«

Der Tagebucheintrag vom 26. August 1944 kam für mich unerwartet: »[...] Abschied von Gö. Wohin nun? Noch nie hab' ich die Schwere meines Lebens so stark empfunden wie jetzt. Heimatlosigkeit, Einsamkeit. Wie hängt man in der Luft! Was die Aussprache mit Karin in Kürze wohl bringen mag? [...] Fahrt ins Ungewisse. Nach Goslar in den Harz – und dann? Ach, ausruhen können an einem liebevollen Herzen!«

Marianne hatte mir gegenüber nie auch nur im entferntesten angedeutet, daß die Kette von Helfern einmal kurz vor dem Zerreißen gewesen war. Erst das Tagebuch deckt auf, daß Marianne im Sommer 1944 nach vier Wochen bei Meta Steinmann wirklich nicht mehr wußte, an wen sie sich nun wenden sollte. Eine Weile hatte sie in Göttingen unruhig auf einen Brief von Karin Morgenstern gewartet. Dann, so scheint es, war Karin zum Zelten im Harz, und etwas mußte erst zwischen ihnen geklärt werden, bevor eine Entscheidung über Mariannes Zukunft fallen konnte.

In dieser Nacht schlief Marianne unter dem freien Himmel:

> Abends [im Harz]
>
> Herrlich, das Treibenlassen! Nur Wasser, Himmel und Gott – und unter sich die ungekannte Tiefe. Abend über dem Wasser. Einsamkeit und Ruhe. Wie fühlt man alle Schwere verströmen. Wälder und Himmel; Sonne und Mond: Ungeahnte Harmonie des Weltalls. Aber das Leben??
>
> Sonntag! […]
>
> Das gestrige Abend brachte noch ein kurzes Gespräch mit Karin, das heute morgen fortgesetzt werden soll, und später einen Gang mit den anderen beiden Freunden durch mondhellen Sommerabend. Das Gespräch über Karin und die Schwierigkeiten im Zusammensein mit ihr, die durch ihr Selbstverständlichnehmen jeder Gefälligkeit erwachsen, nahm noch ein schönes Ende.
>
> Der Gedanke an das Leben in dieser schweren, blutigen Zeit, der mich so bewegt. Zukunft; Prüfungen und Gefahren; wie wird man mit ihnen fertig werden?
>
> *Ganz* sein können! Und das Grauen durch die *Vernunft* besiegen!

In einem Brief an Meta Steinmann stellte sich heraus, daß die Unterhaltung mit Karin Morgenstern alles andere als zufriedenstellend verlaufen war.[21] Im Harz wuchsen die Spannungen zwischen Marianne und Karin und zwei anderen Bund-Mitgliedern. Aus einem stenografierten Tagebucheintrag und dem, woran sich Hermann Schmalstieg erinnerte, geht hervor, daß die anderen beiden Hermann und Lene Krahlisch waren, ein Paar aus Mülheim. Dennoch fuhr Marianne mit Karin nach Braunschweig zurück. Mehrere Wochen lang häufen sich in ihrem Tagebuch die Hinweise auf Konflikte mit ihren Bund-Freunden. Vorne in ihrem Tagebuch fand ich einen Brief an eine »Liebe Anya«, der aber offensichtlich an Marianne gerichtet war:

Am 23. 9. 1944

Liebe Anya!

Was nun wohl ist mit Dir? – Bei L[22] gut angekommen? Hoffentlich ging die Reise gut. […]

Nun bedrückt mich eines, wozu ich dir schon eher schreiben wollte – ehe du dort anfingest wieder neu zu leben.

Ich hatte sehr das Gefühl, daß Du selbst, in dir selbst, verstehst du? – etwas aus der Bahn geworfen warest. – Die letzte Zeit.

Das sprach so all [sic!] aus deinen letzten Briefen. Das mag einmal davon kommen, [daß die Wochen etw. unsi; gestrichen] Dein Befinden etwa. Unsicher gew. war – im äußerlichen Leben – Als du auf K.[23] Post wartetest – nicht wußtest wohin. Aber M; wenn man innerlich sicher ist, Vertrauen hat, u. weiß, wie die Menschen zu einem stehen – dann kann man auf ruhiger Bahn bleiben.

Man muß es neu lernen, sich[24] aus dem Mittelpunkt herauszuschieben, und das Leben des anderen mehr mitzutragen –

wenn man teilnehmen will. –

Wenn man in der Fam. leben will –

Das geht zwar nicht immer leicht – aber es läßt sich lernen.

Und so wollte ich dir doch noch einiges sagen – in Bezug auf Zusammenleben.

Unser ganzes Leben wird ein Versuchen und Ausprobieren sein.

Aber nicht – wie du es im Zus.leben so leicht tust, – einseitig bestimmend sein. Was äußert sich in so vielen kleinen Dingen.

Sicher, – M. ist jung u. die Welt steht ihr offen, u. sie will sie mit »Gewalt« erobern – aber das ist nicht der rechte Weg.

Man muß sich auch bei den M.[enschen] anpassen können – das muß man lernen. Man muß auf sie horchen – und sich in ihr Leben vertiefen lernen –

Und nicht mit einer dauernden kritisierenden Haltung allem gegenüberstehen, – was einem selber nicht paßt.

Ich habe etwas Bedenken, wenn du jetzt zu L. gehst.

Du wirst denken, ist das M [einzelner unleserlicher Buchstabe] – – Sache – – – –

Ja – ich fühle es, ich muß dir etwas sagen.

Siehe, ich kann es sagen, wenn mir etwas nicht paßt, oder besser, wenn ich etwas nicht richtig sehe – aber das kann nicht jeder. Du erinnerst Dich, daß ich es auch erst lernen mußte, dir einiges zu sagen, was ich nicht für richtig empfand. Aber jeder Mensch lernt es nicht so schnell. Vor allem denkt man leicht, »die paar Wochen gehen herum, u. dann lebst Du wieder alleine« –

Nein – es soll doch ein richtiges Leben zwischen uns sein.

Und da du einen sehr bestimmenden Einfluß auf Menschen ausübst, und auch, wenn es falsch ist, wenn du die Dinge gar nicht richtig siehst, so meine ich, müßtest dir einmal klar machen – »ist das richtig« – darf ich das –

Was ich für nicht richtig empfand war, daß du bei Dingen, wenn sie besprochen werden und du sie beim Besprechen einsiehst, ja ja sagst, und dann aber, wenn du sie tust, dann doch so tust, wie du sie willst, vorher wolltest.

Das ist nicht der Sinn des gem. Lebens und Ausprobierens. Sinn ist, daß man nach dem Verstandenen handelt und wieder weiter ausprobiert.

Und das machte mich oft so mutlos –

Vielleicht tust Du es unbewußt.

Aber es ist für die Menschen, mit denen Du zus. lebst sehr deprimierend.

Und wenn ich nun an L denke, so ist es ein Mensch der wenig Kraft hat, vor allem keine überschmißige. […]

Ich glaube ich habe mich verständlich ausgedrückt.

Ob du mir mal dazu schreibt, wie du dazu stehst.

Für heute alles Gute u. liebe Grüße

Die Unterschrift ist nicht zu lesen und höchstwahrscheinlich sowieso eine Chiffre. Auch ein Vergleich mit den Handschriften anderer Briefe führte nicht weiter. Der Brief ist nicht flüssig genug, um von Sonja zu stammen, und wird vermutlich von Hedwig Gehrke gewesen sein.

Wie unendlich einsam muß Marianne sich in solchen Momenten gefühlt haben. Wenn diejenigen, von denen ihr Leben abhing, verärgert über sie waren, wer blieb dann noch, an den sie sich wenden konnte? Vielleicht mit Ausnahme der Wochen, die sie bei Meta verbrachte, erschien diese Periode seit Beverstedt nun so viel konfliktbeladener und ruheloser, als ich zunächst angenommen hatte.

Es war vor allem der Brief an »Anya«, der mich veranlaßte, Hermann Schmalstieg zu fragen, ob er glaubte, daß die Freunde beim Bund wirklich Mariannes Situation erfaßten. Als Marianne und Karin Morgenstern sich im Harz stritten, warf Karin Marianne vor, daß sie ihre schwierige Lage nicht verstehe. Natürlich war Marianne nicht die einzige, die in Gefahr war. Was das anging, saßen sie alle in einem Boot. Aber im Gegensatz zu ihren Freunden hatte Marianne keine Wahl: Sie mußte weiterhin mutig sein. Wenn diese aufhörten, dem Regime die Stirn zu bieten, so wären sie vor der Verfolgung sicher. Wenn Marianne hingegen aufhörte, dem Regime die Stirn zu bieten, so wäre das ihr Todesurteil.

Ich fragte mich, ob Mariannes Gastgeber ihre besondere Notlage hinlänglich bedacht hatten. Doch als ich die Situation von ihrem Standpunkt aus betrachtete, wurde klar, daß es ihnen tatsächlich schwerfiel, mit Marianne zurechtzukommen und sie in Schach zu halten. Sie nahmen sie nicht als verletzlich, sondern als stark wahr. Wie Hedwig schrieb, mußten sie erst lernen, »nein« zu ihr zu sagen. Der unbeugsame Charakter, der für Mariannes physisches und psychisches Überleben notwendig war, machte den Menschen, die sie aufnahmen, das Leben nicht leicht.

Die Front rückt näher

Während eines Luftangriffs auf Braunschweig Ende August 1944 suchten Marianne und Karin Zuflucht in einem Luftschutzkeller. In den unruhigen Nachtstunden entwarf Marianne einen Brief an Sonja. Sie war jetzt seit einem ganzen Jahr auf der Flucht.

Bra. 29/30. VIII

Nacht im Bunker.

Man hat das Gefühl, daß der Krieg mit jedem Tag näher rückt. Wie viel verschlingt er und wie beängstigend klein sind die Opfer, die man persönlich bisher gebracht hat!

Eberhardt [Jungbluth, der kurz zuvor gefallen war] – ich kann's noch immer nicht fassen! Manchmal denkt man, ob's denn immer die Besten trifft! (Aber das ist wohl ein unberechtigter Gedanke; es trifft da nur doppelt)

Das Einzige, was einem dann bleibt, sind die guten Gedanken und Erinnerungen, durch die die Verlorenen weiterleben. Und je mehr man sie liebte, umso gegenwärtiger sind sie uns. Ist's nicht so? Und ich finde, daß uns daraus eine Verpflichtung erwächst: uns zu mühen, richtig zu leben im Gedanken an die Fortgegangenen, (denn ihr Leben und Sein ist doch irgendwo mit unserem verwoben; irgendwie sind sie für uns gestorben und haben ein Stück von uns mitgenommen; aber sie haben uns auch viel dagelassen, dessen Wert wir oft durch den Schmerz nicht erkennen.)

– und uns zu mühen im Leben, im Gedanken an den eigenen Tod – denn wir stehen ja in einem ewigen Kreis.

Noch nie ist mir das so klar wie jetzt. Mit dem Kopf hat man ähnliches oft; aber daß man so ganz daran erfüllt ist -

Ein ganz besonderes Jahr liegt heute hinter mir. Eines, in dem ich ungeheuer viel gewonnen – und verloren habe. (Aber wo beginnt der eine Begriff – Gewinn – und wo hört der andere – Verlust – auf? Liegt nicht auch im Gewinnen ein Verlieren und im Verlust ein Gewinn?) [...]

Der Bunker hat sich inzwischen geleert. Neben mir unterhalten sich zwei über den Krieg. Der nirgends unmittelbarer ist, als in Momenten der Gefahr: »Was meinen Sie, ob wir wohl noch den Krieg gewinnen?« Der andere schüttelt verneinend den Kopf: »Jetzt noch? Unmöglich!« – Ob viele wohl so denken?

– Eigentümlich, die Menschen bei Nacht; ganz anders als am Tage! –

Die Zeichen der heranrückenden Front waren immer unübersehbarer, andauernd hörte man den Fliegeralarm. Die Abstände zwischen Mariannes Tagebucheinträgen wurden größer, und ihre Gedanken waren vom wachsenden Chaos um sie herum beherrscht. Paradoxerweise ging die Lebensgefahr für Marianne nun ebenso von den Alliierten aus wie von den Nazis. Als ich sie für das Ruhrland Museum 1989 interviewte, sagte Marianne, daß die letzten Kriegsmonate die strapaziösesten gewesen seien: »Die Anhäufung all dieser Faktoren: das dauernde Reisen und nirgends sich niederlassen und zur Ruhe kommen können, die immer gegenwärtige Gefahr des Entdeckt- und Erkanntwerdens, neben den Problemen, die ich mit dem Rest der Bevölkerung teilte, sich zu ernähren und gesund zu bleiben und den Bomben zu entkommen, hatten in den letzen Monaten des Krieges und meiner illegalen Existenz ihre Wirkung auf mich, die mir erst viel später bewußt wurde.«

Mariannes erstes Ziel nach Braunschweig war Mülheim an der Ruhr, nur ein paar Kilometer von ihrer Heimatstadt Essen entfernt. Hier wohnte sie bei Lene Krahlisch – einer ihrer Gastgeberinnen vom Bund, die Marianne nach dem Krieg vollkommen vergaß und auch in ihrem Artikel nicht erwähnt hat.[25]

Mülh., 31. IX. 44

[Brief an Meta]

Schon eine Woche bin ich hier bei Lene, eine recht bewegte Woche, die durch viele aufrüttelnde Ereignisse wenig Ruhe brachte. Die Fahrt her klappte besser als ich dachte. Abfahrt früh morgens und Ankunft spät in der Nacht. Die Züge waren überfüllt, und überall, wo man mit Menschen in Berührung kommt, wird man mitgerissen und aufgerüttelt durch das, was sie erzählen. Schicksale und Erlebnisse bunt und gezeichnet von der Unerbittlichkeit des Krieges. Menschen, auseinandergerissen, getrennt von ihren Angehörigen, ohne zu wissen oft, wo sie zu suchen sind; Flüchtlinge vor den Kämpfen an den Grenzen, Flüchtlinge vor den Bomben; was sie erzählen, ist oft grauenhaft und läßt einen erzittern vor der Ungewißheit des eigenen Schicksals.

Das Reisen ist zu einer Gefahr geworden, denn man muß mit Riesenangriffen immer rechnen und manche haben schon Grauenhaftes durchgestanden. Ja, der Krieg ist einem sehr nahe, auch räumlich. Die Front ist nicht weit, und man hört Tag und Nacht den Geschützdonner.

Dies war ein weiterer Hinweis darauf, daß Marianne keine Unterscheidung zwischen sich und »den Deutschen« traf. Die Flüchtlinge weckten ihr Mitgefühl, sie identifizierte sich mit ihrem Los, und ihre entsetzlichen Erfahrungen ließen Marianne um die eigene Sicherheit bangen.

Je gewisser die Niederlage wurde, desto radikaler wurde das Regime. »Halb-Juden« und Juden, die in einer »Mischehe« lebten, wurden nun zur Deportation und zur Vernichtung ausgesondert. Wie es für Marianne typisch war, half sie den Menschen in ihrer Umgebung. Ihre Freundin Grete Menningen war bis zum Sommer 1944 relativ sicher, da sie mit einem Nicht-Juden verheiratet war. Sie wohnte in Barmen und konnte Marianne ein- oder zweimal unterbringen. Aber jetzt stand auch Grete auf der Liste eines Transports. Marianne erzählte mir, daß man mit Hilfe einer anderen Freundin vom Bund, Else Bramesfeld, schließlich jemanden fand, der in einem abgelegenen Haus in der Nähe von Remscheid wohnte und bereit war, Grete Menningen zu verstecken.[26]

Marianne bemühte sich darum, der dauernden Anspannung und Bedrohung noch irgendwie etwas Positives abzugewinnen. In Duisburg erlebte sie ihren bisher schlimmsten Luftangriff:

Angriffe Tag und Nacht. Gestern und heute Nacht Duisburg. Pausenlos fielen die Bomben. Tausend Tode stirbt man mit. Und wie die Menschen es über sich ergehen lassen! –

Wie heilsam verändern sich die Maßstäbe in der akuten Gefahr! Wie nichtig werden alle eigenen Kümmernisse, und wie losgelöst von verkrampftem Festhalten an allem Äußeren ist man. Nur spürend, forschend, preisgegeben. Davon müßte man sich viel ins normale Leben mitnehmen. Es richtig lernen: das Losgelöstsein von allem; das Loslassenkönnen! Nur dann kann man richtig leben und sterben.

Montag, den 16. X. 44

Noch ganz erfüllt von dem Grauenhaften der letzten Stunden bin ich gestern nachmittag ins Kino gegangen, einfach weil es in mir nicht mehr zur Ruhe kam; die Gedanken kreisten ständig drum.

Ende Oktober fuhr Marianne nach Remscheid, wo sie wahrscheinlich wieder bei den Briels wohnte:

30. X. 44 Rem.

[Brief an Lene]

Ja es sind nun schwere, schlimme Tage. Dann kriecht die Furcht vor dem kommenden in einem hoch. Essen muß furchtbar gewesen sein; wie glücklich war ich, als Maria Donnerstag die Nachricht mitbrachte, daß alles dort gesund und in Ordnung ist! Montagabend saß ich während des Angriffs auf E im Zug zwischen D.-S.[27] Es war ganz furchtbar. Fortgesetzt brummten die Flugzeuge ganz schwer und tief über uns weg und jeden Augenblick hätte eine Bombe auf uns 'runterfallen können. Die Panik kannst Du Dir vorstellen. Und dabei habe ich gesehen, wie viel es bedeutet, wenn man ganz ruhig bleibt. Ich habe mich über mich selbst gewundert, wieviel Kraft man durch seine Ruhe und ruhiges Sprechen den anderen mitteilt. Die Frauen hielten zitternd meine Hände; aber sie wurden dann ganz ruhig. Ich wünschte nur, daß man die Kraft auch dann hat, wenn es wirklich drauf ankommt. Dazu gehört wohl ungeheuer viel.

31. X.

Ein Tag ist nun wieder vergangen! Heut mittag war anscheinend wieder ein Angriff auf Essen. Wie sehr ist man nun wieder in Sorge um die Freunde! So bringt nun jeder Tag schweres. Man horcht auf jedes Gerücht und ist nur auf dem Sprung.

Halb seßhaft, halb Nomade.

Wie Marianne durch ihre Ruhe den mitreisenden Frauen Trost spendet, ist ein eindrucksvolles Bild, das ihre gespaltene Identität hervorhebt. Weil sie sich einerseits der Gesellschaft zugehörig fühlt, ist es ganz normal, daß sie anderen hilft. Andererseits sieht sie die Situation noch nicht als wahre Prüfung an. Was für andere wahrscheinlich der Höhepunkt des Terrors war, ist für Marianne erst die Generalprobe für die Herausforderungen, die sie noch zu erwarten hat.

Tagebuch und Identität

Mit einem kurzen Eintrag endet das eigentliche Tagebuch am 11. November 1944. In den Monaten von April bis November 1944 sprach eine Stimme daraus, die ich in den Interviews nicht vernommen hatte. Hätte ich erst das Tagebuch gelesen, wäre es mir vielleicht möglich gewesen, hier und da ein schwaches Echo wahrzunehmen in dem, was Marianne mir erzählte. Doch wie die Dinge lagen, unterschied sich meine anfängliche Vorstellung von dem Mädchen auf der Flucht ziemlich von ihrem Selbstporträt. Mein übergeordnetes Bewußtsein dieses monströsen Geschehens, des Holocaust, und das Wissen darum, daß Marianne sich verstecken mußte, weil sie jüdisch war, hatten mich dazu gebracht anzunehmen, daß sie sich für die Dauer der Flucht auch selbst in erster Linie als Jüdin im Untergrund sah und als ein Opfer, das unter seinen Peinigern gefangen war. Meine Unterhaltungen mit Marianne hatten diese Vorstellung nicht in Frage gestellt, wenn sie ihren Opferstatus auch bestimmt nie zur Schau gestellt hat. Sie war sich des Unterschieds zwischen ihren Erfahrungen und denjenigen der Menschen, die in den Lagern gewesen waren, nur allzu bewußt. Aber nichts von dem, was sie zu mir gesagt hat, enthüllte – wie es das Tagebuch nun nahelegte –, daß Marianne weder sich selbst noch ihre Probleme damals je im Licht der Judenverfolgung gesehen hatte.

Natürlich bringt auch das Tagebuch seine eigenen Interpretationsprobleme mit sich. Die Angst, entdeckt zu werden, kann zur Unterdrückung einiger Themen und Gedanken geführt haben. Marianne könnte zum Beispiel absichtlich alles ausgelassen haben, was sie als Jüdin identifiziert hätte. Aber es gibt zu viele durchgängige Beobachtungen und Urteile – auch zu viele Indiskretionen –, um das Tagebuch als ein Dokument zu sehen, welches in der dauernden Angst verfaßt wurde, die Dinge bloß nicht beim Namen zu nennen. Wie wir sehen werden, schrieb Marianne nach dem Krieg, als die Gestapo keine Bedrohung mehr darstellte, noch in gleicher Weise.

Die wichtigere und schwierigere Frage bezüglich der »Authentizität« des Tagebuchs ist jedoch die nach der Beziehung zwischen den Einträgen einerseits und Mariannes Identität und Erfahrungen andererseits. Bei diesem Tagebuch handelt es sich weder um einen *stream of consciousness* noch um unvermittelte Gefühlsausbrüche, sondern um bemerkenswert klar verfaßte Aufzeichnungen. Deutlich erkennbar ist der Einfluß des Genres des reflexiven Tagebuchs, das eher den Kern der Dinge zu ergründen sucht, als das tagtägliche Geschehen aufzuzeichnen.[28] So gebraucht Marianne lieber das unpersönliche »man« als das unmittelbarere »ich«. Das Tagebuch bot ihr außerdem eine Möglichkeit, ihr Gleichgewicht wiederzuerlangen, und wurde bewußt als Gegengewicht zu den Ängsten des Tages genutzt. Marianne übte eine Art psychologischer Zensur aus – und war sich dessen bewußt. Die Briefe an Ernst aus dem Jahr 1942 stellen ihre Fähigkeit, die täglichen Bedrohungen und Erniedrigungen auszuklammern und sich auf das zu konzentrieren, was bereichernd ist, hinlänglich unter Beweis. Das heißt jedoch nicht, daß Marianne diese Bedrohungen nicht wahrnahm oder daß sie ihre Gedanken nicht beeinflußten.

Sollen wir Mariannes ausführliche Reflexionen über die »Weltanschauung« also nur als Flucht in die Vorstellungskraft ansehen, als Versuch, vor sich selbst zu verbergen, daß sie sich versteckt halten mußte? Waren ihre Träume bessere Anhaltspunkte für das, was sie durchmachte, als ihre gemessenen Betrachtungen am Tage? Sicherlich kann man hier von einem gewissen Eskapismus sprechen, von einer Weigerung, dieses immer klarer hervortretende Bild vom Naziterror als das wahrzunehmen, was es war. Doch das Tagebuch gibt auch authentische Erfahrungen wieder, die erkennen lassen, daß Marianne sich nicht als jüdisches Opfer der nationalsozialistischen Verfolgung sah. Als der Krieg seinen Lauf nahm, wurde Marianne immer stärker mit dem Leid der restlichen deutschen Bevölkerung konfrontiert; sie fühlte sich schuldig und war sich ängstlich bewußt, daß sie den Krieg bisher unversehrt überstanden hatte, während es um sie herum immer mehr Flüchtlinge, Evakuierte, Kriegsversehrte und Kriegstote gab. In ihren Beschreibungen von Begegnungen mit Flüchtlingen im Zug scheint durch, daß Marianne sich selbst als eine unter vielen vom Krieg Vertriebenen ansah. Für uns besteht natürlich ein großer Unterschied darin, ob man als zufälliges Opfer in die Kriegsmaschinerie geraten ist oder ob man unter den Vorzeichen eines Völkermordes ausgesondert wurde. Wahrscheinlich war Mariannes Bereitschaft, das Leid anderer wahrzunehmen und sich in deren Lage hineinzuversetzen, jedoch von großer Bedeutung für ihr eigenes Überleben.[29]

Noch etwas anderes kristallisiert sich im Tagebuch heraus: wie verwirrend es gewesen sein muß, immer vorzugeben, jemand anders zu sein. Für Marianne brachte das »Versteckspiel« mindestens drei verschiedene Identitäten mit sich. Sie und alle, die eingeweiht waren, wußten ja, daß sie eine Jüdin auf der Flucht war (wenn das auch, wie bereits angesprochen, kaum das Bild, das sie selbst von sich hatte oder das sich andere von ihr machten, zu beeinflussen schien). Für Elfriede Wahle (später Nenadovic), Ernst Steinmann und andere war Marianne als Bund-Mitglied eine politisch gefährdete »Arierin«, die sich unauffällig verhalten mußte, aber nicht zu der am meisten verfolgten Gruppe – den Juden – gehörte. Und für die übrigen war sie einfach eine normale Deutsche. In der letzten Rolle wechselte sie dauernd ihre Attribute und ihre Herkunft: Mal war sie eine junge Mutter, mal eine entfernte Verwandte und mal eine den Luftangriffen knapp Entkommene. So verwundert es kaum, daß Marianne sich manchmal danach sehnte, das Theater zu beenden und einfach nur sie selbst zu sein. Es gab dabei allerdings ein Problem, das sie so formulierte: Sie war sich nicht mehr sicher, wer sie überhaupt war. Beispielsweise schrieb sie im September: »Ich liebe das Ich zu sehr; all die vielen Ichs in mir. Und der wahre Mensch, der man doch sein sollte – und sein möchte – geht dabei verloren. Man spielt immer eine Rolle, vor sich selbst und vor den anderen. Man ist nie wirklich Ich.«[30]

Dieser Kommentar wirft etwas Licht auf den wohl subtilsten und wesentlichsten Aspekt von Mariannes Erfahrung. Mit unserem Wissen vom Holocaust setzen wir voraus, daß für Mariannes Leben die Judenverfolgung der beherrschende Faktor war. Natürlich ist dies auch in vielerlei Hinsicht der Fall: die Verfolgungsmaßnahmen hatte ihr die Familie, den geliebten Mann und die Freunde geraubt und sie zum Untertauchen gezwungen. Aber für Marianne als eine junge Frau, die gerade erst erwachsen wurde und neuen Menschen und Ideen begegnete, war es nicht immer leicht auseinanderzuhalten, welche ihrer Ängste und Probleme wirklich durch den Krieg entstanden waren. Resultierte der Verlust des »Ich« aus dem Versuch, sich zu entscheiden, wer sie war, oder aus der Notwendigkeit, sich verstecken zu müssen? Sie war sich nicht sicher. So schrieb sie zum Beispiel Anfang August: »Alle persönliche Schwierigkeiten und Probleme = wachsen sie nicht aus dem Chaos dieser Zeit, deren rasendes Geschehen man so überwach und gespannt miterlebt und verfolgt? In das alles Eigene so unlöslich verwoben ist?«[31]

Uns erscheint es so offensichtlich – wie sollten Freundschaften und Beziehungen unter solchen Bedingungen denn nicht überstrapaziert werden? Aber Mariannes Einsicht ist als Frage formuliert; sie konnte sich dessen, was heute klar auf der Hand liegt, nicht sicher sein. Und nach reiflicher Überlegung können wir erkennen, daß nicht *alles*, was sie gesagt oder erlebt hat, nicht *jeder* Aspekt ihres Lebens oder Handelns auf das Konto der Verfolgung gebucht werden kann. Es war Mariannes Tragödie, daß sie den Prozeß des Erwachsenwerdens, des Zu-sich-selbst-Findens, unter solch entsetzlichen Bedingungen durchmachen mußte.

Nur wenige Juden, die sich als »Arier« ausgaben, konnten wie Marianne auf ein positives »arisches« Vorbild zurückgreifen. Als ich die persönlichen Schwierigkeiten überdachte, die sie mit einigen ihrer Gastgeber gehabt hatte, wurde mir klar, daß die Weigerung des Bundes, sich auf Mariannes besondere Notlage einzulassen, eine aufbauende Wirkung auf Marianne hatte. Die Briefe von Hedwig und Sonja signalisierten Marianne nämlich bei all ihrer Kritik, daß sie sie als eine der Ihren behandelten. Hier wurden keine Unterschiede gemacht. Der Bund sorgte also mit anderen Worten nicht nur für sichere Unterkünfte, sondern – was vielleicht noch wichtiger war – er verschaffte ihr eine Identität. Im Tagebuch wird deutlich, daß sich Marianne immer mehr als eine von ihnen sah, als eine Kämpferin für ein besseres Deutschland. Aus unseren Interviews erfuhr ich, wie tief sie in der Schuld des Bundes stand, aber durch die Lektüre ihres Tagebuchs begriff ich, daß sie für eine Weile während des Krieges, zumindest aus ihrer eigenen Sicht, zu einem Teil des Bundes geworden war.

Die letzten Wochen unterwegs

Gegen Ende des Jahres 1944 wurde das Reisen wegen der Luftangriffe auf Eisenbahnlinien und der zunehmenden Überwachung von Zügen, Bahnhöfen und öffentlichen Plätzen durch Gestapo und Kriminalpolizei immer riskanter. Einem Bund-Mitglied aus Düsseldorf zufolge entkam Marianne Ende 1944 nur um Haaresbreite der Kriminalpolizei.[32] Es gab immer weniger sichere Unterkünfte. Im Januar 1945 wurde Sonja Schreiber mitsamt ihrer Schule aufs Land geschickt. Die Jacobs' tauchten in Süddeutschland in den Untergrund ab. Jetzt war es zu riskant, nach Braunschweig, Göttingen oder Bremen zu reisen.[33]

Am 31. Dezember 1944, als Marianne in Wuppertal-Vohwinkel auf einen Zug nach Solingen-Wald wartete, wo sie bei einer Frau namens Reni Sadamgrotzky unterkommen wollte, die Verbindungen zum Bund hatte, wurde der Bahnhof plötzlich bombardiert. Am folgenden Tag – Marianne und Reni aßen gerade zu Mittag – hörten sie mit einem Mal Flugzeuge über dem

Haus. Um sie herum schlugen überall Bomben ein, als sie in den Keller rannten. Kaum waren sie unten, wurde das Haus getroffen. Innerhalb weniger Minuten waren die benachbarten Häuser vollkommen zerstört. Glücklicherweise kamen Reni und Marianne unverletzt davon.[34]

Im Lauf des Wiedergutmachungsprozesses sagte Marianne aus, daß sie dem Bankmanager ihres Vaters, Herrn Hammacher, im Januar 1945 einen Besuch abgestattet hatte. Sie wollte klarstellen, daß mindestens ein Mitglied ihrer Familie überlebt hatte. Ob es ihr Ziel war, Ansprüche auf das Haus zu erheben (das, wie sie damals schon wußte, zerstört worden war), oder ob sie die Bank davon abhalten wollte, Unterlagen über Familienkonten verschwinden zu lassen, kann ich nicht sagen. Marianne gab zu Protokoll, daß sie den damaligen Stand des Eigentums und der Finanzen ihrer Familie feststellen wollte. Sie sagte Hammacher nicht, woher sie kam und wohin sie ging; der Besuch dauerte nicht länger als zehn Minuten. Es gibt keinen Hinweis darauf, daß der Bankdirektor jemanden darüber in Kenntnis setzte.[35] Marianne nahm den Besuch in Essen auch zum Anlaß, um bei den Jürgens' vorbeizuschauen. Diesmal, so sagte sie, habe »eine funkelnagelneue Damast-Tischdecke mit dem Monogramm meiner Mutter« auf dem Eßtisch gelegen, und sie mußte sich auf die Zunge beißen, um nichts zu sagen.[36]

Im Februar 1945 erreichten die Alliierten das linke Rheinufer. Wenn man die aktuelle Kriegslage in Betracht zog, stellte sich nun die Frage, an welchem Ort Marianne am besten aufgehoben war. Ihre Freunde rieten ihr zu Düsseldorf, das, wie sie annahmen, bald an die Amerikaner fallen würde. Marianne schrieb in *Das Münster am Hellweg*: »In einer kalten Februarnacht fand ich mich auf dem Bahnhof in Ratingen, denn die Züge gingen nicht weiter nach Düsseldorf wegen der ständigen Beschießung. Hier wartete ich mit vielen anderen Flüchtlingen bis zum Morgengrauen, bis ein paar Lastwagen sich in die Innenstadt wagten. Ein Fahrer ließ mich mitfahren – mit meinem Koffer, der all meinen erworbenen und eingetauschten Besitz enthielt und der mich auf all meinen Wanderungen der letzten zweieinhalb Jahre begleitet hatte.«

Else Bramesfeld und Hanni Ganzer nach dem Krieg *(Marianne Ellenbogen)*

Ein Remscheider Bund-Mitglied, Greta Dreibholz, hatte eine alte Freundin in Düsseldorf, die Lehrerin Hanni Ganzer. Um sechs Uhr morgens klopfte Marianne an die Tür der ihr unbekannten Frau. Sie wußte, daß sie eine Fremde mit ernst zu nehmenden Risiken konfrontierte. Wie sich herausstellte, war sie gerade zur rechten Zeit gekommen, da sich Hanni Ganzer normalerweise nur ein bis zwei Stunden am frühen Morgen im Haus aufhielt und den Rest des Tages in einem Bunker verbrachte. Hanni las Gretas Brief und sagte, ohne zu zögern: »Natürlich können Sie bei mir bleiben.«[37]

In Düsseldorf verkrochen

Der Bund hatte damit gerechnet, daß Marianne bald befreit werden würde. Und tatsächlich erreichten die Amerikaner am 3. März, wenige Wochen nach Mariannes Ankunft, den westlichen Teil der Stadt am linken Ufer des Rheins. Dort stand die Verwaltung von nun an unter amerikanischer Aufsicht. Aber

Marianne wohnte in dem größeren Teil Düsseldorfs, der östlich des Flusses liegt, und die Wehrmacht zerstörte die verbliebenen Brücken über den Rhein. Die Naziführer[38] und die Wehrmacht bezogen ihre letzte Stellung – und Marianne saß in einer Bastion des Widerstands gegen die Alliierten ohne Fluchtmöglichkeit in der Falle. Im April waren weite Teile des Ruhrgebiets unter alliierter Kontrolle, Düsseldorf bot jedoch noch immer Widerstand.

Der Bund war also einer schweren Fehleinschätzung aufgesessen. Obwohl der letzte große Luftangriff auf Düsseldorf am 20. Februar stattgefunden hatte, lag die Stadt nun unter ununterbrochenem Artilleriebeschuß vom linken Flußufer und wurde täglich von amerikanischen Tieffliegern angegriffen. Die Stadtmitte verwandelte sich in ein Szenario aus Trümmern und Kratern. Im März wurden Gas-, Licht- und Wasserversorgung eingestellt.[39]

Mehr als sechs Wochen schliefen Marianne und Hanni auf Stühlen im Bunker, an manchen Tagen harrten sie 23 Stunden dort aus. Wenn es irgend ging, ließ Marianne ihre Beschützerin am Tage allein. In den Feuerpausen ging sie hinaus, manchmal bestellte sie sich in einem der wenigen verbliebenen Gasthäuser eine Mahlzeit. Im Bunker war Marianne vor den amerikanischen Bomben geschützt, nicht aber vor der anderen Gefahr jener verzweifelten letzten Tage: den unablässigen Patrouillen, die nach Deserteuren und Staatsfeinden suchten. Die NSDAP-Zentrale lag direkt neben dem Bunker, wo Marianne und Hanni ihre Tage verbrachten.[40] Zusätzlich zu den Parteimitgliedern und zur Gestapo durchkämmten Armee-Enheiten die Stadt (sie suchten allerdings vor allem nach männlichen Deserteuren).

In diesem Stadium konnte ein Zusammentreffen mit Uniformierten gut oder schlecht ausgehen. Einige meinten, es wäre nicht verkehrt, nach dem Krieg Zeugen für ihre Menschlichkeit vorweisen zu können, und neigten schon jetzt dazu, auf Nummer sicher zu gehen. Wenn Eric Alexanders Erinnerung stimmt, dann wurde Marianne einmal angehalten, aber nicht verhaftet. Doch waren die letzten Tage des Dritten Reichs auch von offener Wut und Gewalt geprägt. In Düsseldorf mordeten die Nazis bis zur letzten Minute. Am 15. April 1945, zwei Tage vor der Kapitulation der Stadt, fand eine deutsche Armee-Einheit Moritz Sommer, einen versteckten Juden. Der 72jährige Sommer wurde öffentlich auf dem Oberbilker Markt gehängt.[41]

Einen kurzen Einblick in Mariannes Gefühle mitten in diesem Inferno gewährt uns der Entwurf eines Briefes an Maria Briel, den sie in ihr Tagebuch gelegt hat und der kurz vor ihrer Fahrt nach Düsseldorf entstanden sein könnte:

Sonntagabend 18. II. 45

(An Maria) Nun bin ich eben durch zwei Alarme, aber doch gut und schnell nach Hause gekommen; und da will ich mich gleich hinsetzen um Dir zu schreiben.

Ich muß Dir doch sagen: wie schön die knappen Stunden mit Dir waren ... Für Stunden ist der Riesendruck einmal von mir gewichen, der jetzt immer, Tag und Nacht, auf mir sitzt. [...]

Und während ich heute abend im Zug saß und noch mal unser Gespräch überdachte, kam mir die Frage, warum man so eine unerklärliche Angst vor dem Tod hat. Er ist doch eigentlich die Konsequenz allen Lebens; biologisch und geistig. Erfüllung und Erlösung. – Müßte man nicht eigentlich Angst vor dem *Leben* haben, statt vor dem Tod? Denn das Leben läßt doch so viele Aufgaben und Erwartungen, die man für sich stellt, unerfüllt und unbefriedigt.

Vielleicht ist es das, was uns so ängstigt: der Tod hat sein eigenes Gesetz. Er fragt nicht, ob wir noch Aufgaben zu erfüllen haben – oder vielmehr: ob wir meinen noch welche erfüllen zu müssen, – er schneidet den Faden ab, wenn seine Zeit gekommen ist; plötzlich oder geahnt oder gewußt.

Tod eig. Ges.

Wer vermag zu sagen, welchem Gesetz er gehorchen muß? Wo seine Erfüllung und Vollendung ist, wo er aufhören muß *hier* zu sein? Oft meint man, man müßte aufgespart bleiben einer kommenden Zeit, weil man für sich noch so viele Aufgaben sieht und so Riesenkräfte in sich spürt, die genutzt werden müssen. Aber ist ein solcher Gedanke nicht überheblich und vermessen? Selbstbetrug! – Es sind nicht immer die ganz großen Dinge, die auf einen warten; sondern meist die kleinen, die man unbeachtet läßt. – wenn man's nur nie vergäße! Wenn wissen und nach dem Gewußten leben doch nicht zweierlei wäre! -

Ich möchte Dir gern noch danken für all Deine Liebe; und Dir sagen (schriftlich geht's besser) wie froh ich bin, daß Du da bist!

Noch nie hatte Marianne so im Schatten des Todes geschrieben.

In einem Brief kurz nach Kriegende blickt sie auf diese Zeit zurück. Aus der sicheren Perspektive der Nachkriegszeit klingt Mariannes Ton heroisch: »Ein ganz anderes Leben ist das – angesichts des Sterbens; viel intensiver, echter, nackter. Ich schrieb in jenen Tagen wie eine Besessene um all das tolle, traumhaft unglaubliche Leben festzuhalten, und ich hoffe, daß ich Dir bald einmal meine Tagebuchblätter aus jener Zeit geben kann, Meta.[42] Sie sind mit vielen innigen Gedanken an Dich verwoben ... Je größer die Gefahr war, um so stärker wurde der Lebenswille, und um so fruchtbarer Denken und Tun.«[43]

Dann aber verschaffte sich der folgende Gedanke Gehör: »In der letzten Zeit hatte ich oft die Hoffnung aufgegeben, zu überleben. Und wer weiß, wenn es länger gedauert hätte! ... Was ich in diesen 8 Wochen an Erfahrungen gesammelt habe in dem engen, beinah intimen Zusammenleben mit einer bunt zusammengewürfelten Bunkergemeinschaft – es ist ungeheuerlich, wenn ich daran zurückdenke. Man erlebte wenig Erfreuliches.«[44]

Marianne beschrieb den Egoismus und den Mangel an Vernunft, den sie überall beobachtete, dazu kam die Anspannung: »Hinzu kam, daß fast jede Nacht Razzia gehalten wurde nach Deserteuren, und ich mußte daher immer mit der Möglichkeit rechnen, noch in letzter Minute gefaßt zu werden, nachdem ich so viele Tücken unversehrt überstanden hatte; ein ungeheuerliches Gefühl.«[45]

Doch schließlich, am 17. April 1945, hatte der Bund seine

Aufgabe erfüllt. Das 79. Infanteriebataillon der US-Armee marschierte in Düsseldorf ein, und die Stadt kapitulierte. Marianne war gerettet.

Der Bund und Marianne

Marianne war nicht die einzige Jüdin, die durch den Schutz des Bundes überlebt hat. Lisa Jacob war seit April 1942 versteckt worden, und weitere Juden waren im Krieg zeitweilig vom Bund aufgenommen worden. Eine Frau namens Eva Seligmann tauchte eine Weile im Blockhaus unter. Hanna Jordan wurde für kurze Zeit durch ihre Verbindungen zum Bund geschützt. Auch Dore Jacobs war ab September 1944 in Gefahr, als das Regime mit einiger Unberechenbarkeit dazu überging, Juden aus »Mischehen« zu deportieren. Im ganzen wurden vielleicht acht Juden und »Halbjuden« von der Gruppe gerettet. Doch wenn man die Zeitspanne bedenkt und die Tatsache, daß Marianne ihren Gastgebern vorher nicht bekannt war, muß der Schutz Mariannes als herausragende Leistung des Bundes angesehen werden.

Wie brachten sie das zuwege? Der Bund wies eine Reihe bemerkenswerter Vorzüge auf. Nur wenige andere linksgerichtete Organisationen waren sich schon so früh der Gefahren des nationalsozialistischen Rassismus bewußt, vielleicht weil dort, anders als im Bund, Juden keine so wichtige Rolle spielten.[46] In jedem Fall war Artur Jacobs ein außergewöhnlicher Anführer – ein Idealist und zugleich ein gewiefter Taktiker. Mit großer Umsicht legte er die Regeln für alle Eventualitäten fest.[47] Und er setzte in die Tat um, was er predigte. Die Protokolle seiner Befragungen durch die Gestapo – in Düsseldorf archiviert –, in denen er immer wieder zu den angesprochenen Themen zurückkehrt, um noch etwas hinzufügen, und zwar in einem Tonfall, der zu den Unterstellungen paßte, belegen eine Meisterleistung der Gesprächsführung.[48] Mehrere Mitglieder des Bundes wurden von der Gestapo befragt,[49] zu einer Anklage reichte es nie. Auch die Überwachung von Jacobs' Post förderte nie irgend etwas Belastendes zutage.[50]

Untersuchungen über Menschen, die Juden im Holocaust halfen, haben auf die Bedeutung informeller Netzwerke hingewiesen.[51] In dieser Hinsicht war der Bund ein seltsamer Hybride, eine Ansammlung von Freunden ebenso wie ein durchorganisierter Verband. Ihm lag keine offizielle Struktur zugrunde, jedoch wurde viel Wert auf die Ethik der täglichen Handlungen gelegt, und es existierte eine stabile interne Hierarchie. Im Gegensatz zu anderen Gruppen, die groß erschienen, aber nur eine Handvoll engagierter Mitglieder hatten, waren die Mitglieder des Bundes alle aktiv, alle fühlten sich der Sache verpflichtet.[52]

Auch die Kombination von Rhythmik und Politik machte den Bund zu einer seltsamen Mischform. Obwohl Dores Schule früh geschlossen wurde, boten Turnstunden die Grundlage für Aktivitäten, die selbst in den ersten Kriegsjahren noch aufrechterhalten werden konnten. Hier hatten die Mitglieder die Gelegenheit, sich auszutauschen und heimlich andere Vorhaben zu besprechen. Als die Gestapo eine Durchsuchung durchführte und Unterlagen über Tanz und Bewegung fand, wußte sie nichts damit anzufangen.[53]

Zudem gewährleisteten die sogenannten Bundeshäuser, die dem Bund gehörten und wo gleichgesinnte Mieter wohnten, in den frühen Jahren einen relativ sicheren Rahmen für die Kommunikation untereinander. Das Blockhaus, das Haus im Dönhof, in dem Grete Ströter wohnte, und das Haus der Jacobs' in Wuppertal blieben fast während der gesamten Kriegszeit wesentliche Anlaufpunkte. Die Gruppentreffen dort und in der Natur waren wichtig, um die Mitglieder dabei zu unterstützen, ein Gleichgewicht zwischen ihrer persönlichen Sicherheit und ihrer »Verpflichtung« andern gegenüber zu finden.[54] Vor allem durchbrach die Gruppe die Isolation, die das tägliche Leben im nationalsozialistischen Deutschland prägte.[55] Als Marianne auf der Flucht war, gab es keine regelmäßigen Gruppentreffen mehr. Wie wir gesehen haben, konnten jedoch die ein- oder zweimal jährlich stattfindenden Zusammenkünfte des Bundes zur moralischen Unterstützung ungemein viel beitragen. Und schlußendlich hatte der Bund einfach Glück: Alle Mitglieder, mit denen ich mich unterhielt, konnten mir mindestens eine Geschichte von einem knappen Entkommen erzählen – nicht zuletzt Marianne. In einem Artikel in einer Broschüre des Bundes aus der Nachkriegszeit wird betont, daß die Mitglieder weder besonders abenteuerlustig noch besonders mutig waren. Ihnen waren die Konsequenzen einer Festnahme nur allzu klar.[56] Und in einem vom Bund verlegten Gedenkbüchlein für August Schmitz fand ich eine Bemerkung, die auf viele Mitglieder zutrifft: »Erstaunlich, wie hier ein Mensch, der nicht mit ungewöhnlichen Gaben ausgerüstet war, wuchs, wirkte und Kreise zog. ›Der Mensch wächst im Tun und mit den Aufgaben.‹ Dafür ist er ein Beispiel gewesen.«[57]

In ihrem Artikel von 1980 und unseren Unterhaltungen ging Marianne nicht auf ihre persönlichen Streitereien mit ihren Gastgebern ein; vielleicht hatte sie sie auch vergessen. Das Ergebnis war, daß sich das, was sie für den Bund fühlte, in ihrer Erinnerung leicht verzerrte. So, wie sie ihre Freunde darstellte, waren sie alle ganz wunderbare Menschen, fast Heilige gewesen. Doch zu jener Zeit wußte Marianne meiner Meinung nach ganz genau, daß das eigentliche Wunder darin lag, daß es ganz normale menschliche Wesen gewesen waren, die – durch gute Anleitung, gute Organisation, gute Versteckmöglichkeiten und starke Motivation – den außerordentlichen Mut aufbrachten und die unüberhörbare Verpflichtung verspürten, ihr eigenes Leben aufs Spiel zu setzen, um Mariannes zu retten.

Marianne und der Bund

Sich die guten Eigenschaften des Bundes vor Augen zu führen heißt natürlich nicht, Mariannes eigenen Beitrag zu ihrem Überleben in Frage zu stellen. Juden in Nazideutschland haben oft berichtet, wie einfach es war, sich gegenseitig zu erkennen. Nervöse Blicke, ein gehemmter Gang, das Bewußtsein, ein Ausgestoßener zu sein, das hätte das Kainsmal bloßgelegt. Unter dem Druck gab sich Marianne selbstsicher und überlegen. Ihr Auftritt war schon sehr erstaunlich.

Welche Beziehung bestand zwischen dem Auftritt und der Person? Das Tagebuch legt nahe, daß Marianne nicht nur nach außen eine neue Identität angenommen hatte, sondern auch in ihrem Innersten. Sie weigerte sich, die Kategorie »Jüdin« zu internalisieren, die ihr die Nazis aufzwangen. In der Gesellschaft des Bundes und angeregt durch seine Philosophie, streifte sie ihre frühere Identität ab und wurde zu einer von ihnen. Bedenkt man, daß ihr Judentum der Grund für ihre Verfolgung war und daß sie daher eigentlich nicht frei war, ihre Identität neu zu definieren, könnte man sagen, daß sie sich vor dem versteckte, was sie im Grunde war. Aber wenn dem so war, dann half ihr diese Selbsttäuschung zweifellos dabei, für eine »Arierin« gehalten zu werden.

Von ihrem Charakter einmal abgesehen, begünstigten drei weitere Dinge Mariannes Überleben. Sie besaß finanzielles Kapital – ihr Zugang zu den Familienkoffern war für ihre Tauschgeschäfte wesentlich. Sie hatte Geschick und konnte Dinge zum Verkauf herstellen. Und vor allem war sie eine Frau. Wie Jacov (Klaus) Langer, Mariannes Freund aus der Jugendgruppe, betonte: »Ein Mann wäre verloren gewesen. Ich meine, nicht daß ihm die handliche Geschicklichkeit gefehlt hätte [Filzblumen herzustellen], aber er hätte sich nicht auf die Straße wagen können.«[58] Es war schon schwer genug zu erklären, warum eine gesunde junge Frau keiner Arbeit nachging und warum sie nie eine Uniform trug. Aber einen jungen Mann hätte man unter diesen Umständen gar nicht rechtfertigen können.

Jacov Langer stellte eine Frage, auf die ich noch nicht gekommen war. Warum eigentlich hatte der Bund keinen Ort für Marianne gesucht, an dem sie dauerhaft bleiben konnte? Schließlich wohnte Lisa Jacob die letzten sechs Kriegsmonate in einem Gasthaus am Bodensee, das von Bund-Mitgliedern geführt wurde. Mariannes Freundin, die »Halbjüdin« Grete Menningen, wurde sogar für die letzten neun Kriegsmonate bei jemandem untergebracht. Natürlich waren sie beide älter als Marianne, und vielleicht hätte ein Nachbar es nicht so merkwürdig gefunden, daß sie nicht arbeiten gingen. Dennoch muß es doch irgendwo ein abgelegenes Haus gegeben haben, in dem sie hätte bleiben können?

Vielleicht glaubte man im Bund, daß sie für einen längeren Aufenthalt an einem Ort nicht geschaffen war. Artur Jacobs nahm menschliche Stärken und Schwächen sehr genau wahr. Hatte er erkannt, daß Marianne nicht zuverlässig genug, vielleicht auch zu eigensinnig war, um sich still versteckt zu halten? Die Erfahrung Hermann Schmalstiegs, der sie singend auf der Fensterbank antraf, die Beine im Freien baumelnd, kann eine Warnung gewesen sein. Die Energie, die Marianne dazu verholfen hatte, auf des Messers Schneide zu überleben, verhinderte gleichzeitig, daß sie ruhig und unauffällig lebte. Im Durchschlüpfen war sie unübertroffen, hätte sie sich jedoch länger an einem Ort versteckt halten müssen, wäre sie verloren gewesen.

12

Zwischen Ruinen

Als ich mit Marianne über ihre letzten Monate in Düsseldorf sprach, sah ich mit freudiger Erwartung ihrem Bericht von der Ankunft der Alliierten entgegen. Ich wollte als ihr Zuhörer an ihrem Glücksgefühl im Augenblick der Befreiung teilhaben. Doch meine Erwartung eines guten Ausgangs der Geschichte sollte sich nicht erfüllen. Marianne sagte, sie hätte so lange gelernt, vorsichtig zu sein, daß sie am Ende des Krieges überhaupt nicht erleichtert gewesen sei. Etwa zehn Tage lang glaubte sie überhaupt nicht daran, daß sie in Sicherheit war: »Ich konnte es nicht glauben, ich konnte es einfach nicht glauben, ich konnte dem Zauber nicht glauben, trauen, und es hat dann noch ungefähr zehn Tage gedauert, bis meine Freundin mich überreden konnte, mich offiziell zu melden.«[1]

Mir war natürlich bekannt, daß es oft ein, zwei Tage lang unklar blieb, ob die Alliierten nun die Kontrolle übernommen hatten, da sich die Frontlinien ständig verschoben.[2] Selbst als die Nazis schließlich endgültig von der Bildfläche verschwunden waren, hielten Marianne und andere an den gewohnten Vorsichtsmaßnahmen hartnäckig fest. Ellen Jungbluth erinnerte sich mit einer gewissen Belustigung an das erste Sommertreffen des Bundes nach dem Krieg. Bei einem Waldspaziergang warnte einer von ihnen die anderen plötzlich unwillkürlich mitten in einer politischen Diskussion: »Laßt uns mal gucken, ob auch niemand kommt.« Worauf die Antwort kam: »Aber hallo, wir können alles in die Welt hinausschreien!« – »Ach ja, das ist ja wahr!«[3]

Dennoch fand ich Mariannes Aussage seltsam. Selbst wenn sie am Tag nach dem Einmarsch der Amerikaner noch vorsichtig war, hätte dann der zweite Tag nicht ein Freudentag sein sollen? Nach Mariannes Tod fand ich einen Brief, den sie einige Wochen nach Kriegsende an ihre Freunde und Freundinnen vom Bund geschrieben hatte:

> Aber während sich tausend kleine und große Dinge in der Enge und in der Weite vollzogen, rückte die Erlösung von Osten her immer näher; nicht von Westen wie erwartet. Diese strategische, taktische Leistung muß ich immer wieder bewundern.
>
> Und eines Tages waren sie da. 8 Wochen lang hatte man sie jeden Tag erwartet; Gerüchte und Parolen hatten sich überstürzt und widersprochen; nun kamen die Amerikaner an einen sommerlichen Nachmittag, als man schon gar nicht mehr für jenen Tag mit ihnen rechnete; sang und klanglos vollzog sich der »geschichtliche Augenblick«.
>
> Die Menschen waren wie erlöst. Aber das vollzog sich mehr im Unbewußten. Die Tragweite eines solchen Geschehens ist in der Gegenwart nie zu übersehen, zu beurteilen und einzuordnen. Es war nicht sichtbar als eine Wende, sondern man *floß* in einen folgerichtigen Zustand hinein, der wohl etwas beendete, aber noch keinen neuen Anfang aufzeigte. Wenn man die Dinge so betrachtet, braucht, ja *kann* man nicht enttäuscht sein über die jetzige Entwicklung der Dinge, von der so viele sich ganz anderes versprochen und erwartet haben.
>
> Selbst uns geht es ja noch so, daß wir uns dieses Gesetz immer von Neuem wieder klar machen müssen; man meint oft, man müßte das Geschehen vorantreiben, viel mehr leisten und erreichen.[4]

Abgesehen davon, daß Marianne offensichtlich die Geschehnisse um sie herum mit viel Scharfsinn beobachtete, kommt dieser Brief unseren Erwartungen eher entgegen. Hier ist das Gefühl der Erlösung zu spüren. Überraschend ist jedoch, daß die Errettung kollektiv formuliert wird. In einer Stadt, in der die elementarsten Dinge nicht mehr funktionierten und die unter täglichem Bombardement von der anderen Rheinseite her stand, befand sich natürlich die gesamte Bevölkerung in großer Gefahr. Dennoch mußte das Ende des Kriegs für Marianne etwas anderes als für ihre Nachbarn bedeutet haben – und trotzdem macht sie hier keinen Unterschied. Am Ende dieser Passage differenziert sie wohl, aber zwischen der Masse der Deutschen und »uns«, den Bund-Mitgliedern, nicht jedoch der Jüdin Marianne.

Ich dachte an diese Wahrnehmung Mariannes, als ich mit zwei ihrer Freunde sprach, die das Ende des Kriegs ebenfalls im Ruhrgebiet erlebt hatten. Eine von ihnen war Hanna Aron, die als Halbjüdin zunächst von der Deportation verschont geblieben war und sich dann bis zum Kriegsende in Essen versteckt gehalten hatte. Sie erinnert sich voll Freude an den Moment, in dem die Alliierten in der Stadt ankamen. Hanna steckte sich den gelben Stern an und ging hinaus, um sie zu begrüßen. »Die Truppen kamen die Zweigertstraße und die Hufelandstraße hoch, so kamen sie rein. Ich stand in der Hufelandstraße mit meinem Stern, das versteht sich, und ich sagte ›Hallo!‹ zu diesen Jungen, und ich war so glücklich, und sie sagten: ›O nein, Sie können hier gar nicht mehr sein, alle sind getötet worden! Sie können keine Jüdin sein, das ist unmöglich!‹ Ich salutierte, aber die Nachbarn, wissen Sie, denen hat das gar nicht gefallen.«[5]

Ich bat sie zu erklären, wie sie das meinte.

»Na ja, es gefiel denen nicht, daß wir sie so freudig begrüßten. Sie hatten nicht begriffen, daß wir sie freudig begrüßen *mußten*.«

In Hanna Arons Wahrnehmung vergrößerte sich die Kluft zwischen ihr und den nichtjüdischen Nachbarn durch ihre Gefühle am Tag der Befreiung nur noch mehr.

Ludwig Schloß (später Lew) machte im Krieg die entsetzlichsten Erfahrungen. Von Riga aus wurde er von einem Arbeits- oder Konzentrationslager ins nächste verlegt. Einige Wochen war er in Stutthof, das selbst gemessen an den grausamen Maßstäben, die andere Lager gesetzt haben, als eines der bestialischsten gilt. Lew und sein Vater wurden von dort nach Buchenwald verlegt und 1944 mit einer Gruppe, die im wesentlichen aus Kriegsgefangenen bestand, in eine Fabrik nach

Bochum geschickt, nur einen Katzensprung entfernt von ihrer Heimatstadt Gelsenkirchen.

Wie sich herausstellte, hatte Lews Vater den Bruder ihres Bochumer Vorarbeiters gut gekannt. Durch diese persönliche Beziehung konnten sie Kontakt zur Außenwelt aufnehmen. Ein Bekannter beschaffte ihnen Zivilkleidung, die der Vorarbeiter einschleuste. Sie versteckten die Kleidungsstücke zusammen mit gefälschten Papieren in Kränen. Eines Tages zogen sie die Kleider an und marschierten am hellichten Tag aus der Fabrik. Bis zum Ende des Krieges blieben sie in Essen. Wie Hanna zweifelte auch Lew keinen Moment an der Bedeutung des Einmarsches der Amerikaner. Am 10. April trafen die Amerikaner ein, am 11. arbeitete er bereits für sie, und am 12. trug er eine amerikanische Uniform. Hanna Aron erzählte mir praktisch die gleiche Geschichte. Die Amerikaner richteten ihr Hauptquartier im ehemaligen Haus des Nazi-Gauleiters in Essen-Bredeney ein, und am Tag darauf teilte Hanna ihrer Mutter mit, daß sie sich jetzt eine Stelle suchen würde. Sie »marschierte einfach rein« und sagte, sie wolle als Sekretärin arbeiten. Da sie ein Frau war, der man nichts abschlagen konnte, bekam sie die Stelle.

Vergleicht man diese Erinnerungen mit Mariannes Brief, so erlebten Hanna Aron und Lew Schloß das Kriegsende als Juden, Marianne hingegen nahm es eher aus der Sicht einer Deutschen wahr. Marianne setzt in ihrem Brief den Ton ihres Kriegstagebuchs fort, obwohl Gestapo und Denunziation keine Bedrohung mehr waren. Offensichtlich war Mariannes Selbstdarstellung während des Krieges nicht nur von Selbstzensur geprägt. Sie hatte sich vor allem als ein Mitglied des Bundes, als junge Deutsche wahrgenommen, die sich gedanklich mit dem Aufbau einer besseren Gesellschaft auseinandersetzte.

Es muß natürlich bedacht werden, daß Mariannes Brief an Bund-Mitglieder adressiert war. Angesichts der Gefahren und Entbehrungen, die diese durchlebt hatten, kann es ihr durchaus unangenehm gewesen sein, als Opfer der Judenverfolgung einen Anspruch auf besondere Privilegien zu erheben. In diesem Rahmen gab sich Marianne ganz als Bund-Mitglied: sie bagatellisierte die Seiten ihrer Existenz, die sie von den anderen Mitgliedern trennten. Im weiteren Verlauf des Briefes wird ganz deutlich ein starkes Zusammengehörigkeitsgefühl und eine eher literarisch überhöhte Tapferkeit ausgedrückt.

Wenn wir den Brief einmal kurz beiseite legen und das, was Marianne mir erzählt hat, mit den Erinnerungen von Hanna und Lew vergleichen, fällt besonders ins Auge, wieviel gradliniger Hannas und Lews Geschichten sind. Als gutsituierte und wohlintegrierte Amerikaner in Connecticut und New Jersey erinnern sich beide an das Kriegsende als an einen Moment amerikanisch-jüdischer Freundschaft. Es gelingt ihnen, eine direkte Verbindung von den Menschen, die sie damals waren, zu ihrer heutigen Identität herstellen. Marianne, nicht weniger gutsituiert, ihrer Vergangenheit aber entfremdeter gegenüberstehend, schien das Ende des Krieges nicht anerkennen zu *wollen*. Ich fragte mich, ob ihre Erinnerung wieder vom Gefühl der Schuld und des Verlusts dominiert war. Rückblickend konnte sie sich vielleicht nicht *gestatten*, das Ende des Kriegs als Befreiung empfunden zu haben, da es zugleich die Tatsache zementierte, daß ihre Familie ermordet worden war.

Mit Sicherheit ist die Ambivalenz von Mariannes Aussagen symptomatisch für ihre Erinnerungen an die Nachkriegszeit in Deutschland. Hartnäckiger als alle anderen Lebensabschnitte entziehen sich diese Jahre unserem Zugriff. Bisweilen leuchten sie wie ein Feuerwerk aus kreativer Energie und Optimismus – die Jahre, in denen Marianne ihre Kraft in den Aufbau eines neuen Deutschlands steckte. Dreht sich das Kaleidoskop der Erinnerungen aber nur geringfügig, erlischt die leuchtende Welt ungebremsten Handlungsdrangs und kultureller Anreize hinter den düsteren Farbtönen von Verlust und Orientierungslosigkeit.

Die Aktivistin

»Vom Augenblick der Befreiung an«, schrieb Marianne, als sie gerade in Großbritannien angekommen war, »konnte ich wieder aktiv sein, und die eineinhalb Jahre in Düsseldorf gehören mit zu meinen schönsten und hellsten Erinnerungen.«[6] Fünfzig Jahre später empfand sie das noch immer so. Mir beschrieb Marianne die Nachkriegsjahre – abgesehen von den ersten Tagen der Unsicherheit – als eine Zeit voller Freude und Begeisterung. Die Energie, die so lange unterdrückt worden war, konnte sich nun endlich entfalten.

Die Befreiung brachte gleich drei wesentliche Verbesserungen mit sich. Erstens war der »Lebensraum« nicht länger nur »Ariern« vorbehalten. Länger als drei Jahre hatte Marianne kein eigenes Zimmer gehabt und seit August 1943 nicht einmal einen Teil eines Zimmers. Jetzt bekam sie ein großes Schlaf- und Wohnzimmer in Hanni Ganzers Wohnung in der Lindenstraße 223, nachdem diese ihren großen Webstuhl im Flur aufgestellt hatte.[7] »Seitdem ich nun endlich meine eigenen vier Wände habe«, schrieb Marianne an Freunde, »bin ich ein ganz anderer Mensch. Ein Raum ist immer Spiegel der Persönlichkeit, Stück vom Ich.«[8]

Trotz der unübersehbaren Kriegsschäden liebte Marianne ihr neues Zuhause. Zu Beginn möblierte sie es mit irgendwelchen alten Möbeln, die sie in einem Keller gefunden hatte, wobei sie die ramponierten Stellen sorgfältig mit Tischdecken oder Vasen verdeckte. Bald nach Kriegsende besuchte sie die Jürgens', um die Möbel und Koffer abzuholen, die ihre Eltern dort untergestellt hatten, und erlebte eine höchst unangenehme Überraschung. Die Jürgens' behaupteten, Mariannes Eltern hätten ihnen ihren Besitz überlassen! Marianne bat die Behörden um Unterstützung, um ihr Eigentum zurückzubekommen. »Es wurde ein unheimlicher Wirbel darum gemacht, es war einfach schrecklich«, sagte sie.[9] Tatsächlich war dies der Startschuß für einen armseligen, fünfzehn Jahre andauernden Streit um den Besitz der Strauß' – ein Tiefpunkt in Mariannes Nachkriegsleben. Doch im Januar 1946 konnte sie endlich Hugo und Grete Strauß in Amerika schreiben: »Ich habe ein sehr hübsches Zimmer, mit meinen Möbeln eingerichtet, die die letzten Jahre über bei Bekannten sichergestellt waren. Diese Möbel und ein paar alte Familienbilder (von Mutters Seite) sind ungefähr das Einzige, was mir geblieben ist. Es ist schön, noch etwas von der alten Atmosphäre und der alten *guten* Familientradition gerettet zu haben.«[10]

Eine weitere Erleichterung nach dem Krieg hing mit der Nahrungsversorgung zusammen, wobei jedoch ein unglaublicher Mangel an allem herrschte. In den folgenden drei Jahren litten deutsche Städte periodisch unter großen Hungersnöten, und nirgendwo war dies schlimmer als im Ruhrgebiet. Im Mai 1945 schrieb Marianne: »Es ist sehr sehr schlimm mit der Ernährung.« Sie bekam keine Kartoffeln, nur zwei Pfund Brot und weniger als ein Viertelpfund Fett pro Woche, und selbst diese karge Versorgung erforderte stundenlanges Schlangestehen. »Wie gut, daß ich jetzt nicht mehr illegal leben muß! Man müßte glatt verhungern, denn von diesen Rationen kann man bei bestem Willen keine zwei ernähren.«[11]

Aber Marianne war ja für ihre Versorgung nicht mehr auf andere angewiesen. In dieser Hinsicht brachte das Kriegsende eine eindeutige Verbesserung mit sich. Mariannes erster gesellschaftlicher Austausch als freier Mensch fand statt, als sie ihre Lebensmittelmarken abholte. Es kam ihr seltsam vor, in ein Büro zu gehen und sich als rechtmäßige Person registrieren zu lassen. »Wie sind Sie durch den Krieg gekommen?« fragten die Beamten. Sie waren verlegen; jemandem wie ihr waren sie noch nicht begegnet.[12]

Mariannes Stellung im Hinblick auf die offiziellen Zuweisungen – Lebensmittel, Wohnung, Kleidung – hatte sich schlagartig verändert. Fast über Nacht war aus der Rassendiskriminierung eine bevorzugte Behandlung von Opfern des Nationalsozialismus geworden. Im September 1945 erhielt Marianne vom Regierungspräsidenten in Düsseldorf einen Ausweis, der sie als Verfolgte identifizierte und mit dessen Hilfe sie die Rationen erhielt, die normalerweise körperlich schwer Arbeitenden vorbehalten waren. Marianne erinnerte sich noch an die Freude über den ersten Laib Brot, den sie mit ihrer eigenen Lebensmittelkarte bekam. Sie war niemandem Rechenschaft schuldig, wieviel oder wann sie davon aß. Folglich schlug sie sich mit diesem »wunderbaren Brot« den Bauch voll, bis ihr »ziemlich übel« war.[13]

Die dritte wesentliche Verbesserung bestand darin, daß Marianne arbeiten und ihre Ausgaben selbst bestreiten konnte. Nach den Erfahrungen während des Krieges hatte sie große Angst davor, von anderen abhängig zu sein. Über eine mögliche Emigration schrieb sie den Strauß' in den USA: »Wichtig ist mir aber, daß mir Arbeitsmöglichkeiten gegeben sind, die auch meine materielle Unabhängigkeit weitestgehend garantieren. Ich spreche dies mit großer Offenheit aus, denn ich habe in den letzten Jahren hinreichende Erfahrungen gemacht, was Zusammenleben mit anderen Menschen betrifft und was aus guten Freundschaften werden kann, wo einer vom anderen materiell abhängig ist.«[14]

Marianne hatte gehofft, eine Anstellung am Theater zu bekommen wie Imo Moszkowicz, ihr Verehrer aus der Kriegszeit. Aber während Imo in Düsseldorf die entscheidenden Schritte zum Ruhm zurücklegen sollte, gelang es Marianne nicht, im Theaterbetrieb Fuß zu fassen. Ihre Arbeitssuche nahm vielmehr eine unerwartete Wendung: Ein paar Wochen nach Kriegsende ging Marianne zum Düsseldorfer Arbeitsamt, um sich über Stellenangebote zu informieren. Die Verwaltung des Amts war tief in die Zwangsarbeiterprogramme der Nazis verstrickt gewesen und wollte Entlassungen unter dem eigenen Personal zuvorkommen. Deswegen freute sich der Direktor der Düsseldorfer Niederlassung über diese junge Dame, die als Jüdin den Ruf der Einrichtung verbessern würde. Ohne jegliche Qualifikation hatte sie plötzlich eine Stelle als Berufsberaterin.[15] Bis Hanna Aron und Lew Schloß mir erzählten, daß sie sofort bei den Alliierten eine Anstellung gesucht hatten, hatte ich mir gar nichts dabei gedacht, daß Marianne zu einem deutschen Arbeitsamt gegangen war. Ihr Verhalten legt auch in diesem Fall nahe, daß sie ihre Identität anders definierte als Hanna und Lew.

Mariannes Erinnerung an diese Arbeitsstelle war sehr ambivalent. Schon sehr bald bezweifelte sie den Nutzen ihrer Tätigkeit.[16] Zunächst unterstützte sie Schulabgängerinnen bei der Arbeitssuche, wurde dann aber bald in eine neue Abteilung versetzt. Ihrem Cousin und ihrer Cousine schrieb sie:

Meine Dienststelle hat die Aufgabe, die Menschen in Arbeit und Beruf zu bringen, die unter der Naziherrschaft leiden mußten. Das hört sich wohl sehr schön an, ist aber sehr schwer, denn einerseits werden die beschäftigten Kräfte weitgehendst abgebaut, denn die Wirtschaft hat einen ungeheuren Abstieg zu verzeichnen (Folge des Krieges, Ausschaltung der deutschen Konkurrenz),[17] andererseits sind die von mir Betreuten körperlich und seelisch erst einmal erholungsbedürftig und müssen langsam lernen, sich im »normalen« Leben zurecht zu finden. Zeit, Geduld und Einfühlungsvermögen sind notwendig, um immer das Rechte zu finden und zu tun. Welche Schicksale sich jeden Tag an meinem Schreibtisch enthüllen, ist nicht zu beschreiben. –

Die Arbeit ist nicht so befriedigend wie man es sich wünscht, weil man nicht die Möglichkeiten hat, eine wirklich durchgreifende Hilfe zu schaffen.[18]

Mir sagte sie, die Arbeit sei »sehr bürokratisch und überhaupt nicht mein Ding« gewesen. »Ich bin nicht zur Beamtin geboren. Ich bin ein antiautoritärer Mensch.«[19] Ihr schneller Aufstieg in ihrem neuen Beruf wurde ihr »geneidet, natürlich«, von all den »etablierten Bürohengsten, die schon Ewigkeiten dort waren«. Außerdem fand Marianne es befremdlich, mit Menschen zusammenzuarbeiten, deren einstige Rolle im Krieg sie kannte.[20] Genau das mußte sie aber tagaus, tagein tun – auskommen mit diesen »höflichen und freundlichen Kollegen«. Aber all das konnte ihr nicht die Freude an der finanziellen Unabhängigkeit nehmen.[21]

Marianne engagierte sich auch in der Politik. Ihrer Freundin Meta Kamp verkündete die leidenschaftliche Marianne nur drei Wochen nach Kriegsende, daß »unsere Arbeit begonnen« habe. Sie sprach von ihrem »ungeduldigen, brennenden Tatendrang«.[22] Unmittelbar nach Kriegsende reiste sie durch das Ruhrgebiet und traf sich mit Mitgliedern des Bundes. Allein an einem einzigen Maiwochenende – zu einer Zeit, als der öffentliche Personenverkehr noch nicht wieder richtig funktionierte – war Marianne in Essen, Mülheim und Wuppertal, wo sie mit verschiedenen örtlichen Bund-Führern über gesellschaftliche Umgestaltungsmöglichkeiten sprach: »In Mülheim arbeiten die Freunde sehr, sehr aktiv innerhalb ihrer Betriebe und, wie es scheint, mit Erfolg, d. h. sie können mitsprechen und wichtige Neuerungen und Erleichterungen erreichen. Natürlich: nur im kleinen, winzigen Rahmen, aber immerhin ein Anfang!«[23]

Marianne hatte die Stelle beim Arbeitsamt auch deswegen angenommen, weil sie hoffte, dort an junge Leute herantreten und sie beeinflussen zu können. Zusätzlich zu ihrer Arbeit im Bund wurde sie Mitglied der Kommunistischen Partei (KPD).[24] Ihr hatte der Mut gefallen, mit dem die Kommunisten den Nazis Widerstand geleistet hatten. Viele der aktivsten und idealistischsten Bund-Mitglieder wie die Zenkers und die Morgensterns und – für Marianne wahrscheinlich am wichtigsten – Ernst Jungbluth waren Mitglieder der Kommunistischen Partei. In kurzer Zeit wurde Marianne zur Jugendgruppenleiterin für die kommunistische Jugendbewegung Freie Deutsche Jugend (FDJ) ausgebildet. Als Opfer der Verfolgung und aufgrund ihrer Bund-Verbindungen und ihres Enthusiasmus bekam sie schnell Kontakte zu den Männern (es waren zum größten Teil Männer), die in der Lokalpolitik von Einfluß waren.

Hanna Aron kam zu Ohren, daß Marianne politisch sehr weit links stand. Da sie selbst eher antikommunistisch eingestellt war, besuchte sie etwas skeptisch Marianne in Düsseldorf. Dort fand sie ihre schlimmsten Vermutungen bestätigt: »Ihre ganze Wohnung war mit roten Fahnen dekoriert. Wirklich, ich bin da reingegangen und habe gedacht, ich bin in Rußland. Hammer und Sichel überall und dann die roten Fahnen. Das war kurz vor dem Auseinanderbrechen der Allianz der Siegermächte, ich war den Russen gegenüber also auch nicht feindlich eingestellt, ich fand einfach, daß das zu weit ging.«[25]

Zu dieser Zeit gehörte Johannes Oppenheimer zu Mariannes Freunden. Er erinnerte sich daran, wie er unter Mariannes politischen Einfluß geriet, obwohl er einige Jahre älter als sie war.[26] Marianne, entsann er sich, pflegte Kontakte zu einer kommunistischen Gruppe in Düsseldorf, die sich gerade wieder for-

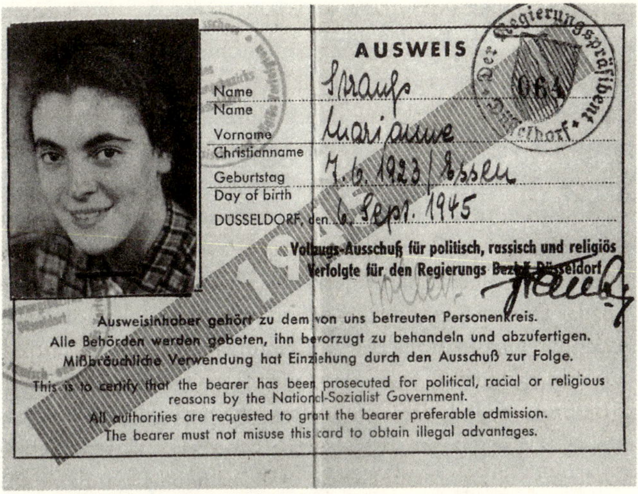

AUSWEIS

Name
Name
Strauß

Vorname
Christianname
Marianne

Geburtstag
Day of birth
7.6.1923 / Essen

DÜSSELDORF, den 6. Sept. 1945

Vollzugs-Ausschuß für politisch, rassisch und religiös Verfolgte für den Regierungs Bezirk Düsseldorf

Ausweisinhaber gehört zu dem von uns betreuten Personenkreis.
Alle Behörden werden gebeten, ihn bevorzugt zu behandeln und abzufertigen.
Mißbräuchliche Verwendung hat Einziehung durch den Ausschuß zur Folge.

This is to certify that the bearer has been prosecuted for political, racial or religious reasons by the National-Sozialist Government.
All authorities are requested to grant the bearer preferable admission.
The bearer must not misuse this card to obtain illegal advantages.

Mariannes Ausweis nach dem Krieg *(Marianne Ellenbogen)*

mierte, und schleppte ihn zu den Treffen.[27] Oppenheimer fand einige der Zusammenkünfte interessant, so etwa jenes mit dem Dramatiker Hans Müller-Schlösser, merkte aber bald, daß die KPD nichts für ihn war. Er bezeichnete die Partei als »egoistisch und dem Gemeinwohl gegenüber ziemlich gleichgültig« eingestellt und nahm deswegen nicht mehr an den Treffen teil.[28] Auch wenn Hanna Aron und Johannes Oppenheimer vor allem Mariannes kommunistisches Engagement aufgefallen war, zeigen ihre Aufzeichnungen und Briefe, daß der Bund ihre Einstellung, Ideale und Ideen deutlich stärker beeinflußt hat als die KPD.

Marianne legte zudem viel Wert auf Allgemeinbildung und war sich ihrer Lücken durchaus bewußt. Sie las sehr viel und spielte eine Zeitlang mit dem Gedanken, eine medizinische Laufbahn einzuschlagen (zumindest hat sie das später in einem Wiedergutmachungsprozeß behauptet), weswegen sie Latein lernte.[29]

Sie ging nach wie vor sehr gerne ins Theater – und Düsseldorf war damals in dieser Hinsicht eine interessante Stadt. Das Düsseldorfer Schauspielhaus öffnete schon im Juli 1945 wieder. Sein erster Direktor war Wolfgang Langhoff, ein mitreißender, aber streitsüchtiger Kommunist, der viele Jahre in den Lagern Börgermoor und Lichtenburg inhaftiert gewesen war. Überhaupt entfaltete sich in Düsseldorf in der Nachkriegszeit ein reges kulturelles Leben, denn die Engländer räumten den Bewohnern in dieser Hinsicht viele Freiheiten ein, nachdem sie Anfang Juni 1945 die Kontrolle über die Stadt von den Amerikanern übernommen hatten.

Im Januar 1946 schloß Marianne einen Brief an Verwandte mit der Bemerkung, sie würde gern mehr schreiben, »aber die Zeit drängt; es ist immer so viel zu tun; mein Terminkalender hat keinen Raum für alle Vormerkungen. Die Tage vergehen wie im Fluge und wenn ich spätabends nach Hause komme, sinke ich todmüde ins Bett.«[30] Es eröffneten sich neue berufliche Perspektiven. Im Februar 1946 schrieb Marianne ihrem Cousin Alex Weinberg, sie habe eine Reihe guter Angebote von der Militärregierung und der Bezirksverwaltung erhalten. Dies war »bei dem Mangel an Berufsmöglichkeiten ganz erstaunlich; so habe ich die Wahl und damit auch die Qual!«.[31]

Mariannes Mission

Marianne begann als freie Theaterkritikerin für die *Düsseldorfer Nachrichten* und als Kulturkorrespondentin für das KPD-Blatt *Freiheit* zu schreiben. Im April 1946 gab sie ihre Stelle beim Arbeitsamt auf, um sich ganz auf das Schreiben konzentrieren zu können.[32]

Sie verfaßte außerdem Beiträge für die deutschsprachigen Sendungen der BBC in der britischen Besatzungszone, vor allem für die Sendung *Funkbriefkasten*. Im Februar sandte sie ihren ersten Beitrag »Jugendprobleme in Deutschland«[33] ein.

Darin ging sie davon aus, daß die Jugendlichen in Deutschland so fehlgeleitet worden waren, daß sie in ihrer Desillusion den Blick für die wesentlichen Werte verloren hätten. Vor allem in den letzten Kriegsjahren seien sie durch die Irrtümer und Fehlurteile der erwachsenen Generation ins Elend gestürzt

Marianne nach dem Krieg *(Marianne Ellenbogen)*

worden. Nun wollten die jungen Leute ihren eigenen Weg gehen. Aber das, so Marianne mit einem vehementen »Bund-Unterton«, sei ein falsches Verständnis von Freiheit:

> Nur der Mensch ist wirklich frei, der eine festgefügte Linie in seinem Leben verfolgt; der sich nicht treiben und diktieren läßt von seinen Wünschen, Regungen, Instinkten und Trieben.
>
> »In der Bindung liegt die Freiheit!« – ein großartiges Wort! Aber die Jugend versteht es noch nicht. Sie kämpft noch um ihre Eigeninteressen. Denn zu lange war sie in eine Gemeinschaft hineingepreßt, die keine wirkliche Gemeinschaft war. Darum ist ihr nun das Eigene wichtiger als das Wohl der Gesamtheit.

Die Jugend müsse davon überzeugt werden, schloß sie, daß individuelles Glück nicht aus der Befriedigung spontaner Bedürfnisse resultiere, sondern nur aus »ernsthafter, verantwortlicher Arbeit«.

Mariannes Verhältnis zu Deutschland war ganz offensichtlich missionarischer Art. Ihren Beitrag kleidete sie in die Form eines Briefs einer deutschen Frau, in dem diese englischen Freunden die Situation in ihrem Land schildert. Darin bekundetete sie neben ihrem Verständnis für die Lage der deutschen Jugendlichen eine heftige Kritik an einem der scheinheiligsten Phänomene der deutschen Nachkriegsgesellschaft: der verbreiteten Klage der Erwachsenen über den Werteverlust der jungen Generation, ohne daß sie sich ihre Verantwortlichkeit für die Verbrechen der jüngsten Vergangenheit eingestanden. Als der Beitrag im April gesendet wurde, stellte die BBC Marianne interessanterweise nicht als typische Deutsche vor, sondern als junge Jüdin und Sprecherin der Freien Deutschen Jugend.[34] Es waren die Briten, nicht Marianne, die sich für diese Charakterisierung entschieden.

Nach dem Lob der Produzenten für die Sendung, das Marianne sehr freute, reichte sie noch zwei weitere, vielleicht interessantere Beiträge ein.[35] Einer hieß »Aus einem Brief an einen jungen Studenten«. Darin ging sie ein auf die Klagen eines »jungen Studenten« darüber (Marianne war zu diesem Zeitpunkt noch keine 23 Jahre alt!), wie schwer ein Studium gegenwärtig sei, und kommentierte die Berichterstattung über eine Studentenkonferenz in Göttingen. Junge Leute warteten ihrer Meinung nach auf ein Vorbild oder eine richtungsweisende Philosophie, anstatt selbst die Initiative zu ergreifen. Der junge Student habe wohl vergessen, schrieb sie, wie wichtig es sei, Verantwortung für sich selbst zu übernehmen: »Zwar reden sie von Demokratie – so wie sie ehemals von Nationalsozialismus sprachen – aber sie umkleiden immer noch Begriffe mit vielen Worten, ohne den Inhalt dieser Begriffe zu erfassen, ohne diese Begriffe lebendig zu machen. Was aber hindert die Jugend daran, *selbst* Neues aufzubauen, schöpferisch zu sein? – Das frage ich mich oft!«

Natürlich war der Bund nicht die einzige Gruppierung, dem eine gewisse Leere in der politischen Rhetorik und den Ansichten der Nachkriegszeit auffiel. Vor allem die Linke kritisierte die hohlen Phrasen und Lippenbekenntnisse zur Demokratie.[36] Deutlicher zeigt sich der besondere Einfluß des Bundes in der zweiten Hälfte ihres Beitrags, wo Marianne zu erklären versuchte, warum junge Leute nicht aktiver, nachdenklicher und kreativer waren. Warum drängte sich, sobald man viele Jugendliche näher betrachtete, eher der Eindruck von Schein als von Sein auf?

> Was ist es nun, das diese jungen Menschen zu dieser Haltung bewegt? – Ich kann es mir nicht anders erklären, ich glaube, daß ihnen ganz einfach die *Ehrfurcht* fehlt! Die Ehrfurcht vor dem Geheimnis des Lebendigen, das überall wirkt. Und deshalb können sie nicht schöpferisch sein. Nämlich da, wo man nicht mehr horcht, wird man taub für das ewig sich Erneuernde, ewig Wachende. Man bleibt notwendigerweise an der Oberfläche der Dinge. Man sieht, aber man versteht nicht. Und deshalb kann man nur noch reproduzieren aber nicht selbst formen.

Diese Erkenntnis, fuhr sie fort, könne möglicherweise nicht nur das Verhalten der jungen Leute erklären, sondern das der gesamten Menschheit. Hinter Mariannes Ratschlägen versteckt sich weniger eine kommunistische Linie als vielmehr das Bestreben des Bundes, postreligiöse Spiritualität mit einem praxisnahen demokratischen Engagement zu verknüpfen. Ihr Artikel schloß mit dem Aufruf an den einzelnen Jugendlichen: »*Werde wesentlich*« – führe ein verantwortungsbewußtes Leben, verliere das Wesentliche nicht aus den Augen.

Am 27. August sendete die BBC einen weiteren Beitrag Mariannes mit dem Titel »Das Schicksal hat sich gewandelt«. Er begann mit einer Beschreibung der Schlangen vor den Lebensmittelgeschäften in den Städten und der Verzweiflung und Kritik, die die Lebensmittelknappheit auslöste:

> Hunger ist furchtbar, und viele lernen seine Grausamkeit erst jetzt kennen. Deutsche Kinder auf den Straßen fragen die Soldaten der Besatzung, ob sie »nix Brot« hätten, und es taucht die Erinnerung an die letzten Kriegsjahre auf, als die Gefangenen aller Nationen müde und abgerissen in grauen Kolonnen sich durch die selben deutschen Städte schleppten, in denen nun deutsche Menschen hungern. Sie hielten den Blick zu Boden gesenkt, nur konzentriert auf den Gedanken, keinen Zigarettenrest zu übersehen, der von einem Deutschen achtlos beiseite geworfen war und der – angezündet – noch ein paar Züge bieten könnte, um den grausamen Hunger zu betäuben. Man wird auch erinnert an die ausgemergelte Gestalt eines Fremdarbeiters, der irgendwo scheu und verängstigt den Weg eines deutschen, wohlgekleideten Passanten kreuzte und mit leiser Stimme fragte: »Nix Brot?« – Wie gern wandte man sich damals von dieser Begegnung ab, denn es war ja verboten, diesen »Untermenschen« etwas zu geben, und der eigene gesättigte Magen mahnte nicht das im Dornröschen-Schlaf befindliche Gewissen!
>
> Und heute? – Heute ist eben dieser Passant deutscher Straßen aus der Sicherheit des Herrenvolkes herabgestürzt in dieselbe Not und das gleiche Elend, das er ehemals mit Zigarettenresten fütterte!
>
> Gibt ihm das zu denken? Kommt ihm manchmal die

Frage, ob da vielleicht eine ausgleichende Gerechtigkeit am Werke ist?

Steht man in diesen Tagen in den langen Reihen Wartender vor den Läden, so hört man diese Gedanken nicht laut werden!

Wir Deutsche haben augenblicklich eine schwere, schwere Zeit zu überwinden und wir wollen nicht hoffen, daß Gleiches mit Gleichem vergolten wird; wir wollen nicht erwarten, daß das Gewissen der übrigen Welt sich ebenso träge verhält und schlafend stellt, wie einst das Gewissen vieler Deutscher, als es noch umgekehrt war. Wir wollen hoffen, daß geholfen wird. Aber wir wollen ebenso hoffen, daß *wir* nicht gedankenlos vergessen, wie es einst war.

Wenn wir bewußt die Situation erkennen und beurteilen, wird es für uns leichter zu verstehen und zu ertragen – und für die anderen Völker muß es dann leichter sein, uns aus unserer Not zu helfen.[37]

Selten wurden 1946 in Deutschland die Leiden der Bevölkerung in einen so klaren Zusammenhang mit den Leiden gebracht, die Deutschland noch kurz zuvor selbst verursacht hatte. Marianne präsentiert sich auch hier wieder nicht als Opfer, sondern als jemand, der das Schicksal aller Deutschen teilt. Natürlich war dies auch ein literarisches Stilmittel. Marianne wußte, daß die Botschaft sehr viel eindringlicher sein würde, wenn sie nicht als Anklage von außen käme – das jüdische Opfer klagt die ehemaligen Unterdrücker an –, sondern von innen: »wir Deutsche«. Am beeindruckendsten ist jedoch die Tatsache, daß sie im Interesse des Aufbaus eines neuen Deutschland als Deutsche sprechen *wollte* und nicht instinktiv als Jüdin oder als Opfer sprach.

War dies ein eindrucksvolles Zeugnis ihrer geistigen Großzügigkeit, ihrer Fähigkeit, zwischen Peinigern und Mitläufern zu unterschieden? Oder war es eher ein Akt der Selbstverleugnung? Oder war es womöglich beides: Zeigte sich hier eine zunehmend verunsicherte junge Frau, die nicht mehr wußte, wer sie war und wohin ihr Lebensweg sie führen würde?

Sowie der Krieg zu Ende war, setzte Marianne alles daran, ihre Familie zu finden. »Einer meiner ersten Schritte nach dem Krieg bestand darin, ein Bankkonto zu eröffnen, denn ich hoffte, wenn sie zurückkämen, könnte ich meinem Vater stolz das Geld überreichen, das er mir gegeben hatte. Damals kam es mir sehr viel vor. Ich weiß nicht, heute wäre es wahrscheinlich gar nicht so viel.«[38]

Es ist schwer zu beurteilen, wieviel Hoffnung sie wirklich hegte. Wahrscheinlich war die Rettung des Geldes zum Symbol für die Rettung der Familie geworden. Indem sie die Ermahnungen ihres Vater befolgte, rechtschaffen und sparsam zu sein, hatte Marianne bewußt oder unbewußt einen Teil von ihm am Leben erhalten.

Gleich nach dem Krieg schrieb Marianne dem Baseler Anwalt der Familie Strauß, Marcus Cohn, daß sie am Leben war. Von Cohn erhielten viele Verwandte Mariannes ihre Anschrift. Auf diesem Wege gelang es vermutlich im September 1945 auch Grete Sander in Schweden, Kontakt mit Marianne aufzunehmen. Sie bot ihre Hilfe an und hoffte, daß Marianne neue Nachrichten hatte. Erst jetzt erfuhr Marianne, daß es ihren Eltern gelungen war, von Theresienstadt aus an Grete in Schweden zu schreiben, und sie bekam erste Hinweise auf das Schicksal Onkel Alfreds und Tante Lores.[39]

Im Sommer 1946 wußte Marianne von Grete Sander und Überlebenden aus Theresienstadt, die ihre Eltern gekannt hatten, schon das meiste von dem, was sie je über ihre Eltern, ihren Bruder, ihren Onkel und ihre Tante in Erfahrung bringen sollte. (Über Ernst und seine Familie fand sie nie mehr heraus, als sie schon 1943 wußte.) In den meisten Fällen waren diese Informationen jedoch noch sehr ungenau. »Es ist ein sehr quälendes Bewußtsein«, schrieb sie an Hugo Strauß, »tausend Vorstellungen über tausend Möglichkeiten eines grauenvollen Endes. Wenn man Bestimmtes wüßte, wäre alles leichter.«[40]

An welchem Punkt, fragte ich sie, hatte sie die Hoffnung aufgegeben?

»Ich habe es nie mit Gewißheit erfahren«, sagte sie. »Es gab nie, es gab immer … Ich weiß nicht, viele Jahre lang dachte ich immer noch, jemand würde auftauchen. Aber dann dachte ich ganz rational, wenn sie auftauchen würden, dann in Essen. Ich kannte genügend Leute, auch wenn ich dort nicht mehr lebte, die wußten, wo ich war; damit hätte es keine Schwierigkeiten gegeben. Schon ziemlich bald wurde klar, daß es wirklich eine Ausnahme war, wenn jemand zurückkam. Aber ich dachte immer, da wir eine große Familie waren, konnte jemand überlebt haben, mein Bruder oder Ernst, jemand, der jünger war, der vielleicht körperlich oder moralisch unverwüstlicher oder rücksichtsloser war, was auf beide nicht zutraf. Rücksichtslosigkeit war wahrscheinlich die wichtigste Eigenschaft fürs Überleben, die sie nicht hatten.«[41]

Der erste Verwandte, auf den sie schließlich traf, war ihr Cousin Otto Weinberg, zu der Zeit stolzer Lance Corporal Gerald Alexander im ersten Bataillon der Glasgow Highlanders. Er war als einziger der drei Weinberg-Brüder in Deutschland stationiert und spürte Marianne im August 1945 auf.[42]

Mariannes Einstellung zu diesen neubelebten Familienbeziehungen war jedoch oft zwiespältig. Sie fand, ihre Familie hatte sie im Stich gelassen, während sie sich auf ihre Freunde hatte verlassen können. 1947 schrieb sie Alfred über ihre Freude, Gerald zu sehen: »Wir haben von Anfang an viele schöne Stunden miteinander verlebt, und ich kann Dir sagen, daß ich es richtig genossen habe, etwas Verwandtes in der Nähe zu haben (obwohl ich im Allgemeinen nicht an Blutsverwandtschaft glaube, sondern an Wahlverwandtschaft, die sich in all den schweren Jahren immer da bewiesen hat, wo die Hilfe der Familie ausblieb).«[43]

Dennoch suchte sie den Kontakt zu Verwandten, die aus Deutschland geflohen waren. Sie nahm Kontakt auf zu Karl, einem Onkel mütterlicherseits und hochdekorierten Kriegshelden, der in Brüssel lebte, und mit ihren Cousins Weinberg. Marcus Cohn leitete die Nachricht, daß Marianne lebte, an Verwandte in die USA weiter – an Hugo Strauß, einen Cousin ihres Vaters, Adolph Rosenberg, einen Onkel mütterlicherseits, und Lores Bruder Ernst Dahl. In den folgenden Monaten setzten sie sich mit ihr in Verbindung. Es meldeten sich auch entferntere Cousins aus Großbritannien, die Oppenheimers und die Seligs. Marianne erfuhr (wenn auch nicht klar ist, wann), daß ihr Cousin Richard (jetzt René) Wolf – der Sohn Bertels, der Schwester ihres Vaters, und ihres Mannes Ferdinand, die beide in Frankreich interniert und später in Auschwitz ermordet wurden – überlebt hatte. Mit 15 hatte er sich auf eine waghalsige Reise durch Frankreich und Spanien gemacht, hatte in der französischen Fremdenlegion gekämpft und war mit den französischen Besatzungstruppen in Deutschland einmarschiert. Marianne versuchte vergeblich herauszufinden, was mit dem Kind geschehen war, das Lores Schwester Ilse zurückgelassen hatte, als diese und ihr Mann aus Frankreich deportiert wurden.

Wenn sich jemand aus der Familie mit ihr in Verbindung setzte, wurde oft zuerst eine Art Schweigeabkommen über Vergangenes geschlossen. Karl Rosenberg war einer von denen, die schwiegen. Er war das »schwarze Schaf« der Familie gewesen, aber wenn er seine Jugend auch vertan haben mag, im Krieg war er zum Abenteurer und Helden geworden. In Großbritannien ausgebildet, sprang er mit dem Fallschirm über Frankreich ab, um an der Seite der französischen Résistance zu kämpfen. Er wohnte jetzt mit seiner Frau Diane in Brüssel und sandte Marianne einen sehr herzlichen Brief. Nachdem sie ihm geantwortet hatte, schrieb er im November 1945 zurück: »Uns geht es gut, das ist die Hauptsache. Was gewesen ist, ist vorbei. Mir geht es wie Dir, es war eine harte Schule, auch ich bin froh da durch zu sein, man ist dadurch stärker für's Leben geworden; aber ich will es vergessen und nur an das ›heute‹ denken, das Leben ist ja nichts und warum muß man sich das Leben noch schwerer machen, wie es schon ist.« [44]

Ein paar Monate später schrieb Marianne ihrem Cousin Alex: »Über mich wirst Du schon viel gehört haben und über unser Schicksal in den letzten Jahren. Es erübrigt sich, weiter davon zu sprechen. Wir haben keine Zeit, an Vergangenes zu denken, denn die Gegenwart fordert all unsere Kräfte. Es gibt viele, ungeheure Aufbauarbeit zu leisten, und *wir* gehen mit Mut und Glauben daran.«[45]

Als ich Marianne fragte, ob ihre Arbeitskollegen nicht versucht hätten, mit ihr über die Vergangenheit zu sprechen, sagte sie:

> Damals nicht, nein, sei haben nie darüber gesprochen, nie. Sie wußten nur, daß ich jüdisch war und daß ich zurückgekommen war, eine von denen, die zurückgekommen waren … aber das wurde nie besprochen. Sie hatten natürlich alle entsetzliche Angst. Es gab nie eine einzige Andeutung, eine Frage, niemand wollte irgend etwas wissen, weil es einfach viel zu unbequem war. Die Leute, die aus den Konzentrationslagern zurückkamen, die waren auch nur daran interessiert, einen Job zu bekommen, ihren Lebensunterhalt zu verdienen, ein normales Leben aufzunehmen. Und ich war auch nur daran interessiert, ein normales Leben aufzunehmen. Ich suchte keine Leute auf, ich stellte keine Fragen; ich wollte nicht in die ganze vergangene Geschichte hineingehen. Ich wollte so schnell wie möglich vergessen und mich in ein normales Leben stürzen und irgendwas tun … und irgendwie für die verlorene Zeit aufkommen.[46]

Ironischerweise ermahnte Marianne die Deutschen immer wieder, sich zu erinnern, wo sie selbst doch nur vergessen wollte. Ihr »Vergessen« war nicht »gedankenlos«, um ihren Ausdruck zu verwenden, aber es war unerbittlich. Sie vermied jede Verbindung zu ihrer Vergangenheit. So fuhr sie zum Beispiel nur selten nach Essen, obwohl sie in der Nähe wohnte.

Marianne war sich nicht sicher, ob sie noch etwas mit ihrer Familie verband. An Hugo und Grete Strauß schrieb sie: »Es ist so gut, endlich wieder eine Brücke schlagen zu können über zeitliche und räumliche Trennung und auch – und vor allen Dingen – den geistigen Kontakt wachsen zu spüren, denn es trennen uns ja nicht nur Meere, sondern auch die ungeheuerlichen Erlebnisse der letzten Jahre.«[47]

Im Februar 1946 entschuldigte sie sich bei ihrem Cousin Alex Weinberg dafür, daß sie nicht früher geschrieben hatte. Sie sei sehr beschäftigt gewesen, aber es sei auch »nicht ganz leicht nach den langen Jahren eines so verschiedenen Erlebens einen Anknüpfungspunkt zu finden«.[48] Des öfteren reagierte sie überhaupt nicht, wenn sie von entfernteren Verwandten und Freunden der Familie ausfindig gemacht wurde.

Mariannes Korrespondenz mit ihren Verwandten in Großbritannien, Australien und den Vereinigten Staaten zeigt, daß sie im doppelten Sinne entwurzelt war. Zum einen war ihr bewußt, daß sie nicht mehr diejenige war, die ihre Verwandten gekannt hatten. Zum anderen zeigt sich in ihrer privaten Korrespondenz eine wachsende Unzufriedenheit mit ihrer Situation in Deutschland. Karls Brief begann mit einer Beobachtung Geralds über sein Treffen mit Marianne: »Otto hat mir gesagt, daß es Dir *sehr gut* ginge und daß Du in Deutschland bleiben wolltest. Ich bin der Auffassung, daß sich jeder das Leben so gestalten muß, wie er es selbst wünscht, als ich also hörte, daß Du dort bleiben wolltest, dachte ich mir, daß Du am besten selbst weißt, was Du zu tun hast. Nun sehe ich aus Deinem w.[erten] Brief, daß Du gerne aus Deutschland heraus möchtest. – Also es ist ganz selbstverständlich, daß Du bei uns am besten aufgehoben wärst.«

Das Angebot Karls und seiner Frau Diane hätte nicht herzlicher sein können, aber es gibt keinerlei Hinweise darauf, daß Marianne es beantwortete.

Im Januar 1946 bedankte sie sich bei Hugo und Grete Strauß für ein Päckchen: »Ich kann Euch nicht sagen, Ihr Lieben, wie sehr mich Euer liebevolles Päckchen gefreut hat! Es enthielt wahre Schätze; solche Dinge habe ich schon lange nicht mehr gesehen und so war es ein rechter Festtag für mich. Es nimmt mich Wunder, daß ich mir nicht den Magen verdorben habe! Herrlich die Strümpfe und der Schal; es ist unmöglich, das augenblicklich hier zu bekommen. Alle Textilien, Schuhe, usw., sind unerreichbar. Deutschland ist ja in jeder Beziehung so arm geworden!«[49]

Wie ein Echo muß ihr der eigene Dank geklungen haben –

jetzt, da sie diejenige war, die Pakete mit solch unerreichbaren Schätzen erhielt! Dieses Echo veranlaßte sie, knapp und ergreifend über ihre Erfahrungen während des Kriegs zu berichten. Am Ende schloß sie:

> Nur wenige sind zurückgekehrt und haben diese Entsetzlichkeiten überstanden; von denen man erst richtig heute hört, aber mir scheint, daß sie mit viel, viel größerem Nachdruck und Stimmaufwand in die Welt geschrien werden müßten; denn es geschieht bei weitem nicht genug um all das Leiden gut zu machen. –
>
> Diese Wenigen haben eines gemeinsam: daß sie ihre Angehörigen verloren haben. Es bindet uns das gemeinsame Schicksal, das ist meistens das einzige. Die Bindungen sind nicht stark, denn jeder denkt und sorgt für sich und möchte aufholen, was er in den letzten Jahren versäumte. – Judentum, Religion? – Gibt es das noch »draußen«? Hier spürt man nichts mehr davon.

Marianne dachte darüber nach, Deutschland zu verlassen, vielleicht nur für eine Weile; aber noch hatte sie Vorbehalte. »Denn mir ist meine endlich wiedergewonnene Freiheit so außerordentlich wichtig und wertvoll«, erklärte sie, »daß ich mich nur sehr ungern in eine neue Abhängigkeit begeben würde.«

Im Februar schrieb sie an Alex: »Immer mehr wächst in mir jedoch der Wunsch, Deutschland wenigstens für eine Zeit zu verlassen, denn für junge Menschen ist es hier beinahe aussichtslos und ich möchte noch recht viel lernen, um wirklich Hilfe sein zu können.«[50]

Sie erhielt viele gute Stellenangebote, aber: »All das betrachte ich natürlich jetzt als etwas Vorübergehendes, denn ich sehe mich nach jeder Möglichkeit um, so schnell wie möglich Deutschland zu verlassen.« Es fällt schwer, dies in Einklang mit ihrer fröhlichen Botschaft an Alfred Weinberg aus dem Jahr 1947 zu bringen, in der sie dieselbe Periode in Deutschland als »schönste und hellste Erinnerungen« beschrieb.

Die Zwiespältigkeit von Mariannes Situation zeigt sich auch in ihren Freundschaften. Nach der Nazizeit war es ein besonderer Luxus, daß sie sich anfreunden konnte, mit wem sie wollte. Es dauerte nicht lange, bis die engagierte, lebhafte, attraktive junge Frau neue Freunde gefunden hatte. Eines Tages, kurz nachdem sie ihre Stelle beim Arbeitsamt angetreten hatte, erschien ein junger Mann zur Beratung bei ihr. Sie hatte ihn zufällig ankommen sehen: »Ich erinnere mich, daß er ein Fahrrad schob, das er draußen im Hof stehenließ. Das war mutig, denn alles auf Rädern war schnell weg … Auf meinem Heimweg sah ich ihn in der Königsallee, wie er sein Fahrrad schob. Er kam rüber, er hatte mich gesehen, ich weiß nicht, ob er mir aufgelauert hat, ich bin nicht sicher, jedenfalls kam er grinsend auf mich zu, schob sein Rad und quatschte drauflos, und so haben wir uns kennengelernt.«[51]

Der Mann war Johannes Oppenheimer. Er wohnte mit einer lebhaften Gruppe von »Halbjuden« zusammen, die den Krieg als Arbeiter in der Organisation Todt (OT) überlebt hatten – eine riesige Organisation, die für den Bau von Autobahnen und militärischen Anlagen zuständig und nach dem Verkehrsminister Fritz Todt benannt war. Sie waren begabt und bildungshungrig und wollten Karriere machen. »Sie hatten eine ziemlich dreckige Bude, die vier«, entsann sich Marianne liebevoll. Zwei von ihnen, Johannes Oppenheimer und Wilhelm Jacob, blieben lebenslang mit ihr befreundet.

Johannes Oppenheimer erinnerte sich daran, wie er Marianne im Arbeitsamt kennengelernt hatte, auch wenn er vergessen hatte, daß er mit dem Fahrrad dort gewesen war. Er wußte aber noch, daß er das Fahrrad von einem »schrägen OT-Kameraden« gekauft hatte, und daß es kein Schloß hatte,[52] weswegen er es anscheinend leichtsinnig am Tor des Arbeitsamts abgestellt hatte, ohne es abzuschließen. »Marianne«, schrieb er mir,

> war in der Tat eine bemerkenswerte Persönlichkeit, etwa 19 Jahre alt [in Wirklichkeit 23 Jahre alt], als wir uns kennenlern-

ten. Das war etwa im Mai oder Juni 1945, bald nach dem Ende der Kriegshandlungen in Düsseldorf. Nach meiner Erinnerung nahm mich Eduard Marwitz, ein sog. Vierteljude zum Düsseldorfer Arbeitsamt mit, um uns dort von »Schwester Marianne Strauß« über Arbeitsmöglichkeiten für uns als sogen. »Verfolgte des Nazi-Regimes« beraten zu lassen. [...] Marianne kam uns freundlich entgegen und zeigte eine Gewandtheit im Umgang mit Menschen, die eine größere Reife vermuten ließ, als sie eigentlich bei ihrer Jugend haben konnte.[53]

»Wir freundeten uns dann an, waren auch außerhalb ihres Dienstes öfters zusammen«, fuhr er fort, »ich verliebte mich auch vorübergehend in sie und sie lehnte nicht ab.« Aber »ein wirklich enges Liebesverhältnis hatten wir nicht«.[54] Gegen Ende des Jahres hatte sich das, was zwischen ihnen war, im Sande verlaufen. Marianne, die im Hinblick auf ihre Beziehungen immer sehr zurückhaltend war, gab zu, daß zwischen ihnen mehr als Freundschaft gewesen war, »aber es klappte überhaupt nicht, wir waren so verschieden vom Temperament her«.[55] Johannes Oppenheimer erinnerte sich an das, was er damals über Marianne wußte: »Daß sie Jüdin war, war von vornherein klar. Sie muß wohl vorher in einem Konzentrationslager als ›Schwester‹ Kranke oder Kinder betreut haben. Wie sie das Kriegsende in Düsseldorf überstanden hat, weiß ich nicht; von Düsseldorfer Verwandten habe ich nichts gehört.«[56]

Mit anderen Worten, obwohl sie sich nur einen oder zwei Monate nach Kriegsende kennengelernt hatten, wußte er fast nichts über ihre Erfahrungen während des Krieges oder ihr Leben davor; und was er zu wissen glaubte, war falsch. Johannes Oppenheimer war sich der großen Lücken in ihrem Wissen übereinander bewußt:

Es ist aus heutiger Sicht für mich selbst schwer verständlich, daß wir uns untereinander nicht mehr über unsere früheren Lebensverhältnisse und Schicksalsschläge der NS-Zeit unterhalten haben. Aber anscheinend war uns allen das nicht wichtig, nachdem wir es hinter uns hatten und uns befreit

> fühlten; wir lebten und dachten nur in der Gegenwart und guckten etwas unsicher, aber hoffnungsvoll in die Zukunft.

In einem späteren Interview fragte ich noch einmal, warum sie so wenig über die Vergangenheit gesprochen hatten, woraufhin er antwortete:

> Ich weiß nicht, warum, wir hatten keinen Grund, etwas zu verschweigen. Wir dachten an die Zukunft. Daß wir Angehörige verloren hatten, war ja nicht so dramatisch, weil normale Deutsche auch Angehörige verloren hatten. Wir haben es nicht als besonderen literarischen Stoff empfunden. Wir hatten nicht das Gefühl, wir hätten besonderen Grund zu klagen. Ich wußte nicht einmal, was aus Mariannes Eltern geworden ist.

Marianne freundete sich auch mit Oppenheimers Freund Wilhelm Jacob an. Was auch immer er über Mariannes Vergangenheit erfahren haben mag, seine Frau Elisabeth, mit der Marianne von den vierziger Jahren bis zu ihrem Tod gut befreundet war, wußte nichts darüber. Wie die anderen hatte auch sie sich anhand von Andeutungen und Vermutungen ihr eigenes Bild gemacht. Sie erzählte mir beispielsweise, Mariannes Verwandte hätten eine Kaufhauskette besessen – nichts Ungewöhnliches unter reichen deutschen Juden, aber im Fall der Familie Strauß stimmte das nicht.

Man kann dieses Netzwerk der einzigen Freundschaften außerhalb des Bundes, die die unmittelbaren Nachkriegsjahre überdauerten, wohl als symptomatisch für Mariannes Situation ansehen. Es ist irgendwie verständlich, daß die Leute, mit denen sie sich anfreundete, »Halbjuden« waren. Die Mitglieder dieser Gruppe sahen sich selbst nicht als Juden – in vielerlei Hinsicht waren sie deutsch bis ins Mark –, aber sie waren als Außenseiter abgestempelt worden. Sie hatten alle den Verlust von Verwandten und Freunden zu betrauern und weigerten sich zugleich, sich mit diesen Verlusten zu befassen oder über die Vergangenheit zu sprechen.

Marianne, der Bund und die Nachkriegsgesellschaft

Mariannes Gefühl, entwurzelt zu sein, wurde durch ihre Frustration darüber, wie wenig sie in Deutschland erreichen konnte, noch verstärkt. Die Versorgungslage war entmutigend genug. Nur sieben Prozent der Gebäude in Düsseldorf waren unbeschädigt geblieben – und die Stadt war in einem deutlich besseren Zustand als Essen.[57] In Mariannes Altersgruppe kamen auf 100 Männer 172 Frauen (nicht, daß sie sich je Sorgen über die Konkurrenz hätte machen müssen). Im Winter 1945/46 brach die Nahrungsmittelzuteilung regelrecht zusammen – und im Jahr darauf sollte es noch schlimmer werden.[58] Kein Wunder, daß auch viele nichtjüdische Deutsche ausreisen wollten.

Dazu kam, daß sich auch im Bund eine gewisse Ernüchterung darüber verbreitete, was seine Rolle im Nachkriegsdeutschland anging. Es ist verständlich und gerechtfertigt, daß die Bund-Mitglieder der Meinung waren, die Geschichte habe ihnen recht gegeben. Stolz verkündete der Bund seinen Sympathisanten und Kontaktleuten in Übersee: »Bewährt hat sich vor allem die *Sache*, der Bund, seine Erziehung, sein Bau, seine Prinzipien, sein Bild vom Menschen, seine Geschichtsauffassung, die dem Einzelnen die Kraft gaben durchzuhalten und den tausendfachen Verführungen und Beeinflussungen des nationalsozialistischen Ungeistes und der allgemeinen charakterlichen Knochenerweichung nicht zu unterliegen.«[59]

Belegten nicht die Leistungen während der Kriegszeit – so argumentierten die Mitglieder –, wie wichtig der Bund für die anstehenden Herausforderungen war.[60] Und doch mußten sie sich von Anfang an damit abfinden, daß sie nicht auf die Resonanz stießen, die sie erwartet hatten. »Unsere Schar ist klein geworden«, kommentierte Artur Jacobs schon 1947, »oft kommt man sich sehr einsam vor. Man steht wieder gegen den Strom wie in den 12 Jahren.«[61]

Zum Teil, so schien es dem Bund, lag das Problem darin, daß sich die Deutschen ihrer Vergangenheit nicht stellen wollten:

»Alles wird nur vom Heute aus beurteilt, als hätte es keine Vergangenheit, keinen vom Zaun gebrochenen Krieg, keine Lydices, keine Vernichtungslager, keine Nacht- und Nebelerlasse, keine Millionenmorde gegeben.«[62] Die Bund-Mitglieder mußten außerdem die schmerzliche Erfahrung machen, daß ihre Organisation als Teil einer belasteten Vergangenheit angesehen wurde. Die meisten jungen Leute wollten nichts mit organisierten Bewegungen oder Parteien zu tun haben; und Rituale wie das Schwören von Eiden waren der völlig desillusionierten jungen Generation erst recht ein Greuel. Später räumte der Bund ein: »Durch den Nationalsozialismus gegen hierarchische Strukturen empfindlich geworden, konnte die junge Generation, bei allem Interesse für den Bund, sich nicht zu neuen Bindungen entschließen.«[63]

Artur Jacobs und andere Bund-Mitglieder konnten aber bei all ihrer Einsicht nicht erkennen, wie deplaziert die Gruppe in der Nachkriegszeit erschien. Es gelang mir, einige Menschen aufzutreiben und zu interviewen, die Ende der vierziger Jahre in Mariannes Alter oder vielleicht etwas jünger waren und mit dem Bund in Kontakt gekommen waren. Sie waren beeindruckt von dem, was Artur Jacobs und seine Freunde erreicht hatten. Einige von ihnen erzählten mir, daß der Kontakt zum Bund ihre spätere Berufswahl und politische Ausrichtung stark beeinflußt habe. Aber die hierarchische Struktur des Bundes, sein »innerer Kreis«, die Verehrung von Artur Jacobs und die Art, in der junge Leute ihm zu Füßen liegen sollten, konnten sie nicht akzeptieren. Überdies empfanden sie die Köpfe des Bundes als nicht kritikfähig.[64] Sie wollten zwar nicht zitiert werden, aber einige der Kinder der Gründungsgeneration des Bundes hatten ähnliche Vorbehalte. Niemand von ihnen konnte überzeugt werden, dem Bund beizutreten.[65]

Für eine charismatische Bewegung hatte der Bund noch ein anderes Problem: ihren Anführern schwand der Kampfgeist. Artur und Dore hatten die Kriegserfahrungen emotional und physisch ermattet. Artur war fast siebzig, geistig auf der Höhe seiner Schaffenskraft, aber körperlich nicht mehr in der Lage, eine dynamische Bewegung anzuführen. Dore war zwar jünger, sie sollte aber nie mehr ganz gesund werden und mußte mit ihren Kräften haushalten. Sie litten außerdem – so Maria Briel in einem Interview – sehr unter den Auswirkungen, die der Krieg auf ihren Sohn Gottfried hatte. Er beging später Selbstmord.[66]

Deswegen überrascht es nicht, daß Marianne immer mehr daran zweifelte, irgend etwas erreichen zu können. Sie teilte die Ansicht der meisten Bund-Mitglieder, daß die Deutschen nichts aus ihrer Vergangenheit gelernt hatten, und beklagte die Politikverdrossenheit der jungen Leute. Sie hatte das Gefühl, daß viele linke Führungspersönlichkeiten, die Identifikationsfiguren hätten sein können, zu Lasten einer geistigen Erneuerung viel zu sehr auf den materiellen Wiederaufbau fixiert waren.[67] Und wie der Bund, der ja traditionell für die Suche nach einer organischen Einheit der Ausrichtung stand, fand sie wahrscheinlich manche Anzeichen der entstehenden pluralistischen Gesellschaft – Parteipolitik und Interessengruppen – eher entmutigend.

Gerade als Mariannes politisches Engagement abflaute, bekam ihr Leben einen neuen Sinn.

Basil

Am 25. November erhielt Marianne den folgenden Brief:

Captain B. K. Ellenbogen RAMC 13 (BR) F.D.S. B.A.O.R.

25. November 1945

Liebe Miss Strauß,

ich weiß nicht, wer Sie sind, aber ich habe Sie hier aufgesucht, um Sie wissen zu lassen, daß Ihr Cousin Ernst Dahl (jetzt in Kanada) von Ihnen über Ihre Verwandten in England gehört hat. Ich erhielt diese Information von einem kanadischen Offizier, der Ihren Cousin kennt. Die Adresse Ihres Cousins in Kanada ist:

Ernie (Ernst) Dahl
c/o Dominion Bridge Coy.
Ottawa Canada

Ich habe Sie heute morgen wieder versucht zu erreichen, aber niemand war zu Hause. Ich würde Sie gerne kennen lernen, aber unglücklicherweise wohne ich nicht hier, sondern in Mönchengladbach. Ich werde mir erlauben, Sie in der kommenden Woche noch einmal zu treffen zu versuchen.

Hochachtungsvoll

B. K. Ellenbogen
Captain B.A.O.R

Ernst Dahl, Tante Lores jüngerer Bruder, war vor dem Krieg nach Kanada gegangen. Nachdem er Mariannes Adresse erhalten hatte (wahrscheinlich von Marcus Cohn), bat er einen in Deutschland stationierten kanadischen Offizier, Kontakt zu ihr aufzunehmen. Der Offizier hatte jedoch keine Zeit, sich der Sache anzunehmen. Statt seiner erbot sich der junge jüdische Truppenarzt, Captain Basil Ellenbogen, Marianne aufzusuchen. Captain Ellenbogen sah es als seine Aufgabe an, in Deutschland lebende Juden ausfindig zu machen und ihnen Hilfe anzubieten. Auf seine Initiative hin hatte er die Erlaubnis erhalten, Bergen-Belsen zu besuchen, eine Erfahrung, die er in schockierenden, bis heute erhalten gebliebenen Fotos festhielt. Die Korrespondenz belegt seine anrührende und gewissenhafte Arbeit, die darin bestand, Verbindungen zwischen Überlebenden der Lager und ihren Verwandten im Ausland herzustellen.

Basil Ellenbogen wurde im Dezember 1917 als zweiter von drei Söhnen in Liverpool geboren. Sein Vater Max war Textilkaufmann und verkaufte Kleidung und Möbel auf Kredit. Basils Großvater Gershon stammte aus Litauen, und Max, dessen Muttersprache nicht Englisch war, führte seine Geschäftskalkulationen stets auf Jiddisch durch. Der fromme Mann, der die jüdischen Gesetze verinnerlicht hatte, heiratete Grete Hamburg aus Cardiff, die Tochter des Kantors der Synagoge von Cardiff, und die beiden ließen sich in Liverpool nieder. Ihre drei Söhne – Gershon, Basil und Raymond – waren alle sehr intelligent. Gershon erhielt ein Stipendium, um Altphilologie in Cambridge studieren zu können. Basil und Raymond besuchten die Universität in Liverpool, wo Basil Medizin und Raymond Zahnmedizin studierten.

Basil war ganz anders als die Leute aus Mariannes Bekanntenkreis. Er war ein orthodoxer Jude und politisch nicht besonders engagiert. Eine Zeitlang hatte er sich aktiv in der jüdischen Studentengemeinde betätigt und den Vorsitz der Nationalen Jüdischen Studentenunion innegehabt. Er sah gut aus, war geistreich und beliebt bei den Frauen, aber abgesehen von seiner tiefen Zuneigung zu einer Cousine, hatte er vor seiner Einberufung noch keine ernsthafte Beziehung geführt.

Marianne erzählte mir, daß sie bei einer Sitzung der Kommunistischen Partei gewesen sei, als Basil sie besuchen wollte. Weil ich wußte, daß ihre Ehe später problematisch verlief und die Beachtung der jüdischen Gebräuche zu einem großem Streitpunkt wurde – er war deutlich orthodoxer als sie –, konnte ich nicht umhin, bereits in diesem ersten Nicht-Treffen ein Symbol für die kommenden Schwierigkeiten zu sehen. Basil hatte Marianne aufgesucht, weil sie Jüdin war und weil er Juden helfen wollte. Marianne war nicht zu Hause, weil sie Kommunistin war oder, genauer gesagt, aufgrund der politischen Mission, die sie meinte vom Bund erhalten zu haben. Der Krieg hatte sie eigentlich unter falschen Vorzeichen zusammengebracht. Er strebte nach einer Identität, die sie abgestreift hatte. Bei näherer Betrachtung erscheint diese Interpretation aber wahrscheinlich zu eng. Mariannes Persönlichkeit, ihre Bindungen und Zukunftspläne waren noch nicht völlig gefestigt. Und manchmal baut die Liebe Brücken zwischen den entferntesten Ufern.

Als Marianne nach Hause kam, erzählte Hanni Ganzer ihr, ein unglaublich gutaussehender Mann habe nach ihr gefragt. Basil seinerseits war offensichtlich beeindruckt von den verschiedenen Dingen, die sie erfolgreich zurückgefordert hatte – hochwertige Möbel und Familienbilder. Dies war nicht das Bild des Elends und der Not, das er gewohnt war. Am folgenden Samstag kam er wieder. Zunächst sah sie nur seine khakifarbene Mütze auf der Treppe und dachte, es sei einer von den Offizieren, die sie kannte. Und plötzlich stand dieser »Prachtkerl« vor ihr. Sie war zweiundzwanzig, er achtundzwanzig. Es war Liebe auf den ersten Blick. »Es kam über mich. Ich wußte es. Ich war nicht sehr glücklich darüber, aber es gab nichts, was ich dagegen tun konnte.«[68]

In den folgenden Monaten sahen Marianne und Basil sich immer häufiger. Sie unternahmen romantische Spaziergänge am Rhein und sahen sich die zerstörten Brücken an. Sie gingen in die Oper und hörten *Così fan tutte*. Marianne stellte Basil einigen prominenten Köpfen der jüdischen Gemeinde vor. Im April 1946, als Basil erfuhr, daß er aus dem Kriegsdienst entlassen werden sollte, waren sie bis über beide Ohren ineinander verliebt. Vor Basils Abreise stellte Marianne ihm ein kleines Album mit Erinnerungsstücken und Fotos zusammen. In einem Begleitbrief schrieb sie am 19. April: »Do not forget Düsseldorf and – – – Marianne«.

Als Basil aus der Armee entlassen wurde, hatte Marianne sich wohl noch nicht dazu entschlossen, ihr Leben mit ihm zu teilen. Ihr Onkel Adolph Rosenberg hatte aus New York telegrafiert, er habe zwei Affidavits an das amerikanische Konsulat in Stuttgart geschickt, und er sei in der Lage und würde sich glücklich schätzen, nötigenfalls ihre Überfahrt zu zahlen. Im April 1946 war Marianne noch immer sehr an den amerikanischen Plänen interessiert. Einen Tag nach ihrem Abschiedsbrief an Basil schrieb Marianne an das amerikanische Konsulat, daß Adolph die Affidavits geschickt hatte und daß ihre Familie 1941 ohnehin in die Vereinigten Staaten hatte auswandern wollen, als das Konsulat geschlossen wurde. Mußte sie sich erneut registrieren lassen, oder galt die alte Nummer noch?[69] Als die benötigten Formulare im Juni eintrafen, füllte Marianne sie jedoch nicht aus. Ihr Ziel war jetzt klar: Sie wollte zu Basil nach England.

Reisevorbereitungen

Daß Marianne weitere sechs Monate in Deutschland verbrachte, lag ausschließlich an den Hürden, die ihr die britischen Behörden in den Weg legten. Sie mußte feststellen, daß es in Großbritannien keine separaten Einwanderungsregelungen für deutsche (oder andere europäische) Juden gab. Eine starke antisemitische Strömung sorgte dafür, daß jüdische Klagen abgetan wurden. Man wollte zwischen den verschiedenen Gruppen von Deutschen keine rassischen Unterscheidungen treffen, was in Anbetracht der jüngsten Ereignisse aber gerade nicht vertretbar war.[70] Vor allem wollte man keinen Präzedenzfall einer »besonderen Behandlung« europäischer Juden schaffen, der in irgendeiner Weise ihre Forderung, nach Palästina auszureisen, untermauert hätte.

Anfang 1946 versuchten Mariannes Verwandte, die Oppenheimers, ihr eine Einreiseerlaubnis für Großbritannien zu beschaffen, jedoch ohne Erfolg. Im März wandte sich Mariannes Cousin Gerald Alexander an die British Interests Branch der Militärregierung in Lübbecke.[71] Die Antwort des zuständigen Paßbeamten bezeugt, wie wenig die britischen Behörden bereit waren, sich mit den speziellen Nöten der deutschen Juden auseinanderzusetzen. »In Kürze wird ein Programm in Kraft gesetzt, mit dem ›Distressed persons‹ aus Deutschland nach England reisen können, vorausgesetzt, sie haben Verwandte, die sie bei sich aufnehmen. Die Einzelheiten des Programms werden in Kürze öffentlich gemacht.« Als er bis hierher gelesen hatte, muß Gerald noch zuversichtlich gewesen sein, »aber«, ging der Brief weiter, »wenn Miss Marianne Strauß' Eltern nicht in England sind, wird sie auch nicht unter die Bedingungen des Programms fallen.«[72]

Am 22. März übernahm Basil die Angelegenheit und schrieb: »da die Eltern von Miss Strauß tot sind, ist sie zu einer Einreise nach England nicht berechtigt. Dies erscheint eine besonders harte Entscheidung, wenn man bedenkt, daß ihr Status als Waise einen doch eher dazu bewegen würde, sie als ›Distressed person‹ einzustufen als jemand, dessen Eltern glücklicherweise noch am Leben sind.«[73]

Basils Brief überkreuzte sich möglicherweise mit einem weiteren Schreiben des Paßamtes an Gerald Alexander, das auch nicht mehr Anlaß zur Hoffnung bot. Es enthielt die hilfreiche Belehrung, daß es »in Europa unglücklicherweise Millionen von ›Distressed persons‹ in derselben Lage gibt wie Ihre Cousine«.[74] So konnte Marianne sicher sein, daß sie nicht das einzige Opfer der britischen Gleichgültigkeit gegenüber den Nöten europäischer Juden war. Als ein britischer Rabbi bald nach Kriegsende darum bat, nach Berlin gehen zu dürfen, um den überlebenden Juden beizustehen, wurde ihm das Visum mit der Begründung verweigert, daß es britischen Bürgern nicht gestattet sei, Deutschen zu helfen.[75]

Für die folgenden Monaten häuften sich die Briefe, Anträge, Gesundheitszeugnisse und andere Dokumente in Mariannes Akten. Nachdem das Paar sich im Juni 1946 verlobt hatte, wurde bei Marianne aus dem Wunsch, bei Verwandten in England zu wohnen, der Wunsch, Basil zu heiraten. Obwohl Marianne vom Public Safety Officer in Düsseldorf informiert worden war, daß sie in sechs bis acht Wochen ihr Visum bekäme,[76] wurde ihr im Juli mitgeteilt, daß sie nicht in die Kategorie der »Distressed persons« falle und »unter diesen Umständen zum jetzigen Zeitpunkt keine Reise erlaubt«[77] sei.

Mariannes Ungeduld wuchs. Es gab schon Pläne, Basil in Belgien zu heiraten und von dort nach England zu reisen. Im Oktober schrieb Basil an seinen Abgeordneten im britischen Unterhaus. Nach der Bemerkung, es seien bereits einige deutsche Bräute in England eingereist, fuhr er fort:

> Es ist doch skandalös, daß nach fünf Monaten immer noch kein Visum erteilt worden ist, und scheint ein Indiz für den chaotischen Zustand der Militärregierung in Deutschland. Lassen Sie mich hinzufügen, daß ich als Arzt unter den Opfern des Konzentrationslagers Sandbostel (sowie inoffiziell in Belsen) gearbeitet und das Schicksal gesehen habe, das meine Verlobte abgewendet hat, aber das ihrer Familie widerfahren ist. Sie selbst mußte im Krieg und in all den Jahren der Naziherrschaft viel erdulden – wird es nicht Zeit, daß sich die britische Demokratie öffnet und sie aufnimmt?[78]

Im November 1946 lenkten die Behörden schließlich ein und gestatteten Marianne die Einreise als deutsche Staatsangehörige, allerdings unter der Voraussetzung, daß sie Basil heiratete. In Mariannes Unterlagen fand sich ein Empfehlungsschreiben der *Freiheit* über ihre journalistischen Fähigkeiten und ein netter Abschiedsbrief der Redaktionsmitglieder, in dem sie von Herzen der Hoffnung, »daß England Dir alles das geben möge, was Deutschland uns im Augenblick noch verschließt«, Ausdruck verliehen.[79] Auch Hanni Ganzer wünschte ihrer jungen Freundin das Allerbeste. [80]

Am 20. November 1946 oder kurz darauf kam Marianne schließlich in England an.

13

Das Schicksal von Mariannes Familie

Marianne und Basil planten ihre Hochzeit schnell, denn Mariannes Visum war nur zwei Monate ohne Eheschließung mit einem englischen Staatsbürger gültig. Die Zeremonie fand am Sonntag, dem 29. Dezember 1946, in der Synagoge des Londoner Vororts Hampstead Garden Suburb statt. Das junge Paar verbrachte seine Flitterwochen in Torquay. Wohnen wollten sie in Liverpool. Dort zogen sie zunächst zu Basils Eltern, fanden aber bald eine Wohnung im Dachgeschoß eines sehr alten viktorianischen Hauses, wo Freunde von Basil gewohnt hatten. Marianne folgte dem Beispiel ihrer Mutter – nicht ihrem Rat – und wurde schon nach wenigen Monaten schwanger. Vivian kam am 23. November 1947 zur Welt.

Ein paar Monate vor Vivians Geburt, im Sommer 1947, brachte Basils Bruder Gershon Marianne einige Briefe aus Schweden mit. Die wenigen Neuigkeiten, die sie enthielten, sollten die letzten Informationen sein, die Marianne je über ihre Familie erhalten sollte.

Mariannes Zeugnis

Marianne gab diese Informationen nur zum Teil an mich weiter. In den neunziger Jahren hatte sie einige Einzelheiten vergessen, andere leicht verändert und manche vermutlich absichtlich zurückgehalten. Aus ihren Unterlagen und anderen Quellen mußte ich nicht nur rekonstruieren, was mit ihrer Familie geschehen war, sondern auch, was Marianne davon gewußt hatte.

Marianne war bekannt, daß ihre Eltern im Dezember 1943

Marianne und Basil Ellenbogen *(Marianne Ellenbogen)*

von Theresienstadt nach Auschwitz deportiert wurden. Wie wir gesehen haben, behauptete sie in ihrem veröffentlichten Bericht, sie habe auf der Flucht davon erfahren. Noch überraschender war ihre Angabe, an ihrem Geburtstag, dem 7. Juni 1944, bei Verwandten in Beverstedt durch eine Radiosendung der BBC gehört zu haben, daß alle auf diesem Transport ausnahmslos vergast worden seien. Bei unserem Gespräch im Auftrag des Museums erzählte sie mir 1989:

Während des ganzen Krieges und jetzt besonders in der Illegalität weiter noch hatten wir immer den englischen Sender gehört. Das war natürlich außerordentlich gefährlich, denn das Anfangszeichen aus dem Beethovenkonzert war weitaus hörbar, so daß man vorsichtig sein mußte, daß man nur ganz, ganz, daß man sehr abgestellt hatte und wirklich mit dem Ohr am Sender liegen mußte. Aber das war eine Lebenslinie für meine Eltern und meine Familie und dann später für mich und meine Freunde in der Illegalität, um zu hören, wie die Lage des Krieges wirklich war, denn was man in Deutschland hörte, war alles Propaganda und Sieg und Vorwärtsstürmen, und was sich wirklich abspielte, konnte man nur aufgrund der deutschen Sendungen des englischen BBC erfahren, und das war für uns außerordentlich wichtig. An einer solchen Radiosendung am Mittag [an diesem Tag] hörten wir dort auch den englischen Sender und hörten dann, daß der Transport vom 18. Dezember 1943 von Theresienstadt nach Birkenau-Auschwitz dort innerhalb der letzen Tage vergast worden sei. Ich wußte, daß meine Eltern und mein Bruder diesen Transport nach Auschwitz mitgemacht hatten. Also hatte ich einen unvergeßlichen Geburtstag.[1]

Was mir Marianne hier mitteilte, erschien mir in hohem Maße unglaubwürdig. Sicherlich konnte sie nicht genau gewußt haben, auf welchem Transport ihre Eltern sich befanden. Und bestimmt hatte die BBC keine dermaßen präzisen Informationen über Vergasungen in den Konzentrationslagern gesendet.

Als ich kurz nach Mariannes Tod in Düsseldorf war, zeigte mir Dr. Angela Genger von der Mahn- und Gedenkstätte Düsseldorf eine Liste der nach Theresienstadt Deportierten. In diesem Zusammenhang stieß ich auf Miroslav Karny, einen tschechischen Theresienstadt-Experten, der mich auf ein noch nicht abgeschlossenes Projekt hinwies, bei dem Informationen über alle ehemaligen Lagerinsassen in eine elektronische Datenbank eingegeben wurden.[2] Per E-Mail nahm ich Kontakt zu den Projektmitarbeitern auf und erhielt folgende Antwort von Zdenek Schindler:

Es folgt eine Liste unserer (noch nicht vollständig verifizierten) Daten. Diese Liste benötigt eine Erklärung:

1. Das erste Datum bezieht sich auf einen Transport. VII/4 bedeutet Düsseldorf, 9. 9. 1943[3]

2. Dann folgt die jeweilige Transportnummer.

3. [Als nächstes] kommt die Verschlüsselung des Transportes aus Theresienstadt und die persönliche Nummer.

4. Ich habe auch Ziel und Datum der Deportation aus Theresienstadt hinzugefügt (bitte überprüfen Sie das)

VII/4 3	Ep 128	(Auschwitz 9. 10. 1944)	Dahl \ Else
		geb. 25. 01. 1883	Gest. ?
VII/4 8	Dz 1870	(Auschwitz 15. 5. 1944)	Jaffe\Gertrude
		geb. 27. 06. 1903	Gest. ?
VII/4 9	Er 881	(Auschwitz 16. 10. 1944)	Liebrecht \ Reha
		geb. 12. 01. 1942	Gest. ?
VII/4 67			Rosenberg \ Anna
		geb. 04. 01. 1867	gest. 09.01.1944 Terezín
VII/4 1	El 497	(Auschwitz 29. 9. 1944)	Strauß \ Alfred
		geb. 24. 04. 1891	Gest. ?
VII/4 2	Ep 127	(Auschwitz 9. 10. 1944)	Strauß \ Lore Rosa
		geb. 16. 08. 1907	Gest. ?
VII/4 5	Ds 2215	(Auschwitz 18. 12. 1943)	Strauß \ Regina
		geb. 13. 01. 1896	Gest. ?
VII/4 6	Ds 2216	(Auschwitz 18. 12. 1943)	Strauß \ Richard
		geb. 26. 10. 1926	Gest. ?
VII/4 4	Ds 2214	(Auschwitz 18. 12. 1943)	Strauß \ Siegfried
		geb. 24. 04. 1891	Gest. ?

insgesamt 9 Menschen[4]

Siegfried, Regina und Richard waren wirklich am 18. Dezember zusammen deportiert worden. Reginas Mutter, Alfred, Lore und deren Mutter blieben zurück. Die siebenundsiebzigjährige Anna Rosenberg starb am 9. Januar 1944 in Theresienstadt. Ich dachte damals noch, daß Marianne diese Information über Anna nicht zugänglich gewesen ist. Später entdeckte ich jedoch, daß dies zu den vielen Einzelheiten über das Leben der Familie im Ghetto gehörte, die Marianne einmal bekannt waren.

Mariannes Informationen über den Transport ihrer Eltern waren also richtig. Als wir darüber sprachen, konnte sie nicht mehr genau rekonstruieren, wie sie davon erfahren hatte. Man weiß jedoch, daß es im »Vorzugslager« Theresienstadt erlaubt war, postalisch mit der Außenwelt zu kommunizieren. Andere Häftlinge erinnerten sich zum Beispiel, daß sie alle acht Wochen einen Brief schreiben und alle vier Wochen einen empfangen durften.[5] Diese Regeln änderten sich gelegentlich; und immer gab es strenge Auflagen und Beschränkungen, aber unbestritten ist, daß Briefe hinein- und hinausgelangten.[6] Es ist also gut möglich, daß die Familie Strauß oder jemand anders einen Brief nach Deutschland geschickt hatte, durch den Marianne von ihrem Abtransport erfuhr.

Weitere Nachforschungen in Großbritannien und in Deutschland bestätigten, daß die BBC in diesem außergewöhnlichen Einzelfall wirklich sehr genau über das Schicksal eines speziellen Transports berichtet hatte – eine Tatsache, die auch in einem Großteil der Fachliteratur zum Dritten Reich außer acht gelassen wird. Die Umstände dieser Sendung waren recht ungewöhnlich. Die Widerstandsbewegung von Auschwitz hatte in Erfahrung gebracht, daß alle diejenigen, die im Dezember aus Theresienstadt deportiert worden waren, ein paar Monate lang »unter Quarantäne« gestellt und dann ermordet werden sollten. Um Außenstehende von der Glaubwürdigkeit seiner Enthüllungen über Auschwitz zu überzeugen, wollte der Widerstand so viele Informationen wie irgend möglich weiterleiten. Die Tatsache, daß man die bevorstehende Ermordung von Menschen eines bestimmten Transports vorhersagen konnte, war von großer Bedeutung. Im April 1944 versteckten sich zwei slowakische Juden, Rudolf Vrba und Alfred Wetzler, die im Untergrund des Lagers aktiv waren, zwischen dem inneren und dem äußeren Begrenzungszaun. Nach mehreren Tagen gelang ihnen die Flucht. Sie brachten eine Fülle von Fakten und Zahlen aus dem Lager mit, darunter auch Einzelheiten über den Transport vom Dezember. Ende April hatten sie einen akribischen Bericht verfaßt, der sachlich die bislang umfassendsten Informationen über Auschwitz-Birkenau lieferte.[7] Der Bericht kam im Mai auch Dr. Jaromir Kopecky zu Augen, dem diplomatischen Vertreter der tschechischen Regierung in der Schweiz. Kopecky wiederum zeigte ihn dem in der Schweiz ansässigen Generalsekretär des World Jewish Congress, Gerhard M. Riegner, der schon vor diesem Zeitpunkt bei der Aufklärung der Alliierten über den Holocaust eine wichtige Rolle gespielt hatte.

Aufgrund der Dringlichkeit und Eindeutigkeit von Vrbas und Wetzlers Voraussage, daß Tausende tschechischer Bürger am 20. Juni 1944 ermordet werden sollten, beschlossen Kopecky und Riegner, die tschechische Exilregierung in London zu verständigen. Kopecky bat britische und amerikanische Radiosender: »Bitte senden Sie den deutschen Mördern, die das Massaker in Oberschlesien organisieren, augenblicklich die dringlichste Warnung.«[8] Diese Meldung wurde am 14. Juni mit Hilfe von Elizabeth Wiskemann, der britischen Gesandten in Bern, übermittelt. Am 15. Juni wurde sie in London dechiffriert. Wir wissen, daß die Nachricht zum ersten Mal am 16. Juni von den tschechischen und slowakischen BBC-Stationen gesendet wurde. Am 17. Juni ging eine ausführlichere Version mit einer eindringlicheren Warnung über den Äther.[9] Etwa zur gleichen Zeit wurde eine deutschsprachige Meldung darüber gesendet, die Marianne gehört haben muß. Wir haben keine genaue Transkription der deutschen Sendung, aber folgender Text findet sich in den Unterlagen der deutschen BBC:

> Es folgt eine wichtige Durchsage. In London sind Nachrichten eingetroffen, nach denen die deutschen Behörden in der Tschechoslowakei ein Massaker an 3000 tschechischen Juden[10] in den Gaskammern in Birkenau am oder um den 20. Juni angeordnet haben. Diese Juden sind im letzten Dezember aus dem Konzentrationslager in Theresienstadt an der Elbe nach Birkenau transportiert worden.
>
> 4000 tschechische Juden, die im September 1943 von

Theresienstadt nach Birkenau gebracht worden sind, wurden am 7. März in den Gaskammern ermordet. Die deutschen Behörden in der Tschechoslowakei und die ihnen Unterstellten sollten wissen, daß man in London genauestens über die Massaker in Birkenau Bescheid weiß. All diejenigen, die für diese Massaker verantwortlich sind, von der Spitze bis nach ganz unten, werden zur Rechenschaft gezogen.[11]

Mariannes Tagebucheintrag vom 20. 6. »Entsetzlich! Was wird?« –, der so anders ist als die zurückhaltenden Einträge davor, muß sich auf diese Nachricht bezogen haben. Warum hatte Marianne den Tag, an dem sie diese Nachricht erhielt, in ihrer Erinnerung vom 16. oder 17. auf den 7. vorverlegt und dabei die Vorstellung jenes »unvergeßlichen Geburtstagsgeschenks« evoziert? Wie in ihrem Bericht über Ernsts Tod hatte sie der Wahrheit eine leicht »literarische« Färbung gegeben. Das schockierende »Geburtstagsgeschenk« machte die furchtbaren Gegensätze dieser Zeit erschütternd deutlich: daß sie in relativer Sicherheit leben konnte, während ihre Eltern das grausamste Schicksal erlitten. An einem Tag, den sie mit ihrer Familie hätte verbringen sollen, kam die Nachricht, daß die Familie nie wieder zusammensein würde.

Wir alle haben schon einmal die Erfahrung gemacht, daß uns Tatsachen beim Nacherzählen nicht mehr wirkungsvoll genug erscheinen. Wir fühlen uns bemüßigt, unsere Geschichten ein wenig auszuschmücken, um ihnen mehr Nachdruck zu verleihen, obwohl die vermeintliche Notwendigkeit dazu ebensogut unserer Unsicherheit geschuldet sein kann wie der mangelnden Bedeutung dessen, was wir zu erzählen haben. In Mariannes Fall scheint es zwar kaum plausibel, daß sie ihren Bericht ausschmücken zu müssen meinte, aber vielleicht glaubte sie nach einiger Zeit, den Tatsachen fehle eine emotionale Komponente, und begann absichtlich oder unabsichtlich, ihnen Einzelheiten hinzuzufügen.

Andererseits unterschlug Marianne den vielleicht grauenhaftesten Aspekt – daß die Vergasung nämlich, als sie die Sendung hörte, *noch gar nicht stattgefunden hatte*. Die traumatischen vier

Tage des Wartens zwischen der Radiosendung am 16. oder 17. Juni und ihrem Tagebucheintrag vom 20. hatte sie einfach aus ihrem Gedächtnis gelöscht, etwa so, wie sie die schmerzhaftesten Trennungen und Abschiede – von Ernst und ihren Eltern – in ihrer Erinnerung verändert hatte.

Marianne war nicht die einzige in Deutschland, die diese Sendung hörte. Sie wurde auch von der SS in Auschwitz empfangen und könnte der Grund dafür gewesen sein, daß die Vergasungen um einige Wochen verschoben wurden und erst am 11. und 12. Juli 1944 stattfanden.[12] Die BBC-Sendung scheint, selbst wenn das relativ unbekannt ist, auch für andere noch in Deutschland lebende Juden (zu diesem Zeitpunkt fast ausschließlich »Halbjuden«, solche in »Mischehen« und ganz wenige im Untergrund) bedeutsam gewesen zu sein. Am 20. August 1944 schrieb Victor Klemperer in sein Tagebuch: »Ich erfuhr: Vor einiger Zeit seien viele ältere Juden (dreihundert? dreitausend?) aus Theresienstadt fortgeschafft worden, und danach habe der englische Sender die Vergasung dieses Transports gemeldet. Wahrheit?«[13]

Klemperer wußte es nicht. Der Bericht beendete auch Mariannes Ungewißheit nicht. Wie Klemperer – nur weit dringlicher – sah sie sich vor die Entscheidung gestellt, ob sie dem Gehörten Glauben schenken sollte. Wie sich Frau Nenadovic erinnerte, stellte Marianne vorsichtige Nachforschungen an, wo immer sie konnte.

Mariannes Papiere

Marianne erzählte mir von der BBC-Sendung selbst. Was ich nicht von ihr erfuhr, sondern erst nach ihrem Tod herausfand, war, daß sie nach dem Ende des Krieges viel über das Leben ihrer Eltern vor deren Ermordung in Erfahrung gebracht hatte. Wie wir wissen, wurden Mariannes Eltern im September 1943 zunächst nach Theresienstadt deportiert.

Damals war die Bahnlinie schon verlängert worden, damit die Häftlinge direkt ins Ghetto transportiert werden konnten. Für die meisten war der erste Schock die »Schleuse«, eine Aufnahmeprozedur, die ein bis drei Tage dauerte. In der »Schleuse« war es dunkel, und es herrschte ein ungesundes Klima. Den Eingetroffenen wurde dort fast alles abgenommen, was sie noch bei sich trugen. Möglicherweise ist den Strauß' diese langwierige Prozedur erspart geblieben, weil sie mit einem kleinen, privilegierten Transport eintrafen. Die Plünderung mußten sie jedoch über sich ergehen lassen.

Das stand in Briefen, die Vivian und ich fanden. Marianne hatte sie im März und April 1946 von Frau Ogutsch erhalten, der Witwe des ehemaligen Essener Kantors. Erna Ogutsch, die zu dieser Zeit als Bibliothekarin in einem Vertriebenenlager in Bayern arbeitete, versorgte Marianne mit ausführlichen Informationen über das Leben ihrer Familie in Theresienstadt und die Umstände ihres Abtransports.[14] Die Ansbachers[15], Frankfurter Cousins von Siegfried und Alfred, schrieben etwa zur gleichen Zeit; sie hatten eine regelmäßige Verbindung mit den Strauß' in Theresienstadt aufrechterhalten.

Wie Frau Ogutsch berichtete, fanden die Wachleute bei der Ankunft der Strauß' Geld bei Ine. Trotz ihrer Inhaftierung in Essen war es ihnen gelungen, etwas Geld zu behalten. Ine wurde nun zu vier Monaten Gefängnis verurteilt. Laut Erna hatte Ine im Gefängnis jedoch »mehr, viel mehr Essen, als wir hatten. Sie durfte arbeiten, als Putzfrau u. war ganz zufrieden.«[16] Ine Strauß arbeitete als Putzfrau und war »ganz zufrieden«? Erna Ogutsch wollte ihre Adressatin sicherlich schonen. Aber vielleicht war das ja in einer Welt, in der nichts mehr wie früher war, eine glaubwürdige Behauptung.

Von wenigen Ausnahmen abgesehen, durften Männer und Frauen in Theresienstadt nicht zusammenbleiben. Siegfried, Alfred und Richard wurden sofort von Lore, Else Dahl und Anna Rosenberg getrennt. Laut Erna Ogutsch wurden Alfred, Siegfried und Richard in der Hannover-Kaserne einquartiert, Lore und die beiden Großmütter in der Hamburg-Kaserne. Man konnte sich nur nach dem Ende der Arbeit und dem Abendbrot, nach dem schrillen Klingeln der Lagerglocke treffen. Die Bedingungen verbesserten sich jedoch etwas, nachdem die dänische Regierung darum gebeten hatte, das Lager besichtigen zu dürfen. So benötigte man etwa im Herbst 1943 keinen Ausweis mehr, um ein Gebäude zu verlassen.[17]

Die schlimmsten Bedingungen herrschten im Jahr 1942, als Theresienstadt auf die eintreffenden Menschenmengen völlig unvorbereitet war. Die Strauß' hatten insofern Glück, als seit September 1942 eine Reihe von Maßnahmen zur Verbesserung der Lage umgesetzt worden waren. Dennoch waren die Unterkünfte sehr primitiv und überfüllt, oft mit zwei- oder dreistöckigen Schlafgelegenheiten in großen Sälen. Obwohl die Strauß' ihre Ansprüche in ihren letzten Jahren in Essen bereits stark heruntergeschraubt hatten, müssen diese Gegebenheiten ein großer Schock gewesen sein. Sie erlebten die schlimmste Wasserknappheit nicht mehr, die 1943 behoben wurde, aber auch sie müssen sich mit den entwürdigenden Waschmöglichkeiten arrangiert haben: Dutzende, manchmal Hunderte von Menschen, die sich eine Toilette und ein Waschbecken teilten.[18] In der Hamburg-Kaserne zum Beispiel, in der Lore, Else und Anna untergebracht waren, standen viel zuwenig Toiletten zur Verfügung, und sie lagen am anderen Ende des Durchgangs.[19] Für Alte und Kranke bedeutete dies ein offensichtliches Elend.

Außerdem waren viel zuwenig Ärzte da – einer auf 1600 Menschen, unter denen viele aufgrund ihrer Jugend oder ihres hohen Alters anfällig waren. Typhus, Scharlach, Gelbsucht, Masern und vor allem Dünndarmentzündungen wüteten im Lager. Fast genauso unerträglich muß für die Strauß-Brüder die Anarchie der Korruption, die trotz der vielen Regeln herrschte, und der ständige Kampf ums Überleben gewesen sein. Die Familie mußte auch die berüchtigte Zählung am 10. und 11. November über sich ergehen lassen, bei der die Häftlinge etwa 15 Stunden im Regen stehen mußten – eine Tortur, die viele Ältere nicht überlebten.[20]

Aus Erna Ogutschs Bemerkung über Reginas Versorgung im Lagergefängnis erfahren wir nicht, wie es den anderen Strauß' im Hinblick auf die Ernährung ergangen ist. Für Neuankömmlinge war das Essen oft furchtbar. Selbst die offiziellen Rationen lagen weit unter dem Minimum des Eiweißbedarfs. Zudem kam ein Großteil der Lebensmittelzuteilungen aufgrund der weitverbreiteten Korruption nie an. Wer protestierte, wurde mit dem nächsten Zug abtransportiert.[21] Ernas Briefe verrieten, daß die Strauß' über die einzige Möglichkeit verfügten, Leib und Seele zusammenzuhalten – sie bekamen regelmäßig Päckchen von außerhalb. Solange sie keine Mitteilungen enthielten, durften oft Pakete nach Theresienstadt geschickt werden, die täglich ausgeteilt wurden.[22] Die Strauß' waren möglicherweise die letzten Juden, die aus dem Ruhrgebiet deportiert worden waren; wer also war noch immer draußen und versorgte sie mit diesen Kostbarkeiten?

Päckchen für Familie Strauß

Erna Ogutsch schrieb, daß Lore 1944 »von Ihnen häufig Nachricht u. Päckchen [hatte], einmal, zum Geburtstag ein kl. Buch, vielleicht von E.T.A. Hoffmann oder so«. Ich verstand nicht sofort, daß Frau Ogutsch mit dem Wörtchen »Ihnen« Marianne meinte. Auch ein Schreiben der Ansbachers bestätigt Mariannes Nächstenliebe: »Deine Päckchen kamen alle an und hast Du viel Freude Deinen Lieben bereitet.«[23] Nun – anhand der letzten Briefe in ihrem Haus – erfuhr ich, daß Marianne selbst auf der Flucht noch Lebensmittelpakete zusammengestellt und nach Theresienstadt geschickt hatte. In all ihren Aussagen hat sie diese Tatsache nirgends erwähnt, obwohl man annehmen könnte, daß der Beweis, daß Marianne weiterhin frei war, ihren Eltern eine große Erleichterung gewesen sein muß, was auch sie selbst in ihrer Erinnerung an ihre Eltern etwas getröstet haben kann.

Als Vivian erfuhr, daß seine Mutter selbst im Untergrund noch für ihre Eltern gesorgt hatte, war er überwältigt. Und zwar nicht nur, weil sie so heldenhaft und einfallsreich gewesen war, sondern weil er das erst jetzt herausfand. Seine Reaktion führte mir eine merkwürdige Symmetrie zwischen seinen Erfahrungen und denen seiner Mutter vor Augen. Beide schienen dazu verdammt, über eine Fährte von Briefen erst postum Einzelheiten über das Leben ihrer Eltern herauszufinden. Dieselben Briefe, die Marianne 1946, zwei Jahre nach der Ermordung ihrer Eltern, über deren Erfahrungen in Theresienstadt unterrichtet hatten, sprachen zu Vivian 1997, ein Jahr nach dem Tod seiner Mutter, darüber, wer sie gewesen war.

Der Brief der Ansbachers enthielt eine weitere Überraschung. »Ist Dir der Name Christian bekannt? Er war ein Freund von Euch und hat sehr viel gutes getan.«[24] Wieder Christian Arras! In meinem Gespräch mit Lilli Arras hatte diese sich nur vage daran erinnert, der Familie Päckchen nach Theresienstadt geschickt zu haben. Einmal hatte der Schalterbeamte auf der Post sie dermaßen angebrüllt, daß sie unverrichteterdinge wieder gegangen war. Sie glaubte auch, daß ihr Mann Theresienstadt einmal *besucht* hatte. Ich konnte keine Bestätigung für diesen Besuch finden und hatte mich deshalb nicht mehr damit befaßt. Aber durch die rätselhafte Bemerkung der Ansbachers rückte ein solcher Besuch wieder in den Bereich des Möglichen. Entweder hatte die Familie Strauß den Ansbachers von seiner Hilfe erzählt, oder sie wurde in Theresienstadt noch immer von ihm unterstützt. Im einzelnen wird das wohl nicht mehr nachzuprüfen sein.

Diese überraschenden Entdeckungen waren jedoch beinah unerheblich im Verhältnis zu einem anderen Stapel Dokumente, auf den Vivian und ich inzwischen gestoßen waren: die Postkarten, die Basils Bruder Gershon 1947 aus Schweden mitgebracht hatte. Gershon hatte in Stockholm Grete Sander getroffen, die wahrscheinlich etwa 800 schwedische Kronen von der Familie Strauß erhalten hatte. Sie händigte Gershon mehrere Karten aus, die er nach seiner Rückkehr mit einem fröhlichen Brief weiterleitete: »Es war eine interessante Zeit, besonders in Stockholm, aber es war so teuer, daß ich persönlich über das Ausreiseverbot eher erleichtert als enttäuscht bin.«[25]

Zu diesem Zeitpunkt wußte ich noch nicht, wer Grete Sander war. Eine Weile folgte ich einer falschen Spur.[26] Aber dann erfuhr ich von Eric Alexander, daß Grete in Mönchengladbach gewohnt hatte und eine Verwandte von seiner Seite der Familie war. Ihre Verwandtschaft mit Marianne war so entfernt, daß ich Erics Brief konsultieren muß, um sie korrekt wiedergeben zu können: Grete Sander war die Schwester des Ehemanns der

Schwester des Schwagers von Mariannes Mutter.[27] Sie wäre in dieser Geschichte gar nicht aufgetaucht, wenn sie es nicht geschafft hätte, nach Schweden auszuwandern, in ein neutrales Land, mit dem direkter Postkontakt aus Deutschland möglich war.[28]

Die erste Karte (mitsamt Hitlers Porträt auf der 15-Pfennig-Briefmarke) war etwas, das ich niemals erwartet hätte – eine Postkarte von Mariannes Vater aus Theresienstadt. Siegfrieds Karte ist auf den 1. Oktober datiert, aber erst am 12. Januar 1944 abgestempelt worden, war also offensichtlich erst nach drei Monaten abgeschickt worden. Aufgrund der strengen Lagerzensur mußte Siegfried seine Karte einigermaßen optimistisch halten. Nur das *Fehlen* jeglicher Neuigkeiten zeigt, daß die Karte nicht von einem Familienurlaub auf Norderney oder in Noordwijk stammt:

> Liebe Grete!
>
> Wir sind gut hier angekommen und gesund und hoffe dasselbe von Dir und Deinen Kindern. Meine Adresse ist Hauptstrasse 1.
>
> Hans Orgelers Eltern sehen wir öfter, ebenso Luise Saul. Wir würden uns sehr freuen bald von euch zu hören. Alle lassen herzlichst grüssen.

Eine wesentliche Information enthielt die Karte allerdings: die Adresse. Spätere Karten zeigen, daß Grete nun erstens in der Lage war, selbst zu helfen, und zweitens zwischen den Strauß' und Verwandten in den Vereinigten Staaten vermitteln konnte. Päckchen kamen nicht nur aus Schweden, sondern auch aus den USA, aufgegeben von Hugo Strauß. Durch Alfreds Karten von 1944 wissen wir, daß die Päckchen via Lissabon gesendet und schließlich von ihm in Empfang genommen wurden (es ist nicht klar, ob Siegfried lange genug in Theresienstadt war, um von ihnen profitieren zu können), woraufhin er ihre Ankunft nach Schweden bestätigte. Ein Brief, den Marianne nach dem Krieg von Grete Sander bekam, deutet darauf hin, daß auch Grete einige Pakete aus Schweden geschickt hatte.[29]

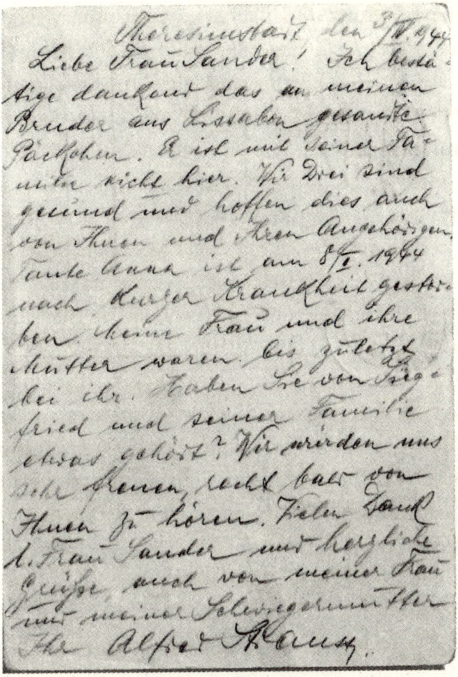
Theresienstadt, den 3/IV. 1944
Liebe Frau Sander! Ich bestätige dankend das an meinen Bruder aus Lissabon gesandte Päckchen. Er ist mit seiner Familie nicht hier. Wir Drei sind gesund und hoffen dies auch von Ihnen und Ihren Angehörigen. Tante Anna ist am 8/I. 1944 nach kurzer Krankheit gestorben. Meine Frau und ihre Mutter waren bis zuletzt bei ihr. Haben Sie von Siegfried und seiner Familie etwas gehört? Wir würden uns sehr freuen, recht bald von Ihnen zu hören. Vielen Dank l. Frau Sander und herzliche Grüße, auch von meiner Frau und meiner Schwiegermutter
Ihr Alfred Kraus.

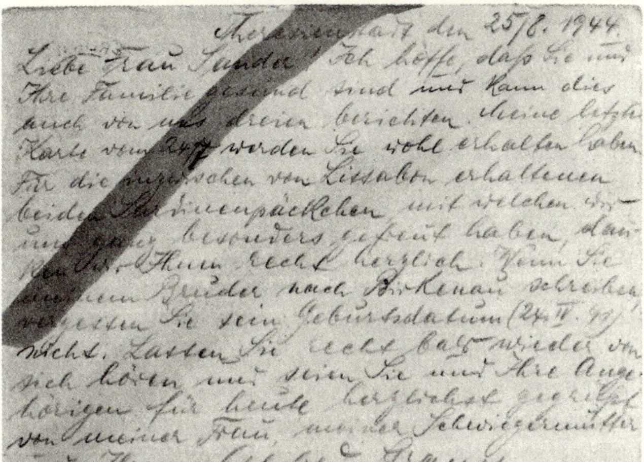
Theresienstadt den 25/6. 1944.
Liebe Frau Sander! Ich hoffe, daß Sie und Ihre Familie gesund sind und kann dies auch von uns dreien berichten. Meine letzte Karte vom 24/4 werden Sie wohl erhalten haben. Für die inzwischen von Lissabon erhaltenen beiden Sardinenpäckchen mit welchen Sie uns ganz besonders gefreut haben, danken wir Ihnen recht herzlich. Wenn Sie meinem Bruder nach Birkenau schreiben vergessen Sie sein Geburtsdatum (24.II.97) nicht. Lassen Sie recht bald wieder von sich hören und seien Sie und Ihre Angehörigen für heute herzlichst gegrüßt von meiner Frau, meiner Schwiegermutter und Ihrem Alfred Kraus.

Postkarten aus Theresienstadt *(Marianne Ellenbogen)*

Ein anderer Brief aus der Nachkriegszeit von Marcus Cohn, dem Schweizer Anwalt der Familie, an Hugo Strauß enthielt eine Liste von »Liebesgabensendungen«, die zwischen Mai und Dezember 1944 nach Theresienstadt geschickt worden waren. Das ließ mich vermuten, daß »Lissabon« in Wahrheit Alfreds verschlüsselte Bezeichnung für die Vereinigten Staaten war und daß Hugos Geschenke in Wirklichkeit über die Schweiz geschickt wurden.[30] 1947 befanden sich auch Postkarten aus Theresienstadt in Cohns Besitz, die Alfred am 10. Juli und am 21. August 1944 in die Schweiz geschickt hatte.[31] Das wahrscheinlichste ist wohl – falls man in diesem bemerkenswerten Kontext überhaupt von Wahrscheinlichkeit sprechen kann –, daß Alfred an Familienmitglieder im neutralen Schweden schrieb. Diese gaben die Nachrichten an die Verwandten in den USA weiter, welche wiederum den Familienanwalt in der Schweiz beauftragten, Pakete zu senden, deren Ankunft dann über Schweden bestätigt wurde.

Deportation nach Auschwitz-Birkenau

Die meisten Postkarten, die ich fand, hatte Alfred 1944 geschrieben, nachdem sein Bruder schon fort war. Siegfrieds optimistische Postkarte an Frau Sander vom 1. Oktober 1943 war doppelt irreführend, denn als sie am 12. Januar 1944 abgestempelt wurde, war Siegfried bereits nach Auschwitz deportiert worden. Frau Ogutsch bestätigte nach dem Krieg in ihrem Brief an Marianne, daß ihre Eltern im Dezember 1943 deportiert worden waren und schloß mit dem Vorschlag, Marianne solle Kontakt mit ihr aufnehmen, wenn sie mehr wissen wolle. Marianne reagierte selten auf solche Angebote, aber in diesem Fall antwortete sie fast postwendend.[32] Sie wollte wissen, warum ihre Eltern für den Transport im Dezember 1943 ausgewählt worden waren. Im April 1946 schrieb Frau Ogutsch zurück:

> Sie fragen an, warum Ihre Eltern bereits im Dez. nach Birkenau transportiert wurden. Es fuhren dauernd Transporte.

Schon im Herbst 42 kamen so viele aus unserem Transport[33] fort, hauptsächlich ältere Leute. Dann mehrere große Transporte im Januar 43, dabei auch meine Schwester und wieder viele Essener jegl. Alters. Es war ein Kommen u. Gehen. Immer das Gespenst des Weiterverschicktwerdens über uns. Es ist möglich, daß wegen der Bestrafung Ihrer Mutter der frühere Abtransport verursacht wurde. Im Mai 44 wieder viele.[34]

Und dann führte sie all die Essener Familien auf, die nach Auschwitz deportiert worden waren – darunter Rudis Vater, Dr. Josef Löwenstein, Liesel Sternbergs Vater Leopold, Mariannes Freundin Irma Rosenberg und viele andere.

Tatsächlich gab es 1943 zunächst keine Weitertransporte aus Theresienstadt. Im Sommer kündigte Eichmann sogar an, es würden keine weiteren Deportationen aus dem Lager mehr stattfinden. Aber am 6. September 1943, nur fünf Tage vor der Ankunft Siegfrieds und seiner Familie, wurden 5000 Lagerinsassen deportiert, und wieder herrschte große Verunsicherung, die bis zum Ende des Kriegs andauern sollte. Der Dezember 1943 – als Siegfried, Ine und Richard abtransportiert wurden – bildete einen neuen Höhepunkt. In diesem Monat wurde mehr als ein Achtel der Lagerinsassen deportiert.[35]

Wir wissen nicht, in welcher Verfassung Siegfried, Ine und Richard nach Auschwitz transportiert wurden. Frau Ogutsch schrieb, daß Lore bei ihrer Deportation im folgenden Jahr noch relativ gut ausgestattet war (und setzte traurig hinzu: »Aber was hat es ihr genützt?«). Möglicherweise hatten auch Mariannes Eltern noch Reste ihres Gepäcks dabei, bevor sie den Zug bestiegen. Aber da die Koffer vor der Abfahrt abgegeben werden mußten, war es wahrscheinlich das letzte Mal, daß sie sie sahen.

Wir wissen auch nicht, ob sie eine Vorstellung davon hatten, was sie erwartete. Nachdem sie durch Christian Arras von Izbica gehört hatten, mußten sie sich davor gefürchtet haben, nach Polen geschickt zu werden. Es scheint, als hätten die meisten Häftlinge in Theresienstadt bis Dezember 1944 nichts über Auschwitz gewußt. Zwischen September 1943 und Oktober 1944 gab es gelegentlich von den Nazis gesteuerte »Postkartenaktionen« von Birkenau nach Theresienstadt. Zumindest bei einer dieser Gelegenheiten, im Juni 1944, durften die Empfänger sogar zurückschreiben, die Antworten erreichten die ursprünglichen Absender jedoch nicht, da die meisten von ihnen in der Zwischenzeit ermordet worden waren.[36] Daher waren die Juden in Theresienstadt schlechter informiert als die wenigen Überlebenden in den jüdischen Gemeinden in Polen. Wie auch immer es gewesen sein mag – das Schicksal des Transports von Mariannes Eltern stellte alles Vorstellbare in den Schatten, selbst in dieser Zeit, in der jeden Tag Unvorstellbares geschah.

Im Zug der Strauß' fuhr auch die Tschechin Ruth Elias mit, die mit Lore in einer Kaserne gewohnt hatte.[37] In ihrer Autobiographie schildert sie den Abtransport sehr anschaulich. Sie wurden nicht in normalen Personenwagen befördert, wie bei der Abfahrt der Strauß' aus Essen, sondern in Viehwaggons. Wachmänner der SS riefen die Namen der Reisenden auf, jagten sie in die Waggons und brüllten: »Schneller, schneller, Judensau!« Die Viehwaggons waren mit fünfzig, sechzig, manchmal sogar mehr Menschen brechend voll. Weder gab es Stroh auf dem Boden noch Platz zum Hinlegen. Auf dem Boden standen zwei Eimer, in einem war Wasser, der andere sollte als Toilette dienen. Da man den Eimer wegen der winzigen Fenster nicht ausleeren konnte, war der Gestank bald unerträglich.

Ruth Elias erinnerte sich nicht mehr, ob sie eine oder zwei Nächte im Zug verbracht hatte – tatsächlich müssen es zwei gewesen sein. Am späten Nachmittag des dritten Tages hielt der Zug, die Türen wurden aufgerissen, und die Menschen sahen sich brüllenden Kapos (Gefangene, die von den Nazis zu Aufsehern ernannt wurden, um die anderen Häftlinge unter Kontrolle zu halten) und bellenden Hunden gegenüber. Sie mußten von den Viehwagen springen und sich in Fünferreihen aufstellen. Ruth Elias fragte einen neben ihr stehenden Mann nach dem Namen des Ortes: »Und er antwortete, ohne aufzublicken: ›Auschwitz‹. Doch dieser Name sagte mir absolut nichts. Für mich war das der Name einer der vielen Städte in

Polen. Damals wußte ich noch nicht, wie tief sich dieser Name in mein Ich eingraben würde, um nie wieder dieses Ich zu verlassen.«[38]

Dies ist ein weiterer Beleg dafür, daß die Deportierten aus Theresienstadt wirklich nicht wußten, was sie erwartete.

In dieser anormalen Welt wäre der nächste »normale« Schritt die Selektion gewesen. Siegfried und Ine wären wahrscheinlich in die eine Richtung geschickt worden, direkt in den Tod, und Richard in die andere, zur Arbeit. Aber dies war kein gewöhnlicher Transport. Denn die Dezember-Transporte aus Theresienstadt gehörten zur zweiten und letzten großen Deportationswelle ins »Familienlager« Auschwitz-Birkenau, einem der bizarrsten Auswüchse des Mordprogramms der Nazis.[39] Das »Familienlager BIIb« wurde im September 1943 von 5006 Juden aus Theresienstadt bezogen.[40] In seinen Memoiren erinnert sich Rudolf Vrba:

> Keiner von denen, die das Lager A in Birkenau überlebt haben, wird jemals den 7. September 1943 vergessen, denn er unterschied sich von allen anderen Tagen, die wir dort zugebracht hatten. An diesem Morgen betrachteten wir alle voller Verwunderung, Freude, Sehnsucht und tiefer Bestürzung ein Bild, von dem die meisten vergessen hatten, daß es so etwas überhaupt gab, und von dem die übrigen zweifelten, es jemals wieder zu sehen.
>
> Neben uns, in das Lager B, von uns lediglich durch ein paar Drähte getrennt, strömten Männer, Frauen und Kinder; sie trugen normale Zivilkleidung, ihre Köpfe waren nicht geschoren, ihre Gesichter allerdings waren verwundert, aber sie waren noch gerundet und nicht verhärmt. Die Erwachsenen trugen ihr Gepäck, die Kinder ihre Puppen und Teddybären; und die Männer aus Lager A, die Zebramänner, die nur noch Nummern waren, standen einfach nur da und starrten hinüber. Sie fragten sich, wer denn die Welt so umgestülpt hatte, daß nun ein Teil von ihr auch zu ihnen hineingefallen war.
>
> […]
>
> Die SS-Leute waren ihnen gegenüber rücksichtsvoll, sie

scherzten mit ihnen und spielten mit den Kindern. [...] Zunächst einmal bemerkte ich, daß bei allen, sogar bei den kleinsten Kindern, die etwa zwei Jahre alt waren, besondere Nummern eintätowiert waren, die in keinerlei Beziehung zu den Nummern in Auschwitz standen. Und jeder trug eine Karte bei sich, auf der stand: »Sechs Monate Quarantäne mit Sonderbehandlung«.[41]

Kurz nach der Ankunft der September-Transporte brachte die Widerstandsbewegung des Lagers in Erfahrung, daß die offizielle Transportliste die Überschrift »SB – Transport tschechischer Juden mit sechsmonatlicher Quarantäne«[42] trug. Im Untergrund wußte man, daß SB die Abkürzung für »Sonderbehandlung« war und meistens als Euphemismus für die Ermordung gebraucht wurde. Aber es war nicht klar, was genau beabsichtigt wurde. Im Gegensatz zu anderen Transporten nach Auschwitz wurde keine Selektion durchgeführt. Alle, die ankamen, wurden ins Lager gebracht. Sie durften ihre persönlichen Sachen behalten – auch ihre Kleidung –, und ihr Haar wurde nicht abgeschnitten. Wie außergewöhnlich das war, zeigt das Schicksal von 1260 jüdischen Kindern und 53 Kindergärtnerinnen, die am 7. Oktober aus Theresienstadt eintrafen. Sie wurden alle am Tag ihrer Ankunft vergast.[43] Am 16. und 20. Dezember erreichte der zweite Schub aus Theresienstadt Birkenau, darunter Siegfried, Regina und Richard. Auch neben ihren Namen stand in den Akten des Lagers SB6, also Sonderbehandlung nach 6 Monaten (wobei sie das im Gegensatz zur Widerstandsbewegung nicht gewußt haben werden).[44] Sie wurden ebenfalls ins »Familienlager« gebracht – in diese seltsam privilegierte Zone inmitten des schrecklichsten Ortes des 20. Jahrhunderts. Niemand wußte, warum sie diesen besonderen Status hatten.[45]

Für Auschwitzer Verhältnisse waren die Häftlinge ungemein privilegiert, ihr Anblick erweckte »Wehmut«. Aber aus dem Blickwinkel der Neuankömmlinge, die das Ausmaß des Grauens in Birkenau, an dem sie ihr »Glück« hätten messen können, noch nicht kannten, klingt die gleiche Erfahrung etwas anders:

Diese traurige Menschenschlange, in Fünferreihen gruppiert – denn Ordnung muß sein –, setzte sich, von SS mit schießbereiten Gewehren flankiert, in Bewegung. Kein Wort fiel, ganz eingeschüchtert schritten wir automatisch voran. Nur ein Gedanke leitete uns: Wir müssen zusammenbleiben, Koni und ich, wir dürfen uns nicht verlieren. Vor einem großen Gebäude kamen wir zum Stillstand und bekamen den Auftrag, uns nackt auszuziehen. Unmöglich, diesen Auftrag zu befolgen, wo doch Frauen, Männer, Kinder dabei waren. Erst nachdem einige Peitschenhiebe von der SS ausgeteilt worden waren, folgten wir diesem Befehl. Dies alles bei 10 bis 15 Grad unter Null. Es war ganz kurz vor Weihnachten. Wir wurden in einen großen Raum mit vielen Duschen geführt, welche an der Decke angebracht waren. Eiskaltes Wasser wurde auf uns heruntergelassen. Wir konnten diesem eisigen Strom nicht ausweichen, denn wir waren in diesem Raum dicht aneinandergepfercht. Wir fluchten, doch heute bin ich froh, denn ich bin nicht sicher, ob dies nicht derselbe Raum war, wo anstatt Wasser auch Zyklon-Gas durch die Duschen strömen konnte. Es gab keine Seife zum Waschen, kein Handtuch zum Abtrocknen. Wir waren triefend naß. Kleider wurden uns zugeworfen. Weg war mein pelzbesetzter warmer Wintermantel, welcher mich soviel Brot gekostet hatte. Ich bekam ein dünnes, dunkelblaues Seidenkleid, mit einem ebenfalls dünnen Mantel, keine Unterwäsche, keine Strümpfe, dafür aber Holzpantinen.[46] Bevor wir in diesen Duschraum geführt wurden, mußten wir unsere eigenen Kleider und Schuhe zusammenbündeln, doch diese eigene Kleidung bekam ich nie mehr wieder.[47]

Als ich mir Mariannes Eltern in der Kälte vorstellte, mußte ich an einen Brief von Eric Alexander denken: »Während ich dies schreibe, fällt mir eine andere Unterhaltung ein, die so grotesk und tragisch ist, daß ich es gut verstehen könnte, wenn Sie mir unterstellen würden, ich hätte sie mir ausgedacht. Ich erinnere mich genau daran, daß Ine meiner Mutter sagte, wenn man sie je fort brächte, würde sie ihren Persianermantel auf jeden Fall mitnehmen, weil sie die Kälte so verabscheue. – Solch herrlich erhebende Unterhaltungen. Sie sprachen über diese Dinge, ohne an das, was sie sagten zu glauben.«[48]

Auf dreistöckigen Bettgestellen ohne Matratzen versuchten sie, sich unter einer dünnen Decke warm zu halten. Seit sie Theresienstadt verlassen hatten, hatten sie nichts zu essen bekommen. Die erste Mahlzeit sollten sie erst am folgenden Tag erhalten, als sie tätowiert wurden. Die 1137 Männer aus dem Zug erhielten die Nummern 169969 bis 171105 und die 1336 Frauen und Mädchen die Nummern 72435 bis 73700.[49] Ich hatte gehofft, die Nummern der Straußschen Familienmitglieder ermitteln zu können und in den Archiven in Auschwitz weitere Informationen über sie zu finden. Aber es ist nicht klar, wie präzise die Liste geführt wurde. Mit Sicherheit sind die Strauß' nicht auf den in Auschwitz erhaltenen Listen mit etwa 50000 Namen aufgeführt. Da inzwischen jedoch neue Listen in Rußland entdeckt wurden, könnten ihre Namen noch auftauchen.[50]

Auch der Tagesablauf unterschied sich von dem in anderen Teilen Birkenaus. Verschiedenen Berichten zufolge durften die neuen Häftlinge alle 14 Tage an ihre Familien schreiben und Päckchen empfangen. Die Männer mußten sich nicht zur Arbeit melden, und für die Kinder wurde eine Schule unter der Leitung des charismatischen Fredy Hirsch eingerichtet. Ihnen stand sogar ein kleiner Garten zur Verfügung, und sie bekamen anfangs noch etwas besseres Essen als die übrigen im Lager.[51] Unter der Aufsicht des Lagerältesten verwalteten die jüdischen Gefangenen ihren Block selbst. Das Beste war, daß Familien während der abendlichen Besuchsstunde in der Lagerstraße zusammenkommen konnten, da die Baracken von Männern und Frauen innerhalb derselben Einzäunung lagen.

Für die Häftlinge, die sich ihrer »Privilegien« nicht bewußt waren, stellte der Lageraufenthalt jedoch die furchtbarste Erfahrung ihres Lebens dar. Das Essen bestand fast ausschließlich aus wäßrigen Suppen. Unterernährung und Krankheiten forderten einen hohen Tribut. In den ersten sechs Monaten nach ihrer Ankunft war ein Fünftel der 5000 Menschen, die im

September eingetroffen waren, eines »natürlichen Todes« gestorben.[52] Frühmorgens fand täglich ein Appell statt, bei dem die Häftlinge manchmal stundenlang in viel zu leichter Kleidung bei eiskaltem Wetter ausharren mußten, bis die Anwesenheit aller Gefangenen festgestellt worden war. Sinnlose Schwerstarbeit – das Schleppen von Steinen – war ihr tägliches Los. Eine der schockierendsten Erfahrungen für die zweite Welle von Häftlingen war das Wiedersehen ihrer ehemaligen Gefährten aus Theresienstadt, die bereits vor ihnen im September nach Auschwitz deportiert worden waren. Ruth Elias erinnerte sich:

> Diese Menschen hatten sich vollkommen verändert. Wir hatten einander gekannt, wir waren schließlich Freunde gewesen, und einer von ihnen war Blockältester geworden, einer, der für einen Block von 400 und mehr Menschen verantwortlich war. Jemand näherte sich ihm als Freund, aber er sagte nur: »Wir spielen hier keine Spiele«, und dann hielt er uns eine Rede: »Ihr seid an einen Ort gekommen, den ihr nicht mehr verlassen werdet.« Die Menschen, die wir gekannt hatten, waren nicht mehr wiederzuerkennen. Diejenigen, die ich als zivilisierte Menschen kannte, benahmen sich wie Wilde, und es fiel schwer, sich die Veränderung zu erklären, die sich ihrer bemächtigt hatte.[53]

In den folgenden Wochen drangen Gerüchte über Gaskammern und Öfen bis zu den neu Eingetroffenen durch und verdichteten sich allmählich. Im März veränderte sich die Bedeutung des Lageraufenthaltes für die im Dezember Eingetroffenen dramatisch, als fast auf den Tag genau sechs Monate nach der Ankunft des ersten Transports der Befehl vom RSHA kam, die im September Deportierten zu ermorden. Im Lager versuchten die Nazis den Anschein zu wahren, die Betroffenen würden in Arbeitslager weiter im Inneren verlegt. Alle wurden angewiesen, Postkarten an Bekannte zu schreiben; wer arbeitsfähig war, wurde ins Quarantänelager BIIa verlegt, die Männer in einen Block, die Frauen in einen anderen; sie durften ihre persönlichen

Sachen mitnehmen. Dennoch erhärtete sich der Verdacht des Widerstands. Am 4. März 1944 vertraute der Anführer der Widerstandsbewegung Rudolf Vrba seine Vermutungen an. Er teilte ihm auch mit, alle Häftlinge seien zum Schreiben von Postkarten gezwungen worden, die sie rund einen Monat vordatieren mußten. Das Sonderkommando wurde angewiesen, in der Nacht des 7. März die Öfen für die Vernichtung von 4000 Menschen anzuheizen, und die SS-Männer sprachen von einer besonderen Aufgabe.[54] Die Anführer des Widerstands hofften, das Ausmaß der geplanten Aktion, die Gewißheit, daß sie stattfinden würde, sowie die Tatsache, daß unter den Betroffenen auch etwa 30 Mitglieder des Widerstands waren, könnte einen Aufstand auslösen.

Sie kamen überein, daß Fredy Hirsch, der charismatische Jugendgruppenleiter, der bereits während des Transports so viel für die jungen Leute getan hatte, der Mann war, der überall im Lager genug Vertrauen genoß, um den Aufstand anzuführen. Nachdem Vrba mit Hirsch gesprochen hatte, verließ letzterer ihn unter dem Vorwand, darüber nachdenken zu wollen, und vergiftete sich.

Alle Deportierten vom September wurden in der Nacht vom 7. auf den 8. März 1944 ermordet – nach dem jüdischen Kalender an Purim, dem Fest des Gedenkens an den Sieg über den Widersacher Haman, der beschlossen hatte, alle Juden umzubringen. Wie bei der Ankunft fand auch diesmal keine Selektion statt (mit Ausnahme von Zwillingspaaren, an denen Joseph Mengele seine Experimente durchführte, und medizinischem Personal).[55] Von nun an war klar – so die Zeugen, die der Historiker Otto Dov Kulka zitiert –, daß die Lebensspanne der Gefangenen in diesem besonderen Lagerbereich auf sechs Monate begrenzt war. Das Leben im Lager ging weiter, mit Konzerten und Theateraufführungen, Jugend- und Bildungsarbeit,[56] aber viele Häftlinge wußten genau, daß sie zum Tode verurteilt waren. Dennoch, erinnerte sich A. Schön, gab es selbst Wochen nach dem Morden vom März immer noch einzelne in der Dezembergruppe, die nichts vom Tod ihrer Gefährten ahnten. Ihre Selbsttäuschung wurde durch die Ankunft der vordatierten Postkarten der Opfer (25.–27. März) bestärkt,[57] die außerdem dazu dienten, die noch in Theresienstadt Inhaftierten davon zu überzeugen, daß Birkenau ein erträgliches Lager war.[58]

Hier endet mein Bericht über das Leben der Strauß' – bis auf einen letzten kurzen Einblick. Unter den Karten, die Grete Sander in Schweden erhalten hat, befand sich eine wüst mit Bleistift hingekritzelte von Regina Strauß, Arbeitslager Birkenau, bei Neuberun (Oberschlesien). Mit Datum vom 15. April 1944 schrieb sie: »Liebe Grete, ich bin gesund, es geht mir gut, hoffe auch von Dir öfter zu hören. [unleserlich] Mit herzlichen Grüßen, Deine Regina«.[59]

Wie wir wissen, wurden manchmal irreführende Karten verschickt. Die Angabe »Arbeitslager Birkenau« ist trügerisch, weil dies kein Arbeitslager war. Die Adresse »bei Neuberun« wurde von den Behörden absichtlich gewählt, damit niemand, der eine Karte aus dem »Familienlager« erhielt, dies mit Auschwitz in Verbindung brachte.[60] Auch stimmten oft die Daten nicht, und die Absender waren schon ermordet, wenn die Karten ankamen. In diesem Fall war die Karte, obwohl augenscheinlich im April geschrieben, erst am 23. Juni 1944 abgestempelt worden. Es ist durchaus möglich, daß die Nazis sie absichtlich zu der Zeit abschickten, als der Vrba-und-Wetzler-Bericht international beachtliche Aufmerksamkeit erregte.[61] Mein ursprünglicher Gedanke, einen erstaunlichen Kommunikationskreislauf entdeckt zu haben, wich daher bald der Einsicht, daß eigentlich gar nichts Interpretierbares mitgeteilt wurde. Daß Ine gesund war, erscheint vielleicht gerade noch möglich. Daß sie im April, dem vermeintlichen Datum der Karte, noch lebte, ist relativ wahrscheinlich. Daß es ihr gut ging, ist allerdings unmöglich, und daß wüstes Gekritzel nicht ihrer normalen Schrift entsprach, ist sicher. Von Frau Ogutsch und anderen erfuhr Marianne nach dem Krieg, daß Richard auch eine Karte zurück nach Theresienstadt geschickt hatte. Wir wissen auch, daß Grete Sander Lore mitgeteilt hatte, sie habe von Ine[62] gehört und Päckchen nach Auschwitz gesandt.[63]

Aber Ine wird die Päckchen nicht erhalten haben. Für Juni 1944 war die Liquidation der im Dezember 1943 Eingetroffenen vorgesehen, die dann auf Juli verschoben wurde. Von diesen unmittelbar bevorstehenden Morden hatte Marianne im Radio gehört. Der Widerstand hatte jedoch nicht voraussagen können, daß diesmal eine Selektion stattfinden würde. Auch Marianne hat das nie gewußt. Der Grund liegt möglicherweise darin, daß die Tötungen publik geworden waren. Auf jeden Fall brauchten die Nazis inzwischen weitere Arbeitskräfte.[64] Anders als im März, wo alle ausnahmslos in die Gaskammern geschickt worden waren, wurden im Juni diejenigen, die man für arbeitsfähig hielt, in Arbeitslager verlegt.[65] Dem Historiker und Theresienstadt-Überlebenden Hans-Günther Adler zufolge überlebten von den 2503 Menschen, die am 18. Dezember 1943 von Theresienstadt nach Auschwitz gebracht wurden, etwa 443 und von beiden Dezember-Transporten insgesamt 705, das sind 13 Prozent.[66] Ich weiß nicht, wie Marianne mit dieser Information umgegangen wäre, hätte sie noch vor ihrem Tod davon erfahren können. Möglicherweise hatten einige der Strauß', vielleicht Richard, es bis hierhin geschafft. Falls es so war, findet sich jedoch keine Spur davon in den Akten.

Diese beiden sechsmonatigen Quarantänephasen gehören sicherlich zu den seltsamsten und makabersten Auswüchsen in der Chronik von Auschwitz. Was kann der Zweck dieser Morde nach Uhrwerk gewesen sein? Eines ist klar: die Ermordungen waren von Anfang an geplant. Heute hält man es für ausgemacht, daß das »Familienlager« eine der Maßnahmen des RSHA gewesen ist, die das Mordprogramm vertuschen sollten. Man befürchtete, daß Vertreter des Roten Kreuzes bei einem Besuch in Theresienstadt auch Auschwitz zu sehen wünschten. Das »Familienlager«, die Möglichkeiten postalischer Verbindung, die Empfangsbestätigungen für Pakete, die über das Internationale Rote Kreuz geschickt worden waren, etc. waren Teile eines ausgefeilten Vertuschungsplans. So willigte Himmler im Mai 1944 ein, eine Inspektionsgruppe von Vertretern des Deutschen und des Internationalen Roten Kreuzes durch »ein jüdisches Arbeitslager [in Birkenau]« zu führen.[67] Erst als das Rote Kreuz entschieden hatte, daß bei dem Besuch in Theresienstadt am 23. Juni 1944 »alle Erwartungen erfüllt« worden seien und eine weitere Lagerbesichtigung in Auschwitz daher unnötig sei, entschloß sich das Regime, das »Familienlager« aufzulösen und die noch verbliebenen Gefangenen zu töten.[68]

Unter all den grotesken Aspekten des Holocaust ist dies einer der seltsamsten. Diese »Sonderbehandlung« innerhalb der »Sonderbehandlung« scheint die Quintessenz des Holocaust in sich zu bergen. Was den Holocaust so einzigartig und so unergründlich macht, ist das makabre Zusammenspiel von gezieltem Vorgehen, irrationalem Haß und mörderischer Brutalität. In diesem besonderen Fall wurde der übliche Verlauf durch ein besonderes Vorgehen abgeändert: was für die Ermordung der betroffenen Menschen sprach, wurde sorgfältig gegen die Bedeutung der öffentlichen Meinung abgewogen. Ein genauer Zeitplan für vorsätzlich *verschobenen* Mord ersetzte das übliche Uhrwerk. Die Geschichte der Transporte aus Theresienstadt steht als Symbol für die Unergründlichkeit des Ganzen.

Aus einer anderen Perspektive erscheint das »Familienlager« für die Strauß' als die letzte Phase ihres privilegierten Status, auch wenn sie es nicht so empfunden haben dürften. Als reiche Bürger mit guten Beziehungen – die Männer im Ersten Weltkrieg ausgezeichnet – waren sie lange Zeit besser behandelt worden als die meisten anderen Juden. Wegen ihrer Kontakte hatten sie die frühen Deportationen umgehen können. Als sie schließlich doch deportiert wurden, kamen sie nach Theresienstadt, das Lager für »Prominente«. Selbst jetzt hatten sie und die anderen Häftlinge des Ghettos noch einen begrenzten Wert – wenn auch nur für Zwecke der Propaganda. Aber mit dem Erreichen jedes neuen Stadiums verringerte sich der Wert ihrer herausragenden Stellung. Anfangs hatte sie ihnen relative Freiheit und Wohlstand gesichert. Von 1941 bis 1943 durften sie unter den sich stetig verschlechternden Bedingungen wenigstens noch einen Teil ihrer Wohnung und ihrer Ersparnisse nutzen. Ihre Deportation nach Theresienstadt ersparte ihnen zunächst den Transport in ein Vernichtungslager. Und schließlich bestand der Vorzug nur noch in ein paar zusätzlichen Monaten unter qualvollen Bedingungen.

Welchen Sinn mögen sie darin gesehen haben? Hatte Siegfried im zutiefst Deutschen des ganzen Unterfangens den endgültigen Niedergang all dessen gesehen, was ihm heilig war? Oder hatte er den Kopf geschüttelt über Umstände, dank derer eine Bande von Kriminellen sein Heimatland unterwandern konnte? Ihr ganzes Leben lang quälte Marianne die Frage, wie ihre Familie auf die Konzentrationslager reagiert haben mochte. Aber nicht ein einziges Mal erwähnte sie, was für ihre Eltern der letzte Lichtblick gewesen sein muß: Sie gingen in die Gaskammern in dem Wissen, daß ihre Tochter entkommen war und wahrscheinlich noch lebte.[69] Eine von ihnen hatte die Nazis überlistet. Aus unserem Blickwinkel muß Mariannes Überleben ihr alleiniger Trost gewesen sein. Sie selbst jedoch empfand dies nicht als Linderung ihres Schmerzes.

Alfred und Lore in Theresienstadt

Zu dieser Zeit befanden sich die übrigen Familienmitglieder immer noch in Theresienstadt. Anna Rosenberg starb drei Wochen nach der Deportation ihrer Tochter an »Altersschwäche«, wie sich Erna Ogutsch ausdrückte.[70] Alfred und Oe fanden beide nützliche Arbeiten. Alfred beaufsichtigte die Schlangen am Postschalter, wo die Pakete abgeholt werden konnten. Dies erklärt auch, warum er so häufig an Grete Sander schreiben konnte. Mit der Hilfe von Herrn Ogutsch konnte sich Oe eine Arbeit im Kinderheim verschaffen. Sie zog dort ein und war für 15 Jungen zuständig. Erna Ogutsch zufolge, die dem Heim gegenüber als Krankenschwester arbeitete und im Sommer 1944 viel Zeit mit Oe verbrachte, »ging [sie] in dieser Arbeit auf«. Inwieweit Alfred und Oe miteinander in Verbindung standen, wissen wir nicht.

Im März 1944 bestätigte Alfred mit einer Karte den Eingang eines Päckchens.[71] Einen Monat später schrieb er eine längere Karte, die erneut drei Monate liegenblieb, bevor sie abgeschickt wurde.

Liebe Frau Sander!

Ich bestätige dankend das an unseren Bruder aus Lissabon gesandte Päckchen. Er ist mit seiner Familie nicht hier. Wir drei sind gesund und hoffen dies auch von Ihnen und Ihren Angehörigen. Tante Anna ist am 8. 1. 1944 nach kurzer Krankheit gestorben. Meine Frau und ihre Mutter waren bis zuletzt bei ihr. Haben Sie von Siegfried und seiner Frau gehört? Wir würden uns sehr freuen, recht bald von Ihnen zu hören. Vielen Dank l. Frau Sander und herzliche Grüße auch von meiner Frau und meiner Schwiegermutter.

Ihr Alfred Strauß[72]

Im Mai oder Juni 1944 erhielt Alfred eine Karte, die Siegfried im Januar aus Birkenau abgeschickt hatte. Wie immer gab es wochen-, manchmal monatelange Verzögerungen. Und das in einer Zeit, in der Briefe von den Truppen an der Ostfront innerhalb weniger Tage ankamen. Wir wissen auch, daß Alfred und Lore im Mai eine Karte von Richard erhielten, die anzudeuten schien, daß er allein war, auf der jedoch keine Adresse stand.[73] Am 3. Juni bedankte sich Alfred bei Frau Sander für die Päckchen aus Lissabon und bestätigte, im Januar von Siegfried gehört zu haben. Offensichtlich hatte Siegfried geschrieben, daß er die Päckchen pünktlich erhalten habe.

Im Juli schrieb Alfred erneut an Grete, ließ Hugo für die Päckchen aus Lissabon danken und fragte, ob sie etwas von seinem Bruder gehört habe. Auf einer Karte vom August 1944 wies Alfred darauf hin, daß auf der Post an seinen Bruder in Birkenau dessen Geburtsdatum vermerkt werden solle. Höchstwahrscheinlich war Siegfried jedoch schon tot.

Auf eine kurzen Karte vom 18. September 1944 wiederholte er, daß sie immer noch keine Nachricht von Siegfried und seiner Familie hatten. Das war Alfreds letztes Lebenszeichen.

Ich versuchte, Kontakt zu Grete Sander und ihrer Familie aufzunehmen, weil ich wissen wollte, was dies alles für sie bedeutet hatte. Dabei fand ich heraus, daß Gretes Neffe Paul Alsberg, der Chefarchivar der israelischen Regierung gewesen war, bereits an einem Familienstammbaum gearbeitet hatte und aufgrund dessen wahrscheinlich mehr wußte. Er sagte mir, daß Grete selbst, »eine außerordentlich aktive und intelligente Frau«, gestorben war, aber ihre Tochter, Erna Morting, noch in Schweden lebte.[74] Daraufhin fragte ich Frau Morting in Sundbyberg in einem Brief, woran sie sich noch erinnerte. Bis auf eine kleine, aber äußerst interessante Information über die Schweizer Konten der Strauß' und einen recht traurigen Hinweis darauf, daß Marianne ihnen nach dem Krieg Vorwürfe wegen Geldangelegenheiten gemacht habe, konnte sie jedoch nur wenig beisteuern. Abschließend bemerkte sie, daß sie selbst, ihr Mann und ihre Mutter während des Krieges so große finanzielle Schwierigkeiten gehabt hätten, daß sie nicht viel mehr tun konnten, als gelegentlich Päckchen an deportierte Verwandte zu schicken. Mir wurde klar, daß es unmöglich ist, den Holocaust überlebt zu haben und sich nicht schuldig zu fühlen.

Ich telefonierte auch mit Gershon Ellenbogen, aber wie schon der fröhliche Ton seines Begleitbriefs vermuten ließ, hatte er die Postkarten weitergeleitet, ohne ihren Inhalt zu erahnen. Er war betroffen, als er fünfzig Jahre später erfuhr, wie beiläufig er mit den letzten Lebenszeichen aus Auschwitz und Theresienstadt umgegangen war. Es war typisch für Marianne, daß sie ihm nie erklärt hat, was er ihr übergeben hatte.

Die Deportation von Alfred und Lore

Es ist nicht geklärt, warum es im letzten Stadium des Krieges eine weitere große Deportationswelle aus Theresienstadt gegeben hat. Vielleicht hatten die Nazis Angst vor den ehemaligen jüdischen Offizieren in den Lagern. Die meisten von diesen wurden nun deportiert.[75] Was auch immer die Gründe gewesen sein mochten, die Deportationen begannen am 28. September. Diejenigen, die mit den ersten Transporten weggeschickt worden waren, hatte man nach ihrer Arbeitsfähigkeit selektiert, weswegen in Theresienstadt allgemein angenommen wurde, sie würden tatsächlich in ein anderes Lager oder in den Arbeitsdienst gebracht.[76] Während der Fahrt wurden die Männer angehalten, auf Postkarten an ihre Frauen zu schreiben, daß sie an ihrem vorgeblichen Ziel angekommen seien, Essen und Unterkunft gut seien und die Arbeit nicht zu hart. Tatsächlich fuhren die Züge, wie schon die vorangegangenen, nach Auschwitz-Birkenau. In den nächsten Wochen folgte eine Reihe von Transporten; die letzten fanden am 23. und 28. Oktober 1944 statt. Das Ausmaß der Aktion läßt sich an den Zahlen erkennen: am 29. September befanden sich 29481 Menschen in Theresienstadt, einen Monat später nur noch 11077.[77]

Am 29. September, elf Tage nachdem er seine letzte Karte geschrieben hatte, wurde Alfred deportiert. Als sich die Verwaltung dazu herabließ, seine Nachricht zu frankieren und abzuschicken, waren nicht nur Alfred, sondern auch Lore und ihre Mutter bereits nach Auschwitz gebracht worden. Als Lore mit einem der allerletzten Transporte aus Theresienstadt (am 9. Oktober 1944)[78] abfahren mußte, soll sich ihre Mutter Else freiwillig angeschlossen haben, wie Frau Ogutsch Marianne später schrieb.

Endstation

Als die letzten Transporte aus Theresienstadt Birkenau erreichten, wurde wieder selektiert. Ob Alfred die Selektion überlebte, wissen wir nicht; Else Dahl überlebte jedoch mit Sicherheit nicht. In ihrem Brief an Hugo und Grete Strauß vom Januar 1946 äußerte Marianne die Vermutung, daß Alfred, Oe und Else alle in Birkenau gestorben seien. Aber später im selben Jahr – so erzählte mir Marianne – hatte sie einen Brief von Erna Ogutsch aus einem Krankenhaus in Schweden erhalten, wohin diese nach der Befreiung, vollkommen ausgemergelt und dem Tode nah, gelangt war. Laut Marianne war Frau Ogutsch in Birkenau gewesen und wußte, daß Oe für arbeitsfähig befunden und in ein anderes Konzentrationslager geschickt worden war:

> Sie war Zeugin, als meine Tante von der SS erschossen wurde. Als die Russen auf dem Vormarsch waren, räumte die SS die Konzentrationslager, sie trieben alle fort, die immer

noch da waren, und wer am Wegesrand zusammenbrach, wurde erschossen. Offensichtlich konnte sie einfach nicht mehr weiter, und so setzte sie sich einfach hin, und sie erschossen sie. Und ich glaube, ein paar Kilometer weiter wurden die Leute, die noch am Leben waren, gerettet, sie wurden befreit – wahrscheinlich war es nur eine Sache von Stunden. Sie hätte den Krieg also überleben können, es war nur eine Sache von Stunden. Ich kenne nur diese eine Geschichte von all meinen engen Verwandten, nur hier weiß ich, was am Ende geschehen ist.[79]

Oe »ging es gesundheitlich eigentlich nie besonders gut«, sagte Marianne 1996 zu mir, »aber sie war ziemlich zäh und ließ sich nicht leicht unterkriegen, deswegen glaube ich, wenn das nicht gewesen wäre, könnte sie heute noch leben. Sie wurde 1906 oder 1909 geboren,[80] es wäre also durchaus möglich, daß sie jetzt noch lebte.« Marianne sagte, sie habe von Frau Ogutsch gehört, daß Oe zuletzt zu dieser gesagt hatte: »Erzählen Sie Alfred, was mit mir geschehen ist.«[81] Marianne wollte mir Erna Ogutschs Brief heraussuchen, was sie aber nie getan hat. Ich glaube, sie konnte es nicht ertragen, danach zu suchen.

Obwohl Vivian und ich inzwischen nahezu alle Papiere in Mariannes Haus gesichtet hatten, war der Brief von Frau Ogutsch nicht dabei. Wir stießen jedoch auf widersprüchliche Hinweise zu Oes Tod. In den fünfziger Jahren äußerte sich eine weitere Überlebende, Julia Böcker, ganz anders zu diesem Punkt: »Eidesstattliche Erklärung. […] Als Frau Lore Strauß aus Essen, früher wohnhaft Hufelandstr. 23, im Konzentrationslager Auschwitz ankam, habe ich sie gesehen. Sämtliche Insassen dieses Transportes wurden sofort nach seiner Ankunft vergast. Ich kann mit Bestimmtheit sagen, daß Frau Lore Strauß, die ich von Essen aus kannte, auch unter den Leuten war, die am 22. November 1944 vergast wurden.«[82]

Dieser Bericht entspricht mit Sicherheit nicht der Wahrheit. Wir wissen, daß Oe am 9. Oktober aus Theresienstadt abtransportiert wurde und daß die letzten Vergasungen in Auschwitz am 2. November 1944 stattgefunden haben. Wie wir gesehen haben, hatte dieselbe Zeugin auch schon falsche Angaben über das Eigentum der Familie gemacht.[83] Es ist natürlich möglich, daß Oe getötet wurde, als sie mit dem Oktober-Transport ankam. Laut Hans-Günther Adler haben von den 1600 Menschen, die am 9. Oktober 1944 nach Auschwitz deportiert worden sind, nur 22 überlebt.[84] Auch diese Angabe erscheint allerdings fragwürdig, denn wir wissen, daß gesunde junge Leute aus diesem Transport für Arbeitseinsätze selektiert wurden.

1978 füllte Marianne Formulare für Yad Vashem aus. Darin gab sie den Tod ihrer Eltern und ihres Bruders in Auschwitz an, Datum vermutlich Juni 1944, und den Tod ihrer Großmutter in Theresienstadt, Datum unbekannt. Offensichtlich hatte sie in der Zwischenzeit vergessen, daß Anna im Januar 1944 gestorben war. Bei Alfreds Todesdatum hatte sie ein Fragezeichen und das Jahr 1944 eingetragen, und bei Oes Todesort Treblinka oder Maidanek 1945. Treblinka war jedoch nach dem Aufstand von 1943 als Vernichtungslager geschlossen worden, und nach Maidanek wurden in den letzten Monaten seines Bestehens keine Juden mehr aus Auschwitz transportiert. Beide Angaben können also nicht zutreffen. Marianne scheint also bereits in den siebziger Jahren den Brief vergessen zu haben, in dem der Tod ihrer Tante beschrieben wurde.[85]

In den achtziger Jahren erhielt Marianne weitere »Gedenkblätter« von Yad Vashem zum Ausfüllen, nun auf deutsch und geschickt von der Alten Synagoge in Essen. Pflichtgemäß füllte sie auch diese aus. Diesmal riet sie das Sterbedatum ihrer Eltern und ihres Bruder nicht, sondern trug ein, daß sie von Theresienstadt nach Auschwitz verlegt und im Mai 1945 als tot registriert worden waren. Sie erinnerte sich an das genaue Todesdatum ihrer Großmutter, und zu Oe schrieb sie, daß sie in den letzten Kriegstagen bei Treblinka von der SS erschossen worden war.[86] Wie bereits erwähnt, konnte das nicht den Tatsachen entsprechen, da Treblinka zum fraglichen Zeitpunkt bereits geschlossen war.

In der letzten Plastiktüte mit Papieren, wo wir auch Ernsts Ring entdeckten, fanden Vivian und ich schließlich den Brief von Frau Ogutsch, der tatsächlich viele Einzelheiten über die

Erfahrungen der Strauß' in Theresienstadt enthielt. Was Erna Ogutsch jedoch nicht erwähnte, war das, was Marianne mir von dem Brief erzählt hatte, nämlich Oes Tod. Das wäre auch gar nicht möglich gewesen – Erna Ogutsch hatte Theresienstadt nie verlassen, und sie hatte Marianne auch nicht aus Schweden geschrieben, sondern aus einem Displaced-Persons-Lager in Bayern.

Die Plastiktüte enthielt einen weiteren Brief, datiert auf den 1. Mai 1946, von Ludwig Ansbacher und seiner Frau Selma. Ludwig erläuterte den Zufall, durch den sie Nachricht von Marianne erhalten hatten:

> Deine beste Freundin Trude Schloß, welche mit Dir in Berlin war, sie ist Sonntag von hier nach Bremerhaven und von da nach Amerika gefahren. Ein guter Bekannter von mir ging auch mit, ihr Onkel. Wir unterhielten uns, er sagte, hier meine einzige überlebende Verwandte, ich frag das Fräulein, wo sie war, sie sagte, ich komme von Essen. Kannst Du Dir denken, wie es in mir war, ich fragte sie dann, und der Zufall wollte, daß sie mir von Dir erzählen konnte. Ich ging sofort nach Hause und erzählte es Tante Selma, natürlich war sie sehr aufgeregt.[87]

Selma Ansbacher fügte hinzu, daß ihre Tochter Sigrid ein paar Tage nach Oe und deren Mutter aus Theresienstadt deportiert worden war. Am 22. Dezember hatten Selma und Ludwig in Theresienstadt einen Brief von Sigrid erhalten, der am 19. Oktober abgeschickt worden war. Dank eines vorher vereinbarten Codes wußten sie nun, daß sie in Auschwitz war. Sigrid hatte geschrieben, daß sie Oe getroffen hatte. Selma fuhr fort:

> Liebe Marianne, als wir von den Russen befreit wurden und der Krieg am Ende war, da wußten wir, was grausames in Auschwitz geschah. Wir kamen am 22. Juni 1945 nach Frankfurt zurück und fanden keines unserer lb. Kinder vor. Doch ich will Dir gleich vorweg schreiben, daß Sigrid lebt und in Schweden seit Juli voriges Jahr ist. Aber unser lb.

Heinz kam leider Gottes auch nicht mehr zurück. Ich weiß, daß Du allein im Leben stehst, und wie oft haben wir in Theres. von Dir gesprochen. Deine Päckchen kamen alle an und hast Du viel Freude Deinen Lieben bereitet. Wir waren täglich zusammen, vielleicht kannst Du mal nach hier kommen, und ich werde Dir ausführlich von Deinen Lieben berichten.

Im nächsten Absatz des Briefs stellte sich heraus, daß es die Tochter der Ansbachers gewesen war, die mit Lore zusammen gearbeitet hatte:

Jetzt muß ich Dir etwas sehr, sehr Trauriges berichten. Wir sind mit unserer Sigrid seit Oktober voriges Jahr in Verbindung und zwar erfuhren wir von Julius dem Bruder meines Mannes, welcher in Amerika ist, daß Sigrid lebt, und Sigrid erfuhr auch durch Amerika, daß wir gerettet wurden. Sigrid schrieb uns ihre Leidensgeschichte, wo sie überall war. Sie war mit Tante Lore bis 24. Jan 1945 in Kursbad b/Trachenburg über Breslau zusammen.

Selma fuhr fort, daß Sigrid von Auschwitz aus ins Konzentrationslager Groß-Rosen gekommen war. Schon bevor dieser Brief auftauchte, hatte ich gemutmaßt, daß Lore vielleicht nach Groß-Rosen verlegt worden war. Es ist viel unbekannter als einige andere Lager und wird erst seit einigen Jahren von Historikern untersucht. In der letzten Phase des Kriegs war es mit einem Netzwerk von Außenlagern zu einem der größten Arbeitslager in Deutschland geworden. Seit 1944 wurden in den Außenlagern von Groß-Rosen weibliche Arbeitskräfte (fast ausschließlich jüdische Frauen) eingesetzt. Im Laufe des Jahres entstanden 39 Arbeitslager für Frauen, zu denen 1945 noch drei hinzukamen; insgesamt lebten dort etwa 26000 weibliche Gefangene.[88] Ich wußte bereits, daß Felice Schragenheim, die im gleichen Transport gewesen war wie Oe, in ein Außenlager von Groß-Rosen gebracht worden war, ebenso wie zwei Überlebende des Birkenauer »Familienlagers«, Ruth Klüger und ihre Mutter.[89]

Jedoch war Kursbad im Umfeld des Lagers nirgends verzeichnet. Eine Reihe von Indizien ließ vermuten, daß die Ansbachers den Namen falsch übermittelt hatten. Unter dem Namen »Operation Bartold« wurden im Spätherbst 1944 vier neue Außenlager bei Groß-Rosen fertiggestellt, um Befestigungen gegen die vorrückende Rote Armee zu bauen. Diese vier Lager hießen Birnbäumel, Hochweiler, Kurzbach und Schlesiersee. Abgesehen von der Ähnlichkeit der Namen sprachen auch andere Fakten dafür, daß Lores Reise tatsächlich in Kurzbach zu Ende gegangen war und nicht in Kursbad. Kurzbach, das nördlich von Breslau liegt, wurde im November 1944 eröffnet, etwa um die Zeit, als Lore aus Auschwitz abtransportiert wurde, und am 20. und 21. Januar 1945 wieder geschlossen, gerade um den Zeitpunkt herum, den Sigrid für Lores Ermordung angegeben hatte.[90] Andere Quellen bestätigen, daß die Häftlinge von Birnbäumel, Christianstadt, Hochweiler und Kurzbach nach Bergen-Belsen marschieren mußten, wo auch Sigrid schließlich ankam.[91]

Die tausend Frauen in Kurzbach kamen hauptsächlich aus Ungarn und Polen. Deutsche Jüdinnen wie Lore Strauß und Sigrid Ansbacher waren in der Minderheit.[92] Die Frauen wurden in den stacheldrahtgesicherten Stallungen eines großen Anwesens einquartiert und von Wehrmachtssoldaten bewacht. Weil sie im Freien arbeiteten und von der Bevölkerung gesehen werden konnten, trugen sie Zivilkleidung statt der sonst üblichen gestreiften Häftlingskleidung. Wie Sigrid Ansbacher waren die meisten Frauen erst Anfang Zwanzig oder noch jünger. Aber so unterernährt, wie sie waren, konnten sie die unglaublich strapaziösen Arbeitsstunden nur mit größter Anstrengung durchhalten. Wie in Yad Vashem gesammelte Zeugenaussagen bestätigen, muß die Arbeit für Oe eine Folter gewesen sein.[93] Die Frauen wußten aber, daß Gefangene, die nicht mehr arbeitsfähig waren, entweder zurück nach Auschwitz oder ins Hauptlager Groß-Rosen transportiert und dort durch Spritzen ermordet wurden. Im Vergleich zu anderen Lagern bestand der einzige Vorzug darin, daß die Aufseherinnen in den Frauenlagern im großen und ganzen wohl keine Häftlinge zum Zeitvertreib oder aufgrund kleinerer Vergehen getötet haben.[94]

Gegen Ende Januar rückte die Rote Armee näher, und alle vier Lager der Operation Bartold wurden geschlossen. Selma schrieb:

> Dann kamen die Russen, und sie mußten mit der SS flüchten. Tante Lore hatte Typhus und lag in der Krankenstube, und jetzt kommt das entsetzliche lb. Marianne; Tante Lore wurde erschossen. Sigrid schrieb, es war schrecklich, Tante Lore sagte zu ihr, sie soll alles Onkel Alfred erzählen. Unsere Sigrid hat Entsetzliches erlebt, sie war im K.Z. Groß Rosen, Mauthausen und zuletzt in Bergen-Belsen. Dort bekam sie Flecktyphus und kam im Juli mit 32 Kg ein Mädel von 17 Jahren nach Schweden.

Die Wirkung dieses Briefes wurde dadurch verstärkt, daß er buchstäblich das allerletzte Dokument war, das wir fanden. Es schien das Ende zweier Reisen. Daß der Brief so gut versteckt war, zeigt erneut, wie unendlich schmerzhaft die Erinnerung für Marianne gewesen sein muß. Mehrere Wochen lang beschäftigte ich mich mit der erfolglosen Suche nach Kursbad, wobei mir nicht bewußt war, daß im Brief selbst eine falsche Erinnerung steckte. Aber ich wußte sofort, daß Oes Schicksal anders verlaufen sein mußte, als Marianne es mir erzählt hatte. Wie in der Erinnerung an das, was Ernst widerfahren war, hatte sie auch hier den Tatsachen einen literarischen Anstrich gegeben. Anders als bei der Erinnerung an Ernst hatte sie Oes Tod jedoch nicht brutaler dargestellt, als er gewesen war. Vielmehr hatte sie dadurch, daß sie die Ermordung Oes vom Krankenbett des Lagers einige Monate vor Kriegsende auf einen Todesmarsch nur ein paar Stunden vor der Befreiung verschob, das Bild sinnlosen Verlustes vertieft.

14

Leben mit der Vergangenheit

Schon in einem relativ frühen Stadium meiner Gespräche mit Marianne regte sich in mir der Wunsch, sie auch über ihr Leben nach dem Krieg in Großbritannien zu befragen. Ich hatte viele Autobiographien und Biographien von Überlebenden gelesen, deren Ende immer mit dem Ende des Krieges oder der Befreiung zusammenfiel, und oft beschlich mich dabei das Gefühl, daß auf diese Weise ein dunkler Lebensabschnitt künstlich abgeschlossen werden sollte. Es war aber offensichtlich, daß die Probleme der Überlebenden den Krieg lange überdauerten.[1] Tatsächlich gab es den »Überlebenden« ja erst nach 1945.[2] Mariannes Leben nach dem Krieg warf eine ganze Reihe von Fragen auf. Ich wollte verstehen, wie eine Frau, die den Mut gehabt hatte, den Nazis die Stirn zu bieten, sich fühlte, wenn sie ihre Kraft und ihre Begabungen allein dem Heim und der Familie vorbehielt. Ich wollte die Ironie ihrer Bemerkung verstehen, in ihrem Haus würden die jüdischen Festtage eingehalten. War sie ihr ganzes Leben lang eine Märtyrerin ihres Jüdisch-Seins gewesen? Ich wollte die unaussprechliche Tragödie verstehen, daß Marianne, die doch ihre Eltern und ihren Bruder verloren hatte, auch noch ihre Tochter verlieren mußte. Kurz, ich wollte verstehen, wie sich Mariannes Vergangenheit auf ihr Leben nach dem Krieg ausgewirkt hatte.

Diese Themen – oder zumindest die meisten dieser Themen – waren jedoch genau der Grund, weshalb Marianne nicht über ihr Leben in Liverpool sprechen wollte. Sie hatte mich hinzugezogen, um dem Heroismus und dem Mut ihrer Freunde und Helfer ein Andenken zu setzen, um an ihre verlorene Familie zu erinnern und Ernsts zu gedenken. Allerdings sah sie keine

Veranlassung, sich mit den Jahren nach 1945 zu befassen, ja, sie glaubte sogar, daß sie andere damit verletzen könnte. Ich versuchte sie davon zu überzeugen, daß es wichtig war zu erfahren, wie sehr die Vergangenheit sie bis in die Gegenwart hinein bedrückte, um ihre Verfolgung wirklich verstehen zu können. Widerstrebend stimmte sie schließlich zu, sich wenigstens einigen Aspekten der Vergangenheitsbewältigung zu nähern. So informierte sie mich beispielsweise über die ihr gewährte Wiedergutmachung. Ihr Privatleben in Großbritannien blieb jedoch auch weiterhin tabu. Meine Auseinandersetzungen mit ihr und später mit Vivian drehten sich fast ausnahmslos um die genaue Grenze zwischen Vergangenheitsbewältigung und Privatsphäre.

Mariannes erste Monate in England waren alles andere als unproblematisch. Basils Eltern kennenzulernen, mit denen die Jungvermählten im Jahr 1947 zusammenlebten, war für Marianne ein Kulturschock. Die orthodoxe Frömmigkeit von Basils Eltern unterschied sich stark von Mariannes liberalem Hintergrund. Zudem waren sie äußerst konservativ eingestellt: »Für meine Schwiegereltern war eine Mitgift sehr wichtig. Ziemlich unglaublich! Sie hatten Ansichten, die aus Ghettojahren stammten, aus dem Ghettoleben. Eine Mitgift war für sie wirklich auschlaggebend.«[3] Hätte ich damals schon mehr über Mariannes familiären Hintergrund gewußt, hätte ich einwenden können, daß Siegfried seine 60000 Mark auch nicht unwichtig gewesen waren.

Basil und Marianne zogen bald in eine eigene Wohnung, die allerdings »die primitivste Wohnung war, die Sie sich vorstellen können«, wie Marianne behauptete. Es war eine Dachgeschoßwohnung, in der früher die Dienstboten gewohnt hatten. Ohne Kühlschrank, ohne vernünftige Heizung, dafür aber fanden sich dort »zwei winzige englische Kamine. Es gab ein primitives Badezimmer mit einem Gasofen, der von Zeit zu Zeit mit einem großem Knall verpuffte, was mich zu Tode erschreckte. Und der Wassertank – fürs ganze Haus –, der in einem der Zimmer stand, machte unglaublich viel Krach.« Jeden Morgen mußte Marianne, nun hochschwanger, zwei Eimer

Kohlen aus dem Keller mehrere Stockwerke hochschleppen. Sie hatte nie gelernt, einen Kohleofen in Gang zu setzen, und die ersten Versuche verliefen katastrophal. Jemand hatte ihr geraten, der Flamme Luft zuzufächeln, aber nichts passierte. Am Ende verbrauchte sie mehr Spiritus als Kohlen. Es war ein eiskalter Winter, und an ihrer Nasenspitze gefror das Wasser.[4]

1946 und 1947 unterrichtete Marianne deutsche Literatur an einer weiterführenden Mädchenschule in Liverpool. Dem gebrochenen Englisch der Lehrerin und dem gebrochenen Deutsch der Schülerinnen zum Trotz bestanden alle. Marianne hörte jedoch im November 1947 auf zu arbeiten, als Vivian geboren wurde. Zu jener Zeit war sie viel allein. Basil mußte für seine Prüfungen als Arzt lernen, so daß ihm wenig Freizeit blieb. Mit ihren Schwiegereltern kam Marianne nicht gut zurecht. Mit dem Baby spazierenzugehen war umständlich, da sie im obersten Stockwerk wohnten. Sie erinnerte sich daran, wie sie den Kinderwagen einmal im Garten stehengelassen hatte. Als sie aus dem Fenster sah, war Vivian aus dem Wagen geklettert und hatte sich in den Gurten verfangen. Nie wieder sei sie die Treppen so schnell heruntergelaufen.

Diese Berichte klangen wie nostalgische Erinnerungen an schwere Zeiten, die aber nicht von existentiellen Sorgen geprägt waren. Man konnte vor allem heraushören, wie schnell Marianne sich in ihr neues Leben eingefunden hatte. Da sie mit einem englischen Staatsbürger verheiratet war, stellten sich ihr viele Probleme im neuen Land nicht, mit denen sich andere Überlebende konfrontiert sahen. Die englische Sprache fiel ihr zu – sie lernte »mit großem Elan«, wie sie vielleicht selbst gesagt hätte. Neun Monate nachdem sie Deutschland verlassen hatte, träumte sie zum ersten Mal auf Englisch. Beim Erwachen wußte sie, daß sie jetzt angekommen war.

Ich war anfangs davon ausgegangen, daß die Rolle der Hausfrau für Marianne eine Falle gewesen ist, aus der es ihr nicht gelungen war, sich zu befreien. Aber ich merkte schnell, daß sie das gar nicht so empfand. Ihr bereitete die Aufgabe, eine eigene Familie zu gründen, großen Spaß. 1949 kauften sie ein hübsches Haus mit vier Schlafzimmern im Liverpooler Stadtteil

Marianne als Model in den
fünfziger Jahren *(Marianne Ellenbogen)*

Allerton, in dem Marianne den Rest ihres Lebens verbringen sollte. Im Januar 1951 wurde ihr zweites Kind Elaine geboren. Mariannes Cousin René, der ihr 1950 aus Frankreich schrieb, war sichtlich beeindruckt, wie schnell sie heimisch geworden war: »Daß Ihr Euch ein Neues Haus kauft wundert mich persönlich sehr, ist so fern von meinem Standpunkt aus, denn ich habe allgemeine Ersparnisse in bewegliche Gegenstände das heißt Geld angelegt, meine Idee ist nicht [sic!] nimmer mehr irgendwo seßhaft zu machen, aber in England denkt man vielleicht anders über dies Problem ...«[5]

In England war es üblicher, ein Haus zu kaufen, als in Frankreich, weswegen Mariannes Schritt nicht ganz so viel zu bedeuten hatte, wie René annahm; aber tatsächlich war es erstaunlich, wie schnell und mit welch einer Begeisterung Marianne sich in Großbritannien eingelebt hatte. Basil und sie hatten schon bald einen engen Freundeskreis in Liverpool, der länger als 40 Jahre bestand. Durch ihre Ehe mit einem »Einheimischen« trat Marianne einer festen Gemeinschaft bei, der viele jüdische Mediziner angehörten, die in Liverpool eine relativ große Gruppe

Vivian, Basil, Marianne und Elaine in Stratford *(Marianne Ellenbogen)*

bildeten. Die Millers und die Benders, die ich interviewte, waren sehr beeindruckt von Mariannes Allgemeinbildung gewesen, von ihrer Kenntnis der englischen Literatur (die die der meisten Engländer in den Schatten stellte) und ihrem Sachverstand, was Antiquitäten anging.[6] Marianne habe England besser gekannt als sie selbst, bemerkten die Millers. Wie abgelegen ein Ort auch sein mochte, immer fand Marianne dort ein nettes Café und einen guten Antiquitätenhändler.[7]

Vivian erinnerte sich an ein ausgefülltes Familienleben. Wie in jeder guten Familie der Mittelschicht in den fünfziger Jahren wurde bei den Ellenbogens immer gemeinsam zu Abend gegessen. Freunde der Kinder erzählten von Mahlzeiten in einer gutgelaunten und kultivierten Atmosphäre, bei denen man sich zu benehmen hatte. Nicht nur Vivian, sondern auch andere Familienmitglieder und Freunde bestätigten, daß Marianne eine begnadete sowie kreative Köchin war.

Es ist schon viel über die Tatsache geschrieben worden, daß man sich als Einwanderer in den USA leicht als Amerikaner fühlen kann, während man in England (oder überhaupt in

Marianne und ihre Familie 1963 mit Mitgliedern des Bundes
(Marianne Ellenbogen)

Großbritannien) mit einem ausländischen Akzent oder ungewöhnlichem Auftreten zumindest bis vor kurzem eindeutig nicht als britisch galt.[8] Sicherlich bewahrte sich Marianne immer etwas Fremdartiges. Vivian erinnerte sich an das Gefühl, sie beschützen zu müssen, vor allem gegenüber seinen Schulkameraden. Aber Marianne wirkte nie wie eine Vertriebene oder Staatenlose. Es gibt keinen Hinweis darauf, daß sie sich abgeschnitten von den anderen oder losgelöst von ihrer Umgebung fühlte – so wie es ihr im Nachkriegsdeutschland ergangen war. Eher trat sie auf wie eine kultivierte Kosmopolitin.[9]

Ein besonderer Zufall ermöglichte mir einen zusätzlichen Blick auf Mariannes Familienleben in den fünfziger und sechziger Jahren. Im Herbst 1998 trug ich einigen Studenten der Keele University auf, die widersprüchlichen Aussagen von Mariannes Mitschülerinnen zu untersuchen. Rob Gray, einer meiner Studenten, erwiderte, der Name Marianne Ellenbogen käme ihm bekannt vor. Er sprach mit seinen Eltern, und es stellte sich heraus, daß sein Vater und seine Tanten in den fünfziger und sechziger Jahren Tür an Tür mit den Ellenbogens aufgewachsen waren. Ich fragte Robs Vater David Gray in London und seine Tante Jane Dalton in Romsey nach der Familie Ellenbogen.[10] Jane, die eine Zeitlang eng mit Elaine befreundet gewesen war, erinnerte sich an Marianne zu Anfang der sechziger Jahre als an eine bezaubernde und attraktive Frau. Gemeinsam unternahmen sie aufregende Ausflüge in Mariannes Cabrio, oder sie durften sich allein in einem Vergnügungspark amüsieren, und einmal – unvergessen – hatte Marianne ihre Beziehungen genutzt und ihnen Karten für ein Beatles-Konzert besorgt.[11]

Wie viele deutsch-jüdische Emigranten vermißte Marianne bestimmte Elemente des Lebens in Deutschland, und sie nährte ihr Leben lang eine Schwäche für die deutsche Landschaft. Einmal zitierte sie Heine: »Denk ich an Deutschland in der Nacht, dann bin ich um den Schlaf gebracht.«

Schmerzliche Empfindungen zwischen Nostalgie und Aversion bemächtigten sich Mariannes, wenn sie Orte aufsuchte, an denen sie mit ihrer Familie viele Jahre zuvor gewesen war. 1970 reiste sie mit Basil zum ersten Mal nach dem Krieg nach Ahlen. Sie fuhren auch in den niederländischen Ferienort Noordwijk, wo sie im Stammhotel der Familie, dem »Haus der Dünen«, abstiegen. Das am Meer gelegene Hotel wurde gerade zu Ferienwohnungen umgebaut und war nicht sehr gut besucht, aber immer noch wunderschön und »richtig vornehm«. Marianne fuhr nur selten nach Essen zurück. Als sie einmal einer Einladung an Essens ehemalige jüdische Bürger folgte, konnte sie den offiziellen Empfang nicht ertragen.[12] Im Gegensatz zu anderen Emigranten gelang es ihr jedoch, intensive und gleichzeitig nicht allzu schmerzhafte Verbindungen nach Deutschland aufrechtzuhalten – vor allem aufgrund ihrer Kontakte zum Bund. Bis zu ihrem Tod führte sie eine herzliche Korrespondenz mit verschiedenen Bund-Mitgliedern. Einige davon besuchten sie in Liverpool; mit anderen traf sie sich gelegentlich auf Reisen nach Deutschland. Vivian erinnerte sich daran, wie er Hanni Ganzer und andere Bund-Mitglieder im Schwarzwald getroffen hatte.

Gegen Ende des Gesprächs, das sich als unser letztes herausstellen sollte, fragte ich Marianne nach ihrem Kampf um Wiedergutmachung durch die deutsche Regierung. Wie wohl die meisten hatte auch ich nur eine vage Vorstellung davon, wie kompliziert der ganze Vorgang war. Ich hatte angenommen, daß die Entschädigung aus einer Summe bestand, die man entweder »bekam« oder nicht, wobei die genaue Summe davon abhing, wieviel man verloren und erlitten hatte. Aber Marianne erklärte mir, daß die Bemühungen um Wiedergutmachung »immer verwickelter und komplizierter« wurden, je länger sie andauerten. »Das Gesetz war noch ungeschliffen, es stand noch ganz am Anfang. Es war alles sehr schwierig, sehr verwickelt, nichts war klar. O Gott«, sagte sie, »es zog sich jahrelang hin.«

Die Prozesse forderte einen hohen Tribut: »Ich erinnere mich, wie ich Abend für Abend aufblieb und säckeweise Briefe schrieb. Ich habe den gesamten Briefwechsel zur Wiedergutmachung immer noch, er fliegt hier irgendwo 'rum. Unglaublich verstaubte alte Sachen, die hier herumliegen ... Es ging über Jahre und Jahre und Jahre und Jahre. Ich fuhr etwa alle acht Monate nach Deutschland, um das Ganze zu beaufsichtigen und zu beschleunigen ... Es gab viele Gerichtsverhandlungen.«[13]

Erst nach Mariannes Tod, als Vivian diese »verstaubten alten Sachen« zutage förderte, ging mir langsam auf, daß ich nicht im geringsten geahnt hatte, was damit alles zusammenhing. Überall im Haus verstreut fanden sich Dokumente, Aktenordner, Kisten, vollgestopfte Umschläge und lose Papierstapel – genug für ein Privatarchiv. Als ich mich durch die Briefe, eidesstattlichen Erklärungen und Gerichtsunterlagen arbeitete, begann ich langsam, das Ausmaß der Prozedur zu begreifen. Mariannes Geld (wie in jedem Prozeß waren zunächst Kosten zu begleichen, bevor Zahlungen flossen), ihre Zeit, Energie, Gesundheit und vor allem ihre emotionale Leidensfähigkeit waren stark beansprucht worden. Die ersten Briefe stammen aus dem September 1945, als Marianne um einen Vorschuß für die Möblierung ihres Zimmers bat,[14] die letzten offiziellen Briefe aus den siebziger Jahren. Fast dreißig Jahre lang hatte sie sich mit der Wiedergutmachung beschäftigt, besonders intensiv von 1950 bis Mitte der sechziger Jahre.

Es gab eine Unmenge von Schwierigkeiten. Ende der vierziger Jahre nahm das Gesetz allmählich Gestalt an, zu einzelnen Aspekten entwickelte sich jedoch erst im Laufe des folgenden Jahrzehnts eine adäquate Gesetzgebung. Zunächst beauftragte Marianne britische Rechtsanwälte, die wiederum über deutsche Kollegen verhandelten. Diese Vertretung über Bevollmächtigte auf einem juristisch unsicheren Terrain erwies sich als katastrophal. Erst 1956 entließ sie nach einem bitterbösen Briefwechsel und einer Reise nach Deutschland ihre »mehr als nutzlosen« Anwälte (ein Urteil, das die Dokumente im großen und ganzen belegt haben) und engagierte Carl Herrmann, einen namhaften Kölner Rechtsanwalt, der auch die Wiedergutmachungsansprüche der großen jüdischen Konzerne Ullstein und Wertheim vertrat.[15]

Mitte der fünfziger Jahre waren die wichtigsten Grundstücksverkäufe der Strauß' verhandelt, was jedoch den Rest des Vermögens anging, so hatte die Arbeit erst begonnen. Eine Vorstellung von der Bandbreite der Verhandlungsobjekte vermittelt die alles andere als vollständige Liste ungeklärter Ansprüche, die Mariannes Anwalt 1958 erstellt hat:

Ansprüche im Namen Siegfried Strauß

Freiheitsschaden; Hausrat; Gold- und Silberablieferung; Lebensversicherungen;

Sonderabgaben (Reichsfluchtsteuer; Judenvermögensabgabe;

andere Zahlungen, einschließlich Jüdische Kulturvereinigung, soziale Ausgleichsabgaben, Steuerschaden – diskriminierende Einstufung in Steuerklasse I);

Transferschaden (im Bezug auf die Emigration nach Schweden und Transferleistungen nach Kuba);

Schaden in wirtsch. Fortkommen, (u. a. wegen Zwangsschließung des Geschäfts);

Ansprüche im Namen Regina Strauß

Freiheitsschaden; Gold- und Silberablieferung; Judenvermögensabgabe; Wertpapiere

Ansprüche in eigener Sache

Freiheitsschaden; Ausbildungsschaden; Gesundheitsschaden; Gold- und Silberablieferung; Judenvermögensabgabe; Berufsschaden;

Ansprüche im Namen Richard Strauß

Gold- und Silberablieferung; Ausbildungsschaden;[16] Judenvermögensabgabe.[17]

Zusätzlich wurden diverse weitere Ansprüche aufgeführt. Nicht eingeschlossen waren die bereits abgehandelten Eigentumsfragen und die Ansprüche, die von René Wolfs Anwälten für ihn und Marianne gemeinsam verhandelt wurden und welche sich vor allem auf den Nachlaß von Alfred und Lore Strauß sowie von Leopold Strauß bezogen. Auch hierzu mußte sich Marianne regelmäßig äußern und Erklärungen, Schätzungen und Listen vorweisen.

Die größte Herausforderung bestand jedoch in der Mischung moralischer, emotionaler und psychischer Schwierigkeiten, die mit den gesetzlichen Komplikationen einhergingen. Marianne war hin- und hergerissen zwischen der Notwendigkeit, sich in die Unterlagen einzuarbeiten, und dem Wunsch zu vergessen, zwischen dem Willen, den Nachlaß der Familie zu erhalten, und der Tatsache, daß sie das Gezanke um das Übriggebliebene geschmacklos fand.[18] Besonders wenn sie auf ihr Erinnerungsvermögen oder ihre Erfahrungen zurückgreifen mußte, wurde es schmerzhaft für Marianne. So wollte sie zum Beispiel eine Entschädigung für den Verlust an Freiheit einklagen, den sie zunächst als Trägerin des gelben Sterns von 1941 bis 1943 und dann während der Jahre im Untergrund erlitten hatte. »Mit Erstaunen« nahm sie zur Kenntnis, daß das Amt für Wiedergutmachung in Essen trotz des hinlänglich bekannten Erlasses vom Dezember 1941 einen *Beweis* dafür verlangte, daß sie zwischen dem 19. September 1941 und dem 31. August 1943 den gelben Stern getragen hatte.[19] Die Suche nach Zeugen, die im Einzelfall bestätigen sollten, was die nationalsozialistische Gesetzgebung vorgeschrieben hatte, war jedoch nichts im Vergleich zu dem, was noch kommen sollte. Im Juni 1957 schrieb Hermann entschuldigend an Marianne, man habe im Amt für Wiedergutmachung in Düsseldorf auf der Grundlage jüngster Gerichtsurteile entschieden, Mariannes Jahre im Untergrund stellten keinen Verlust an Freiheit oder ein Leben unter »menschenunwürdigen Bedingungen« dar. Die Klage würde nur dann anerkannt werden, wenn Marianne beweisen könne, daß sie auch auf der Flucht den gelben Stern getragen habe.[20] Es überrascht nicht, daß Marianne kaum glaubte, was sie las. Den gelben Stern zu tragen *und* sich als Arierin auszugeben, wäre verrückt gewesen. Sie beantwortete den Brief mit einem eindrücklichen und zu Herzen gehenden Bericht über die Strapazen des Lebens im Untergrund.[21]

Dennoch wies der Staat Mariannes Klage auf Wiedergutmachung am 5. Dezember 1957 ab. Zur Begründung hieß es, ihr Leben habe sich – dank ihres Freundeskreises und der Tatsache, daß sie sich mit dem Verkauf von Filzblumen Lebensmittelmarken verdiente – von dem eines Gefangenen unterschieden, da es mit dessen Lebensniveau weder vergleichbar noch niedriger als dieses gewesen sei, was jedoch die gesetzliche Voraussetzung für einen Anspruch sei.[22] Mit anderen Worten, Mariannes außergewöhnlicher Mut, mit dem sie den Einschränkungen der Kriegszeit die Stirn geboten hatte, wurde nun als Beweis dafür angeführt, daß ihre Lebensbedingungen erträglich gewesen sein mußten.[23] Erst nach weiteren aufreibenden Erklärungen und nach einer Anhörung wurde im Mai 1958 ein Kompromiß gefunden. Dies war jedoch nur eine von vielen Forderungen im Rahmen der Wiedergutmachung.[24]

Einige der Verfahren – vor allem jene gegen den Familienbankier Hammacher und die Jürgens' – riefen schmerzliche Erinnerungen wach. Was Herrn Hammacher anging, war Marianne darüber bestürzt, daß seine Wohnung schon in den Monaten unmittelbar nach Kriegsende mit vielen Möbeln aus dem Besitz ihrer Familie eingerichtet gewesen war. Nun stellte sich die Frage, ob er sie zu einem fairen Preis erworben oder ob er die Familie unter Druck zum Verkauf gedrängt hatte. Hammacher machte Mariannes Anwälten das Angebot, ihnen bei ihrer

Suche nach Dokumenten der Deutschen Bank über die Geldtransfers nach Schweden behilflich zu sein. Marianne mußte sich entscheiden, ob sie sich als Dank auf einen Vergleich einlassen wollte.[25] Einige Monate später nahm sie das Angebot an, doch noch am Tonfall des Briefs von ihrem englischen Anwalt an den deutschen Juristen ist ihre Verbitterung zu erkennen.[26]

Am schmerzhaftesten und aufreibendsten war für Marianne das Verfahren gegen die Jürgens'. Sie war gleich nach dem Krieg zu ihnen gegangen, um ihre Möbel und Schrankkoffer abzuholen, aber die Jürgens' hatten behauptet, Mariannes Eltern hätten sie ihnen geschenkt. »Ich mußte mit Polizeiverstärkung zu ihrem Haus gehen und ihnen klarmachen, daß sie es mir zurückzugeben hatten. Das war entsetzlich peinlich.«[27]

»Was war peinlich?« fragte ich.

»Na, wie die sich benommen haben, es war so würdelos, so fürchterlich, ich fühlte mich, als ob ich im Unrecht sei, als ob ich ihnen stehlen würde, was ihnen von Rechts wegen zustünde, es war entsetzlich, wirklich entsetzlich. Es ist erstaunlich, wie Menschen sich verhalten können.«

In unserem Gespräch kam Marianne mehrmals auf die Jürgens' zurück. Sie nahm ihnen vor allem übel, daß sie sie als aufdringliche Bittstellerin hingestellt hatten, »weil es so ein schlechtes Licht auf das wirft, was doch dein gutes Recht ist. Das war richtig fürchterlich. Was mich am meisten verletzt hat, war, daß sie mir nicht alle Familienporträts zurückgegeben haben.«

Anhand von Mariannes Unterlagen stellte ich fest, daß sich der Prozeß gegen die Jürgens' über Jahre hingezogen hatte. Eine Zeugenaussage von Frau Jürgens vom Oktober 1950 vor dem Amt für Wiedergutmachung in Essen wurde von Marianne als einziges Dokument unter all den Wiedergutmachungsunterlagen mit Kommentaren versehen. Besonders verletzte sie, daß Maria Jürgens Mariannes schlechtes Verhältnis zu ihren Eltern – das Marianne selbst nicht leugnen konnte – in aller Öffentlichkeit ansprach, weil sie dadurch unterstreichen wollte, daß Marianne nichts über die Vereinbarungen zwischen Regina Strauß und den Jürgens' gewußt haben konnte:

> Die Antragstellerin, Frau Marianne Ellenbogen, geb. Strauß, war über die persönlichen Beziehungen, zu denen ich mit ihren Eltern stand, gar nicht unterrichtet, zumal sie mit ihren Eltern auf sehr gespanntem Fuß lebte. Ich habe den Eltern Strauß seinerzeit ohne jedes Entgelt sehr große Gefälligkeiten erwiesen, habe sie in der Kriegszeit, als die Lebensmittelversorgung – insbesondere für Juden bei der damaligen Gesetzgebung – schwierig war, dauernd mit Lebensmitteln versorgt und bin neben sonstigen Besorgungen für die Eltern Strauß ohne jede Vergütung, die zu fordern mir auch fern lag, nach Berlin in einer Passageangelegenheit gefahren.[28]

Hier ballte sich alles Niederdrückende der Vergangenheit zusammen. Diese Vermengung von Wahrheit und Lügen muß Marianne ins Mark getroffen haben. Sie hatte Maria Jürgens' Aussage stellenweise mit doppelten Unterstreichungen und Ausrufezeichen versehen, die immer größer wurden. Den letzten Absatz zierten schließlich zwei überdimensionale Ausrufezeichen, so groß wie der Absatz selbst.

Die Wiedergutmachung belastete auch die Beziehungen zwischen den verschiedenen Zweigen der Familie. Marianne zerstritt sich mit Adolf Rosenberg wegen des Erbes in Ahlen (wie übrigens auch Karl, der letztendlich gegen seinen eigenen Bruder klagte), mit Hugo Strauß über Gelder auf einem Konto in den USA; es folgten gereizte Wortwechsel mit Lores Bruder Ernst Dahl und ein wütender Brief an Erna Morting über Gelder, die Anna Rosenberg in der Schweiz angelegt hatte. Mariannes Einstellung war beeinflußt von dem tiefsitzenden Gefühl, daß die Großfamilie nicht genug für ihre Eltern und ihren Bruder getan hatte. Wahrscheinlich projizierte sie auch die Wut auf ihre Eltern auf Verwandte, die eine geeignetere Zielscheibe abgaben. Wie aus den Unterlagen hervorgeht, war sie gelegentlich alles andere als nachsichtig mit ihren Verwandten.

Dann aber wieder erwies sich ihre jahrelange enge Zusammenarbeit mit René Wolf als ausschlaggebend für ihren Erfolg. Renés unermüdliches Eintreten für Mariannes und seine eigenen Ansprüche im Hinblick auf das Vermögen von Alfred und

Lore kam Marianne bei ihren eigenen Prozessen oft zugute. Da sich die Situationen der Brüder Alfred und Siegfried glichen, mußte Mariannes Anwalt häufig nur Renés erfolgreiche Anträge kopieren.

Alles in allem verfolgte Marianne die Wiedergutmachung mit Entschlossenheit, Ausdauer und großem Erfolg. Von René abgesehen, half ihr die Aktenfülle, die die Familie bei der Bank, bei den Jürgens' und bei anderen hinterlegt hatte. Als 1967 die letzten großen Zahlungen bei ihr eingingen, hatte Marianne insgesamt mehrere hunderttausend D-Mark erhalten. Sie sagte über die Wiedergutmachung:

> Ich habe das nicht geerbt, um es zu verschleudern oder zu benutzen oder irgendwas damit zu tun, sondern um es weiterzugeben, um etwas daraus zu machen. Das ist der Grund, warum ich angefangen habe, Antiquitäten zu kaufen, auch einige zu verkaufen, vielleicht nicht viele, aber ein paar. Und das Geld zu investieren, um meinen Eltern Gerechtigkeit widerfahren zu lassen, ich wollte auf keinen Fall, daß eine Generation etwas aufbaut und die nächste reißt es wieder ab, wie es so oft vorkommt. So sagt man doch normalerweise. … Und ich glaube wirklich, daß ich meine Sache in dieser Hinsicht nicht zu schlecht gemacht habe.

Sie war die Tochter ihres Vaters.

Mariannes Fähigkeit, sich an die neue Umgebung anzupassen, die Energie, mit der sie sich auf ihre Mutterschaft einstellte, die Leichtigkeit, mit der sie die englische Sprache und Kultur übernahm, ihr Freundeskreis und der Erfolg im Kampf um die Wiedergutmachung – hätte jemand, der sie in den fünfziger und sechziger Jahren kannte, geglaubt, daß die Bewältigung der Vergangenheit ihr Probleme bereitete? Ich denke, wahrscheinlich nicht. Vivian tauchte nur zögerlich in Erinnerungen an seine eigene Kindheit ein, er konnte sich jedenfalls nicht entsinnen, daß seine Mutter zusammengezuckt wäre, immer wenn sie einen Polizisten sah, daß sie ihren Kindern befohlen hätte, ihre Pässe bei sich zu tragen, oder daß sie einen gepackten Koffer im Schlafzimmer stehen gehabt hätte – wovon viele Kinder Überlebender berichten.

Wie schon in den Kriegsjahren wirkte Marianne nicht wie ein verletzliches Opfers. Sie war sehr beeindruckend. Jedenfalls fand ich das. Selbst in unserem letzten Gespräch ein paar Wochen vor ihrem Tod gab Marianne mir nicht das Gefühl, ich sei stark und sie sei schwach. Sie hatte sich stets unter Kontrolle, und sie kontrollierte auch gern andere – wie nicht nur mir aufgefallen war.

War diese äußere Ruhe ein Schutzmechanismus, der einen gewaltigen inneren Aufruhr bezwingen sollte? Sicherlich ließ sich Marianne gewisse Streß-Symptome anmerken. Bis in die achtziger Jahre war sie eine starke Raucherin. Trotz ihres Asthmas rauchte sie mehr als 40 Zigaretten am Tag. Die meisten ihrer Bekannten machten zudem Bemerkungen über ihre lautstarken Auseinandersetzungen mit Basil. Aber weder starkes Rauchen noch das Anschreien des Ehepartners sind Überlebenden des Holocaust vorbehalten. Als Zeichen ihres Schmerzes und der Kontrolle, die sie dagegen aufbieten mußte, war eher ihr Schweigen von Bedeutung. Wie unmittelbar nach dem Krieg verhängte Marianne eine beinah allumfassende Verdunkelung über ihre Vergangenheit. Selbst Fragen der ihr am nächsten Stehenden wich Marianne aus oder ließ sie unbeantwortet. Ich konnte von Basil nie erfahren, was er wußte und was nicht. Aber die strikten Anweisungen auf den Briefpäckchen, die sie 1946 nach England vorausgeschickt hatte – »Marianne, privat, nicht öffnen« –, und ihr Unwille, Basil im Jahr 1989 in unser Gespräch einzubeziehen, legten die Vermutung nahe, daß sie ihm gegenüber auch nicht viel mitteilsamer gewesen war. Engen Verwandten und Freunden der Familie, wie den Millers oder den Benders, lieferte sie bestenfalls Bruchstücke ihrer Geschichte. Ihre Briefe und die Tagebücher aus dem Krieg wurden vierzig Jahre lang weder berührt noch gelesen. Tatsächlich wurde Mariannes Geheimniskrämerei zu einer Gewohnheit, die sich schließlich auf alle Lebensbereiche ausweitete. Ihre Enkelkinder bekamen ihr Rezept für *chopped liver* genausowenig aus ihr heraus wie Informationen über das Deutschland der Nazizeit, die sie für die Schule brauchten. (Sie hat ihnen zwar ein Rezept für dieses Gericht gegeben, aber eine geheime Zutat fehlte.)

Die Vergangenheit verschwand indes nicht. Mariannes Berichte und Erinnerungen haben ihr schwieriges Verhältnis zu ihrer Familie bereits deutlich werden lassen. Dazu kam das Gefühl, den Bund nach dem Krieg enttäuscht zu haben. Bruno Bettelheim weist darauf hin, daß viele gerettete Juden glaubten, beweisen zu müssen, daß sie die Rettung wert gewesen waren.[29] Marianne sagte:

> Nach dem Krieg, nachdem es vorüber war, habe ich es immer so empfunden, als hätte ich den Bund im Stich gelassen, weil ich so ein langweiliges bürgerliches Leben führte, in dem ich nur meine Kinder großzog und sonst eigentlich nichts weiter tat – ich war eben politisch nicht besonders aktiv, wie ich es mir nach dem Krieg vorgenommen hatte. Wissen Sie, als ich nach dem Krieg in Düsseldorf war, trat ich in die Partei ein und tat alles, wovon ich glaubte, daß man es von mir erwartete. Es machte mir keinen Spaß, aber ich fand, ich stand in der Schuld. *Ich* hatte mir diese Verpflichtung auferlegt ... Aber ich könnte nicht sagen, daß ich diese Verpflichtung wirklich fühlte, daß ich überzeugt war, daß dies mein Weg war. Als ich heiratete – und ich hatte gar keine andere Möglichkeit, als diesen Schritt zu tun –, spürte ich, daß ich endlich auch ein Leben zu leben hatte und daß ich ein Leben leben wollte, das mir etwas bedeutete, meine Kinder großzuziehen. Ich fühlte mich deswegen immer schuldig, denn das gab mir gar keinen Spielraum, keine Zeit, etwas anderes zu tun, etwas, von dem ich wußte, daß es dem Bund wichtig war. Sie haben nie was gesagt, aber ich fand, daß ich sie im Stich gelassen hatte.

Für Vivian und Elaine machte sich die Vergangenheit vor allem in einem unheimlichen, bedrückenden Schweigen bemerkbar. Sie lernten früh, keine Fragen zu stellen, um ihre Mutter nicht zu verärgern. Sie nahmen unbewußt das Gewaltige wahr, das auf Mariannes Schultern lastete, konnten es aber nicht richtig verstehen. Vivian sagte, er habe als Jugendlicher um die Schuldgefühle gewußt, die seine Mutter ihren Eltern und vor allem ihrem Bruder gegenüber empfunden habe. Aber als ich ihn fragte, warum er glaubte, daß sie sich schuldig fühlte, gab er nur zurück, daß *er* sich in ihrer Situation schuldig gefühlt hätte. Woran er sich jedoch genau erinnerte, war, wie seine Mutter nächtelang aufblieb, um ihre Briefe für die Wiedergutmachungsprozesse zu tippen; damals quälte ihn das, weil er wußte, daß sie mit etwas schmerzlich Belastendem beschäftigt war.

Jane Dalton, Elaines Freundin und Nachbarin, ließ mich einen so flüchtigen wie überraschenden Blick auf Mariannes Seelenleben werfen. Sie sagte, wenn die Fenster in den Sommermonaten offen standen, konnte man Marianne im Schlaf laut auf deutsch schreien hören. Im Laufe der Jahre habe sich das einige Male wiederholt. Auf der gegenüberliegenden Straßenseite wohnten der deutsche Konsul von Liverpool und seine Frau, mit der Marianne sich sehr gut verstand. Manchmal wurde auch die Frau des Konsuls von Alpträumen heimgesucht, dann hörte man angsterfüllte deutsche Worte wie Echos von beiden Seiten der Liverpooler Vorortstraße.

Fast so einprägsam wie dieses Bild ist die Tatsache, daß Vivian sich nicht an die Alpträume seiner Mutter erinnern konnte. Er bezweifelte sogar, daß Marianne unter Alpträumen gelitten haben könnte, und ich mußte Jane noch einmal aufsuchen, um mir ihre Geschichte bestätigen zu lassen. Wenn Janes Erinnerung zutraf, hatte sie ein anschauliches Beispiel dafür geliefert, wie Kinder es lernen, die Schmerzen der Mutter zu verdrängen.

Als ich Mariannes Leben nach dem Krieg überdachte, wandte ich mich noch einmal ihren Erfahrungen während des Krieges zu, die nun zu Erinnerungen geworden waren. Natürlich war ihre Situation nicht mit der einer Überlebenden der Konzentrationslager vergleichbar. Sie hatte nicht unter der willkürlichen Brutalität gelitten, der Machtlosigkeit, der Scham und der Erniedrigung, die in den Lagern an der Tagesordnung waren.[30] Sie hatte die Extreme nicht ertragen müssen, zu denen Menschen getrieben wurden, um zu überleben. Sie mußte ihre Menschlichkeit nicht nach dem Krieg wiederfinden.[31] Niemandem war dieser Unterschied stärker bewußt als Marianne selbst: »Das war etwas, wovor ich immer Angst gehabt habe, wenn ich daran dachte, daß ich in einem Konzentrationslager enden könnte – wie ich mich verhalten würde, ob ich mich wie ein zivilisiertes menschliches Wesen verhalten würde, wie lange es dauern würde, bevor es mir egal wäre, wie zivilisiert ich war, und Überleben mein einziger Gedanke wurde wie für so viele. Daß man einfach alles gemacht hat, um zu überleben.«[32]

Der Unterschied zwischen Mariannes Erinnerungen und denen mancher Überlebender der Lager schlägt sich in der Art und Weise ihres Zeugnisses nieder. Ihr Sprachfluß kam nicht ins Stocken; und was sie zu erzählen hatte, überstieg ihr Ausdrucksvermögen nicht.[33] Sie sprach und schrieb flüssig und gewandt. Weder weinte sie beim Erzählen, noch brach sie mitten im Satz ab, noch nahm sie die monotone Stimme eines Automaten an.

Doch war auch ihre Vergangenheit traumatisch genug. In seiner Darlegung, warum ein Überlebender des Holocaust nicht unbedingt jemand sein mußte, der in einem Lager inhaftiert war, könnte Bruno Bettelheim Marianne beschrieben haben:

> Wenn man jahrelang in der unmittelbaren, ständigen Gefahr steht, getötet zu werden, und zwar aus keinem anderen Grund, als daß man einer zur Ausrottung verurteilten Volksgruppe angehört, und wenn man weiß, daß die nächsten Freunde und Verwandten tatsächlich ums Leben gebracht werden – so genügt dies, daß man sich im ferneren Leben unablässig mit dem unlösbaren Rätsel »Warum bin ich davongekommen?« und ebenso mit völlig irrationalen Schuldgefühlen, weil man davongekommen ist, auseinandersetzt.[34]

Ein zentrales Moment ihres psychischen Dilemmas lag darin, daß ihre traumatischen Erinnerungen erstaunlich wenig um das kreisten, was ihr selbst zugestoßen war. Im Krieg waren ihre

Freunde erstaunt über die Unbekümmertheit gewesen, mit der sie lebensbedrohlichen Situationen begegnete. Selbst mir fiel es manchmal schwer, nicht zu vergessen, welchen Gefahren sie ausgesetzt gewesen war. In ihren Aussagen verschwendete Marianne wirklich wenig emotionale Energie auf Beschreibungen, wie sie Polizei und Gestapo immer wieder knapp entkommen war. Der ausführlichste Bericht von einer Flucht um Haaresbreite kam nicht von Marianne, sondern von Meta Kamp. Die lebhaftesten und schmerzlichsten Schilderungen Mariannes handelten vielmehr vom Verlassen ihrer Familie und vom Verlust ihres Verlobten. Fast ebenso entsetzlich waren die Momente, in denen Marianne von deren Schicksal erfuhr. Selbst in ihrem Tagebuch durchbricht nur die BBC-Meldung vom bevorstehenden Tod ihrer Eltern Mariannes ebenmäßigen Schreibstil. Schon dort kämpften Schuld und Angst um den ersten Platz unter ihren Gefühlen.

Mariannes jahrzehntelanges Schweigen läßt vermuten, daß sie verhindern wollte, daß ihre Vergangenheit die Gegenwart beherrschte. Aber die Art und Weise, in der ihre Erinnerung weit zurückliegende Ereignisse veränderte, deutet auch darauf hin, daß die Gegenwart versuchte, Kontrolle über die Vergangenheit zu gewinnen. Alle Erinnerungen sind der Veränderung unterworfen. In belanglosen Einzelheiten wies auch Mariannes Gedächtnis die üblichen Ungenauigkeiten auf. Aber wenn sie von wichtigen Ereignissen erzählte, als ob sie gestern erst geschehen seien, von Ereignissen, die für immer in ihr Gedächtnis eingebrannt zu sein schienen, kam dem Unterschied zwischen dem, was sie erzählte, und dem, was sich später als wahr herausstellte, größere Bedeutung zu. Lawrence Langer hält es für unangebracht, über Ungenauigkeiten in Holocaust-Zeugenaussagen zu diskutieren; er spricht von der »schlaflosen Erinnerung«, der Erinnerung, die man nie mehr los wird.[35] Aber Mariannes Bericht läßt vermuten, daß sich selbst diese traumatischen Erinnerungen, die sie immer in sich trug, veränderten. Mehr noch folgten die Veränderungen bestimmten Gesetzmäßigkeiten, wodurch mein Eindruck verstärkt wurde, daß das, was in ihrem Gemüt vorging, nicht zufällig passierte.

Mir war in einer Reihe von Fällen eine Polarisierung ihrer Aussagen aufgefallen. Auf der einen Seite konnte man kleine Übertreibungen oder Steigerungen erkennen. Besonders wenn es sich um traumatische Ereignisse handelte, hatten sich die flankierenden Umstände in Mariannes Erinnerung aufgebläht. Zeitspannen hatten sich verdoppelt oder verdreifacht – die Inhaftierung ihres Vaters in Dachau nach der Pogromnacht 1938 hatte ihrer Erinnerung nach sechs Wochen gedauert; tatsächlich waren es »nur« drei. Nach Mariannes Flucht im Jahr 1943 wurde ihre Familie eine gute Woche lang im Essener Gefängnis festgehalten; Marianne erinnerte sich an drei Wochen. Nicht nur Marianne, sondern auch andere jüdische Zeuginnen und Zeugen verwandelten rückblickend Uniformträger unterschiedlichster Couleur in »SS-Männer«. Wehrmachtssoldaten, Bahnbeamte, einfache Polizisten gingen auf in der archetypischen Gestalt der Bedrohung: dem SS-Mann. Das galt zum Beispiel auch für Mariannes und Imo Moszkowicz' Erinnerung an Christian Arras. Dann aber wieder hatte sie in der Erinnerung vieles verkleinert oder heruntergespielt. Besonders auffällig zeigte sich dies in ihren Beziehungen zu den Bund-Mitgliedern. Mariannes Bedürfnis, deren Andenken nicht herabzusetzen, hatte sie die Streitigkeiten und Spannungen vergessen oder verdrängen lassen, die ich in ihrem Tagebuch entdeckte.

Interessanter noch als diese Neigung des Gedächtnisses, gute und schlechte Erfahrungen hervorzuheben oder zu unterdrükken, waren die verschiedenen Punkte in Mariannes Erzählungen, an denen die Abfolge der Ereignisse, wie sie sie beschrieb, nicht mit anderen Quellen übereinstimmte. Am auffälligsten und konsequentesten geschah das beim Umarbeiten beziehungsweise bei der Verschleierung von Phasen der Trennung und des Verlusts. Marianne erinnerte sich daran, Ernst zu den Baracken begleitet zu haben; tatsächlich hatte sie sich jedoch in seiner Wohnung von ihm verabschiedet. Von ihrer eigenen Flucht erzählte sie, aus dem Haus gerannt zu sein, als die Gestapo ihre Sachen im Keller begutachtete. In Wirklichkeit hatte sie gefragt, ob sie Brot für die Reise einpacken dürfe, und hatte das Haus verlassen, während sie vorgab, in die Küche zu gehen. In ihrer

Erinnerung hatte sie in der BBC-Sendung gehört, daß ihre Eltern bereits ermordet worden waren. Die Zeitspanne zwischen der Bekanntgabe des Datums und dem Tag, an dem die Vergasungen stattfinden sollten, hatte sie verdrängt. All diese Trennungen und Abschiede – *die* zentralen Traumata in Mariannes Leben – hatten sich unmerklich verändert.

Es schien mir, als habe Marianne traumatische und mit Schuldgefühlen behaftete Verluste »entschärft«, indem sie sie nachträglich »berichtigte«. Was Ernst anging, so hatte sie Hanna Arons Geschichte übernommen, und indem sie das tat, zögerte sie den Moment hinaus, in dem sie Ernst gehen lassen mußte. Auch im Fall ihrer Flucht hatte sie sich einer fremden Erzählung bemächtigt, diesmal gab sie den Weg aus dem Haus, den Pastor Keinath zu nehmen versucht hatte, als den ihren aus. Eine Zeitlang fragte ich mich, warum sie es vorzog, die Treppe hinunter der Gestapo davongelaufen zu sein, statt nach Brot gefragt zu haben und durch die Küchentür entkommen zu sein. Wollte Marianne bestreiten, daß sie ihre Flucht einer humanen Geste der Gestapo zu verdanken hatte? Denkbar war dies, aber unwahrscheinlich, da Marianne ein feines Gespür für gute und schlechte Seiten der Menschen besaß. Ich kam zu dem Schluß, daß Marianne einen Fluchtweg erfunden hatte, der auch ihrem Bruder zugänglich gewesen war. Sie hätten zusammen die Treppe herunterschleichen können, als die Gestapo im Keller war. Brot aus der Küche holen zu wollen war eine List, die nun einmal nur einer Person die Flucht ermöglichte.

Welchen Sinn hatten diese Änderungen? Wenn die verzerrten Erinnerungen wahr gewesen wären, hätte sich Marianne dann weniger schuldig gefühlt? Aus meiner Perspektive war sie ohnehin nicht schuldig. Und Marianne hätte wahrscheinlich nach dem Krieg auch nicht weniger Schuld empfunden, wenn sie das Haus auf einem Wege verlassen hätte, den Richard auch hätte nehmen können, oder wenn sie tatsächlich die letzte Nacht mit Ernst verbracht hätte. Sie mag schlicht die Notwendigkeit verspürt haben, Veränderungen vorzunehmen, um mit der Vergangenheit umgehen zu können. Es war wichtig, die

Momente, die solche Schmerzen hervorriefen, einer gewissen Kontrolle zu unterwerfen.

Mit anderen Worten, mir erschienen die Unschärfen in Mariannes Erinnerungsvermögen als Anzeichen für den erlittenen Schmerz und Verlust, Anzeichen auch dafür, daß sie ihre Vergangenheitsbewältigung zu kontrollieren suchte, so wie sie sich darum bemühte, nur wenig davon nach außen dringen zu lassen. Die Geschichten waren behutsam zu Metaphern ausgestaltet worden und als »Parabeln« für ihr Schicksal und das ihrer Familie ein wenig leichter zu ertragen als die Wahrheit.

Als die Vergangenheit in noch größere Ferne rückte, kam zu dem schmerzhaften Nacherleben dieser Trennungen ein neues Gefühl hinzu, das Marianne mehrmals ansprach, nämlich die emotionale Loslösung von der Vergangenheit. Die Morde an ihren Lieben waren nicht mehr nur sinnlos; sie hatten inzwischen auch in einer zeitlich unüberbrückbaren Distanz stattgefunden. Wahrscheinlich verursachte dieser erneute Abschied – die durch Zeit und Raum erzwungene Trennung – neue Gefühle der Schuld und des Verlustes. Tatsächlich gibt es in Mariannes Kriegstagebuch Hinweise darauf, daß sie schon 1944 eine gewisse Schuld verspürte, als sie einige Erinnerungen an Ernst losließ. Also begann sie, die Geschichten über das Schicksal ihrer Lieben noch dramatischer auszugestalten. Ernsts entsetzlicher Unfall wurde für Marianne zu einem medizinischen Experiment, ähnlich wie sich Enrique Krombach Tausende Kilometer entfernt in Buenos Aires die Legende erschaffen hatte, sein Bruder Ernst sei von der SS erstochen worden. Marianne »verlegte« die Ankündigung des Todes ihrer Eltern auf ihren Geburtstag, obwohl etwa zehn Tage dazwischen lagen. Sie ließ Lores Erschießung statt im Januar 1945 ein paar Stunden vor der Befreiung erfolgen. Vielleicht erscheinen die Verschiebungen als solche trivial – die Fakten waren schließlich erschütternd genug. Auch hier ging es um die bloße »Geste«, die Vergangenheit neu zu gestalten, darum, sie am Leben zu erhalten.

Ich wußte nicht, ob solche Veränderungen absichtlich oder unabsichtlich stattfanden. Aber nach Mariannes Tod hörte ich mir noch einmal unser Gespräch vom September 1996 an und war ganz erstaunt über eine Passage, die mir entfallen war. Marianne erzählte, wie sie mit Basil nach Noordwijk zurückgefahren war: »Also das hieß, zu den Spuren meiner Kindheit zurückzugehen. Ich konnte das noch nie leiden. Und ich bin niemals, ich bin nie ein Mensch gewesen, der gerne zurücksieht. Ich sehe nicht gerne zurück auf all das, was vorher war, all diese Erfahrungen, die mit der eigenen Existenz verknüpft sind, weil ich davon immer sehr unruhig werde. Ich habe immer gedacht, daß die eigene Erinnerung sowieso immer anders ist als die Wirklichkeit. Und nicht nur ist das *meistens* so – nicht immer –, aber man befürchetet einfach immer, daß es immer so ist, daß man immer enttäuscht ist.«[36]

Vivian erinnerte sich an ähnliche Bemerkungen seiner Mutter. Mir schien daher, daß Marianne sich eher als Opfer denn als Herrin ihrer Erinnerungen sah.

Einmal, als Marianne und ich alte Fotos der Familie Strauß im Gruga-Park und auf Norderney anschauten, fragte ich sie, was sie dabei empfinde. Nichts, sagte sie. Es sei, als betrachte sie das Leben einer anderen. »Mein Leben scheint in so viele unterschiedliche Teile zersplittert, es ist, als sei es nicht meins.«[37] Durch diese Bemerkung fiel mir zum wiederholten Male auf, wie viele abrupte Veränderungen ihrer Umwelt und Identität Marianne zwischen 1933 und 1946 ertragen mußte. Sie wuchs auf als ein integriertes jüdisches Kind, das sich seines Judentums nicht sonderlich bewußt war. Die Nazis rückten ihre jüdische Identität gewaltsam in den Vordergrund, was sich zunächst als Stigma in der Schule und später, Ende der dreißiger, Anfang der vierziger Jahre, eher positiv als identitätsstiftend äußerte (wenn dies alles auch immer noch weitgehend in einem deutschen intellektuellen und kulturellen Kontext ablief). 1941 und 1942 bezog sich Marianne oft auf Gott, zitierte Bibelstellen und folgte dem jüdischen Kalender. Im Bund spielte sie drei verschiedene Rollen durch: Nach außen war sie eine normale »Arierin«, bei ihren Gastgebern die Kameradin und schließlich das jüdische Mädchen, das das Regime aufgrund seines schieren Daseins zu ermorden trachtete. Aber während sie äußerlich wie eine

»Arierin« wirkte, sah sie sich selbst immer mehr als Bund-Kämpferin. Nach dem Krieg war sie zwischen Aktivismus und Exil hin- und hergerissen, und schließlich kam sie als zukünftige jüdische Ehefrau und Mutter nach England. Wie sollte sie sich nach so vielen Verwandlungen nicht körperlos fühlen?

Es ist vielleicht auch nicht verwunderlich, daß Marianne einige ihrer früheren Rollen allmählich vergaß. Doch scheint es kein Zufall zu sein, daß die beiden Verkörperungen, die ihr entglitten waren, ausgerechnet ihr religiöses Ich und die Bund-Kämpferin der Kriegszeit waren. Was letztere anging, hatte ich den Eindruck, daß Mariannes Sicht auf die Person, die sie in ihrem Tagebuch gewesen war, aus demselben Grund blockiert war, aus dem mir das Tagebuch so ungewöhnlich erschien: aufgrund der öffentlichen Wahrnehmung des Holocaust, die sich nach dem Krieg durchsetzte. Als Antragstellerin für besondere Vergünstigungen – Lebensmittelrationen nach dem Krieg, Einreise nach Großbritannien, Wiedergutmachung – wurde Marianne ermutigt, sich als jüdisches Opfer darzustellen. Als ihr Beitrag in der BBC gesendet wurde, wurde sie als junge Jüdin etikettiert, die sich an die Deutschen wandte. In diesem Licht nahmen sie natürlich auch ihre Verwandten wahr, mit denen sie nach dem Krieg wieder Verbindung aufgenommen hatte. Auch in den anglo-jüdischen Kreisen, in denen sie sich in Liverpool bewegte, wird man sie als Opfer angesehen haben, besonders als die öffentliche Diskussion über den Holocaust offener geführt wurde. In dieser Nachkriegssituation war es vielleicht unvermeidlich, daß ihr das Selbstbild der Bund-Kameradin, die sie während des Krieges gewesen war, entglitt.

Mariannes Erfahrung könnte darauf hindeuten, daß Menschen, die überlebt haben, indem sie sich als »Arier« ausgaben, bereits während des Krieges zu Veränderungen ihrer Selbstwahrnehmung geneigt haben. Wir kennen die Geschichten von jüdischen Kindern, die von nichtjüdischen Pflegeeltern oder -institutionen aufgenommen wurden, eine völlige Identitätsveränderung durchmachten und als Christen aus dem Krieg hervorgingen. Bei Erwachsenen waren solche dauerhaften Konversionen selten. Aber es ist durchaus möglich, daß auch

Erwachsene, wie Marianne, eine Zeitlang nicht nur *vorgaben*, jemand anders zu sein, sondern tatsächlich eine neue Identität annahmen – eine Identität, die sie dann irgendwann nach dem Krieg wieder abstreiften. (Solche Verwandlungen lassen sich nur selten beobachten, weil es meistens bloß mündliche Zeugenaussagen gibt und Interviews sich nicht dazu eignen, das aufzudecken, was die Erinnerung versteckt.) Mariannes Tagebuch bot daher einen äußerst ungewöhnlichen Blick auf ihren Gemütszustand während des Krieges.

Andererseits konnten nur wenige Juden, die sich für »Arier« ausgaben, so positive Vorbilder nachahmen, wie sie Marianne beim Bund gefunden hatte. Nur wenige besaßen ein solch starkes Motiv, diese neue Identität sowohl nach innen als auch nach außen anzunehmen. Außerdem gab Marianne später ihre frühere Rolle nicht nur unter dem Druck des Opferstatus auf. Für einen jüdischen Mann, der während des Krieges von einer nichtjüdischen politischen Gruppierung aufgenommen worden wäre, wäre eine derartige Wiedereingliederung in einen strenggläubigen jüdischen Haushalt nach dem Krieg kaum vorstellbar gewesen. Solche Meisterleistungen häuslicher Anpassung werden von Männern selten erwartet. Von daher schienen mir die Brüche in Mariannes Leben möglicherweise einzigartig, auf jeden Fall aber Erfahrungen einer Frau zu sein.

Nachdem sie die Rolle der politischen Aktivistin abgelegt hatte, konnte Marianne jedoch nicht mehr zu ihrem früheren Ich aus der Zeit, in der sie sich ernsthaft mit Gott auseinandergesetzt hatte, zurückfinden. Aus dem, was sie dazu äußerte, geht eindeutig hervor, daß der Bund ihr den Rückweg dorthin abgeschnitten hatte. Hinzu kam, daß die jüdische Religiosität der Ellenbogens der ihren so fremd war und Basils Erwartungen, wenngleich er keineswegs intolerant war, ihrem eigenen religiösen Hintergrund so wenig entsprachen, daß ein Leben als religiöse Jüdin sich für sie konfliktreich und schwierig gestaltete. Als Elaine starb, wandte sich Marianne ganz von der Religion ab.

Im Juni 1968 begann Marianne einen Brief an Bund-Freunde. Es war Sommer, aber sie war alles andere als heiter gestimmt:

»… selbst die Sonne läßt dieses Mal nicht die Tatsachen der Gegenwart erträglicher erscheinen. Elaine ist nun schon fast 5 Monate im Krankenhaus und weder an ihrem Befinden noch am Gewicht hat sich etwas gebessert. So lange sie dem Leben so ablehnend gegenüber steht, kann man nur hoffen und beten.« Marianne beschrieb, welch merkwürdige Krankheit Magersucht ist, und fuhr fort: »Mein Denken und Segen ist so ganz mit ihr verwoben; oft wundere ich mich, wie wir dieses lange Jahr überstanden haben; von einem Tag zum nächsten existierend und hoffend. Und wer weiß, wie lange und was noch! Und die Welt um uns herum sieht so traurig aus, nach …«[38]

Hier bricht der Brief ab. Marianne legte ihn auf den wachsenden Papierstapel in ihrem Haus. Am 29. September 1969 starb die achtzehnjährige Elaine.

»Ich selbst«, sagte Vivian über seine Mutter, »fand es unglaublich ungerecht, und ich finde das immer noch, daß jemand, der durchgemacht hat, was sie durchmachen mußte, der verloren hat, was sie verloren hat, auch noch den Verlust eines Kindes ertragen mußte, wobei ich das natürlich niemandem wünsche.«[39]

Ich konnte der Frage nach einer möglichen Verbindung zwischen Elaines Tod und Mariannes Vergangenheit nie nachgehen.[40] Das Thema war für Marianne zu schmerzhaft, als daß ich es mit ihr hätte besprechen können. Auch bei Vivian war die Wunde noch immer nicht verheilt. Als er nach Mariannes Tod Briefe von Elaine fand, die sie im Krankenhaus an ihre Eltern geschrieben, aber nicht abgeschickt hatte, verstärkte das seinen Kummer. Er hatte sie nie gelesen, und seine Eltern hatten die Existenz der Briefe geleugnet. Zweimal erzählte mir Vivian Geschichten in der ersten Person, und als ich nachfragte, sah er mich verwirrt an und sagte »nein, nicht ich, sie«. Vivian hatte seine eigenen Theorien über Elaines Tod, aber er wollte sie nicht mit mir erörtern. Ich besprach das Thema mit einigen Freunden der Ellenbogens und mit Jane Dalton, Elaines Freundin und Nachbarin aus Kindheitstagen. Ich nahm sogar Kontakt zu Elaines Psychiater auf. Er war ein Freund der Familie, der von Basil gebeten worden war, seine Unterlagen zu vernichten. Er brachte es nicht über sich, darüber zu sprechen.

Ich weiß, daß Elaines Tod Marianne fast zugrunde gerichtet hätte. Sie verlor den letzten Rest ihres Vertrauens in Gott. Die Ehe hielt, obwohl Basil Vivian einmal wissen ließ, daß sie nach der Tragödie durch eine extrem schwierige Phase gingen. Mariannes Leben war nie mehr wie zuvor.

Ich weiß nicht, inwieweit sich Vivian dieser Parallelen bewußt war, aber der Verlust seiner Schwester spiegelt Mariannes Verlust ihres Bruders auf grausame Weise. Beide, Mutter und Sohn, verloren den jüngeren Bruder beziehungsweise die jüngere Schwester, als diese erst 18 waren. Beide hatten das Gefühl, die Verstorbenen seien intelligenter und begabter gewesen als sie selbst. Beide empfanden ihren Geschwistern gegenüber starke Schuldgefühle: Marianne glaubte, Richard im Stich gelassen zu haben; Vivian fand, daß er Elaine während ihrer Krankheit wegen seines Studiums nicht genug Aufmerksamkeit geschenkt hatte. Sowohl bei Vivian als auch bei Marianne verstärkten die Todesfälle ihre Schuldgefühle den Eltern gegenüber. Vivian hatte schon länger unter der Angst gelitten, die akademischen Erwartungen seiner Eltern nicht erfüllen zu können. Nach Elaines Tod war es an ihm, doppelt so gut zu sein. Als er 1971 fast in einen tödlichen Autounfall verwickelt wurde, fühlte er sich noch schuldiger, weil er seinen Eltern so viel Kummer bereitete. Und weil er solche Schuldgefühle mit sich trug, konnte er sowenig wie seine Mutter erkennen, wie wichtig sein Überleben für das Glück seiner Eltern war. Wie das Wissen, daß Marianne frei war, der einzige Trost für Siegfried und Ine im Angesicht des Todes gewesen sein muß, so wußte ich, daß Mariannes größte Freude ihrer letzten Jahre Vivians Familie war. Und natürlich war Vivian genauso wütend auf seine Eltern wie Marianne auf ihre – sie, weil sie Richard zu lange in Deutschland zurückgehalten hatten, er, weil sie so viel von dem für sich behalten hatten, was Elaine ihnen mitgeteilt hatte. Dieser Wut konnte keiner von ihnen richtig auf den Grund gehen.

Ein weiterer Anlaß zur Traurigkeit in Mariannes letztem Lebensabschnitt war, daß sie es nicht geschafft hatte, den Bund auf die Liste der »Gerechten unter den Völkern« setzen zu lassen, derer in Yad Vashem gedacht wird. 1984 versuchte Lisa Jacob, ihre Retter aus dem Bund dort anerkennen zu lassen. Marianne unterstützte den Antrag und fügte die Namen derjenigen Helfer hinzu, die nicht auf Lisas Liste standen. Aber die Kommission, die darüber zu entscheiden hatte, kam bei ihrer Sitzung am 28. Januar 1986 zu keinem Ergebnis in Hinblick auf den Bund, und die Angelegenheit verlief im Sande. 1994 reisten Basil und Marianne nach Jerusalem. Lisa Jacob war in der Zwischenzeit gestorben, so daß Marianne sich verpflichtet fühlte, den Fall voranzutreiben. Im März hatten sie einen Termin mit Mordechai Paldiel, dem für die Anerkennungen zuständigen Direktor von Yad Vashem, und versuchten es erneut. Doch sie mußten unverrichteterdinge wieder abreisen.

Marianne war verbittert und deprimiert darüber, daß sie ihre Freunde wieder einmal enttäuscht hatte, wie sie es sah. Ihre Frustration übertrug sich auch auf mich. Als ich 1998 in Israel war, verabredete ich ein Treffen mit Herrn Paldiel, um ihn in dieser Angelegenheit zu befragen. Ich ahnte jedoch schon, wo das Problem lag. Es waren gerade die Besonderheiten des Bundes, dank derer er der Gestapo entkommen konnte, die nun diejenigen verwirrten, die seine Verdienste hätten anerkennen können. Ich hatte bereits festgestellt, daß die wichtigste geschichtliche Abhandlung des Widerstands und der Verfolgung in Essen den Bund nur erwähnte, um seine Errungenschaften und Verdienste zu schmälern.[41] Es ist wirklich erstaunlich, daß ein umfangreiches, gut recherchiertes Buch, das sich ausschließlich mit Essen beschäftigt, lediglich in einer herablassenden Fußnote auf den Bund zu sprechen kommt. Als Kreis von Freunden, der nicht wie eine politische Vereinigung wirkte, und als Bewegungs- und Tanzgruppe, in der scheinbar unpolitische Frauen eine wichtige Rolle spielten, entsprach der Bund nicht dem Bild, das eine Widerstandsbewegung abzugeben hatte.

Nun stellte sich heraus, daß Yad Vashem in Deutschland Nachforschungen angestellt hatte, um Lisas Behauptungen zu verifizieren. Dr. Paldiel händigte mir als Beleg dafür eine Akte mit Briefen aus. All diese Anfragen waren ins Leere gelaufen. Niemand kannte den Bund, die Gruppe hatte keine Verbindungen mehr zu den älteren Mitgliedern der Sozialdemokratischen Partei, die etwas in ihrer Sache hätten sagen können, und die Behauptungen klangen daher nicht plausibel. Hinzu kam, daß es Dr. Paldiel nicht klar war, wer im Bund jüdisch war und wer nicht, eine nicht unwesentliche Information für eine Einrichtung, die Nichtjuden ehrte. Außerdem – so räumte Dr. Paldiel bedauernd ein – herrschte in Yad Vashem eine gewisse Skepsis vor, aufgrund derer sie die Sache hatten fallenlassen. Während unseres Gesprächs übergab er mir die Akte und ermutigte mich, weiter an dem Fall zu arbeiten. Vielleicht geht Mariannes Wunsch also noch in Erfüllung, wenn auch postum.

Marianne hat zu Lebzeiten von sich aus nie irgendein Urteil über ihr Leben gefällt oder ein Resümee gezogen, und auch mir gelang es nicht, ihr etwas dieser Art zu entlocken. Unsere Ausflüge in die Jahre nach dem Krieg beschränkten sich auf bestimmte Punkte. Sie erzählte keine allumfassende Geschichte. Ich vermutete, wenn Elaine überlebt hätte und gesund geworden wäre, dann hätte sich für Marianne alles zum Guten gewandt. Ihre Nachkriegs-Familie hätte ihrem Überleben einen Sinn gegeben. Aber nach Elaines Tod war das ausgeschlossen. Obwohl Marianne sehr an Vivian und seinen Kindern hing, obwohl diese die größte Freude ihrer letzten Jahre waren, konnte sie ihr Leben nach dem Krieg nicht als erfolgreich empfinden.

Marianne war ein ausgesprochen zurückhaltender Mensch. Selbst wenn es ihr möglich gewesen wäre, ihrer Biographie einen etwas positiveren Anstrich zu geben, hätte sie sicherlich dennoch wenig von ihrem Leben nach dem Krieg preisgegeben. *Jede* persönliche Mitteilung kostete sie Überwindung. Während meiner letzten Forschungsreise nach Deutschland, lange nach Mariannes Tod, telefonierte ich mit Vivians Frau in Liverpool, wobei die Frage aufkam, was Marianne wohl mit all den Zusammenhängen angefangen hätte, die ich aufgedeckt hatte. »Sie hätte das gehaßt«, war die freundliche, aber bestimmte Antwort. Das ist wahrscheinlich richtig.

Kurz vor der Fertigstellung dieses Buchs erfuhr ich von Vivian, wie sehr er sich hatte bemühen müssen, damit seine

Marianne in ihrem Haus in Liverpool im Oktober 1996

Mutter während ihrer Gespräche mit mir einigermaßen gefaßt blieb. Im Rückblick auf unser erstes Treffen fiel es mir plötzlich wie Schuppen von den Augen, daß uns ja Vivian dazu überredet hatte, die Geschichte seiner Mutter nachzuzeichnen. Bevor Marianne und ich ihn zum Mittagessen trafen, überlegten wir beide uns gerade, was wir mit Ernsts Briefen anfangen sollten. Nach dem gemeinsamen Essen sprachen wir schon von einem Buch. Als mir Vivians Rolle klar wurde, beruhigte es mich, daß der Anstoß für das Buch also nicht nur von mir ausgegangen war – wenn mir das auch nicht die Sorge darum abnahm, ob ich tat, was Marianne gewollt hätte.

Allerdings wußte Marianne seit dem Krieg, daß es eine Geschichte gab, die sie erzählen wollte. Schon im Januar 1946 empfand sie die Sprachlosigkeit zwischen sich und ihren Verwandten in Übersee und schrieb an Hugo und Grete Strauß: »Was ich in diesen beiden Jahren erlebt, erfahren und gelernt habe – davon kann und werde ich einmal ein ganzes Buch schreiben; – ein Einzelschicksal, das einen Einblick gibt in die allgemeine politische, geistige und kulturelle Konstellation Deutschlands während des Naziregimes.«[42]

Dieses Buch hat sie zwar nie geschrieben, aber es ist bezeichnend, daß sie nichts von ihren Papieren weggeworfen hat. Von ihren Freunden erfuhr ich, daß sich Marianne schon nach einem Übersetzer für die Dokumente umgesehen hatte, als ich Kontakt mit ihr aufnahm. Nachdem wir mit der Arbeit begonnen hatten, erzählte sie den Benders einmal ganz unerwartet und ausführlich von ihren Jahren im Untergrund. »Man konnte fast spüren, wie sie erleichtert aufatmete und sagte, ich muß dies zu Papier bringen«,[43] meinte Clara Bender. Im Januar 1997 legte mir Mathilde Jamin im Ruhrlandmuseum einen Brief vor, den Marianne ihr im Dezember, nur eine Woche vor ihrem Tod, geschrieben hatte. Sie formulierte ihr Bedürfnis, »allem gerecht zu werden in begrenzter Zeit, und nicht *zu* viel ›unfinished business‹ zu hinterlassen«. Dann fuhr sie fort: »Mit Mark Roseman erarbeiten wir meine Erinnerungen, augenblicklich noch sehr roh und ›sketchy‹. Wir werden sehen, welche Form es nimmt. Eine zwingende Verpflichtung, die mich sehr belastet.«

Was also war es, das Marianne erzählt haben wollte? Vor allem lag ihr am Herzen, die Bedeutung von Freundschaft, den Heldenmut und die Selbstlosigkeit des Bundes zu unterstreichen. Wie sie Mathilde Jamin schrieb, hielt sie es für ihre »Verpflichtung« (zweifellos das letzte Mal, daß sie diese Bezeichnung des Bundes benutzte), ihrer Helfer zu gedenken. Gleichzeitig schämte sie sich aber auch nicht zuzugeben, daß sie selbst eine Kämpferin gewesen war und viel zu ihrem Überleben beigetragen hatte. Ein Titel, den sie für das Buch vorschlug, war das Zitat von Dylan Thomas »Do not go gentle into that good night«.[44] Sie sang kein Loblied auf sich selbst, aber sie ließ auch keine Zweifel daran aufkommen, daß ihr Mut und ihre hartnäckige Weigerung, sich zu unterwerfen, die wesentlichen Voraussetzungen dafür waren, daß sie am Leben geblieben war.

Ihr zweites Anliegen war umfassender. Der Holocaust, sagte sie, hätte überall stattfinden können. Sie hatte erbitterte Auseinandersetzungen mit ihrem Schwiegervater darüber geführt, ob der Holocaust in Großbritannien möglich gewesen wäre. »Ich sagte zu ihm: ›Ach, ihr habt Glück, es hätte hier passieren können.‹ Seine Reaktion war explosiv. ›*Selbstverständlich* hätte es hier nicht passieren können. Dies ist ein demokratisches Land.‹ Das übliche Geschwafel eben. Ich finde … es ist unbeschreiblich, was sich die Leute denken … es kann überall passieren. Es passiert überall; es passiert überall.«

Einmal fragte ich sie, ob Christian Arras kommentiert habe, was er in Izbica gesehen hatte. Aber an konkrete Beobachtungen seinerseits erinnerte sie sich nicht. Statt dessen sagte sie:

> Die Deutschen, oder jeder in einer solchen Situation, wenn man's genau nimmt, man sieht jeden Abend fern, und man sieht die Grausamkeiten, die überall geschehen, in jedem Teil der Welt. Nun, nach einer Weile wird man immun dagegen. Es ist entsetzlich, und ich konnte es nie verstehen, warum so viele Leute denken, daß sechs Millionen so ein großer Unterschied sein sollen zu 60 000 oder 6000. Es ist, was man tut, und nicht, mit wie vielen man es tut – das ist der Kern der Sache. Die Ungeheuerlichkeit liegt für mich in der Tatsache, daß es überhaupt geschehen ist – und daß es immer noch geschieht. Das ist es, was zählt. Das ist, was zählt. Ja. Und sonst nichts. Nicht die sechs Millionen. Die Menschen in Izbica, das waren keine sechs Millionen; das waren – na? – ein paar, eine Handvoll Leute; sie sind der Inbegriff dessen, was dann mit den sechs Millionen geschah, und dessen, was immer noch geschieht. Das ist alles.[45]

Für Marianne war die Unmenschlichkeit der Menschen der entscheidende Punkt, weitaus wichtiger als Zahlen. Ich war mir nicht sicher, ob ich diese Meinung teilte. Um sechs Millionen Menschen zu töten, braucht man einen »utopischen« Mordplan, eine Infrastruktur und eine groß angelegte Zusammenarbeit. Nicht nur die Zahl der Opfer, sondern das Ziel »Völkermord« war das Charakteristische des Holocaust. Das zugrunde liegende Potential der Unmenschlichkeit war ein unverzichtbarer Teil eines Erklärungsversuchs, reichte aber bei weitem nicht aus. Auch überzeugt mich die Vorstellung nicht, daß jede moderne Gesellschaft gleichermaßen dazu neigt, einen Genozid zu verüben, selbst wenn sich in jeder davon bestimmte Elemente finden, die den Holocaust ermöglicht haben.[46] Zur Zeit unserer Gespräche fragte ich mich manchmal, ob Marianne sich je mit dem Umfang des Holocaust und mit dem Ausmaß der Mittäterschaft in der deutschen Gesellschaft abgefunden hatte. Im nachhinein denke ich, daß sie vielleicht provoziert wurde, jene Position einzunehmen, die pauschal die Universalität des Holocaust vertrat, weil sie die Selbstgefälligkeit, mit der sie sich in Großbritannien konfrontiert sah, einfach nicht ertragen konnte. Diese ließ sie zu sehr an die naive Vaterlandstreue denken, die sich in Deutschland als so fatal erwiesen hatte. Vor allem deckte sich die vereinfachende antideutsche Haltung vieler Briten nicht mit ihren eigenen Erfahrungen.

Marianne wußte, daß es noch ein anderes Deutschland gab – ein Deutschland der Kultur und der Kreativität, des Idealismus und des öffentlichen Engagements, dessen Wertvorstellungen Juden und Nichtjuden beeinflußt hatten. Marianne sah die intellektuelle Welt des Bundes in vielerlei Hinsicht als charakteristisch für die Weimarer Republik. Sie wußte, daß David Krombachs Leitbild der Integrität deutsch wie jüdisch geprägt war. Dabei leugnete sie nicht, daß andere Facetten der deutschen Gesellschaft und Kultur das Potential hatten, großes Unheil anzurichten, besonders nach der politischen, wirtschaftlichen und kulturellen Krise Anfang der dreißiger Jahre. Sie zweifelte die Tiefe und die Breite des deutschen Antisemitismus nicht an. Aber sie vermittelte mir die Einsicht, daß Artur und Dore Jacobs, David Krombach, der junge Ernst und (obwohl sie selbst es nie von sich behauptet hätte) auch die junge Marianne, jeder auf seine Weise und seiner Generation entsprechend, zu den besten Deutschen gehört hatten.

Marianne und ihre Familie hatten sehr unterschiedliche Reaktionen erfahren. Trotz der Bedrohungen und der Gefahren waren einige Menschen in ihrem Handeln frei genug, um selbstlos ihre Hilfe anzubieten; andere halfen gegen materielle Entlohnung; viele zeigten der Familie die kalte Schulter, und manche waren an ihrer Ermordung beteiligt. Marianne wußte, daß nicht wenige Menschen Beziehungen zu ihrer Familie in einer Zeit geknüpft oder aufrechterhalten hatten, in der Juden öffentlich verunglimpft wurden – der Bankdirektor etwa oder der Priester, der Wehrmachtssoldat, die katholische Familie und natürlich der Bund, um nur einige zu nennen. Nicht alle diese Beziehungen wurden mit dem Reichtum der Strauß' erkauft, und nicht alle waren einzigartig. Es war verständlich, daß Marianne nicht zwischen Deutschen und anderen Nationen unterschied, sondern zwischen einzelnen Personen.

Die Bund-Mitglieder hätten dem Ansatz, es handele sich um eine individuelle Frage, sicherlich widersprochen. Was sich bewahrheitet habe, schrieben sie nach dem Krieg, waren die Leitgedanken der Gruppe, ihre gemeinsamen Prinzipien. Entscheidend war, daß sie eine Gruppe bildeten, die zusammenarbeitete, sowohl um jedem einzelnen Zuversicht und Kraft zu geben, als auch um für gemeinsame Ziele zu kämpfen. Die Geschichte des Bundes scheint tatsächlich eine allgemeingültige hoffnungsvolle Botschaft zu vermitteln: Ein informelles Netzwerk aufrichtiger und couragierter Menschen, die sich von einer gemeinsamen Idee leiten lassen, kann mit etwas Glück erreichen, einen gewissen Anstand zu wahren, Verfolgte zu unterstützen und Festnahmen abzuwenden – selbst in einer Diktatur.

Einige Zeit nach Mariannes Tod unternahmen Vivian und ich auf der Suche nach Dokumenten einen letzten Streifzug durch Mariannes Haus. Es war kalt und baufällig. Nach Elaines Krankheit konnte Marianne keine Arbeiten am Haus mehr ertragen. Als ich sie kennenlernte, beschied sie sich immer noch mit einer primitiven Küche aus den fünfziger Jahren, obwohl sie so gerne kochte. Nachdem bereits vieles aus dem Haus entfernt worden war, wurde deutlich, daß eigentlich das ganze Haus renoviert werden mußte. In den hinteren Schlafzimmern konnte man Setzrisse erkennen. Es schien, als ginge das ganze Gebäude allmählich unter dem Gewicht von Mariannes schwer bewältigbarer Vergangenheit in die Knie. In dem leeren Haus erinnerte ich mich daran, wie Marianne einmal gesagt hatte, sie habe das Gefühl, mehrere Leben gelebt zu haben, und daß sie sich von ihnen allen allmählich löse. Sie schlug einen weiteren Titel für dieses Buch vor, einen Vers aus einem von Mahler vertonten Rilke-Gedicht: »Ich bin der Welt abhanden gekommen«.[47]

Dennoch gelang es nicht, sich Marianne lange als Verlorene oder als Opfer vorzustellen. So verlassen es auch erschien, das Haus barg noch eine andere Botschaft. Marianne hatte immer auf ihre Privatsphäre bestanden. Gegen die Absenkung war nichts unternommen worden, weil sie keine Arbeiter im Haus duldete; sie hatte es richtig eingeschätzt: Die Wände würden so lange halten, wie sie sie brauchte. Der jetzt defekte Treppenlift erinnerte mich daran, daß sie bis zum Schluß ganz gut allein zurechtgekommen war. Nur zwei Tage vor ihrem Tod war sie noch unterwegs gewesen. Mir gegenüber hatte sie sich resolut verhalten und stets Grenzen gezogen. Ich konnte mir ein Lächeln darüber nicht verkneifen, wie erfolgreich Marianne meine Versuche, ihr Leben vor dem Krieg mit dem danach zu verbinden, vereitelt hatte. Weite Teil ihres Nachkriegslebens hatte sie zur Sperrzone erklärt.[48] Die Vergangenheit *war* für sie nicht zu bewältigen, aber sie war damit umgegangen, so gut sie konnte, und sie war eine Kämpferin geblieben – resolut, würdevoll und beherrscht. Am Ende hatte sie es geschafft, ihre Geschichte zu erzählen. Es schien Mariannes Persönlichkeit zu entsprechen, und es erschien fast wie ein Tribut an sie, daß einige Bruchstücke ihrer Vergangenheit für immer verborgen bleiben sollten.

Mariannes Familie

Urgroßeltern

Seligman Strauß
verheiratet mit
Bina geb. Reis

Alexander Stern
verheiratet mit
Sophie geb. Nördlinger

Philipp Rosenberg
verheiratet mit
Therese geb. Windmüller

Kappel Weyl
verheiratet mit
Marianne geb. Behrendt

Großeltern

Leopold Strauß verheiratet mit Rosalie Stern
* 30. 11. 1861, Hessen
† 15. 6. 1939 Essen

* 5. 4. 1867 Pflaumloch, Württemberg
† 28. 5. 1934 Essen

Isaak Rosenberg verheiratet mit Anna Weyl
* 25. 5. 1863 Ahlen
† 8. 5. 1932 Ahlen

* 4. 1. 1867 Haltern
† 9. 1. 1944 Theresienstadt

Eltern

Siegfried Strauß
* 24. 4. 1891 Battenberg
† Juli 1944[?] Auschwitz-Birkenau

Regina Rosenberg
* 13. 1. 1898 Ahlen
† Juli, 1944[?] Auschwitz-Birkenau

Mariannes Onkel und Tanten väterlicherseits

Alfred * 24. 4. 1891 Battenberg; verh. m. Lore geb. Dahl
† Sept. 1944[?] Auschwitz-Birkenau
Lore † Jan. 1945 Kurzbach, bei Breslau

Mariannes Onkel und Tanten mütterlicherseits

Hannah * 5. 11. 1894 Ahlen; verh. m. Ernst Weinberg
† ? (deportiert nach Łódź Okt. 1941)
Kinder: Alexander (Eric); Alfred(Uri); Otto (Gerald)

Richard * 10. 1. 1893 Battenberg
† 14. 12. 1916 Gumbinnen

Adolf * 30. 4. 1896; verh. m. Erna Hertz
† Florida i. d. 1980ern; Sohn: Rolf (Ralph)

Bertel * 13. 6. 1900 Dinslaken; verh. m. Ferdinand Wolf
† August 1942[?] Auschwitz-Birkenau
Sohn: Richard (René) Wolf

Karl * 1907; verh. m. Diane Doutreport
† Spanien i. d. 1980ern
Tochter: Marie Anne

Siegfried und Regina heiraten am 27. 8. 1922 in Ahlen
Kinder: Marianne * 7. 6. 1923 Essen; verh. m. Basil Ellenbogen; † 22. 12. 1996 Liverpool
Richard * 26. 10. 1926 Essen; † Juli 1944[?] Auschwitz-Birkenau

Familie Ellenbogen

Max Ellenbogen verh. m. Gertie geb. Hamburg
Kinder: Gershon, * 7. 1. 1917 Liverpool
Basil * 22. 12. 1917 Liverpool; † 21. 2. 1996 Liverpool
Raymond * 1. 7. 1924 Liverpool

Basil und Marianne heiraten am 29. 12. 1946 in London
Kinder: Vivian * 23. 11. 1947, verh. seit 2. 3. 1975
Elaine * 18. 1. 1951; † 29. 9. 1969

Liste der Abkürzungen

ADStE	Gestapo Außendienststelle, Essen
AfWGE	Amt für Wiedergutmachung, Essen
AS	Alfred Strauß
AS	Alte Synagoge, Essen
BAB	Bundesarchiv, Berlin
BDC	Berlin Document Center
CH	Carl Hermann
CV	Central-Verein deutscher Staatsbürger jüdischen Glaubens
DB	Deutsche Bank
DBE	Essener Niederlassung der Deutschen Bank
DBF	Deutsche Bank Historisches Zentrum, Frankfurt
DRK	Deutsches Rotes Kreuz
EK	Ernst Krombach
EP	Marianne Ellenbogens Unterlagen
HStAD	Hauptstaatsarchiv, Düsseldorf
JFB	Jüdischer Frauenbund
JPF-MH	Jüdische Pfadfinder – Makkabi-Hazair
JSK	Jüdisches Seminar für Kindergärtnerinnen und Hortnerinnen, Berlin
KPD	Kommunistische Partei Deutschlands
KriPo	Kriminalpolizei
LBINY	Leo Baeck Institute, New York
LG	Landgericht
LGD	Landgericht Düsseldorf
LGE	Landgericht Essen
ME	Marianne Ellenbogen
MS	Marianne Strauß
NRW	Nordrhein-Westfalen
NSDAP	Nationalsozialistische Deutsche Arbeiterpartei
ODD	Oberfinanzpräsident, Düsseldorf, Devisenstelle
OFD	Oberfinanzpräsident, Düsseldorf
OKW	Oberkommando der Wehrmacht
OT	Organisation Todt
RjF	Reichsbund jüdischer Frontsoldaten
RSHA	Reichssicherheitshauptamt
RV	Reichsvertretung der deutschen Juden, später Reichsvereinigung der Juden in Deutschland
RW	René Wolf

SD	Sicherheitsdienst
SStr	Siegfried Strauß
StAE	Stadtarchiv Essen
StAE NJ AJD	Stadtarchiv Essen, Nachlaß Jacobs, Artur Jacobs Tagebuch
StaPo	Staatspolizeileitstelle
StaPoD	Staatspolizeileitstelle Düsseldorf
StAW	Stadtarchiv Wuppertal
VE	Vivian Ellenbogen
WGK	Wiedergutmachungskammer
YVJ	Yad Vashem, Jerusalem

Anmerkungen

Einleitung

1 Marianne Ellenbogen, »Flucht und illegales Leben während der Nazi-Verfolgungsjahre 1943–1954«, in: *Das Münster am Hellweg* 37 (1984), S. 135–142. Nachdruck in: Alte Synagoge (Hg.), *Stationen jüdischen Lebens. Von der Emanzipation bis zur Gegenwart* (Verlag J.W. Dietz Nachf.: Bonn 1990), S. 248–252.

2 Erst Jahre später erfuhr ich, daß Basil tatsächlich fließend deutsch sprach, was Mariannes Wunsch, ihre Erinnerungen für sich zu behalten, nur noch unterstrich.

3 Victor Klemperer, *Ich will Zeugnis ablegen bis zum letzten*. Band 1: *Tagebücher 1933–1941;* Band 2: *Tagebücher 1942–1945* (Aufbau-Verlag: Berlin 1995).

1

1 Mit freundlichem Dank an Dr. Vera Bendt für ihre Hilfe. Siehe Hermann Simon, *Das Berliner Jüdische Museum in der Oranienburger Straße. Geschichte einer zerstörten Kulturstätte* (Stadtgeschichtliche Publikationen, Berlin Museum: Berlin. 2. Aufl. 1983).

2 Im jüdisch-orthodoxen Gottesdienst ist es der Kantor oder Chasan, der Vorsänger, und nicht der Rabbi, der der Gemeinde vorbetet.

3 Die folgenden Quellen wurden hinsichtlich Leopolds Laufbahn berücksichtigt: Tillie Stein an den Autor, 16. 1. 1998 und 8. 9. 1999; LBINY *Jüdische Bibliothek* (Hamburg) Nr. 324, 31. 12. 1931; *Jüdisches Nachrichtenblatt*, 30. 6. 1939; Kurt Tohermes und Jürgen Grafen, *Leben und Untergang der Synagogengemeinde Dinslaken* (Verein für Heimatpflege »Land Dinslaken« e. V.: Dinslaken 1988), S. 60; Bürgermeister, Dinslaken, an Leopold Strauß, 1. 8. 1903; *Dinslakener Generalanzeiger*, 1. 4. 1927.

4 Informationen über Isaak Rosenberg gehen zurück auf Marianne, ihre Cousins Eric Alexander und Uri Weinberg und auf Hans W. Gummersbach, *Sozialhistorische und soziologische Forschungen zur jüdischen Minderheit in der westfälischen Stadt Ahlen vor und während der Zeit des Nationalsozialismus unter besonderer Berücksichtigung lebensgeschichtlicher Selbstzeugnisse* (Diss. Universität Paderborn 1996). Gummersbachs wichtigster Informant war Mariannes Onkel Karl Rosenberg.

5 Das weiße Gewand, das zu einigen religiösen Anlässen getragen und in dem man begraben wird.

6 Der Gebetsschal, der vom amtierenden Geistlichen und den verheirateten Männern beim Morgengebet getragen wird.

7 Der unbeholfene Terminus Akkulturation wird dem der Assimilation vorgezogen, weil der letztere einen Verlust der Identität impliziert, was hier nicht zutreffend ist. Siehe Marion Kaplan, »Tradition and Transition. The Acculturation, Assimilation and Integration of Jews in Imperial Germany. A Gender Analysis«, in: *Leo Baeck Institute Year Book* XXVII (1982), S. 3–36.

8 Unter der Fülle von Studien zur Evolution jüdischer Identitäten in Deutschland siehe Reinhard Rürup, *Emanzipation und Antisemitismus. Studien zur »Judenfrage« der bürgerlichen Gesellschaft* (Vandenhoeck und Ruprecht: Göttingen 1992); Trude Maurer, *Die Entwicklung der jüdischen Minderheit in Deutschland. Neuere Forschungen und offene Fragen* (Niemeyer: Tübingen 1992); Helmut Berding, »Antisemitismus in der modernen Gesellschaft: Kontinuität und Diskontinuität«, in: Jörg K. Hoensch, Stanislav Biman, L'ubomir Liptak (Hg.), *Judenemanzipation – Antisemitismus – Verfolgung in Deutschland, Österreich-Ungarn, den böhmischen Ländern und in der Slowakei* (Klartext: Essen 1999), S. 85–100; Falk Wiesemann, »Jewish Burials in Germany–Between the Enlightenment and the Authorities«, in: *Leo Baeck Institute Year Book* XXXVII (1992), S. 17–31, hier S. 31. Zum Ruhrgebiet siehe Michael Zimmermann, »Die Assimilation und ihre Relativierung. Zur Geschichte der Essener jüdischen Gemeinde vor 1933«, in: Dirk Blasius und Dan Diner (Hg.), *Zerbrochene Geschichte. Leben und Selbstverständnis der Juden in Deutschland* (Fischer Taschenbuch Verlag: Frankfurt/Main 1991), S. 172–186.

9 Avraham Barkai, »Die sozio-ökonomische Situation der Juden in Rheinland und Westfalen zur Zeit der Industrialisierung (1850–1914)«, in: Kurt Düwell und Wolfgang Köllmann, *Rheinland-Westfalen im Industriezeitalter.* Band. 2: *Von der Reichsgründung bis zur Weimarer Republik* (Peter Hammer: Wuppertal 1984), S. 86–106.

10 Werner Hoffmann an den Autor, 29. 4. 1997; Industrie- und Handelskammer für die Stadtkreise Essen, Mülheim und Oberhausen, 26. 4. 1939, »Bescheinigung«, unterschrieben Dr. Herbig; Kopie, CH an Oberstadtdirektor Essen, 9. 5. 1959, Entschädigungsantrag der Frau Marianne Ellenbogen geb. Strauß, nach Siegfried Strauß (Aussage von Paul Petry); Siegfried Heineberg, Düsseldorf, »Zeugnis«, 7. 1. 1919.

11 Befähigungs-Diplom, 9. 3. 1916

12 Quabecks Handelsschule, 1. 4. 1918, Referenz für Regina Rosenberg, unterschrieben F. Pratje.

13 John V. H. Dippel, *Die große Illusion. Warum deutsche Juden ihre Heimat nicht verlassen wollten* (Beltz Quadriga Verlag: Weinheim und Berlin 1997). S. 72.

14 Ebd.

15 Als Ine seinetwegen 1938 bei der Gestapo vorsprach und die Gründe anführte, warum er nach der Pogromnacht aus der Haft entlassen werden sollte, nannte sie mehrere Auszeichnungen, aber nicht das

Eiserne Kreuz, was sie zweifellos getan hätte, wenn man es ihm verliehen hätte.

16 HStAD RW58 74234 Akte Alfred Strauß; Staatliche Kriminalpolizei, Kriminalpolizeistelle Essen, Strafanzeige 12. 5. 1941, Aussage von Alfred Strauß.

17 Und eine populistische rechtsgerichtete Politik im allgemeinen. Siehe Peter Fritzsche, *Wie aus Deutschen Nazis wurden* (Pendo Verlag: Zürich 1999).

18 Dippel, *Die große Illusion*. S. 77.

19 Saul Friedländer, »Political Transformations During the War and Their Effect on the Jewish Question«, in: Herbert A. Strauß (Hg.), *Hostages of Modernisation. Studies on Modern Anti-semitism 1870–1933/39, Germany-Great Britain-France* (Walter de Gruyter: New York, London 1993), S. 150–164.

20 Damit soll nicht behauptet werden, der Nationalsozialismus sei nach 1918 unumgänglich gewesen. Für kürzlich erschienene Arbeiten zum Thema Juden und Antisemitismus in Weimar siehe Anm. 47–49 zu diesem Kapitel.

21 Kopie, CH an den Oberstadtdirektor Essen, 9. 5. 1959, Entschädigungsantrag der Frau Marianne Ellenbogen geb. Strauß, nach Siegfried Strauß (Aussage von Paul Petry).

22 Das Datum der Geschäftsgründung ist RW an ME, 12. 3. 1955, entnommen. Eine Kopie des Anmeldeverzeichnisses im Besitz der Familie gibt als offizielles Anmeldungsdatum den 30. 9. 1919 an.

23 Werner Hoffmann an den Autor, Buenos Aires, 29. 4. 1997.

24 File Salta GmbH I Liqu; Dokumente in der Mappe Zuwachssteuererklärung Mackensenstr. (Brunnenstraße) 69; »Debitoren und Creditoren. Waren und Inventarbestand«.

25 Undatiert (eindeutig 1939), Lebenslauf Siegfried Strauß Essen, Ladenspelderstr. 47.

26 »Debitoren und Creditoren. Waren und Inventarbestand«.

27 Interview mit Werner Hoffmann, Buenos Aires, 19. 6. 1998; Werner Hoffmann an den Autor, Buenos Aires, 29. 4. 1997.

28 SStr. an Ine, 7. 6. 1923.

29 Maschinenschriftlich »Aufstellung über Mobiliar und Hausrat u.s.w. Siegfried Strauß«.

30 Nicht unterschriebene Kopie der eidesstattlichen Versicherung von Frau Selig, Mai 1955.

31 Trude Maurer, »Reife Bürger der Republik und bewußte Juden: die jüdische Minderheit in Deutschland 1918–1933«, in: Hoensch, Biman u.a. (Hg.), *Judenemanzipation*, S. 101–116, hier S. 112.

32 Interview, ME, 10. 9. 1996.

33 Interview, ME, 31. 10. 1996.

34 MS an ihren Vater, 3. Mai 1932.

35 Undatierte Neujahrskarte, MS an ihre Eltern.

36 Interview, ME, 31. 10. 1996.

37 Ebd.

38 Zu der Zeit war das Geld von Mariannes Vater schon auf gesperrten Konten eingefroren. Er durfte monatlich eine gewisse Summe abheben und Mariannes Schulgeld nach Berlin überweisen.

39 Interview, ME, 31. 10. 1996.

40 Interview, ME, 10. 9. 1996.

41 Interview, ME, 31. 10. 1996.

42 Ebd.

43 Michael Zimmermann, »Zur Geschichte der Essener Juden im 19. und im ersten Drittel des 20. Jahrhunderts. Ein Überblick«, in: Alte Synagoge (Hg.), *Jüdisches Leben in Essen 1800–1933* (Klartext: Essen 1993), S. 8–72.

44 Ebd., S. 32–33.

45 Foto und Beschreibung in Hermann Schröter, *Geschichte und Schicksal der Essener Juden. Gedenkbuch für die jüdischen Mitbürger der Stadt Essen* (gedruckt von der Stadt Essen: Essen 1980), S. 109 f. Die jüdische Schule zog später in die Herkulesstraße und von da nach Frohnhausen. 1978 erschien in *Das Münster am Hellweg* ein Abriß über die Schule.

46 Siehe Kaplan, »Tradition und transition«.

47 Berding, »Antisemitismus«, S. 85–91; Reinhard Rürup, »Jüdische Geschichte in Deutschland. Von der Emanzipation bis zur nationalsozialistischen Gewaltherrschaft«, in: Blasius und Diner, (Hg.), *Zerbrochene Geschichte*, S. 79–101, hier S. 94 ff; Zimmermann, »Zur Geschichte der Essener Juden«.

48 Angela Genger, »Hakoah – Die Kraft. Ein jüdischer Turn- und Sportverein in Essen«, in: Alte Synagoge (Hg.), *Zwischen Alternative und Protest. Zu Sport- und Jugendbewegungen in Essen 1900–1933* (Ausstellungskatalog Essen 1983), S. 8–25, hier S. 13; Zimmermann, »Zur Geschichte der Essener Juden«, S. 36.

49 Unter den jüngsten Arbeiten zum Thema Juden in der Weimarer Republik findet sich auch Michael Brenner, *Jüdische Kultur in der Weimarer Republik* (C. H. Beck: München 2000); Friedländer, »Political transformations«; Anthony Kauders, *German Politics and the Jews, Düsseldorf and Nuremberg, 1910–1933* (Clarendon Press: Oxford 1996); Donald L. Niewyk, *The Jews in Weimar Germany* (Manchester University Press: Manchester 1980).

2

1 Marion Kaplan, *Der Mut zum Überleben. Jüdische Frauen und ihre Familien in Nazideutschland* (Aufbau-Verlag: Berlin 2001), S. 33 ff.

2 Zeugnis der Marta Appel, geb. Insel, in: Monika Richarz, *Jüdisches Leben in Deutschland. Selbstzeugnisse zur Sozialgeschichte 1918–1945*, Band 3 (Deutsche Verlags-Anstalt: Stuttgart 1976–82), S. 231.

3 Alfred Strauß, Einkommenssteuererklärung 1932; Kopie, ME an RW, 19. 11. 1961; J. Clemens, Schätzungen; Mappe »Mischanlage«.
4 Kopie, CH an Dr. Kessler und Dr. May, 8. 6. 1962.
5 Siehe Statistisches Reichsamt (Hg.), *Statistisches Jahrbuch für das Deutsche Reich 1932* (Berlin 1932) und *1939/1940* (Berlin 1940).
6 Kopie, Gebr. Strauß an Deutsche Gesandtschaft, Sofia, 27. 6. 1934; Deutsche Gesandtschaft an Gebr. Strauß, 2. 8. 1934; Entwurf, Erklärung zum Winterhilfswerk, Oktober 1934–März 1935; »Mitgliederverzeichnis«, Großmarkt für Getreide und Futtermittel e.V. Essen, 1. 4. 1936.
7 Werner Hoffmann an den Autor, Buenos Aires, 5. 3. 1997.
8 Dirk von Laak, »›Wenn einer ein Herz im Leibe hat, der lässt sich von einem deutschen Arzt behandeln‹. Die ›Entjudung‹ der Essener Wirtschaft von 1933 bis 1941«, in: Alte Synagoge (Hg.), *Entrechtung und Selbsthilfe. Zur Geschichte der Juden in Essen unter dem Nationalsozialismus* (Essen: Klartext 1994), S. 12–30, hier S. 22; Kaplan, *Der Mut zum Überleben*, S. 42–52.
9 Kurt Düwell, *Die Rheingebiete in der Judenpolitik des Nationalsozialismus vor 1942* (Ludwig Röhrscheid Verlag: Bonn 1968), S. 191.
10 Ich bin Jacob Borut für diese Einsicht dankbar.
11 Zu den wirtschaftlichen Maßnahmen siehe Raul Hilberg, *Die Vernichtung der europäischen Juden* (Fischer: Frankfurt/Main 1993) Band 1., S. 140 f.,149; Avraham Barkai, *From Boycott to Annihilation. The Economic Struggle of German Jews, 1933–1943* (University Press of New England: Hannover 1989), S. 99 f., S. 144; Kaplan, *Der Mut zum Überleben*, S. 108 f.
12 Werner Hoffmann an den Autor, Buenos Aires, 5. 3. 1997.
13 Marta Appel in: Richarz, *Jüdisches Leben in Deutschland*, S. 237.
14 Marion Kaplan, »Jewish women in Nazi Germany: daily life, daily struggles, 1933–39«, in: Peter Freimark, Alice Jankowski, Ina S. Lorenz (Hg.), *Juden in Deutschland: Emanzipation, Integration, Verfolgung und Vernichtung* (H. Christians Verlag: Hamburg 1991), S. 406–434, hier S. 420.
15 Barkai, *From Boycott to Annihilation*, S. 100.
16 Interview mit Werner Hoffmann, Buenos Aires, 19. 6. 1998
17 (Inkl. Grundstückskosten.) Die Zahlen für die Hufelandstraße 25 sind dem maschinenschriftlichen Blatt »Gestehungskosten Hufelandstr. 25« entnommen.
18 Siehe zum Beispiel Theodor Kruse an die Brüder Strauß, 17. 10. 1936; Alfred und Siegfried Strauß an Th. Kruse, 17. 10. 1936; Briefe von Kruse an die Brüder vom Dezember 1936 und Februar 1937.
19 Unter den Familienpapieren befand sich ein Ausschnitt aus der *Essener Allgemeinen Zeitung* vom 20. 8. 1936 mit der Überschrift »Neubauten in der Hufelandstraße«.
20 Akte Einkommenssteuer, Einkommenssteuerbescheid für Alfred Strauß 1937.

21 Interview, ME, 31. 10. 1996.

22 Ebd.

23 Interview, ME, 1989.

24 Interview, ME, 31. 10. 1996.

25 Undatiertes maschinenschriftliches Manuskript ohne Überschrift, offensichtlich für die BBC, aus dem Jahr 1946.

26 Name wurde geändert. Das folgende bezieht sich auf ein Interview am 28. 7. 1997.

27 Hier bezieht sich Dr. Lange auf Menschen im Umfeld der Bekennenden Kirche, u. a. auf den späteren Bundespräsidenten Gustav Heinemann.

28 Zu typischen philosemitischen Strukturen im Diskurs der Nachkriegszeit siehe Frank Stern, *Am Anfang war Auschwitz. Antisemitismus und Philosemitismus im deutschen Nachkrieg* (Bleicher Verlag: Gerlingen 1991), S. 227ff.

29 Brief von Ruth Gawse, August 1991, abgedruckt in »125 Jahre Luisenschule 1866–1991«.

30 Interview mit Ruth Davidsohn, geb. Mendel, Haifa, 27. 7. 1998

31 Interview mit Ruth Gawse, geb. Ferse, Jerusalem, 30. 7. 1998.

32 Ruth Gawse an den Autor, Juli 1997.

33 Interviews mit Uri Aloni (Hans Eulau) im Museum des Kibbuz Lochamei Hagetaot, 28. 7. 1998, und mit Lew und Trudy Schloß (geb. Ullmann), Teaneck, N. J., 11. 8. 1998.

34 Interview mit Jakov (Klaus) Langer, Kiryat Tivon, 27. 7. 1998.

35 Charles Hannam, ... *und dann mußte ich gehen. Die Geschichte eines jüdischen Jungen* (Arena: Würzburg 1980).

36 Arbeitsbericht des Zentralauschusses der deuschen Juden für Hilfe und Aufbau, Reichsvertretung der Juden in Deutschland, 1. Juli bis Dezember 1934, S. 24, zitiert in: Werner T. Angress, »Jüdische Jugend zwischen nationalsozialistischer Verfolgung und jüdischer Wiedergeburt«, in: Arnold Paucker (Hg.), *Die Juden im nationalsozialistischen Deutschland* (J. C. B. Mohr: Tübingen 1986), S. 211–232, hier S. 213.

37 Ruth Röcher, *Die jüdische Schule im nationalsozialistischen Deutschland 1933–1942* (Dipa: Frankfurt/Main 1992), S. 69.

38 Nicht unterschriebene Kopie der eidesstattlichen Versicherung von Frau Selig, Mai 1955.

39 Eine medizinische Befragung, die im April 1940 von der Reichsvereinigung der Juden in Deutschland durchgeführt wurde – vermutlich um Auswanderungsanträge zu unterstützen –, blieb erhalten und dokumentiert Mariannes Krankheitsgeschichte.

40 Interview, ME, 31. 10. 1996.

41 Arnold Paucker, »Zum Selbstverständnis jüdischer Jugend in der Weimarer Republik und unter der nationalsozialistischen Diktatur«, in: Hans Otto Horch, Charlotte Wardi (Hg.), *Jüdische Selbstwahrneh-*

mung. La Prise de conscience de l'identité juive (Max Niemeyer Verlag: Tübingen 1977), S. 111–128, hier S. 115.

42 Jakov Langer an den Autor, 16. 3. 1997.

43 Jakov Langer an den Autor, 25. 2. 1997.

44 Interview mit Uri Aloni (Hans Eulau) im Museum des Kibbuz Lochamei Hagetaot, 28. 7. 1998.

45 Zum Beispiel Frau Dr. Lange, Frau Horn und Frau Hochwald.

46 Zum Beispiel Frau Dr. Martha Jenke in ihrer Abschiedsrede an die Schule aus dem Jahr 1956, in: *Mitteilungen des Altschülerinnenbundes der Luisenschule Essen,* Band 30 (1998), S. 50f., und Band 31 (1999) S. 51f.

47 Siehe auch Moshe Zimmermann, »Vom Jischuw zum Staat – die Bedeutung des Holocaust für das kollektive Bewußtsein und die Politik in Israel«, in: Bernd Faulenbach und Helmut Schütte (Hg.), *Deutschland, Israel und der Holocaust. Zur Gegenwartsbedeutung der Vergangenheit* (Klartext: Essen 1998), S. 45–54.

48 Wie mir später bewußt wurde, verstärkte der britische Kontext ihr Gefühl der Entwurzelung eher noch.

49 Interview, ME, Juli 1996.

50 *Blätter des Jüdischen Frauenbundes* (BJFB), Band IX (1933) 5, S. 11.

51 *BJFB,* Band XIII (1937) 7, S. 1.

52 Ebd.

53 Interview, ME, 31. 10. 1996.

54 Hier handelt es sich wahrscheinlich um einen Fehler. Wenn Marianne 15 gewesen wäre, hätte sie sich 1938 in Wyk aufgehalten. Es gibt keinen Beweis dafür, daß Marianne tatsächlich 1936 in Wyk gewesen ist, wie sie sich erinnert. Doch in dem Gesundheits-Fragebogen, den Marianne 1940 ausfüllte, gab sie an, daß ihre Bronchitis im Alter von 13 besonders schlimm gewesen sei, was darauf hinweist, daß ihre Erinnerung der Wirklichkeit entsprach. Siehe Anm. 40 zu diesem Kapitel.

55 Edith Caspari an MS, 8. 1. 1943.

56 Max Eschelbacher, *Der zehnte November 1938* (Klartext: Essen 1998), S. 32.

57 Zu den sich verschlechternden Bedingungen siehe Saul Friedländer, *Das dritte Reich und die Juden. Die Jahre der Verfolgung 1933–1939* (C. H. Beck: München 1998); Barkai, *From Boycott to Annihilation*, S. 121–130; Dippel, *Die große Illusion*, S. 408.

58 RW an May, 14. 2. 1958.

59 Schröter, *Geschichte und Schicksal*, S. 52.

3

1 Eine Chronik der Ereignisse in Essen verfaßte Michael Zimmermann, »Die ›Reichskristallnacht‹ 1938 in Essen«, in: Alte Synagoge (Hg.), *Entrechtung und Selbsthilfe*, S. 66–97.

2 Angabe von Mrs. Liesel Sternberg, Birmingham.

3 Gummersbach, *Ahlen*, S. 176ff.
4 Name wurde geändert.
5 Name wurde geändert.
6 Name wurde geändert.
7 Stern, *Am Anfang war Auschwitz*, S. 204.
8 Zimmermann, »Die ›Reichskristallnacht‹«, S. 78.
9 Interview, ME, 31. 10. 1996.
10 HStAD RW58, 45264, »Einlieferungsanzeige«, 12. 11. 1938.
11 Undatiertes maschinenschriftliches Manuskript ohne Überschrift, offensichtlich für die BBC, aus dem Jahr 1946.
12 Siehe Anm. 3 zu diesem Kapitel.
13 Information von Uri Weinberg.
14 RW an ME, 18. 5. 1961, Kopie, Anlage zur eidesstattlichen Erklärung vom 11. 5. 1961 von Johann Mund.
15 Yitzhak Sophoni Herz, *Meine Erinnerung an Bad Homburg und seine 600jährige jüdische Gemeinde (1335–1942)*, (veröffentlicht im Selbstverlag Rechovoth/Israel 1981), S. 284–294, zitiert in: Anselm Faust, *Die »Kristallnacht« im Rheinland. Dokumente zum Judenpogrom im November 1938* (Schwann: Düsseldorf 1987), S. 81ff.
16 Herz, *Erinnerung*, S. 284–294.
17 Englisches Original im Archiv Ernst Schmidt, Ruhrlandmuseum, Akte 19–490. Siehe auch Walter Rohr, »Die Geschichte meines Lebens«, in: Ernst Schmidt, »Walter Rohr – 1938 aus Essen vertrieben, 1945 als US-Soldat zurückgekehrt«, in: Alte Synagoge (Hg.), *Entrechtung und Selbsthilfe*, S. 98–117, hier S. 106ff.
18 HStAD RW58, 45264 Brief der Ehefrau Siegfried Strauß an Gestapo Essen, 23. 11. 1938.
19 Ebd.
20 Schröter, *Geschichte und Schicksal*, S. 53.
21 Ebd., S. 368.
22 HStAD RW58, 45264, Entwurf des Briefs von Stapo IIB4 5629/38, datiert 2. 12. 1938, an das KL Dachau.
23 Mir gegenüber sprach Marianne von sechs Wochen. Siehe auch Akte Wiedergutmachung »A«, CH an ME, 4. 12. 1956, Anhang: CH, Köln, an Stadtverwaltung Essen, Amt für Wiedergutmachung, 12. 10. 1936.
24 Marta Appel in: Richarz, *Jüdisches Leben in Deutschland*, S. 236.
25 Interview, ME, 10. 9. 1996.
26 Maschinenschriftliches Blatt: »Abschrift, Judenvermögensabgabe Familie Siegfried Strauß«; die Summe ist inklusive Bank- und Börsenhandelsgebühren.
27 Die Steuern, die die 2000 Essener Juden insgesamt aufbrachten, beliefen sich auf 6903000 RM; siehe Schröter, *Geschichte und Schicksal*, S. 5.
28 Über Essen allgemeiner siehe Schröter, *Geschichte und Schicksal*, S. 53; Zimmermann, »Die ›Reichskristallnacht‹«, S. 78.
29 Sterbeurkunde, Standesamt Essen-Rüttenscheid, 15. 6. 1939.

30 Empfangsbescheinigung, Essen 2. 1. 1939.

31 Näheres zu dem, was sie ablieferten, siehe CH an ME, 21. 2. 1958, Anhang: Übersicht über die Entschädigungs- und Rückerstattungssachen der Frau Marianne Ellenbogen; Kopie, WGK beim LGE, Beschluß RüSp 58/54, 23. 1. 1956.

32 Dr. med. Herbert Schein, Ärztliches Attest, Essen, 9. 5. 1939.

33 Kopie, Empfehlungsschreiben, Vorstand der Synagogen-Gemeinde Essen, 27. 7. 1939.

34 Deutsch-Jüdisches Hilfskomitee, Einwanderungsabteilung, Ref BA 4382 to SStr., 19. 7. 1939 und 15. 8. 1939.

35 Britisches Generalkonsulat, Köln, an Siegfried und Alfred Strauss, 21. 8. 1939.

4

1 Interview, ME, 10. 9. 1996.

2 Zur Benutzung dieses Begriffs siehe Kaplan, *Der Mut zum Überleben*.

3 Luisenschule zu Essen, Schuljahr 1938/39 Abgangszeugnis für MS, 10. 11. 1938.

4 Schröter, *Geschichte und Schicksal*, S. 110.

5 Information von Dieter Corbach, *Die Jawne zu Köln. Zur Geschichte des ersten jüdischen Gymnasiums im Rheinland und zum Gedächtnis an Erich Klibansky 1900–1942* (Scriba Verlag: Köln 1990); Joseph Walk, »Das jüdische Schulwesen in Köln bis 1942«, in: Jutta Bohnke-Kollwitz, Willehad Paul Eckert, Frank Golsczewski, Hermann Greive (Hg.), *Köln und das rheinische Judentum. Festschrift Germania Judaica 1959–1984* (Köln 1984), S. 415–426.

6 Nach dem »Gesetz gegen die Überfüllung deutscher Schulen und Hochschulen« vom 25. 4. 1933.

7 Walk, »Das jüdisches Schulwesen«, S. 420.

8 Ebd.

9 Interview mit Eric Alexander, Stamford, 16. 7. 1998.

10 Eric Alexander an den Autor, 17.1.1997; Interview mit Eric Alexander, Stamford, 16. 7. 1998.

11 Walk, »Das jüdisches Schulwesen«, geht von 70 Kindern aus (S. 422), aber Corbach, *Jawne*, S. 29, verweist auf die höhere Zahl.

12 Marta Appel in: Richarz, *Jüdisches Leben in Deutschland*, S. 240.

13 Hilberg, *Vernichtung*, Band 1, S. 153.

14 Beglaubigte Kopie des Abgangszeugnisses von der Jawne-Schule, 30. März 1939.

15 Joseph Walk, *Jüdische Schule und Erziehung im Dritten Reich* (Verlag Anton Hain: Frankfurt/Main 1991), S. 225.

16 Röcher, *Die jüdische Schule im nationalsozialistischen Deutschland*, S. 219.

17 ADB F67/56, Der Oberfinanzpräsident Düsseldorf, Devisenstelle, an Siegfried Israel Strauß, 23. 11. 1939.

18 Interview, ME, 31. 10. 1996.

19 Ebd.

20 Bundesarchiv, Berlin (BAB), R4901, 10575/42, Dokument 6, Memo, 25. 5. 1934; Dokument 7, Rundschreiben, Ministerium für Wissenschaft, Erziehung und Volksbildung an Herrn Oberpräsidenten, 27. 7. 1934.

21 Marianne und andere Zeitgenossinnen sprachen von Frau Fraenkel als von Dr. Fraenkel, es scheint aber, daß das ein reiner Ehrentitel war. Information von ihrem Sohn über Gudrun Maierhof.

22 »Die Kindergärtnerin und Hortnerin« in: LBINY, *BJFB*, Band XI (1935) 3, S. 6.

23 Bishop's Avenue ist eine sehr teure Adresse in Hampstead, North London. Mariannes Vergleich erinnerte mich daran, daß ihre Kenntnisse der sozialen Geographie Englands inzwischen mindestens so gut waren wie ihr Gespür für Orte in Deutschland.

24 LBINY, *BJFB*, Band XIII (1937) 2, S. 13.

25 »Die Kindergärtnerin und Hortnerin« in: LBINY, *BJFB*, Band XI (1935) 3, S. 6.

26 Zu Hannah Karminski (1897–1942) siehe Richarz, *Jüdisches Leben in Deutschland*, S. 215, Anm. 8; stimmt überein mit LBINY AR330 (ex.A.154) LOC.K1/6/E Hannah Karminski, Rundschreiben, 2. 7. 1939; Interview, ME, 31. 10. 1996.

27 Ebd.

28 Ihr Zeugnis wurde 1946 in Zürich aufgezeichnet, siehe Zentrum für Antisemitismusforschung A.15, Edith Dietz »Freiheit am Ende des Weges«. Gekürzte Fassung in: Edith Dietz, *Den Nazis entronnen. Die Flucht eines jüdischen Mädchens in die Schweiz. Autobiographischer Bericht 1933–1942* (Dipa Verlag: Frankfurt 1990).

29 Dietz, »Freiheit«, S. 18.

30 Kopie, RV, Abteilung Zentralwohlfahrtsstelle, 23. 7. 1939; Jüdisches Seminar für Kindergärtnerinnen und Hortnerinnen, Berlin (JSK), Zeugnis, 20. 10. 1941, unterschrieben Margarethe Fraenkel.

31 Zeugnis von Rosie Zenik (?), Berlin-Charlottenburg, Uhlandstraße 179, 28. 7. 1939. Siehe auch den Hinweis von Henriette Klein, Berlin, 10. 12. 1939.

32 Interview, ME, 31. 10. 1996.

33 Ebd.

34 Ebd.

35 Interview, ME, 10. 9. 1996.

36 Interview, ME, 31. 10. 1996.

37 Erica Fischer, *Aimée & Jaguar. Eine Liebesgeschichte, Berlin 1943* (dtv: München 1998), S. 92.

38 Interview, ME, 31. 10. 1996.

39 Jüdische Wohlfahrts- und Jugendpflegestelle, Taubstummenheim und Gehörlosenschule, Berlin-Weißensee, Parkstraße 22, Bericht, 20. 9. 1940, und zusätzliche Notiz Jüdische Gemeinde zu Berlin e.V., Jüdische Wohl-

fahrts- und Jugendpflegestelle an das Jüdische Seminar für Kindergärtnerinnen und Hortnerinnen, Berlin, Wangenheimstrasse 36, 24. 9. 1940.

40 Interview, ME, 31. 10. 1996.

41 Ebd.

42 Das könnte tatsächlich das ursprüngliche Haus gewesen sein, denn die Gründungsadresse des Seminars lautete Meinekestraße.

43 Interview, ME, 31. 10. 1996.

44 Carola Sachse (Hg.), *Als Zwangsarbeiterin 1941 in Berlin: die Aufzeichnungen der Volkswirtin Elisabeth Freund* (Akademie Verlag: Berlin 1996), S.112; Wolf Gruner, *Judenverfolgung in Berlin 1933–1945. Eine Chronologie der Behördenmaßnahmen in der Reichshauptstadt* (Edition Hentrich: Berlin 1996), S. 9ff.

45 Interview, ME, 31. 10. 1996.

46 Dietz, »Freiheit«, S. 21.

47 Sachse (Hg.), *Als Zwangsarbeiterin 1941 in Berlin*, S. 96.

48 Ebd., S. 116.

49 Gruner, *Judenverfolgung*, S. 78.

50 Interview, ME, 31. 10. 1996.

51 Gruner, *Judenverfolgung*, S.79.

52 Sachse (Hg.), *Als Zwangsarbeiterin 1941 in Berlin*, S. 82.

53 Ebd., S. 92.

54 Dietz, »Freiheit«, S. 82.

55 Sachse (Hg.), *Als Zwangsarbeiterin 1941 in Berlin*, S. 51f., S. 58, S. 79f. Im weiteren Verlauf des Jahres 1941 waren die Frauen schließlich so erschöpft, daß die Kurse beendet wurden (S. 89).

56 Jüdische Kultusvereinigung zu Berlin e.V., Säuglings- und Kinderheim, an Jüdisches Seminar für Kindergärtnerinnen und Hortnerinnen (JSK), Marburgerstr. 5., 6. 10. 1941.

57 Ludwig und Selma Ansbacher, Frankfurt, an Marianne Strauß am 1. 5. 1946. Als Marianne mit Trudy (damals Trude) in Berlin befreundet war, war sie unverheiratet und hieß Ullmann. Bald nach dem Krieg heiratete Trudy, und Marianne sah sie als Frau Schloß in Deutschland wieder.

58 Über den anspruchsvollen Lehrgang siehe auch Ruth Arndt, zitiert in: Ingrid Littmann-Hotopp, *Bei Dir findet das verlassene Kind Erbarmen. Zur Geschichte des ersten jüdischen Säuglings- und Kleinkinderheims in Deutschland (1907–1942)* (Edition Hentrich: Berlin 1996), S. 90f.

59 Jüdische Kultusvereinigung zu Berlin e.V., Säuglings- und Kinderheim, an JSK, Berlin, Marburgerstr. 5., 6. 10. 1941.

60 Littmann-Hotopp, *Bei Dir findet das verlassene Kind Erbarmen*, S. 114.

61 Dietz, »Freiheit«, S. 21.

62 Richarz, *Jüdisches Leben in Deutschland*, S. 357, Anm. 2.

63 Sachse (Hg.), *Als Zwangsarbeiterin 1941 in Berlin*, S. 149.

64 Richarz, *Jüdisches Leben in Deutschland.*

65 Camilla Neumann, geb. Salinger, in: Richarz, *Jüdisches Leben in Deutschland.*

66 Dietz, »Freiheit«, S. 24.
67 RV Abteilung Fürsorge, 19. 1. 1942.
68 In dem *Wegweiser durch das jüdische Berlin* (Berlin 1937), S. 13, ist die Iranische Straße 3 als Kindergarten und Hort der Jüdischen Gemeinde ausgewiesen. Das war vermutlich das letzte Haus des Seminars. In der Iranischen Straße 4 müssen wohl die Unterkünfte gewesen sein. Ich bin Dr. Jörg H. Fehrs für diese Information dankbar.
69 EK an MS, Montag (9. 2. 1942).
70 MS an EK, 11. 2. 1942.
71 MS an EK, 17. 2. 1942.
72 MS an EK, 11. 2. 1942.
73 MS an EK, 13. 2. 1942.
74 MS an EK, 14. 2. 1942.
75 Walk, *Jüdische Schule*, S. 323.
76 Siehe zum Beispiel Kopie, Hermann an Regierungspräsidenten, Dezernat für Wiedergutmachung, 28. 2. 1958.
77 Das sollte das letzte Examen sein. Am 1. 4. 1942, wurde das Seminar aufgelöst. BAB R4901, 10575/41, Stadtpräsident der Reichshauptstadt Berlin an den Reichsminister für Wissenschaft, Erziehung und Volksbildung, 23. 4. 1942.

5

1 Dippel, *Die große Illusion*, S. XIX und S. 222.
2 Kopie, SStr an Fritz Stern, 16. 1. 1941.
3 Zertifikat, datiert 30. 7. 1941.
4 Kopie, SStr an Grete und Familie, 5. 3. 1941.
5 Hugo Strauß an Sigrid und Ine, 31. 1. 1939.
6 Kopie, SStr. an Hugo, Essen, 9. 12. 1940.
7 Hugo Strauß an SStr. und Familie, 7. Januar 1941.
8 Kopie, AS (Lore) an Onkel Markus und Familie, 6. 9. 1941; siehe auch Kopie in Siegfrieds Handschrift, Fritz Stern an Familie Strauß, 9. 5. 1941.
9 Kopie, AS an Marcus Strauß und Familie, 6. 9. 1941.
10 DBF F67/56, diverse Memos der Zollfahndungszweigstelle Essen, später vom Oberfinanzpräsidenten, Düsseldorf, Devisenstelle (ODD).
11 Sachse (Hg.), *Als Zwangsarbeiterin 1941 in Berlin*, S. 123.
12 Joseph Walk, *Das Sonderrecht für die Juden im NS-Staat* (C. F. Müller: Heidelberg 1981), S. 312, S. 314, S. 328.
13 Ich bin Michael Zimmermann wie für so vieles auch dafür dankbar, daß er mich auf die Dokumente im Essener Stadtarchiv hingewiesen hat. Dokumente ohne Klassifikationsnummern befinden sich im Besitz der Ellenbogens.
14 StAE ReS.102/I/33, Stadtrat Schlicht an Herrn Oberbürgermeister Dillgardt, 5. 12. 1940.
15 StAE 45-2515, Schwarzlose an das Grundstücksamt, 23. 12. 1940.

16 Ein solcher Tausch war die einzige Möglichkeit, die unzumutbaren Konversionsraten zu umgehen.
17 StAE 45-2515, Memo: E d29/1/1941.
18 StAE 45-2515, Vermerk 25-2-1047/40 E d4/2/1941, sowie im Februar, EP, Schwarzlose an Siegfried Israel Strauß, 8. 2. 1941.
19 StAE 45-2515, Brief von Dipl. Kaufm. Ricco Arendt an den Oberbürgermeister, 3. 6. 1941.
20 Wolfgang Dreßen, *Betrifft: »Aktion 3«. Deutsche verwerten jüdische Nachbarn* (Aufbau-Verlag: Berlin 1998).
21 HStAD RW58 74234 Alfred Strauß, Kripo Essen, Strafanzeige 12. 5. 1941.
22 Ebd.
23 HStAD RW58 74234 ADStE an StaPoD, 26. 5. 1941.
24 HStAD RW58 74234 Alfred Strauß, Kripo Essen, Strafanzeige 12. 5. 1941.
25 HStAD RW58 74234 Kopie des Urteils an ADStE, unterschrieben vom Oberstaatsanwalt i. A. Dr. Cohausz, 22. 5. 1941.
26 HStAD RW58 74234 ADStE an StaPoD, 26. 5. 1941.
27 Notiz des Polizeipräsidenten, Essen, 5. Juni 1941.
28 Reichsgesetzblatt I S. 1709.
29 StAE 45-2515, SStr an Herrn Oberbürgermeister, 4. 7. 1941; Memo, 25-2-1047/40; StAE Dokument 17817 Beurkundungsregister A Nr 49/41; Beurkundungsregister A Nr 50/41 verhandelt Essen.
30 Kopie, SStr an Gilka, 17. 9. 1941.
31 Kopie, SStr (Ine) an Grete und Familie, 4. 9. 1941.
32 Kopie (Entwurf) ME an LG Essen, Wiedergutmachungskammer (WGK), 2. 10. 1952. Es gibt mehr als eine Ausfertigung dieses Dokuments. Nur in einer wird der Chef des Wohnungsamtes namentlich genannt.
33 Kopie, JSK, Zeugnis Fräulein Marianne Sara Strauß.
34 Das Datum geht aus einer Kopie des Briefes an EK (datiert 25. 10. 1942) deutlich hervor.
35 Schröter, *Geschichte und Schicksal*, S. 346.
36 HStAD RW36, 19, StaPoD an Außendienststellen, 11. 10. 1941; Schröter, *Geschichte und Schicksal*, S. 56.
37 StAE, Rep 102/I/33, Kopie Der Oberbürgermeister als Preisbehörde St.A. 34-5 Gr.1643, Genehmigung, 24. 10. 1941, unterschrieben Dr. Zwick, Direktor.
38 Interview, ME, 1989.
39 HStAD RW58,45264. Ein Memo mit der Überschrift »Dauerdeint: Essen 25. 10. 1941« führt als für den Transport vorgesehen Siegfried Strauß, Regina und Richard auf. Auch auf der Deportationsliste in Schröter, *Geschichte und Schicksal*, S. 368, wird Marianne nicht genannt.
40 Interview, ME, 1989.
41 HStAD RW36, 19, StaPoD an Außendienststellen, 11. 10. 1941.

42 Interview, ME, 1989.
43 Interview, ME, 10. 9. 1996.
44 Ebd.
45 Telefongespräch mit Hanna Aron, 20. 10. 1997.
46 Interview mit Imo Moszkowicz, München, 14. 6. 1999.
47 Winfried Meyer, *Unternehmen Sieben. Eine Rettungsaktion für vom Holocaust Bedrohte aus dem Amt Ausland/Abwehr im Oberkommando der Wehrmacht* (Verlag Anton Hain: Frankfurt/Main 1993), S.100 ff.; Heinz Höhne, »Canaris und die Abwehr zwischen Anpassung und Opposition«, in: Jürgen Schmädeke und Peter Steinbach (Hg.), *Der Widerstand gegen den Nationalsozialismus* (München, Zürich 1985), S. 405 bis 416, hier S. 407; Eberhard Bethge, *Dietrich Bonhoeffer. Theo-loge. Christ. Zeitgenosse* (Christian Kaiser: München, 2. Aufl. 1967), S. 702–708.
48 HStAD RW58,45264 Telegramm Bremen an ADStE, 22. 10. 1941.
49 HStAD RW58,45264 Telegramm ADStE an StaPoD, 25. 10. 1941.
50 HStAD RW58,45264 StaPoD an RSHA, 25. 10. 1941.
51 Ebd.
52 Ebd.
53 Siehe HStAD RW58, 74234, Memo II B 4/71.02/Strauß Düsseldorf den (undatiert=25.) Okt. 1941, maschinenschriftlicher Zusatz an StaPoD Telegramm an RSHA, entspricht der Kopie des Telegramms in der Akte Strauß.
54 HStAD RW58,45264, Memo überschrieben »Dauerdeint: Essen 25. 10. 1941«.
55 HStAD RW58, 74234, Entwurf von StaPoD IIB4 an StaPo Bremen, 28. 10. 1941.
56 HStAD RW58, 74234, Telegramm Bremen an StaPoD, 4. 11. 1941.
57 HStAD RW58, 74234, ADStE an StaPoD, 6. 11. 1941.
58 Meyer, *Unternehmen Sieben*.
59 Hier und den folgenden Abschnitten liegen außer Meyer, *Unternehmen Sieben*, und Bethge, *Dietrich Bonhoeffer*, folgende Quellen zugrunde: Elisabeth Chowaniec, *Der »Fall Dohnanyi« 1943–1945* (R. Oldenbourg Verlag: München 1991), S. 10–17; Christoph Strohm, *Theologische Ethik im Kampf gegen den Nationalsozialismus. Der Weg Dietrich Bonhoeffers mit den Juristen Hans von Dohnanyi und Gerhard Leibholz in den Widerstand* (Christian Kaiser: München 1989), S. 231–289.
60 Meyer, *Unternehmen Sieben*, S. 336; Bethge, *Bonhoeffer*, S. 898 ff.
61 Meyer, *Unternehmen Sieben*, S.100 ff.; Höhne, »Canaris und die Abwehr«, S. 407.
62 Meyer, *Unternehmen Sieben*, S. 206 ff.
63 Ebd., S. 213, S. 223.
64 Ebd., S. 209–212, S. 235.
65 HStAD RW58 74234, Brief von Wilhelm Hammacher DBE an ADStE, 2. 7. 1943.
66 Kopie, W. Hammacher an CH, 27. 6. 1957.

67 Siehe Anm. 32 zu diesem Kapitel.
68 Interview mit Hanna Aron, West Hartford, Connecticut, 7. 8. 1998.
69 Kopie, Öffentliche Sitzung des II. WGK beim LG Dortmund, Dortmund, 4. 11. 1960.
70 Eidesstattliche Erklärung, unterschrieben von Marianne Ellenbogen, Liverpool, den 14. 11. 1961.
71 Interview mit Hanna Aron, West Hartford, Connecticut, 7. 8. 1998.
72 LBINY, SAFE ME805, Arthur Prinz, *Plunging into Chaos.*
73 Schröter, *Geschichte und Schicksal*, S. 379.
74 HStAD RW58,45264 AStDE an StaPoD, 7.11.1941, und Anlage, Bremen Nr. 7137 v. 6. 11. 1941, 18.00 Uhr.
75 ASE, AR.8043, Leopold an Walter Sternberg, 20. 3. 1942.
76 ASE, AR.8043, Leopold an Walter Sternberg, 8. 6. 1942.
77 Kopie, SStr, 17. 11. 1941.
78 Die Wannsee-Konferenz, die kurz darauf im Januar 1942 stattfand und die man früher als den Zeitpunkt ansah, an dem die »Endlösung« entschieden wurde, wird heute eher als ein Moment des Übergangs in dem allmählich umfassender werdenden Mordprogramm aufgefaßt.
79 HStAD RW58, 45264 Erwiderung des Finanzamtes Essen-Süd an ADStE 5. Juni 1941.
80 Kopie, Finanzamt Essen-Süd an Schroetter, 7. 2. 1952 (?).
81 Rheinisch-Westfälische Bank, Filiale Essen, Tagesauszüge, SStr 60 723.
82 Die Tatsache, daß Alfred an diesem Datum den Transfer veranlassen konnte, wirft Fragen auf. Bestand die Verbindung mit der Abwehr schon früher im Oktober? In dem Fall ist aber nicht klar, warum der Vertreter der Abwehr am 24. Oktober zu Besuch kam. Vielleicht konnten die Brüder ihr Vermögen schon *vor* der Intervention der Abwehr nutzen, was allerdings unwahrscheinlich ist. Vielleicht ist aber auch das Datum in den Wiedergutmachungspapieren falsch angegeben.
83 Kopie, RW an den Oberstadtdirektor Essen, Gutachterausschuß für Grundstückswerte, 3. 3. 1954; Kopie DBE an RW, 12. 6. 1963.
84 WGK des LGE, Beschluß Rü Sp 18-54 Rü 1171-50 in der Rückerstattungssache der Erben nach dem Kaufmann AS, Essen, 15. 5. 1956.
85 DBE an LGD, 7. Entschädigungskammer, 5. 3. 1965; Meyer an Schroetter, 21. 5. 1952, Anlagen: Kopie des Schreibens des Anwaltes Beyhoff an Siegfried Strauß, 29. 1. 1942; Auszug aus der Abtretungserklärung von SStr, 19. 11. 1941.
86 Kopie, Finanzamt Essen-Süd an Schroetter, 7. 2. 1955.
87 RW an ME, 12. 3. 1955, angehängte Liste der Forderungen in bezug auf AS.
88 HStAD RW58, 74234, ADStE Abt. IIB4 IA Telegramm an StaPoD, 20. 11. 1941.
89 HStAD RW58, 74234, Kopie mit dem Stempel »Geheim« ADStE II B 4 an Polizeipräs. Abt. II, 24. 11. 1941. Man weiß auch nicht, wie die Situation in Hinsicht auf Lores Mutter, Else Dahl, war.

90 HStAD RW58, 74234, StaPoD Entwurf Tel. an RSHA IV B 4, 20. 11. 1941 z. Hd. Eichmann (abgeschickt 21. 11. 1941).

91 HStAD RW58, 74234, RSHA IV B 4 b 3182 /41g (1445) Telegramm an StaPoD, SS Obersturmbannführer Oberregierungsrat Dr. Albath persönlich, 2. 12. 1941, unterschrieben Eichmann.

92 HStAD RW58, 74234, Entwurf, StaPoD an StaPo Bremen, 6. 12. 1941; Entwurf Sta PoD an ADStE, 8. 12. 1941; zusätzliches Memo 10. 1. 1942, in dem angemerkt wird, daß noch keine Antwort aus Bremen eingetroffen ist.

93 HStAD RW58,45264 StaPoD an ADStE, 24. 3. 1942, betrifft den Juden Siegfried Israel Strauß.

94 HStAD RW58, 74234, ODD Gen.Abt. III/Ausw./Tal an StaPoD, 2. 6. 1942.

95 HStAD RW58, 74234, StaPoD IIB4 an ODD, 19. 6. 1942.

96 HStAD RW58, 74234, RSHA IV B 4 a 3182/41g(1445) an StaPoD, 16. 7. 1942; ADStE an StaPoD Telegramm 10. 8. 1942; Entwurf, StaPoD an RSHA, 12. 8. 1942.

97 EK, Bericht aus Izbica.

98 Hugo Strauß, Brief an Marianne Ellenbogen vom 27. 3. 1948, Anlage: Rechnung von Marcus Cohn, Austraße, Basel, datiert 19. 5. 1947.

99 HStAD RW58, 74234, ADStE II B 3 – 285/42g an StaPoD, 6. 11. 1942.

100 HStAD RW58, 74234, RSHA IV B 4 a 3028/42 Brief an StaPoD 5. 10. 1942, unterschrieben Moes.

101 Dieses Datum deckt sich mit keinem Dokument in den Gestapo-Akten. Es könnte sich auf eine Entscheidung im RSHA beziehen, daß die Strauß' zumindest für eine Zeit verschont werden sollten. Die förmliche Bestätigung der Freistellung der Strauß' wurde, wie oben angemerkt, erst im März 1942 nach Düsseldorf geschickt.

102 Eine Kopie seines Briefes an die Abwehr befindet sich im HStAD RW58, 74234, RSHA Telegramm an StaPoD, 19. 12. 1943.

103 HStAD RW58, 74234, RSHA Roem 4 B 4 – 3182/42 – G (1445) an StaPoD 19. 12. 1943, unterschrieben von Eichmann; Meyer, *Unternehmen Sieben*, S. 421.

6

1 Interview, ME, 31. 10. 1996.

2 Oberbürgermeister der Stadt Essen an Alfred Israel Strauß, 23. 4. 1940.

3 Interview, ME, Juli 1996.

4 Interview, ME, 31. 10. 1996.

5 MS, privates Tagebuch, Eintrag 10./11. Oktober 1942.

6 Interview, ME, 31. 10. 1996.

7 Enrique Krombach an den Autor, 31. 12. 1996.

8 Diese Teile beruhen auch auf aufgezeichneten Interviews Angela Gengers und Benno Reichers mit Enrique, ASE, reference IN 002, 10. 6. 1983, und IN 260, 26. 10. 1987.

9 Zu Herzfeld und dem Entstehen der RV siehe Otto Dov Kulka (Hg.), *Deutsches Judentum unter dem Nationalsozialismus.* Band 1: *Dokumente zur Geschichte der Reichsvertretung der deutschen Juden 1933–1939* (J. C. B. Mohr: Tübingen 1997), S. 56–63; LBINY File ME 287 HERZFELD.

10 Schröter, *Geschichte und Schicksal*, S. 48, S. 193, S. 623.

11 Enriques Bericht über das Leben seines Vaters in: »Dr. David Krombach, ein Leben aus dem Glauben«, in: Schröter, *Geschichte und Schicksal*, S. 193 f.; Bernd Schmalhausen, *Schicksale jüdischer Juristen aus Essen* 1933–1945, (Klartext: Essen 1994), S. 81 f.; E. G. Lowenthal, *Bewährung im Untergang. Ein Gedenkbuch* (Deutsche Verlags-Anstalt: Stuttgart 1965), S. 110.

12 Ebd.

13 ASE Interview, IN 260, 26. 10. 1987; ASE Interview, IN 002, 10. 6. 1983.

14 Die CV-Jugend wurde später umbenannt und wurde Teil des *Rings – Bund jüdischer Jugend*. Zu dem deutsch-jüdischen Flügel der Jugendbewegung siehe Kulka, *Deutsches Judentum*, S. 466.

15 Enrique Krombach an ME, Buenos Aires, 20. 6. 1988.

16 Siehe *50 Jahre Jubiläum der Schüler der Israelitischen Gartenbauschule Ahlem* (ohne Datum, ohne Ort) in der Wiener Library, London.

17 Siehe Schmalhausen, *Schicksale*.

18 Brief-Tagebuch, letzter Eintrag, Neujahr 1943.

19 Undatierte Bleistiftnotiz in Mariannes Handschrift auf der Rückseite des Prüfungszeitplans.

20 EK an MS, »Sonntag Abend« (9. 2. 1942).

21 Bei dem Paar handelte es sich um Harry und Grete Höllander, geb. Levy. Beide wurden bald darauf deportiert und ermordet, siehe Schröter, *Geschichte und Schicksal*, S. 590, S. 387.

22 EK an MS, »Sonntag Abend« (8. 2. 1942).

23 MS an EK, 6. 2. 1942.

24 MS an EK, 8. 2. 1942.

25 EK an MS, »Sonntag Abend« (8. 2. 1942).

26 EK an MS, »Montag Abend noch 7 Tage!« (16. 2. 1942).

27 EK an MS, »Sonntag Abend« (8. 2. 1942).

28 EK an MS, »Dienstag« (10. 2. 1942).

29 EK an MS, »Montag« (16. 2. 1942).

30 EK an MS, »Dienstag, noch 6 Tage« (17. 2. 1942).

31 MS an EK, 18. 2. 1942.

32 MS an EK, 19. 2. 1942.

33 Interview, ME, 31. 10. 1996.

34 Privates Tagebuch, Eintrag 5. 2. 1943.

35 EK an MS, 26. 3. 1942 (persönlich überreichter Brief).

36 EK an MS. Datum in Bleistift: 30. 3. 1942. Das war ein Montag, und der folgenden Karte entnehme ich, daß Marianne das Datum (und zwar des

Tages, an dem sie den Brief erhalten hat) hinzugefügt hat. Der Brief wurde wohl spät am Abend des Vortages geschrieben.

37 Brief-Tagebuch, letzter Eintrag, Neujahr 1943.

38 Interview, ME, Juli 1996.

39 Essen Alte Synagoge (Hg.), *Essen unter Bomben: Märztage 1943* (Klartext Verlag: Essen 1984), S. 46 f.

40 Artur und Dore Jacobs' Rolle wird im folgenden noch eingehender beleuchtet.

41 StAE, Nachlaß Jacobs, Artur Jacobs, Tagebuch (im folgenden StAE NJ AJD), Eintrag 13. 3. 1942. Eine Reihe späterer Hinweise tilgt alle Zweifel: »Dr. K.« ist David Krombach.

42 Schröter, *Geschichte und Schicksal*, S. 380–402.

43 Michael Zimmermann, »Die Deportation der Juden aus Essen und dem Regierungsbezirk Düsseldorf«, in: Ulrich Borsdorf und Mathilde Jamin (Hg.), *Überleben im Krieg. Kriegserfahrungen in einer Industrieregion 1939–1945* (Rowohlt: Hamburg 1989), S. 126–143.

44 Schröter, *Geschichte und Schicksal*, S. 380.

45 All dies bei Zimmermann, »Deportation der Juden«, S. 127–131.

46 StAE NJ AJD, 14. 4. 1942.

47 Franciszek Zabecki, *Wspomnienia dawne i nowe* (Warschau 1977), S. 45.

48 Lublin, Bełżyce, Izbica, Kamionka, Luszawa, Ostrow, Piaski, Rejowiece und Zamość. Das Standardwerk hierzu bleibt Hans-Günther Adler, *Der Verwaltete Mensch. Studien zur Deportation der Juden aus Deutschland* (J. C. B. Mohr: Tübingen 1974).

49 Postkarte von Ernst Israel Krombach, III/418, Transport Essen Izbica a. d. Wilpez, Kreis Krasnyetaw b. Lublin, Gen.Gouvern., Post Ältestenrat, den 25. April 1942.

50 Gedenkbuch *Opfer der Verfolgung der Juden* (Bundesarchiv Koblenz 1986), S. 1759ff.

51 Die größte Strecke des Weges wurde erst vom 22. April an zurückgelegt. Die Essener Juden wurden jedoch schon am 21. April nach Düsseldorf gebracht, wo sie vor der Deportation noch eine Nacht verbringen mußten.

52 Schmalhausen, *Schicksale*, S. 82.

53 Interview, ME, Juli 1996.

54 Möglicherweise kannte sie Jacobs schon länger, denn in einem Brief an Yad Vashem von 1984 gab sie an, ihn 1941 kennengelernt zu haben.

55 Siehe Anmerkung 51 zu diesem Kapitel.

56 »Erinnerungen an das Lager am Holbeckshof«, in: *Stationen jüdischen Lebens*, S. 232–235.

57 Interview mit Hanna Aron, West Hartford, Connecticut, 7. 8. 1998. Siehe auch Mark Roseman, »Surviving Memory: Truth and Inaccuracy in Holocaust Testimony«, in: *British Journal of Holocaust Education* (1999); »Erinnerung und Überleben: Wahrheit und Widerspruch in

dem Zeugnis einer Holocaust-Überlebenden«, in: *BIOS* 11(1998), 2, S. 263–279.

58 MS, Brief-Tagebuch, 26. 4. 1942.

59 Interview, ME, Juli 1996.

60 Enrique Krombach an ME, Buenos Aires, 28. 5. 1989.

61 Interview, ME, 10. 9. 1996.

62 MS, Brief-Tagebuch, 30. 4. 1942.

63 Eindeutig ein versteckter Hinweis auf Kuba.

64 Postkarte 21. 4. 1942 »nach Mülheim«, abgestempelt in Duisburg.

65 Postkarte »Mittwoch früh« (= 22. 4.).

66 Zimmermann, »Deportation der Juden«, S. 132.

67 Ebd., S. 135.

68 Postkarte »Mittwoch früh« (= 22. 4.), abgestempelt in Düsseldorf.

69 D. h. als einer der jüdischen Aufseher.

70 EK an MS, 22. 4. 1942, S. 2ff. Dies ist der erste von zwei Briefen, die Ernst an diesem Tag abschickte. Bei diesem 18seitigen Bericht handelt es sich um eines der bemerkenswertesten zeitgenössischen Dokumente des Holocaust.

71 Zimmermann geht davon aus, daß die Deportierten innerhalb weniger Tage in die Vernichtungslager Bełżec, Kulmhof, Sobibór, Maidanek oder Treblinka gebracht wurden. Aus Ernsts Briefen geht jedoch klar hervor, daß das nicht der Fall war.

72 Es ist nicht klar, was er hier meint.

73 Dr. Rudolf Löwenstein, am 6. 3. 1900 in Essen-Steele geboren. Er war bis 1938 als niedergelassener Arzt in Soest tätig; nachdem ihm die Zulassung entzogen wurde, zog er nach Essen. Rudi wurde mit seiner Ehefrau Grete (Margarete, geb. Katzenstein, 18. 9. 1901) und seinem Sohn Klaus, geb. 16. 3. 1930, deportiert. Seine Tochter Klara, geb. 9. 6. 1932, scheint überlebt zu haben, obwohl auch sie deportiert wurde – siehe die Deportationsliste in: Schröter, *Geschichte und Schicksal,* S. 392; siehe auch Ingrid Niemann und Ludger Hülskemper Niemann, *Vom Geleitbrief zum gelben Stern. 450 Jahre jüdisches Leben in Steele* (Klartext Verlag: Essen 1994), S. 172, Fußnote 94.

74 Ernst spricht von einem Coupé, was nahelegt, daß sie in Personenwagen fuhren; Michael Zimmermann gibt jedoch Güterwaggons an.

75 Die ersten Berichte aus Düsseldorf waren sehr negativ, wie Jacobs vermerkte.

76 Siehe Schröter, *Geschichte und Schicksal*, S. 40, S. 472, S. 500. Ich entdeckte, daß Hertas Schwester ausgewandert war und nur zwei Kilometer von mir entfernt in einem Altersheim in Birmingham wohnte. Dort war man jedoch der Ansicht, daß ihr körperlicher und geistiger Zustand ein Interview ausschloß, und inzwischen ist sie gestorben.

77 Postkarte von Ernst Israel Krombach, III/418, Transport Essen Izbica a. d. Wilpez, Kreis Krasnyetaw b. Lublin, Gen.Gouvern., Post Ältestenrat, den 25. April 1942.

78 MS, Brief-Tagebuch, 24. 4. 1942.
79 MS, Brief-Tagebuch, 30. 4. 1942.
80 MS, Brief-Tagebuch, 26. 4. 1942.
81 StAE NJ AJD, 5. 5. 1942.
82 MS, Brief-Tagebuch, 26. 4. 1942.
83 MS, Brief-Tagebuch, 3. 5. 1942.
84 Mit Bleistift geschriebener Brief, EK an MS, 5. 7. 1942.
85 Mit Bleistift geschriebener Brief, EK an MS, 9. 8. 1942.
86 Postkarte 31. 5. 1942.
87 MS, Brief-Tagebuch, 6. 8. 1942.
88 Mit Bleistift geschriebener Brief, 11. 8. 1942.
89 In einer Kopie des Briefes an Hetty, 29./30. 6. 1942. Ernst wird darin von Marianne Arthur genannt, mit diesem Namen unterschrieb er auch einige seiner Karten.
90 Nicht unterschriebene Notiz vom 3. 5. 1942, wahrscheinlich von Rudi Löwenstein.
91 Eintrag »Pfingstmontag, den 25. 5.«.
92 MS, Eintrag »Mittwochabend« (27. 5. 1942).
93 Yitzhak Arad, *Bełżec, Sobibór, Treblinka – The Operation Reinhard Death Camps* (Indiana University Press: Indiana 1987), S. 383, S. 390. Was Ernst Krombach wußte, siehe nächstes Kapitel.
94 Brief-Tagebuch, 4. 6. 1942.
95 Izbica-Bericht, S. 6.
96 Brief-Tagebuch, 29/30. 6.1942.
97 Brief EK 5. 7. 1942.
98 Izbica-Bericht.
99 Aus anderen Hinweisen geht hervor, daß sich dies wahrscheinlich auf Melitta Levy, eine junge Frau in Mariannes Alter, bezog, die mit ihrem deutlich älteren Ehemann Kurt eins der Paare gewesen war, die Marianne gerne im Holbeckshof besucht hatte und die nun, nach den Juli-Deportationen, in das Gebäude der jüdischen Gemeinde in der Hindenburgstr. 22 gezogen war. Siehe Schröter, *Geschichte und Schicksal*, S. 428, S. 447 Beide wurden schließlich mit dem letzten großen Transport aus Essen am 1. März 1943 nach Auschwitz deportiert. Es ist nicht klar, warum Erich Briefe über Melitta schickte (oder Marianne über Hetty). Möglicherweise wollten sie keine Aufmerksamkeit auf sich lenken und nicht zu viele Briefe an ein und dieselbe Adresse schicken.
100 Kopie, MS, »Brief an Hetty«, 6. 8. 1942.

7

1 Interview, ME, 31. 10. 1996.
2 MS, Brief-Tagebuch, 2. 8. 1942.
3 Die erhaltene Kopie trägt keine Überschrift und kein Datum. Mit der Maschine wurde nur »Mit Christian« geschrieben.
4 MS, Brief-Tagebuch, 17. 8. 1942.

5 MS, Brief-Tagebuch, 27. 8. 1942.
6 Mit Bleistift geschriebener Brief von EK (aus Izbica), 23. 8. 1942.
7 Mit Bleistift geschriebener Brief, datiert 22./23. 8. 1942.
8 Arbeitszettel.
9 E. Thomas Wood und Stanislaw M. Jankowski, *Karski: How One Man Tried to Stop the Holocaust* (John Wiley und Sons: New York 1994), halten es für möglich, daß der polnische Untergrundkämpfer Jan Karski 1942 Izbica und nicht Bełżec besuchte, wie Karski selbst angab.
10 Thomas Toivi Blatt, *Nur die Schatten bleiben. Der Aufstand im Vernichtungslager Sobibór* (Aufbau-Verlag: Berlin 2000). Mr. Blatt schickte mir freundlicherweise ein Exemplar von *Sobibór. The Forgotten Revolt. A Survivor's Report* (HEP: Issaquah Washington 1996).
11 D. h., sollte die Familie Strauß deportiert werden, könnte Marianne sich dafür entscheiden, mit Christian nach Izbica zu kommen.
12 Siehe Anmerkung 73 zu Kapitel 6.
13 Mit denen die Krombachs vor der Deportation zusammengelebt hatten.
14 Ungefähr zwei Drittel der Juden der Stadt waren deportiert worden.
15 Dieser Abschnitt wird nicht klar. Es scheint, daß die Mitglieder des Transports eine bestimmte Menge Gold aufbringen mußten, um zu verhindern, daß ihre Transportleiter erschossen werden würden.
16 Es ist schwer, das mit seinem früheren Brief in Einklang zu bringen, in dem er geschrieben hatte, er arbeite nicht, es sei nicht üblich.
17 Postkarte Ostrowo, d. 23. 4. 1942.
18 Blatt, *Nur die Schatten bleiben*, S. 15 ff.
19 Thomas Blatt an den Autor, 19. 2. 1997.
20 YVJ Nobel, Hejnoch, am 1. 2. 1896 in Izbica geboren, Zeugnis vom 19. 5. 1946.
21 Ein Beispiel für den Wahrheitsgehalt der Angaben Ernst Krombachs: Mit Hilfe des Historikers Peter Witte gelang es mir festzustellen, daß seine Aufzählungen der Transporte nach Izbica in hohem Maße, wenn nicht sogar hundertprozentig, zutreffend waren.
22 Arad, *Bełżec, Sobibór, Treblinka*, S. 243.
23 Blatt, *Nur die Schatten bleiben*, S. 30 ff.
24 Arad, *Bełżec, Sobibór, Treblinka*, S. 244.
25 Interview, ME, 10. 9. 1996 und 31. 10. 1996.
26 Christian und Lilli Arras an MS, 7. 9. 1946. Es besteht kein Zweifel, daß ihnen die Strauß' zu einer Zeit, in der man sehr schlecht an qualitativ hochwertige Dinge kam, einige Sachen dauerhaft und andere zur Aufbewahrung überließen. Das kam dem Paar, das sich gerade einrichtete, natürlich gelegen. Unter den zur Aufbewahrung überlassenen Dingen befanden sich einige Ölgemälde, ein Kronleuchter aus Messing, ein Kleiderschrank, ein Spiegel sowie andere Möbel von ausgesuchter Qualität. In der Nachkriegszeit wurde deutlich, daß die Arras'

diese Dinge nur als zeitweilig in ihrem Besitz befindlich ansahen – im Gegensatz zu anderen, die etwas von den Strauß' bekommen hatten.

27 Interview, ME, 31. 10. 1996.

28 Am 5. März 1943 fand der erste große Luftangriff auf Essen statt. 442 Flugzeuge bombardierten die Stadt etwa eine Stunde lang. Ungefähr 50000 Einwohner wurden obdachlos, und weitere 20000 mußten zeitweilig ihre Wohnungen räumen. Siehe Alte Synagoge (Hg.), *Essen unter Bomben*, S. 26.

29 Interview mit Lilli Arras, 10. 1. 1997.

30 Lilli Arras an den Autor, 30. 1. 1997.

31 Interview mit Lilli Arras, 10. 1. 1997; Lilli Arras an den Autor, 1. 3. 1997.

32 Bundesarchiv, Abt. III Z 4, an den Autor, 26. 2. 1997; Entnazifizierungsakte, HstaD NW 1005 – G.11 119 Arras, Fragebogen 14. 6. 1946.

33 Lilli Arras an den Autor, 1. 3. 1997.

34 Interview mit Lilli Arras, 10. 1. 1997.

35 StAE NJ AJD, 4. 9. 1942.

36 Ein Gespräch zwischen Gummersbach und Moszkowicz wurde im Juni 1988 aufgezeichnet. Wiedergegeben in Gummersbach, »Ahlen«, S. 250.

37 Ebd.

38 Imo Moszkowicz an den Autor, 2. 9. 1997.

39 Interview mit Hanna Aron, West Hartford, Connecticut, 7. 8. 1998.

40 E-Mail von Hanna Aron an den Autor, 27. 9. 1999.

41 Ebd.

42 ASE Izbica 4431, Archiv der Zentralen Stelle der Landesjustizverwaltungen in Ludwigsburg, Akten, Vermerke des Unterabteilungsleiters Türk, Chef der Unterabteilung Bevölkerungswesen und Fürsorge in der Inneren Verwaltung beim Distriktchef von Lublin, 20. 3. 1942; Dieter Pohl, *Von der »Judenpolitik« zum Judenmord: der Distrikt Lublin des Generalgouvernements 1939–1944* (Lang: Frankfurt/Main 1993), S. 119.

43 Das war die Deportation der meisten Insassen des Ghettos, nicht der Angriff auf den Warschauer Untergrund, der im Mai 1943 stattfand. Siehe Israel Gutman, *Resistance. The Warsaw Ghetto Uprising* (Mariner books: Boston und New York 1994).

44 Christopher Browning, Vorwort zur englischen Ausgabe von Thomas Blatts Memoiren, S.XVI f.; Pohl, *Judenpolitik*, S. 128–139.

45 Privates Tagebuch, undatierter Eintrag, »Sonntag« (14. Oktober); Eintrag »den 12.« [Oktober].

46 Pohl, *Judenpolitik*, S. 138.

47 Ebd., S. 137.

48 Blatt, *Nur die Schatten bleiben*, S. 60–63.

49 Pohl, *Judenpolitik*, S. 165.

50 Privates Tagebuch, Eintrag vom 25. 11. 1942. Zu diesem Zeitpunkt waren die meisten der nach Izbica Deportierten bereits ermordet worden.

51 Interview, ME, 31. 10. 1996.

52 Interviews, ME, 10. 9. 1996 und 31. 10. 1996.

53 Wahrscheinlich Carl Austerlitz in Glogau, der Bruder eines engen Freundes der Krombachs.
54 Emil C. Fuchs an MS, 8. 1. 1943.
55 Deutsches Rotes Kreuz (DRK), Der Beauftragte beim Generalgouverneur, Krakau, an Marianne Sara Strauß, 26. 1. 1943.
56 DRK, Der Beauftragte beim Generalgouverneur, Krakau, an Marianne Sara Strauß, 10. 2. 1943.
57 Kopie, Marianne Sara Strauß, Hindenburgstr. 75, an DRK Krakau, 17. 2. 1943.
58 DRK, Der Beauftragte beim Generalgouverneur, Krakau, an Marianne Sara Strauß, 13. 3. 1943.
59 Kopie, Marianne Sara Strauß, Hindenburgstr. 75, an DRK Präsidium, Berlin, 1. 4. 1943.
60 Kopie, Marianne Sara Strauß, Hindenburgstr. 75, an DRK Krakau, 13. 4. 1943.
61 DRK, Präsidium Berlin VII/4 Br. -Pu. an Marianne Sara Strauß, 15. 4. 1943.
62 Kopie, MS an Julie Koppel, 16. 5. 1943.
63 Schmalhausen, *Schicksale*, S. 81–92.
64 Thomas Blatt an den Autor, 11. 3. 1997.
65 StAE NJ AJD, 31. 12. 1942.
66 ASE AR 4434, Liesel Sternberg an Dr. Alexander, 20. 8. 1945.
67 Blatt, *Nur die Schatten bleiben*; YVJ Nobel, Hejnoch, Zeugnis vom 19. 5. 1946.

8

1 Walk, *Sonderrecht*, S. 364–87; Fischer, *Aimée & Jaguar*, S. 89; Interview mit Hanna Aron, West Hartford, Connecticut, 7. 8. 1998; handschriftliche Notiz »An jüdische Kultusvereinigung, Synagogengemeinde Essen e.V., Essen«, Essen, 19. 11. 1941, unterschrieben Siegfr. Isr. Strauß, mit einer angefügten Bemerkung, wann die Objekte abgeliefert wurden.
2 HStAD RW58, 74234, OFD an StaPoD, 7. 6. 1943.
3 EK an MS, »Sonntag Abend«, 8. 2. 1942.
4 Corbach, *Jawne*, S. 29.
5 Interview, ME, 10. 9. 1996.
6 Interview mit Frau Sparrer, 28. 7. 1997; Waltraud Horn an den Autor, 26. 2. 1998.
7 Transport nach Izbica, 15. 6. 1942. Siehe Schröter, *Geschichte und Schicksal*, S. 403 f.
8 Ebd., S. 686.
9 Zur Deportation siehe Michael Zimmermann, »Eine Deportation nach Theresienstadt. Zur Rolle des Banalen bei der Durchsetzung des Monströsen«, in: *Theresienstädter Studien und Dokumente* (hg. von Miroslav Karney, Raimund Kemper u.a.; Edition Theresienstädter Initiative Aca-

demia, 1994), S. 54–73, hier S. 56; *Stationen jüdischen Lebens*, S. 246; Kopie, MS an Schwester Julie, 16. 5. 1943; StAE NJ AJD, 25. 7. 1942.

10 MS, Brief-Tagebuch, 21. 7. 1942.

11 MS, Brief-Tagebuch, 31. 7. 1942.

12 War Organisation of the British Red Cross and Order of St John. Postal Message Scheme. Frage von Klaus Langer zu Erich Israel Langer, 17. 9. 1942. Kopie im Besitz des Autors.

13 Interview, ME, 1989; Interview, ME, Juli 1996.

14 MS, Brief-Tagebuch, 31. 7. 1942.

15 Imo Moszkowicz an den Autor, 29. 8. 1997.

16 Imo Moszkowicz an den Autor, 2. 9. 1997.

17 MS, Brief-Tagebuch, 24. 4. 1942.

18 Ob Shawout in ihrer Gemeinde auch so begangen wurde, wissen wir nicht. Normalerweise wird Shawout – an dem der Überbringung der zehn Gebote gedacht wird – eher mit Studieren als mit Kontemplation in Verbindung gebracht.

19 Im jüdischen Morgengottesdienst am Schabbat und an den Festtagen, auch im Nachmittagsgebet am Versöhnungstag (Jom Kippur), wird ein Abschnitt aus den fünf Büchern Mose, der Tora, aus der Rolle vorgelesen. Zu jeder Passage der Tora gibt es eine entsprechende Haftora, eine Auswahl von den übrigen Büchern der Bibel nach Mose, die ebenfalls gelesen wird.

20 Jesaja, Kapitel 57, Vers 14, bis Kapitel 58, Vers 14. In ihrer Abschrift zitiert Marianne versehentlich den zweiten Teil der Passage als Kapitel 58, Vers 1–4.

21 Paucker, »Zum Selbstverständnis jüdischer Jugend«, S. 114.

22 Brief-Tagebuch, 28. 9. 1942.

23 Tagebuch-Eintrag, 3. 10. 1942.

24 Der Brief lag in Mariannes privatem Tagebuch.

25 Richarz, *Jüdisches Leben in Deutschland*, S. 216, Anm. 8. Caspari spricht von 18 Geflohenen, Richarz von 20.

26 Im Brief-Tagebuch gibt es noch ein weiteres Blatt, auf dem ganz schwach getippte Zeilen zu erkennen sind. Ob dies ein verblaßter Durchschlag weiterer Einträge ist oder ob hier Einträge abgefärbt haben, läßt sich nicht mehr feststellen.

27 Else Bramesfeld, Doris Braune u.a. (Hg.), *Gelebte Utopie: Aus dem Leben einer Gemeinschaft, Nach einer Dokumentation von Dore Jacobs* (Klartext Verlag: Essen 1990).

28 Der bekannteste dieser Zirkel ist der Internationale Sozialistische Kampfbund (ISK), auch Nelsen-Bund genannt. Tatsächlich gab es einige Ähnlichkeiten zwischen dem ISK und dem Bund, siehe Werner Link, *Die Geschichte des Internationalen Jugend-Bundes und des Internationalen Sozialistischen Kampf-Bundes. Ein Beitrag zur Geschichte der Arbeiterbewegung in der Weimarer Republik und im 3. Reich* (Anton Hain: Meisenheim am Glan 1964).

29 Artur Jacobs, *Der Bund* (Bund Verlag: Essen 1929), S. 41.
30 Bramesfeld, Braune u. a. (Hg.), *Gelebte Utopie*, S. 63.
31 Bramesfeld, Braune u.a. (Hg.), *Gelebte Utopie*; unveröffentlichtes Bund-Manuskript »Zum Gedenken an Artur Jacobs«, hier: »Worte zur Gedenkstunde für Artur Jacobs im Bundeshaus am 17. März 1968«, S. 7 f. (Sonja Schreiber); Interviews mit Meta Kamp, Ursula Jungbluth.
32 Bramesfeld, Braune u.a. (Hg.), *Gelebte Utopie*; unveröffentlichter, gedruckter und gebundener Band des Bundes von 1989 »Für Lisa Jacob«. In dem Band findet sich auch der Artikel »Leben und Lernen mit Lisa Jacob« von Ellen Jungbluth.
33 Das zeigt auch Monika Grüter in ihrer ausgezeichneten Dissertation »Der ›Bund für ein sozialistisches Leben‹: Seine Entwicklung in den 20er Jahren und seine Widerständigkeit unter dem Nationalsozialismus« (Dis. Universität Essen 1988), S. 59ff.
34 Interview mit Tove Gerson, Essen, 8.1.1997.
35 Der Bund (Hg.), *Mann und Frau als Kampfgenossen* (Bund Reihe »Die Bresche«: Essen 1932).
36 Der Bund. Gemeinschaft für sozialistisches Leben (Hg.), *Aus der illegalen Arbeit des Bunds. Zweiter Auslandsbrief* (gedruckte Broschüre 1948), S. 3.
37 Das zeigt Grüter, »Der ›Bund‹«, S. 46.
38 *Zweiter Auslandsbrief*, S. 5.
39 Interview mit Änne Schmitz, Wuppertal, Januar 1997.
40 »Zum Gedenken an Artur Jacobs«, S. 13 (Lisa Jacob).
41 »Worte zur Gedenkstunde für Artur Jacobs«, S. 13; Interview mit Ellen Jungbluth, 13. 7. 1999.
42 Interview mit Frau Gerson, Essen, 8. 1. 1997.
43 *Zweiter Auslandsbrief*, S. 8 f.
44 Der Bund. Gemeinschaft für sozialistisches Leben (Hg.), *Leben in der Illegalität. Dritter Auslandsbrief* (gedruckte Broschüre 1948), S. 3.
45 Interview mit Tove Gerson, 8. 1. 1997; Video von Jochen Bilstein über Frau Briel, Herrn Jost, 9. 11. 1990.
46 *Sie wußten, was sie taten*, WDR Sendung.
47 StAE NJ AJD, 8. 11. 1941.
48 Interview, ME, 10. 9. 1996.
49 StAE NJ AJD, 10. 8. 1942.
50 Ebd., 22. 9. 1942.
51 Ebd., 20. 11. 1942.
52 Ebd., 31. 12. 1942.
53 MS, privates Tagebuch, 26. 1. 1943.
54 Interview, ME, 10. 9. 1996.
55 Schwester Tamara an MS, 23. 6. 1943.
56 MS, privates Tagebuch, 17. 11. 1942.
57 Ebd., 26. 1. 1943.
58 Ebd., 17. 11. 1942.

59 Ebd., 23. 11. 1942.

60 Ebd.

61 Dore Jacobs, »Ein Auslandsbrief«, in: Bramesfeld, Braune u.a. (Hg.), *Gelebte Utopie*, S. 112.

62 Gefaltetes maschinenschriftliches Blatt im privaten Tagebuch.

9

1 Siehe beigefügte Notiz zu HStAD RW58, 74234, Entwurf StaPoD IIB 4/Tgb Nr. 248/43/Strauß, Telegramm an StaPo Prag, Polizeigefängnis Theresienstadt, Brief abgeschickt am 31. August 1943.

2 Kopie, RW an May, 19. 5. 1961, Anlage: Kopie, Hammacher an Schroetter, 14. 8. 1951.

3 DBF F67/56, Kopie, DBE an SStr, 10. 5. 1943; SStr an DB, 10. 5. 1943; Kopie, DBE an SStr, 18. 5. 1943. In Mariannes Papieren siehe DBE an LGD, 7. Entschädigungskammer, 5. 3. 1965, und Brief in der Anlage, in dem der Inhalt des Schreibens der Deutschen Bank an den Rechtsanwalt Schroetter vom 6. 7. 1955 wiedergegeben wird.

4 Kopie, CH an AfWGE, 19. 7. 1963.

5 Kopie, Schroetter an Koplowitz, 18.4.1955, mit einer Kopie von Alfred Strauß an DBE, 2. 6. 1943; Kopie, RW an May, 19. 5. 1961, Anlage: Kopie, Hammacher an Schroetter, 14. 8. 1951.

6 HStAD RW58, 74234, Brief von Wilhelm Hammacher DBE an ADStE, 2. 7. 1943.

7 HStAD RW58, 74234, Entwurf des Briefes StaPoD an ADStE, 19. 7. 1943.

8 Interview, ME, 31. 10. 1996.

9 Interview mit Tove Gerson, Essen, 8. 1. 1997.

10 HStAD RW58, 74234, Entwurf des Telegramms StaPoD an RSHA IV B 4, 27. 5. 1943.

11 Siehe HStAD Microfilm A28, StaPoD II B 4 an RSHA IV B 4, 9. 6. 1943.

12 HStAD RW58, 74234, Telegramm Berlin Chef d. SIPO und d. SD Roem 4 B 4 Kl. unterschrieben Eichmann an StapoD, 9. 6. 1943.

13 Meyer, *Unternehmen Sieben*, S. 241, S. 411 f.

14 Ebd., S. 412, S. 417.

15 HStAD RW58, 74234, Telegramm RHSA IV B 4a an StaPoD, 6. 8. 1943 (eventuell am 5. 8. 1943 abgeschickt).

16 HStAD RW58, 74234, Entwurf des Telegramms, StaPoD an ADStE, 9. 8. 1943.

17 HStAD RW58, 74234, Entwurf des Briefs an Herrn OFD, 9. 8. 1943.

18 Memo, Anlage zu HStAD RW58, 74234, Entwurf StaPoD an StaPo Prag, 31. 8. 1943.

19 Kopie, Schroetter an Koplowitz, 18. 4. 1955, mit einer Kopie von AS an DBE, 2. 6. 1943; Kopie, RW an May, 19. 5. 1961, Anlage: Kopie, Hammacher an Schroetter, 14. 8. 1951.

20 Kopie, Hammacher an CH, 27. 6. 1957.
21 Kopie, Ernst Dahl an RW, 3. 3. 1961.
22 Marianne hatte seinen Namen in der Erinnerung leicht verändert.
23 Mariannes Bezeichnung des Kleidungsstücks war »Skianzug«; es handelte sich offensichtlich eher um einen Trainingsanzug als um einen wattierten Skianzug.
24 Interview, ME, Juli 1996.
25 Leider konnte ich hier nichts Näheres herausfinden. Keinaths Frau Margarethe und er starben, bevor ich meine Nachforschungen begann. Sie hatten keine Kinder. Marianne hatte Kontakt zu seiner Nichte Hedda Keinath. Als ich mich mit ihr in Verbindung setzte, konnte sie mir nichts Neues mitteilen, da sie alles, was sie über die Vergangenheit ihres Onkels wußte, von Marianne hatte.
26 Interview, ME, 1989.
27 Interview, ME, 31. 10. 1996.
28 Interview, ME, 1989.
29 Interview, ME, 31. 10. 1996.
30 Ebd.
31 Information von Angela Genger, Düsseldorf.
32 Robert Gellately, *The Gestapo and German Society* (Oxford Universtiy Press: Oxford 1990).
33 HStAD RW58, 74234, ADStE an StaPoD, 1. 9. 1943.
34 Maschinenschriftliches Manuskript von Michael Zimmermann, »Gespräch mit Herrn Borghoff über die Ermittlungsverfahren 1964 bis 1986 zu den Deportationen der Juden aus dem Gebiet der Gestapoleitstelle Düsseldorf«.
35 HStAD RW58, 74234, Entwurf des Telegramms, StaPoD IIB, Ratingen an das Polizeigefängnis in Theresienstadt FAO SS-Hauptsturmführer Dr. Seidl, 1. 9. 1943 (Telegramm abgeschickt am 2. 9. 1943).
36 Kopie, AfWGE, in der Wiedergutmachungssache Marianne Ellenbogen nach Siegfried Strauß, Zeugenaussage Erna Rosenberg, 9. 11. 1959.
37 HStaD RW58 74234 Betreff: Flucht der Jüdin Marianne Sara Strauß geboren am 7. 6. 1923 in Essen. Wohnhaft hier Ladenspelderstr. 47, Essen, 3. 9. 1943.
38 E-Mail von Robert S. Selig an den Autor, 24. 8. 1998.
39 ME, Eidesstattliche Erklärung, Liverpool, 14. 11. 1961.
40 ME, Eidesstattliche Erklärung, 22. 5. 1957.
41 Eidesstattliche Erklärung, 14. 11. 1961.
42 Damals arbeite Hanna als Näherin.
43 Interview mit Hanna Aron, West Hartford, Connecticut, 7. 8. 1998.

10

1 Interview, ME, 10. 9. 1996.
2 StAE NJ AJD, Einträge für den 25., 26. und 29./30. 1943.

3 Auszug, wiedergegeben in einem Brief von Dore Jacobs an ME, 24. 9. 1973. Entweder habe ich etwas übersehen, oder der Auszug fehlt in der Kopie des Tagebuchs im Essener Stadtarchiv. In jedem Fall ist er in einer weiteren Kopie des Tagebuchs im Blockhaus enthalten.

4 Interview, ME, Juli 1996.

5 ME, »Flucht«, S. 140.

6 Biographische Information aus dem unveröffentlichten Bund-Manuskript, »Zum Gedenken an Sonja Schreiber« (Doris Braune u. a.), ohne Datum (1987).

7 HstAD RW 58, 1808.

8 Siehe Kopie, ME an CH, 3. 2. 1958, Anlage: Eidesstattliche Versicherung.

9 Interview, ME, 31. 10. 1996; undatierter Durchschlag (1983), »Flucht und illegales Leben während der Nazi-Verfolgungsjahre 1943–45 der Marianne ELLENBOGEN STRAUSS.«

10 Interview, ME, 1989.

11 Interview, ME, 31. 10. 1996.

12 Kopie, Frau Julia Böcker, Eidesstattliche Erklärung, Essen, 26. 2. 1955.

13 Ebd.; siehe Kapitel 13.

14 Kopie, Zeugenaussage Julia Böcker, 28. 3. 1955.

15 Kopie, ME an LGE, in Sachen Ellenbogen/Hammacher, 2. 10. 1952.

16 ME, »Flucht«, S. 140.

17 Interview, ME, 31. 10. 1996.

18 HStAD RW58 74234, Entwurf Brief StaPoD II B 4.Tgb Nr. 248/43g/Strauß an Bahnhof M-Gladbach, 6. September 1943.

19 Laut Frau Jürgens im Jahr 1960, siehe Kopie, Öffentliche Sitzung der II. WGK beim LG Dortmund, 4. 11. 1960.

20 HStAD RW58, 74234, StaPoD II B 4/Tgb Nr. 248/43g/Strauß, Entwurf Memo. Düsseldorf, 21. 9. 1943.

21 HStAD RW58, 74234, Quittung, Theresienstadt, 10. 9. 1943.

22 Zimmermann, »Eine Deportation nach Theresienstadt«; HStAD RW58, 74234, Entwurf StaPoD an RSHA IV B 4, Düsseldorf, 21. 9. 1943 (abgeschickt 24. 9. 1943).

23 RW58 74234 StaPoD Memo, 21. 9. 1943.

24 Kaplan, Der Mut zum Überleben, S. 232 ff.

25 Konrad Kwiet und Helmut Eschwege, *Selbstbehauptung und Widerstand. Deutsche Juden im Kampf um Existenz und Menschenwürde 1933–1945* (Christians Verlag: Hamburg 1984), S. 154.

26 Das wird besonders in einem frühen maschinenschriftlichen Entwurf von Mariannes Artikel für *Das Münster am Hellweg* deutlich, doch wurde dieser Absatz wahrscheinlich aus Platzgründen aus dem letzten Entwurf gestrichen.

27 Lisa Jacob, »Der ›Bund‹, Gemeinschaft für sozialistisches Leben und meine Rettung vor der Deportation«, in: *Das Münster am Hellweg* 37 (1984), S. 112.

28 ME, Eidesstattliche Erklärung, 22. 5. 1957; Kopie CH an Oberstadtdirektor, Essen, 4. 6. 1957.
29 Interview, ME, Juli 1996.
30 Eidesstattliche Erklärung, 25. 9. 1957, unterschrieben Johanna Ganzer.
31 Telefongespräch mit Fritz Briel, Remscheid, 10. 1. 1997.
32 Im jüdischen Ritus wird das Aufstellen des Grabsteins, das bis zu einem Jahr nach der Beerdigung stattfindet, von einer kurzen Feier und einer Grabrede begleitet. Dies markiert das Ende der offiziellen Trauerzeit.
33 Interview mit Sol und Clara Bender, Chester, 17. 10. 1997.
34 Interview mit Lew und Trudy Schloß (geb. Ullmann), Teaneck, N. J., 11. 8. 1998.
35 Telefongespräch mit Eric Alexander, 21. 8. 1998.
36 Geborene Margarete Ransenberg 27. 9. 1881, siehe Schröter, *Geschichte und Schicksal*, S. 686.
37 ME, »Flucht«, S. 138.
38 Interview, ME, 31. 10. 1996.
39 Siehe Kapitel 11.
40 ASE, A6418 Kopie von Ruth Kotik, »Ein Vorläufer alternativer Lebensformen: Der Bund – Gemeinschaft für sozialistisches Leben«, 16. 11. 1984, WDR 3.
41 »Hilfe für Juden war für die Briels selbstverständlich«, *Bergische Morgenpost*, 21. 4. 1994.
42 Video Frau Briel, Herr Jost, 9. 11. 1990, aufgenommen von dem Historiker Jochen Bilstein, Wermelskirchen, in dessen Besitz das Video ist.
43 Interview mit Änne Schmitz, Januar 1997.
44 Video Frau Briel, Herr Jost, 9. 11. 1990.
45 Ebd.
46 Interview mit Änne Schmitz, Januar 1997.
47 Interview, ME, Juli 1996.
48 Video Frau Briel, Herr Jost, 9. 11. 1990.
49 Telefongespräch mit Fritz Briel, Januar 1997.
50 Video Frau Briel, Herr Jost, 9. 11. 1990.
51 Ebd.
52 Interview mit Maria Briel in: Jochen Bilstein und Frieder Backhaus, *Geschichte der Remscheider Juden* (Hackenberg: Wermelskirchen 1992), S. 135.
53 Janina Fischler-Martinho, *Have you seen my little sister?* (Valentine Mitchell: London und Portland, Oregon, 1998), S. 236.
54 Diese und die folgenden Angaben stammen aus meinem Interview mit Hanna Jordan, Wuppertal, 29. 7. 1997.
55 Interview, ME, Juli 1996.
56 Ebd.
57 Ebd.
58 Interview, ME, 31. 10. 1996.
59 Ebd.

60 Ebd.

61 Interview, ME, Juli 1996.

62 Interview, ME, 31. 10. 1996.

63 ME, »Flucht«, S. 138.

64 Siehe Kopie, ME an CH, 3. 2. 1958, Anlage: Eidesstattliche Versicherung.

65 Interview, ME, Juli 1996.

11

1 Maschinenschriftlicher Brief im Tagebuch mit der Überschrift »Beverstedt, den 12. Juni 44«.

2 ME, »Flucht«, S. 139.

3 Mark Roseman, »The Organic Society and the Massenmenschen. Integrating Young Labour in the Ruhr Mines 1945–1958«, in: Robert Moeller (Hg.), *West Germany Under Construction: Politics, Society, and Culture in the Adenauer Era* (Ann Arbor, Michigan: University of Michigan Press 1997), S. 287–320.

4 Siehe Kapitel 14.

5 Maschinenschriftlicher Brief mit der Überschrift »Beverstedt, den 12. Juni 44.«

6 Ebd. *Geheimnis Tibet* handelt von Schäfers Expedition nach Tibet im Jahr 1940.

7 Nebenbei bemerkt gab Marianne an, daß sie das schrieb, während sie in einem Wäldchen auf einem Baumstumpf saß: »Hier schreib ich all meine Briefe und arbeite.« Aber der Brief ist getippt (und enthält mehrere Fehler und Streichungen, was nahelegt, daß sie beim Nachdenken tippte und dies keine spätere Reinschrift war), deswegen fragte ich mich, ob sie mit einer Reiseschreibmaschine unterwegs war. Andererseits unterscheiden sich die Typen von denen des ersten Briefs aus dem April und den späteren aus Düsseldorf, also hat sie sich wahrscheinlich eine tragbare Schreibmaschine von ihren Gastgebern ausgeliehen, die sie mit in den Wald nahm.

8 Siehe Kapitel 13.

9 Dieses Datum stammt aus einem Telefongespräch mit Elfriede Nenadovic, geb. Wahle, 24. 1. 97.

10 Die folgende Information stammt aus Meta Kamp, »Auf der anderen Seite stehen« (Selbstverlag: Göttingen 1987), und aus Telefongesprächen mit Meta Kamp, 24. 1. 1997.

11 Kamp, »Auf der anderen Seite stehen«, S. 11.

12 Telefongespräche mit Meta Kamp, 24. 1. 1997.

13 Telefongespräche mit Elfriede Nenadovic, 9. 12. 1997.

14 Kamp, »Auf der anderen Steite stehen«, S. 45.

15 Telefongespräch mit Elfriede Nenadovic, 24. 1. 97.

16 Ebd.

17 Brief von Hermann Schmalstieg, 12. 7. 1944.
18 Hermann Schmalstieg an den Autor, 2. 4. 1998.
19 Tagebuch, 31. 7. 1944.
20 Die folgenden Informationen stammen aus einem Telefongespräch mit Hermann Schmalstieg, 24. 1. 1997, aus Briefen an den Autor vom 4. 5. 1997, 2. 4. 1998 und 10. 10. 1998 und aus einem Interview vom 25. 8. 1999.
21 Tagebuch-Eintrag, Freitag, 3. XI. 44 (von einem Brief an Meta).
22 Lene Krahlisch in Mülheim.
23 Wahrscheinlich Karin Morgenstern.
24 »sich« ist – vermutlich von Marianne – mit Bleistift unterstrichen; der Brief ist mit Tinte geschrieben.
25 Ein weiterer ihrer Helfer aus der Kriegszeit, der später aus Mariannes Blickfeld verschwand, war Albert Schürmann, dem sie zwar in einer Aussage dankte, die sie zugunsten von Ernst Jungbluth nach dem Krieg machte, der jedoch in ihrem späteren Artikel nicht mehr auftauchte. Siehe Stadtarchiv Wuppertal (StAW), Wiedergutmachungsakte, Jungbluth Ernst 115, 24, Aussage von Marianne Strauß, Düsseldorf, 24. 8. 1945. Welche Rolle Schürmann gespielt hat, weiß ich nicht.
26 Siehe ME, »Flucht«, S. 139; Tagebuch, Mülheim, 31. 9. 44 (Brief an Meta).
27 Möglicherweise Düsseldorf und Solingen.
28 Ich danke Michael Zimmermann für diese Einsicht.
29 Interview, ME, 31. 10. 1996.
30 Eintrag, Braunschweig, 2. 9. 1944
31 Tagebucheintrag, 9. 8. 1944.
32 Kopie, Johanna Ganzer, Eidesstattliche Erklärung, Düsseldorf 25. 9. 1955.
33 ME, »Flucht«, S. 140.
34 Ebd., S. 139.
35 Kopie, Entwurf, ME an Landgericht Essen, 2. 10. 1952.
36 Kopie, ME an RW, 14. 10. 1960.
37 ME, »Flucht«, S. 141.
38 Gauleiter Florian, Kreisleiter Walter und Polizeipräsident Korreng.
39 Peter Hüttenberger, *Düsseldorf. Geschichte von den Anfängen bis ins 20. Jahrhundert.* Band 3: *Die Industrie- und Verwaltungsstadt* (Schwann: Düsseldorf 1989), S. 635–646.
40 Kopie, Johanna Ganzer, Eidesstattliche Erklärung, Düsseldorf 25. 9. 1955.
41 Hüttenberger, *Düsseldorf*, S. 631, S. 648.
42 Dieses spätere Tagebuch scheint leider nicht erhalten zu sein.
43 Im Tagebuch, Kopie MS an Meta, Hedwig, Elli und Hermann, 30. 5. 1945 (i. e. Meta Kamp, Hedwig Gehrke, Elli Schlieper und Hermann Schmalstieg).
44 Ebd.
45 Ebd.
46 Eine umfassende Studie zeigt, daß diejenigen, die Juden geholfen haben, mit größerer Wahrscheinlichkeit schon vor dem Krieg jüdische

Freunde hatten als diejenigen, die sich passiv verhielten. Samuel S. Oliner, *The Altruistic Personality. Rescuers of Jews in Nazi Europe* (The Free Press: New York 1998), S. 115.

47 Unveröffentlichtes Bund-Manuskript »Zum Gedenken an Artur Jacobs«, hier: »Worte zur Gedenkstunde für Artur Jacobs im Bundeshaus am 17. März 1968«, S. 13 (Lisa Jacob).

48 HStAD RW58, 1593 (Jungbluth); RW 58, 19223 (Jacobs); RW 58, 71703 (Jacobs).

49 Jacob, »›Der Bund‹«, S. 109; HStAD RW 58, 19223, diverse Unterlagen.

50 HStAD RW 58, 71703 Jacobs, Dr. Artur, Kopie der Aussage vom 6. 8. 1944, und beigefügte Notiz Gestapo AStE IV 3 a 6812/44 an StaPoD.

51 Oliner, *The Altruistic Personality*, S. 130.

52 *Dritter Auslandsbrief*, S. 9f.

53 Kommentar von Herrn Jost in dem Interview mit Maria Briel und ihm, durchgeführt von Jochen Bilstein, 9. 11. 1990.

54 Interview mit Tove Gerson, Essen 8. 1. 1997.

55 *Zweiter Auslandsbrief*, S. 8f.

56 *Dritter Auslandsbrief*, S. 5.

57 »Unsere toten Freunde – Lebenszeugnisse des Bundes« (unveröffentlichtes gedrucktes Bändchen des Bundes, ohne Autor, ohne Datum).

58 Interview mit Jakov Langer, 27. 7. 1998.

12

1 Interview, ME, 1989; Interview, ME, Juli 1996.

2 Siehe zum Beispiel, Klemperer, *Tagebücher 1942–1945,* S. 750–760.

3 Interview mit Ellen Jungbluth, 29. 7. 1997.

4 Kopie, MS an Meta, Hedwig, Elli und Hermann, 30. 5. 1945, ins Tagebuch gelegt.

5 Interview mit Hanna Aron, West Hartford, Connecticut, 7. 8. 1998.

6 YVJ, Akte 0.48/1630.2 Archiv 13390, MS an Alfred Weinberg, 26. 6. 1947.

7 Interview, ME, 31. 10. 1996.

8 Kopie, MS an Meta, Hedwig, Elli und Hermann, 30. 5. 1945.

9 Interview, ME, 31. 10. 1996.

10 Kopie, MS an Hugo und Grete Strauß, 24. 1. 1946, ins Tagebuch gelegt.

11 Kopie MS an Meta, Hedwig, Elli und Hermann, 30. 5. 1945.

12 Lisa Jacob hatte eine ganz ähnliche Geschichte zu erzählen, siehe »›Der Bund‹«, S. 105–134.

13 Interview, ME, Juli 1996.

14 Kopie, MS an Hugo und Grete Strauß, 24. 1. 1946.

15 Interview, ME, Juli 1996

16 Kopie, MS an Meta, Hedwig, Elli und Hermann, 30. 5. 1945 (P. S. vom 8. Juni).

17 Es ist interessant, daß auch Marianne dem weitverbreiteten Mythos anhing, daß einige deutsche Industriezweige von den Alliierten geschlossen wurden, weil diese die Konkurrenz fürchteten.
18 Kopie, MS an Hugo und Grete Strauß, 24. 1. 1946.
19 Interview, ME, 31. 10. 1996.
20 Ebd.
21 Arbeitsamt Düsseldorf, Zeugnis, Düsseldorf, 30. 4. 1946.
22 Kopie, MS an Meta, Hedwig, Elli und Hermann, 30. 5. 1945.
23 Ebd.
24 Interview, ME, Juli 1996.
25 Interview mit Hanna Aron, West Hartford, Connecticut, 7. 8. 1998.
26 Telefongespräch mit Johannes Oppenheimer, 27. 3. 1997.
27 Johannes Oppenheimer an den Autor, 3. 3. 1997.
28 Telefongespräch mit Johannes Oppenheimer, 27. 3. 1997.
29 Kopie, ME an Koplowitz, 4. 2. 1956.
30 Kopie, MS an Hugo und Grete Strauß, 24. 1. 1946.
31 Kopie, MS an Eric Alexander (ehemals Alex Weinberg), 4. 2. 1946, ins Tagebuch gelegt.
32 Nach der Kopie, ME an CH, mit dem falschen Datum vom 9. 1. 1956 (es ist das Jahr 1957) kündigte sie die Stelle im Januar, aber ein erhaltenes Schreiben vom Düsseldorfer Arbeitsamt läßt vermuten, daß sie bis zum 30. 4. 1946 dort arbeitete. Obwohl ich mich mit mehreren Leuten in Verbindung setzte, die damals für die *Freiheit* gearbeitet haben, erinnerte sich nur noch die Frau des damaligen Herausgebers Gerd Leo vage an Marianne. Ein paar von Mariannes Manuskripten sind erhalten geblieben, es ist jedoch nicht immer möglich herauszufinden, für welche Zeitung sie geschrieben wurden.
33 Kopie, MS an Braun, BBC, 2. 2. 1946.
34 BBC, German Service, Funkbriefkasten, Programm Nr. 48, 12. 4. 1946, Abschrift.
35 Kopie, MS an Christina Ogilvy, 12. 7. 1946.
36 Roseman, »The Organic Society«.
37 Dieser Text entspricht dem von Mariannes eigener Kopie. Das Datum der Übertragung wird auf einer undatierten Postkarte von G. H. Gretton, BBC, bestätigt, die wohl zusammen mit einem Brief oder einem Päckchen abgeschickt wurde.
38 Interview, ME, 31. 10. 1996
39 Grete Sander an MS, 22. 8. 1945.
40 Kopie, MS an Hugo und Grete Strauß, 24. 1. 1946.
41 Interview, ME, 31. 10. 1996.
42 YVJ Akte 0.48/1630.2 Archiv 13390, ME an Alfred, 26. 6. 47.
43 Ebd.
44 Karl Rosenberg an MS, 18. 11. 1945.
45 MS an Eric Alexander (ehemals Alex Weinberg), 4. 2. 1946, ins Tagebuch gelegt.

46 Interview, ME, 31. 10. 1996.
47 Kopie, MS an Hugo und Grete Strauß, 24. 1. 1946.
48 Kopie, MS an Eric Alexander (ehemals Alex Weinberg), 4. 2. 1946.
49 Kopie, MS an Hugo und Grete Strauß, 24. 1. 1946.
50 Kopie, MS an Eric, 4. 2. 1946.
51 Interview, ME, 31. 10. 1996.
52 Telefongespräch mit Johannes Oppenheimer, 27. 3. 1997.
53 Johannes Oppenheimer an den Autor, 3. 3. 1997.
54 Ebd.
55 Interview, ME, 31. 10. 1996.
56 Johannes Oppenheimer an den Autor, 3. 3. 1997.
57 Hüttenberger, *Düsseldorf*, S. 660.
58 Ebd. S. 667 f.
59 *Zweiter Auslandsbrief*, S. 2.
60 Ebd.
61 Archiv der Dore-Jacobs-Schule, Essen, »Bund. Gemeinschaft für ein sozialistisches Leben, ›Auslandsbericht‹« (unveröffentlichtes Manuskript, 1947), S. 7.
62 Ebd.
63 *Gelebte Utopie*, S. 15.
64 Interviews mit Helmut und Helga Lenders, Düsseldorf, Kurt und Jenni Schmit, Wuppertal, Alisa Weyl, Meckenheim.
65 Dieses Thema wird in dem demnächst erscheinenden Buch über den Bund von Norbert Reichling und mir ausführlich erörtert.
66 Interview Jochen Bilstein mit Marial Briel und Herrn Jost.
67 Kopie, MS an Meta, Hedwig, Elli und Hermann, 30. 5. 1945.
68 Interview, ME, Juli 1996.
69 Kopie, MS an den Generalkonsul des Amerikanischen Konsulats, Düsseldorf, 20. 4. 1946.
70 Damals waren viele deutsche Juden bestürzt über die Tatsache, daß es für sie genauso schwierig wie für nichtjüdische Deutsche war, nach England zu einzureisen. Siehe Gerda Rother an MS, 2. 11. 1946.
71 Kopie, Gerald Alexander an Officer i/c British Interests Branch CCG (BE), Lübbecke.
72 Passport Control Office c/o Political Division CCG Luebbecke BAOR, an L/Cpl Gerald Alexander, 14. 3. 1946.
73 Kopie, Capt. B. K. Ellenbogen an Passport Office, 22. 3. 1946.
74 Passport Control Officer, Lübbecke, an L/Cpl G. Alexander, 25. 3. 1946.
75 Ursula Büttner, *Not nach der Befreiung. Die Situation der deutschen Juden in der britischen Besatzungszone 1945–1948* (Landeszentrale für politische Bildung: Hamburg 1986), S. 17.
76 Kopie, Basil Ellenbogen an Scholefield-Adams, 20. 10. 1946.
77 HQ Military Government North Rhine Region Deputy Inspector General Senior Public Safety Officer (J. T. Baldock), 5. 7. 1946, an 320 Detatchment Mil. Govt., attention of Public Safety.

78 Kopie, Basil Ellenbogen an Scholefield-Adams, 20. 10. 1946.

79 *Freiheit* Hauptschriftleitung, Düsseldorf Pressehaus, an MS, Düsseldorf, 1. 11. 1946 und 4. 11. 1946, unterschrieben G. Eisenhütte, Gerhard Leo, Nora Leibnitz u. a.

80 Undatierter Brief von Hanni Ganzer an MS.

13

1 Interview, ME 1989.

2 »Projekt Automatisierte Datenverarbeitung von Häftlingen aus Theresienstadt«, durchgeführt am Institut für Informationstheorie und Automation an der Akademie der Wissenschaften der Tschechischen Republik in Kooperation mit der Theresienstädter Initiative und der Gedenkstätte Terezín.

3 Dies ist eine Korrektur. Zunächst hatte Dr. Schindler ein Datum im Dezember angegeben. Zwei Transporte hatten denselben Code.

4 Gertrude Jaffe und Reha Liebrecht waren die anderen, die mit der Familie Strauß im September 1943 aus Essen deportiert wurden.

5 Fischer, *Aimée & Jaguar*, S. 226.

6 Hans-Günther Adler, *Theresienstadt 1941–1945. Das Antlitz einer Zwangsgemeinschaft. Geschichte. Soziologie. Psychologie* (J. C. B. Mohr: Tübingen 1955), S. 124.

7 Der Bericht von Rudolf Vrba »The Extermination Camps of Auschwitz (Oświęcim) und Birkenau in Upper Silesia« von 1944 existiert auf Microfiche im Leo Baeck Institute, New York.

8 Zur tschechischen Verbindung und Kopeckys Rolle siehe Miroslaw Karny, »The Vrba and Wetzler Report«, in: Yisrael Gutman und Michael Berenbaum (Hg.), *Anatomy of the Auschwitz Death Camp* (Indiana University Press: Bloomington und Indianapolis 1994), S. 553–568, hier: S. 557.

9 Ebd., S. 557 f.

10 Indem der Bericht alle Insassen als Tschechen beschrieb, wiederholte er die Informationen aus Auschwitz selbst. Das war jedoch irreführend, da die Juden nicht nur tschechischer Herkunft waren. Siehe Adler, *Theresienstadt*, S. 53.

11 BBC Written Archive Centre, German Service, Sonderbericht scripts Jan. 43–Apr. 45. Ich bin Gabriel Milland für diesen Hinweis dankbar.

12 Danuta Czech, *Kalendarium der Ereignisse im Konzentrationslager Auschwitz Birkenau 1939–1945* (Rowohlt: Hamburg 1989), S. 800f.

13 Klemperer, *Tagebücher 1942–1945*, S. 565.

14 Erna Ogutsch, Deggendorf, an MS, 22. 3. 1946.

15 Ludwig Ansbachers Mutter war eine Schwester von Siegfrieds Mutter Rosalie, geb. Stern.

16 Erna Ogutsch, Deggendorf, an MS, 22. 3. 1946.

17 Ruth Elias, *Triumph of Hope. From Theresienstadt and Auschwitz to Israel* (John Wiley und Sons: New York 1998), S. 97.
18 Adler, *Theresienstadt*, S. 129, S. 316ff.
19 Elias, *Triumph of Hope*, S. 95
20 Adler, *Theresienstadt*, S. 157; Elias, *Triumph of Hope*, S. 197.
21 Adler, *Theresienstadt*, S. 339ff.
22 Fischer, *Aimée & Jaguar*, S. 226.
23 Ludwig und Selma Ansbacher, Frankfurt, an MS, 1. 5. 1946.
24 Ebd.
25 Gershon Ellenbogen an Marianne und Basil Ellenbogen, 12. 9. 1947.
26 Schröter, *Geschichte und Schicksal*, bezieht sich auf S. 710 auf eine Grete Sander aus Essen, die nach Schweden ging, und eine Weile glaubte ich, sie sei die fragliche Frau.
27 Die Schwester von Mariannes Mutter Ine, Hannah, war mit Ernst Weinberg verheiratet. Ernst Weinbergs Schwester Helene Weinberg heiratete Alfred Alsberg. Alfred Alsbergs Schwester Grete hieß nach der Eheschließung Grete Sander.
28 Eric Alexander an den Autor, 9. 7. 1997.
29 Grete Sander an MS, 22. 8. 1945.
30 Hugo Strauß an ME, 27. 3. 1948, Anlage: Rechnung von Marcus Cohn, Austrasse, Basel, datiert 19. 5. 1947.
31 Marcus Cohn an ME, 19. 5. 1947.
32 Dieser Brief liegt nicht vor, Erna Ogutsch dankt ihr jedoch für ihren Brief vom 31. 3. 1946. Siehe Erna Ogutsch an MS, 20. 4. 1946.
33 Der Transport von Essen nach Theresienstadt im Juli 1942.
34 Erna Ogutsch, Deggendorf, an MS, 20. 4. 1946.
35 Adler, *Theresienstadt*, S. 158.
36 Ebd., S. 46
37 Elias, *Triumph of Hope*, S. 105. Elias gibt das genaue Datum des Transports nicht an. Aber aus ihrer eigenen Datierung und den Umständen des Transportes wissen wir, daß sie bei einem der großen Dezembertransporte dabei war. Ihr Partner und sie wurden ein paar Tage nach dem ersten Transport deportiert. Nach Danuta Czechs *Kalendarium* gab es in dem Monat nur zwei große Transporte, einer traf am 16. Dezember 1943 in Auschwitz ein und der andere am 20. Mit letzterem, das wissen wir, trafen die Strauß' im Lager ein. Elias gibt auch an, daß sie »kurz vor Weihnachten« eintrafen, und ihre tätowierte Nummer ist eine von denen, die zu diesem Transport gehören. Alle Fakten bestätigen, daß sie im selben Zug gewesen sein muß.
38 Elias, *Triumph of Hope*, S. 133.
39 Die folgenden Informationen stammen hauptsächlich aus dem Bericht von Rudolf Vrba, »The Extermination Camps«; Adler, *Theresienstadt*, S. 53ff., S.692; Rudolf Vrba und Alan Bestic, *Als Kanada in Auschwitz lag* (Piper: München 1999); Otto Dov Kulka, »Ghetto in an Annihilation Camp. Jewish Social History in the Holocaust Period und Its

Ultimate Limits«, in: *The Nazi Concentration Camps. Proceedings of the Fourth Yad Vashem International Historical Conference Jerusalem, Januar 1980* (Yad Vashem: Jerusalem 1984), S. 315–330; Czech, *Kalendarium*; Martin Gilbert, »What was known und when«, in: Gutman und Berenbaum, *Anatomy*, S. 539–552; Miroslav Karny, »The Vrba and Wetzler Report«, in: ebd., S. 553–568; Nils Keren, »The Familie Camp«, in: ebd., S. 428–441.

40 Czech, *Kalendarium*, S. 600

41 Vrba und Bestic, *Als Kanada in Auschwitz lag*, S. 206f.

42 Adler, *Theresienstadt*, S. 53.

43 Czech, *Kalendarium*, S. 670

44 Michael Zimmermann hat mich darauf aufmerksam gemacht, daß »Sonderbehandlung« manchmal bedeuten konnte, daß die Betreffenden nicht ermordet wurden. So könnte sich Sonderbehandlung in diesem Fall auf die sechs Monate vor dem Mord bezogen haben.

45 Kulka, »Ghetto«, S. 318.

46 Nach Informationen aus einem Brief von Ruth Elias durften die Menschen vom September-Transport ihre Kleider behalten, diejenigen vom Dezember-Transport jedoch nicht.

47 Elias, *Triumph of Hope*, S. 134.

48 Eric Alexander an den Autor, 18. 7. 1998.

49 Czech, *Kalendarium*, S. 684.

50 Staatliches Museum Auschwitz-Birkenau (Hg.), *Sterbebücher von Auschwitz. Fragmente.* Bände 1 und 2 (Verlag K. G. Sauer: München 1995); Dr. Franciszek Piper, Panstwowe Muzeum, Oświęcim, Brief an den Autor, 26. 5. 1997.

51 Czech, *Kalendarium*, S. 600ff.

52 Kulka, »Ghetto«, S. 318.

53 Zitiert in: Keren, »Family Camp«, S. 430.

54 Vrba und Bestic, *Als Kanada in Auschwitz lag*, S. 185.

55 Czech, *Kalendarium*, S.700ff.; Kulka, »Ghetto«, S. 318.

56 Kulka, »Ghetto«, S. 324.

57 A. Schön, »Co byl Birkenau« (Manuskript 1945), zitiert in: Adler, *Theresienstadt*, S. 730.

58 Adler, *Theresienstadt*, S. 128.

59 Postkarte Regina Strauß, Arbeitslager Birkenau, bei Neuberun (Oberschlesien), vom 15. 4. 1944, in Berlin am 23. 6. 1944 abgestempelt, an Grete Sander Stockholm.

60 Gilbert, »What was known und when«, S. 548.

61 Karny, »The Vrba and Wetzler Report«, S. 558 ff.

62 Erna Ogutsch an MS, 20. 4. 1946.

63 Grete Sander an MS, 22. 8. 1945.

64 Wenn sie das auch nicht daran hinderte, die ungarischen Juden dem bislang größten Mordprogramm zu unterziehen. In zwei Sommermonaten des Jahres 1944 wurden 300000–400000 ungarische Juden ermor-

det, ein Drittel aller Menschen, die in Auschwitz getötet wurden. Siehe Deborah Dwork und Robert Jan van Pelt, *Auschwitz. 1270 to the Present* (W. W. Norton: New York 1996), S. 343.

65 Kulka, »Ghetto«, S. 318.

66 Adler, *Theresienstadt*, S. 53 ff., S. 692.

67 Kulka, »Ghetto«, S. 329.

68 Ebd., S. 319.

69 Es ist nicht genau festzustellen, wann sie das letzte Lebenszeichen von Marianne erhielten. Der Brief von den Ansbachers scheint anzudeuten, daß Marianne schon Päckchen nach Theresienstadt schickte, bevor ihre Eltern nach Auschwitz deportiert wurden. Wenn dem so war, dann verließen sie Theresienstadt in dem Wissen, daß sie am Leben war. Es ist sehr unwahrscheinlich, daß sie danach noch etwas von ihr hörten.

70 Erna Ogutsch, Deggendorf, an MS, 22. 3. 1946.

71 Postkarte, AS Hauptstr. 195/1 Theresienstadt, Protektorat, an Frau Grete Sander, Stockholm, datiert 22. 3. 1944, abgestempelt 4. 4. 1944.

72 Postkarte, AS, geb. 24. IV. 1891, Hauptstr. 195/1 Theresienstadt, Protektorat, an Frau Grete Sander, 3. 4. 1944, abgestempelt 20. 7. 1944.

73 Ludwig und Selma Ansbacher, Frankfurt, an MS, 1. 5. 1946.

74 Prof. Alsberg an den Autor, 29. 7. 1997.

75 Adler, *Theresienstadt*, S. 185.

76 Ebd., S. 187.

77 Ebd., S. 191.

78 Felice Schragenheim, deren Schicksal durch das Buch *Aimée & Jaguar* bekannt geworden ist, wurde im selben Transport wie Oe und ihre Mutter deportiert, dem Transport Ep, 9. Oktober 1944. Siehe Fischer, *Aimée & Jaguar*, S. 227.

79 Interview, ME, 31. 10. 1996.

80 16. 8. 1907.

81 Interview, ME, 31. 10. 1996.

82 Kopie, Erklärung, Frau Julia Böcker, Essen-Stadtwald, Drosselstr. 51, 26. 2. 1955.

83 Frau Böcker ist hier nichts vorzuwerfen. Marianne und ihr Cousin René wollten für die Gerichtsverhandlung nachweisen, daß Oe vor Alfred gestorben war, um Probleme mit dem Erbe zu umgehen, und Frau Böcker war eine entgegenkommende Zeugin. Dabei nahm Marianne an, daß Alfred zuerst gestorben war.

84 Adler, *Theresienstadt*, S. 694.

85 Mehrere Blätter, die die Überschrift tragen: »Yad Vashem Daf-ed. A page of testimony«.

86 Mehrere Blätter, die die Überschrift tragen: »Yad Vashem Daf-ed. Gedenkblatt«, datiert Juli 1983.

87 Ludwig und Selma Ansbacher, Frankfurt, an MS, 1. 5. 1946.

88 Isabel Sprenger, *Groß-Rosen. Ein Konzentrationslager in Schlesien* (Böhlau Verlag: Köln, Weimar und Wien 1996), S. 261 f.

89 Ruth Klüger, *Weiter leben. Eine Jugend* (Wallstein: Göttingen 1992).
90 Gudrun Schwarz, *Die nationalsozialistischen Lager* (Überarbeitete Ausgabe, Fischer: Frankfurt/Main 1996), S. 198; Internationaler Suchdienst (Hg.), *Vorläufiges Verzeichnis der Haftstätten unter dem Reichsführer-SS 1933–1945* (Arolsen 1969), S. 110.
91 Israel Gutman (Hg.) *Encyclopaedia of the Holocaust* (Macmillan: London 1990), S. 625.
92 Einzelheiten zu Kurzbach in: Sprenger, *Groß-Rosen*, S. 263 ff.
93 Zitiert in ebd., S. 282.
94 Ebd., S. 284.

14

1 In dem autobiographischen Bericht von Ruth Klüger, *Weiter leben*, wird hervorragend gezeigt, welchen Stellenwert das Einbeziehen der Nachkriegsepoche hat.
2 Die Literatur über Holocaust-Überlebende ist sehr umfangreich. In diesem Kapitel werden folgende Texte zitiert: Martin S. Bergmann, Milton E. Jucovy, Judith S. Kestenberg (Hg.), *Kinder der Opfer. Kinder der Täter* (Fischer: Frankfurt/Main 1995); Bruno Bettelheim, *Erziehung zum Überleben: Zur Psychologie der Extremsituation* (dtv: München 1985); Cathy Caruth (Hg.), *Trauma: Explorations in Memory* (John Hopkins University Press: Baltimore 1995); Israel Charny (Hg.), *Holding on to Humanity: the Message of Holocaust Survivors. The Shamai Davidson Papers* (New York University Press: New York 1992); Shoshana Feldman und Dori Laub, *Testimony: Crises of Witnessing in Literature, Psychoanalysis and History* (Routledge: London 1992); Roger S. Gottlieb, *Thinking the Unthinkable: Meanings of the Holocaust* (Paulist Press: New York 1990; Henry Greenspan, *On Listening to Holocaust Survivors. Recounting and Life History* (Praeger: Westport, Connecticut 1998); Geoffrey Hartmann (Hg.), *Holocaust and Remembrance – the Shapes of Memory* (Blackwell: Oxford 1995); Lawrence L. Langer, *Holocaust Testimonies. The Ruins of Memory* (Yale University Press: New Haven 1991); Dalia Ofer und Lenore J. Weitzman (Hg.), *Women in the Holocaust* (Yale University Press: New Haven 1998); Gabriele Rosenthal (Hg.), *The Holocaust in Three Generations. Families of Victims and Perpetrators of the Nazi Regime* (Cassell: London und Washington 1998).
3 Interview, ME, 31. 10. 1996.
4 Ebd.
5 RW an ME, 13. 1. 1950.
6 Interview mit Sol und Clara Bender, Chester, 17. 10. 1997; Interview mit Monte und Phyllis Miller, Liverpool, 17. 10. 1997.
7 Interview mit Monte und Phyllis Miller, Liverpool 17. 10. 1997.
8 Siehe Marion Berghahns feinfühlige Untersuchung *German-Jewish Refugees in England. The Ambiguities of Assimilation* (Macmillan: Lon-

don 1984), besonders S. 173 ff.; Rebekka Göpfert, *Der jüdische Kindertransport von Deutschland nach England 1938/39* (Campus: Frankfurt/Main 1999), S. 186 ff.; zu dem Druck, sich in England anzupassen, dem sich deutsch-jüdische Flüchtlinge im Krieg ausgesetzt sahen, siehe Kushner, *Holocaust and the Liberal Imagination*, S. 57 ff.

9 Auch Berghahn spricht an, inwiefern eine britische Identität den deutsch-jüdischen Flüchtlingen gestattete, sich gleichzeitig wie zu Hause und »kosmopolitisch« zu fühlen. Berghahn, *German-Jewish Refugees*, S. 176.

10 Interviews mit David und Sandra Gray, London, 30. 1. 1999; Interview mit Jane Dalton, geb. Gray, 6. 2. 1999.

11 Interview, VE, 5. 12. 1997; David und Sandra Gray, 30. 1. 1999; Jane Dalton, geb. Gray, 6. 2. 1999.

12 Marianne erzählte den Millers, daß sie auf einer Reise nach Deutschland in den Fischladen gegangen sei, wo ihre Eltern immer eingekauft hätten. Der Besitzer sei beinah zusammengebrochen, als er sie gesehen habe. (Interview mit Monte und Phyllis Miller, Liverpool, 17. 10. 1997.) Ich weiß allerdings nicht, ob dies in den unmittelbaren Nachkriegsjahren oder später gewesen ist.

13 Interview, ME, 31. 10. 1996.

14 MS an den Vollzugsausschuß der rassisch, politisch und religiös Verfolgten in Düsseldorf, 12. 9. 1945.

15 Interview, ME, 31. 10. 1996.

16 Wie sich herausstellte, kam dies nicht zur Verhandlung, da man diesen Anspruch nicht vererben konnte.

17 CH an ME, 21. 2. 1958, Anlage: »Übersicht über die Entschädigungs- und Rückerstattungssachen der Frau Marianne Ellenbogen«.

18 Das war ein häufiges Dilemma. Siehe Berghahn, *German-Jewish Refugees*, S. 208.

19 Kopie, ME an CH, 9. 1. 1956 [fälschlich für 1957].

20 CH an ME, 4. 6. 1957.

21 Kopie, ME an CH, 8. 6. 1957.

22 Kopie, Regierungspräsident 14 I vol ZK 620 480, Teilbescheid in der Entschädigungssache der Frau Marianne Ellenbogen, 5. 12. 1957.

23 Kopie, CH an LGD Entschädigungskammer, 13. 12. 1957.

24 Kopie, »Persönlich!« ME an Herrmann, 28. 12. 1957; ME an CH, 3. 2. 1958, Anlage: Eidesstattliche Versicherung.

25 G. Meyer an ME, 21. 1. 1952.

26 Kopie, ME an G. Meyer, 18. 9. 1952; Kopie, G. Meyer an Schroetter, 18. 9. 1952.

27 Interview, ME, 31. 10. 1996.

28 AfWGE, Eing. 12. Okt. 1950, In der Wiedergutmachungssache Strauß gegen Jürgens, Geschäftsnummer Rü 1190/50, unterschrieben Maria Jürgens.

29 Bettelheim, *Erziehung zum Überleben.*

30 Damit soll nicht gesagt werden, daß in den Lagern nur der Egoismus zutage trat, wie Bettelheim anrührend zeigt.
31 Siehe Charny, *Shamai Davidson Papers*, S. 35.
32 Interview, ME, 10. 9. 1996.
33 Siehe Dori Laub, »Truth and Testimony: the Process and the Struggle«, in: Caruth (Hg.), *Trauma*, S. 68.
34 Siehe »Trauma und Reintegration« in: Bettelheim, *Erziehung zum Überleben*, S. 35.
35 Langer, *Holocaust Testimonies*, S. XV.
36 Interview, ME, 10. Sept. 1996.
37 Interview, ME, 31. 10. 1996.
38 Unbeendeter Brief, ME an Sonja (Schreiber), Hanni (Ganzer) und Else (Bramesfeld), 11. 6. 1968.
39 Interview, VE, 5. 12. 1997.
40 Eßstörungen sind bei Kindern von Überlebenden alles andere als unbekannt, aber man kann auch keine vereinfachende Verbindung zwischen beiden Syndromen ziehen. Die Literatur über Anorexie erhellt, wie unterschiedlich die Ursachen dafür sein können. Über die Nachkommen von Überlebenden siehe Bergmann u.a., *Kinder*; Shamai Davidson, »The Clinical Effects of Massive Psychic Trauma in Families of Holocaust Survivors« in: *Journal of Marital and Family Therapy* 6 (1980), 1, S. 11–21; Rosenthal, *Holocaust in Three Generations*. Ich danke Helena Fox, die sich als Psychiaterin auf Eßstörungen spezialisiert hat, für ihre Auskünfte.
41 Hans-Josef Steinberg, *Widerstand und Verfolgung in Essen* (Verlag für Literatur und Zeitgeschehen: Hannover 1969), bezieht sich auf Günther Weisenborn (Hg.), *Der lautlose Aufstand. Bericht über die Widerstandsbewegung des deutschen Volkes 1933–1945* (Rowohlt: Hamburg 1953), S. 102 f.
42 Kopie des Briefs an Verwandte in Amerika (nicht namentlich genannt, aber offensichtlich Hugo Strauß), 24. 1. 1946.
43 Interview mit Sol und Clara Bender, Chester, 17. 10. 1997.
44 Interview, ME, 31. 10. 1996.
45 Ebd.
46 Siehe Zygmunt Bauman, *Modernity and the Holocaust* (Polity Press: Cambridge 1991); Mark Roseman, »National Socialism and Modernisation«, in: Richard Bessel (Hg.), *Fascist Italy and Nazi Germany: Comparisons and Contrasts* (Cambridge University Press: Cambridge 1996), S. 197–229.
47 Interview, ME, 31. 10. 1996.
48 So blieb mir zum Beispiel Mariannes Beziehung zu Basil im wesentlichen ein Rätsel, genau wie Basil selbst. Ich hätte seinen Verwandten natürlich weitere Fragen stellen können, aber ich wußte ja, daß Marianne ein solches Vorgehen aufs schärfste gerügt hätte. Ich bin jedoch Gershon, Raymond und Michael Ellenbogen für ihre Informationen dankbar.

Bibliographie

Die Bibliographie beschränkt sich auf Texte, die in diesem Werk zitiert werden. Interviewpartner und konsultierte Archive sind in der Danksagung aufgeführt. Unveröffentlichte Dokumente, die in den Anmerkungen ohne Archivangaben angeführt werden, befanden sich unter Marianne Ellenbogens Papieren.

Adler, Hans-Günther, *Theresienstadt 1941–1945. Das Antlitz einer Zwangsgemeinschaft. Geschichte. Soziologie. Psychologie* (Mohr Siebeck: Tübingen 1955)

– *Der Verwaltete Mensch. Studien zur Deportation der Juden aus Deutschland* (Mohr Siebeck: Tübingen 1974)

Alte Synagoge, Essen (Hg.), *Entrechtung und Selbsthilfe. Zur Geschichte der Juden in Essen unter dem Nationalsozialismus* (Klartext: Essen 1994)

– *Essen unter Bomben: Märztage 1943* (Klartext: Essen 1984)

– *Jüdisches Leben in Essen 1800–1933* (Klartext: Essen 1993)

– *Stationen jüdischen Lebens. Von der Emanzipation bis zur Gegenwart* (Verlag J. W. Dietz Nachf.: Bonn 1990)

Angress, Werner T., »Jüdische Jugend zwischen nationalsozialistischer Verfolgung und jüdischer Wiedergeburt«, in: Arnold Paucker (Hg.), *Die Juden im nationalsozialistischen Deutschland* (Mohr Siebeck: Tübingen 1986), S. 211–232

Arad, Yitzhak, *Bełżec, Sobibór, Treblinka – the Operation Reinhard Death Camps* (Indiana University Press: Indiana 1987)

Barkai, Avraham, *Das Wirtschaftssystem des Nationalsozialismus: Ideologie, Theorie, Politik: 1933–1943* (S. Fischer: Frankfurt/Main 1998)

– »Die sozio-ökonomische Situation der Juden in Rheinland und Westfalen zur Zeit der Industrialisierung (1850–1914)«, in: Kurt Düwell und Wolfgang Köllmann (Hg.), *Rheinland-Westfalen im Industriezeitalter.* Band 2: *Von der Reichsgründung bis zur Weimarer Republik* (Peter Hammer: Wuppertal 1984), S. 86–106

Bar-On, Daniel, *Die Last des Schweigens: Gespräche mit Kindern von Nazi-Tätern* (Campus: Frankfurt/Main 1993)

Bauman, Zygmunt, *Modernity and the Holocaust* (Polity Press: Cambridge 1991)

Becker-Jakli, Barbara (Hg.), *Ich habe Köln doch so geliebt. Lebensgeschichten jüdischer Kölnerinnen und Kölner* (Volksblatt Verlag: Köln 1993)

Benz, Wolfgang, »Zielsetzung und Maßnahmen der deutschen Judenverfolgung«, in: Jörg K. Hoensch, Stanislav Biman, Ľubomír Lipták (Hg.),

Judenemanzipation, Antisemitismus, Verfolgung (Klartext: Essen 1999), S. 131–141
Berding, Helmut, »Antisemitismus in der modernen Gesellschaft: Kontinuität und Diskontinuität«, in: Hoensch u.a. (Hg.), *Judenemanzipation*, S. 85–100
Berghahn, Marion, *German-Jewish refugees in England. The ambiguities of assimilation* (Macmillan: London und New York 1984)
Bergmann, Martin S., Milton E. Jucovy, Judith S. Kestenberg (Hg.), *Kinder der Opfer. Kinder der Täter* (S. Fischer: Frankfurt/Main 1995)
Bethge, Eberhard, *Dietrich Bonhoeffer. Theologe. Christ. Zeitgenosse* (Christian Kaiser: München, 2. Aufl. 1967)
Bettelheim, Bruno, *Erziehung zum Überleben: Zur Psychologie der Extremsituation* (dtv: München 1985)
Bilstein, Jochen, und Frieder Backhaus, *Geschichte der Remscheider Juden*, (Hackenberg: Wermelskirchen 1992)
Blasius, Dirk, und Dan Diner (Hg.), *Zerbrochene Geschichte. Leben und Selbstverständnis der Juden in Deutschland* (Fischer Taschenbuch Verlag: Frankfurt/Main 1991)
Blatt, Thomas T., *Nur die Schatten bleiben: Der Aufstand im Vernichtungslager Sobibór* (Aufbau-Verlag: Berlin 2000)
Böll, Friedhelm, »Halblar o callar sobre la persecucion nazi en Alemania«, in: *Historia Antropologia y Fuentes Orales* 20 (1998) 2, S. 45–52
Borsdorf, Ulrich, und Mathilde Jamin (Hg.), *Überleben im Krieg. Kriegserfahrungen in einer Industrieregion 1939–1945* (Rowohlt: Reinbek 1989)
Bramesfeld, Else, Doris Braune u. a. (Hg.), *Gelebte Utopie: Aus dem Leben einer Gemeinschaft. Nach einer Dokumentation von Dore Jacobs* (Klartext: Essen 1990)
Brenner, Michael, *Nach dem Holocaust. Juden in Deutschland 1945–1950* (Beck: München 1995)
– *Jüdische Kultur in der Weimarer Republik* (Beck: München 2000)
Brewer, W. F. »What is biographical memory?«, in: D. C. Rubin (Hg.), *Autobiographical memory* (Cambridge University Press: Cambridge 1988), S. 25–49
Bruch, Hilde, *Der goldene Käfig: Das Rätsel der Magersucht* (S. Fischer: Frankfurt/Main 1980)
Der Bund. Gemeinschaft für sozialistisches Leben (Hg.), *Aus der illegalen Arbeit des Bunds. Zweiter Auslandsbrief* (gedruckte Broschüre 1948)
– *Leben in der Illegalität. Dritter Auslandsbrief* (gedruckte Broschüre 1948)
Bundesleitung des Jüdischen Pfadfinderbundes Makkabi Hazair (Hg.), *Unser Weg zum Volk. Ein Beitrag zur Ideologie des Makkabi Hazair* (Berlin 1936)
– *Unser Weg im Zionismus. Eine Sammelschrift des jüdischen Pfadfinderbundes Makkabi Hazair* (Berlin, ohne Datum)
Burgauer, Erica, *Zwischen Erinnerung und Verdrängung – Juden in Deutschland nach 1945* (Rowohlt: Reinbek 1993)

Burrin, Phillippe, *Hitler und die Juden: Die Entscheidung für den Völkermord* (S. Fischer: Frankfurt/Main 1993)

Büttner, Ursula, *Not nach der Befreiung. Die Situation der deutschen Juden in der britischen Besatzungszone 1945–1948* (Hamburg 1986)

– (Hg.), *Die Deutschen und die Judenverfolgung im Dritten Reich* (Hamburg 1992)

Caruth, Cathy, *Unclaimed experience. Trauma, narrative and history* (Johns Hopkins University Press: Baltimore 1996)

– (Hg.), *Trauma: Explorations in Memory* (Johns Hopkins University Press: Baltimore 1995)

Charny, Israel (Hg.), *Holding on to humanity: the message of Holocaust survivors. The Shamai Davidson Papers* (New York University Press: New York 1992)

Chowaniec, Elisabeth, *Der »Fall Dohnanyi« 1943–1945* (R. Oldenbourg Verlag: München 1991)

Conway, M. A. u. a. (Hg.), *Theoretical perspectives on autobiographical memory* (Kluwer Academic Press: Dordrecht 1992)

Corbach, Dieter, *Die Jawne zu Köln. Zur Geschichte des ersten jüdischen Gymnasiums im Rheinland und zum Gedächtnis an Erich Klibansky 1900–1942* (Scriba: Köln 1990)

Czech, Danuta, *Kalendarium der Ereignisse im Konzentrationslager Auschwitz-Birkenau 1939–1945* (Rowohlt: Reinbek 1989)

Davidson, Shamai, »The clinical effects of massive psychic trauma in families of Holocaust survivors«, in: *Journal of Marital and Family Therapy* 6 (1980), 1, S. 11–21

– (Hg.), *Holding on to humanity – the message of Holocaust survivors* (New York University Press: New York 1992)

Deutschkron, Inge, *Ich trug den gelben Stern* (dtv: München 1995)

– *Mein Leben nach dem Überleben.* (dtv: München, durchgesehene Auflage 1995)

Dietz, Edith, *Den Nazis entronnen. Die Flucht eines jüdischen Mädchens in die Schweiz. Autobiographischer Bericht 1933–1942* (Dipa: Frankfurt/Main 1990)

Dippel, John, *Die große Illusion: Warum deutsche Juden ihre Heimat nicht verlassen wollten.* Mit einem Vorw. von Alfred Grosser (Beltz Quadriga: Weinheim und Berlin 1997)

Dreßen, Wolfgang, *Betrifft: »Aktion 3«. Deutsche verwerten jüdische Nachbarn* (Aufbau-Verlag: Berlin 1998)

Düwell, Kurt, *Die Rheingebiete in der Judenpolitik des Nationalsozialismus vor 1942* (Ludwig Röhrscheid Verlag: Bonn 1968)

Dwork, Deborah, und Robert Jan van Pelt, *Auschwitz. 1270 to the present* (W. W. Norton: New York 1996)

Elias, Ruth, *Die Hoffnung erhielt mich am Leben: Mein Weg von Theresienstadt und Auschwitz nach Israel* (Piper: München 1988)

Ellenbogen, Marianne, »Flucht und illegales Leben während der Nazi-Verfolgungsjahre 1943–1954«, in: *Das Münster am Hellweg* 37 (1984), S. 135–142

Eschelbacher, Max, *Der zehnte November 1938* (Klartext: Essen 1998)

Faust, Anselm, *Die »Kristallnacht« im Rheinland. Dokumente zum Judenpogrom im November 1938* (Schwann: Düsseldorf 1987)

Feldman, Shoshana, und Dori Laub, *Testimony: Crises of witnessing in Literature, psychoanalysis and history* (Routledge: London 1992)

Fischer, Erica, *Aimée & Jaguar. Eine Liebesgeschichte, Berlin 1943* (dtv: München 1998)

Fischler-Martinho, Joanna, *Have you seen my little sister?* (Valentine Mitchell: London und Portland, Oregon 1998)

Friedländer, Saul, *Nazi Germany and the Jews: The years of persecution 1933–1939* (Phoenix Giant: London 1997)

– »Political transformations during the war and their effect on the Jewish question«, in: Herbert A. Strauss (Hg.), *Hostages of Modernisation. Studies on Modern Anti-semitism 1870–1933/39, Germany–Great Britain–France* (Walter de Gruyter: Berlin 1993), S. 150–164

Fritzsche, Peter, *Wie aus Deutschen Nazis wurden* (Pendo: Zürich 1999)

50 Jahre Jubiläum der Schüler der Israelitischen Gartenbauschule Ahlem, (ohne Datum, ohne Ort; im Bestand der Wiener Library, London)

Gedenkbuch Opfer der Verfolgung der Juden (Bundesarchiv Koblenz 1986), S. 1759ff.

Gellately, Robert, *The Gestapo and German society* (Oxford University Press: Oxford 1990)

Genger, Angela, »Hakoah – Die Kraft. Ein jüdischer Turn- und Sportverein in Essen«, in: Alte Synagoge (Hg.), *Zwischen Alternative und Protest. Zu Sport- und Jugendbewegungen in Essen 1900–1933* (Ausstellungskatalog Essen 1983), S. 8–25

Gershon, Karen (Hg.), *Wir kamen als Kinder: Eine kollektive Autobiographie* (Alibaba-Verlag: Frankfurt/Main1988)

Gilbert, Martin, *Endlösung: Die Vertreibung und Vernichtung der Juden. Ein Atlas* (Büchergilde Gutenberg: Frankfurt/Main 1983)

– *»What was known and when«, in:* Gutman und Berenbaum (Hg.), *Anatomy*, S. 539-552

Gill, Anton, *The Journey back from Hell. Conversations with Concentration Camp Survivors* (Harper Collins: London 1989)

Goldhagen, Daniel J., *Hitlers willige Vollstrecker. Ganz gewöhnliche Deutsche und der Holocaust* (Siedler: Berlin 1996)

Göpfert, Rebekka, *Der judische Kindertransport von Deutschland nach England 1938/39. Geschichte und Erinnerung* (Campus: Frankfurt/Main 1999)

Gottlieb, Roger S., *Thinking the unthinkable: Meanings of the Holocaust* (Paulist Press: New York 1990)

Greenspan, Henry, *On Listening to Holocaust Survivors. Recounting and Life History* (Praeger: Westport, Connecticut 1998)

Gruner, Wolf, *Judenverfolgung in Berlin 1933–1945. Eine Chronologie der Behördenmaßnahmen in der Reichshauptstadt* (Edition Hentrich: Berlin 1996)

Grüter, Monika, »Der ›Bund für ein sozialistisches Leben‹: Seine Entwicklung in den 20er Jahren und seine Widerständigkeit unter dem Nationalsozialismus«, (Dissertation, Universität Essen 1988)

Gummersbach, Hans W., »Sozialhistorische und soziologische Forschungen zur jüdischen Minderheit in der westfälischen Stadt Ahlen vor und während der Zeit des Nationalsozialismus unter besonderer Berücksichtigung lebensgeschichtlicher Selbstzeugnisse« (Dissertation, Universität Paderborn 1996)

Gurewitsch, Bonnie, *Mothers, Sisters, Resisters: Oral Histories of Women Who Survived the Holocaust* (University of Alabama Press: Tuscaloosa und London 1998)

Gutman, Israel, *Resistance. The Warsaw Ghetto Uprising* (Mariner Books: Boston und New York 1994)

– (Hg.), *Enzyklopädie des Holocaust: Die Verfolgung und Ermordung der europäischen Juden. Eine Dokumentation zur Verleihung des Carl-von-Ossietzky-Preises der Stadt Oldenburg* (Isensee-Verlag: Oldenburg 1996)

– und Michael Berenbaum (Hg.), *Anatomy of the Auschwitz Death Camp* (Indiana University Press: Bloomington und Indianapolis 1994)

Hannam, Charles, *Und dann mußte ich gehen. Die Geschichte eines jüdischen Jungen von 1933–1940* (Arena: Würzburg 1979)

Hartmann, Geoffrey (Hg.), *Holocaust and Remembrance – The Shapes of Memory* (Blackwell: Oxford 1995)

Henschel, Hildegard, »Gemeindearbeit und Evakuierung von Berlin«, in: *Zeitschrift für die Geschichte der Juden*, Tel Aviv, IX (1972), 1/2, S. 33–53

Hetkamp, Jutta, *Die jüdische Jugendbewegung in Deutschland von 1913–1933* (Lit: Münster und Hamburg 1994)

Hilberg, Raul, *Die Vernichtung der europäischen Juden* (S. Fischer: Frankfurt/Main 1993)

Hoensch, Jörg K., Stanislav Biman, L'ubomír Lipták (Hg.), *Judenemanzipation – Antisemitismus – Verfolgung in Deutschland, Österreich-Ungarn, den böhmischen Ländern und der Slowakei* (Klartext: Essen 1999)

Höhne, Heinz, »Canaris und die Abwehr zwischen Anpassung und Opposition«, in: Jürgen Schmädeke und Peter Steinbach (Hg.), *Der Widerstand gegen den Nationalsozialismus* (München und Zürich 1985), S. 405–416

Hüttenberger, Peter, *Düsseldorf. Geschichte von den Anfängen bis ins 20. Jahrhundert.* Band 3: *Die Industrie- und Verwaltungsstadt* (Schwann: Düsseldorf 1989)

Internationaler Suchdienst (Hg.), *Vorläufiges Verzeichnis der Haftstätten unter dem Reichsführer-SS 1933–1945* (Arolsen 1969)

Jacob, Lisa, »›Der Bund‹, Gemeinschaft für sozialistisches Leben und meine Rettung vor der Deportation«, in: *Das Münster am Hellweg* 37 (1984), S. 105–134

Jacobs, Artur, *Die Zukunft des Glaubens. Die Entscheidungsfrage unserer Zeit* (Europäische Verlagsanstalt: Frankfurt/Main 1971)

Jacobson, Kenneth, *Embattled selves. An investigation into the nature of identity, through oral histories of Holocaust survivors* (Atlantic Monthly Press: New York 1994)

Kamp, Meta, *»Auf der anderen Seite stehen«* (Selbstverlag: Göttingen 1987)

Kaplan, Marion, *Jüdisches Bürgertum: Frau, Familie und Identität im Kaiserreich* (Dölling und Galitz: Hamburg 1997)

– *Der Mut zum Überleben. Jüdische Frauen und ihre Familien in Nazideutschland* (Aufbau-Verlag: Berlin 2001)

– *The Jewish feminist movement in Germany* (Greenwood Press: New York 1979)

– »Jewish women in Nazi Germany: daily life, daily struggles, 1933–399«, in: Peter Freimark, Alice Jankowski, Ina S. Lorenz (Hg.), *Juden in Deutschland: Emanzipation, Integration, Verfolgung und Vernichtung* (Christians: Hamburg 1991), S. 406–434

– »Tradition and transition. The acculturation, assimilation and integration of Jews in Imperial Germany. A Gender Analysis«, in: *Leo Baeck Institute Year Book* XXVII (1982), S. 3–36

Karny, Miroslav, »The Vrba and Wetzler Report«, in: Gutman and Berenbaum (Hg.), *Anatomy*, S. 553–568

Karski, Jan, *Story of a Secret State* (Houghton Mifflin: Boston 1944), S. 185

Kauders, Anthony, *German Politics and the Jews Düsseldorf and Nuremberg, 1910–1933* (Clarendon Press: Oxford 1996)

Keren, Nils, »The family camp«, in: Gutman und Berenbaum (Hg.), *Anatomy*, S. 428–441

Klemperer, Victor, *Ich will Zeugnis ablegen bis zum letzten*. Band 1: *Tagebücher 1933–1941*; Band 2: *Tagebücher 1942–1945* (Aufbau-Verlag: Berlin 1995)

Klüger, Ruth, *Weiter leben. Eine Jugend* (Wallstein: Göttingen 1992)

Kogon, Eugen, *Der SS-Staat. Das System der deutschen Konzentrationslager* (Wilhelm Heyne Verlag: München, 21. Aufl. 1989)

Konieczny, Alfred (Hg.), *Die Völker Europas im KL Groß-Rosen* (Staatliches Museum Groß-Rosen: Walbrzych 1995)

Kulka, Otto Dov, »Ghetto in an annihilation camp. Jewish social history in the Holocaust period and its ultimate limits«, in: *The Nazi Concentration camps. Proceedings of the Fourth Yad Vashem International Historical Conference Jerusalem, January 1980* (Yad Vashem, Jerusalem 1984), S. 315–330

– (Hg.), *Deutsches Judentum unter dem Nationalsozialismus*. Band 1: *Dokumente zur Geschichte der Reichsvertretung der deutschen Juden 1933–1939* (Mohr Siebeck: Tübingen 1997)

Kushner, Tony, *The Holocaust and the Liberal imagination. A social and cultural history* (Blackwell: Oxford und Cambridge, Mass., 1994)

Kwiet, Konrad, und Helmut Eschwege, *Selbstbehauptung und Widerstand: Deutsche Juden im Kampf um Existenz und Menschenwürde 1933–1945* (Christians: Hamburg 1984)

Laak, Dirk von, »›Wenn einer ein Herz im Leibe hat, der läßt sich von einem deutschen Arzt behandeln‹. Die ›Entjudung‹ der Essener Wirtschaft von 1933 bis 1941«, in: Alte Synagoge (Hg.), *Entrechtung*, S. 12-30

Langer, Lawrence L., *Holocaust testimonies. The Ruins of Memory* (Yale University Press: New Haven 1991)

Laub, Dori, »Truth and testimony: the process and the struggle«, in: Cathy Caruth (Hg.), *Trauma: Explorations in Memory* (Johns Hopkins University Press: Baltimore 1995), S. 61–75

Link, Werner, *Die Geschichte des Internationalen Jugend-Bundes und des Internationalen Sozialistischen Kampf-Bundes. Ein Beitrag zur Geschichte der Arbeiterbewegung in der Weimarer Republik und im 3. Reich* (Meisenheim am Glan 1964)

Littmann-Hotopp, Ingrid, *Bei Dir findet das verlassene Kind Erbarmen. Zur Geschichte des ersten jüdischen Säuglings- und Kleinkinderheims in Deutschland (1907 bis 1942)* (Edition Hentrich: Berlin 1996)

Lowenthal, E. G., *Bewährung im Untergang. Ein Gedenkbuch* (Deutsche Verlags-Anstalt: Stuttgart 1965)

Lütkemeier, Hildegard, »Einrichtungen der Jugendwohlfahrt für Kinder im Vorschulalter in jüdischer Trägerschaft in Deutschland 1919–1933« (Dissertation, Universität Dortmund 1991)

Maurer, Trude, Die Entwicklung der jüdischen Minderheit in Deutschland. Neuere Forschungen und offene Fragen (Niemeyer: Tübingen 1992)

– »Reife Bürger der Republik und bewußte Juden: Die jüdische Minderheit in Deutschland 1918–1933«, in: Hoensch u. a. (Hg.), *Judenemanzipation*, S. 101–116.

Meyer, Winfried, *Unternehmen Sieben. Eine Rettungsaktion für vom Holocaust Bedrohte aus dem Amt Ausland/Abwehr im Oberkommando der Wehrmacht* (Anton Hain: Frankfurt/Main 1993)

Nachama, Andreas, und Julius H. Schoeps (Hg.), *Aufbau nach dem Untergang. Deutsch-jüdische Geschichte nach 1945* (Argon: Berlin 1992)

Niemann, Ingrid, und Ludger Hülskemper Niemann, *Vom Geleitbrief zum gelben Stern. 450 Jahre jüdisches Leben in Steele* (Klartext: Essen 1994)

Niewyk, Donald L., *The Jews in Weimar Germany* (Manchester University Press: Manchester 1980)

NS-Dokumentationszentrum der Stadt Köln (Hg.), *Die jüdischen Opfer des Nationalsozialismus aus Köln. Gedenkbuch* (Böhlau: Köln 1995)

Ofer, Dalia, und Lenore J. Weitzman (Hg.), *Women in the Holocaust* (Yale University Press: New Haven und London 1998)
Oliner, Samuel P., *The altruistic personality. Rescuers of Jews in Nazi Europe* (The Free Press: New York 1998)
Palmer, Robert L., *Anorexia Nervosa. A Guide for Sufferers and their Families* (Penguin: London, 2. Aufl. 1989).
Patkin, Benzion, *The Dunera Internees* (Cassell: Stanmore, N. S. W. 1979)
Paucker, Arnold, »Zum Selbstverständnis jüdischer Jugend in der Weimarer Republik und unter der nationalsozialistischen Diktatur«, in: Hans Otto Horch und Charlotte Wardi (Hg.), *Jüdische Selbstwahrnehmung. La Prise de conscience de l'identité juive* (Niemeyer: Tübingen 1977), S. 111–128
Pohl, Dieter, *Von der »Judenpolitik« zum Judenmord: Der Distrikt Lublin des Generalgouvernements 1939–1944* (Lang: Frankfurt/Main 1993)

Richarz, Monika (Hg.), *Jüdisches Leben in Deutschland* (Deutsche Verlags-Anstalt: Stuttgart, Veröffentlichungen des Leo-Baeck-Instituts [o. J.])
Röcher, Ruth, *Die jüdische Schule im nationalsozialistischen Deutschland 1933–1942* (Dipa: Frankfurt/Main 1992)
Rohr, Walter, »Die Geschichte meines Lebens«, in: Ernst Schmidt, »Walter Rohr – 1938 aus Essen vertrieben, 1945 als US-Soldat zurückgekehrt«, in: Alte Synagoge, *Entrechtung*, S. 98–117
Rohrlich, Ruby (Hg.), *Resisting the Holocaust* (Berg: Oxford 1998)
Roseman, Mark, »Erinnerung und Überleben: Wahrheit und Widerspruch in dem Zeugnis einer Holocaust-Überlebenden«, in: *BIOS* 11(1998), 2, S. 263–279
– »National Socialism and Modernisationon«, in: Richard Bessel (Hg.), *Fascist Italy and Nazi Germany: Comparisons and Contrasts* (Cambridge University Press: Cambridge 1996), S. 197–229
– »The organic society and the Massenmenschen. Integrating young labour in the Ruhr mines 1945–19588«, in: Robert Moeller (Hg.), *West Germany under construction: politics, society, and culture in the Adenauer era* (University of Michigan Press: Ann Arbor, Michigan 1997), S. 287–320
Rosenthal, Gabriele (Hg.), *Der Holocaust im Leben von drei Generationen: Familien von Überlebenden der Shoah und von Nazi-Tätern* (Psychosozial-Verlag: Gießen 1997)
Rürup, Reinhard, *Emanzipation und Antisemitismus. Studien zur »Judenfrage« der bürgerlichen Gesellschaft* (Vandenhoeck & Ruprecht: Göttingen 1992)
Rürup, Reinhard, »Jüdische Geschichte in Deutschland. Von der Emanzipation bis zur nationalsozialistischen Gewaltherrschaft«, in: Blasius und Diner (Hg.), *Zerbrochene Geschichte*, S. 79–101

Sachse, Carola (Hg.), *Als Zwangsarbeiterin 1941 in Berlin. Die Aufzeichnungen der Volkswirtin Elisabeth Freund* (Akademie Verlag: Berlin 1996).

Schmalhausen, Bernd, *Schicksale jüdischer Juristen aus Essen 1933–1945* (Klartext: Essen 1994)

Schröter, Hermann, *Geschichte und Schicksal der Essener Juden. Gedenkbuch für die jüdischen Mitbürger der Stadt Essen* (Gedruckt durch die Stadt Essen: Essen 1980)

Schwarz, Gudrun, *Die nationalsozialistischen Lager* (S. Fischer: Frankfurt / Main, überarb. Aufl. 1996)

Simon, Hermann, *Das Berliner Jüdische Museum in der Oranienburger Straße. Geschichte einer zerstörten Kulturstätte* (Stadtgeschichtliche Publikationen, Berlin Museum: Berlin, 2. Aufl. 1983)

Sophoni Herz, Yitzhak, *Meine Erinnerung an Bad Homburg und seine 600jährige jüdische Gemeinde (1335-1942)* (Selbstverlag: Rechovoth/ Israel 1981)

Sprenger, Isabel, *Groß-Rosen. Ein Konzentrationslager in Schlesien* (Böhlau: Köln 1996)

Staatliches Museum Auschwitz-Birkenau (Hg.), *Sterbebücher von Auschwitz. Fragmente*. Bände 1 und 2 (Verlag K. G. Sauer: München 1995)

Steinberg, Hans-Josef, *Widerstand und Verfolgung in Essen* (Hannover 1969)

Stern, Frank, *Am Anfang war Auschwitz. Antisemitismus und Philosemitismus im deutschen Nachkrieg* (Bleicher: Gerlingen 1991)

Strohm, Christoph, *Theologische Ethik im Kampf gegen den Nationalsozialismus. Der Weg Dietrich Bonhoeffers mit den Juristen Hans von Dohnanyi und Gerhard Leibholz in den Widerstand* (Christian Kaiser: München 1989)

Tec, Nechama, *When Light Pierced the Darkness. Christian Rescue of Jews in Nazi-Occupied Poland* (Oxford University Press: New York und Oxford 1986)

Tohermes, Kurt, und Jürgen Grafen, *Leben und Untergang der Synagogengemeinde Dinslaken* (Verein für Heimatpflege »Land Dinslaken« e.V.: Dinslaken 1988)

Vrba, Rudolf, und Alan Bestic, *Ich kann nicht vergeben* (Rütten & Loening: München 1964). Inzwischen unter dem Titel: *Als Kanada in Auschwitz lag* (Piper: München 1999)

Walk, Joseph, *Jüdische Schule und Erziehung im Dritten Reich* (Anton Hain: Frankfurt/Main 1991)

– »Das jüdische Schulwesen in Köln bis 19422«, in: Jutta Bohnke-Kollwitz, Willehad Paul Eckert, Frank Golsczewski, Hermann Greive (Hg.), *Köln und das rheinische Judentum. Festschrift Germania Judaica 1959–1984*, (Köln 1984), S. 415–426

– *Das Sonderrecht für die Juden im NS-Staat* (C. F. Müller: Heidelberg 1981)

Weisenborn, Günther (Hg.), *Der lautlose Aufstand. Bericht über die Widerstandsbewegung des deutschen Volkes 1933–1945* (Rowohlt: Reinbek 1953)

Wiesemann, Falk, »Jewish burials in Germany – between the Enlightenment and the authorities«, in: *Leo Baeck Institute Year Book* XXXVII (1992), S. 17–31.

Wood, E. Thomas, und Stanislaw M. Jankowski, *Karski: Einer gegen den Holocaust* (Bleicher: Gerlingen 1997)

Zabecki, Franciszek, *Wspomnienia dawne i nowe* (Warszawa 1977)

Zimmermann, Michael, »Die Assimilation und ihre Relativierung. Zur Geschichte der Essener jüdischen Gemeinde vor 1933«, in: Blasius und Diner (Hg.), *Zerbrochene Geschichte*, S. 172–186

– »Die Deportation der Juden aus Essen und dem Regierungsbezirk Düsseldorf«, in Borsdorf und Jamin (Hg.), *Überleben im Krieg*, S. 126–143

– »Eine Deportation nach Theresienstadt. Zur Rolle des Banalen bei der Durchsetzung des Monströsen«, in: Miroslav Karney, Raimund Kemper u. a. (Hg.), *Theresienstädter Studien und Dokumente* (Edition Theresienstädter Initiative Academia 1994), S. 54–73

– »Zur Geschichte der Essener Juden im 19. und im ersten Drittel des 20. Jahrhunderts. Ein Überblick«, in: Alte Synagoge (Hg.), *Jüdisches Leben in Essen 1800–1933* (Klartext: Essen 1993), S. 8–72

– »Die ›Reichskristallnacht‹ 1938 in Essen«, in: Alte Synagoge, *Entrechtung*, S. 66–97

Zimmermann, Moshe, »Vom Jischuw zum Staat – die Bedeutung des Holocaust für das kollektive Bewußtsein und die Politik in Israel«, in: Bernd Faulenbach und Helmut Schütte (Hg.), *Deutschland, Israel und der Holocaust. Zur Gegenwartsbedeutung der Vergangenheit* (Klartext: Essen 1998), S. 45–54

Danksagung

Den größten Dank schulde ich Marianne Ellenbogen, die sich – als Gegenstand und Hauptperson dieses Buchs – auf eine quälende Reise in die Vergangenheit eingelassen hat, aber auch ihrem Sohn Vivian, für den dieses Unterfangen nicht weniger schmerzlich war. Ich hoffe, daß dieses Buch dazu dient, derer zu gedenken, die Marianne im Holocaust verloren hat, vor allem ihrer Eltern Siegfried und Regina Strauß, ihres Bruders Richard und ihres Verlobten Ernst Krombach.

Ich danke der Nuffield Foundation und der Keele University für die Finanzierung meiner Reisen nach Nord- und Südamerika sowie nach Israel und der Alexander-von-Humboldt-Stiftung für ein Fellowship für meine Recherchen in Deutschland. Mein Dank gilt Jürgen Reulecke und der Universität Siegen, meinen offiziellen Gastgebern während des Fellowships; Professor Kurt Düwell und die Universität Düsseldorf haben mich zudem freundlich unterstützt.

Außer Marianne haben viele andere Menschen eingewilligt, sich interviewen zu lassen oder mich mit Informationen zu versorgen: Eric und Nancy Alexander, Stamford; Uri Aloni, Beit Lochamei Hagetaot; Paul Alsberg, Jerusalem; Hanna Aron, West Hartford, Connecticut; Lily Arras, Walbeck; Christian Arras, Essen; Waltraud Barkhof-Kreter, Essen; Saul und Clara Bender, Chester; Thomas Toivi Blatt, Issaquah, Washington; der inzwischen verstorbene Fritz Briel, Remscheid; Wolfgang Briel, Barsinghausen; Chaja Chovers, Haifa; Jane Dalton, Romsey; Ruth Davidsohn, Haifa; Inge Deutschkron, Berlin; Edith Dietz, Karlsruhe; Ruth Elias, Israel; Gershon Ellenbogen, London; Michael Ellenbogen, Liverpool; Vivian Ellenbogen, Liverpool; Ruth Gawse, Jerusalem; Karin Gerhard, Essen; die inzwischen verstorbene Tove Gerson, Essen; David, Sandra und Rob Gray, London; Werner und Hannah Hoffmann (beide verstorben), Buenos Aires, und Thomas Hoffmann; Waltraud Horn, Bad Dürrheim; Elisabeth Jacobs, Paderborn; Hannah Jordan,

Wuppertal; die kurz vor dem Erscheinen der deutschen Ausgabe verstorbene Ellen Jungbluth, Wuppertal; die inzwischen verstorbene Meta Kamp, Niefern-Öschelbronn; Enrique Krombach, Buenos Aires; Jakov und Tsofia Langer, Kiryat Tivon; Rosemarie Lange, Bobingen; Hilde Machinek, Wuppertal; Monte und Phyllis Miller, Liverpool; Eva Morting, Sundbyberg, Schweden; Imo Moszkowicz, Ottobrunn; Elfriede Nenadovic, Göttingen; Johannes Oppenheimer, Berlin; der inzwischen verstorbene Lew Schloß und Trudy Schloß, Teaneck, New Jersey; Hermann Schmalstieg, Göttingen; Aenne Schmitz, Wuppertal; Armgard Schubert, Seeheim-Jugenheim; die inzwischen verstorbene Eva Selig, London; Robert Selig, Denmark; Tillie Stein, Atlanta, Georgia; Ernst Steinmann, Achim; die inzwischen verstorbene Liesel Sternberg, Birmingham; Reinhold Ströter, Mettmann; Uri Weinberg, Jerusalem; Hélène Yaiche-Wolf, Paris; Kurt Zeunert, Berlin. Ihnen und denjenigen, die mir geantwortet haben, aber anonym bleiben wollten, gilt mein Dank.

Auch den Spezialisten, die mir ihre wertvollen Kenntnisse und Ressourcen zugänglich gemacht haben, bin ich zu Dank verpflichtet: Jochen Bilstein, Hanns W. Gummersbach, Jürgen Fehrs, Ulrich Föhse, Helena Fox, Monika Grüter, Gudrun Maierhof, Winfried Meyer, Gabriel Milland, Steve Paulsson, Michael Treganza, E. Thomas Wood.

Ich stehe zudem in der Schuld der Archive und Archivare, die mir wertvolles Material und Informationen zur Verfügung gestellt haben: Zdenek Schindler, Akademie der Wissenschaften der Tschechischen Republik; Franciszek Piper, Państwowe Muzeum, Oświęcim (Auschwitz); Edna Brocke, Judith Hess und Monika Joosten, Alte Synagoge, Essen; Beith Terezín (mit Dank an Ruth Elias); Berlin Document Centre; BBC Written Archives Centre; Frau Maerten, Bundesarchiv, Berlin; Andreas Matschenz, Landesarchiv Berlin; Hermann Simon, Centrum Judaicum; Deutsche Bank, Essen; Reinhard Frost, Deutsche Bank Historisches Institut, Frankfurt; Stadtarchiv Dinslaken; Anselm Faust, Hauptstaatsarchiv Düsseldorf; Klaus Wisotzky, Stadtarchiv Essen; German Historical Institute, London; Institut für Zeitgeschichte, München; Vera Bendt, Freidank Leonore Maier, Jüdisches Museum, Berlin; Diane R. Spielman, Leo Baeck Institute, New York; Ulrich Borsdorf, Mathilde Jamin, Ernst Schmidt, Ruhrlandmuseum, Essen; David Cesarani, Jo Reilly, Wiener Library, London; Stadtarchiv Wuppertal; Judith Kleimann, Jakob Borut und Mordechai Paldiel, Yad Vashem, Jerusalem; Zentrum für Antisemitismusforschung, Berlin. Benno Reicher von der Jüdischen Gemeinde Essen und Ingrid Kuschmiers von der Luisenschule (Altschülerinnenverband) ließen mich an ihrem Wissen teilhaben und ihre guten Beziehungen nutzen.

Ich habe dieses Buch während meiner Zeit an der Keele University geschrieben und hatte das große Glück, daß der Fachbereich Geschichte hochqualifiziert besetzt war und ein kollegialer und freundlicher Umgang dort herrschte. Dafür sei meinen Kollegen und Kolleginnen und allen anderen Angestellten Dank. Vor allem die folgenden Historiker und Historikerinnen in Keele und andernorts haben mir Rat und Ermutigung zuteil werden lassen: Marion und Volker Berghahn, Jakob Borut, Patricia Clavin, Richard Evans, Angela Genger, Christian Gerlach, Chris Harrison, Liz Harvey, Marion Kaplan, Philip Morgan, Alice und Alexander von Plato, Norbert Reichling, Colin Richmond, Nick Stargardt, Charles Townshend, Falk Wiesemann, Peter Witte und Michael Zimmermann. Colin Richmond, Nick Stargardt, Falk Wiesemann und Michael Zimmermann haben großzügig ihre Zeit investiert, um das Manuskript zu lesen und mir wertvolle Hinweise zu geben.

Bei der Umsetzung der Idee zum Buch halfen mir Peter Robinson von Curtis Brown und Simon Winder, mein Lektor beim Verlag Penguin in London. Vielen Dank auch an meine deutsche Agentin Ursula Bender von der Agence Hoffman, die den deutschen Markt sondiert hat. Das Original-Manuskript hat von Joan Rosemans und Sara Bershtels (Metropolitan Books, New York) Lektorat profitiert. Für die deutsche Ausgabe danke ich Annette Anton vom Aufbau-Verlag und Katja Menzel für das vorzügliche Lektorat.

Wie jeder, der schreibt, weiß, hängt die Fertigstellung eines

Buches von der emotionalen Unterstützung anderer ab. In Deutschland konnte ich auf Alice und Alexander von Plato und auf Lisa und Falk Wiesemann zählen. In Großbritannien standen mir mein Freund Frankie Zimmerman, meine Cousine Janet Davies, mein Cousin Joe Hyames Mernane und vor allem meine Kinder Jacob, Abigail und Kate zur Seite. An Sarah Montagu geht mein Dank für die Kinderbetreuung während meines ausgedehnten Aufenthalts in Deutschland. Als die Arbeit an diesem Buch ihrem Ende zuging, trat Ann Larabee in mein Leben und hat es verändert und bereichert.

Wer mich gut kennt, wird feststellen, wieviel der Geist dieser Forschungsarbeit dem intellektuellen Klima schuldet, in dem ich aufgewachsen bin. Dieses Buch widme ich daher meinen Eltern Joan und Nat Roseman.

Register